02/20

Withdrawn from Collection

Withdrawn from Collection

COSMOS

Une ontologie matérialiste

Du même auteur

Le Ventre des philosophes, Critique de la raison diététique, Grasset, 1989 ; LGF, 2009.

Cynisme, Portrait du philosophe en chien, Grasset, 1990 ; LGF, 2007.

L'Art de jouir, Pour un matérialisme hédoniste, Grasset, 1991, LGF, 2007.

L'Œil nomade, La peinture de Jacques Pasquier, Folle Avoine, 1993.

La Sculpture de soi, La morale esthétique, Grasset, 1993 (Prix Médicis de l'essai) ; LGF, 2003.

La Raison gourmande, Philosophie du goût, Grasset 1995 ; LGF, 2008.

Métaphysique des ruines, La peinture de Monsu Desiderio, Mollat, 1995 ; LGF, 2010.

Les Formes du temps, Théorie du sauternes, Mollat, 1996 ; LGF, 2009.

Politique du rebelle, Traité de résistance et d'insoumission, Grasset, 1997 ; LGF, 2008.

Hommage à Bachelard, Éd. du Regard, 1998.

Ars Moriendi, Cent petits tableaux sure les avantages et les inconvénients de la mort, Folle Avoine, 1998.

À côté du désir d'éternité, Fragments d'Égypte, Mollat, 1998 ; LGF, 2006.

Théorie du corps amoureux, Pour une érotique solaire, Grasset, 2000 ; LGF, 2007.

Prêter n'est pas voler, Mille et une nuits, 2000.

Antimanuel de philosophie, Leçons socratiques et alternatives, Bréal, 2001.

Esthétique du pôle Nord, Stèles hyperboréennes, Grasset, 2002 ; LGF, 2005.

Physiologie de Georges Palante, Pour un nietzschéisme de gauche, Grasset, 2002, LGF, 2005.

L'Invention du plaisir, Fragments cyrénaïques, LGF, 2002.

Célébration du génie colérique, Tombeau de Pierre Bourdieu, Galilée, 2002.

Les Icônes païennes, Variations sur Ernest Pignon-Ernest, Galilée, 2003.

Archéologie du présent, Manifeste pour une esthétique cynique, Grasset-Adam Biro, 2003.

Féeries anatomiques, Généalogie du corps faustien, Grasset, 2003 ; LGF, 2009.

Épiphanies de la séparation, La peinture de Gilles Aillaud, Galilée, 2004.

La Communauté philosophique, Manifeste pour l'université populaire, Galilée, 2004.

Oxymoriques, Les Photographies de Bettina Rheims, Jannink, 2005.

Traité d'athéologie, Physique de la métaphysique, Grasset, 2005 ; LGF, 2009.

(suite en fin d'ouvrage)

Michel Onfray

COSMOS

Une ontologie matérialiste

Flammarion

© Michel Onfray et Flammarion, 2015.
ISBN : 978-2-0812-9036-5

Cosmos est le premier tome d'une trilogie intitulée *Brève ency-clopédie du monde*. Il présente une philosophie de la nature.
Le deuxième tome s'intitulera *Décadence* et proposera une *phi-losophie de l'histoire*.
Le troisième aura pour titre *Sagesse* et prendra la forme d'une *philosophie pratique*.

Aller par-delà « moi-même » et « toi-même »,
éprouver d'une manière cosmique.

Nietzsche, *Fragments posthumes*, *O.C.* V 11 (7).

Préface

LA MORT
LE COSMOS NOUS RÉUNIRA

Mon père est mort dans mes bras, vingt minutes après le début de la nuit de l'Avent, debout, comme un chêne foudroyé qui, frappé par le destin, l'aurait accepté, mais tout en refusant de tomber. Je l'ai pris dans mes bras, déraciné de la terre qu'il avait soudainement quittée, porté comme Énée porta son père en quittant Troie. Ensuite, je l'ai assis le long d'un mur, puis, quand il fut clair qu'il ne reviendrait pas, je l'ai allongé de toute sa longueur sur le sol, comme pour l'aliter dans le néant qu'il semble avoir rejoint sans s'en apercevoir.

En quelques secondes j'avais perdu mon père. Ce que j'avais si souvent craint était arrivé, en ma présence. Je ne suis jamais parti donner des conférences en Australie ou en Inde, au Japon ou aux États-Unis, en Amérique du Sud ou en Afrique noire sans penser au fait qu'il aurait pu mourir pendant mon absence. Je songeais alors avec effroi qu'il m'aurait fallu faire un long retour en avion vers lui en le sachant mort. Or, il mourrait, là, avec moi, dans mes bras, seul à seul. Il profitait de ma présence pour quitter le monde en me le laissant.

Longtemps vieux garçon, mon père le fut tardivement, à l'âge de trente-huit ans. Quand j'avais dix ans, il en avait donc quarante-huit, cinquante-huit quand j'en avais vingt, autant dire, dans le regard des enfants et des adolescents de mon âge, un vieux monsieur qu'en pension mes congénères prenaient parfois pour mon grand-père. Souscrire à ce regard des autres qui en faisaient

mon grand-père et non mon père, c'était le trahir ; n'y pas souscrire, c'était être un *fils de vieux* – comme le disent les enfants
qui évoluent dans la cruauté tel un piranha dans l'eau. Avoir
un père âgé oblige, jeune, à faire face à la méchanceté de ses
semblables ; plus tard, on comprend que ce fut une chance, un
cadeau. On découvre alors qu'on a un père sage, posé, calme,
serein, débarrassé des afféteries des jeunes années, ayant assez
vécu pour n'être plus dupe des miroirs aux alouettes clignotant
partout dans la société.

Je suis devenu le fils de mon père quand j'ai compris qu'il
vivait sa vie sans se soucier de correspondre aux modes qui vou-
laient alors des pères modernes, des pères habillés avec les
mêmes vêtements que ceux de leurs enfants (shorts ou baskets,
chemises bariolées ou tenues de sport), des pères parlant la
même langue relâchée qu'eux, des pères copains, complices et
rigolards, des pères potes, des pères avachis, des pères enfants
ou adolescents, des pères pas finis... Ma chance fut d'avoir eu
un père comme ils existaient avant qu'ils ne deviennent les
enfants de leurs enfants.

Mon père avait des vêtements de travail et des vêtements du
dimanche. La mode ne faisait rien à l'affaire : le bleu de travail,
le lustré et l'odeur de la moleskine qui délavait avec le temps,
la casquette, le pantalon, la veste en harmonie de couleur avec
ses yeux. La panoplie du dimanche était simple et modeste :
pantalon, veste, chaussures, pull à col en V, cravate. La semaine,
pour le travail, une montre à gousset ; le dimanche, une
montre-bracelet. Pour « le tous les jours », les odeurs de la ferme
qu'il portait avec lui, parfums heureux les temps de moisson,
moins les jours d'épandage. Le dimanche, le *sent-bon*, une eau
de Cologne simple frictionnée après rasage dans l'évier de la
cuisine – nous n'avions pas de salle de bains.

Sans le savoir, il m'apprenait ainsi, non par des leçons osten-
tatoires, mais par l'exemple, que le temps dans lequel il vivait
était celui de Virgile : le temps du travail et le temps du repos.
Insensible aux temps de la mode, temps modernes et temps
pressés, temps de l'urgence et temps de la précipitation, temps
de la vitesse et temps de l'impatience, tous temps des choses

mal faites, mon père vivait un temps contemporain des *Buco-liques*, temps des travaux des champs et des abeilles, temps des saisons et des animaux, temps des semailles et des récoltes, temps de la naissance et temps de la mort, temps des enfants bien présents et temps des ancêtres disparus.

Rien n'aurait pu le faire déroger de ce rapport au temps dans lequel les anciens tenaient une place prépondérante, plus que certains vivants même. Il n'avait pas le culte de ses parents ou grands-parents de façon fétichiste et larmoyante, mais, parlant de son père, quand il lui arrivait de dire *le père Onfray*, on sentait qu'il rapportait d'antan une parole autorisée, une parole lourde et forte, puissante, une parole contemporaine de l'époque où les mots avaient un sens, les paroles données valeur de ser-ment et les choses dites force de loi. Mon père qui parlait peu quand j'étais enfant m'a appris ce que parler veut dire.

Il avait avec la vie un rapport direct, païen et chrétien à la fois. Chrétien, parce qu'il avait été élevé dans la foi catholique, qu'il avait servi la messe dans l'église où ses parents se sont mariés, où il a été baptisé, où il s'est marié, où il a enterré son père puis sa mère, où mon frère et moi-même avons été bap-tisés, où lui et moi, comme lui et son frère, avons fait notre communion, où il a enterré son frère, où il est allé aux mariages et aux inhumations des amis, de la famille, des voisins, où il a été lui aussi enterré et où je ne le serai pas, hélas, car il y a des limites à l'œcuménisme. Quand j'apprenais le catéchisme et qu'il nous fallait, concession de l'époque, faire des dessins des scènes de l'histoire sainte avec des crayons de couleur, c'est lui qui me racontait les Rois Mages et l'étoile filante qui les conduisait, la Nativité dans l'étable avec le bœuf et l'âne, la Fuite en Égypte, le Massacre des Innocents, la pêche miracu-leuse dans le lac de Tibériade, les apôtres et la trahison de Judas, le dernier repas et le coq qui devait chanter trois fois, le Romain qui plante sa lance dans le flanc du Christ, etc.

Mais il n'allait pas à la messe le dimanche, il ne se confessait pas (il n'aurait eu aucun péché à avouer), je ne l'ai jamais vu communier. J'ai le vague et très lointain souvenir de messe de minuit, mais peu et pas longtemps. En revanche, il ne manquait jamais aucune messe des Rameaux. J'aime que cette cérémonie chrétienne aux origines païennes ait été la sienne. On sait que, prologue à la Passion, Jésus revenant à Jérusalem est fêté par une foule nombreuse qui l'accueille avec ferveur et force branches de palmier – qui sont devenues le symbole de la victoire du Christ sur la mort. Lors de la fuite en Égypte, l'enfant Jésus est nourri de dattes cueillies dans un palmier par la Sainte Famille. Le palmier comme signe d'accueil et de bienvenue renvoie à une cérémonie païenne qui célébrait le renouveau de la végétation et facilitait sa fécondité. La fête chrétienne des Rameaux recouvre la fête païenne de la promesse de prospérité. Mon père revenait avec un bouquet de buis bénit. Loin des pays méditerranéens, le buis a remplacé la feuille de palmier : parce qu'il reste vert l'hiver, il symbolise la promesse d'immortalité. Il détachait un ou deux brins qu'il plaçait entre le bois du crucifix et la figuration du corps du christ. Un autre brin allait dans la 2 CV, à côté d'un médaillon de saint Christophe.

Bigot, béat, croyant, pratiquant, mon père ne le fut jamais. Ce qu'il aimait, du moins je crois, dans le catholicisme, c'est qu'il était *la religion de son Roi et de sa nourrice*, pour citer Descartes, bien que mon père n'ait eu ni roi ni nourrice. La religion chrétienne était pour lui ce qui liait les hommes – et mon père ne fit jamais rien dans sa vie qui puisse les délier. Elle était promesse de paix, de pardon, de bienveillance, d'amour du prochain, d'indulgence, de bonté, de douceur, de clémence, toutes vertus pratiquées par lui qui ignorait leurs contraires.

Mon père était chrétien selon Jésus, l'homme des petits et des humbles, et non selon Paul, l'homme du glaive et du Vatican. À rebours, ma mère aimait les papes, elle avait confectionné un cadre avec le portrait de Jean XXIII qui trônait sur un meuble. Mon père n'en avait aucun souci. Il pratiquait les vertus évangéliques, insoucieux de l'Église. Les dernières années de sa vie, il n'allait plus à la messe des Rameaux, ni non plus déposer du buis sur les tombes aimées – son âme matérielle sentait probablement qu'elle s'y déferait bientôt pour toujours.

Le paganisme était patent chez lui dans son rapport à la nature qui était celui d'un sismographe. Il connaissait nombre des dictons issus d'une sagesse populaire empirique millénaire. Rien de ce qui constitue l'alphabet de la nature ne lui était étranger : la couleur de la lune, la clarté du halo qui l'entoure, le parfum d'ozone avant l'orage, la distance de la foudre calculée à partir du bruit du tonnerre, la hauteur du vol des hirondelles annonciatrice de l'orage, leur rassemblement sur les fils électriques avant le départ migratoire, la sortie des premières fleurs, l'arrivée du printemps, le cycle des lunaisons, la différence entre lune croissante et lune décroissante, lune montante et lune descendante, les promesses de chaque nuage, la neige accumulée sur un talus qui attend la neige, l'orientation de la mousse sur les arbres, l'heure du chant du coq, et les étoiles.

Je me souviens d'une soirée où il me fit sortir sur le pas de la porte pour me raconter le ciel : grande ourse, petite ourse, grand chariot, petit chariot, ici une casserole, là un renard qui emporte une oie dans sa gueule, à tel endroit, un poisson volant, à tel autre, une colombe. Et puis il m'a appris le temps et la durée, l'éternité et l'infini, en m'expliquant que certaines étoiles, très lointaines, avaient envoyé leur lumière il y a des milliards d'années et qu'elle nous parvenait seulement maintenant alors qu'elles étaient probablement mortes depuis des millions d'années.

Découvrir ainsi l'immensité du temps et la petitesse de nos vies, c'est apprendre le sublime, le découvrir, y tendre et vouloir y prendre place. Simplement, mon père m'offrait ainsi un exercice spirituel de première qualité pour trouver ma juste place dans le cosmos, le monde, la nature, et donc aussi parmi les hommes. *Monter au ciel,* selon l'expression consacrée par le catéchisme, pouvait donc aussi s'entendre de façon païenne, immanente, pour le dire dans un mot qui convient parfaitement : philosophique. Le ciel étoilé offre une leçon de sagesse à qui sait le regarder : s'y perdre, c'est se trouver.

L'étoile polaire jouait un rôle important dans cette leçon de sagesse. Mon père, qui ne faisait jamais d'autre leçon de morale qu'en vivant moralement, m'apprit que cette étoile est la première levée, la dernière couchée, qu'elle indique infailliblement le nord, quelles que soient les circonstances et que, quand on est perdu, il suffit de la regarder, car elle nous sauve en nous montrant le cap à tenir. Leçon d'astronomie, certes, mais aussi leçon de philosophie, mieux même : leçon de sagesse. Savoir qu'il nous faut un point de repère existentiel pour pouvoir mener une vie digne de ce nom, voilà qui donnait à l'enfant que j'étais une colonne vertébrale pour enrouler son être.

Nous avions, lui et moi, une histoire avec l'étoile polaire. Quand j'avais huit ou neuf ans, dans un champ où je l'aidais à planter les pommes de terre, il creusait des trous réguliers avec sa houe, je mettais une patate dedans, parfois à côté aussi. Lui, plié en deux, les jambes droites, avançait régulièrement, comme une machine bien réglée, bien huilée ; moi, je traînais tant bien que mal mon panier qui raclait la terre. Il se taisait ; je parlais tout le temps, il me le reprochait parfois, gentiment. Les alouettes chantaient au-dessus de nous, elles se laissaient parfois tomber lourdement du ciel une fois époumonées.

Un avion laissait une trace dans l'azur ; je lui demandais où il irait s'il disposait un jour d'un billet d'avion gratuit. Question saugrenue à l'époque où l'argent manquait à la maison pour les choses les plus élémentaires et où, fils d'ouvrier agricole et de femme de ménage, il y avait peu de probabilités sociologiques pour que je puisse un jour donner corps à ce désir – à défaut de donner un désir à ce corps de mon père qui n'en manifestait jamais aucun. Il n'avait rien, donc il possédait tout. Dès lors pourquoi donc convoiter autre chose ? Les cadeaux de fête des pères butaient sur cette ascèse : un livre ? Il ne lisait pas. Un disque ? Il n'écoutait pas de musique. Une écharpe ? Il n'en portait jamais. Une cravate ? Il en avait déjà une. Une bouteille de vin ou de champagne ? Il ne buvait pas. Des cigares ? Il roulait alors ses cigarettes, seule frivolité affichée avec des Gitanes papier maïs le dimanche et un cigarillo les jours de fête. Pas d'argent pour le restaurant, le cinéma, le théâtre, jamais de vacances, quand il en prenait, c'était pour aller travailler dans une autre ferme.

Mon père n'a pas éludé ma question, il y a même répondu : « Au pôle Nord. » Je ne me souviens plus de ma réaction. Probablement l'étonnement et certainement un « pourquoi ? » auquel il n'aura pas répondu – je m'en serais souvenu. Des années plus tard, en 1981, il venait d'avoir soixante ans et le médecin avait diagnostiqué une angine de poitrine, puis prescrit un double pontage coronarien, dans la chambre d'hôpital où, encore et toujours, j'avais vingt-deux ans, j'ignorais le savant art de se taire, je lui parlais. Je lui rappelais cette question ; je lui demandais s'il se souvenait de sa réponse ; il réitéra : « Oui, sûrement : le pôle Nord… » J'ai bien sûr demandé pourquoi – et obtenu une réponse du genre : « Je ne sais pas… Comme ça… »

Vingt ans plus tard, heureux que mon père ait atteint cet âge, je lui ai proposé un voyage au pôle Nord pour ses quatre-vingts ans. Se rapprocher de notre étoile polaire. Lui qui n'avait jamais quitté son village, jamais pris d'avion, lui qui ne s'était jamais éloigné de ma mère plus d'une journée, il accepta. Nous y sommes allés. Nous avons vu le pôle Nord, des ours blancs, des icebergs, des Inuits, des géologies lunaires, des eaux de toutes les couleurs possibles, de turquoise à outremer, de gris à noir, de vert à violet, nous avons mangé du phoque cru, taché nos bouches de sang frais, dévoré du foie cru lui aussi, coupé l'œil en deux de l'animal échoué pour en gober le cristallin, mangé du saumon fumé, séché, pendu dehors, mâché de la peau d'orque, nous avons souri maintes fois à des Inuits édentés autour d'un feu de bois, nous avons vu le souffle d'un cétacé à la surface de l'eau, mais pas la baleine, des oiseaux nous ont frôlé lors de leurs longs vols planés, ils ont crié au-dessus de nos têtes. J'ai raconté cette histoire dans un petit livre, *Esthétique du pôle Nord*.

Déçu de prime abord, mon père ne vit pas ce que peut-être il avait espéré : les igloos de glace ont laissé place à des maisons en bois toutes couronnées d'antennes paraboliques ; les kayaks et leurs pagayeurs ont été remplacés par des bateaux à moteur ;

les chiens de traîneau par de gros 4 x 4 et à des quads pétaradants ; le réchauffement de la planète cet été-là avait fait fondre la glace et découvert la terre poussiéreuse tourbillonnante dans les incessantes allées et venues des véhicules à moteur ; aux Inuits mythologiques se sont substitués des Inuits gavés de sucre, obèses, édentés, buveurs de Coca, fumeurs, quêtant le haschich apporté dans les bagages par les visiteurs – ça n'est pas ma substance, j'avais juste apporté une bouteille d'Yquem pour fêter l'anniversaire ; les chamanes familiers de l'esprit des animaux, des pierres et des morts n'existent plus, remplacés par des évangélistes mangeurs d'hostie.

Le Nord avait perdu le nord. J'en venais à regretter d'avoir organisé ce voyage et, regardant un iceberg au loin, en haut d'une petite butte, face à la mer bleue presque noire, je me rappelais cette phrase de Schopenhauer : « Le désir ne tient jamais ses promesses. » Mon père avait fini par m'apporter une réponse à ma question : *Pourquoi ?* Quand il était jeune homme, dans sa chambre d'ouvrier agricole partagée avec les animaux et dans laquelle, l'hiver, l'eau gelait dans la bassine, il avait lu Paul-Émile Victor. J'imagine en effet, pour mon père dont le nom scandinave témoigne de dix siècles de présence en terre normande avec des Vikings dans l'arbre généalogique, l'exotisme que c'était cette terre hyperboréenne, source des sources, généalogie des généalogies.

Mais si mon père fut un temps déçu de ne pas voir ce qu'il venait voir, il a vu ce qu'il n'avait pas prévu de voir : un jour où le mauvais temps et la présence d'un ours nous empêchaient de sortir de notre cabane, l'Inuit qui nous servait de guide, Atata (Papa en inuktitut), s'était mis à nous raconter la mythologie de son peuple. Dans un sac de peau de phoque, il a plongé une cordelette faite avec les nerfs de l'animal pour chercher à lier au hasard les os du mammifère qu'il sortait avant de les poser sur la table et de raconter des histoires. Il mélangeait des mythes et les anecdotes concernant sa vie, son village. Il parlait dans sa langue, deux des marins qui travaillaient avec lui traduisaient en anglais, nous traduisons en français.

18

Atata, qui avait un visage buriné par le froid et la lumière, lisse, plat, seulement fendu horizontalement par ses yeux, Atata l'ancien, le vieux du village, Atata qui était mi-chamane mi-pasteur, Atata qui était le patron de ses deux marins, Atata prononça quelques mots tremblés, s'arrêta de parler, eut un sanglot dans la voix, fit silence, un silence qui dura une éternité, puis frappa la table de son poing, avant d'essuyer ses larmes. Le rude personnage, septuagénaire, qui avait eu pour mon père, plus âgé que lui, tous les égards dus aux anciens et qui, un soir, sur une île, au milieu des pierres, près d'un feu de bois, lui apporta, venue de nulle part, une chaise pour que mon père s'y assoie, Atata, donc, tétanisa l'assemblée. Les passeurs de l'inuktitut à l'anglais s'étaient tus. Un long silence de mort envahit la petite bicoque en bois que l'ours aurait pu démonter d'un seul coup de patte.

L'Inuit édenté donna l'explication : l'ancien rapportait une histoire terrible. Au moment de la guerre froide, lorsque les États-Unis et l'URSS envisageaient une guerre nucléaire, le pôle Nord était une zone stratégique. Une base au Groenland avait d'ailleurs permis aux Américains d'avancer leurs pièces – un bombardier muni de ses bombes atomiques y a même raté une manœuvre d'atterrissage avant de couler sous la glace, emportant avec lui ses armes de mort.

À cette époque, les Américains ont déporté les peuplades inuits afin d'occuper la région plus au nord : les familles, les femmes et les enfants, les anciens, leurs maigres outils de chasse et de pêche, leurs kayaks, leurs chiens et leurs traîneaux. C'était compter sans le fait que, plus haut vers le pôle, la glace est plus épaisse, impossible à percer pour la pêche, donc. Les Inuits sont repartis vers le sud pour ne pas mourir de faim et mourir tout court, puisque le phoque leur donne tout : de quoi se nourrir, se loger (les intestins servent de vitres pare-vent), s'habiller (la peau des bêtes est cousue avec leurs nerfs), se déplacer (la peau de l'animal enveloppe le kayak).

Quand les Américains ont constaté ce trajet des Inuits en sens inverse, ils ont recommencé leur déportation vers le nord. À nouveau les familles, les femmes et les enfants, les anciens, à nouveau les maigres outils de chasse et de pêche, à nouveau les kayaks, les chiens et les traîneaux. Mais pour empêcher que ce peuple ne revienne sur ses lieux de chasse et de pêche plus au sud, l'armée américaine a tué les chiens et les a empalés. C'est en rapportant le meurtre de ses chiens qu'un demi-siècle plus tard Atata pleurait.

Mon père qui ne vit pas ce qu'il venait voir a vu ce qu'il ne venait pas voir : le récit de la fin d'un peuple, d'une civilisation, d'un monde. Atata était à la mer et aux chiens ce que mon père était à la terre et aux chevaux. Ces hommes n'ont jamais été séparés de la nature, ils savaient qu'ils en étaient des fragments et leur sagesse tout entière procédait de cette évidence. Atata pleurait ses chiens empalés comme j'ai le souvenir d'avoir vu un jour mon père ému jusqu'aux larmes me rapporter comment un cheval qu'il aimait (peut-être était-ce « Coquette », il parlait souvent de ses chevaux et il ne me revient que ce nom-là) et avec lequel il labourait est tombé raide mort dans les champs, terrassé par une crise cardiaque.

Ce moment a lié Atata et mon père. Dès lors, et jusqu'à la fin du voyage, l'Inuit et le Normand se souriaient, se regardaient, se parlaient sans se comprendre verbalement mais en sachant que la véritable compréhension se moque bien des mots, du verbe et des discours. Le monde de l'hyperboréen et celui du Viking étaient un seul et même monde. J'étais témoin de cette osmose, de cette symbiose de deux hommes qui, sages, savaient qu'ils étaient une petite partie du grand cosmos, un savoir qui mène au sublime chez qui le sait. Cette leçon m'avait été donnée comme les autres, sans plus d'effets. Quelques jours plus tard, mon père est parti dans un frêle bateau avec lui pour rejoindre une petite île à côté. J'étais resté sur la berge. J'eus l'impression, en les voyant rentrer dans le brouillard qui les a estompés, que ce voyage me montrait ce que serait celui du passage du Styx pour mon père. Avalé par le brouillard, néantisé, disparu.

Le soir de la mort de mon père, nous avions grillé des châtaignes dans la cheminée de ma maison de Chambois. Mon père avait bu du cidre. Puis du champagne en fin de repas. Je l'ai accompagné quand il a manifesté son désir de rentrer. J'ai fermé la fermeture Éclair de son manteau, ajusté son écharpe – il sortait d'une opération du genou qui s'était bien passée mais l'avait fatigué. Nous avons pris le chemin qui conduit à sa maison. Moins d'une centaine de mètres. Nous sommes passés devant le porche de l'église. Une petite place, avec son monument aux morts, grimpe jusqu'à la ruelle où se situe la maison dans laquelle mon père est né, sur la table de la cuisine, le 29 janvier 1921.

Au milieu de cette place, mon père s'est arrêté. Je lui tenais le bras. Il n'avait pas besoin de cela pour marcher. Il m'a dit : « Il faut que je me mouche. » Il s'est mouché avec son grand mouchoir à carreaux. Un petit souffle suivi d'un autre puis d'un troisième. Il a remis son mouchoir dans sa poche. Pendant ce temps, j'ai levé les yeux au ciel pour chercher l'étoile polaire. Le ciel était marron, un mélange de noir de la nuit et d'orange des lumières publiques, une couleur laide, indéfinissable, qui noie la beauté du cosmos dans la pâleur électrique de la civilisation. J'ai dit à mon père : « Nous ne verrons pas notre étoile polaire ce soir. » Il m'a répondu : « Non, ce soir, le ciel est couvert… » Puis il est mort debout ; je l'ai couché dans le néant ; ses beaux yeux bleus le regardaient fixement. Il aurait eu quatre-vingt-neuf ans deux mois plus tard.

Je ne crois pas à l'âme immortelle, à son départ vers le ciel ; je ne crois à aucun des récits religieux qui voudraient nous faire croire que la mort n'est pas et que la vie continue quand le néant a tout pris ; je ne crois à rien qui, de près ou de loin, ressemblerait à de la métempsycose ou de la métensomatose ; je ne crois pas aux signes post-mortem. Mais je crois pour l'avoir vécu, expérimenté, que ce soir-là, à ce moment-là, dans cette occasion-là, mon père m'a transmis un héritage. Il m'invitait à la rectitude contre les chemins de traverse, à la droiture contre le zigzag, aux leçons de la nature contre les errances de la culture, à la vie debout, à la parole pleine, à la richesse d'une sagesse vécue. Il me donnait une force sans nom, une force qui oblige et qui n'autorise pas.

La pluie de décembre s'abattait sur le village le jour de son enterrement. Un jour de semaine, l'église était pleine. Des gens sont restés dehors sur le petit parvis, sous l'eau pendant la durée de l'office célébré par deux amis prêtres, l'un, prêtre-ouvrier, pour célébrer la vie rude des travailleurs, rendre hommage aux gens des métiers épuisants pour les corps, l'autre, dominicain, afin de dire la force de la méditation, la puissance de la spiritualité, la dignité du travail intellectuel, celle aussi, édifiante, de la lecture des textes qui invitent à la vie droite.

Dans le petit cimetière de son village natal, mon village natal, je suis resté seul sur le bord de sa tombe où il retrouvait son père et sa mère, non loin de son frère. Les amis, la famille étaient repartis dans ma maison. À cinquante ans passés, ce que j'étais devenu de mieux, je le lui devais ; ce qui me manquait pour être mieux encore, il m'en donnait les moyens. C'était son héritage : une force sereine, une calme détermination, une puissance douce, une solide solitude. Or ce qui s'hérite se mérite. Certes, *Cosmos* est un livre écrit par moi, pour moi, afin de mériter cet héritage. Mais le lecteur y a aussi sa place. Le cosmos, bien que fini sans bord, est le centre autour duquel nous nous enroulons un temps, avant de disparaître bien vite. La mort nous réunira, dans le néant.

Caen, place de la Résistance
Vendredi 8 août 2014
Premier anniversaire de la mort de Marie-Claude.

Introduction

Une ontologie matérialiste

Cosmos est mon premier livre. J'ai publié à ce jour plus de quatre-vingts livres sur nombre de sujets : l'éthique, l'esthétique, la bioéthique, la politique, l'érotique, la religion, la psychanalyse, la gastrosophie, mais aussi des haïkus, des proses poétiques, des récits de voyages, une dizaine d'ouvrages sur des peintres contemporains, quelques livres de chroniques sur l'actualité, plusieurs volumes d'un journal hédoniste, un chantier historiographique de plus de dix tomes de contre-histoire de la philosophie mais, de fait, j'ai l'impression que *Cosmos* est mon premier livre.

Certes, il a fallu tous ces livres passés pour aboutir à celui-ci, comme des rivières débouchent un jour à la mer. Il a fallu également la mort de mon père comme un événement majeur dans ma vie qui la coupe en deux – je ne parle pas ici de la mort de ma compagne, survenue ensuite et qui rend ce qui est coupé en deux inutile et incertain. Devant la tombe ouverte de mon père et face au cercueil posé sur la dalle de béton (je regrette le temps du corps posé à même la terre pour s'y fondre, s'y défaire, s'y décomposer) du caveau familial, il m'a fallu envisager concrètement ce qu'une stupide expression nomme *faire son deuil.*

Faire son lit, faire les courses, faire la vaisselle, faire le marché, faire le ménage, faire la cuisine, certes ; mais *faire son deuil* ! On ne fait jamais son deuil, *on survit*, parce qu'il le faut, parce que c'est dans l'ordre des choses de perdre un vieux père ; ou

23

bien par faiblesse quand il s'agit d'une compagne trop jeune partie et que, travaillé par l'idée, on n'a pas eu le courage de la rejoindre dans le néant juste après avoir mis de l'ordre dans ses affaires. On continue alors à vivre comme continue à courir le poulet auquel on a coupé le cou, par habitude, par réflexe ; on survit mécaniquement ; on dit oui par manque de force de dire non ; on fait avec ; on compose pendant que l'autre décompose et l'on se reproche de composer, tant ce avec quoi on doit composer apparaît futile, dérisoire, insignifiant.

Chacun fait comme il peut et aucune situation ne ressemble à une autre – la mort d'un nourrisson de quelques jours ou celle d'un presque centenaire, celle d'un inconnu, celle de son grand-père, celle d'un enfant et celle d'un voisin, le suicide ou le meurtre, l'accident ou la longue maladie, la personne qu'on aimait, celle qu'on aimait moins, celui qu'on connaissait bien, celui qu'on voyait rarement, chaque cas est différent. De même qu'est différent le moment de la vie dans lequel surgit cette mort : celle d'un père quand on a dix ans, d'un enfant de huit jours quand on a vingt ans ou de quarante quand on en a soixante-cinq, celle qui laisse désemparé au seuil de la vie, à quinze ans, celle qu'on savait inéluctable quand on a passé un certain âge et qu'on a de vieux parents.

La mort de quelqu'un qu'on aime, quand on tâche de mener une vie philosophique, est une expérience d'un genre particulier car elle met à l'épreuve ce que l'on pense sur ce sujet qui devient un objet, notre objet. La mort abordée comme mort d'autrui devient la mort de telle personne, pour utiliser les catégories de Jankélévitch, la mort à la deuxième personne : *tu meurs* – avec la mort à la première personne, *je meurs*, ou à la troisième personne, celle d'un tiers éloigné, *il meurt*. Méditer le *Phédon* de Platon ne nous fait pas plus d'effet, si l'on ne croit pas en Dieu, que de lire les Évangiles qui nous assurent, quand le corps meurt, que l'âme immortelle survit et connaît une vie éternelle. On a beau avoir lu les consolations stoïciennes des philosophes antiques et connaître leurs arguments : la mort concerne chacun, rien ne sert de s'en offusquer, elle est inévitable, rien ne sert de la refuser, elle est avant tout une représentation sur laquelle on a du pouvoir plus qu'une vérité intrinsèque, rien ne sert de s'appesantir sur son sort, le chagrin ne s'amenuise pas pour autant. On peut savoir qu'Épicure nous dit de la mort qu'elle n'est rien puisque quand je suis là, elle n'y est pas et que, quand elle est là, je n'y suis plus, on découvre qu'Épicure ne parle que de la mort à la première personne. Mais celle des autres ? Que dit Épicure de la mort d'un père ? Rien. L'épicurien Lucrèce donne une réponse : il n'y a rien à craindre d'une décomposition au sens matériel du terme : nous mourons comme agencement, mais nous survivons comme atomes. À quoi nous sert de savoir que, morts, nous survivons sous forme de pissenlit ? On rouvre les *Essais* de Montaigne et les fameuses pages, on retrouve Cicéron, « Que philosopher c'est apprendre à mourir », d'accord, mais apprend-on jamais ce dont le propre est d'être vécu, si l'on peut dire, une seule fois ? On se souvient de Schopenhauer qui console de la mort individuelle en nous disant qu'elle est le prix à payer pour le caractère éternel de l'espèce, on ne trouve aucun réconfort à avoir rendu possible ce dont on se moque comme d'une guigne, puisque c'est de nous qu'il s'agit ! On songe à Nietzsche qui croit résoudre le problème en nous invitant à la patience sidérale du surhumain convaincu que l'éternel retour du même lui vaudra de revivre un jour la même vie, dans les mêmes formes, et ce indéfiniment, mais attendre le retour de cycles plurimillénaires, c'est long et on a le temps de s'ennuyer. On ira même jusqu'à Jankélévitch qui nous entretient du sujet pendant cinq cents pages avant de conclure qu'on n'en peut rien dire et qu'on verra bien un jour, ou qu'on verra peut-être, ou bien même qu'on ne verra pas.

La philosophie semble sur ce sujet bien pauvre en consolations véritablement efficaces. De la rhétorique, beaucoup, de la sophistique, en quantité, de beaux raisonnements, en veux-tu en voilà, des fictions consolantes avec force arrière-mondes, en chapelets, mais dans le deuil, le corps a ses raisons que la raison ne connaît point ! Certes, on peut trouver ici ou là des idées utiles, mais aucune ne permet efficacement de recouvrer tout de suite la station debout quand on a mis un genou en terre. Sauf…

25

Sauf si l'on part du principe que la mort est un héritage, que le disparu a légué ce qu'il fut et que, quand on a eu la chance d'avoir eu un père et une compagne ayant confiné à la sainteté laïque par leur bonté, il nous reste à leur rendre le seul hommage qui soit : vivre selon leurs principes, être conforme à ce qui faisait d'eux des personnes aimées, ne pas laisser mourir leur puissance d'exister dans leur générosité d'être en la reprenant comme on relève un étendard tombé au sol après un combat, agir sous leur regard inexistant et leur rester fidèle en incarnant leurs vertus, en épousant leur art de produire de la douceur.

Transformer une catastrophe en fidélité, voilà ce que propose *Cosmos*, sous-titré *Une ontologie matérialiste*. Il prend la forme d'un pentagramme composé de pentagrammes – cinq parties faites chacune de cinq chapitres. D'où, dans la première partie, « Une forme a priori du vivant », mon interrogation sur le *temps* virgilien qui fut celui de mon père, temps calme et paisible qu'il s'agit de retrouver pour l'habiter en toute sérénité ; puis, dans la deuxième partie, « La force de la force », une réflexion sur la *vie* comme force par-delà le bien et le mal à laquelle nous sommes soumis jusque dans la mort qui en constitue une variation ; dans la troisième partie, « Un alter ego dissemblable », j'envisage les conséquences de cette thèse de Darwin : il n'y a pas de différence de nature entre l'homme et l'animal, mais une différence de degré ; dans la quatrième partie, « Une éthique de l'univers chiffonné », une méditation sur le *cosmos* comme lieu généalogique immanent et païen de la sagesse qui permet la coïncidence de soi avec soi, donc avec les autres ; enfin, dans la cinquième partie, « L'expérience de la vastitude », je propose une invitation au sublime résultant de la tension entre le souci et l'attention au spectacle du monde concret et la petitesse de notre conscience aiguisée, sachant qu'elle n'est pas grand-chose, mais qu'elle peut beaucoup.

Première partie

LE TEMPS
UNE FORME A PRIORI DU VIVANT

Le temps : insoucieux d'un abord transcendantal auquel je préférerais toujours l'abord empirique, je peux proposer une définition du temps, certes, mais à quoi bon ? Dans « Les formes liquides du temps » (chapitre 1), je préfère partir à la recherche d'un temps perdu, celui d'un champagne de l'année de naissance de mon père par exemple, « 1921 », afin de montrer qu'il n'est jamais de temps perdu. On le croit perdu, mais il est possible de le retrouver, il suffit pour cela de partir à sa recherche et de savoir qu'on y accède moins de façon purement cérébrale et conceptuelle qu'en mobilisant une intelligence sensuelle, une mémoire affective, une réflexion transversale qui convoque les synesthésies et les correspondances chères aux poètes.

Bergson est grand, bien sûr, mais Proust le bergsonien l'est plus encore en racontant de façon romanesque le temps perdu puis retrouvé plutôt qu'en le disséquant à la façon d'un philosophe institutionnel. La philosophie n'est jamais aussi grande que quand elle n'est pas pratiquée par un professionnel de la discipline. Le Bachelard de *L'Intuition de l'instant* est grand, bien sûr, mais plus grand encore à mes yeux celui qui disserte sur le temps à partir d'une poétique du grenier ou d'une phénoménologie de la cave, de la vacillation de la flamme d'une chandelle ou du parfum dominical d'un poulet rôti.

Dans « Les *Géorgiques* de l'âme » (chapitre 2), je quête le temps non pas à partir des définitions données par les auteurs

29

du programme mais en me souvenant de la découverte des temps, celui de l'enfance, des jeux dans la forêt, des cabanes dans les bois, des promenades solitaires dans les champs, des balades dans les chemins sous la voûte des camaïeux de l'automne, des éclaboussures dans l'eau du lavoir, des jeunes anguilles pêchées à la main. Temps de l'adolescence, aussi, qui permet au jeune garçon que je suis, dévoreur de livres, de prendre des leçons de travail en regardant mon père à l'œuvre dans son jardin potager. Jamais cours de méthodologie ne fut mieux dispensé sans jamais avoir été professé. Les allées propres et nettes, les planches clairement dessinées, les alignements de légumes, les plantes aromatiques au bon endroit, les fleurs au leur.

Le goût du travail bien fait m'a été transmis de cette façon. Il reste associé à la saveur puissante de la ciboulette, à celle de la fraise qui m'a un jour transfiguré en flaveur (j'ai raconté cette expérience en préface à *La Raison gourmande*), au parfum capiteux des œillets de poète quand la brûlante journée d'été se termine, à l'odeur de la terre quand on attend la pluie, parfum de désert retrouvé un jour au Sahara, ou après l'orage, parfum de jungle, une fois expérimenté au Brésil. La nature fut pour moi la première culture et il m'a fallu un long temps pour distinguer dans la culture la mauvaise qui nous éloigne de la nature et la bonne qui nous y ramène.

Trop de livres se proposent de faire l'économie du monde tout en prétendant nous le décrire. Chacun des trois textes fondateurs de religion prétend abolir les autres livres pour rester le seul. Ces trois-là ont généré une infinité de livres qui les commentent, ouvrages tout aussi inutiles pour comprendre le réel. Le jardin est une bibliothèque quand trop peu de bibliothèques sont des jardins. Regarder travailler un jardinier au jour le jour nous en apprend parfois beaucoup plus que de lire d'interminables livres de philosophie. Le livre n'est grand que lorsqu'il apprend à se passer de lui, à lever la tête, à sortir le nez du volume pour regarder le détail du monde qui n'attend que notre souci.

Mon père dans son jardin obéissait au rythme de la nature. Il connaissait le temps généalogique. Il vivait sans souci pour le temps contemporain, qui est temps d'instants dissociés du passé et du futur, temps mort qui ne procède d'aucune mémoire et ne prépare aucun avenir, temps nihiliste fait de lambeaux de moments arrachés au chaos, temps reconstruit par les machines à produire de la virtualité et à nous la présenter comme la seule réalité, temps dématérialisé des écrans qui se substituent au monde, temps des villes contre temps des champs, temps sans vie, sans sève, sans saveur...

L'oubli de ce temps virgilien est cause et conséquence du nihilisme de notre époque. Ignorer les cycles de la nature, ne pas connaître les mouvements des saisons et ne vivre que dans le béton et le bitume des villes, l'acier et le verre, n'avoir jamais vu un pré, un champ, un sous-bois, une forêt, un taillis, une vigne, un herbage, une rivière, c'est vivre déjà dans le caveau de ciment qui accueillera un jour un corps qui n'aura rien connu du monde. Comment, dès lors, trouver sa place dans le cosmos, dans la nature, dans la vie, dans sa vie, si l'on vit dans un monde de moteurs polluants, de lumières électriques, d'ondes sournoises, de systèmes de surveillance vidéo, de rues goudronnées, de trottoirs souillés de déjections animales ? Sans autre rapport au monde que celui d'objet dans un monde d'objets, impossible de sortir du nihilisme.

Le peuple tzigane, peuple de l'oralité, de la nature, du silence, des cycles des saisons, ce peuple, lui, a le sens du cosmos – du moins pour ceux qui résisteraient encore aux sirènes de ce qui se présente comme la civilisation, autrement dit : la sédentarité confinée dans le béton. Dans « Après demain, demain sera hier » (chapitre 3), j'interroge ce peuple qui a le goût du silence et de la tribu. Il parle aux hérissons et les hérissons lui répondent. Il n'a pas le sens de la damnation chrétienne, il ignore le péché originel, il n'est donc pas soumis à la dictature du travail productiviste. Les Tziganes vivent selon le temps des astres et non selon le temps des chronomètres.

Leur vie naturelle semble une insulte à la vie mutilée des gadjos, les non-Tziganes. Parce que, fidèles à leurs traditions, ceux qui ont résisté à la christianisation triomphent en peuple fossile, ils témoignent de ce que nous avons été avant la sédentarisation : gens du voyage, tribus en mouvement, peuples qui prennent la route au printemps ou qui s'installent en camp pour hiverner, ils montrent que nous aussi, il y a des milliers d'années, nous préférions méditer devant un feu plutôt que de perdre du temps dans les transports en commun, vivre avec les bêtes en les mangeant pour vivre et non en vivant loin des bêtes qu'on abat industriellement pour manger leur chair insipide.

Comme le jardin potager, le campement tzigane dans les campagnes est toujours pour moi une leçon de sagesse. La vindicte à l'endroit de ce peuple est vindicte contre ce que nous ne sommes plus et que nous regrettons d'avoir perdu : la liberté. L'éternelle persécution qui les accompagne, jusque dans les chambres à gaz nazies, dit que ce qui se présente comme civilisation s'apparente souvent à la barbarie et que ce que les civilisés nomment barbarie est bien souvent une civilisation dont ils ont perdu les codes – exactement comme nous avons perdu ceux des ruines sumériennes ou akkadiennes, hittites ou nabatéennes.

Dans « Le pliage des forces en formes » (chapitre 4), je propose l'hypothèse que le temps n'est pas ailleurs que dans chaque cellule de ce qui est. L'étoile effondrée de laquelle tout ce qui est procède porte en elle une cadence : l'obsidienne et la fougère, le machaon et le ginkgo, le ciron et le taon, le lion et le mouton, la girafe et le taureau de combat, ou bien encore le blé retrouvé dans les pyramides qui peut germer quarante siècles plus tard s'il dispose des conditions pour sa germination, ou les palmiers qui ne fleurissent qu'une fois dans leur vie, tous les quatre-vingts ans, puis meurent, mais aussi, bien sûr, les humains porteurs d'une horloge interne aux ressorts inégalement tendus par le cosmos.

Enfin, dans « Construction d'un contre-temps » (chapitre 5), j'examine les effets de l'abolition du long temps qui a sévi de l'Antiquité romaine à l'invention du moteur au XIXᵉ siècle : le temps du pas d'un cheval. L'apparition de machines à fabriquer du temps virtuel (téléphone, radio, télévision, écrans vidéo) a tué ce temps cosmique et produit un temps mort, celui de nos temps nihilistes. Nos vies figées dans l'instant sont déconnectées de leurs liens avec le passé et le futur. Pour ne pas être un point mort de néant dans le néant, il nous faut inventer un contre temps hédoniste afin de *nous créer liberté*, autrement dit, leçon nietzschéenne infidèle à Nietzsche, il nous faut choisir dans notre vie et pour notre vie ce que nous voudrions voir se répéter sans cesse.

L'âme humaine, qui est matérielle, porte donc en elle la mémoire d'une durée qui se déplie par-delà bien et mal. La durée vécue n'est pas naturellement perçue, elle est culturellement mesurée. Notre corps la vit, sans le savoir ; notre civilisation la mesure pour l'encager, la dompter, la domestiquer. La civilisation est l'art de transformer en temps mesurable, donc rentable, une durée corporellement écrite qui témoigne de la permanence en nous du rythme cosmique qu'il nous faut connaître. Le temps est une force stellaire a priori pliée a posteriori dans tout ce qui a pris forme. Il est la vitesse de la matière. Cette vitesse est susceptible d'une multiplicité de variations. Ces variations définissent le vivant, la vie.

1

LES FORMES LIQUIDES DU TEMPS

Je pourrais dire du temps qu'il est la « vitesse de la matière ». J'ajouterais ainsi une définition théorique, voire théorétique, à cette réalité qui met la pensée en difficulté à cause de son caractère fluide, coulant, fuyant, évanescent, fugitif, éphémère, fugace. Pareille contribution rejoindrait alors les multiples tentatives de saisir l'insaisissable. Ainsi, le « flux du fleuve » héraclitéen, la « forme mobile de l'éternité immobile » platonicienne, l'« intervalle accompagnant le mouvement du monde » stoïcien, le « nombre du mouvement selon l'avant et l'après » aristotélicien, l'« image de l'Un qui est dans le continu » de Plotin, l'« accident d'accidents » épicurien, la « série d'idées qui se succèdent » chez Berkeley, la « forme a priori de la sensibilité » kantienne, « la succession infinie de moments particuliers » de Kierkegaard, le « fantôme de l'espace obsédant la conscience réfléchie » bergsonien, les « dimensions de la néantisation » sartriennes disent la chose sans jamais l'épuiser.

Dès qu'un philosophe parle du temps, il se trouve contraint soit d'ajouter une définition à l'histoire des idées, soit d'entamer une dissertation sur le temps qui est sans être, sur le temps dont on sait ce qu'il est tant qu'on n'en parle pas, mais dont on ne peut plus rien dire dès qu'on nous interroge sur lui, sur le temps réduit au présent, car le passé et le futur n'existeraient qu'en tant que présentifiés, sur l'inexistence du temps recouvert par la durée vécue, sur l'impossibilité d'une théorie du temps parce qu'elle s'inscrit dans la temporalité, sur la moindre pureté du temps, forme dégradée de l'éternité, donc de la divinité. L'éclair d'un serpent qui disparaît dans l'herbe.

J'ai lu ce que les penseurs ont pensé et écrit sur le temps. Souvent, les formules sont belles, les intuitions justes, parfois les envolées lyriques masquent des considérations de bon sens sur le passé qui n'est plus et le futur qui n'est pas encore, donc sur l'inexistence de ce qui n'est plus et de ce qui n'est pas encore, sauf dans l'instant qui lui-même concentre cette étrange alchimie, car il n'est pas un point, mais une durée lui-même, une étrange créature dont la tête et la queue se trouvent, pour la première en avant du temps, pour la seconde, dans son arrière. Le présent qui subit lui aussi la loi du temps, bien sûr, semble n'être qu'un instant furtif dans lequel se joue cette métamorphose du futur en passé, car tout passé s'avère un ancien futur devenu. Il lui faut pour ce faire passer par le broyeur du présent, invisible transformateur de l'être en néant.

J'avais envie de partir à la recherche du temps non pas de façon conceptuelle, nouménale, mais sur le mode nominaliste. Je voulais *un* temps perdu, et non *le* temps perdu. Je n'avais pas encore vu mourir ma compagne, sinon j'aurais probablement eu envie de retrouver un temps qui aurait été le nôtre, ici ou là, dans des espaces vécus, dans des lieux arpentés, dans des durées taillées dans le marbre de deux mémoires devenues une. Temps antédiluviens de la jeunesse, temps partagés de la vie se faisant, longs temps de la douceur quotidienne, puis temps des temps de peine, temps de la longue maladie, temps de la souffrance, temps de l'agonie, temps de la mort, temps du deuil. Le temps de ce temps viendra peut-être un jour ; trop tôt pour l'instant.

J'avais choisi le temps de naissance de mon père : « 1921 ». Cette année fut en philosophie celle de *Mars ou la guerre jugée* d'Alain, mais aussi du *Tractatus logico-philosophicus* de Wittgenstein ; celle du deuxième *Quintette* de Fauré, mais aussi des *Six lieder* de Webern ; celle de la *Femme nue dormant au bord de l'eau* de Vallotton, mais aussi de *Why not sneeze*, un ready-made de Duchamp ; celle de la mort de Saint-Saëns, mais aussi du Salon Dada à Paris ; celle de la publication de *Sodome et Gomorrhe* de Marcel Proust, mais aussi des dernières pages de l'*Ulysse* de Joyce ; celle de la tuerie par Lénine de neuf cents marins à Kronstadt qui demandaient juste le respect des idéaux de la Révolution russe et celle de la prise de pouvoir de Hitler à la tête du Parti nazi ; celle du bolchevisme triomphant, mais aussi de la Nouvelle Économie Politique et de l'aide des États-Unis à la Russie léniniste exsangue ; celle de la condamnation de Sacco et Vanzetti, mais aussi de la défense de ces deux anarchistes par un autre anarchiste alors inconnu : Benito Mussolini ; celle de la publication de *Psychologie des masses et analyse du moi* de Freud, mais aussi, du même, de *Rêve et télépathie* – autrement dit : la fin d'un monde et l'avènement d'un autre. La guerre 14-18 accouche d'un temps qui abolit l'ancien temps : en 1921, le nihilisme se répand comme une encre sur la page de la civilisation judéo-chrétienne.

J'avais envie de retrouver ce temps que je n'avais pas connu, « 1921 », bien que j'en fusse l'enfant, à tous les sens du terme. Cette date de naissance de mon père suppose sa propre conception par son père maréchal-ferrant qui avait servi dans le 13e Régiment de Cuirassiers versé dans le 104e Régiment d'Infanterie lors de la Première Guerre mondiale. Revenu gazé des batailles de l'Est, médaillé militaire pour une campagne effectuée en Italie en mai 1916, « rentré sur le front français le 29 juillet 1918 », libéré le 14 mars 1919, disent ses papiers militaires, il avait conçu cet enfant, mon père, après avoir connu cette guerre, la matrice du nihilisme de notre époque qui se contente d'en vivre la caudalie. Je me suis souvent dit qu'un simple éclat d'obus volant au hasard, une balle de rien du tout effectuant sa trajectoire en direction de mon grand-père aurait eu raison de lui, certes, mais aussi, à sa manière, de mon père, donc par extension de moi aussi. Dans les dizaines de milliards de projectiles ayant zébré le ciel noir de cette époque, des vies furent emportées, d'autres épargnées, et des vies issues de ces vies épargnées ont continué, innocentes de ce hasard qui, à l'aveugle, distribuait furieusement l'être et le néant.

37

Je me retrouvais presque un siècle plus tard dans l'est de la France, non loin de cette terre gorgée du sang des soldats, nourrie à la chair humaine, imbibée du râle à bas bruit de l'agonie des combattants. Je devais donc ma présence au monde à un étrange hasard conjugué à cet autre qui fit que, dans le combat séminal qui présida à ma venue, il y eut aussi beaucoup de morts pour qu'une seule vie triomphe – la mienne. L'aléatoire faisait vraiment la loi ; je procédais donc d'une série inouïe de fortunes adéquates ! Dieu n'avait donc vraiment rien à faire dans cette aventure qui conduit un être à être plutôt qu'une potentialité à ne jamais advenir.

Début 2012, j'étais en Champagne avec mon ami Michel Guillard, que j'ai rencontré en 1990, à l'époque où il dirigeait la revue *L'Amateur de bordeaux* qu'il a créée avec Jean-Paul Kauffmann. Nous avons bu quelques très beaux flacons à l'époque, plus tard également. Il souhaitait que j'apporte ma contribution au classement des paysages de Champagne à l'Unesco. Nous avons visité les caves et lu avec émotion les graffitis qui racontent l'histoire des gens gravée dans la craie qui en conserve la mémoire et la porte jusqu'à nous. Portraits naïfs, dessins érotiques, noms ou prénoms de corps évanouis depuis bien longtemps, dates, griffures d'âmes qui laissent une trace dans la vie avant que le néant ne reprenne leurs chairs, ces échos aux gravures rupestres racontaient aussi la vie sous terre pendant les bombardements de cette fameuse Première Guerre mondiale. Enterrée vivante, la population vivait non loin de ceux qui mouraient à l'air libre, le temps du combat, au-dessus d'eux, avant d'aller retrouver la terre de leur dernier séjour.

Le sous-sol champenois conserve ces traces comme Lascaux les siennes. Mais il garde aussi une autre mémoire : des millions de bouteilles à l'abri de la lumière, préservées du temps mécanique des vies modernes, et qui ont piégé le temps. Nul endroit plus magique pour partir à la recherche du temps perdu qu'une cave dans laquelle, si l'on sait goûter l'âme d'un vin, on accède au temps retrouvé. Mieux qu'une bibliothèque qui dit sans suggérer, qui apporte la mémoire sur un plateau sans inviter le corps à la découvrir, la cave rassemble, contient, garde l'histoire, la grande et la petite, toutes deux cristallisées dans les simulacres atomiques qui restituent le corps des choses conservé dans le verre sous forme d'âme – d'aura, si l'on veut. Une bouteille est une lampe d'Aladin qu'il faut savoir caresser.

Michel Guillard m'avait conduit au domaine de Dom Pérignon et fait rencontrer le maître des lieux, Richard Geoffroy. Distingué, élégant, stylé, racé, sa conversation, baroque comme celle d'un éminent jésuite du Grand Siècle, recelait et cachait plus qu'elle ne révélait. Il disait, certes, mais ce qu'il fallait entendre se trouvait entre les mots, à côté, à travers eux, comme la lumière pénètre un cristal pour irriguer un vin et révéler le rubis de sa robe. J'ai compris plus tard que cet homme sensuel et voluptueux, bien que cérébral, ou cérébral, bien que sensuel et voluptueux, ne fait pas confiance aux mots qui travestissent les choses et médiatisent un réel s'enfuyant dès qu'on le nomme.

Il me faisait penser à Balthasar Gracian (1601-1658), l'auteur de quelques chefs-d'œuvre du baroque espagnol : *Le Héros*, qui théorise le je-ne-sais-quoi et la fortune, l'héroïsme sans défaut et le goût exquis, l'excellence dans le grand et l'ascendant naturel ; *L'Homme de cour*, qui fait de même avec le savoir et la valeur, la façon fine et la façon ronde, la droite intention, l'homme de grand fond, l'excellence dans l'excellent, le goût fin et le haut courage ; ou bien encore *L'Homme universel,* qui disserte sur l'esprit et la grandeur d'âme, l'homme pénétrant et impénétrable, la promptitude des heureuses ressources, la manière en tout et l'homme universel. Cet homme pèse quand il parle, il pèse plus encore quand il suggère, il pèse définitivement quand il renonce à parler pour agir.

Agir, pour lui, c'est faire ce vin mythique, lui donner corps et vie, âme et chair. Le penser et le créer. Le vouloir. Le produire. L'inventer. L'imaginer. L'engendrer. L'envisager, autrement dit, au sens étymologique : lui donner un visage. Le supposer. Le raisonner et le réfléchir. Le conjecturer. L'estimer. Le désirer. Le souhaiter. L'élaborer. L'élever, comme l'architecte élève un bâtiment ou les parents leur enfant, lui donner de la grandeur et de la hauteur. Le cogiter, sur le mode cartésien. Le faire. Si j'osais un genre de synesthésie, je dirais : *l'écrire*.

J'avais écrit sur Dom Pérignon dans *La Raison gourmande*. Je crois que l'esprit du temps se concentre en un style et que, produits dans une même époque, on trouve dans un vin et une peinture, un meuble et une musique, un roman et un livre de philosophie, un bâtiment et une invention, un poème et une recette de cuisine, une communauté de principes, un même angle d'attaque du réel, une semblable participation à une période identique. Ce qui est dans un temps se retrouve dans chacun de ses fragments éparpillés. Il existe une correspondance entre tous les atomes constitutifs d'un même simulacre qui cristallise des particules contemporaines.

Ainsi Dom Pérignon, qui est l'exact contemporain de Louis XIV (1638-1715), mais aussi de Lully, Watteau et Vivaldi, les artistes de la joie, de l'allégresse, de la légèreté, de l'ascendant sans transcendance. Il partage aussi le siècle avec Newton qui révolutionne la vision que l'on se faisait alors du monde : la mythologie chrétienne laisse place à la physique, le scientifique affirme l'identité entre la matière et la lumière, il réduit le réel à des particules maintenues en relation par un système d'attraction, il pense le cosmos et permet aux hommes de trouver leur place non plus dans un ciel habité par les anges, mais dans un éther peuplé de comètes et d'étoiles, de bolides et de planètes obéissant à une même énergie païenne.

Newton s'occupe de la pomme qui tombe ; Dom Pérignon, du raisin qui sort de terre. Le premier met le cosmos en formule ; le second, en bouteille. Le bénédictin fait œuvre pie en inventant la méthode, dit-on, qui permet de contenir la pression dans une bouteille qui n'explose pas. La bulle domptée se retrouve dans la peinture du temps : Simon Luttichuys, Hendrik Andriessen, Simon Renard de Saint-André peignent des vanités ou Karel Dujardin une allégorie qui l'affirme : *Homo bulla*. L'homme est une bulle, fragile comme une bulle, évanescent comme une bulle, éphémère comme une bulle. La mouche le dit dans le détail du tableau, la tavelure d'un fruit, le pétale légèrement fané, le couteau en déséquilibre sur le bord de la table, les volutes de la fumée, le sablier renversé, la pendule en mouvement, la montre négligemment posée sur un beau tapis, le papillon aussi léger qu'une âme envolée, le verre finement ciselé, la coupe ébréchée, le crâne, tout cela dit à qui veut voir, donc entendre et comprendre : la vie est fragile, très fragile, exagérément fragile. Une bulle, rien d'autre.

En tant que tel, et dans chaque coupe, le champagne garde la mémoire de son siècle de naissance avec les monades sans portes ni fenêtres de Leibniz ; il se souvient des modifications multiples et variées de l'unique substance spinoziste ; il concentre le clair-obscur de Rembrandt dont les sujets s'épanouissent dans une bulle de lumière crevant l'obscurité du néant ; il rappelle la limpidité de Vermeer qui emprisonne la clarté fugace dans le reflet d'une perle à l'oreille d'une femme à sa fenêtre ou dans le monde se reproduisant en miniature lumineuse sur le bord d'une carafe ouvragée d'un verre soufflé dans lequel se trouvent figées... des bulles.

Mais, en plus de cet absolu de ce vin absolu, ou de ce vin de l'absolu, le champagne synthétise aussi le relatif – relatif d'un temps, d'une époque, d'un climat, d'une saison, du travail des hommes, des variétés de cépages, du génie des assemblages. Il exprime donc le grand temps de l'Histoire, mais aussi le petit temps des histoires. Il mélange le temps de tout le monde, celui de la géologie, de la nature, de l'univers, du cosmos, mais aussi celui de chacun d'entre nous, ses bons et ses mauvais souvenirs, son enfance et sa jeunesse, ses vertes années et son temps d'adulte, et plus encore, en fonction du temps vécu. Il dit les présents métamorphosés et les disparus, tels que l'éternité les conserve dans l'âme des survivants. Michel Guillard, Richard Geoffroy et moi-même étions convenus qu'un jour nous partirions à la recherche du temps perdu avec un Dom Pérignon 1921.

Ce jour vint. Mon père était mort dans la nuit de l'Avent. Son enterrement avait été noyé dans une bourrasque de vent et de pluie. Quelques jours plus tard, la neige était tombée. J'avais découvert dans le petit cimetière du village natal de mon père, le mien, mon village et mon cimetière, donc, que la neige avait tout recouvert. Une seule trace de pas anonymes avait tracé un chemin dans le blanc ; elle conduisait à sa tombe. Je me souvenais du blanc de cette époque, du cimetière blanc, de la tombe blanche, du ciel blanc, de mon âme blanche, de mon cœur saigné à blanc quand j'arrivais en Champagne ce début décembre, le 13 pour être précis, et que... tout était blanc !

J'avais rendez-vous avec un peu de l'âme de mon père, et je glissai sur le sol en descendant du train comme j'avais glissé près de sa tombe le jour de l'enterrement, en enfonçant profondément un pied dans la terre meuble d'une sépulture voisine dont j'ai cru qu'elle m'avalait. En Champagne, le sol était gelé. Sur la route qui conduisait à Épernay, tout était blanc : blanc le vert de l'herbe des bermes, blanc le marron des troncs et des branches d'arbres, blanc le ciel gris d'hiver, blanches la brique et la rouille des tuiles des maisons, blanches les couleurs des voitures, des objets, des choses, blanc ce matin blême où je prenais le risque d'aller à la rencontre de l'âme éteinte de mon père alors que voletait encore dans la mienne celle de ma compagne disparue quatre mois plus tôt, presque jour pour jour. Sous la glace qui recouvrait le bassin d'un parc, je crus voir un visage qui était bien vrai puisqu'il hantait mon esprit.

Dans le bâtiment Moët & Chandon, je retrouve Denis Mollat, mon ami libraire à Bordeaux qui connaît tous les vins et à qui je dois tout mon savoir en la matière. Puis Franz-Olivier Giesbert, grand dandy dissimulé sous les traits d'un Diogène impeccablement vêtu. Michel Guillard, qui a organisé la rencontre, a le regard qui pétille, comme le moine jésuite qu'il est, sachant qu'il va commettre un péché de gourmandise d'exception. Nous retrouvons Richard Geoffroy, le maître des cérémonies, chef de cave de Dom Pérignon, et Benoît Gouez, son pendant à Moët & Chandon. La Cène païenne a lieu dans la salle du conseil de direction de la maison, l'endroit stratégique, l'enclos du dispositif de ce lieu mythique. Dehors, le parc est couvert de blanc. Un vieil et gros arbre tenu par des câbles semble vaporisé de givre.

10 h 05. L'heure idéale pour la dégustation, si l'on en croit les spécialistes. À cette heure, le corps se trouve dans la meilleure disposition pour apprécier, sentir, goûter. L'hypoglycémie fait son travail, l'appétit vient du plus profond des particules, les atomes attendent leur tribut et sollicitent la chair afin de la mettre à disposition de ce qui advient. À cette heure blanche de la matinée, les bouteilles attendent. Le vin qui vivait en dormant, ou qui dormait en vivant, va être éveillé comme on sort du sommeil un être qu'on souhaite ne pas brusquer. Une princesse liquide.

Michel Guillard, odontologiste de profession, a préparé une prise de parole. J'avais souhaité un genre de silence apte à créer les conditions du recueillement, Michel y avait consenti, mais n'avait pu s'empêcher de briser un peu cette mystique païenne par un bref exposé agrémenté de diapositives. Réduite au minimum, cette intervention m'a permis d'apprendre que notre vision dispose d'un million de connexions nerveuses, dont 200 000 pour la somesthésie (la sensibilité du corps qui gère la sensation d'être au monde), 100 000 pour l'audition, 50 000 pour l'olfaction, 10 000 pour le goût. Autrement dit : le processus d'hominisation a fait de nous des animaux doués pour voir, mais handicapés pour sentir et goûter. La civilisation a donc dénaturé l'animal que nous sommes toujours pour nous transformer en regardeurs du monde au prix d'une déplorable incapacité à le sentir et à le goûter. Dès lors, nous nous détachons de plus en plus du réel pour nous contenter de jouir des images que nous nous faisons de lui.

Moi qui avais chambré Michel Guillard en lui disant que la meilleure façon de parler d'amour n'était probablement pas de discuter gynécologie, je revenais sur mon bon mot : car l'information qu'il nous donnait rappelle combien nous sommes devenus des *animaux dénaturés* – pour utiliser l'expression de Vercors qui disait tenir plus à ce livre éponyme qu'au *Silence de la mer*. Goûter un vin de champagne, qui synthétise un nombre incroyable d'opérations culturelles et représente un sommet d'artifice et d'antinature, s'offre paradoxalement à des corps plus doués pour voir le champagne que pour le sentir et le goûter ! Parlant de ces flacons à déguster, Richard Geoffroy se montrait partisan de ne pas les dire, les parler, les analyser, mais de les écouter. Non pas les raconter, mais les rencontrer. Il fut presque silencieux durant les deux belles heures de cette dégustation. Son silence avait l'éloquence d'un moine bouddhiste renonçant à parler le monde pour se contenter de le vivre.

Le détail de la dégustation fut donc confié à Benoît Gouez. Il s'avère qu'il était le frère d'un de mes anciens élèves en classe philo à Caen. Nous venions goûter un Dom Pérignon 1921, il confia que les rares flacons de Dom Pérignon qui restaient de cette époque étaient entrés dans l'histoire et que leur rareté patrimoniale obligeait à les conserver. Richard Geoffroy avait apporté tout de même pour l'œil un flacon mythique acheté dans une vente qui dispersait la collection effectuée dans les années 30 par Doris Duke, une héritière de tabacs américains décédée en 1993. Les flacons dégustés furent donc Moët & Chandon. Pour éviter d'aller directement au « 1921 », Richard Geoffrey et Benoît Gouez eurent la délicate idée de proposer un cheminement initiatique construit sur quelques dates emblématiques de mon existence. Touchante initiative.

Nous avons donc découvert au fur et à mesure les chiffres de ce cheminement. Première dégustation : « 2006 », création de l'Université populaire du goût d'Argentan. Deuxième : « 2002 », création de l'Université populaire de Caen. Troisième : « 1983 », date de mon entrée dans l'Éducation nationale comme professeur de philosophie. Quatrième : « 1959 », l'année de ma naissance. Cinquième : « 1921 », le millésime que l'on sait. Une biographie au champagne. Je n'aurais pas envie de goûter un jour « 2013 », année de la disparition de ma compagne – un vin qui n'existe pas encore. Pour le champagne, un temps passé pas encore présent et à venir. « 2013 » deviendra un vin au printemps 2014 : alors, ce qui fut sera.

Commence la magie de cette dégustation assimilable à une leçon d'ontologie concrète, à un cours de métaphysique appliquée. Le *passé* du vin permet d'aller de ses conditions de possibilité à son être ; son *présent* : de son être-là à sa dispersion ;

44

son *futur* : de ses métamorphoses à sa mort. La vie d'un vin réplique donc celle d'un humain, voire : d'un être, d'un vivant – de la potentialité à la néantisation, en passant par les différents degrés d'être. Le passé du vin résume d'abord un passé très lointain qui rend possible le présent : un *passé géologique* avec formation de la terre, nature des sous-sols, puis des sols. Les roches volcaniques constituées après refroidissement du magma – le granite ; les roches sédimentaires produites avec les dépôts de fossiles et l'érosion – calcaire, grès, galets, argiles, marnes, graves ; les roches métamorphiques structurées avec la pression exercée sur ces deux types de roches – schistes, gneiss. Boire un vin, c'est avaler des atomes de pierre parfumant ce que l'on ingère.

Ensuite, il y a le *passé de la terre.* Les forêts primitives fondues sur elles-mêmes, les stratifications des cadavres d'animaux décomposés, le pourrissement des feuilles saison après saison pendant des millions d'années, les déjections des animaux, les fouissements de milliards de lombrics pendant des temps immémoriaux, le mélange d'eau et de feu avec les déluges, les inondations sans fin et les brûlures du soleil, puis celles du gel, autant d'atomes brisés, cassés, associés, composés, décomposés, recomposés pour produire une matière noble. Terres argileuses, terres calcaires, terres humifères, terres sableuses, mélange de toutes ces terres. Boire un vin, c'est avaler des atomes de terre parfumant ce que l'on ingère.

Dans le verre de vin de champagne se retrouve donc la mémoire la plus ancienne des fossiles de l'ère secondaire, petits animaux morts calcifiés et devenus fantômes solides qui retiennent l'eau. Dans ce *passé des paysages*, on trouve la craie légère et poreuse, la marne friable et hydrophile, l'argile grasse et plastique, les sables secs et poudreux. Le tout dans un paysage qui, par ses volumes, ses expositions au vent, au soleil, à la pluie, son interaction avec les éléments, crée la spécificité de ce temps premier. Nous venons de cette géologie, nous sortons de cette eau primitive, nous avons été mollusques avant d'être goûteurs de vins – et goûter le vin peut nous conduire jusqu'à ces temps d'avant le temps que seul peut comprendre le cerveau d'un homme. Nous avons été terre et glaise animées d'un souffle.

Le verre de champagne ramasse également le *passé climatique* : celui des temps les plus anciens, on l'a vu, mais aussi celui des temps les plus récents. Temps du temps sans l'homme, temps des volcans et de la montée des eaux, temps du feu des magmas répandus, temps mythique du Déluge de Gilgamesh, temps de Noé et de son arche, temps de l'époque glaciaire, temps historique des premiers hommes, temps de ces temps quintessenciés. Mémoire de pierre et mémoire de terre, mémoire d'eau et mémoire de feu. Mais aussi mémoire plus récente de l'année au cours de laquelle les raisins se sont nourris de ces sous-sols, de ces sols, de ces paysages, de ce climat : pluie ou sécheresse, soleil ou vent, gel ou humidité. Boire un vin, c'est avaler des atomes de pluie et de soleil, de neige et de glace parfumant ce que l'on ingère.

Puis les hommes viennent et se proposent de domestiquer la pierre et la terre, le vent et le soleil, le cep et la grappe. Le travail des paysans suppose le temps des planteurs et des arroseurs, des sarcleurs et des bineurs, des greffeurs et des tailleurs, des vignerons et des viticulteurs – il définit et nomme le *passé virgilien*. Les gens de la terre savent ce qu'elle dit et écoutent plus qu'ils ne parlent ; ces taiseux comprennent mieux la terre silencieuse que les bavards. Ils s'activent et, en même temps, activent le temps artisanal : tailler, lier, relever, palisser, ébourgeonner, rogner, soigner la vigne, puis vendanger. Boire un vin, c'est avaler les atomes du travail des paysans parfumant ce que l'on ingère.

Une fois les raisins pressés, il faut les assembler. Le pinot noir et le pinot meunier sont des raisins noirs ; le chardonnay, un raisin blanc. En quantités infinitésimales, raisins blancs aussi, certains utilisent l'arbane, le petit meslier, le pinot blanc et le pinot gris. Le pinot noir effectue un contrepoint avec le calcaire ; le meunier, avec les argiles. Le premier cépage impose la structure, le corps et la puissance avec des parfums de fruits rouges ; le second, souple et fruité, donne la rondeur. Le chardonnay, floral avec parfois un nez d'agrumes ou minéral, permet d'envisager le vieillissement.

Sur cet orgue aux claviers simples, le chef de cave élabore ses cuvées, il impose le temps de l'intelligence, au sens étymologique : celui des assemblages, des mises en relation, des jeux de force et des logiques contrapuntiques, des compositions – comme on le dit pour un quatuor ou un parfum de légende. Le *passé de l'intelligence* d'un homme se retrouve donc dans le flacon, côtoyant les autres passés – passé géologique, passé de la terre, passé des paysages, passé climatique, passé virgilien. Boire un vin, c'est avaler des atomes d'intelligence des cépages agencés parfumant ce que l'on ingère.

Ce passé devient présent. Il y eut le vin potentiel, le vin qui existe, voilà le vin qui est, qui peut être. Le présent du vin nomme donc ce qui se joue entre son être-là et sa disparition, sa présence au monde et son effacement du monde. Le *présent de l'être-là* du vin définit la possibilité pour ce vin d'être bu – bonnes conditions d'élevage et de conservation, bonnes conditions de sortie de la cave, bonnes conditions de son entrée en dehors de la cave qui ressemble alors à un genre d'utérus où se fait l'être, où devient réellement ce qui fut en puissance, bonnes conditions de température pour le service : tout contribue à la naissance.

L'oxygénation est une violence faite au vin. Un genre de traumatisme comme chacun le subit en quittant le monde liquide du ventre maternel dans lequel la clarté n'est pas lumière, le son n'est pas bruit, le toucher de la peau n'est pas chaud et humide, mais froid et sec. Ce monde dans le monde à l'abri du monde épargne la violence d'être vraiment au monde. Le bouchon ouvert fait entrer le monde dans le vin et le vin dans le monde. L'un et l'autre ont désormais partie ouvertement liée. Le monde dira le vin ; le vin dira le monde. Ou pas. Ce *présent de l'être au monde* est progrès par rapport au présent de l'être-là : il mélange les vies, il ajoute du dehors au dedans et du dedans au dehors.

L'ajout du dehors au dedans peut tuer le vin, il peut aussi le magnifier, le sublimer. Il le révélera et dira ce qu'ont produit les temps passés – temps géologique, climatique, artisanal, etc. La sublimation, au sens alchimique du terme, sera plus ou moins réussie. L'ajout du dedans au dehors révèle un monde caché, secret, discret, autonome, indépendant, il dit une subjectivité, il raconte une construction à nulle autre pareille. C'est dans ce croisement des dedans du vin et des dehors du monde que s'effectuent la dégustation et la découverte d'un monde. Quand on part à la recherche d'un temps perdu avec un flacon de champagne, si l'on accède à un temps retrouvé, c'est dans cet interstice que se joue la rencontre. Ou son insuccès. Il s'agit là du *présent de la présentification* qui permet à l'être d'être, s'il doit être.

Le *présent de la dégustation* fonctionne comme un exercice spirituel. À la manière des pratiques philosophiques qui permettaient d'augmenter sa présence au monde chez les philosophes de l'Antiquité occidentale, chez les sages de la tradition orientale ou les poètes de haïkus nomades, solliciter son corps, donc son âme, donc son esprit, pour parvenir à une connaissance de soi, du réel, du monde et de sa place dans le monde, consiste à pratiquer l'élargissement de soi au monde, voire la réduction du monde à soi – ce que permet le vin de Champagne.

L'arsenal conceptuel platonicien ne permet pas de penser le vin, ni ce qui fait la saveur du monde. Trop d'Idées, trop de Concepts, pas assez de chair ; trop de Raison pure, pas assez de raison corporelle, de raison impure ; trop d'intellect, pas assez de sens ; trop d'apollinien, pas assez de dionysiaque. Le jus de la vigne et les pampres du dieu de la danse conduisent à un autre monde que le commentaire d'un texte du penseur de l'Intelligible. Le vieux Démocrite, qui, dit la légende, survécut en respirant les atomes détachés de petits pains, sait que nous sommes exclusivement matière et que cette petite matière communique avec le restant de la grande matière du monde. Nous sommes vin, le vin est nous : de semblables particules parcourent le corps de celui qui déguste et la coupe du liquide dégusté. Nous sommes nous aussi synthèse de temps géologiques et de temps climatiques, de temps de la terre et de temps virgiliens. En nous bruit encore le son des origines de la terre.

Le présent de la dégustation donne raison, en philosophie, à la tradition abdéritaine, atomiste, épicurienne, matérialiste, sensualiste, empirique, utilitariste, pragmatique, athée, positiviste, autrement dit, à celle dont j'ai proposé la geste, la vie, les heurs et les malheurs dans ma *Contre-Histoire de la philosophie*. Cette pensée qui tient en plus haute estime le monde, le réel, le concret, les sens que les idées, les concepts, les formes, les figures et l'abstraction permet d'aborder la matérialité de ce qui est. Le vin est la preuve de l'existence du corps.

Regarder le vin, c'est déjà presque le goûter. La dénaturation des hommes a atrophié les sens de la dégustation et de l'olfaction au profit de la vue : ce que nous avons perdu comme capacité à sentir l'odeur de la terre, à renifler l'air du petit matin, à humer la trace d'un autre animal que nous, à flairer le passage d'un mâle ou d'une femelle, à respirer l'humus d'une forêt, à apprécier le parfum d'un œillet, nous l'avons gagné en capacité à distinguer les détails, à regarder loin, à voir de près, à embrasser un paysage en dissociant ses parties. Notre œil met le monde à distance, il l'aseptise, il évite le contact direct avec la matière des choses.

Ainsi, lorsque le vin paraît, ce qu'il semble être, il le devient avant même qu'on ait vérifié qu'il l'était bel et bien. Le rouge vu d'un vin nous fait retrouver en bouche ce que l'on sait du vin rouge, mais sans avoir pris soin de le découvrir : on s'est contenté de vérifier ce qu'on croyait déjà savoir parce que la couleur nous l'avait dit. Qui sait qu'un vin servi dans un verre noir ne peut être reconnu comme blanc ou noir en bouche si l'on n'a pas vu sa robe en amont ? De même avec les vins pétillants dont la bulle n'existe pas si elle n'a pas été vue auparavant. Ce que croit savoir notre bouche, c'est ce que notre vue lui aura dit. Sans l'aide de la vue, la bouche est aveugle, l'olfaction aussi. On voit, donc on sent, puis on goûte, et l'on retrouve ce que l'œil avait d'abord dit. Le nez obéit aux yeux.

La fin du présent du vin, c'est le présent de la disparition. On regarde, on sent, on met en bouche, les arômes arrivent et l'on connaît leur multiplicité : citron, melon, coing, pomme, poire, pêche, fraise, framboise, groseille, cassis, cerise, mûre, myrtille, prune, fruits exotiques, figue, datte, agrumes, zestes confits, amande, noisette, pruneau, acacia, aubépine, miel, cire, chêne, fumé, café torréfié, pain grillé, cannelle, vanille, réglisse, poivre, poivron, muscade, foin, buis, humus, champignon, truffe, feuilles mortes, pierre à fusil, silex, gibier, ventre de lièvre, cuir, fourrure… Liste non exhaustive !

Le monde entier se trouve concentré dans ses atomes les plus subtils : le minéral, le végétal, l'animal, les fleurs, les épices, les fruits, le bois, tout tourne en vortex d'atomes dans le vin. L'évolution dans la nature se retrouve dans le liquide qui se métamorphose dans la bouteille selon le rythme imposé par le temps cosmique : la verdeur d'un citronnier, le duveteux d'un bourgeon de chèvrefeuille, la volupté de la fleur d'acacia, la puissance du fruit, la prune, la pêche, l'abricot, le sucre de sa maturité, son devenir cuit, confituré, compoté, la longueur en bouche du fruit sec. Ce qui se joue en réduction dans un verre, c'est ce qui s'est joué un jour en grand dans l'univers : une alchimie de tous les atomes comme s'assemblent les lettres un jour pour former un poème de Rimbaud – ou des vers de mirliton.

Vers de mirliton le vin qui n'a pas tenu. Le vin que le temps a tué. Le vin mourant ou mort. On assiste alors au *présent du passé effacé* : il y eut, mais il n'y a plus. La disparition ne laisse pas le beau souvenir de la longueur en bouche, de la caudalie extravagante et de la bouche pleine d'un souvenir récent puis d'une mémoire qui se constitue, elle n'est précédée par aucun feu d'artifice. Une disparition honteuse, sans éclats, un effacement de l'être et une plongée dans le néant, sans témoin. Une grande bouteille sur l'étiquette s'avère une eau boueuse, bourbeuse, vaseuse. Ce qui fut n'a pas été longtemps ; le souvenir n'a pas pu durer. Présent mort d'un passé disparu. Il en est des vins comme de certains êtres.

Des conditions de possibilité à l'être, le *passé* ; de l'être-là à la disparition, le *présent* ; de la métamorphose à la mort : le *futur*. Le futur d'un vin, c'est son à-venir. Autrement dit son vieillissement, son évolution, sa transformation, ses métamorphoses, sa maturité ou son effondrement, sa puissance décuplée ou sa mort prématurée, en d'autres termes : son énigme. Certes, les gens du vin extrapolent. J'ai souvenir de la dégustation d'une Romanée-Conti de l'année en présence de Jean-Paul Kauffmann lors d'une soirée de *L'Amateur de bordeaux.* Alors que nombre d'invités commentaient, supputaient, supposaient quel genre de femme deviendrait cet enfant dans les langes, Jean-Paul Kauffmann, l'esprit visiblement ailleurs que sous les dorures de ce restaurant parisien prestigieux, se fit à lui-même la remarque que cet exercice était ridicule. Il dodelina de la tête, mit son nez dans le verre et se tut.

Les diseuses de bonnes aventures œnologiques ne craignent jamais d'être mises en présence de leurs propos un quart de siècle plus tard ! Toutes les approximations s'avèrent alors possibles – nommons cela le syndrome d'Attali. La futurologie est une discipline sans risque. Le temps venu de vérifier les prédictions, le futurologue repose depuis bien longtemps dans la tombe. Le ridicule ne tue pas les morts, sinon les cimetières regorgeraient de cadavres deux fois trépassés. Une fois à cause du temps passé ; une autre à cause du temps futur devenu passé.

En revanche, le futur du corps du vin ne se confond pas avec celui de son esprit, de son âme, disons : de son aura. Quand, dit-on, André Malraux commande chaque midi un Pétrus chez Lasserre, sa cantine, il fait de « Pétrus » et de « Lasserre » deux mythes, car les mythes transforment en mythes tout ce qu'ils touchent. L'inducteur l'est aussi en matière de jugement de goût. Lorsque Marcel Duchamp affirme que le regardeur fait le tableau, il dit aussi en substance que le goûteur de vin fait le breuvage. Jadis, l'auteur de *La Tentation de l'Occident* pouvait faire la loi ; aujourd'hui, elle se trouve édictée par un avocat américain ayant assuré son nez et son palais pour un million de dollars.

Reste le futur du vin au-delà de la vie d'un homme. À cette aune, le vin a de moins en moins de chances de durer. Comme s'il était fait pour être bu par ceux qui l'ont fait. Au-delà d'une certaine limite, relative aux vins (les excellents flacons du Jura vieillissent plus longtemps que leurs équivalents de la Loire, les grands bordeaux mieux que les petits, les vins tanniques que ceux qui ne le sont pas, etc.), à ses conditions de conservation, le liquide tient de moins en moins la mémoire. Il perd ses moyens, part en morceaux, s'effrite, tombe en lambeaux, il se rouille, se fatigue, s'épuise, il n'est plus à la hauteur de ce qu'il fut, il décline, sombre, coule. L'ancien tissu à forte trame devient dentelle, puis poussière de dentelles. À la façon des humains, il quitte l'être pour entrer dans le néant. Certains ne sont plus qu'une infâme décoction – ce qui reste de tout être dont le néant s'est emparé. Le vin est une métaphore de la vie – sinon l'inverse.

Une leçon d'ontologie concrète, un cours de métaphysique appliquée – ai-je écrit. On voit bien la leçon, l'ontologie et la métaphysique peut-être aussi, mais la concrétude manque. Cette digression théorique précise quelques éclairs de ma pensée quand je me trouve face à ces bouteilles. Des intuitions, des émotions, des sensations vécues alors, emmagasinées sur le moment, et nullement développées jusqu'à cet instant où j'écris. Je faisais collection de brèves perceptions en prenant soin de ne m'attarder sur aucune. Je sentais les effets du temps, leurs collages, leurs jeux, j'expérimentais physiquement, en regardant, en portant le nez dans le verre, en goûtant, en faisant entrer l'air dans ma bouche, en recrachant aussi. Mais je voulais être tout à l'expérience, laissant ma mémoire travailler comme je sais qu'elle travaille, en stockant massivement les émotions.

Le champagne est dégorgé sur place. Jusqu'alors, la bouteille a été conservée à l'abri de la lumière, dans les entrailles de la cave, la tête en bas, sur pointe, donc, pour que les levures descendent dans le col et que l'expulsion des gaz permette de faire sauter ce bouchon naturel afin d'accéder au liquide. Dans le commerce, il est interdit de vendre un champagne n'ayant pas été travaillé : autrement dit avec sucre et liqueur ajoutés pour produire le vin ad hoc – extra-sec, sec, demi-sec ou doux. Ces lies sont des levures qui font la vie et la mort du vin. Lorsque la bouteille de 2006 est ouverte, alors qu'aucun verre n'a encore été rempli, la pièce se remplit du parfum de ce vin puissant. Une quintessence. Tout à l'expérience, je ne cherche pas les mots, mais juste la présence la plus proche avec le liquide. Me faire vin et, pour ce faire, éviter de me trouver à côté de lui, en face de lui, dans l'obligation de le voir, le regarder, le juger, le jauger. Je veux imbiber mes atomes de ces atomes-là, nourrir mon corps de l'âme de ce champagne.

Pendant mon silence, le vin se trouve ainsi raconté : couleur pâle, reflets verts. Au premier nez, on trouve des fruits juste mûrs – pêche, mangue, banane, avec des notes de maturité, poivre blanc, silex, pâte d'amandes. Ensuite se manifestent des notes florales – chèvrefeuille, bergamote, anis. En bouche, l'attaque est croquante avec des saveurs de brugnon et de groseille. Déploiement de richesse : juteuse, onctueuse. Affirmation et prolongation de l'ampleur sur une amertume apéritive de pomelo. Par-devers moi, je trouve que ce vin d'exception cèle encore ses plus grands secrets. Il manifeste une extrême richesse, mais rien n'est fondu dans l'athanor. Le feu d'artifice est vif en bouche, chien fou, cheval emballé, une peinture expressionniste très colorée, vive, un quintette de cuivres très rutilant, acide.

Remontée dans le temps : « 2002 », année palindrome. La plus grande année du XXIe siècle. Toujours en silence, j'entre dans le vin comme on pénètre dans une grotte préhistorique. Je goûte. Conclusions : mûr, frais, puissant et délicat, riche et léger, harmonieux et ciselé, maturité toastée douce et sèche, notes chaleureuses de moisson et de frangipane, d'amande grillée et de malt, de moka et de tabac blond. Puis : fruit mûr et juteux – poire, agrumes confits et fruits à noyau (mirabelle, nectarine, pêche blanche). Construction précise et matière veloutée. Attaque ronde et crémeuse. Le fruité se fait plus frais : mandarine et pamplemousse rose. En finale : notes de rhubarbe, de groseille, de quinine et d'agrumes acidulés. En bouche, j'avais cette fraîcheur généreuse, cette amplitude charnue, l'impression que tout ne se livrait pas, que le mystère restait entier et que tournaient dans mon palais des parfums frais, acides, puissants, généreux.

Le froid dehors, la blancheur par les fenêtres, mon âme pas tout à fait présente, je suis là, mais toujours un peu à côté de moi. Suis-je prêt à entrer dans ces deux années qui furent aussi, et déjà, celles des progrès de la maladie de ma compagne ? Si je reste à la porte, c'est peut-être parce que je ne souhaite pas remonter à ce temps, ni revenir à ces années de mémoire blessée. On goûte le vin avec son âme, la partie la plus atomiquement fine de son corps, et le reste de la chair rechigne aux mémoires douloureuses. Ces très grands vins constituent de magnifiques expériences sensuelles, œnologiques ; ils me paraissent certainement un véhicule trop dangereux à emprunter. Pour « 2006 » et « 2002 », je pense moins à la création des Universités populaires qu'à d'autres souvenirs, hélas !, car, pour moi, ce vin garde aussi et surtout la trace de printemps qui n'eurent pas lieu et d'hiver sur toute l'année.

« 1983 », la cuvée du 250e anniversaire. Ma première année d'enseignement dans le lycée où j'ai passé vingt années de ma vie avec des élèves que j'aimais pour un travail qui me plaisait. Benoît Gouez commente ce vin : assemblage atypique : pas de meunier, pinot noir et chardonnay uniquement. Seulement produit en magnum, il n'a pas été mis dans le commerce. Élevage en grands foudres de chêne de 5 000 litres. Il a reposé un temps pour obtenir une patine. Avec le temps, une épure sort malgré des cycles problématiques et une période difficile dont le vin s'est bien tiré. « Le vin peut décliner, affirme Benoît Gouez, puis repartir : il a des cycles de respiration… » L'évolution n'est pas linéaire, pas régulière.

La dégustation révèle un vin aérien, en dentelles, sophistiqué. Le jaune de la robe est doré intense et brillant ; le bouquet ouvert, expressif et chaleureux. Notes de viennoiserie chaude et de caramel au beurre salé, saveurs de châtaignes grillées, de figue sèche et de datte, nuance de rancio noble. Léger et souple. Finale minérale. J'accède, enfin, à ce festival aromatique. Épernay reste blanche sous le gel malgré l'avancée de la matinée. J'entre dans la galerie des vins. Je me sens conquis par le ciré, l'encaustique, le miel, le léger sucré. Remontant dans le temps, pénétrant dans une époque où le cancer n'avait pas élu domicile à la maison, je retrouve une puissance d'exister concentrée dans ce vin. J'avais la vie devant moi, je n'imaginais pas ce qu'elle allait être.

« 1959 ». Mon année de naissance. Nous remontons vers mon père. J'appréciai cette délicate attention des deux chefs de cave. « 1959 », donc. Que serait un vin qui me ressemble – pour paraphraser Malaparte ? Par rapport au standard champenois, ce vin ne devrait pas exister ! L'année fut extrêmement chaude, les raisins très mûrs, la vendange s'est effectuée à plus de 12° – ce qui est énorme. Ce vin se révèle sans acidité : le ratio entre les sucres et l'acidité fut le plus élevé de toute l'histoire du champagne. Il se montre franchement puissant et concentré, très alcooleux.

Je laisse parler mes hôtes : ce « 1959 » manifeste une véritable puissance à l'ouverture, une grande complexité pour son âge – « pas une ride », me dit-on. « Aucun élément oxydatif... À aucun moment on ne le sent vieux. » Au nez, on retrouve des senteurs de sous-bois, de truffe, un registre de terre avec effluves de racines. « Les bulles sont rares, le champagne est devenu un vin de gastronomie capable d'électriser un lièvre à la royale... C'est un vin de bécasse. » En bouche, il manifeste une « mémoire énorme » et dispose d'une très grande longueur. Cinquante-cinq ans plus tard, il évolue « aux frontières de la puissance ». Un vin qui ne ressemble à rien de connu, donc, « un vin plus physique qu'émotionnel, un champagne de force sans brutalité ».

Dire ce vin serait prendre le risque d'un autoportrait que je ne voudrais ni flatteur ni sévère, mais que je ne saurais faire juste. Une dégustation du 5 octobre 1995 effectuée par Dominique Foulon, chef de cave, donne ces commentaires : « Bouquet puissant. Toffee, fruits secs, biscuit, réglisse et truffe. Vineux, charpenté, opulent sans être mou. Long et profond. » Puis une autre, en février 2008, avec Benoît Gouez, chef de cave, présent à nos côtés : « Impressionne par sa maturité et son opulence. Le nez est puissant et capiteux, à la fois sombre et éclatant. Le fruit (figue, prune), mûr et concentré, s'est paré des nuances chaudes et épicées du cacao, de la muscade et de la réglisse, enrichies de troublantes notes de truffe. La bouche riche, ample et chaleureuse, s'ouvre sur une finale où la sucrosité de l'alcool rivalise avec les notes sèches et torréfiées du café grillé. »

Cette biographie aux champagnes faisait remonter en moi des souvenirs auxquels, cette fois-ci, je consentais. Il me revenait une photo en noir et blanc de moi, *grichant* comme on dit en Normandie, autrement dit plissant des yeux face au soleil, dans les jambes de mon père. Petites chaussures, chaussettes blanches correctement roulées pour un revers, la main gauche de mon père (elle n'avait que quatre doigts, l'auriculaire ayant été écrasé lors d'un accident avec un cheval emballé) me touche l'épaule presque en l'effleurant, il sourit de son beau sourire bon et doux. Mon père porte une veste dont je me souviens, elle était légèrement verte avec des chevrons discrets – j'ai un jour acheté la même. Puis un gilet et une chemise blanche avec une cravate impeccablement nouée. Pantalon sombre, chaussures luisantes, cirées par ses soins. Ma tête repose contre ses jambes. Il me protège. Son sourire pur contraste avec mon regard inquiet dirigé vers le photographe dont j'ignore l'identité. Sur cette photo, derrière nous deux, ma mère tourne la tête, elle embrasse et étreint mon frère qui vient de naître. La poussette est derrière. Deux mondes coexistent sur cette même photo – je pars à la recherche de l'un d'entre eux.

À cette photo s'ajoute un souvenir : dans la petite maison de dix-sept mètres carrés que nous habitions, mes parents, mon frère et moi, il y avait une cuisine et une chambre au-dessus. Un matin, mon père a pris des congés pour « faire du bois », autrement dit tailler des arbres et les débiter pour obtenir les rondins de chauffage du poêle à bois – mon père ne prenait de congés que pour travailler, le bois, mais aussi les betteraves, et ma mère, mon frère et moi y contribuions pour ajouter un peu d'argent au foyer. J'ai sauté de mon lit, descendu l'escalier, puis ouvert la porte de la cuisine. J'ai gardé le souvenir intact du jaune de la lumière de l'ampoule falote. Je voulais l'accompagner au champ où il travaillait. Ce moment reste un souvenir d'amour heureux. Je devais avoir six ou sept ans.

Retour au vin, donc. Toutes ses qualités me stupéfient : la terre et la puissance, le parfum de truffe et de sous-bois, la présence des racines et la vigueur malgré l'âge, la mémoire énorme et la nature plus physique qu'émotionnelle, la force sans la brutalité – c'était mon père... « 1921 » s'annonçait dans ce « 1959 » qui pouvait peut-être me dire un peu, mais, surtout, qui affirmait franchement que j'étais bien le fils de ce père-là. Richard Geoffroy se départit de sa réserve et dit : « Millésime totalement excessif. » Il n'ajouta rien. Mon père aurait peut-être aimé. J'ai aimé.

Vint alors « 1921 ». Une première bouteille. Le vin est mort, « vaseux », est-il dit. Deuxième bouteille. Le bouchon lâche. Elle est ouverte à l'aide d'un Bossin, une machine à retirer les bouchons inventée en 1850, un instrument à chevalet assez surréaliste. Alors que les autres flacons connaissaient des ouvertures sonores et tonitruantes, celle-ci fait un très léger bruit. Chaque bouteille est un individu. Avec le temps qui passe, à partir d'un certain âge, le déchet devient important. Quelques élus, seulement, traversent les années et y survivent.

Cette deuxième bouteille donne un vin *trouble* – je me souviens alors des derniers mots de mon père sur le ciel couvert qui nous empêcherait ce soir-là de voir l'étoile polaire avant qu'il ne meure, debout, dans mes bras. Or, ce 13 décembre, à Épernay, le champagne « 1921 » était couvert, le ciel sur la ville aussi. Je ne crois pas aux signes ; cela n'empêche pas les signes.

Cette bouteille était sans bulles, comme un vin blanc. Il s'agit du millésime mythique de Moët & Chandon. Elle a plus de quatre-vingt-dix ans. Malgré son âge, ce champagne libère d'étranges parfums de brioche, d'étonnantes fragrances de fruits cristallisés, de surprenants arômes de panetone, de curieuses senteurs d'angélique. De nougat et de moka, aussi... Il me semble que ce champagne fonctionne comme une efficace et authentique machine à remonter le temps : je me vois dans une maison meublée chichement, sombre, avec des meubles simples et fonctionnels, sans âge, dans une pièce où ma grand-mère aveugle aurait préparé un quatre-heures pour mon père enfant. Je voyais, moi, adulte, cette scène extravagante d'un fils ayant passé le demi-siècle assistant au goûter de son père dans les années 20. Les parfums subtils, les odeurs douces et sucrées, les fragrances fanées mais bien présentes emportaient alors mon âme. « Le fruit est au cœur », dit Benoît Gouez.

Ouverture d'une deuxième bouteille. Cadeaux royaux, somptueux, car il s'agit de trésors patrimoniaux, de flacons entrés dans l'Histoire. Ce champagne, qui, lui, a des bulles s'avère subtil, fondu, intégré – une épure. La bouche est plus vive, plus énergique. Très complexe, il échappe à la définition. Du pain chaud là encore, de la brioche. Permanence de ce goûter de mon père auquel j'assisterais par effraction. Benoît Gouez, qui n'a pas connu mon père, parle ainsi du « 1921 » : « Doux, chaleureux, confortable, sécurisant » ! Il ne le sait pas, mais c'est l'exact portrait de mon père qui était doux, chaleureux, confortable, sécurisant… Dix minutes après avoir été servi, ce « 1921 » a disparu. Ce souvenir était devenu souvenir. Un souvenir de souvenir devient une mémoire.

À midi, le ciel est resté couvert ; il le restera toute la journée. La blancheur et le ciel couvert… Décidément, j'avais vraiment rendez-vous avec mon père et cette biographie des vins qui me conduisait à lui, via quelques dates de ma vie, a fonctionné à ravir. Le vin fut réellement une machine à remonter le temps, lente à s'ébranler, mais sûre dans son office. Elle m'a conduit des couleurs chatoyantes et sauvages de 2006 aux parfums de cuisine d'une grand-mère de 1921 qui devint aveugle plus tard, mais conservait le bleu de ses yeux transmis à mon père ; d'un vin qui a besoin de temps à un vin qui s'était gorgé de temps ; d'un vin qui va vivre à un vin qui a vécu.

Puis il a fallu quitter la pièce, cheminer dans les longs couloirs, passer d'une pièce l'autre, descendre les escaliers, sortir du bâtiment, retrouver les bruits de la ville, replonger dans la vie, traverser la rue, éprouver le froid vif du dehors. Cette expérience œnologique de deux bonnes heures donnait l'impression d'un voyage dans le temps. Je revenais au présent avec un léger trouble. La pièce d'eau était gelée. Le visage que j'avais cru voir sous la glace n'y était pas – ou plus. La lumière brûlait les yeux. La blancheur envahissait les pièces du bâtiment où nous allions déjeuner. Je me sentais plein d'une multitude de temps.

Comme pour se reposer de ce trajet ontologique, le repas fut à la dégustation ce que la sonate est à l'opéra. D'une qualité aussi élevée, mais dans des années qui ne devaient pas conduire dans des lieux aussi personnellement mémoriels. Richard Geoffroy avait choisi de nouveaux millésimes magnifiques, cette fois-ci de Dom Pérignon : « 1996 » ainsi commenté : « Au nez, le pralin se mêle rapidement au cédrat et à la figue sèche. Le tout respire sur les notes plus sombres de l'iode et de la tourbe. » Puis un rosé « 1982 » a libéré de sidérants arômes : goyave, fraise épicée, rose fanée, fumé, minéral. Enfin un Dom Pérignon Œnothèque « 1976 » fut ainsi commenté dans une note de dégustation par Richard Geoffroy : « Le bouquet est puissant, dans un registre chaleureux. Les nuances miellées du chèvrefeuille s'ouvrent rapidement à la mirabelle bien mûre, au raisin sec et aux caractères complexes de torréfaction. » Lors de la dégustation autour du « 1921 », j'avais noté cette réflexion du même Richard Geoffroy : « La verbalisation est une déperdition. » *Il a tout à fait raison.*

2

LES *GÉORGIQUES* DE L'ÂME

Plus je lis, plus je constate que le dictionnaire constitue le livre des livres. En ce sens, un Littré ou un Bescherelle fournissent d'excellentes réponses à l'habituelle question de l'ouvrage à emporter sur une île déserte. Car toutes les énigmes du monde s'y trouvent résolues, bien que cryptées et dispersées en infinis réseaux dans le corps du volume. D'où la nécessité d'organiser la correspondance entre les milliers d'entrées et d'en appeler à l'étymologie, la science du Nombre des mystères, pour saisir quelques-unes des magies du réel. Rien d'obscur ne demeure après consultation du bulletin de naissance sémantique d'un mot.

Ainsi avec *culture*. Qu'est-ce que la culture ? Les homophonies le laisseraient penser, existe-t-il une relation entre *culture*, *culte* et *agriculture* ? Réponse : oui. Et de ces liaisons entre le savoir, les dieux et les champs surgit une définition qui englobe la multiplicité des sens possibles du mot : culture microbienne et conchyliculture, culture de classe et culture de tissus, culture légitime et culture générale, sous-culture et ministère de la Culture, culture physique et inculture – redondance ? –, la culture et les cultures, la puériculture et le culturisme, culture des orangers et culture philosophique, contre-culture et culture de masse, toutes ces acceptions procèdent du dieu païen, de son invocation et de l'antique art agricole.

Donc, l'étymologie. *Colere* suppose cultiver et honorer en même temps. Car le paysan qui laboure, sème et récolte tient lui aussi son nom d'une même constellation sémantique. Le paysan est le *paganus*, autrement dit le païen, à savoir non pas l'athée, mais celui qui, avant la folie monothéiste, sacrifie au polythéisme, à la multiplicité des dieux affectés chacun à une utilité pour les hommes : dieu de la foudre, des carrefours, des chemins, du feu, dieu de l'amour, des germinations, de la fertilité, dieu du vin, dieu de la mort, du sommeil, de l'oubli. Le monde se confond au divin, sa matière et ses rythmes sont sacrés car il n'est pas encore venu à l'homme cette sotte idée de croire à un seul Dieu créateur du monde, séparé de sa créature et supérieur à elle. Le paysan dans son champ entretient un rapport direct avec les modalités sacrées de la nature. L'intelligence mythologique surpasse en raison le délire théologique.

Ouvrons les *Géorgiques* de Virgile et lisons : le poète parle des travaux des champs, il enracine sa pensée dans le terreau sacré des dieux. Dès le labourage, Virgile invoque les divinités nécessaires : Liber, le dieu du vin ; Cérès, la déesse de l'agriculture ; les Faunes, les dieux protecteurs de troupeaux ; les Dryades, nymphes protectrices des ruisseaux ; Pan, le dieu des troupeaux ; Silvain, le dieu des forêts et autres divinités tutélaires des paysans, bergers, bouviers, laboureurs, apiculteurs, gens de terre. Car si la nature doit donner le meilleur d'elle-même, il faut invoquer les dieux, les solliciter et obtenir leurs faveurs. D'où la relation entre culte et agriculture, entre honorer et cultiver, entre l'invocation aux dieux et la culture.

Pour que la nature offre le meilleur d'elle, la faveur des dieux importe. Les prier, c'est obtenir leur bienveillance et leur protection. Ce qui, pour les humains, signifie rien moins que vivre, résister à la mort. Car le blé donnera la farine du pain, la vigne produira le vin, l'olivier générera l'huile et, avec ce viatique étique, les forces du paysan et de sa famille se referont pour de nouveaux travaux inscrits dans l'éternel retour des choses. La bonne récolte est une affaire de nature généreuse, certes, mais la nature généreuse relève du bon vouloir des dieux. D'où la nécessité vitale d'une parole invocatrice en laquelle réside la première culture utile à l'agriculture. Le préfixe *agri* d'agriculture procède d'*agrestis*, qui, via *ager*, *agri*, signifie *des champs*.

À l'origine, la culture est donc une agreste affaire de rat des champs et non la production de rat des villes !

Le rapport entre le *culte* et la *culture* du mot *agriculture* persiste au moins jusqu'au Grand Siècle car Olivier de Serres (1539-1619) écrit, dans *Le Théâtre d'agriculture et ménage des champs*, (1600) – une bible en la matière –, que l'agriculture est « science plus utile que difficile, pourvu qu'elle soit entendue par ses principes, appliquée avec raison, conduite par expérience et pratiquée par diligence. Car c'est la souveraine description de son usage, science, expérience, diligence, dont le fondement est la bénédiction de Dieu, laquelle nous devons croire être, comme la quintessence et l'âme de notre ménage ; et prendre pour la principale devise de notre maison cette belle maxime : sans dieu rien ne peut profiter ».

Nous sommes trente-six années avant la parution d'un certain *Discours de la méthode* et l'ouvrage du premier agronome français, protestant – dont le livre plaisait tant à Henri IV qu'il s'en faisait lire un chapitre tous les jours –, pose à sa manière avant le fameux livre de Descartes les bases d'une philosophie moderne. Qu'est-ce à dire ? Malgré l'invocation de Dieu, l'auteur renvoie à l'usage de la raison et au recours à l'expérience. Une fois encore, l'agriculture prouve son avance sur la culture. Olivier de Serres, en ce sens précurseur du cartésianisme, philosophe mieux dans la campagne, les champs ou les jardins, que Descartes dans le château d'une princesse scandinave.

De Virgile à Olivier de Serres, la forme prise par la religion se modifie, et le polythéisme amoureux de la vie laisse place au monothéisme fasciné par la mort. Le vin, les pampres et le rire de Bacchus contre la croix, le sang et les larmes du Christ. Mais, sur le fond de notre question, rien n'a vraiment changé : la Nature a ses raisons, certes, mais Dieu également, et Dieu préside aux raisons de la nature. D'où la nécessité de l'invoquer encore et toujours afin d'obtenir ses faveurs sans lesquelles une récolte ne peut pousser correctement. Le *culte* – de Cérès dans le Panthéon ou de Dieu dans le Ciel – agit en faveur de la *culture*, prier, honorer, cultiver restent des affaires intimement liées.

Ce tropisme intellectuel persiste chez Jean-Baptiste de La Quintinie (1624-1688), dont l'*Instruction pour les jardins fruitiers et potagers* paraît de manière posthume en 1690 et reprend la technique virgilienne de l'invocation des puissances célestes pour favoriser leur participation aux affaires terrestres : le poète latin invoquait l'Empereur Auguste, le directeur des jardins fruitiers et potagers du Roi en appelle à Louis XIV et précise que « les mêmes vertus qui faisaient la félicité de leurs peuples faisaient aussi la fertilité de leurs terres ». La Nature ne refuse rien au Roi, il faut donc obtenir du Roi ce qu'on attend de la Nature. Culte et culture, dieu(x) et agriculture, liaison du Ciel et de la Terre, ici comme souvent ailleurs le paganisme persiste dans le christianisme.

On trouverait également trace du paganisme ancien dans la mythologie chrétienne en commentant attentivement le récit des origines car la *Genèse* montre que culture et agriculture entretiennent une relation intime via leur matériau commun : la terre. Car, on s'en souvient, Dieu crée l'homme à partir de la glaise qu'il pétrit et à laquelle il donne un souffle, l'âme, pour distinguer cette pâte à modeler haut de gamme de sa forme triviale également présente chez les animaux. La terre qui compose l'homme et celle dans laquelle s'enracinent le blé, la vigne, l'olivier sont une seule et même matière. La culture d'un homme se confond avec son agriculture : il s'agit de transformer un champ d'épines, un roncier, un ramassis de chardons et de plantes urticantes ou vénéneuses en jardin magnifique – jardin potager pour la nourriture, jardin des simples pour prévenir les maladies ou s'en guérir, jardin d'agrément pour la beauté, le loisir, le calme, le repos, la promenade, la méditation. Érasme a donné le détail de tout cela dans son *Banquet épicurien*.

À ce point de l'analyse, et fort de notre défrichage étymologique, poursuivons en inversant les termes de la relation, et faisons de l'agriculture une métaphore à même de fournir une définition de la culture qui, dès lors, deviendrait l'art d'une anti-nature susceptible de conserver et dépasser ladite nature.

Autrement dit : la culture *d'abord* comme art de garder le maximum de nature possible dans un être afin de constituer *ensuite* une culture à partir de ce qui aura été conservé et sauvé de sauvage. Conserver la nature, puis la dépasser, enfin la retrouver transfigurée par la culture.

Pour continuer à cheminer dans les allées des bibliothèques anciennes consacrées aux jardins, venons-en à La Quintinie et à son *Traité de la culture des orangers* ou bien, si l'on veut, à ses *Instructions pour les jardins fruitiers et potagers*. Ce dernier ouvrage paraît deux ans après sa mort, en 1690, grâce à la piété de son fils, à quelques mois d'intervalle avec les *Essais sur l'entendement humain* et le *Traité du gouvernement civil* de Locke. Le même philosophe publie trois ans plus tard ses *Quelques Pensées sur l'éducation*. Mettons en perspective La Quintinie et Locke, le jardinier et le philosophe, et constatons que le contrepoint fonctionne à ravir : l'agriculture et la culture procèdent de la même façon : *par un semblable souci de sculpter une anti-nature*.

La Quintinie cultive ses orangers comme le pédagogue son élève : il a le souci du terrain, de l'exposition, de l'enracinement, des soins à apporter – taillage, élagage, coupe, nettoyage, effeuillage, arrosage, greffage, marcottage, température, ensoleillement, hygrométrie… – afin d'obtenir un bon résultat – pour l'un de beaux fruits, pour l'autre de beaux élèves. Le jardinier propose une contre-nature : le dispositif de serre, humide et tiède, maternel et protecteur, matriciel et génésique, identique à celui d'une école, vise, par exemple (ce qui énervera Rousseau), la production de laitues en janvier. De la même manière, le pédagogue familier d'anti-nature aspire à un mammifère intelligent, à un animal raisonnable, une production conceptuelle équivalant aux fraises en mars ou aux cerises en hiver.

Virgile le dit de manière définitive, tout homme peut tirer des leçons sur la marche philosophique du monde en examinant le fonctionnement d'une ruche. Assister au spectacle des cycles dans la nature, percevoir dans un champ l'éternel retour des choses (labourer, semer, récolter, labourer, semer, etc.), se sentir fragment d'un grand tout et accepter le destin de venir de la terre et d'y retourner (naître, croître, décliner, vieillir, mourir, naître, croître, etc.), voilà comment l'agriculture offre des leçons de choses modestes mais déterminantes à la culture. Le paysan donne la matrice à tout philosophe digne de ce nom. Le penseur des villes n'arrive pas à la cheville du penseur des champs. Sur une multitude de choses, Sartre, qui haïssait la nature, dit moins vrai et moins juste que Sénèque dans son domaine romain deux mille ans avant lui.

Je voudrais effectuer un détour par la belle expression du philosophe Francis Bacon (1560-1626) qui parle des « Géorgiques de l'âme » pour caractériser la partie de la « culture de l'âme » qui suppose des règles de vie utiles pour atteindre le souverain bien. Ces « Géorgiques de l'âme » proposent un contrepoint pragmatique et existentiel à un pan plus théorétique de la culture qui se soucie de l'Idéal, de la figure et de l'image du Bien dans l'absolu. En pragmatique soucieux de produire des effets philosophiques, Bacon confie son souhait de contribuer à l'éducation de la jeunesse. Remarquons en passant que le philosophe anglais emprunte le titre du poème de Virgile pour nommer son programme éthique.

Comment, en effet, ne pas trouver de quoi faire son miel philosophique dans un texte du poète romain comme celui-ci : « Au travail, donc, ô cultivateurs ! apprenez les procédés des cultures propres à chaque espèce ; adoucissez, en les cultivant, les fruits sauvages ; que vos terres ne restent pas en friche. » S'agissant des arbres comme des êtres humains, Virgile invite à adoucir la nature en cultivant le sauvage pour l'atténuer. Ne dirait-on pas l'impératif catégorique théorique de toute pédagogie – donc de toute culture ?

Revenons aux « géorgiques ». Le propos n'est pas d'effectuer ici l'exégèse du texte baconien. À quoi donc pourrait servir *le détail* de la restitution d'un programme du XVIᵉ siècle quand seul importe *son principe* ? Laissons aux historiens des idées ou de la pensée le soin de reformuler les propositions de l'auteur du *Nouvel Organum* et demandons-nous plutôt à quoi pourraient ressembler des « géorgiques de l'âme » pour nos temps postmodernes, urbains, hypertechnologiques et ouvertement ignorants, voire méprisants, des racines naturelles de l'être.

Une géorgique de l'être contemporaine, autrement dit une culture de soi qui emprunte ses modèles à l'agriculture, permettrait d'envisager un genre de construction de soi tel un beau jardin – Francis Bacon raconte dans l'un de ses *Essais* combien il tient le jardin en haute estime philosophique. Un genre de jardin épicurien où l'on trouve nourriture spirituelle, matérielle, corporelle, esthétique, où le potager, le coin des simples, celui des fleurs, offrent de quoi manger, se soigner, prévenir la maladie et se réjouir l'âme du spectacle et du parfum des roses ou des œillets. Le souverain bien visé par Francis Bacon reste d'actualité pour nos temps sans Dieu. Quel en est le projet ?

Un rapport sain, apaisé, joyeux, courtois avec soi, les autres et le monde. Voilà vers quoi devrait tendre toute culture. Autrement dit : sortir de la nature qui nous arraisonne à la brutalité, à l'instinct, aux pulsions, mais toutefois conserver autant que possible la vitalité, la santé, le mouvement de toute nature en nous. Dompter l'animal sauvage sans le détruire, le conduire vers la sublimation de ses forces primitives. Sortir du monde des puissances aveugles de la bête et entrer dans l'univers policé des humains sans oublier notre fond commun avec le primate.

D'où le recours à l'éthologie, car cette discipline offre une topographie des forces en jeu dans la nature et une cartographie du territoire dans lequel nous évoluons en parents pas très lointains du mammifère qui sent, renifle, marque son espace avec son urine, ses matières fécales et ses glandes. Chacun de nous provient de cette vérité brutale, le tout est de ne pas y rester. Mâles dominants, mâles dominés, femelles dominantes par l'alliance sexuelle, femelles dominées à cause de leurs mésalliances, hiérarchie dans la horde et changements de statuts en elle : malgré la carte bancaire, les parfums de luxe, les voitures voyantes ou les costumes sur mesure – ou : *bien que*, sinon : *à cause de* – l'*Homo sapiens sapiens* reste un primate, même s'il s'agit d'un primate grimé. La culture nomme l'art de ce maquillage.

La même force qui fait sortir le germe de la terre et le conduit vers la lumière du soleil persiste en l'homme, et ce par-delà le bien et le mal. Une force aveugle et sourde, mais puissante et déterminante, contre laquelle on ne peut pas grand-chose, sinon savoir ce qu'elle est, puis y consentir – éventuellement avec la joie de l'*amor fati* nietzschéen. Parent du minéral, du végétal et de l'animal, l'homme porte en lui, dans son sang, ses nerfs et sa chair, dans son cerveau aussi, bien sûr, une partie de la même énergie aveugle qui conduit le monde. Le premier travail de la culture ? Une connaissance des lois de l'éthologie – l'équivalent de l'agronomie pour le paysan ou le jardinier.

Le cortex pèse peu face au cerveau reptilien. Nous sommes serpents avant que d'être hommes. Et l'animal qui rampe en nous gouverne en profondeur. Regarder comment la vipère ondule, copule et pond, de quelle manière elle se reproduit, obéit à son instinct de mordre et d'inoculer son venin, guetter dans la nature ou, dans son bureau, lire et relire les *Récits sur les insectes, les animaux et les choses de l'agriculture* de Jean-Henri Fabre, puis tirer des leçons de sagesse, en extraire une philosophie *naturaliste* de la vie.

À partir du champ ou de la prairie, au vu des enseignements de l'éthologie, on doit envisager une stratégie de domination et de maîtrise de ces tropismes. Les connaître, donc, mais pour mieux les plier à notre vouloir. Ainsi Henry David Thoreau, ce Virgile moderne, écrivait-il que, en connaissant mieux le fonctionnement d'une ruche, et mieux au fait de l'intelligence des abeilles, on peut augmenter considérablement sa production de miel en changeant juste d'un degré l'orientation de son rucher. S'appuyer sur la nature pour la dépasser et produire une culture qui assimile et intègre le meilleur d'elle, voilà le sens de la célèbre phrase de Bacon dans les aphorismes du *Nouvel Organum* : « On ne triomphe de la nature qu'en lui obéissant. »

La culture nomme donc ce qui contrarie le pire dans la nature, à savoir : le règne généralisé de la force, de la lutte de tous contre tous, de la guerre permanente de chacun de ses habitants, la répartition des vivants en proies et prédateurs, en maîtres et en esclaves, en dominants et dominés, la loi du plus fort ou du plus rusé, la force avec le faible, la faiblesse avec les forts. En tant qu'anti-nature, la culture veut le règne de la raison et de l'intelligence, l'intersubjectivité pacifiée, la collaboration, l'entraide – chère au cœur de Kropotkine, ce prince anarchiste qui s'appuie sur un Darwin méconnu : celui qui montre que l'entraide contribue *aussi* à la sélection naturelle –, la socialité et la communauté où la loi de la jungle laisse place à la loi contractuelle, langagière – car le langage parlé arrache un peu aux déterminismes du serpent pour faire entrer le mammifère humain dans la sphère symbolique où la violence économise le sang réel.

J'avais écrit plus haut : recours à l'éthologie d'abord. Quel est *l'ensuite* de ce *d'abord*? La neurobiologie. L'éthologie renseigne sur le terrain sauvage, la friche, la jachère, le maquis des bêtes. La neurobiologie propose un art parent de celui des jardins de l'horticulteur ou du champ des agriculteurs. L'éthologie permet de lever des plans, d'effectuer un état des lieux, de raconter les guerres et les batailles de la termitière, la stratégie des essaims, les logiques de la fourmilière ; la neurobiologie offre un arsenal de machines de guerre : l'araire et la houe, la pelle et la pioche, la herse et le soc pour fouiller la terre, l'organiser et creuser des sillons permettant les semailles un jour.

Dans l'ordre de la nature, ce qui nous distingue du serpent dont nous conservons une partie du système neuronal, c'est le cortex. Car nous sommes notre cerveau. Autant dire que certains sont peu et d'autres beaucoup. Au moment de la vie nouée dans l'œuf primitif, la matière neuronale est vide. Elle contiendra exclusivement ce qu'on y mettra de charges esthétiques – au sens étymologique. Cire vierge à informer. Le cerveau ressemble dans ses premières heures à une terre à ensemencer. Terre du premier homme, matière de toutes les choses, substance destinée à retourner à elle-même, mais travaillée, entre deux néants, par la culture.

La neurobiologie nous apprend que la matière nerveuse ne portera que ce qu'on y aura mis positivement ou ce qui, négativement, par négligence, y proliférera comme des mauvaises herbes, des ronces, des chardons et autres plantes vivaces envahissantes et nuisibles à cause d'un défaut de culture. Consciemment ou inconsciemment, le contenu s'obtiendra par le jeu du faire ou la négligence du laisser-faire. On opposera ainsi le « jardin de propreté » cher à l'auteur de *La Théorie et la pratique du jardinage où l'on traite à fond des beaux jardins* (1709), l'écrit majeur de l'encyclopédiste Antoine Joseph Dezallier d'Argenville (1680-1765), au « jardin planétaire » contemporain de Gilles Clément, où la nature fait son travail sans la décision d'un jardinier qui se contente d'accompagner le mouvement sauvage de la nature.

L'imprégnation placentaire est le moment généalogique de l'être. Il correspond dans le jardin à celui de l'ensemencement : seul pousse dans la terre ce qui y a été semé, déposé par une main humaine – ou ce qui n'a pas été empêché par les opérations nécessaires à la conjuration de la négativité. Planter les belles pousses, arracher les mauvaises herbes, obtenir un jardin propre, voilà qui correspond métaphoriquement à éduquer *par la culture* à la positivité – transmettre un goût du bien – et à l'évitement du négatif – instruire au dégoût du mauvais.

L'identité se constitue dès le ventre de la mère. Le système neuronal connaît le jeu simple de la satisfaction et de la souffrance, du plaisir et du déplaisir, du rassasiement ou du manque, autrement dit le courant alternatif d'une matrice qui associe l'agréable au bon et le désagréable au mauvais. Ainsi informé, on peut produire volontairement une satisfaction chez la mère qui devient satisfaction chez l'enfant. Le transit d'une information s'effectue sur le principe des vases communicants. La vie intra-utérine offre donc déjà une possibilité de dressage neuronal. Les parents, la mère aussi et surtout, l'entourage y contribuent avec un savant et expert usage des deux rênes pour conduire un même attelage : plaisir, déplaisir. L'association d'une perception, donc d'une sensation, donc d'une émotion, à un souvenir douloureux ou jubilatoire trace dans la matière neuronale des faisceaux hédonistes ou anhédonistes associés à cette mémoire affective et réactivés en cas de mobilisation de la zone neuronale en question.

Autrement dit : les fréquences sonores perçues par un enfant dans le ventre de sa mère associées à des souvenirs heureux ou douloureux produiront dans l'âme (matérielle) de l'individu devenu adulte des effets émotionnels : le marquage sonore jadis connoté négativement engendrera à nouveau un plaisir ou un déplaisir, une passion pour un instrument ou son profond dégoût. Ainsi, l'individu affirmera un jugement de goût – j'aime, je n'aime pas – en ignorant que son avis procède d'une série d'anciennes opérations en relation avec un dressage neuronal, un marquage affectif, autrement dit une imprégnation culturelle.

On jardine l'âme comme on nettoie son jardin et ce qui se remarque dans l'un comme dans l'autre s'y trouvera volontairement ou par défaut. Si l'on n'y prend garde et qu'on ne travaille pas, les mauvaises herbes poussent, puis envahissent la parcelle – de terre ou d'âme. Laisser faire, ici comme partout ailleurs, voilà le pire, car ce qui triomphe est toujours le plus bas, le plus vil en nous. La force du cerveau reptilien écrase tout et contrarie le travail du néocortex. Quand celui-ci ne s'active pas, le chemin est libre pour laisser parler à voix haute la bête en l'homme.

D'où la nécessité d'une éducation sensorielle, la première des éducations et la plus déterminante. Les zones du cerveau épargnées par le dressage neuronal des premiers mois restent blanches et le demeureront : rien n'y poussera jamais, et si d'aventure le comblement s'effectue, ce sera avec un tel retard qu'on ne pourra attendre grand-chose de correct. Dès les premières minutes de vie intra-utérine, on doit viser l'éducation sensorielle. Les cinq sens n'en constituent en fait qu'un seul, le toucher, diversement modifié. On touche avec les yeux, la peau, le nez, l'oreille, du moins avec les cellules en contact avec la matière du réel. Les tracés nerveux, neutres d'un point de vue électrique, sont en revanche chargés du point de vue de l'affect, car ils ouvrent des allées, des sentiers, des chemins, des voies, des routes, des autoroutes pour la suite.

La culture suppose donc une sollicitation neuronale sensuelle constituée d'émotions hédonistes. Apprendre à sentir, goûter, toucher, voir, entendre, afin de pouvoir sentir, goûter, toucher, voir, entendre, puis comprendre et jouir du monde. Le cerveau est l'organe du jugement du goût réductible à un processus corporel matérialiste. La culture ne concerne que des corps et, même quand elle sollicite l'âme ou concerne l'esprit, nous restons dans la configuration atomique et matérielle des épicuriens. Le simulacre du *De la nature des choses* de Lucrèce reste une catégorie opératoire valide à l'ère de la physique quantique.

Dès lors, il faut viser une *érotique*, au sens large du terme. On pourrait écrire également une *esthétique*, autrement dit un art de sentir. L'érotisme manifeste la quintessence de la culture, comme la gastronomie qui part de la nature mais la sublime et y ajoute, elle fait de nécessité sexuelle vertu jubilatoire. On chercherait en vain une érotique – ou une gastronomie, sinon une œnologie – chez les animaux, qui se contentent des instincts et des pulsions de la nature : parade, rut, copulation, gestation, reproduction. Les invites chrétiennes à détester la Femme pour lui préférer l'Épouse et la Mère, deux figures antiérotiques par excellence, condamnent toute chair à la mort.

Une géorgique de l'âme suppose donc un dressage neuronal érotique et esthétique par l'éducation sensuelle. Le christianisme a voué aux gémonies la sexualité par haine des femmes et du corps, par mépris de la chair et des désirs, par incapacité au plaisir et goût pour la névrose, par passion pour la pulsion de mort. Les traités des jardins japonais vont de pair avec les arts d'aimer orientaux où, tournant le dos à la névrose religieuse chrétienne, on montre comment on aime le corps de l'autre exactement comme on prend soin d'un jardin zen. Les jardins de Kyoto et les Traités de l'oreiller avec leurs estampes codifient la culture de la chair joyeuse capable d'appréhender ensuite le monde de manière jubilatoire.

La culture n'est donc pas affaire d'accumulation de connaissances mais d'émotions. Les hauts dignitaires nazis, on le sait, disposaient pour beaucoup d'une vaste culture et ont atteint dans le même temps des sommets dans l'art de détruire toute culture. La liste serait longue qui montrerait des gens cultivés et barbares, des hommes disposant de culture livresque, artistique, historique, littéraire, philosophique – songeons à Heidegger – et, simultanément, impliqués dans la barbarie nazie ou dans la politique française de collaboration avec elle. La culture ne dispense donc pas, *en soi*, d'être barbare, car elle peut aussi se mettre au service de la pulsion de mort et, donc, l'augmenter, l'accélérer, la rendre plus nocive... Il existe des cultures de mort et ces dernières naissent quand elles prennent leurs distances avec les cultures de vie. Mépriser Virgile, c'est prendre le chemin vers l'Enfer.

Quand elle est devenue urbaine, la culture a cessé de célébrer la pulsion de vie à l'œuvre dans la nature pour vanter les mérites de la cité, le lieu des barbaries gigantesques et des folies démesurées. Fin des *Bucoliques* et des *Géorgiques* de Virgile, avènement du *Léviathan* de Hobbes et du *Prince* de Machiavel, puis du *Capital* de Marx qui haïssait les travailleurs de la terre, détestait le monde rural, vomissait les paysans... Disparition de l'homme fragment de la nature, effacement de la métaphysique immanente et de l'ontologie païenne, apparition de l'animal politique et pleins pouvoirs donnés à la sociologie. Fin des champs et des ruches, des saisons et des travaux agricoles, du soin des vignes et de l'art du jardin : la culture comme sculpture de la nature laisse place à la culture comme négation de la nature, contre-nature et antinature radicale.

Or la culture d'un jardin n'est pas la destruction de toute nature en lui. Elle est art de l'apprivoiser pour en obtenir le meilleur. Il s'agit de montrer que la nature n'est pas l'ennemie de la culture, mais son matériau. Aucun sculpteur digne de ce nom ne produit une œuvre en détruisant purement et simplement son matériau ! La tradition philosophique célèbre un lignage de penseurs de l'artifice – de Platon à Sartre via Kant et Marx – qui font de la nature leur bête noire et de la culture un art de désherber radicalement le jardin.

Un autre lignage qui va de Diogène à Nietzsche via Montaigne (et dont je montre l'importance sur presque trente siècles dans ma *Contre-Histoire de la philosophie*) pense la nature non comme une matière à détruire, mais comme une force à dompter : la culture est donc un univers qui conserve le sens primitif d'agriculture, un art du jardin intérieur et de la construction d'un rapport sain à soi, aux autres et au monde dans une perspective harmonieuse et non contradictoire avec la nature. On n'y célèbre pas, comme dans la philosophie dominante, la pulsion de mort, qui est politique de la terre brûlée, mais la pulsion de vie, qui suppose le goût du vivant sous toutes ses formes et la haine de ce qui, de près ou de loin, ressemble à un gage donné au sang, à la violence, à la destruction.

L'augmentation de la culture n'est pas bonne en soi, car, dans le cas de son indexation sur la négativité, si l'on se remplit d'une invitation perpétuelle à la mort, le pire deviendra inévitable. En revanche, la culture célébrant la pulsion de vie ramène aux fondamentaux ontologiques : nous sommes fragments de la nature, fragments conscients de la nature. Cette conscience permet de comprendre notre place entre deux néants. Notre vie brève peut être magnifique, elle doit l'être, même, du fait qu'elle est brève.

Dans un jardin des antipodes, j'ai vu un jour un palmier tallipot dont la spécificité consiste à vivre pour produire une seule et unique fois dans sa vie d'un siècle une fleur sublime, puis de mourir. Leçon de choses et de sagesse, leçon des jardins pour une culture qui ne tue pas la nature mais la sublime. Ce géant de plus de vingt-cinq mètres de haut au pied duquel je me trouvais dans une île de l'océan Indien m'a donné une leçon de sagesse bien supérieure à la lecture de l'œuvre complète de Kant.

Une leçon que peut entendre l'ancien petit garçon devenu philosophe hédoniste parce qu'il aima la terre, les champs, les forêts, les bois, les rivières, les mares, les chemins de son enfance et dont le père, ouvrier agricole, a vécu toute son existence et traversé le XXe siècle en virgilien. Combien d'âmes nouvelles, de jeunes pousses, peuvent encore connaître aujourd'hui corporellement ce que racontent les *Géorgiques* de Virgile afin de témoigner plus tard que la culture n'est pas destruction de la nature mais sublimation de celle-ci et sculpture de ses forces ?

3

Après demain, demain sera hier

Le peuple tzigane m'apparaît tel un peuple fossile qui semble avoir longtemps incarné dans son être même ce que fut probablement la tribu des temps préhistoriques. À la manière de l'étoile dont la lumière a mis des millions d'années à nous parvenir, l'ontologie tzigane semblait offrir jusqu'à peu, en l'occurrence avant l'ethnocide réalisé par la civilisation chrétienne, l'écho de ce que furent à l'origine de l'humanité les errances tribales, les campements nomades, les mythes et les histoires fondatrices, les logiques païennes, les spiritualités cosmiques, les intersubjectivités magiques, les lectures poétiques du monde, la pratique fusionnelle de la nature, le génie de l'oralité, la puissance du silence, la préférence des communications non verbales, la vie animale, la puissance de l'intuition, autrement dit tout le contraire de ce qui fait la vertu de notre Occident effondré.

Car cet Occident effondré célèbre les antipodes de la métaphysique tzigane : la sédentarité urbaine, les mégalopoles brutales, l'abolition de la mémoire, la religion positiviste, le nihilisme spirituel, la lutte des consciences de soi opposées, l'incapacité à lire la nature, l'ignorance du cosmos, l'illettrisme livresque, la passion du bavardage, l'autisme en matière de relation avec autrui, le narcissisme décadent, la méconnaissance des signes, la vie mutilée, le psittacisme généralisé, la passion aveugle pour les passions tristes, le raffinement thanatologique.

Le poète tzigane Alexandre Romanès rapporte dans *Un peuple de promeneurs* la conversation qu'il eut avec un quidam dans un restaurant. Ce dernier lui dit : « Dites-moi la vérité, vous, les Gitans, vous êtes vraiment terribles comme on le dit ? » Réponse du poète : « Oui, mais vous, les gadjé, vous êtes beaucoup plus terribles que nous. » À son interlocuteur qui s'étonne, le Gitan rétorque : « Vous, vous avez inventé la colonisation, la prison, l'Inquisition, la bombe atomique, l'ordinateur, les frontières... » Le gadjo en convint. De fait, ce peuple stigmatisé depuis des siècles comme voleur de poules ou coupeur de bourses, cette tribu planétaire qui fut conduite dans la chambre à gaz a le tort de manifester clairement d'où vient la civilisation, un monde que les prétendus civilisés ne veulent pas voir.

Les Tziganes sont ce que nous fûmes et nous ne voulons plus voir ce que nous avons été, confits d'orgueil que nous sommes d'avoir abandonné ce que nous croyons être la barbarie et qui est civilisation reliée au cosmos, illusionnés sur nous quand nous imaginons être civilisés là où nous manifestons notre barbarie, séparés de la nature et du cosmos que nous sommes. Car, en effet, la lumière venue de l'origine du monde et portée par les Tziganes jusqu'au cœur des cités contemporaines montre une clarté ontologique qui nous fait défaut depuis que nous disons du monde non pas ce qu'il est véritablement, mais ce que les livres (la plupart du temps, les livres des religions monothéistes) nous disent qu'il est.

Le rat des villes ne veut pas voir le rat des champs qui lui rappelle ce qu'il fut. Le dandy parfumé, l'esthète savonné, le lettré policé ne souhaitent pas qu'on leur mette sous les yeux leur passé ancestral, ils ne veulent pas voir le temps du temps d'avant le temps barbare qui est le leur. Temps de la crasse mais de la vérité ontologique, temps de la chevelure sale en broussaille mais temps de l'authenticité métaphysique, temps des odeurs fortes des fripes qui sentent le feu de bois, l'humidité croupie, la saleté domestique, mais temps de la simplicité philosophique.

Temps du feu dehors contre le chauffage électrique, temps de la roulotte contre le pavillon de banlieue, temps du hérisson mangé debout près de la flambée contre la nourriture insipide sous Cellophane, temps de la voûte étoilée au-dessus de la tête contre la télévision qui détruit l'âme, temps de la toilette dans la rivière contre les bains moussants débordant des baignoires, temps de la musique autour du brasier qui crépite contre le mutisme des familles séparées devant leur écran, la trace des temps anciens d'une civilisation cosmique fait honte aux dévots des temps nouveaux de la civilisation acosmique.

Dans leurs récits généalogiques, les Tziganes fondent leur extraterritorialité ontologique. Ce peuple court-circuite les fondations judéo-chrétiennes. On connaît les fables d'Adam le premier homme, d'Ève la première femme, du paradis, de l'Éden, de l'arbre de vie, de l'arbre de la connaissance auquel il ne fallait pas toucher. Ève a voulu savoir, elle a su, puis les humains dans leur totalité, hommes et femmes confondus, ont payé cet affront fait à Dieu d'une série de punitions : la pudeur, la honte de la nudité, l'enfantement dans la douleur, la vieillesse et la mort, mais aussi, et surtout, le travail, la condamnation au travail.

Les Tziganes proposent un autre récit généalogique. Leur peuple procéderait du mariage d'Adam… avec une première femme qui aurait existé avant Ève. Ève n'est donc pas la première, mais la seconde. Comme la logique tzigane est matrilinéaire, la lignée échappe à la malédiction qui concerne les autres hommes, les gadjé, qui, eux, sont soumis à cette punition du travail. Pas concernés par le péché originel, les Tziganes peuvent donc entretenir un autre rapport au temps que celui des autres hommes qui sont victimes de leurs activités et perdent leur vie à la gagner. Le temps des Tziganes n'est donc pas le temps du gadjo : d'une part, le temps d'avant les sabliers, les clepsydres, les horloges, les réveils, les emplois du temps ; d'autre part, le temps des instruments à le mesurer, à le quadriller, à le compter, à le comptabiliser, à le rentabiliser. Ici, temps du soleil, temps des étoiles, temps des astres, temps des cycles de la nature, temps des saisons ; là, temps des montres, des chronomètres, des pendules.

Dès lors, quand le gadjo met son réveil à sonner le matin, prend sa douche, se toilette, s'habille, se rend à son travail non sans avoir regardé sa montre dix fois ou écouté l'heure donnée par sa radio vingt fois, quand il travaille à des choses inutiles, inessentielles, sans intérêt, sans vraies bonnes raisons, quand il mange rapidement, de mauvaises nourritures, quand il reprend le travail l'après-midi pour sacrifier encore de longues heures à des tâches laborieuses, répétitives, productives d'absurdité ou de négativité, quand il voit venu le temps de rentrer chez lui et qu'il s'entasse dans les transports en commun, s'enferme dans sa voiture pour de longs moments perdus dans les bouchons et les embouteillages, quand il rentre chez lui, épuisé, fatigué, harassé, quand il mange machinalement d'autres aliments insipides, qu'il s'affale devant sa télévision pour de longues heures de bêtises ingurgitées, quand il se couche abruti par ce qu'il a mangé, vu, entendu, il remet son réveil à sonner pour le lendemain matin où il répétera cette journée et ce pendant des années – quand il fait tout ça, le gadjo se dit *civilisé*.

Pendant ce temps, le Tzigane aura vécu une journée de simplicité, de vérité, de pure présence au monde, de jouissance voluptueuse d'un temps lent, naturel, surtout pas culturel. Il se sera levé avec le soleil, aura allumé un feu pour préparer un premier repas, il aura médité au rythme de la journée qui se lève, au diapason des bruits de la nature – le cours d'eau d'une rivière, les friselis dans les buissons, les frémissements des branchages dans les haies, la mélodie du vent dans les arbres, le chant des oiseaux, le bruit des herbes froissées lors du passage des animaux sauvages, un hérisson, un lapin, un blaireau.

Le midi, avec les siens, autour du feu, il mange debout ce qui a été chassé. Le hérisson par exemple. Silencieux, avec son couteau, il taille la viande grillée posée sur sa tranche de pain et mange sans parler. Pas besoin de mots, la vie se vit sans qu'on ait besoin de la dire. La dire, c'est souvent ne pas la vivre. La dire abondamment, c'est souvent la vivre petitement. Son corps, sa peau se retrouvent dans le vent, la pluie, sous le soleil, dans le brouillard, la bruine, dans le froid et l'humidité. Il est dans la nature parce qu'il n'est pas séparé d'elle ; elle lui dit ce qu'il doit savoir ; il sait ce qu'elle lui dit. Toujours sans mots.

L'après-midi, toujours autour du feu qui est le foyer, le tzigane reste à ne rien faire – or, ne rien faire, c'est souvent faire plus que ceux qui prétendent faire, car c'est l'occasion de la réflexion, de la méditation, du vide dans l'esprit, du vagabondage cérébral, de l'errance des choses mentales. Ce qu'il va falloir faire pour manger ou subvenir aux besoins élémentaires ; ce qu'il faut donner d'âme et de souvenirs aux anciens qui sont partis mais restent là, présents comme des esprits égayés dans la nature ; ce qu'il faut envisager pour les grands-parents ou les enfants afin que la tribu soit et dure dans la répétition de ce qu'elle fut avec les ancêtres.

Le travail n'est pas une fin en soi, mais un moyen de pourvoir aux besoins élémentaires de la communauté. Il ne s'agit pas de produire pour accumuler, faire de l'argent et des bénéfices pour faire fortune, amasser de l'or, mais pour donner à manger aux siens, pour réparer une roulotte ou en acheter une, pour acheter des habits qu'on ne ravaude jamais, qu'on ne rapièce pas, mais qu'on porte jusqu'à leur disparition en loques, pour acheter du vin, du pain, du café et ajouter un peu aux animaux chassés dans la campagne, aux poissons pêchés dans les ruisseaux, aux fruits cueillis dans les haies, voire dans le verger d'un quidam où il y en a tant, aux baies ramassées dans les chemins.

Jadis, avant l'ethnocide chrétien, les petits métiers concernaient le pur et simple besoin de la communauté : on travaillait pour vivre là où les civilisés vivent pour travailler. Enfant, dans les années soixante, je me souviens, dans mon village natal, d'avoir vu passer de tranquilles roulottes, au rythme calme du pas d'un cheval, qui étaient, déjà, une offense faite à la rapidité des voitures qui roulaient, pétaradantes, en frôlant la caravane. Déjà les deux temps se croisaient, s'opposaient, se confrontaient : temps virgilien du pas des animaux, temps faustien du moteur à explosion.

Disséminés dans le village, les hommes proposaient d'affûter les lames des couteaux, des faux, des faucilles, ils rétamaient les casseroles et les couverts en étain, ils récupéraient les vieux métaux, cuillers à demi usées par tant d'assiettes de soupe raclées, bassines percées n'en pouvant plus après deux, trois ou quatre rustines de métal, ils chinaient n'importe quoi. Ils achetaient des chevaux, ils hongraient dans les fermes. Les femmes vendaient leurs paniers en osier, leurs vanneries, leur paille pour rempailler les chaises, leurs joncs pour canner les fauteuils. Elles disaient la bonne aventure pour quelques pièces. Les « Madame Bovary » de la bourgade espéraient un Rodolphe et n'avaient rien d'autre que leurs maris, le soir. Du moins, pour quelque menue monnaie, elles avaient rêvé un peu, interrogé leur avenir et cru tutoyer leur destin.

Le temps des adultes était donc celui d'avant le temps d'Ève. Celui des enfants également. Pas question de faire vivre aux plus jeunes ce que leurs parents n'avaient pas vécu. J'ai aussi souvenir d'un Tzigane scolarisé dans ma classe de cours élémentaire qui ne se pliait en rien à ce qui faisait l'emploi du temps des fils et filles d'Ève : pas envie de s'asseoir, pas envie de rester en place, pas envie de plier son corps pour entrer dans le dispositif disciplinaire de la table d'école qui contraignait les jambes, le dos, le buste, les membres à une posture d'encagé, pas envie de rédiger une rédaction ou de souscrire à une dictée, car il ne savait ni lire ni écrire.

À quoi bon, d'ailleurs, lire et écrire ? Le Tzigane n'apprend rien à l'école de ce qui fait l'essentiel de sa vie quotidienne : au lieu d'apprendre à découvrir le hérisson dans une haie, à hameçonner une truite dans un torrent, à allumer un feu qui réussisse, à lire la course du soleil dans le ciel ou celle des étoiles dans la Voie lactée, au lieu d'apprendre à jouer de la guitare ou à rétamer un vieux faitout, au lieu d'apprendre ce qu'on n'apprend pas, frémir à l'aurore et au crépuscule, se trouver ravi par le chant d'un pinson ou d'un rossignol, on lui apprenait les dates de l'histoire de France, l'accord du participe passé avec le verbe avoir, la règle de trois, le théorème de Pythagore et autres choses inutiles dans la vraie vie.

Pourquoi apprendre à lire et à écrire puisque la lecture et l'écriture nous éloignent du monde véritable ? Que signifie apprendre par cœur des vers de Racine ou le détail de la bataille de Marignan, le débit de la Seine ou le produit national brut de la Belgique ? Ou bien : faire de la gymnastique en culotte courte dans la cour de l'école, sinon sauter au-dessus d'un élastique et retomber dans le sable ? Sinon : souffler dans un pipeau pour jouer *À la claire fontaine ?* Rien de tout cela n'est utile. On apprend ces choses-là pour se soumettre à un maître qui ne notera rien d'autre que notre degré de soumission, d'obéissance, de servitude. Les Tziganes ne mangent pas de ce pain-là. Le père d'Alexandre Romanès disait : « Être gitan, c'est n'être dans rien : ni dans le sport, ni dans la mode, ni dans le spectacle, ni dans la politique et la réussite sociale n'a pas de sens pour nous. »

Ne pas être des fils et filles d'Ève assure donc les Tziganes d'une extraterritorialité ontologique. Nullement soumis au péché originel, ils n'ont aucune obligation à travailler. Quand ils s'adonnent à une occupation qui ressemble à un travail, c'est pour assurer la vie quotidienne : acheter ce qui ne se chasse pas, ne se pêche pas, ne se cueille pas, ne se vole pas – le sentiment de propriété leur étant totalement inconnu, ils ne sauraient s'emparer du bien d'autrui ! Ils jouissent donc du pur plaisir d'exister dans une présence coextensive au monde. En spinozistes qui n'ont jamais lu Spinoza, les Tziganes expérimentent la béatitude qu'il y a à coïncider avec le mouvement du monde, ni plus, ni moins. Leur temps est un temps de sagesse cosmique.

En revanche, le temps chrétien est temps de déraison acosmique. Les Tziganes disposent d'une histoire pour signifier leur chute dans le temps : un de leurs contes rapporte en effet que deux soldats romains avaient reçu quarante deniers pour acheter chez un forgeron les quatre clous destinés à la crucifixion de Jésus. Les légionnaires boivent la moitié de la somme et sollicitent un forgeron juif pour leurs quatre clous. L'homme de l'art refuse, prétextant qu'il ne forgerait pas de clous pour crucifier un juste ; les Romains lui brûlent la barbe et le percent avec leur lance. Un second homme de l'art est sollicité ; il refuse lui aussi ; il est également tué, brûlé.

Un forgeron tzigane avisé par les Romains en lisière de la ville accepte de vendre trois clous qu'il venait de réaliser et se propose de faire le quatrième. Les voix de ses deux confrères juifs tout juste trépassés lui enjoignent de refuser pour ne pas contribuer à la mort d'un juste. Il forge le quatrième clou qu'il plonge, rouge, dans l'eau pour affermir le métal : il reste rouge et brûlant. Il s'y reprend à une vingtaine de reprises, rien n'y fit : le quatrième clou demeure incandescent. Ayant compris son malheur, le Tzigane plie sa tente et s'enfuit dans le désert trois jours et trois nuits avec son âne.

Arrivé dans une ville, il installe à nouveau son enclume et reprend son travail. Au premier coup de marteau, le quatrième clou de la croix du Christ lui apparaît. Épouvanté, il s'enfuit, mais partout où il allait, le clou réapparaissait. Depuis lors, les Tziganes sont condamnés à l'errance, pour prix du forfait d'avoir forgé les trois clous de la croix de Jésus. Cette légende dit de ce clou disparu que, s'il était un jour retrouvé, il apporterait la paix et la sérénité aux Tziganes. Une autre version rapporte que, pris de remords, le forgeron tzigane a essayé de récupérer les clous de la croix. Les soldats gardaient trop bien le calvaire, il ne put en voler qu'un seul. Dieu aurait alors dit, touché par ce geste de repentir, que les Tziganes auraient dès lors le droit de voler !

Que dit ce conte ? Que l'errance consubstantielle aux Tziganes s'avère une punition judéo-chrétienne. S'ils commencent ontologiquement bien dans la vie en obtenant cette extraterritorialité qui les dispense du péché originel, le christianisme les rattrape avec cette histoire. S'ils échappent à la malédiction du travail, ils se retrouvent punis par la faute du forgeron, même si une version permet une rédemption, puisque Dieu permet aux Tziganes de voler pour preuve de leur capacité à la contrition.

Reste cette idée que, comme les juifs sont maudits et errants parce que Ahasvérus, l'un d'entre eux, a refusé de donner à boire au Christ sur le chemin le conduisant au Golgotha, les Tziganes, maudits et errants eux aussi, sont condamnés pour avoir forgé l'un des instruments de la Passion. Deux peuples errants, deux peuples maudits, deux peuples dits déicides, deux peuples envoyés dans les chambres à gaz par le national-socialisme. Les

nazis disaient des Tziganes qu'ils étaient des demi-juifs. Un proverbe gitan rapporté par Alexandre Romanès dit : « Tout le
monde a une goutte de sang gitan et juif. »

Ruse de la raison, ce que le national-socialisme n'obtient pas
par la violence barbare, l'effacement du peuple tzigane, le christianisme l'obtient par la persuasion missionnaire. Ce peuple qui
remonte à la nuit des temps et porte en lui le signe, le nombre
et le chiffre des premières peuplades de l'humanité, ce peuple
dont on sait qu'historiquement il vient du nord de l'Inde (la
linguistique montre que le romani dérive du sanscrit) après
avoir migré dans toute l'Europe via la Perse et l'Empire byzantin, ce peuple, donc, a été détruit par les conversions massives
au pentecôtisme dans la deuxième moitié du XXe siècle. L'assimilation, sous prétexte d'humanisme, a généré la sédentarisation
de la plupart des Tziganes, ce qui a débouché sur la prolétari-
sation dans laquelle bon nombre se trouvent aujourd'hui, parqués dans ce que la litote du politiquement correct appelle les
aires des Gens du voyage – autrement dit, les terrains vagues
insalubres et boueux dans lesquels est concentré comme dans
un zoo ce peuple dont on voudrait qu'il vive selon notre raison
qui est déraison pure.

Les roulottes ont laissé place aux caravanes, les chevaux ont
été troqués contre de puissantes berlines, les activités autour du
feu rivalisent à peine avec la tyrannie de la télévision, la lumière
naturelle, ou celle des flambées nocturnes, a été remplacé par
la lumière électrique des groupes électrogènes, les revenus de
solidarité se substituent aux activités artisanales, les signes cabalistiques laissés dans la campagne, dans la nature, comme autant
de signes d'un Land Art primitif destinés à communiquer avec
les Tziganes suivants, ont disparu avec les messages de téléphone
portable. Tout cela coûte, il faut trouver de l'argent en plus
grande quantité qu'à l'époque de la pure et simple vie frugale
– le vol des câbles pour récupérer le cuivre sur les chantiers ou
sur les voies ferrées est devenu monnaie courante. L'acculturation a transformé ces nomades ancestraux en sédentaires
prolétarisés qui affichent les images de la Vierge dans leurs
caravanes.

Or il y eut une grande et belle civilisation orale tzigane pendant des siècles. Elle témoigne de ce que furent probablement les relations des hommes simples avec le cosmos aux premiers temps de l'humanité. Leur conception du temps n'est pas cérébrale, intellectuelle, théorique, livresque, mais expérimentale : gens de route et d'errance, les nomades ont besoin de lire le ciel, la course du soleil, sa hauteur dans l'éther, son tracé, les heures changeantes de son lever et de son coucher, les étoiles, les constellations, leurs mouvements, leurs cartes.

Les Tziganes veulent également savoir s'ils pourront prendre la route ou non, si le brouillard ou la pluie ne les contrarieront pas, combien de temps la neige les retiendra, si la grêle viendra, ce qu'annonce l'arc-en-ciel. Saison des voyages, saison de la sédentarité ; saison des migrations, saison des campements ; saison du printemps, saison de l'hiver ; saison du renouveau de la nature, saison de son endormissement ; saison des gibiers comestibles, saison des hibernations. Le temps météorologique est la matrice du temps ontologique. Le temps qu'il fait, c'est le temps qu'il est. Pas de montre au poignet, il suffit de lever le nez, de redresser la tête, de regarder le monde, qui répond immédiatement.

Lorsque vient le printemps, il existe une cérémonie pour le fêter. La nature réunit à ce moment-là la fin de la mort de l'hiver et le début de la vie du printemps, mort de la mort, vie de la vie, et ce dans un même moment. Les Tziganes entassent tout dans leurs roulottes et partent. Ils quittent la ville par une sortie et y rentrent par une entrée opposée. Ils accomplissent ainsi avec leurs chevaux, leurs familles, leurs objets, leurs enfants le mouvement cyclique de la nature. Ils referment la boucle du cercle sur elle-même et rejouent, comme des millions de primitifs sublimes dans l'histoire de l'humanité, le cycle de l'éternel retour du même.

Les Tziganes, du moins avant l'acculturation chrétienne, croyaient aux leçons du cosmos : l'ordre, ce que dit encore l'étymologie, de l'univers enseigne une répétition du même contre laquelle on ne peut aller. D'où une soumission fataliste à ce qui est. Il existe un destin, il faut s'y conformer. Ce qui va advenir est écrit, il n'est pas possible de se soustraire à cet ordre du monde. On ne saurait modifier le destin, écrire une histoire déjà écrite, intervenir dans le cours des choses gravé dans les rythmes de l'Univers.

Le futur a la même consistance que le passé : ce qui a été fut et on ne peut rien contre ; ce qui sera est déjà et on ne peut pas plus contre. Le proverbe manouche *Après demain, demain sera hier* exprime ce temps unique, diversement modifié, mais toujours semblable à lui-même. La matière du temps se confond avec les temps intrinsèques de la nature et du cosmos. Qui voudrait modifier son passé ? Faire en sorte que ce qui a eu lieu n'ait pas eu lieu ? Agir et intervenir sur ce qui fut pour que ce qui fut n'ait pas été ainsi ? Un fou, un sot. Tout aussi fou, tout aussi sot, celui qui voudrait agir sur son futur et le vouloir plutôt comme ceci que comme cela. Sage, le Tzigane veut le temps qui le veut. Il veut le passé qui fut et le futur qui sera comme il fut et comme il sera, car il sait qu'il ne peut rien sur le temps puisque c'est le temps qui peut tout sur lui.

Le cycle est cycle de cycles. Évidemment, insoucieux des livres et de leurs folies, moquant les leçons du papier pour se contenter des enseignements de la nature, ce peuple de civilisation orale commémore les passages, les moments du cycle. Ce sont bien sûr les temps de la nature naturante et de la nature naturée, les temps des saisons que le christianisme a fixés dans ses légendes, ses histoires et ses mythes. Temps de Noël, temps de Pâques, temps de la Pentecôte, autant de temps indexés sur les solstices et les équinoxes, le plus et le moins de lumière. Les Tziganes ont des coutumes, un folklore, des légendes associés à ces points fixes de la cartographie du cosmos.

À Noël, solstice d'hiver, les Tziganes préparent les produits magiques qui permettent de guérir. Graisse de lièvre, de porc ou d'oie, peau de serpent, sang de chauve-souris, sangsues, lait maternel, urines, herbes, salive, poils de feutre, fruits et légumes séchés, etc. Le retour de la lumière, c'est le retour de la vie, donc celui de la santé. À ce moment, les esprits manifestent une plus grande puissance. D'où la nécessité d'un rituel de conjuration pour éloigner les mauvais et se rendre favorables les bons. Les chrétiens transforment cette période cosmique en épiphanie de leur religion transcendante de salut ; les Tziganes en font un temps propice aux pharmacopées immanentes. Grands moments vitalistes.

Le jour de Noël, les Tziganes allument un feu et s'installent en rond autour de lui. Ils scandent une mélopée, rapidement, sur un ton monocorde. Puis ils s'en rapprochent et s'en éloignent, et ce de façon alternative. Leurs pas sont en mesure. Ils chantent alors : « Le jour de Noël est là. Ah, depuis longtemps nous n'avons vu de bois ; que le Dieu des pauvres mette fin à leur besoin, qu'il leur envoie du bois et du pain blanc ! » Cette danse, ces pas, ces mouvements alternatifs avec le feu comme épicentre ontologique disent le mouvement auquel sont soumis les hommes : éloignés de la lumière, puis rapprochés d'elle, éloignés, puis rapprochés, loin de la clarté dans le cœur de l'hiver, puis proches de son retour au moment du solstice, nuit la plus longue, mais également signe de la dernière nuit si longue avant l'avènement de jours plus longs.

Les Tziganes fêtent également le printemps – Noël fête le solstice d'hiver, le printemps, l'équinoxe. Temps du renouveau, de la joie et du désir de vivre, du retour à la nature libre, des départs sur la route, temps du retour des oiseaux partis dans le sud et remontant vers le nord. Ce moment cardinal est moteur de l'être tzigane consubstantiel au nomadisme, à l'errance, à la route, aux voyages, aux déplacements. Le printemps est le moment intermédiaire entre le froid de l'hiver et les brûlures de l'été, entre les ténèbres de décembre et la lumière de juin.

Dans cette configuration des fêtes païennes et cosmiques, les Tziganes fêtent Pâques. Le dimanche de Pâques, ils habillent un vieux mannequin de paille avec des vieilles nippes de femmes. Ils placent cette « Reine des Ombres », c'est son nom, au milieu du campement. Le dimanche de Pâques est aussi dit « Jour de l'Ombre ». Chacun la bastonne avant de la mettre au feu. L'assistance chante alors en chœur : « Dieu, tu as enchanté le monde, tu l'as décoré de fleurs, tu as réchauffé le vaste monde et commandé le jour de Pâques. Reviens maintenant, Dieu, auprès de moi ; ma hutte est balayée et une nappe propre mise sur la table ! » Le sacrifice de l'ombre fait donc advenir la lumière. Chez les chrétiens, la mort du Christ fait également venir la lumière du salut – sa mort garantit la résurrection, donc la vie ; la combustion tzigane de l'ombre assure le retour de la lumière.

Le lendemain de Pâques, les Tziganes célèbrent la Saint-Georges dans un lieu retiré. Ils investissent un garçon de pouvoirs emblématiques et il devient le personnage principal de cet événement, « le Georges Vert ». Ils le décorent de la tête aux pieds avec des branches et des feuilles de saule. On lui confère alors des fonctions rituelles : sur les animaux de la tribu, sur les cours d'eau. On jette à l'eau un mannequin de paille fonctionnant comme son substitut. Les festivités durent toute la nuit. Un grand gâteau est partagé par toute la communauté.

La Pentecôte est aussi fêtée. Dans la tradition païenne, elle était fête des moissons. Le judaïsme en fera le moment du don de la loi de Moïse au Sinaï. Le christianisme le dit temps de l'avènement de l'Esprit saint sous forme de langues de feu descendues sur la tête des Apôtres. Les Tziganes confectionnent à ce moment les médicaments pour soigner les maladies et protéger des malheurs. Dans leur tradition, les Tziganes restent donc plus proches du paganisme de la récolte des fruits positifs et bénéfiques de la nature que des billevesées chrétiennes. Paradoxalement, le Pentecôtisme deviendra l'agent le plus ethnocidaire de ce vieux peuple longtemps fossile – comme s'avère fossile la lumière des étoiles qui nous parvient du fin fond de l'Univers.

Le paganisme tzigane est aussi visible dans l'animisme qu'il active. Ainsi avec l'histoire des hérissons. Un Tzigane la raconte à l'anthropologue Patrick Williams, qui la rapporte dans *Nous, on n'en parle pas* : un *fêtier*, autrement dit un Tzigane qui dispose d'un stand de tir sur les fêtes foraines, vient chercher un comparse, tzigane lui aussi, bien sûr, pour aller à la chasse au hérisson avec sa petite chienne. Le Gros Tatav sollicite tant et si bien Tchavolo le fêtier qu'à la fin il cède, même si le premier ne plaît guère au second car, horreur pour un Tzigane, il fait raser et nettoyer ses hérissons par un tiers avant, comble absolu, de les mettre à rassir plusieurs jours au réfrigérateur. « Dégueulasse », dit le Tchavolo. Ils partent tout de même chasser avec la petite chienne dans les champs. Ils s'arrêtent dans les haies, mais ne trouvent rien. Le Tchavolo fait semblant de chercher, mais il ne cherche pas ; le Gros Tatav, lui, y met de l'ardeur, mais, c'est patent, il ne sait pas chercher les hérissons. Ils inspectent encore deux ou trois buissons.

Un hérisson sort. Puis un autre, puis un autre et encore un autre, une ribambelle de hérissons avance en procession dans l'herbe. Une centaine de hérissons à la queue leu leu. Le Gros Tatav ne se sent plus de joie, il ouvre son sac et avise le premier petit animal vers lequel il avance la main. Laissons le Tchavolo raconter la suite de l'histoire : « Le hérisson se retourne et lui dit... le hérisson dit au Gros, en français il le dit : "Eh bien, mon frère ! Tu vois pas qu'on est en train d'suivre le convoi d'mon pauv'père !" »... Dès lors, la mort étant sacrée, chez les hérissons comme chez les humains, pas question d'en estourbir un seul.

L'histoire raconte plusieurs choses. La première, que la chasse au hérisson ne saurait souffrir d'approximations : elle obéit à un rituel, à une loi non écrite, mais que connaissent les vrais Tziganes – le Tchavolo en est un, le Gros Tatav n'en est pas un, la preuve, il ne sait ni les chasser, ni les préparer, ni les manger. Il n'a pas de chien. Le Tchavolo prélève dans la nature ce qui lui permet de manger ; le Gros Tatav est un chasseur brutal, un viandard qui ne respecte pas les animaux, qui les maltraite réellement, donc ontologiquement, métaphysiquement. Le Tchavolo incarne la civilisation de son peuple avec son chien ; le Gros Tatav, la barbarie des gadjé avec leurs réfrigérateurs.

Le hérisson est le double du Tzigane. Comme lui, il vit dans la campagne et dans les prés, il dort dans les broussailles, les haies vives, les gros buissons ; comme lui, le Tzigane s'active aux lisières de la nature sauvage, jamais dans le cœur des forêts ; comme lui, il évolue dans les frontières qui marquent les propriétés des gadjos ; comme lui, ils sont malicieux, gourmands, s'introduisent dans les potagers. Les Tziganes racontent ses exploits amoureux, dans lesquels ils se reconnaissent volontiers. Ils admirent et respectent son courage, car le hérisson s'attaque aux serpents dont il n'a pas peur – le serpent est l'animal tabou par excellence des Tziganes, car, selon eux, il vit dans les maisons, habite chez les gadjos, dort dans leurs lits, entre dans leurs vêtements... L'un d'entre eux raconte cette histoire : « Il était devenu vieux, ce hérisson. Vieux hérisson ! Il dit : "Bof, qu'est-ce que je fais là, moi, dans ce buisson ? Où demander à manger ? Pas à un parent ! Oui, il dit, je m'en vais ! Je vais vivre ma vie, je m'en vais quelque part pour faire aller ma vie !" »

Jamais on ne chasse la femelle pleine ou accompagnée de ses petits. Les Tziganes savent où nichent les animaux. Ils ne les prélèvent pas quand ils sont en quantité et repèrent les endroits pour y revenir l'hiver, dans les périodes de disette pendant lesquelles la neige recouvre tout. On ne cuisine pas le petit animal de la même manière en fonction des saisons : l'hiver, quand il est gras, on le prépare à l'étouffée ; l'été, quand sa chair est échauffée par ses courses dans la nature, on l'accommode avec des gelées aux arômes puissants, ail, piment, thym, laurier qui masquent son odeur forte. On peut aussi le préparer dans une croûte de terre, le mettre sur le feu puis casser la terre cuite et récupérer la chair de l'animal alors que les piquants restent prisonniers de la coque de cuisson. On ne tue jamais les hérissons à l'avance, pas question, donc, de les mettre au réfrigérateur pendant plusieurs jours. On les capture et on les garde vivants dans des cages, des bidons, des tonneaux ou dans une couronne de pneus.

La deuxième chose racontée par cette histoire, c'est que les hérissons parlent comme les hommes – de la même manière que le Tzigane digne de ce nom parle peu et communique de façon non verbale, par des signes, des silences, des postures, des rites. Le Tzigane est silencieux comme le hérisson ; le hérisson parle comme un Tzigane – d'ailleurs, chez les Tziganes de France, il parle en français. Autrement dit, les animaux et les hommes ne sont pas séparés, mais unis. Il n'y a pas une différence de nature entre le hérisson et son chasseur, mais une différence de degré.

En filles et fils de la femme d'avant Ève, les Tziganes, païens punis par les chrétiens, ne sacrifient pas à l'idéologie judéo-chrétienne du Livre, du patriarcat, de la différence de nature entre les hommes et les animaux avec bénédiction des premiers pour exploiter, maltraiter, humilier, exterminer les seconds, ils ne souscrivent pas aux fables du paradis, de l'enfer ou du purgatoire parce que leur conception des esprits tient de l'animisme, du polythéisme, du panthéisme et de tout ce qui signifie une spiritualité non monothéiste, une métaphysique avec la nature et pas sans elle, ni contre elle. Pour ma part, j'entendrais plus volontiers la parole du hérisson que celle d'une Vierge, mère de Dieu.

Le peuple tzigane croit au monde des esprits. Non pas comme un spirite ou un adepte de la transmigration des âmes, un tenant de la métempsycose ou de la métensomatose, un pythagoricien ancien ou postmoderne du new age. Simplement, il croit que les morts sont encore là parce qu'on les fait être par le souvenir qu'on en a. Quand l'un d'entre eux meurt, on détruit tous ses objets. On peut vendre si l'on est vraiment très pauvre, mais on s'assure que rien de ce qu'on a donné ne sera recyclé : tout doit disparaître. Les objets qui restent de lui sont *mulle*, autrement dit sacrés, porteurs de lui, d'une parcelle de son être. Le silence entoure ces objets ; mais les Tziganes n'en pensent pas moins. La mort, qui est présence douloureuse et lancinante de l'absence, exige le silence. « Nous, les pauvres morts, on n'en parle pas », disent-ils. Ce qui n'empêche pas de vivre avec eux. Le mort est vraiment mort quand les hommes l'ont totalement oublié.

Le temps d'un deuil, et il est plus ou moins long en fonction de la proximité, on s'abstient de prononcer le nom du mort ; on s'interdit de manger ses mets de prédilection ; on ne revient pas sur les lieux qui ont été les siens, on les évite ; on ne se sert pas des objets qui n'ont pas été détruits, on les garde dans un tiroir, au fond d'un meuble. Ils portent une charge magique. La relation que le Tzigane entretient avec le défunt n'est pas celle d'un vivant avec le mort, d'un présent avec le passé, d'un vif avec un trépassé, mais d'un individu avec l'immuable. Pas de mémoire du temps passé mais une présence apaisée avec l'être-là du mort dans une communion avec le temps de l'éternel retour.

Les manouches ne disposent pas d'un mot pour dire *mémoire*, en revanche ils en ont un pour dire *respect*. De même, *tajsa* signifie à la fois demain et hier – et veut dire : *le jour qui n'est pas aujourd'hui*. Patrick Williams le dit : *kate* signifie aujourd'hui, à savoir là où l'on est – ce lieu, ce jour ; *ivral* dit hier et demain, autrement dit : là où l'on n'est pas, partout un autre jour. Le présent, c'est ici et maintenant ; le passé et l'avenir, c'est ailleurs que là où l'on est. Les Tziganes vivent dans l'instant présent. Ils semblent incapables de programmer des activités à long terme. Le travail s'effectue d'un trait. Sinon, il est abandonné, et jamais repris. Ils ne se souviennent pas des dates, mais des activités : ils savent quels jours ont lieu les marchés, les pèlerinages, les rassemblements familiaux, les fêtes de famille.

Le souvenir n'est pas une activité volontaire, un produit de la volition pure, mais le surgissement du temps passé dans le temps présent, non comme une épiphanie séparée, mais comme la modalité tuilée d'écailles des temps fragmentés. Le mort est là, ici et maintenant, sous une autre forme indicible dans les catégories de la métaphysique occidentale – pythagoricienne, puis platonicienne, revue et corrigée par le christianisme. Le mort n'est plus, mais il est encore : il a disparu dans sa présence physique, mais il demeure dans sa présence affective et mentale. Une autre façon de comprendre cette étrange phrase de Spinoza qui écrivait dans l'*Éthique* : « Nous sentons et expérimentons que nous sommes éternels » – à quoi j'ajoute : tant que la vie du vivant porte le souvenir de cette vie morte. Cette immortalité immanente dure donc le temps que durent ceux qui l'assurent.

90

L'univers tzigane est peuplé d'êtres mythiques, de créatures surnaturelles, d'esprits chimériques qui empruntent des apparences corporelles. Chaque moment de la vie quotidienne met en présence de chacun d'entre eux. Le sort de chacun dépend de leur bon ou de leur mauvais vouloir. Il s'agit pour les Tziganes de s'attirer la bienveillance de ces esprits par des comportements appropriés, des substances adéquates, des rituels ad hoc, des sollicitations idoines, ainsi les magiciennes.

Voici quelques pans levés sur la mythologie tzigane : les Ourmes, déesses du destin, revêtues d'une robe blanche, reliées au règne végétal, apparaissent par trois lors des naissances, elles déterminent l'avenir des enfants avec des rites particuliers qui impliquent du houx ou des aiguilles enfoncées en terre afin d'interpréter ensuite la quantité de rouille. Seules les magiciennes voient les Ourmes ou bien encore la septième d'une lignée de filles, ou le neuvième d'une lignée de garçons. Les *Kechalis*, fées de la forêt, elles aussi groupées par trois, habitent les montagnes ; elles ont de longs corps et des cheveux fins avec lesquels elles font le brouillard des vallées. Vierges, elles peuvent aimer un homme et se lier à lui, mais pour son malheur, car elles accouchent d'un enfant mort-né. Le pauvre homme, fasciné par elle, en perd la raison. Alors son pouvoir magique disparaît. Elle se réfugie toujours plus haut dans les montagnes pour y vieillir et disparaître. Quand elle veut attirer la chance sur un nouveau-né, elle attache le fil rouge de la chance autour de son cou s'il a une ride circulaire ou un pli. Elle peut aussi, pour obtenir le même effet, tisser un peu de sa chevelure pour en faire une robe de chance si fine, si délicate, si transparente qu'elle s'avère invisible aux yeux des hommes. Les *Holypi*, enfin, qui, possédées par le démon après un accouplement avec lui, deviennent des sorcières, se réjouissent du malheur des gens et distribuent les maladies autour d'elles.

Le destin est donc une affaire de puissances magiques. Il n'y a pas de futur libre, mais un avenir écrit par des forces auxquelles il faut se soumettre. Le houx, le fil rouge, l'aiguille, les cheveux tissés disent la magie des femmes mystérieuses qui veulent à la place des humains qui, eux, sont voulus par elles. Cette mythologie procède probablement des lointaines époques du nord de l'Inde, quand les Tziganes vivaient sédentarisés dans des lieux à forte densité mythologique. Nul besoin de préciser que ces Nornes tziganes ont été exterminées par le pentecôtisme qui en faisait le signe d'un paganisme et de superstitions insupportables en regard de leur religion tellement rationnelle par ailleurs !

Les Tziganes entretiennent avec les morts une relation qui nous en apprend beaucoup sur leur rapport au temps immanent. Pour eux, il n'est pas question d'un arrière-monde, ce qui, pour moi, définit toute religion, mais d'un ici-bas, ce qui, à mes yeux, définit une philosophie, une ontologie, une sagesse. Pas de ciel tzigane rempli d'anges, d'archanges, de trônes, de séraphins et autres créatures de la déraison pure, mais un ciel saturé d'étoiles la nuit et habité par la course du soleil le jour. Le ciel des brouillards et des brumes, des temps couverts et des azurs sidérants, des arcs-en-ciel et des aurores orangées. Pas de punition chez ce peuple libertaire, pas de châtiment, d'expiation, de damnation, de pénitence dans cette civilisation du hérisson.

À la mort du tzigane, du moins dans les temps d'avant l'ethnocide chrétien, on brûlait sa roulotte, ses objets ; parfois, plus tard, dans la caudalie de la civilisation, sa voiture ou son camion. Ses bijoux et son argent étaient déposés dans son cercueil. Ou bien dépensés dans les funérailles, investis dans le tombeau mirifique et sa décoration. L'incinération des biens disait tout le génie de ce grand peuple qui n'avait cure de l'argent, de la propriété, des choses, de l'avoir. Quand on perd un être cher, plus rien n'est cher.

Alexandre Romanès raconte dans *Un peuple de promeneurs* combien cette culture qui leur fait brûler leurs vaisseaux concerne également les vivants : ainsi, deux frères directeurs de cirque ne s'entendent plus, ils veulent se séparer, mais comme toujours, quand on ne s'entend plus, on ne s'entend pas non plus pour se séparer. Il y a des biens, un chapiteau, une toile, un cirque, des camions, une caravane. Mais la discussion n'aboutit pas. Rien n'y fait. « Le soir, faute d'accord, ils rassemblent le matériel sur place, aspergent le tout d'essence et y mettent le feu. » Quel bourgeois incendierait ainsi son pavillon, sa voiture, ses voitures, ses meubles, ses bibelots, ses objets ? Grandeur tzigane.

Posséder, c'est être l'esclave des choses, de l'avoir, de la propriété. Ce peuple libertaire n'est l'esclave de rien ni de personne. Aucun objet ne saurait lui être un lien ! Quand on *est* vraiment, ontologiquement, on n'a pas besoin d'*avoir*, matériellement. Les vivants n'ont pas plus que les morts ; les présents pas plus que les absents. Dans la roulotte, on possède aussi peu que dans le tombeau. La vérité du tombeau est d'ailleurs celle de la roulotte : on a ce qui permet d'être, pas plus, pas moins. Ce qui excède cette loi de l'être définit le gadjo qui veut avoir pour être et qui a d'autant plus qu'il n'est pas, qui possède en proportion du fait qu'il n'est pas lui-même sa propriété.

Toujours d'Alexandre Romanès, cette vérité enseignée par son père : « Un homme, c'est beaucoup plus féroce qu'un tigre. Un tigre, tu lui donnes quinze kilos de viande et il est repu, un homme, tu le couvres d'or et il en veut encore. » Parce que le gadjo, le civilisé qui crie à la barbarie de tout ce qui n'est pas son délire, possède et construit sa vie pour accumuler, il n'est pas ; en revanche, le Tzigane qui n'a rien d'autre que ce qui lui permet de ne pas souffrir de ne pas avoir de quoi vivre, lui, est libre. Libre, donc vrai, véritable, véridique, authentique.

Les Tziganes n'aiment pas l'avoir ; ils n'aiment pas non plus les honneurs. Toujours Alexandre Romanès : « À côté du cirque, il y a le cimetière de Clichy. Le seul endroit tranquille du quartier. Je vais souvent m'y promener avec mes filles. Je lis sur une tombe : "Monsieur X, chef de bureau." Quelle misère... » En effet. Que fit de sa vie cet homme qui crut bon d'avoir pour épitaphe ces mots ridicules ? Chef de bureau, contremaître, directeur du personnel, général, cadre, chef de service, ancien de Polytechnique, directeur des ressources humaines, chevalier des Arts et Lettres, titulaire de la Légion d'honneur, ancien élève de Centrale, cacique de l'ENS, membre honoraire de ceci ou de cela, diplômé de telle école, appointé par le CNRS, artiste

(!), on ne compte plus le ridicule de cette bimbeloterie exhibée dans les annonces mortuaires ou gravées dans le marbre d'une petite éternité de pierre tombale. Je préfère les pieds nus dans la boue d'une petite fille au regard de princesse indienne sur un tas d'immondices offert par les autorités municipales aux Gens du voyage.

Les Tziganes n'aiment pas l'argent, ils n'aiment pas les honneurs, ils n'aiment pas le pouvoir. Alexandre Romanès, rapporte ces propos d'une vieille Gitane : « Les trois derniers présidents de la République ont bataillé cent ans à eux trois pour obtenir le poste ; quelle misère. » En effet ! Quelle misère ! Misère aussi ce qu'ils ont fait du pouvoir quand ils l'ont obtenu ! À la façon de Diogène qui méprisait l'argent et la propriété, les honneurs et les colifichets, les Tziganes dédaignent le pouvoir. Comme le philosophe au chien qui anéantit le pouvoir d'Alexandre en lui disant qu'il n'a aucun pouvoir sur lui, les Tziganes expriment la liberté libre chère au cœur de Rimbaud, celle qui fait qu'on n'a peur de rien ni de personne.

La richesse tzigane ? La libre jouissance, pleine et entière, sensuelle et voluptueuse, corporelle et sensuelle, individuelle et tribale, ancestrale et présente, passée et future, *de leur temps*, de tout leur temps. À la façon de l'aristocrate grec ou du patricien romain, ils pratiquent un *otium* décomplexé qui complexe la plèbe bourgeoise et richissime de ceux qui ont de l'argent, des décorations, du pouvoir, mais qui ne se possèdent plus depuis longtemps, aliénés à leurs délires, à leurs divagations, à leurs folies, à leurs bêtises. Brûler sa roulotte, ne convoiter que le hérisson pour le repas du soir, posséder l'empire sur soi, avoir au-dessus de la tête la voûte étoilée, se réchauffer auprès d'un feu comme le faisaient les hommes préhistoriques, voilà les vraies richesses !

Jadis, quand j'ai créé l'Université populaire du goût à Argentan, je l'avais placée sous le signe de ce proverbe manouche : « Tout ce qui n'est pas donné est perdu. » Cette phrase avait été peinte à l'entrée du chapiteau où nous donnions des fêtes gratuites dans lesquelles la culture servait à réunir, à lier, à rassembler des gens qu'habituellement elle séparait, distinguait, classait. L'ouvrier syndicaliste, communiste, marxiste, urbain, sédentaire, bourgeois, très propriétaire, hostile aux manouches, qui m'aidait dans cette aventure, mais profitait de la situation en s'enrichissant personnellement dans son dos, lui et quelques-uns de ses comparses, avait probablement lu : « Tout ce qui n'est pas volé est perdu. » Le voleur, c'était lui ; pas les manouches qui emportaient parfois ce que dès lors il ne pouvait plus voler.

Dans une civilisation qui ne reconnaît aucune propriété, à quoi peut bien ressembler la poule du voisin, le jardin potager du gadjo, le fil de cuivre du chantier d'un promoteur immo-bilier, l'entourloupe de la chaise qu'on promet de refaire avec de la belle paille et que l'on livre avec un mauvais cannage de plastique ? À rien. Alexandre Romanès ouvre ainsi *Un peuple de promeneurs*, sous-titré *Histoires tziganes* : « La grand-mère, à sa petite fille qui va partir : *Ma fille, que Dieu soit partout sur ta route et que tu voles beaucoup d'or.* » Grugé d'une poule, volé d'un kilo de pommes de terre, escroqué d'un billet de quelques euros, oui, certes, entendu, et alors ? Tout n'est que vanité et poursuite du vent. Demain est un autre jour. Semblable à aujourd'hui. Car, ne l'oublions pas, *Après demain, demain sera hier* et plus loin qu'après demain nous ne serons plus rien. Or, plus loin qu'après demain, c'est très vite, c'est bientôt, c'est demain. Tout à l'heure, peut-être.

4

LE PLIAGE DES FORCES EN FORMES

La nature dispose d'un rythme qui n'est pas celui des hommes, qui, plutôt que de s'y soumettre, ont voulu le soumettre. L'histoire de la domestication de ce temps coïncide avec l'histoire de l'humanité. Le temps de la nature obéit aux rythmes circadiens : alternance du jour et de la nuit, alternance des saisons. Les hommes construisent leurs civilisations en regard de ce tropisme : travailler le jour, dormir la nuit ; labourer, semer, récolter, laisser reposer la terre l'hiver, s'en soucier à nouveau pour préparer les travaux des champs ; vivre en sachant que toute existence reproduit ce rythme et conduit chacun du berceau à la tombe, comme la germination vise un jour la consommation, le blé semé, le pain mangé.

Ce temps intrinsèque triomphe en force pure, brute, aveugle et impérieuse. Il existe par exemple des nymphes de cigales qui vivent dix-sept années sous terre en se nourrissant de la sève des racines des arbres au pied desquels elles reposent. Dix-sept ans plus tard, pas seize, pas dix-huit, mais dix-sept ans exactement, parvenues à maturité, ces larves se réveillent toutes en même temps. Elles sortent alors du sol d'un même mouvement. Adultes, elles s'accouplent, copulent, pondent et meurent. Les œufs donnent des cigales qui bien sûr obéiront au même tropisme.

Le règne végétal obéit également à ces lois du temps intrinsèque. Un grand bambou qui répond au nom de Phyllostachys peut atteindre de formidables hauteurs – jusqu'à trente mètres de hauteur. En période de pleine croissance, les botanistes ont mesuré qu'il pouvait prendre jusqu'à un mètre de bois par jour. Sa floraison extrêmement rare a lieu très exactement tous les cent vingt ans. Là aussi, là encore, pas cent dix-neuf, ni cent vingt et un, mais cent vingt ans. Jean-Marie Pelt rapporte l'anecdote et précise que l'un d'entre eux a fleuri en l'an 999 en Chine et que depuis, tous les cent vingt ans, avec une précision de métronome, il donne des fleurs, ponctuel à son rendez-vous ontologique.

Les fructifications sont rares mais très abondantes. De sorte que les grains qui tombent au pied de l'arbre constituent un matelas d'une épaisseur de vingt-cinq centimètres. Grâce à cette profusion, la couche permet aux prédateurs de manger tout leur content sans attenter à la vie de l'arbre protégé. Ce qu'ils ingèrent ne saurait suffire à le mettre en péril. Le bambou peut ainsi être et persévérer dans son être. Tout concourt à ce dessein – la vie veut la vie qui veut la vie.

Le botaniste raconte que, dans les années soixante, des populations issues de ce bambou chinois ont été déplacées et plantées dans différents endroits du globe. Ils ont fleuri simultanément là où les boutures avaient été replantées : en Chine, au Japon, en Angleterre, en Alabama, en Russie. La floraison terminée, les bambous meurent partout où ils sont et ce en même temps, quel que soit l'endroit. Horloge métaphysique, métronome ontologique, la plante se plie à *son* temps, qui, pour elle, est *le* temps.

Sous l'équateur, là où il n'existe pas de variations de longueur entre le jour et la nuit, puisqu'ils sont toujours équivalents, aucun bambou ne pousse. Il lui faut des différences de lumière, des alternances qui semblent donner la mesure cosmique. Le temps paraît le produit de l'interaction de la forme avec une force qui s'impose à la manière de la gravitation universelle. Le temps n'est pas une forme a priori, mais une force a posteriori.

Ce temps semble parfois contenu dans l'objet même, mais ce sont des potentialités temporelles qui s'y trouvent, il suffit d'une conjonction d'un certain nombre de causes pour que surgisse dans le temps ce qui semblait s'y loger en dormance. Ainsi le blé trouvé par des archéologues dans des tombes égyptiennes qui, sept mille ans après avoir été déposé en offrande votive dans une soucoupe enfermée dans le dispositif labyrinthique de la pyramide, se retrouve en état de germer et de se reproduire. L'archéologue anglais qui avait rapporté ce blé l'avait offert à un officier de l'armée d'Égypte. Un descendant répondant au nom prédestiné de M. de Montblet l'a fait germer chez lui, en France, dans un village des Basses-Pyrénées, en 1935. Cette expérience avait déjà été menée avec du blé gaulois en 1855, du blé de Thèbes à la même époque, et un blé contemporain de François Ier qui a germé sous Louis XV. Un seul grain de blé planté donne six cent mille à sept cent mille grains à la récolte. Le germe porte donc en lui, si les conditions se trouvent réunies, de quoi réactiver un principe endormi. La vie semble se mettre en retrait de la vie, mais elle reste vie réelle dans la potentialité car cette potentialité est l'une des modalités du temps de la vie.

Cette force active dans la nymphe de cigale, dans le bambou Phyllostachys, dans le blé des pharaons, mais aussi dans tout ce qui vit, est une formidable puissance que l'homme, prédateur des prédateurs, a voulu domestiquer. Il y est parvenu, et l'on nomme cette opération dévirilisante la civilisation. L'homme définit l'être sans double qui a voulu épuiser la vie dans une forme où il la contraint pour l'appauvrir, l'amoindrir, la fatiguer, l'affaiblir, l'amollir. Le triomphe de l'homme ? Avoir transformé le loup et sa formidable puissance en bichon parfumé, obèse, avachi comme lui sur des canapés en peaux de bête – puisque tous les chiens domestiques sont le produit de la volonté débile de l'homme ayant voulu que les autres bêtes lui ressemblent alors qu'il perdait sa faculté de comprendre directement le monde en devenant un animal qui ne voulait plus l'être.

Les hommes sont tiraillés entre ce temps commun au bambou et aux cigales et les durées sociales qui sont temps mesuré, emploi du temps, agenda et autres découpages du temps en fonction des intérêts de la société : temps pour l'éveil et temps pour le sommeil, temps pour manger et temps pour se reposer, temps pour se reproduire et temps pour mourir, temps de l'activité et temps de la retraite, temps du labeur et temps des vacances, temps pour apprendre et temps pour enseigner, etc. Le sommeil de chacun doit venir dans le temps que la société accorde au repos : il faut dormir la nuit et travailler le jour.

Or, le temps intrinsèque n'est pas le temps politique – au sens étymologique : le temps de la cité. Si la chair parle et veut, la société, elle, ne veut pas ce que la subjectivité souhaite. Le désir individuel n'est pas la réalité sociale, il est même ce qui la mine, la sape, la ronge. L'emploi du temps veut bien dire ce qu'il dit : il faut employer le temps, autrement dit, ne pas perdre son temps, ne pas gâcher son temps, ne pas tuer le temps, mais en faire l'usage exigé par la société.

Ce temps des rythmes naturels reste en nous, tapi comme la nymphe de cigale ou la graine du bambou, même si le temps social l'a recouvert d'un nombre incroyable de couches. Les expériences de vie dans les gouffres permettent de s'en apercevoir. Sur terre, en régime de civilisation, le soleil fait la loi : l'alternance du jour chaud et de la nuit froide, celle des temps comptés et comptabilisés en regard de cette information naturelle, la semaine, les douze mois, l'année, la décennie, etc., la suite des saisons, saison des feuilles, saison des fleurs, saison des fruits, saisons sans sève, saison du retour de la sève, tout cela permet aux animaux et aux hommes de vivre en relation avec la qualité et la quantité de lumière.

Mais, en régime biologique, il n'en va pas de même. Ainsi, au XVIIIe siècle, en 1729 pour être précis, Jean-Jacques Dortous de Mairan constate que les végétaux, un camélia en l'occurrence, se ferment la nuit et s'ouvrent le jour, mais sans relation directe avec la présence ou l'absence réelle du jour et de la nuit. Ainsi, placées dans une armoire qui les prive des alternances de lumière et d'obscurité, les plantes continuent à s'ouvrir le jour, même dans l'obscurité donc, et à se fermer la nuit. Le scientifique découvre le rythme circadien et l'existence d'une horloge endogène. Le temps ne s'impose pas de l'extérieur, mais il est rythme interne existant dans la matière des choses.

Linné découvre quant à lui quelques mécanismes de cette horloge interne. En 1751, il constate en effet que l'heure d'ouverture des pétales diffère selon les heures de la journée. Même en dehors d'informations données par le soleil ou la lune, le rythme circadien impose donc sa loi au vivant. Chaque espèce dispose d'un tempo propre. Mais, dans une espèce donnée, ce rythme est toujours proche de vingt-quatre heures, autrement dit, le temps d'une rotation. Quoi qu'il arrive, il reste globalement le même, avec une variation de plus ou moins deux heures.

Psychiatre et entomologiste, Auguste Forel ajoute à la connaissance de cette mécanique singulière. Il observe vers 1910 que les abeilles reviennent vers les confitures de son petit déjeuner à la même heure. Par beau temps, il prend son café dehors ; un matin de pluie, il reste à l'intérieur de sa maison, mais, nonobstant son absence, les abeilles entrent dans son chalet. Réitérant l'expérience, il constate que, s'il n'est pas à l'heure, les insectes l'attendent et manifestent une scrupuleuse ponctualité.

Chacun sait que les oiseaux migrateurs obéissent eux aussi à leurs horloges internes et qu'en fonction de l'intensité de la lumière et du refroidissement des températures ils se préparent à prendre la route, partent, ne se trompent pas de direction, volent des heures et des heures, des jours et des jours, pour retrouver un lieu où ils disposeront de la nourriture qui leur permettra de survivre avant de reprendre la route en sens inverse et de retrouver le village quitté quelques mois plus tôt. Les plantes, les oiseaux, les hommes obéissent au même tropisme.

De quoi est faite cette mécanique circadienne ? La réponse suppose un passage par la génétique. Il faut considérer le génotype et le phénotype de l'organisme vivant afin de saisir le mécanisme complexe des horloges multiples qui calculent chacun des processus et de l'horloge centrale qui assure l'homéostasie de ces pendules multiples : le cerveau. L'horloge se met à l'heure par l'œil qui voit la lumière qui, elle, informe ce dispositif infaillible qui génère l'endormissement, le réveil, la veille, le sommeil, l'action, le repos, les modifications de température corporelle, la sécrétion d'hormones, la synthèse nocturne de la mélatonine. Avec ce processus, on s'approche de plus en plus du vivant qui, dans le vivant, veut la vie.

De la même manière que des hommes ont marché sur la lune, Michel Siffre a marché sous la terre. J'ai lu son livre *Hors du temps* pour tâcher de penser le temps non pas comme les philosophes le font habituellement, en le conceptualisant, en le compliquant avec des mots, en glosant sur les définitions données par leurs prédécesseurs, autrement dit en s'approchant de façon qu'il s'en aille (on connaît la mésaventure racontée par Augustin dans ses *Confessions*), mais en allant au-devant de quelqu'un qui l'avait vu, vécu, regardé en face, qui était parti à sa recherche, avait soutenu son regard pendant deux mois, l'avait provoqué, défié, bravé, avant d'en percer le secret – un secret qu'il n'a pas scellé, puisqu'il en a livré la nature, mais que les penseurs professionnels n'ont pas pris en considération parce qu'il a été découvert par un géologue et que les philosophes préfèrent l'idée qu'ils se font de la réalité, y compris temporelle, à la vérité du temps saisie par un géologue qui pense.

Après avoir lu ce livre, je suis allé voir l'homme qui m'a accueilli simplement, à Nice, chez lui, dans son petit appartement d'une seule pièce au premier étage d'un immeuble simple et modeste. Comme César, l'homme n'est pas grand, mais il est une boule d'énergie. Celui qui affirme que la leçon de son expérience de vie sous terre a été que « Vouloir c'est pouvoir » paraît bien à la hauteur de son propos. Il ressemble à un Romain, sinon, à un spartiate. Le cheveu ras et blanc, le muscle toujours là, l'œil vif, il va directement au sujet et ne s'embarrasse pas de circonlocutions. Dans la première minute, je pense qu'il pourrait se faire une maxime de vie de la phrase de Nietzsche : « Un oui, un non, une ligne droite. »

Sur le palier où il m'attend après que j'ai sonné dans la rue, il me fait entrer dans son « antre », comme il dit. En effet, il s'agit bien d'un antre : on y trouve même un fauve, sous la forme d'une peau tendue sur un cadre accroché au mur. Dans des vitrines un peu poussiéreuses, on trouve de magnifiques fossiles ; d'autres moins beaux a priori, mais probablement riches de significations géologiques ; on y découvre également des souvenirs kitsch et des brimborions mystérieux. Michel Siffre extrait de cette caverne d'Ali Baba une magnifique lame de pierre violette, taillée sur trois faces pour faire un rasoir probablement emmanché – une trouvaille faite presque par inadvertance alors qu'au Guatemala, dans une rivière souterraine, il a failli marcher dessus avant de voir la lumière se refléter dans ce qui a pu être un objet sacré ou rituel maya ; il prélève dans un fouillis de ce qui ressemble à des tubes de lait Nestlé ou des paquets de purée lyophilisée, de la nourriture embarquée dans la mission Apollo XII – ses travaux sur la vie confinée ont intéressé la Nasa, qui lui a offert ce trésor ; il me montre également une magnifique et longue pointe de lance maya, taillée dans une gemme noire qui capture la lumière transformée en brillances sombres et chatoyantes. Tous les souvenirs de cet homme seul semblent enfermés dans ce grenier de verre.

La pièce est surchauffée. Dehors, c'est une chaude journée de juin – le thermomètre d'une pharmacie annonçait trente-quatre degrés sur le chemin. La climatisation est en panne. La lumière du jour existe, mais les fenêtres sont occultées par des plantes bien soignées. Le volume est minimal, soixante mètres carrés, mais les cloisons ont été abattues et les murs sont couverts de dossiers, de documents soigneusement rangés et étiquetés, de photographies. La cuisine et la salle de bains sont réduites au minimum, invisibles sous la documentation. Le lit sert à dormir, un point c'est tout ; il trouve juste sa place entre des montagnes de livres. Consciemment ou non, l'homme a reproduit les conditions d'ascèse de sa vie sous terre. Cette pièce est un utérus chaud dans lequel les odeurs fortes tranchent sur les parfums de la civilisation. Des souvenirs et des médailles sont soigneusement alignés sur une table de verre, de petites notes empilées sur une table basse devant un canapé, mais le tout est tellement confiné que l'aventurier, le scientifique, le géologue, le spéléologue, le Romain, le découvreur, l'homme seul et solitaire ne peut recevoir personne.

Je songe à une photo publiée dans *Hors du temps*. Elle montre Michel Siffre sortant de son gouffre épuisé, sans muscles, en pleurs, tracté par les CRS et les amis ; il perd connaissance et revient à lui ; il écrit qu'il sanglote et dit alors « maman, maman ». Le cliché le montre dans un trou ourlé de lèvres de pierre, la tête sort comme d'un ventre maternel, il a les yeux fermés, il semble extatique, le moment ressemble à une naissance. Plus tard, lorsque nous partageons un déjeuner, il me parle d'un à-valoir qu'il rembourse encore à son éditeur parce qu'il n'est pas parvenu à continuer à rédiger ses Mémoires après la mort de sa mère. Ce grand Romain, lecteur de Tacite et de Cicéron, marque un temps d'arrêt, contraint par l'émotion. Je change tout de suite de sujet pour ne pas le laisser souffrir dans cette béance existentielle.

Il me commente les photographies qui saturent un mur : des schémas d'enregistrement de son rythme nycthéméral, un ordre de mission bleu-blanc-rouge de la République française reçu quand il avait... dix-sept ans pour partir sur un bâtiment océanographe de la marine de guerre, l'aviso « Ingénieur Élie-Monier », afin de cartographier le fond marin là où les fleuves du pays niçois se terminent sous la mer (« les montagnes se forment d'abord dans l'eau », me dit-il.), une photographie de la terre vue de la lune offerte par un haut responsable des programmes alimentaires de la Nasa, une autre en sépia d'un vaisseau spatial dans le cosmos, le schéma d'une grotte en coupe, des portraits d'amis, de spéléologues, d'un professeur qui a compté, de ses parents, de son frère, de sa mère dont il ne dit rien, lui à dix, douze ans sous terre, déjà, des clichés de glyphes mayas devant lesquels il pose ou d'un commando guatémaltèque qui le protège lors de ses expéditions – qu'il fit parfois en solitaire dans la jungle, en se trouvant à trois reprises avec une mitraillette dans le dos ou un poignard sous la gorge.

Une bibliothèque sous verre renferme de beaux livres sur les civilisations, la spéléologie, l'histoire de l'art. Une autre regorge de ses travaux et publications dans des revues prestigieuses. Des dossiers soigneusement étiquetés rassemblent toutes les documentations de toutes ses expériences dans tous les pays dans lesquels il a effectué des expéditions. On sent l'homme d'ordre, discipliné, et l'on comprend que, s'il a survécu à tant de conditions périlleuses pour sa vie sur terre et sous terre, c'est parce qu'il a manifesté un génie de l'organisation qui lui a permis de souvent braver la mort en la trompant toujours.

Romain, l'homme l'est donc par son souci de l'ordre et de l'organisation, par son goût des valeurs viriles de la Cité antique, les vertus et l'honneur, le sens de la parole donnée, l'orgueil qui n'est pas la vanité, mais le souci d'être toujours plus et mieux qu'on n'est, le sens de l'intérêt général, un stoïcisme un peu désabusé – il figure dans toutes les encyclopédies américaines et russes, mais la France ne lui réserve pas la place qu'il mérite. Romain, il l'est encore quand je l'interroge sur l'expérience effectuée par Véronique Le Guen qui a vécu 111 jours sous terre et qui, quelque temps plus tard, s'est suicidée. Il a laissé dire sur cette mort volontaire qu'elle pouvait être en relation avec l'épreuve de la vie souterraine en sachant très bien que ça n'était pas le cas, pour ne pas livrer des secrets qu'une amitié vécue sur le mode romain oblige à celer.

Romain, il l'est enfin par son mépris de l'argent : il a vendu ses biens, sa maison, sa voiture, il s'est endetté personnellement pour mener à bien des expériences que les institutions n'ont jamais financé de façon conséquente ; il a remboursé, on l'a vu, un à-valoir que nombre d'auteurs en panne ont rarement l'honnêteté de restituer. Il vit pour découvrir, chercher, trouver et augmenter le savoir, la science. On lui doit nombre de découvertes essentielles, en géologie en glaciologie et sur le terrain des rythmes.

J'émets l'hypothèse qu'en descendant dans le gouffre de Scarasson il a découvert sur la psyché des profondeurs beaucoup plus que Freud qui n'est jamais descendu qu'en lui, deux ou trois semaines, et ce de façon non continue, en dilettante, assis sur son fauteuil, en fumant ses cigares. Sigmund Freud prétend en effet être descendu au plus profond de lui-même par un vaste travail d'introspection pour y découvrir la vérité et les mécanismes de l'inconscient alors qu'il s'est contenté de transformer ses monstres personnels en réalités scientifiques. En revanche, un demi-siècle plus tard, Michel Siffre a réellement effectué ce voyage de façon expérimentale et, au bout de son observation, il a découvert une *physique de la psyché concrète* là où Freud s'est contenté d'une *métapsychologie de l'âme immatérielle*. Comprendre la matérialité de l'âme et ses mécanismes s'avère un travail que les philosophes semblent incapables d'effectuer, il faut, pour ce faire, un scientifique.

Ce scientifique est aussi un aventurier qui laisse sceptiques les institutionnels à qui il fait part de son projet. Normal. Il est un spéléologue précoce puisqu'il commence à descendre à l'âge de dix ans. À treize ans, il est le plus jeune spéléologue de France : à cet âge, il a déjà effectué plus d'une centaine d'explorations. Précoce, entre seize et vingt-trois ans, il a déjà publié une trentaine de notes scientifiques dans des lieux prestigieux : entre autres, l'Académie des sciences, la Société géologique de France, les *Annales de spéléologie* du CNRS. Encouragé par son père qui lui en donne l'autorisation, il sèche le lycée pour assister à un colloque de spéléologie à Nice. Il écoute les pontes et intervient pour contredire une thèse puis l'étayer par la production d'un fossile trouvé par ses soins lors d'une sortie spéléologique. Le jeune homme subjugue alors Jacques Bourcart, de l'Académie des sciences.

À vingt-trois ans, le 16 juillet 1962, il entreprend une descente cent mètres sous terre où il prévoit de vivre deux mois sans repères de jour et de nuit pour aller à la rencontre de son rythme nycthéméral. Il n'a pas été soutenu concrètement dans sa démarche intellectuelle, il n'a pas réussi à trouver les fonds nécessaires à l'achat d'un matériel de base, il est mal équipé, il n'a pas les vêtements convenables. Qu'importe, à cent trente mètres sous le niveau de la terre, il s'installe dans une petite toile de tente rouge de dix mètres carrés qui prend l'eau dans une atmosphère saturée d'humidité – 98 % d'hygrométrie – à une température de 3°.

A deux mille mètres d'altitude, Michel Siffre se rend à Scarasson, dans le massif du Marguareis, à la frontière franco-italienne

— en France, dit la carte Michelin ; en fait en Italie. Il donne sa montre au CRS Canova qui suit l'opération en surface. Il n'a donc plus de repères chronologiques sociaux : le temps n'est plus pour lui une durée mesurée, mais une durée vécue. Son propos ? Appréhender la durée vécue par l'expérience sans l'aide de la durée mesurée. On ne fait pas bergsonien plus pragmatique.

Après trois heures de descente dans le gouffre, il fait retirer l'échelle par ses amis afin de n'être pas tenté par une remontée intempestive en cas de découragement. Dans des conditions de froid et d'humidité extrêmes, il entame un séjour dans lequel tout est problématique : l'éclairage, le chauffage, la nourriture, le couchage, la lecture, mais aussi les conditions géologiques, car des éboulements, certains parcellaires, d'autres massifs, menacent en permanence de recouvrir le campement de fortune du chercheur. Il risque sans cesse l'intoxication au monoxyde de carbone avec son réchaud.

Après chaque lever et avant chaque coucher, Michel Siffre appelle en surface et fournit quelques indications, dont son pouls et sa température. Assez rapidement, la totalité des repères ont disparu. Il hésite lui-même parfois entre l'état de sommeil ou l'état de veille : à la façon de Descartes qui se demandait s'il rêvait ou s'il était éveillé, il hésite entre les deux mondes qui se confondent. Il perd la mémoire. Il ne se souvient plus de ce qu'il vient de faire quelques minutes avant – mais s'agit-il de minutes ? La seconde et l'heure se confondent, la minute et le jour ne font plus qu'un.

En contact avec la surface, entendu en permanence par le CRS qui écoute ce que les micros transmettent en continu, l'équipe découvre que le spéléologue écoute en boucle, jusqu'à dix fois de suite, le même disque alors qu'il a l'impression de poser le vinyle pour la première fois sur son pick-up. La répétition de la séquence se dilue dans l'unicité d'une écoute fantasmée. Le divers et le multiple se noient dans l'un. Sans mesure, le temps répété semble entrer dans l'une des modalités de l'éternité. Il a l'impression d'être immobile, mais entraîné par le flux ininterrompu du temps.

À 5 h 40, dans la nuit du 6 au 7 août, Michel Siffre téléphone aux CRS en surface : il croit alors que c'est l'heure du
déjeuner – il déjeune. À 7 heures, soit soixante-dix minutes plus
tard, il les rappelle pour leur dire... qu'il se couche – il se
couche. Il s'endort aussitôt, puis se réveille. Comme d'habitude
quand il sort de sa nuit, il téléphone en surface, il est alors...
19 heures. Il a donc dormi douze heures d'affilée. Nouvel appel
téléphonique du CRS en faction : il déjeune. Au bracelet-
montre du fonctionnaire de la gendarmerie, il est 3 heures du
matin. Michel Siffre dort le jour et vit la nuit : le rythme nycthéméral ramène l'*Homo sapiens* à sa vie primitive : il est actif
dans les mystères de la nuit, comme une bête qui vit la nuit,
il se repose pendant le grand jour de la lumière, tel l'animal
qui se refait des forces consumées à faire face à tous les dangers
de la nuit, le moment le plus propice aux prédations.

L'expérience s'avère ontologiquement déstabilisante. Le moral
s'en trouve très affecté. Psychologiquement, cette absence de
repères dans l'être le fait basculer dans le néant qu'il expérimente corporellement. Habituellement, l'être s'inscrit dans un
déroulé, un développement. Dynamique et dialectique, il coule
à la façon du fleuve d'Héraclite. Dans ces conditions d'obscurité
totale, l'être ne bouge plus. Statique, immobile, clos sur lui-
même, figé, pétrifié, comme la sphère de Parménide, l'être n'est
pas, l'être n'est plus, surgit alors le néant qui est l'être sans
mouvement, l'être pur, bruissant de tout son silence.

Michel Siffre tient son journal. Quand il se réveille, reposé,
il conclut qu'il a effectué une nuit pleine alors qu'il a parfois
somnolé quelques minutes. Quand il a faim, il mange, il croit
donc que la matinée s'est écoulée depuis qu'il s'est réveillé –
il a parfois vécu moins d'une heure ce qu'il prend pour une
demi-journée. S'il a dormi une poignée de minutes et cru qu'il
avait fait une nuit complète, s'il a mangé après avoir imaginé
l'écoulement d'une douzaine d'heures alors que là aussi, là
encore, il a vécu moins d'une heure, il ne lui est plus possible,
très vite, de savoir s'il vit le jour ou la nuit, s'il est tel jour
plutôt qu'un autre. Tous les repères disparaissent et la durée
vécue fait la loi.

Sa température a baissé. Il est entré en léthargie, un genre d'hibernation qui lui fait appréhender le temps, mais aussi toute réalité, de façon tronquée. Plusieurs tonnes de roche se décrochent de la paroi et tombent tout près de sa tente. Il estime que l'accident a duré douze secondes – en fait, il a duré beaucoup plus longtemps. La peur modifie sa température : le choc émotionnel l'augmente. Il recouvre un peu de lucidité, mais pas assez pour retrouver tous ses esprits. L'expérience l'a considérablement abîmé psychiquement, psychologiquement, mentalement, physiologiquement.

Le 14 septembre, le CRS de garde appelle Michel Siffre et lui annonce que l'expérience est terminée. Le spéléologue croit que l'équipe de surface souhaite mettre fin à l'expérience avant l'heure : d'après ses comptes, il estime être le 20 août, soit une erreur de presque un mois (vingt-cinq jours pour être exact) sur deux mois d'expérience prévue. Une conversation a lieu entre le scientifique et l'équipe de surface : elle dure vingt minutes, Michel Siffre l'estime à cinq. Épuisé, Michel Siffre s'évanouit à deux reprises lors d'une remontée qui n'en finit pas. Il gît sur un brancard. Ses yeux sont masqués pour éviter des brûlures irréversibles au contact de la lumière du jour. Un hélicoptère le transporte à l'hôpital.

Une fois les données de cette expérience analysées, l'équipe de scientifiques découvre qu'un cycle dure vingt-quatre heures trente. Il existe donc une régularité naturelle des cycles nycthéméraux. Une horloge interne règle une série incroyable de paramètres du corps, donc de l'âme du vivant : les fréquences cardiaques, la pression sanguine, la température corporelle, le métabolisme le plus intime, l'élimination des substances toxiques présentes dans la nourriture, les effets des prises de médicaments, celles des ingestions de nourriture, le dispositif endocrinien, l'acuité visuelle, l'activité rénale, le système digestif, la vie libidinale, les logiques de croissance, la machinerie hormonale.

Cette *psyché matérielle* découverte par Michel Siffre comme un continent vierge jusqu'à lui surclasse la *psyché métapsychologique* de Freud. Le scientifique affirme dans le récit de son expérience dans le gouffre qu'il savait bien qu'il ne rencontrerait aucun animal dangereux, nul prédateur n'était à craindre à plus de cent mètres sous terre. Malgré tout, il écrit : « Pourtant une peur incontrôlable était là qui m'assaillait. C'était une sorte de *présence humaine*, presque vivante. » Certes, les éboulements permanents de gros blocs de glace ou de pierre pourraient à chaque instant transformer la grotte en tombeau du chercheur. Mais il n'a pas peur de ce danger en particulier, même s'il le connaît et ne le mésestime pas. Il ajoute : « Cette terreur indescriptible, probablement héritée des tréfonds de l'âme humaine, je l'ai ressentie souvent, trop souvent. »

La peur est toujours *peur de quelque chose*, ici, mourir enfoui sous des tonnes de glace ou de pierre détachées des voûtes ; mais l'angoisse définit *la peur sans objet*, autrement dit ce que le scientifique met en relation avec ce qu'il nomme les *tréfonds de l'âme humaine*, et que l'on peut associer à un inconscient matériel non freudien. Là où Freud invente le terme de métapsychologie pour tâcher de créditer scientifiquement un concept totalement dépourvu de scientificité, Siffre ne propose pas de concept mais découvre un fait, une réalité : la biologie de l'inconscient, sinon un inconscient biologique, physiologique.

Le complexe d'Œdipe universel est une foutaise, la horde primitive et le meurtre du père, puis le banquet cannibale, une bêtise sans nom, le viol de la première femme par le premier homme, une fadaise inqualifiable, la transmission prétendument phylogénétique de toutes ces fariboles, une vaste fumisterie. Freud a fait de ses fantasmes personnels une théorie prétendue scientifique – en fait, un conte pour enfants auquel adhèrent un nombre incroyable de fidèles. En revanche, la présence dans le corps, dans l'intimité de la chair, sous la peau, non loin de toute visibilité, d'un animal qui œuvre en nous et coïncide avec notre nom, voilà une piste formidable pour une psychologie concrète que j'appelais de mes vœux dans *Apostille au crépuscule*.

Cet animal, Darwin en a annoncé l'existence. Et j'aime que, dans sa préface au livre de Michel Siffre, le professeur Jacques

Bourcart, de l'Institut de France, ait écrit du jeune scientifique :
« Il m'évoque le jeune Darwin, celui du temps de Beagle. » Car,
si Darwin a effectivement découvert qu'il n'existait pas une différence de nature mais une différence de degré entre l'homme
et l'animal, Michel Siffre a quant à lui découvert l'existence
d'une horloge interne indexée sur les cycles nycthéméraux. Il
a trouvé l'horloge matérielle qui habite toutes les cellules
vivantes et qui fait du temps une forme a priori de la sensibilité
mais, au contraire de Kant qui en fait une forme transcendantale, Michel Siffre prouve sa qualité empirique.

Loin des cogitations philosophiques et des constructions
purement conceptuelles idéalistes, voilà donc ce qu'est le temps :
un temps primitif, biologique, empirique, concret, matériel, un
temps archaïque, préhistorique, généalogique, mais présent,
éternel, immortel, un temps ici et maintenant, temps terrestre
des choses terrestres, mais aussi temps éternel du fleuve qui
coule, mais dans une sphère immobile, un temps héraclitéen
dans son flux, mais parménidien dans sa vérité, un temps commun au Phyllostachys et à l'épeire diadème, un temps qui habite
le camélia de Jean-Jacques Dortous de Mairan et le corps de
Michel Siffre, le mien et le vôtre, celui de nos parents, de nos
ancêtres et de nos descendants, un temps commun avec celui
du *Sipo Matador* et du nématode, un temps issu de l'étoile
effondrée dont la pulsation primitive se trouve des milliards de
milliards de fois dupliquée dans la moindre parcelle de vivant.
Le vivant peut alors se définir comme la force stellaire pliée
dans une forme concrète – et le temps comme la trace de cette
force dans tout ce qui est.

5

LA CONSTRUCTION D'UN CONTRE-TEMPS

Le temps n'existe pas sans accélérations ni ralentissements. Son flux n'est pas fluide, ni son écoulement celui d'un fleuve tranquille. Sa logique n'est pas celle du sablier avec son filet de sable qui tombe d'une ampoule dans l'autre avec régularité, sans à-coups. La vitesse est inséparable de son développement. Plus ou moins de vitesse, des variations de vitesses : stagnation, immobilité, surplace, infime mouvement, léger déplacement, petite mobilité, imperceptible évolution, indicible mutation, vrai bougé, passage d'un point à l'autre, d'un moment à l'autre, authentique passage, vraie translation, changement net, véritable mutation, transition visible, indubitable métamorphose, accélération soudaine, amplification vaste, vitesse incontestable, précipitation notable, vélocité substantielle, solide célérité, ces variations de puissance dans le mouvement du temps semblent la loi du genre : de la naissance à la mort en passant par la croissance, la maturité, la plénitude, l'acmé, la décroissance, le vieillissement, la décrépitude, la sénescence, l'agonie, le trépas, ce qui vaut pour un homme convient aussi pour une civilisation, ce qui conduit l'abeille mène également le volcan.

La minute de l'enfant qui apprend à lire n'est pas la minute du vieillard condamné qui attend la mort, celle de l'adolescent qui découvre les affres de la passion, celle du quarantenaire qui a épuisé son couple, celle du jeune homme qui entre dans la vie, celle du malade que la vie a déjà quitté. De même avec les siècles au début d'une civilisation et ceux, les nôtres, en fin de cette même civilisation. Le temps de Virgile n'est pas celui d'Einstein et mon père, né en 1921 et mort en 2009, a connu les deux : une incroyable accélération dans le corps du même homme ayant expérimenté la mesure sociale du pas du cheval et celle du supersonique que fut le Concorde. Le temps qu'il fallait pour aller de Paris à New York avec cet avion sublime correspond à celui qui lui permettait au début du XXe siècle d'aller de son village natal à la préfecture de son département dans une charrette attelée. Ces vitesses augmentées furent celles d'un homme en même temps que d'une époque.

Cette accélération *dans* l'histoire, qui est aussi accélération *de* l'histoire, est la vitesse intrinsèque de l'histoire : le temps des contemporains de l'empereur Constantin qui impulse la civilisation judéo-chrétienne n'est pas celui de nos gouvernements qui, impuissants, assistent à l'effondrement de cette même civilisation fissurée : le temps de la montée en puissance n'est pas celui de la plénitude, qui n'est pas celui du basculement après le point d'acmé, pas plus que le suivant qui est point des vitesses de descente qui ne coïncident pas avec les vitesses de montée.

Nous verrons dans *Décadence*, deuxième volume de cette *Brève encyclopédie du monde*, comment s'effectuent et se définissent les passages entre les temps qui séparent et lient les temps de la vigueur (naissance, croissance, puissance) et les temps de l'épuisement (dégénérescence, sénescence, déliquescence, mort). Mais il semble que la montée vers la puissance prend plus de temps que n'en exige la descente vers le nihilisme. Ce qui vaut pour une civilisation valant pour celui qui étudie le mouvement des civilisations – un même mouvement anime la civilisation akkadienne et Oswald Spengler qui en analyse les formes et les forces dans *Le Déclin de l'Occident*.

Il semble que les lois qui régissent l'accélération du solide dans sa chute conviennent aussi bien pour un insecte et un homme, un singe et une culture. Nous vivons plus vite car la chute de notre civilisation nous emporte dans sa vitesse. Plus nous allons vite, plus vite nous allons… Ce temps accéléré débouche non pas sur une accélération infinie mais sur une abolition du temps. Nous vivons dans l'ère du temps aboli récemment remplacé par le temps du leurre. L'antique flèche du temps avec passé, présent et futur a été brisée. Cette fluidité liée permettait jadis à l'instant présent d'entretenir une relation avec ce qui le précédait et ce qui le suivait. Le temps jadis était vivant. Le temps de maintenant est un temps mort.

De Virgile à Proust, le temps reste peu ou prou le même. L'homme qui écrit *Les Bucoliques* et celui qui publie *À la recherche du temps perdu* partagent un même monde. Celui du bouvier antique contemporain de César et celui de l'asthmatique vivant sous la IIIe République se ressemblent plus qu'ils ne dissemblent. Temps des campagnes campaniennes, temps de la ruralité, contre-temps des boulevards haussmanniens, temps urbain, mais temps du pas des chevaux – chez Virgile, ils tractent les carrioles, chez Proust les impériales ou les tilburys, mais selon les mêmes vitesses.

Il existe de terribles machines à produire de nouvelles vitesses : le moteur bien sûr, qui permet au XIXe siècle la voiture et l'aéroplane, l'usine et le sous-marin, le capitalisme, donc ; mais aussi le téléphone et la radio, puis la télévision qui, eux, génèrent le nihilisme. Les temps nouveaux pensés en regard du moteur, de l'automobile et de l'avion ont été amplement étudiés par les sociologues et les historiens ; mais les temps nouveaux produits par le téléphone, le transistor, la télévision et les écrans proliférants de ce début de millénaire l'ont été assez peu. Or ils ont créé ou accompagné, voire créé et accompagné, l'abolition du temps virgilien au profit d'un temps nihiliste dans lequel nous périclitons.

Le temps réel dans lequel le réel a lieu a rendu gorge sous ces machines qui abolissent le temps réel et le réel au produit d'un temps virtuel construit de toutes pièces. Lentes, les émissions de télévision en direct étaient majoritaires au début de ce média ; trépidantes, elles sont devenues minoritaires, voire inexistantes. Le déroulé de ce qui a lieu s'effectue comme on sait selon l'ordre temporel : l'écoulement du temps suppose la saisie d'une séquence (une parole, un discours, une démonstration, un événement…) dans un développement nécessaire pour concentrer une dynamique dans la statique d'un matériau dans lequel le technicien, aux ordres du marché, peut couper, tailler, déplacer, changer.

Le montage permet de supprimer le déroulé qui fut dans le réel et de le remplacer par une construction qui se substitue au déroulé perdu. Le discours pensé, voulu et présenté dans une dynamique, avec argumentation, illustration, développement, enchaînement de causalités afin de produire un effet de sens se trouve transformé en substance molle dans laquelle le monteur effectue des prélèvements afin de recomposer pour l'Audimat ce qui avait été composé d'une certaine manière. Ce qui obéissait aux lois de la rhétorique, de la dialectique, de l'argumentation, donc de la raison, disparaît au profit de ce qui obéit aux lois de la déraison – empathie, affection, émotion, passion, sympathie, sentiment. La raison permettait la réflexion et s'adressait à l'intelligence de l'auditeur ou du spectateur ; la passion n'autorise que l'affect binaire, aimer ou détester, adorer ou haïr, kiffer ou niquer en vocabulaire postmoderne – le tout dans un faux temps, virtuel, devenu vrai, réel.

Notre époque vit selon l'ordre platonicien : on sait que, dans l'allégorie de la caverne, Platon dénonce les abusés qui croient à la vérité des ombres et ignorent qu'elles procèdent de la vérité d'objets réels. Enchaînés, autrement dit entravés par leur ignorance du mécanisme de production des simulacres, les esclaves se trompent en prenant le virtuel pour le réel. Le téléspectateur s'avère lui aussi un esclave enchaîné qui prend pour vraie la construction d'une fiction et méconnaît la vérité de la réalité qui est réalité de la vérité. Nombre d'auditeurs et de téléspectateurs, sinon de dévots des écrans, croient plus à l'illusion qu'à la matérialité du monde.

Le temps du cosmos, un ordre plurimillénaire, a disparu au profit du temps des machines à produire de la virtualité. Le virtuel est devenu le réel de nos temps nihilistes ; le réel, le virtuel de ces mêmes temps. Dans la configuration de ce temps de leurre, le réel n'a pas eu lieu ; et ce qui a lieu de façon virtuelle devient le réel. Le passage à la télévision crée une réalité virtuelle qui étonne ceux qui, ensuite, voient dans la rue la personne surtout vue dans leur téléviseur : ce qui étonne n'est pas d'être vu sur un écran, mais, après avoir été vu de façon pixelisée, d'être surpris dans sa matérialité alors effacée. Le fantasmatique n'est pas d'être dématérialisé dans un média, mais d'être rencontré comme matérialisé dans la vie quotidienne. Le vrai réel empirique est mort au profit d'un faux réel transcendantal qui fait désormais la loi. Nous n'avons jamais été aussi platoniciens !

Cette étrange dilution des temps vrais dans un faux temps nie le passé autant que l'avenir. Ce qui fut, tout comme ce qui sera, n'a pas été et ne sera pas, donc n'est pas. Ce qui est ? Juste un instant sans lien avec l'avant et l'après. Un point incapable de prendre place dans le processus qui jadis faisait une ligne. Quand on convoque le passé, c'est pour le penser en regard de l'instant et de ses scories : on ne saisit plus intellectuellement 1789 qu'en regard de ce que nous savons de Thermidor et du 18 Brumaire, voire de la révolution bolchevique, des événements qui eux-mêmes se trouvent intégrés dans une vulgate apprise sur le principe du catéchisme. Le passé est mort quand on ne sait plus l'appréhender sans les instruments nihilistes de l'instant.

Ce temps dissocié de ses attaches avec le passé et le futur, ce temps non dialectique, ce temps intemporel définit le temps mort. Nous vivons dans le temps mort construit par les machines à virtualiser le réel. Le téléphone abolit les distances, la radio aussi ; la télévision, quant à elle, abolit les distances mais aussi le temps. L'instant du tweet et du texto ne s'inscrit dans aucun mouvement. Temps mort présenté comme temps vif, temps décomposé qu'on imagine quintessence du temps postmoderne, temps déraciné d'un monde hors sol.

Comment, dès lors, saisir : le temps du vin et le temps des paysans, le temps du géologue et celui du spéléologue, le temps des nomades et celui des sédentaires, le temps des ruraux et celui des urbains, le temps des plantes et celui des pierres, le temps des vivants et celui des morts ? La confusion des temps empêche de partir à la recherche du temps perdu et de jouir du temps retrouvé, elle interdit qu'on connaisse la douceur de la nostalgie et la violence du désir des choses à venir. Cette dilution dommageable transforme en sourds ceux qui ne peuvent plus entendre une symphonie dans sa longue durée, en illettré le lecteur incapable de lire de longs livres, en crétin l'individu qui ne sait plus soutenir son attention et sa concentration au-delà de cinq pages d'un essai, en demeuré celui qu'on a habitué aux temps brefs des pastilles radiophoniques et télévisées. La mort du temps tue ceux qui vivent dans ce temps.

Ce temps mort ne permet donc rien d'autre que la mort. Il n'est pas le temps suspendu du mystique païen ou du sage qui sait parvenir au sublime, à l'extase et au sentiment océanique, mais la présence vide et creuse à l'ici-bas comme s'il s'agissait déjà d'un néant. Comme on trouve le silence au cœur même de la musique épluchée comme un oignon, on trouve la mort quand on a séparé les écailles de ce temps du nihilisme. Au creux le plus intime du plan de télévision, dans le pli le plus introuvable de la parole radiophonique, dans l'épicentre du message tweeté ou mailé, il n'y a que magie, illusion, fiction prise pour de la réalité – la réalité, l'unique et la seule réalité. Nous sommes des ombres qui vivons dans un théâtre d'ombres. Notre vie, c'est souvent la mort.

Ce mouvement n'est pas fatal. S'il semble impossible d'en sortir à hauteur de civilisation, c'est trop tard, du moins peut-on, à hauteur de subjectivité, créer et construire un contre-temps – un temps vivant contre ce temps mort. Il suffit de nourrir l'instant du passé et de l'avenir, de ses sources et de ses prolongements, de son âme et de ses potentialités. Le temps nihiliste emporte avec lui toute possibilité de faire de l'histoire, de faire histoire. Le temps hédoniste, son inverse, ne méconnaît pas la nature dynamique et dialectique du temps. Non content de le savoir, il nous faut le vouloir. Revitaliser le temps passe par un changement de notre mode de présence au monde.

On le sait depuis les stoïciens, nous vivons la plupart du temps comme si nous ne devions jamais mourir ; mais vivre comme si nous devions mourir demain n'est pas non plus une solution. L'innocence et l'inconscience valent autant que la frayeur ou l'affolement, ni fou qui ne veut pas savoir, ni fou

116

qui paniquerait de savoir ce qu'il sait, il faut tâcher d'être sage. Comment ? En supprimant les *écrans* qui s'interposent entre le réel et nous. En allant directement au monde. En voulant le contact avec lui. En écartant tout ce qui s'interpose, s'intercale, se met entre lui et nous et nous empêche de voir, donc de savoir. L'idéologie nomme tout ce qui s'installe entre le regardeur et ce qu'il faut voir.

La quasi-totalité des livres joue ce rôle d'écran. Les trois livres du monothéisme, bien sûr. Mais ceux qui ont voulu la fin de ces livres au nom de leurs livres ont agi de même. Les religions, évidemment, toutes les religions, y compris celles de l'athéisme, qui est une éthique mais ne saurait être une mystique. La culture, dans la plupart des cas, passe à son prisme la lumière de ce qui est ; et ce qui est en sort réfracté, diffracté, mais jamais pur. La vulgate et les lieux communs, la pensée du moment et la mode pèsent d'un poids terrible sur l'intelligence qu'ils étouffent à bas bruit, mais de façon très efficace.

La tyrannie de cet instant mort nous rend incapables d'inscrire notre trajectoire existentielle dans une longue durée. Une somme de moments morts ne saurait produire une dynamique vivante. Nous agrégeons les cadavres temporels en imaginant qu'il en sortira du vivant, comme si la génération spontanée faisait loi en la matière. Or la compagnie de ce temps vide génère des vies vides, composées d'additions nihilistes. Comment dès lors, à partir du moment où l'on a conscience de soi, envisager la maîtrise de ce qui peut être voulu et décidé dans le temps jusqu'à son dernier souffle ? Le temps mort nous tue. Dans nos temps nihilistes, l'adolescent prisonnier de l'instant creux va transformer sa vie en juxtaposition d'instants creux jusqu'à ce que la mort emporte ce corps sans âme.

Seule la fidélité au passé nous permet une projection dans l'avenir : car le passé, c'est la mémoire, donc les choses apprises, le souvenir des odeurs, des couleurs, des parfums, du rythme des chansons, des chiffres, des lettres, des vertus, des sagesses, des leçons de choses, du nom des fleurs et des nuages, des émotions et des sensations vécues, des étoiles dans le ciel au-dessus de sa tête d'enfant et des anguilles dans la rivière de ses jeunes années, des paroles qui comptent, des habitudes, des voix aimées, des expériences acquises qui constituent autant de petites perceptions emmagasinées dans la matière neuronale : elles nous font être ce que nous sommes comme nous le sommes.

En regard de ce que l'on sait, l'avenir est moins une zone blanche, un désert, un inconnu, que l'horizon des probabilités et des possibilités. Les expériences acquises dans le passé permettent un présent à partir duquel se développe un futur désiré, choisi et voulu. Ces choses élémentaires doivent être redites, ce qui est pitié, dans un monde où le temps simple a été aboli, remplacé par ce temps mort, temps des virtualités à partir desquelles nombre de personnes peuvent sans vergogne, et en toute bonne foi, c'est une pathologie du nihilisme, affirmer que le réel n'a pas eu lieu.

La sagesse stoïcienne nous apprend qu'il y a des choses qui dépendent de nous et d'autres qui n'en dépendent pas ; nul besoin, donc, de récriminer ou de lutter contre ce qui ne dépend pas de nous, il faut y consentir – Nietzsche dirait : le vouloir et l'aimer. Être né, devoir vieillir, avoir à souffrir, perdre ceux qu'on aime, voir son corps se défaire doucement mais sûrement avec les ans, disposer de telle ou telle constitution physique et psychique plus ou moins avantageuse, de même avec le tempérament libidinal – voici un donné sur lequel nous n'avons aucun pouvoir.

Mettre fin à ses jours ne saurait être le remède au fait d'être né, pas plus que faire de l'exercice physique ou se soucier de diététique n'empêche d'avoir à vieillir aux vitesses inégales d'un âge donné ; se prémunir des souffrances à venir n'interdit jamais qu'elles adviennent un jour ; l'âge de ses parents, qui plus est de ses grands-parents, nous expose à les voir partir avant nous, quand ce ne sont pas nos contemporains ou de plus jeunes encore ; et tel qui boit et mange sans raison, fume ou se drogue finira centenaire quand l'abstème au petit appétit habitué à l'exercice physique succombera dans ses jeunes années – il existe une fatalité existentielle qui fait parler de *bonnes natures* ou pas. Le hasard, la chance, l'aléatoire font la loi, quoi qu'en disent les analystes, les sociologues, les prévisionnistes en tout genre qui excellent toujours en prédictions du passé.

Nous sommes dans un temps qui nous fait être ce que nous sommes et contre lequel nous ne pouvons donc rien. Il faut en faire son deuil et vivre avec – il faut, comme le dit la sagesse populaire, *être philosophe*. En revanche, ce sur quoi on a du pouvoir, il faut le vouloir. Il existe donc des possibilités de construire un contre-temps comme antidote au temps mort dans lequel beaucoup survivent. Un temps où il faut *être philosophe*, mais au second sens du terme, autrement dit, non pas en supportant avec dignité ce qui advient et contre lequel on ne peut rien, mais en voulant ce qu'on fait advenir et qui nous crée. Obéir au cosmos quand on ne peut lui désobéir ; et agir sans lui, mais pas contre, quand on peut, selon les mots de Nietzsche, *se créer liberté*.

Nietzsche, justement. Quiconque veut le savoir désormais le sait : *La Volonté de puissance* n'est pas un livre de Nietzsche mais un produit marketing et politique antisémite et fasciste mis sur le marché par sa sœur, amie du Duce et d'Adolf Hitler. Il y a tout et son contraire dans ce gros livre confectionné avec des notes de lecture, des citations d'auteurs non référencées, des pistes de travail, des ébauches de démonstration, des essais de pensée, des tentatives de réflexion avortées, voire assez probablement des ajouts de la sœur du philosophe sous prétexte de recopier les pages manuscrites perdues (!) de son frère – tout sauf ce qui définit habituellement un livre.

De sorte que les penseurs qui se réfèrent à cet opus fantomatique comme s'il s'agissait d'un livre dûment estampillé par Nietzsche se trompent, trompent et font courir à sa pensée nombre de risques et de dangers de travestissements. La réputation d'un Nietzsche préfasciste, voire nazi avant l'heure, repose sur cette confusion entretenue par Elisabeth Förster qui avait évidemment un intérêt idéologique à ce trouble. Nietzsche, qui n'aimait ni sa sœur ni les antisémites, ni son beau-frère antisémite notoire ni le culte des masses, ni l'État ni les acteurs de la petite politique politicienne, ni le bruit des bottes prussiennes ni les conquêtes militaires (celle que remportent ses compatriotes en 1871 le remplit de honte) serait entré dans une colère homérique en découvrant ce que sa sœur a fait de son œuvre.

Il y a dans *La Volonté de puissance* nombre de textes qui concernent l'éternel retour – dont la théorie du temps cyclique. Le philosophe a cherché longtemps, mais en vain, des arguments scientifiques pour soutenir cette intuition et en prouver la validité philosophique. Ces pages témoignent de ces recherches infructueuses : des notes de lectures de textes scientifiques abordant ce sujet se retrouvent ainsi publiées sous son nom alors qu'il s'agit de textes de tiers. Donner son interprétation de Nietzsche en faisant de ce faux livre un ouvrage au même titre que ceux pour lesquels le philosophe a donné son imprimatur est une erreur épistémologique et philosophique majeure.

Gilles Deleuze a beaucoup fait pour une troisième vague de nietzschéisme de gauche en France dans les années soixante-dix. Mais celle-ci repose sur la lecture qu'il effectue de tout Nietzsche, fragments posthumes et *Volonté de puissance* compris. Or, s'il faut en effet tout lire d'un auteur, on ne saurait tout tenir dans une égale dignité philosophique : le brouillon, l'essai, la recherche, l'ébauche, l'esquisse, le tâtonnement et la trouvaille, la certitude, la proposition. Si l'on mélange la quête et la découverte, alors le probable et le possible se confondent au certain, le vraisemblable devient le vrai…

Ainsi en ce qui concerne la théorie nietzschéenne de l'éternel retour : il existe un corpus cohérent qui relève de la totalité des textes publiés après assentiment et imprimatur du philosophe qui a lu les épreuves de son livre, les a corrigées et signées avant impression parce qu'elles correspondaient à sa pensée. Ce corpus cohérent affirme sans ambiguïté que l'éternel retour est *éternel retour du même* : ce qui a lieu a déjà eu lieu et aura lieu à nouveau, mais très exactement sous la même forme puisque ce qui fut, c'est ce qui sera, ce qui sera, c'est ce qui a été, ce qui est ce qui a été et qui sera, et ce dans les mêmes formes. L'araignée tisse cette toile, le chien aboie, la lune brille dans la nuit et la même araignée tissera la même toile, le même chien aboiera mêmement, la même lune brillera dans la même nuit. Ce que chacun fera dans cette situation aura été fait et sera fait dans les mêmes formes. Le temps est circulaire, il coïncide avec lui-même. C'est le règne absolu de la fatalité, du déterminisme le plus radical : pas de place pour la liberté, le libre arbitre, le changement, même infime. Ce qui est fut et sera dans la même configuration. Le philosophe ne peut que savoir et vouloir ce savoir, puis l'aimer – ce qui définit le surhomme, figure exclusivement ontologique impossible à l'arraisonnement politique – sinon au conservatisme le plus étroit, sûrement pas à la révolution, qu'elle soit nationale-socialiste ou marxiste-léniniste.

Puis, concernant les textes de l'éternel retour, il existe un corpus incohérent : celui de *La Volonté de puissance* et des *Fragments posthumes*. Parce que le philosophe s'essaie à le penser et couche sur le papier ses tentatives avant aboutissement. Ces exercices d'écriture constituent autant d'exercice de pensée. Dans ces feuillets de travail, Nietzsche envisage *l'éternel retour du différent*. On trouve ainsi ce texte : « Il semble que la marche générale des choses crée du nouveau, jusque dans les parties infiniment petites de leurs *propriétés*, de sorte que deux faits distincts ne peuvent rien avoir d'identique. Qu'au sein d'un seul fait l'on puisse rencontrer du Même, par ex. *deux feuilles* ? J'en doute : ce serait supposer qu'elles aient une constitution absolument semblable et nous devrions par-là même accepter l'idée que du Même ait existé *de toute éternité*, en dépit de toutes les métamorphoses des faits et l'émergence de nouvelles propriétés – hypothèse inadmissible. » Cette pensée est écrite par Nietzsche. Bien. Est-ce pour autant une pensée de Nietzsche tant qu'elle n'est pas validée par lui, puis éditée par ses soins ?

La théorie du surhomme ne peut fonctionner avec l'hypothèse de l'éternel retour du dissemblable : car la possibilité de transformer du semblable pour en faire du dissemblable, l'idée qu'avec du Même on puisse produire de l'Autre ferait du surhomme non pas la haute figure de celui qui consent à ce à quoi il ne peut pas ne pas consentir, ce qu'il dit dans l'œuvre, mais celui qui agirait pour vouloir autre chose que ce que la volonté veut et impose. Ce qu'est le surhomme dans *Ainsi parlait Zarathoustra* interdit qu'on fasse d'un texte non publié affirmant que l'éternel retour est éternel retour de l'autre une vérité à laquelle le philosophe aurait souscrit.

Deleuze le fait pourtant et développe l'idée d'un principe sélectif. Outre que, dans cette perspective anti-nietzschénne, il faut en finir avec la thèse de Nietzsche qui nie la liberté, on doit également faire du surhomme une figure qui peut vouloir autre chose que ce que veut la volonté. Or le propre de la volonté est qu'elle veut ce qu'elle veut et que l'individu ne peut la vouloir – il peut juste aimer ce qui le veut sans que ce vouloir soit autre. Deleuze détruit donc les thèses de Nietzsche : l'ancien dit que le libre arbitre est une fiction ; la volonté de puissance une force à laquelle on n'échappe pas ; le surhomme la figure du sage qui veut ce qui le veut. Le moderne affirme le contraire : le sujet dispose d'une liberté, vieux retour du christianisme, de Descartes et de Kant sur les décombres nietzschéens ; la volonté de puissance devient une force qu'on peut vouloir, qui ne nous veut pas totalement, dès lors pas du tout ; le surhomme n'est pas celui qui obéit à la volonté de puissance, mais celui qui lui commande. On ne fait pas plus belle trahison philosophique.

Deleuze nous avait avertis dans son *Abécédaire* : il se propose de « faire des enfants dans le dos » des philosophes. Et l'on assiste ici à cette opération singulière : Deleuze inverse ce que dit Nietzsche et propose un nietzschéisme désirant très probablement récusé par le penseur allemand. Mais le fatalisme nietzschéen résiste aux leçons données par la réalité : certes nous ne sommes pas complètement libres, comme la tradition spiritualiste l'affirme, de la Bible à Sartre en passant par Descartes et Kant ; bien sûr, nous ne sommes pas complètement déterminés, comme le proclament les déterministes du Coran à Freud en passant par Spinoza, La Mettrie, Helvetius ou d'Holbach, et Nietzsche, donc ; car nous pouvons *nous construire liberté* si nous savons que nous pouvons le faire et que nous pouvons vouloir en voulant ce qui nous veut, car on ne peut rien vouloir d'autre.

Deleuze propose donc à partir de Nietzsche, mais au-delà de Nietzsche (ce qui définit son nietzschéisme), que nous puissions choisir dans les formes prises par la volonté de puissance, formes inscrites dans l'éternel retour, ce que nous voudrions voir sans cesse se répéter. Ce choix devient un principe sélectif existentiel : construire un contre-temps au temps mort passe donc par le vouloir d'un temps qu'on voudrait voir se répéter sans cesse. Dès lors, en activant cette logique, il y a répétition, mais du différent, d'un différent qui suppose l'infinitésimale affectation du Même pour que surgisse l'Autre.

Vouloir ce que je voudrais voir se reproduire tout le temps : voilà ce qui définit une vie philosophique. Certes, il y a d'abord vie philosophique quand il y a coïncidence entre ce que l'on pense, ce que l'on croit, ce que l'on enseigne, ce que l'on professe et ce que l'on vit au quotidien ; mais il y a aussi vie philosophique quand il y a production d'instants vivants, accumulation de ces durées sublimes, juxtaposition de ces accumulations dans le temps, le tout finissant par architecturer une vie construite selon ces principes. Qui voudrait voir se reproduire sans cesse les moments ternes et tristes, sombres et lugubres qui remplissent sa vie faite de temps morts ? Qui ne voudrait d'une vie faite de ces moments d'un contre-temps hédoniste ?

Je songe à la vie de Rimbaud, à celle de Gauguin, ou bien celle de Segalen qui écrivit sur Rimbaud *Le Double Rimbaud* et sur Gauguin *Hommage à Gauguin*, et qui vécut une vie de médecin et de marin, de poète et de voyageur, de romancier et d'ethnologue, d'archéologue et de sinologue, de compositeur et de librettiste (pour Debussy), une courte vie remplie de mille vies : médecin colonial, marin sur toutes les mers du monde, fumeur d'opium, penseur des synesthésies, arpenteur de Tahiti sur les traces d'un Gauguin tout juste enterré, hédoniste en Polynésie, lecteur fervent de Nietzsche, penseur de l'exotisme, lecteur de Bouddha à Ceylan, voyageur de pèlerinages littéraires, notamment à Djibouti sur les traces de Rimbaud, mélomane amateur de *Pelléas et Mélisande*, auteur de livrets d'opéra sur Siddhârta ou Orphée pour Debussy, auteur de petits textes éminemment singuliers, amateur de musique Maori, candidat malheureux au Goncourt avec les *Immémoriaux*, grand livre d'ethnologie poétique, analyste fin de la peinture de Gustave Moreau, étudiant tardif du chinois aux langues orientales, interprète de la marine, accessoirement marié et trois fois père de famille, habitant la Chine pendant cinq années, arpenteur du pays à cheval pour « sentir la Chine », initié à la vie secrète de l'Empereur – un savoir qui nourrit l'étrange livre *René Leys* –, poète de *Stèles*, professeur de médecine en anglais à Tien-Tsin, médecin personnel du fils du président de la République chinoise, concepteur d'un musée d'Art chinois, auteur d'une correspondance avec Claudel, mais aussi avec Jules de Gaultier, le philosophe du bovarysme, fondateur d'un Institut de sinologie, archéologue aux frontières du Tibet, directeur de collection chez un éditeur de livres bibliophiliques, découvreur de la plus vieille statue chinoise (un cheval dominant un barbare) et d'autres pièces exceptionnelles, topographe des régions hydrauliques qu'il traverse, fusilier marin pendant la Première Guerre mondiale, médecin hospitalier, puis médecin militaire d'expédition, auteur d'un fameux livre sur *La Grande Statuaire chinoise*, passionné par le Tibet dont il découvre les œuvres fondatrices, auteur d'un long et magnifique poème intitulé « Tibet ».

En 1919, Victor Segalen tombe gravement malade et rentre à l'hôpital du Val-de-Grâce, convalescent de deux mois en Algérie – épuisé, sans maladie repérable, au bout du rouleau, il écrit à un ami : « Je constate simplement que la vie s'éloigne de moi. » Claudel en profite pour placer une conversion qu'il écarte, bien sûr. Le mercredi 11 mai 1919, muni d'un petit repas froid, il part pour une sortie dans une forêt bretonne. On le retrouve mort au pied d'un arbre, un exemplaire de *Hamlet* à ses côtés. Il avait à la jambe une blessure causée par une racine dépassant du sol. Il s'était fait un garrot qui n'a pas suffi. Il est mort probablement d'une syncope. Cette vie dense n'avait duré que quarante et une brèves années.

Dans *Hommage à Gauguin*, Victor Segalen avait écrit : « C'est en janvier 1883, à l'âge de l'homme fait, milieu juste d'une vie humaine bien rythmée, à trente-cinq ans, que M. Gauguin, agent de change, obsédé d'un travail lucratif qui dérobe ses heures, met en balance sa vie d'employé, et l'autre ; celle qu'il *tient* et celle qu'il veut vivre… se décide pour celle-ci, et, forçat de la petite semaine, prononce enfin le mot le plus fier de son œuvre : "*Désormais* – aurait-il dit, et je ne l'ai pas entendu – *désormais, je peins tous les jours.*" Aussitôt, changement magique : Gauguin venait de jouer toute sa carrière sur ces mots – et, en apparence, de tout y perdre. L'employé connu se défait de son emploi, le collectionneur de ses toiles (il en possédait de fort belles de Manet, Renoir, Monet, Cézanne, Pissarro, Sisley…) ; enfin, le père de famille de sa femme et de ses enfants. » Gauguin choisit le contre-temps artiste et l'oppose au temps mort de l'assureur. Combien parmi nous aujourd'hui mènent des vies d'assureur et voudraient vivre la vie d'artiste de Gauguin aux Marquises – mais n'en feront rien ? Toute construction d'un contre-temps existentiel est un début de conquête de l'éternité.

Deuxième partie

LA VIE
LA FORCE DE LA FORCE

La vie : je souscris au concept opératoire nietzschéen de volonté de puissance. Mais il a été l'occasion pour Nietzsche d'un immense malentendu pour n'avoir pas été lu comme il aurait fallu, à savoir comme un concept ontologique explicatif de la totalité de ce qui est. Il a en effet été utilisé de façon politique par les fascismes européens, dont le nazisme, pour justifier leurs projets abjects. La volonté de puissance nomme tout ce qui est et contre lequel on ne peut rien faire, sinon savoir, connaître, aimer, vouloir cet état de fait qui nous veut et que l'on ne peut a priori vouloir. Le fascisme voulait ne pas vouloir ce qui nous veut, une entreprise aux antipodes du projet nietzschéen. Le surhomme sait qu'on ne peut rien à ce qui est ; le fasciste croyait pouvoir changer l'ordre de ce qui est. L'ontologie nietzschéenne est radicalement antifasciste.

« Botanique de la volonté de puissance » (chapitre 1) me permet d'envisager ce que signifie cette idée forte du philosophe allemand à partir du *Sipo Matador*, une plante tropicale susceptible de renseigner sur ce qu'est la vie, le vivant. Le *Sipo Matador* est une liane qui grimpe aux arbres pour atteindre la canopée où elle jouit de la lumière – le tout par-delà le bien et le mal. La botanique contemporaine nous apprend que le passage du non-vivant au vivant s'effectue grâce à la chlorophylle, donc aux plantes. Si nous descendons bien du singe, (selon une formule inappropriée, car nous sommes plutôt le produit de l'évolution d'un singe), nous descendons plus sûrement

129

encore de plantes sans lesquelles nous ne serions pas. Il reste en nous de la plante ; il y a de nous dans la plante. La Mettrie, qui en fit la démonstration au XVIIIᵉ siècle, à la neurobiologie végétale contemporaine en passant par les botanistes qui nous expliquent comment les plantes communiquent (par gaz), par exemple pour se protéger des prédateurs, et de quelle manière elles vivent (luciphiles), le vivant ne commence pas là où l'identification ou la projection anthropomorphe commencent.

Alors que les plantes sont luciphiles, elles aiment la lumière, les anguilles sont lucifuges, elles la détestent – « Philosophie de l'anguille lucifuge » (chapitre 2). Alors que j'ai fini par rencontrer le *Sipo Matador* un jour que je ne m'y attendais pas, loin de chez moi, c'est dans le lavoir de mon village natal que je fis connaissance avec les anguilles. Mon père, qui m'a appris le temps avec les étoiles, m'avait également appris l'espace avec les anguilles en me disant que, de ce petit endroit où les lavandières venaient laver les draps des riches qui les employaient, elles partaient à l'heure dite effectuer un voyage de milliers de kilomètres pour aller se reproduire dans la mer des Sargasses.

Je savais aussi que les hirondelles de mon village effectuaient elles aussi un voyage de migration pour aller *dans les pays chauds* trouver la nourriture qui leur permettait de passer l'hiver au soleil. Certains papillons eux aussi, légers comme l'éther, utilisaient les courants ascensionnels et se laissaient porter au-delà de l'équateur pour trouver de quoi manger en fuyant la Normandie aux hivers rigoureux qui les auraient exterminés. Mais ces voyages auxquels les animaux migrateurs obéissent s'accompagnaient également de la reproduction et de la mort. Le destin de ce qui était vivant m'était ainsi présenté : obéir à la nécessité qui guide tout ce qui est vivant, les anguilles et les hirondelles, les martinets et les papillons qui faisaient le bonheur de mes printemps et de mes étés. Il y avait de l'anguille et de l'hirondelle en moi, du martinet et du papillon. Il me faudrait du temps pour tirer cette énigme au clair et, passant par Spinoza, savoir que *nous nous croyons libres parce que nous ignorons les causes qui nous déterminent.*

Les arbres qui aiment la lumière, les anguilles qui ne l'aiment pas : je découvrais la diversité de ce qui est et même les antinomies du vivant. Ce qui semble le bien et le bon de l'un s'avère le mal et le mauvais de l'autre : le *Sipo Matador* s'appuie sur un arbre pour grimper en haut de la forêt et jouir du soleil, l'anguille se cache sous les pierres et sort de préférence les nuits sans lune, quand cette clarté blafarde est couverte par les nuages. Il y a des êtres *Sipo Matador*, il y a des individus anguilles ; il y a même en chacun, en des proportions inconnues, mais qu'il est utile de connaître après un travail de réflexion sur soi, des diurnes solaires et des nocturnes ténébreux.

« Le monde comme volonté et comme prédation » (chapitre 3) me permet de réfléchir sur l'étrange répartition des rôles dans la nature en vertu de quoi il existe des prédateurs et des proies, ces animaux qui paraissent nuisibles tant leur vie semble se réduire à vivre aux dépens d'autrui, à parasiter un tiers dont ils prennent les commandes pour lui ôter son autonomie, son indépendance, sa liberté afin de le contrôler pour l'asservir à un projet dans lequel le prédateur trouve son compte alors que la proie a été son objet. La répartition des rôles fait là aussi qu'il y a du prédateur et de la proie en chacun de nous, en proportions incertaines, mais certains sont dominés par l'une ou l'autre des postures : il existe des prédateurs et des proies de nature, l'un et l'autre obéissant aveuglément à la nécessité qui les fait arbitrairement être l'un ou l'autre.

L'étrange aventure du nématode qui entre dans le corps d'un grillon pour s'emparer de ses commandes neuronales et le guider vers son projet qui est de noyer le grillon dans l'eau dont le ver a besoin pour naître, être et se reproduire, n'est pas seulement allégorique ou métaphorique. La nature n'est ni bonne ni mauvaise, Nietzsche a raison, elle est par-delà le bien et le mal, mais il n'empêche que certains dévorent et que d'autres se font dévorer. Le monde est bien un immense terrain de jeu éthologique dans lequel la prédation fait la loi.

L'homme qui semble un prédateur sans prédateur oublie qu'il a un prédateur parmi les plus féroces, sinon le plus féroce : lui-même. Dans sa frénésie à détruire, massacrer, piller, tuer, saccager, dévaster, abîmer, vandaliser, assassiner, dans son obstination à inventer de quoi détruire la planète sans laquelle il ne pourrait pas vivre, l'homme prouve que la prédation est sa loi, son unique loi. Avoir connu un être, mon père en l'occurrence, qui a mis sa vie en marge de ce cycle infernal et qui n'a jamais été le prédateur de qui que ce soit montre que l'humanité désigne ce qui, dans l'homme, lutte contre ce qui va contre l'homme.

La nature n'est ni bonne ni mauvaise. Elle est. Pour certains, elle est mauvaise – du péché originel chrétien à la pulsion de mort freudienne en passant par la passion sadienne de la méchanceté, il n'a pas manqué dans l'histoire de pensées de la haine de la nature ; pour d'autres, elle est bonne – des leçons de sagesse qu'elle offre aux Cyniques grecs aux pensées écologistes issues du Rousseau du bon sauvage, via les récits des voyageurs ayant célébré la bonté naturelle des peuples polynésiens – voir Bougainville et Diderot. Les uns et les autres se la représentent comme animée par des forces bénéfiques pour les uns, maléfiques pour les autres.

Une ontologie matérialiste se moque de cette humanisation de la nature. Cette anthropomorphisation de la nature a pu faire dire à certains que la nature se vengeait des offenses qu'on lui faisait : de l'éruption de l'Etna aux pandémies de peste au Moyen Âge ou de sida au XXe siècle, en passant par le tremblement de terre de Lisbonne, sans oublier certains penseurs de la *deep ecology*, voire le Michel Serres du *Contrat naturel*, qui souhaitait que les hommes passent un contrat avec la nature pour la sauver et qui interrogeait, parlant d'elle : « Dois-je la laisser signer ? », les délires écologistes ne manquent pas qui font de la nature un être vivant – le « Apprendre à penser comme une montagne » de l'Aldo Leopold de l'*Almanach d'un comté des sables*, sinon la nature comme « sujet de droit » chez Michel Serres, montrent jusqu'où on peut aller trop loin.

« Théorie du fumier spirituel » (chapitre 4) montre comment l'anthroposophe Rudolf Steiner, bien que formé à l'école philosophique allemande (ou parce que formé à cette école), peut, sous prétexte de discours rationnel, proposer les plus grands délires sous prétexte de penser la nature : il convoque de la bouse de vache bourrée dans une corne et enterrée pour faire un fumier spirituel dilué sur le principe homéopathique capable de solliciter les forces du cosmos afin de les faire passer par les cornes de la vache prélevée dans le cheptel local, enraciné, et revenir sous forme de dilutions invisibles capables de traiter des hectares avec succès. Les recettes données par ce penseur aux agriculteurs dépassent l'entendement : brûler des petits rongeurs écorchés et pulvériser de leurs cendres pour éviter que leurs semblables ne continuent à ravager la parcelle, coudre des fleurs dans des vessies de cerf ou des intestins, farcir le crâne d'un chien d'écorce de chêne, etc., toutes recettes à l'origine de la biodynamie. Les vins biodynamiques, obtenus selon cette méthode, sont devenus des succès planétaires.

Il faut éviter deux écueils : d'une part, le mépris de la vie et du vivant ; d'autre part, le culte de la vie et du vivant. Ni religions monothéistes tout à leur célébration du Créateur dans l'oubli de sa Créature ; ni religion new age, ni écologisme néopaïen, ni spiritualités néochamaniques. L'ontologie matérialiste dispense de ces logiques transcendantalistes qui s'enracinent plus dans le Emerson de la *Surâme* que dans le Thoreau de *Walden*. L'exemple anthroposophique du vin biodynamique montre qu'il faut se contenter de ce que la nature nous montre, et qui se révèle déjà bien assez riche, sans aller chercher un au-delà de la nature – au-delà qui n'existe pas.

L'Occident peine à regarder en face l'ici-bas de la nature et à soutenir du regard ce qui subsisterait sur la planète de cultures vitalistes. Le christianisme a pratiqué un ethnocide planétaire à partir de 1492. Les civilisations amérindiennes du Nord, du Centre et du Sud, les Indiens et les Incas, les Aztèques et les Olmèques, les Mayas et les Toltèques, les Zapotèques et les Mixtèques, les civilisations arctiques Inuits, les nombreuses civilisations africaines colonisées puis détruites par les militaires et les missionnaires venus des pays européens, dont la France, la Belgique, l'Allemagne, l'Angleterre, l'islam, lui aussi destructeur de la culture des pays qu'il a conquis, tous ces peuples qui entretenaient un rapport sacré avec la nature et non avec son hypothétique créateur.

Avant les ravages effectués par l'Occident, l'Afrique a ainsi été le grand pays du sacré dans la nature et de la nature dans le sacré, sans qu'il soit question de transcendance aliénante : les esprits des morts vivaient parmi les vivants, et vice versa, le tout sur cette terre. « Fixer les vertiges vitalistes » (chapitre 5) me permet de voir comment, sous prétexte de faire connaître l'Afrique, l'art africain, la civilisation africaine, l'avant-garde esthétique et littéraire européenne, les peintres et les poètes, les écrivains et les artistes, les musiciens et les chorégraphes se sont servis de ces peuples plus qu'ils ne les ont servis.

Tout à leur entreprise qui accompagnait le nihilisme de leur temps, ces acteurs culturels ont voulu abolir le vieux monde de l'art occidental qu'ils estimaient épuisé, fatigué, effondré, exsangue. Le dionysisme africain a été utilisé comme un agent corrupteur des valeurs occidentales. L'invention même de l'*art* africain signalait qu'on s'appropriait leur monde selon nos valeurs qui supposent que le musée, lieu d'exposition des productions mortes, était le plus beau cadeau qu'on puisse offrir à ce peuple qui incarnait le Divers dans sa plus belle acception.

Confiner leur univers à l'art permettait d'aborder ce monde riche en valeurs positives alternatives en le dévitalisant : on oubliait ainsi leur vision du monde, leur ontologie, leur pensée, leur religion, leur philosophie, leur métaphysique et l'on se contentait de citer leurs formes sans souci de leur fond qui était le leur. Le dadaïsme, le surréalisme, le futurisme, le cubisme, l'ethnologie, le cinéma dit ethnologique ont contribué de façon paradoxale à cet arraisonnement de la vitalité africaine aux formes épuisées de l'avant-garde européenne, aux modes parisiennes et à la passion muséale d'un Occident qui n'aime les papillons que transpercés par une aiguille pour les fixer sur le liège d'une boîte sarcophage.

Devenu marchandise, l'*art* africain a subi la loi du Veau d'or, loi de l'Occident. Quelques pièces vendues sur le marché international à des prix défiant l'entendement ou exposées dans un musée voulu par un président de la République comme trace dans une histoire dans laquelle il n'a rien laissé, voilà comment l'Europe décadente se comporte devant la vitalité d'une civilisation qu'elle n'a de cesse d'émasculer, de déviriliser, puis d'empailler et d'embaumer. La grande santé animiste africaine reste illisible aux gens du livre.

1

Botanique de la volonté de puissance

Au commencement n'était pas le Verbe, qui arrive toujours à la fin, à la fumée des cierges, mais la Foudre, qui, au dire d'Héraclite l'Obscur, gouverne le monde. S'il faut être précis, et soyons-le, avant le commencement, il y a toujours un autre commencement : car, avant la foudre, il y a cette énergie qui la rend possible, puis, avant cette énergie qui rend elle aussi possible ce qui fut, une autre force qui elle aussi a eu besoin d'une autre force et ce, soit à l'infini, soit jusqu'à ce que les philosophes antiques nommaient une cause incausée ou un premier moteur immobile. Car, avant l'effondrement d'une étoile dont tout procède, il y eut l'existence de ce qui s'effondre, puis les conditions de possibilité de cette existence, puis les conditions de cette condition, etc.

De sorte qu'on pourrait dire plus raisonnablement, ou plus logiquement, ce qui ici revient au même, qu'au commencement était le *Logos*, autrement dit une raison qui, pour l'instant, en l'état actuel de nos connaissances, échappe à la rationalité connue, au raisonnable fixé, au rationnel entendu, mais demeure tout de même raison. Pas d'autre nom de Dieu ici, ni même de retour de la métaphysique, la physique suffit : des causalités en chaîne qui enclenchent des processus eux-mêmes productifs d'autres développements, etc.

Dieu est le nom qui arrête cette mise en abyme qui inquiète, angoisse et débouche sur de nouvelles questions ; il nomme la fiction qui stoppe l'exercice de l'intelligence, la trouvaille qui met fin à la kyrielle d'interrogations sans fin pour permettre au croyant de répondre à toutes les questions qu'il se pose avec une seule et même réponse – *Dieu*. Ce concept invite à la paresse mentale, à la jachère philosophique, il dispense de réflexion et dirige l'esprit vers la croyance qui est toujours obéissance aux récits fabuleux, mythiques et mythologiques qui enjolivent le réel et apportent couleurs chatoyantes et parfums capiteux là où la crainte de déboucher sur le néant angoisse, gèle, refroidit l'âme qui se perd à force de ne pas se trouver.

Les noms de dieu ont été multiples. Sous cette multiplicité se cache donc une seule et même envie de résoudre la totalité des énigmes en une seule fois. Le dualisme est la vision du monde qui permet d'expliquer le complexe de la multiplicité terrestre, concrète, immanente par le simplisme de l'unité idéale, conceptuelle, céleste, transcendante. L'arrière-monde comme seule et unique explication de ce monde, l'au-delà en clé universelle pour ouvrir la serrure de l'ici-bas, voilà une facilité qui, sous couvert de complexité et de subtilités, se contente de la vieille façon chamanique de recourir au surnaturel pour expliquer le naturel.

Si Nietzsche accompagne mon trajet philosophique depuis mon adolescence, c'est d'abord parce qu'il révolutionne la pensée occidentale en ravageant la tradition dualiste, idéaliste, conceptuelle, spiritualiste, en détruisant les châteaux systématiques et verbeux, rhétoriques et fumeux, en saccageant la religion chrétienne jusqu'à vouloir raser le Vatican pour y installer un élevage d'aspics, en pulvérisant les histoires pour enfants que sont les récits mythologiques constitutifs des arrière-mondes explicatifs des infra-mondes. Purificateur, Nietzsche est un vent venu du large qui balaie les miasmes de vingt-cinq siècles de pensée mythique.

Mais cette furie guerrière s'avère dialectique. Nietzsche ne détruit pas pour le seul plaisir de détruire. Il n'est pas nihiliste, car il propose un remède au nihilisme avec sa pensée de l'éternel retour, sa philosophie du surhomme et sa théorie de la volonté de puissance. Zarathoustra enseigne que ce qui a lieu a déjà eu lieu et aura lieu un nombre infini de fois exactement dans les mêmes formes ; que le surhomme sait cet éternel retour du même et qu'il le veut, puis l'aime, d'où l'invitation à l'*amor fati*, à aimer son destin puisqu'on ne peut rien contre lui ; que tout est volonté de puissance, vouloir vers plus de puissance, et qu'il s'agit là d'un premier monisme postchrétien entendu comme un remède à deux mille ans de pensée attentatoire à la vie et au vivant – aux vivants.

Toutefois, on peut ne pas souscrire à toute sa positivité quand il s'agit de l'éternel retour du même, c'est mon cas ; on peut également aimer le surhomme comme figure d'un sur-stoïcisme qui définirait l'acceptation de ce tout ce qui advient en amendant cette figure fataliste par une pensée de la volonté contre le vouloir qui permettrait, sur le mode du stoïcisme antique, de distinguer ce qui dépend de nous et ce qui n'en dépend pas, afin de faire du surhomme l'être masculin ou féminin qui distingue les deux registres et met toute son énergie à vouloir ce qui ne dépend pas de nous pour le vouloir tel et ce qui dépend de nous pour le vouloir autrement, c'est aussi mon cas. Mais je n'ai rien à dire ou à redire à sa théorie de la volonté de puissance.

J'ai compris ce qu'était la volonté de puissance chez Nietzsche en lisant un jour dans un volume des *Fragments posthumes* cette unique expression : « *Sipo Matador* ». Rien d'autre. Pas de note explicative. Ces deux mots-là. J'entamai donc des recherches pour savoir si, ailleurs dans son œuvre complète, posthume ou publiée, le philosophe avait utilisé cette formule. On en retrouve en effet une seconde mention dans le paragraphe 258 de *Par-delà le bien et le mal*, l'un de ses livres les plus forts en alcool philosophique à même d'enivrer les petites santés.

Nietzsche entretient de la Volonté de Puissance et de son fonctionnement « semblable en cela à ces plantes grimpantes de Java – on les nomme "Sipo Matador" – qui tendent vers un chêne leur bras avide de soleil et l'enlacent si fort et si long-temps qu'enfin elles se dressent au-dessus de l'arbre mais en s'appuyant sur lui, exhaussant leur cime avec bonheur pour l'éployer à la lumière ». De la même manière que j'ai envie, un jour, d'aller dans les mers australes pour voir voler l'albatros depuis qu'adolescent j'ai lu le poème de Baudelaire, j'eus envie d'aller à Java pour voir la volonté de puissance nietzschéenne.

Rouvrant le vieux dossier dans lequel j'avais accumulé les notes sur le *Sipo Matador*, je retrouve un mail sans adresse qui renvoyait au livre d'Eugène Lesbazeilles paru en 1884 à la librairie Hachette et Cie :

Toutes ces espèces, tous ces individus, si étroitement entassés et enchevêtrés, se gênent, se nuisent réciproquement. Leur apparente tranquillité est trompeuse ; en réalité, ils soutiennent une lutte continuelle, implacable, les uns contre les autres : « C'est à qui s'élèvera le plus vite et le plus haut vers l'air et la lumière, branches, feuillage et tige, sans pitié pour le voisin. On voit des plantes en saisir d'autres comme avec des griffes et les exploiter, on est tenté de dire avec impudence, au profit de leur propre prospérité. Le principe qu'enseignent ces solitudes sauvages n'est certes point de respecter la vie d'autrui en tâchant de vivre soi-même, témoin cet arbre parasite, très commun dans les forêts tropicales, et qu'on nomme *Cipo matador*, autrement dit la Liane assassine. Il appartient à la famille des Figuiers. La partie inférieure de sa tige n'étant pas de force à porter le poids de la partie supérieure, le *Cipo* s'en va chercher un appui sur un arbre d'une autre espèce. En cela il ne diffère pas des autres végétaux grimpants, mais le procédé qu'il emploie a quelque chose de particulièrement cruel et de pénible à voir. Il s'élance contre l'arbre auquel il veut s'attacher, et le bois de sa tige s'applique en s'étalant, comme du plâtre à mouler, contre un des côtés du tronc qui lui sert d'appui. Ensuite naissent à droite et à gauche deux branches, ou plutôt deux bras, qui s'allongent rapidement : on dirait des ruisseaux de sève qui coulent et qui durcissent à mesure. Ces bras étreignent le tronc de la victime, se rejoignent du côté opposé et s'unissent.

Ils poussent de bas en haut à des intervalles à peu près réguliers, de sorte que le malheureux arbre se trouve garrotté par une quantité de chaînons inflexibles. Ces anneaux s'élargissent et se multiplient à mesure que le perfide étrangleur grandit, et vont soutenir jusque dans les airs sa couronne de feuillage mêlée à celle du patient qu'il étouffe ; ce dernier, chez qui le cours de la sève est arrêté, languit peu à peu et meurt. On voit alors cet étrange spectacle de cet égoïste parasite qui serre encore dans ses bras le tronc inanimé et décomposé qu'il a sacrifié à sa propre croissance. Il en est venu à ses fins ; il s'est couvert de fleurs et de fruits, il a reproduit et disséminé son espèce ; il va mourir à son tour avec le tronc pourri qu'il a tué, il va tomber avec le support qui se dérobe sous lui.

Le *Cipo matador* peut passer pour un emblème de la lutte acharnée qui se livre incessamment dans les mystérieuses profondeurs de la forêt vierge. Nulle part la concurrence vitale et ses tragiques effets ne se manifestent d'une manière plus frappante que parmi ces innombrables populations végétales que produit sans mesure un sol trop fécond. Certains arbres n'ont pas moins d'efforts à faire pour loger leurs racines, forcées de surgir hors de terre et de devenir aériennes, comme nous l'avons vu, que d'autres pour se frayer une voie vers l'air et la lumière afin de déployer leurs feuilles et de mûrir leurs fruits. C'est de ce besoin de chercher leur vie, de se mettre en quête de conditions favorables à leur prospérité que résulte, ainsi que le fait ingénieusement remarquer M. Bâtes, la tendance de la plupart des végétaux des forêts tropicales à modifier leur nature, à allonger et à assouplir leur taille, à contracter des allures et des attitudes spéciales, en un mot à devenir grimpants. Les plantes grimpantes de ces pays ne constituent pas une famille naturelle. La faculté qu'elles possèdent provient d'une habitude en quelque sorte adoptive ; c'est un caractère acquis, provenant de la force des choses et devenu commun à des espèces appartenant à une foule de familles distinctes qui, en général, ne grimpent pas. Les Légumineuses, les Guttifères, les Bignoniacées, les Urticées ont contribué à fournir beaucoup de ces espèces. Il y a même un Palmier grimpant, appelé *Jacitara* par les Indiens. Il s'est fait une tige grêle, flexible, tordue sur elle-même, qui s'enroule comme un câble autour des grands arbres, passe de l'un à l'autre et atteint une longueur incroyable – plusieurs centaines de mètres. Ses feuilles pennées, au lieu de se réunir en couronne, comme celles des autres Palmiers, sortent du stipe à de grands intervalles et portent, à leur pointe terminale, de longues épines courbes. C'est avec ces épines, véritables griffes, qu'il s'accroche au tronc des arbres pour y grimper. »

J'ai poursuivi mes recherches, mais la plupart des personnes que j'interrogeais, des botanistes, des naturalistes, des écologistes, séchaient. Chacun m'envoyait ce qu'Internet colporte sur ces sujets. Un spécialiste en « Animations et conseils horticoles du jardin botanique de la ville » dont je tairai le nom m'a envoyé trois lignes sur une plante qui n'a rien à voir. L'énigme s'épaississait. Cet arbre particulier, comment Nietzsche l'avait-il connu ? Pourquoi cette image dans *Par-delà le bien et le mal*, pourquoi cette note lapidaire dans les *Fragments posthumes* ?

On le voit avec les lectures données par les naturalistes, les voyageurs du XIXe siècle, aucun n'économise l'anthropomorphisme en général et, plus particulièrement, le commentaire moraliste, voire moralisateur : la liane devient la tueuse, donc la méchante, elle est le grand pays qui étrangle le petit, donc la cruelle, elle vit, progresse, s'épanouit en se nourrissant des autres qu'elle tue, donc la barbare. On ne dit pas de la plante qui se nourrit des substances qui se trouvent dans la terre, ou des insectes qui mangent de l'herbe ou des matières en décomposition, des oiseaux qui mangent les insectes, des rapaces qui dévorent les oiseaux, qu'ils manifestent de la méchanceté : la prédation est la loi de tout ce qui vit, Nietzsche veut penser ce qui est par-delà le bien et le mal, en physicien de ce qui est, la volonté de puissance, et non en moraliste de ce qui n'est pas – une volonté de détruire.

Ces documents me semblaient se répéter et ne rien ajouter à ce qui se dit déjà sur cette plante – elle se sert d'une autre qu'elle épuise pour parvenir à la canopée et se réjouir du soleil. J'avais également recherché chez Claude Lévi-Strauss s'il avait écrit sur cette plante amazonienne dans son œuvre abondante. J'attendais un récit, une anecdote, un mythe, une aventure. J'avais aimé *Tristes tropiques*, qui, avec la *Chronique des Indiens Guayaki* de Pierre Clastres, m'avait fait un temps envisager la question d'une carrière d'ethnologue lors de mes études de philosophie. Claude Lévi-Strauss semblait n'en pas parler.

Mais, pour en être sûr, j'ai envoyé une lettre d'Argentan le 11 mai 2009. Je lui exposais mon souci de résoudre l'énigme de cette mention lapidaire, Sipo Matador, dans les fragments posthumes de Nietzsche. Je lui écrivis : « Un peu dans l'impasse, j'ose me tourner vers vous en sollicitant votre culture encyclopédique : auriez-vous quelques renseignements sur cette liane… nietzschéenne ? » Il me répondit d'une façon extrêmement aimable par une lettre datée du 18 mai 2009 :

« Cher collègue

Cipò matador, "liane tueuse" en portugais, appartient bien au folklore amazonien, mais je ne garde de cette croyance aucun souvenir particulier. Je regrette donc de ne pouvoir, trop vieux, vous être utile. Bien à vous.

Claude Lévi-Strauss ».

Cette écriture tremblée d'un très vieux monsieur m'a ému, bien évidemment. En même temps, ces quelques mots disaient qu'il y avait *folklore amazonien*, donc plus à savoir sur elle que ce que l'on sait et dit, en le répétant sans cesse, et qui dit peu sur sa nature mais beaucoup sur celui qui en parle. La plante dit donc la volonté de puissance de façon allégorique, mais elle dit aussi celui qui la dit et la façon qu'il a de voir la nature, toujours en victime de la moraline. La substance toxique diagnostiquée par le même Nietzsche nous empêche de voir ce qui est et nous fait prendre l'interprétation pour la réalité, la perspective pour le fait, le jugement pour le regard. La mémoire de Claude Lévi-Strauss avait perdu ce que peut-être lui seul savait et qui relevait des sagesses primitives sur ce sujet. Le *Sipo Matador* conserve ses secrets.

Ce que nous apprennent aujourd'hui les botanistes nous permet de recourir à la botanique pour comprendre de façon non morale la réalité de la volonté de puissance, son fonctionnement par-delà bien et mal, sa vérité ontologique et physique confirmée par l'expérience et le savoir. Si l'on doit chercher le moment où la vie apparaît et passe de ce qui n'est pas elle à elle, nous rencontrons les plantes qui s'avèrent un maillon essentiel pour comprendre le passage de l'inanimé à l'animé, du non-vivant au vivant, de l'étoile qui s'effondre à l'humain qui sait un jour qu'une étoile s'est effondrée, étoile dont il procède. Quand La Mettrie écrit *L'Homme-plante*, il ne sait pas à quel point il a raison.

Pendant des milliards d'années, il n'y a pas eu de vie sur terre – de même qu'assez probablement la vie disparaîtra sur terre et qu'elle continuera sans vie et sans organismes vivants pendant des milliards d'années avant de disparaître, elle aussi consumée par les forces gigantesques à l'œuvre dans un univers dont les lois nous échappent absolument. Mais, avant la vie, il n'y a pas rien ; ce qui est, c'est déjà la volonté de puissance nietzschéenne : une force qui meut tout ce qui est, le non-vivant comme le vivant, la course des astres et la reproduction d'une anguille, l'organisation du cristal d'une gemme et la filiation d'un couple d'*Homo sapiens*.

Avant la vie, la terre, c'est la mer. Les océans recouvrent tout. L'atmosphère enveloppe ce qui recouvre la terre. L'ensemble relève du bouillon toxique. Pulvérulence de gaz terribles, danses des poisons, vortex méphitiques, maelströms de chimies ravageuses, rien ne vivrait dans cet enfer premier. Des éclairs zèbrent un air qui n'est pas encore l'air. On ne sait si, venu d'autres mondes, le vivant tombe de cette atmosphère luciférienne, s'il arrive du ciel noir et d'or des éclairs de foudres en myriades ou s'il procède des sources brûlantes des magmas venus du cœur de la terre jusqu'aux fonds sous-marins avant surgissements à la surface.

Toujours est-il que les premières molécules que sont les bactéries, des êtres vivants dépourvus de noyaux, portent en elles ce qui devient un jour l'auteur de ces lignes et son lecteur. La volonté de puissance nomme ces perpétuelles métamorphoses, ces forces et ces jeux de forces. Les plantes commencent lorsque ces bactéries, les formes du vivant les plus vieilles du monde, fabriquent une molécule de chlorophylle capable de capter les rayons du soleil. À l'origine de tout monde se trouvent le soleil et sa lumière ; voilà pourquoi, au commencement de toute religion, on retrouve le soleil et sa lumière. Grâce à l'accumulation de cette matière végétale, la photosynthèse permet la création de l'oxygène qui s'accumule et s'installe dans l'atmosphère. La couche d'ozone se constitue, elle permet que le soleil nourrisse sans tuer, qu'il fasse vivre et non mourir. La vie devient alors envisageable. Sans les plantes, pas de vie possible : elles réalisent le passage du non-vivant au vivant.

Les premiers êtres vivants se trouvent donc dans la mer, protégés des rayons ultraviolets. Pendant des milliards d'années, ces bactéries vertes existent sans produire autre chose que leur être. Elles sont et persévèrent dans leur être. Puis, sans qu'on sache ce qui préside à cet essai concluant, alors qu'il y eut probablement des milliers d'autres essais infructueux, ces bactéries chlorophylliennes se combinent avec d'autres bactéries plus grandes qu'elles afin de produire la première cellule. La bactérie est une forme dans laquelle le matériel génétique se trouve dispersé ; la cellule, une forme dans laquelle le noyau ramasse ce matériel génétique.

Cette cellule primitive cillée qui contient de la chlorophylle sait nager et se nourrir : ce cil qui permet le déplacement dans un milieu liquide se retrouve chez l'homme, dans le cil du spermatozoïde. Les premières cellules végétales s'organisent ; il s'agit des algues. Nous descendons des algues dont descendra le singe duquel descendra l'homme. Ces longues et lentes métamorphoses constituent de prodigieuses variations sur le thème de la volonté de puissance qui s'organise. Elles illustrent ce que Bergson nomme fort justement *l'évolution créatrice*. Le trajet de cette évolution présume les plantes à la charnière du vivant.

Parmi une multitude d'algues, certaines sortent de l'eau – les algues vertes. Elles doivent trouver de l'eau pour se nourrir. Elles développent alors un système pour en chercher et en trouver dans le sol. Elles inventent des cellules qui s'allongent et rentrent dans la terre ; puis elles mettent au point un système racinaire qui leur permet de prendre possession du continent, de quitter l'eau pour parvenir sur la terre ferme et y vivre, s'y développer. Sortir de l'eau, pousser des cellules vers le sol nourricier, produire un dispositif de racines – voilà encore et toujours la volonté de puissance en acte. Ni bien ni mal, juste une force en action vers la vie et l'expansion du vivant.

Pour vivre, les plantes inventent le bois qui permet de faire monter les liquides du sol par capillarité, de les conduire jusqu'aux feuilles qui assurent alors la fonction chlorophyllienne. Les sucs redescendent. Un système circulatoire se trouve ainsi créé, il assure l'être et la pérennité de cet être. Cette plante archaïque qui invente le bois (sans pour l'instant inventer le tronc, chaque chose en son temps), se nomme le Cussonia ; elle ressemble à un jonc. Avec des tiges, des calices, des racines, des feuilles, les plantes se distinguent des algues, des mousses, des lichens qui, sans qu'on sache pourquoi, n'évolueront pas et resteront comme elles sont depuis leur origine.

L'évolution des plantes se fait de façon concomitante avec celle des animaux : la sortie de mer des premières s'accompagne de la sortie des seconds qui les recherchent pour s'en nourrir. La volonté de puissance produit des animaux marins aux formes extravagantes. Les grands fonds sous-marins conservent leur mystère et l'homme qui a marché sur la Lune est plus ignorant de la faune et de la flore des abysses que de la planète la plus proche de celle sur laquelle il vit. D'invisibles calamars géants peuplent ces lieux froids et noirs en attendant peut-être leur heure une fois les humains disparus pour évoluer eux aussi vers des formes alternatives.

L'évolution des plantes continue. Les chemins sont précis, ils aboutissent à des évolutions qui manifestent une plasticité. Les formes bougent, changent, disparaissent, apparaissent, trépassent, vivent, survivent, mais elles consistent toutes des variations sur un seul et même thème : celui de la volonté de puissance. Ce qui conduit de la bactérie à l'algue, de la mousse au lichen, mais aussi du ginkgo capable de vivre trois mille ans à la fragile orchidée la plus récemment apparue, exprime cette même force une et active dans tout ce qui vit.

Les botanistes affirment que les fleurs évoluent encore et qu'elles ont tendance à s'invaginer. La volonté de puissance a produit des tuniques pour protéger l'ovaire de la plante. De son origine à nos jours, cinq ; une sixième semble apparaître. Le vent continue à porter les pollens ; les insectes également, les papillons et les abeilles meurent doucement, détruits par les produits inventés par l'homme, le prédateur des prédateurs. Les fleurs inventent d'infinies ruses pour séduire les animaux sans lesquels leur espèce ne pourrait survivre. Là aussi, là encore, effets de la volonté de puissance.

Leurs parfums capiteux, leurs beautés stupéfiantes, leurs sucs entêtants, leurs couleurs mirifiques, leurs formes suggestives, leurs frémissements incitatifs, leurs pétales veloutés, leur nectar grisant constituent autant de signes et de signaux destinés à attirer le coléoptère nécessaire à leur fécondation. Les fleurs sont des sexes avec des lèvres de velours, des chairs finement pliées, des ventres de fourrures végétales qui contribuent aux langages silencieux de tous les éléments de la nature. Volonté de puissance.

Les plantes vivent, souffrent, elles réagissent aux stimuli. Seul l'anthropomorphisme empêche cette conclusion – qui met à mal l'argument des végétariens qui accordent à l'animal un statut ontologique refusé aux végétaux eux aussi capables de souffrir – autrement dit : à expérimenter l'affect qui met en péril leur existence. On sait en effet aujourd'hui que les acacias communiquent et agissent en fonction des informations données par leurs semblables. Il existe un langage des plantes en dehors de ce que les plantes disent symboliquement aux hommes, qui permettait à Maurice Maeterlinck de parler jadis d'*intelligence des plantes*.

Sur un territoire donné, en l'occurrence le monde de la plante, des acacias échangent des informations qui leur permettent d'être (vivants), de persévérer dans leur être (vivant) et de permettre à l'espèce de rester (vivante) et en vie. Lorsque des mammifères, des gazelles, des impalas se montrent trop nombreux, ils broutent des écorces en quantité, une dégradation qui met en péril la population arboricole. Les arbres réagissent à l'information de cette surconsommation par une réponse appropriée : la sécrétion d'une substance qui intoxique les animaux brouteurs, les rend malades, en tue certains et dissuade les survivants de continuer leur déprédation – leur prédation.

Pour ce faire, l'intelligence végétale prend donc la forme d'une production d'éthylène qui permet la communication chimique entre les autres arbres via les courants d'air et le vent. Dans ce processus, il existe une compréhension du problème, une perception de l'agression, une mémoire de cette attaque, la préparation d'une riposte, une réaction au stress, une interaction entre les singularités de la population arboricole, une anticipation du risque altruiste de périr à cause d'une consommation excessive, une communication avec les semblables pour les prévenir, ce qui, au total, manifeste une authentique intelligence sociale qui vise et veut l'être et la durée du groupe, de la totalité, de la communauté. Nombre d'humains sont moins capables de faire communauté – *république*, au sens étymologique.

Notre méconnaissance de la vie végétale, notre ignorance de la capacité des plantes, des fleurs, des arbres à entretenir une relation intelligente avec le monde vient du fait que notre temps, qui n'est pas le leur, nous sert de modèle et ne permet donc pas de saisir les modalités du leur. Ici comme ailleurs, nous appelons barbarie ce qui n'est pas notre fait. Si le végétarien entend bien le cri de l'animal parce qu'il se fait entendre dans une fréquence audible à l'oreille humaine, il semble ne pas entendre la *plainte* de l'acacia, car elle ne s'effectue pas dans la langue qu'il pratique. Si l'*Homo sapiens* était sensible à l'éthylène, il comprendrait la langue parlée par l'acacia.

Car les végétaux sont sensibles à un nombre incroyable de stimuli venus du même monde que celui des humains : les champs magnétiques, les ondes électriques, les intensités lumineuses, les rythmes circadiens, les effets des clartés lunaires, les impulsions sonores, les variations de gravité. Des chercheurs parlent aujourd'hui de *neurobiologie végétale* pour accréditer l'idée que les plantes s'avèrent sensibles à la biologie cellulaire, à la biochimie, à l'électrophysiologie, autant de domaines partagés avec les humains. Les cils de la cellule de base végétale et ceux du spermatozoïde montrent que l'homme vient de la plante avant de descendre du singe, car le mammifère dit supérieur provient du mammifère dit inférieur qui, lui-même, descend jusqu'à cette cellule verte capable de photosynthèse.

La perception, la sensation, l'émotion n'exigent donc pas forcément neurones, synapses, connexions neuronales, cerveau. Les plantes peuvent percevoir, sentir, s'émouvoir sans tout cet appareillage complexe qui semble étouffer et empêcher la physiologie élémentaire des sensations directes avec le cosmos. On pourrait presque émettre l'hypothèse que plus l'appareillage neuronal est complexe, moins on est capable de saisir l'essentiel, plus on semble performant pour comprendre l'accessoire qui consiste à masquer l'essentiel ou à le faire passer au second plan. Apparemment sommaire, la plante dispose de l'intelligence fine des choses élémentaires là où l'homme, hypothétiquement complexe, donne l'impression de posséder les organes capables de déchiffrer l'élaboré, mais passe à côté du fondamental.

Les plantes sans langage complexe disent ce qui permet leur vie et leur survie quand les humains, capables d'écrire *La Divine Comédie* en vers – du moins pour l'un d'entre eux –, ne savent pas décoder ce qui met en péril leur existence. Les acacias échangent avec l'éthylène pour protéger leur famille ; les humains recourent à des mots pour élaborer un processus de destruction de leurs semblables – qu'on songe à *Mon combat* d'Adolf Hitler. Il y a plus d'intelligence collective et communautaire, républicaine au sens étymologique, chez les épineux que dans la secte nationale-socialiste des années 30 en Allemagne désireuse de mettre l'humanité à feu et à sang.

La neurobiologie végétale émet l'hypothèse que le cerveau des plantes se trouverait dans le système racinaire, en l'occurrence dans une courte zone de quelques millimètres à la pointe de chaque racine dans laquelle se concentreraient une centaine de cellules spécifiques. Cette région spécifique ramasserait la dose la plus élevée d'oxygène, comme dans le cas des neurones humains. Le docteur Stefano Mancuso, qui dirige le Laboratoire international de neurobiologie végétale (il professe aussi l'horticulture et la physiologie des plantes à l'université de Florence), parle d'intelligence des plantes, notamment quand il aborde leur faculté de *prendre une décision* et de *résoudre un problème* en relation avec un signal donné par leur environnement. Sensibilité, mémorisation, apprentissage, anticipation : les plantes dont nous procédons gardent plus que nous ne le pensons pendant que nous, humains, avons perdu plus que nous ne le croyons.

Les adversaires de cette neurobiologie végétale récusent ces hypothèses – trop darwiniennes. N'oublions pas que, presque un quart de siècle après son best-seller, Charles Darwin publie avec son fils Francis un livre méconnu intitulé *Le Pouvoir du mouvement des végétaux* (1880). Le formatage judéo-chrétien, anthropocentriste au dernier degré, constitue ce que Bachelard nommait un *obstacle épistémologique* aux observations expérimentales qui permettraient de trancher sur cette question de l'intelligence des plantes.

Les scientifiques vieille manière consentent au fait que les cellules végétales et les cellules humaines sont parentes du fait d'une origine semblable, d'un ancêtre commun. Mais, sans nier la complexité des mécanismes d'adaptation des végétaux, les positivistes mécanistes en appellent aux lois de la sélection due à l'évolution : lorsqu'une plante réagit au signal de sécheresse donné par un sol et prévient ses semblables de la nécessité d'économiser les ressources hydriques, elle n'obéirait qu'à sa nature hormonale et chimique et non à ses capacités électriques. Elle obéirait ainsi tout bêtement aux mécanismes et aux comportements de survie. Certes. Mais connaissance neurobiologique ou connaissance hormonale, l'important n'est pas la modalité de la connaissance, mais la possibilité de la connaissance, qui semble acquise. Dont acte.

Les enjeux opposent une fois encore les tenants d'un positivisme mécaniste à ceux d'un vitalisme énergétique. Vieux débat qui fut jadis celui des matérialistes progressistes contre les vitalistes conservateurs — les matérialistes mécanistes faisant l'économie de Dieu quand les vitalistes faisaient rentrer par la porte la divinité sortie par la fenêtre par les mécanistes. Mais, deux siècles plus tard, le combat qui opposait l'athée d'Holbach au déiste Bordeu ou le déiste Helvétius au croyant Deleuze fonctionne à front renversé : après deux siècles de positivisme, ce sont ceux-ci qui s'avèrent conservateurs quand les vitalistes, après deux siècles de persécution, paraissent plus près d'atteindre à la vérité du vivant. Le mécanisme matérialiste achoppe sur ce qui résiste là où le concept de volonté de puissance permet une hypothèse qui paraît plus valide avant les conclusions d'expérimentations à mener pour parvenir à des résultats fiables.

Ce que nous ne voyons pas, nous avons du mal à le concevoir. Or ce que nous concevons peut mieux être conçu aujourd'hui par des procès techniques nouveaux : ainsi la projection en accéléré du mouvement des plantes pour établir la preuve de leur vivacité interactive à destination de ceux qui n'auraient jamais vu de jardins – buissons de framboisiers, envahissement de glycine, croissance de bambous, pousse de pelouse, croissance des mauvaises herbes – liseron, orties, chiendent, achillée, folle avoine, laiteron, lamier, vesce –, prolifération de fougères, tiges de gourmands sur les rosiers.

En accéléré, le temps végétal peut être saisi avec les catégories humaines qui permettent de percevoir le temps à notre mesure. À la place d'une plante, dans son temps, mais vu avec le nôtre, la volonté de puissance à l'œuvre dans la végétation devient une évidence sidérante. On voit ainsi concrètement, à l'œil nu aidé par l'accélération des images, la réaction des plantes à la gravité, au vent, aux sollicitations proches – un piquet, un tuteur, un support visé par la tige d'une glycine travaillée par la volonté de puissance. À la vitesse d'un homme, à l'œil d'un homme, au regard d'un homme, au temps d'un homme, la fine branche paraît immobile.

Un ou deux jours plus tard, on croit déceler une modification, mais le souvenir et la mémoire qu'on en a restent imprécis. On sait que cette petite branche était ailleurs dans le volume du jardin, plus courte, moins longue, ailleurs, mais sans référence précise dans le temps et dans l'espace. Le temps de la plante n'étant pas celui du regardeur, on ne voit qu'en regard de nos intérêts triviaux : il va falloir couper, tailler, palisser, couper, tronçonner. Notre temps ne permet pas de saisir et de comprendre le temps de la plante, qui est temps à part entière. Temps de la volonté de puissance qui prend le temps dont elle a besoin.

Pour peu que nous capturions ce temps avec la vitesse d'une caméra et que nous projetions ces images avec une vitesse supérieure, en accélération, nous voyons alors ce monde faussement immobile danser, bouger, se contorsionner, tourner, viser un point pour se fixer, le manquer, essayer à nouveau, le louper encore, chercher à y parvenir autrement, tourner, se visser sur elle-même, se tendre pour se détendre, se projeter, faire des nœuds pour trouver une force, concentrer une énergie dans une boucle qui fera ressort et permettra de propulser la tige, l'atteindre et s'y fixer avant de poursuivre sa course.

Tout à notre temps, illettrés du temps des plantes, nous n'avons rien vu du détail, nous sommes passés à côté de la temporalité végétale. Nous nous contentons de points de repère : le bois sec de l'hiver, la sève du printemps qui modifie la couleur du bois, les bourgeons blancs, les feuilles duveteuses pliées, les feuilles vertes dépliées, les fleurs en puissance, leurs couleurs violet pâle, leurs carnations franches, en été leurs parfums tendres, les fragrances modifiées par les moments de la journée, brume du matin, premier soleil pâle de la matinée, chaud soleil du midi, après-midi brûlante, soirée aux lumières plus douces, chien et loup, arrivée de la nuit, humidité du soir tombé, lumière blanche de la lune, nuit profonde – autant de couleurs, de parfums, de senteurs, de fragrances.

De la même manière que nous n'avons pas vu la vie d'une compagne trop tôt partie, nous n'avons rien vu de la vie d'une glycine elle aussi vite partie avant de revenir la saison suivante, même et autre. De temps à autre, comme par inadvertance, sans trop y prêter attention, nous avons peut-être repéré le bois sec, le duvet des bourgeons, les fleurs vives, leur fanaison, leur disparition, la chute des pétales à terre, le retour du bois seul. Un jour la neige recouvre le jardin, nous savons que l'été a eu lieu, que le printemps reviendra, mais nous n'avons rien vu du mouvement du printemps ni du mouvement de l'été. La volonté de puissance agit, nous ne la voyons pas, sauf par inadvertance – sinon par désir délibéré de méditation.

Les images tournées en laboratoire montrent que les plantes ont conscience d'elles-mêmes. En effet, elles doivent disposer d'un savoir de leur courbure afin de la rectifier si la droiture n'est pas adéquate. Voilà pourquoi, dans les forêts, les arbres ont des troncs droits et ne partent pas dans tous les sens. Les plantes changent de masse, de poids, d'inclinaison, d'ancrage suivant la nature des terrains. Sur le flanc d'une montagne ou dans une prairie, sur le côté d'un fossé ou la pente d'un talus, la plante pousse droit. Elle n'est jamais parallèle au sol, mais verticale par rapport à un azimut perpétuel. Les plantes obéissent en effet aux lois de la gravité. En apesanteur, affolées, incapables de retrouver leur repères, les plantes poussent n'importe comment, les tiges et les racines s'emmêlent : les signaux électriques émis à l'extrémité des racines, le cerveau des plantes, sont inchoatifs.

Habituellement, de même que les animaux et les humains, la plante dispose d'une capacité à saisir sa forme et son mouvement. Sa capacité à se concevoir telle et sa possibilité de ressentir la gravitation lui permettent d'activer une réaction en rapport avec sa taille afin de pousser droite, debout, verticalement. Si le jardinier incline le pot d'une plante, la tige va pousser dans une direction rectifiée par ses soins pour croître verticalement. Chaque modification d'inclination induit une réaction de la plante qui répond à ce stimulus par une force adaptée. Le tropisme ne concerne pas que le mouvement vers le soleil, il inclut également ceux qui permettent une croissance verticale. Une plantation mal faite dans mon jardin m'a permis de constater que la plante avait contourné le bulbe afin de recouvrer la verticalité contrariée par l'erreur de plantation.

L'indifférence à l'égard des plantes s'enracine, si je puis dire, dans l'idéologie judéo-chrétienne. Rappelons leur absence sur l'Arche de Noé. Le texte de la *Genèse* ne les mentionne pas. De la même manière que les animaux sont faits pour les hommes qui peuvent les chasser, les élever, les tuer, les dépecer, les manger, les atteler, s'en servir pour tout, l'agriculture et la guerre, le tissage et le laitage, la compagnie et le travail, les plantes seraient faites pour les animaux qui peuvent les manger afin d'entretenir leur existence asservie aux hommes. Par ailleurs, lesdites plantes sont dans la même relation d'utilité avec les hommes qui peuvent les cultiver pour faire leur pain (blé, épeautre), nourrir leur bétail (orge, avoine, sainfoin), faire pousser des légumes (ail, oignon, haricots), entretenir un carré pour la cuisine (laurier, thym, persil) ou un jardin dit de curé avec des plantes médicinales (bourrache, camomille). Pas question de penser la plante comme un être vivant quand on ne confère même pas à l'animal la plus petite dignité ontologique.

L'archéologie préhistorique, via la science des pollens, nous apprend que les morts étaient allongés sur un lit de fleurs. La tradition décorative des fleurs, voire le tropisme symbolique, remonte donc aux âges les plus anciens. Des siècles plus tard, le paganisme leur donne un rôle majeur et l'on retrouve des couronnes sur la tête de l'officiant sacrificateur, sur celle de la bête sacrifiée, sur les autels où l'on immole, sur les statues des dieux païens du temple, au pied du mobilier sacré en guise d'offrandes. Les morts sont également honorés par des offrandes votives, dont les fleurs. Les roses en particulier.

Cette profusion de fleurs païennes explique la proscription chrétienne des guirlandes et des couronnes de fleurs dans les cérémonies religieuses. Tertullien, Clément d'Alexandrie, Minucius Félix, Justin écrivent contre leur usage. La critique englobe tout ce qui s'apparente au luxe : encens, parfum, vêtements, pierres précieuses, argent, quartiers de viande, fruits. Il s'agit de ne pas confondre les vraies valeurs, la couronne d'or du Christ dans le ciel, et les fausses, la couronne de fleurs sur terre. L'une est éternelle, précieuse ; l'autre, fragile, mortelle, périssable.

Et puis, au fur et à mesure que se cristallisent les histoires constitutives de la mythologie chrétienne, la couronne d'épines devient la seule possible et pensable. Si le Christ aux outrages a été coiffé par les Romains déicides des ronces qui lui déchirent le front et font couler son sang, comment les hommes pourraient-ils honorer le Fils de Dieu crucifié en portant autour de leur tête des couronnes tressées de roses, de jasmin, de réséda ? L'imitation joue un grand rôle dans le christianisme, et si l'on veut mériter son paradis, on doit symboliquement ceindre la couronne d'épines et faire de sa vie une vallée de larmes dans laquelle les fleurs, par leur beauté extravagante, leur aspect capiteux, leur parfum envoûtant incarnent tout ce dont il faut se détourner – les plaisirs de la vie.

Comme le christianisme se construit autour de la figure historiquement inexistante de Jésus coefficienté en contrepartie d'un pouvoir fortement symbolique, il ne vit que de métaphores, de comparaisons, d'allégories, de symboles, de paraboles : des chameaux qui passent par le chas d'une aiguille à la comète qui indique le lieu de naissance du Messie en passant par le vin nouveau dans de vieilles outres, les occasions ne manquent pas de faire passer le réel au second plan afin de dire autre chose que lui la plupart du temps.

Les paraboles bibliques qui impliquent la végétation ne manquent pas : le jardin avec l'arbre de vie et l'arbre de la connaissance, le fruit défendu devenu pomme, le buisson ardent, le figuier stérile, la séparation du bon grain et de l'ivraie, la vigne du Seigneur, le blé avec lequel se fait le pain de l'eucharistie, la graine poussant secrètement, le grain de sénevé, les lis sauvages. La dimension de la volonté de puissance disparaît complètement au profit de l'édification morale et spirituelle. La botanique laisse place à une allégorique. L'effacement du jardin véritable s'effectue au profit des jardins de l'âme. La réalité disparaît, étouffée sous la symbolique qui tue le monde et remplit l'univers de signes, de codes, de langues multiples.

Les fleurs deviennent alors non plus des occasions de couleurs chatoyantes, de parfums forts, d'odeurs qui montent vers le ciel, mais de messages : la rose dit la virginité et la pureté de Marie, la vigne annonce l'eucharistie, de même que le blé, le lis exprime lui aussi la pureté de la Vierge – il accompagne les Annonciations dans l'histoire de la peinture occidentale –, l'iris dit l'alliance du Christ et des hommes, la pomme symbolise le libre arbitre, la possibilité de choisir, la grenade manifeste la fécondité, le pissenlit, l'herbe amère, la douleur qu'on voit parfois figurée au pied des crucifixions, l'hysope l'humilité et la pénitence, le nénuphar, plante aquatique, les vertus lustrantes du baptême, la passiflore, la fleur de la Passion, car les chrétiens prétendent qu'on y trouve tous les instruments associés aux dernières heures du Christ : le pistil et les dessins de la corolle ainsi que diverses pièces rappellent la couronne d'épines, le marteau et les clous de la crucifixion – précisons qu'en pharmacologie elle a un pouvoir sédatif et anxiolytique.

Le christianisme ne voit pas le monde parce qu'il cherche sans cesse dans le réel les preuves de l'existence de son dieu et qu'il y traque des significations cachées – la signature de toute pensée magique. Déconstruire la rose pour y trouver cinq pétales qui diraient l'intersection des branches de la croix ou neuf qui exprimeraient la haute initiation qui figurerait la connaissance du paradis, chacun des pétales contenant un groupe d'âmes libérées des renaissances terrestres ; y voir le signe de la Vierge qui est dite « Rose sans épines » sous prétexte, dixit saint Ambroise, qu'avant le péché originel la rose était sans épines et que la Mère de Dieu échappe à la faute primitive ; y découvrir le signe mystique en regard duquel les bâtisseurs de cathédrales construisent leurs rosaces, c'est passer à côté de la vérité de la fleur qui s'avère de pure immanence, ce que les païens avaient bien vu et compris.

On le sait, Nietzsche n'aimait pas le Christ – *l'araignée à croix*. Le monde du philosophe, riche en allégories, en symboles, en paraboles, est pauvre en fleurs. Des animaux en quantité, on le sait, pour dire la nature humaine très humaine, mais aussi l'espoir des vertus surhumaines : la dénégation de l'autruche, la veulerie du buffle, l'agenouillement de l'âne, la ruse et l'hypocrisie du chat, la servitude volontaire du chameau, la servilité du chien, la grossièreté du cochon, la lourdeur de l'éléphant, la mesquinerie de la fourmi, la rancune des mouches, l'opportunisme des sangsues, le ressentiment des tarentules, la méchanceté des vipères… Mais il existe aussi des bêtes surhumaines agissant comme des contrepoisons aux bêtes humaines : la félicité de l'aigle au regard perçant, la paix dans l'affirmation dont sont capables les colombes, le volontarisme du lion qui dit « je veux », l'éternel retour exprimé par le serpent qui se mord la queue, le sens de la terre du taureau.

L'abondance d'animaux, la richesse du bestiaire semblent absorber toute l'énergie nietzschéenne. Quand le philosophe aborde les fleurs, les légumes ou les plantes, c'est souvent pour leur usage métaphorique et la plupart du temps dans le contexte d'*Ainsi parlait Zarathoustra* : la châtaigne nourrissante, la datte gorgée de sucre, l'éponge absorbante, le champignon corrodant, la palme qui danse, le poison du pavot, la couronne de lierre, le fruit pourri, les potentialités du grain. Il peut également disserter très librement, c'est peu de le dire, sur telle ou telle plante à laquelle il associe des généalogies idéologiques : la production du bouddhisme par l'abus de riz, la généalogie de l'alcoolisme par l'excès de pomme de terre, les vertus diététiques et métaphysiques du café, du thé, du chocolat, la généalogie de la métaphysique allemande par la bière – le houblon fermenté et brassé. Il peut également s'adonner en la matière à l'exercice de la licence poétique qui, dans les *Dithyrambes de Dionysos*, lui fait comparer le pin qui semble écouter au sapin qui paraît attendre. Mais rien qui tienne un rôle philosophique majeur – sinon ce *Sipo Matador*.

Je le vis un jour au jardin botanique de Medellin, en Colombie. J'étais allé en Amérique du Sud pour une série de conférences et l'on m'avait invité à déjeuner dans l'un des meilleurs restaurants du pays – l'un des cinq, m'avait-on dit. Le bâtiment contemporain avait été construit dans ce magnifique jardin botanique dans la touffeur duquel une myriade d'oiseaux chantaient les mélodies les plus captivantes. Fleurs tropicales jaunes, généreuses, pistils solaires dans des corolles rouge vif, trompettes des anges silencieuses alors que l'orage grondait au-dessus du grand parc, palmiers aux cimes perdues dans le ciel bleu sombre et violet, papillons colorés, portant parfois sur leurs grandes ailes des paires d'yeux qui ne regardaient rien, étranges insectes en vol géostationnaire la trompe butinant dans le cœur d'une fleur extravagante violine et jaune, cris des perruches et vol caquetant de ces petits oiseaux de couleur, verts et jaunes, bleus et rouges, plantes carnivores comme des tubes tigrés recouverts par une capsule qui se refermait dès que l'insecte commettait l'imprudence d'atterrir sur le bord de la corolle, orchidées voluptueuses comme des plissés de tissus rares, longs colliers de fleurs comme des fruits rouges aux extrémités jaunes, sidérants agencements de pétales orange à la façon d'une rose ancienne, mais avec des velours capiteux, longues palmes en efflorescence giclant vers le ciel comme une offrande, racines tombées du ciel à la recherche de la terre, gingembres à fleurs de sang, hibiscus dépliés…

Et puis, au détour d'un épais résumé de forêt tropicale, le *Sipo Matador*. Je me trouvais donc devant ce gros arbre enveloppé par les petites lianes qui l'entourent, l'enserrent, se servent du fût pour grimper vers la canopée et jouir du soleil. La multitude de liens avait raison du gros tronc. La lumière arrivait tamisée, le ciel d'orage épaississait la matière de l'éther, les rayons de lumière tombaient et fabriquaient des ocelles, des taches sur les feuilles comme sur la peau d'un léopard ou les ailes d'un papillon. Ces taches jaunes vibraient, bougeaient, se déplaçaient au gré de la brise qui agitait doucement la végétation.

Sur le tronc de cet arbre que le *Sipo Matador* embrassait, des amoureux avaient gravé leurs noms, leurs prénoms, des cœurs. Ils ignoraient sûrement que l'arbre était volonté de puissance, le *Sipo Matador* était volonté de puissance, la forêt était volonté de puissance, les papillons étaient volonté de puissance, la lumière était volonté de puissance, les feuilles étaient volonté de puissance, la brise qui agitait le tout était volonté de puissance, les insectes qui butinaient étaient volonté de puissance, les racines plongées dans le sol étaient volonté de puissance, le sommet des arbres courant vers le soleil était volonté de puissance, le soleil était volonté de puissance.

Ils ignoraient également que leur amour était aussi volonté de puissance, leurs corps étaient volonté de puissance, leur promesse était volonté de puissance, la fin de leur amour était aussi volonté de puissance – car tout ce qui est est volonté de puissance. Et ce par-delà bien et mal, en dehors de toute considération morale, sans aucun souci de vice et de vertu, dans la plus absolue des fatalités. Dieu n'existe pas, car la volonté de puissance qui est tout, qui n'est ni dieu ni un autre nom de dieu, ne laisse place à rien d'autre qu'à elle. Je touchais le *Sipo Matador* qui me touchait : nous étions faits du même bois.

2

PHILOSOPHIE DE L'ANGUILLE LUCIFUGE

Lucifuge : Lat. Lux, Lucis, *Lumière et* Fugere, *fuir.*
Terme de zoologie : qui fuit la lumière.

Littré

L'été, la rivière apparaissait sous la voûte faite par le feuillage comme ruisselant d'or et d'argent, car la surface réfléchissait ce qui parvenait du soleil. La clarté tamisée fabriquait des mosaïques de lumières changeantes. La lumière trouait les arbres vert vif. Leçons d'impermanence dans la permanence même, le feu de l'astre nourrissait tout ce qui vivait et tout ce qui vivait mourait. Les cadavres de petits poissons, gonflés, le ventre à l'air, les truites épuisées versant doucement du côté du néant, les rats crevés, les souris et les mulots dévorés par les fourmis, l'essaim de mouches noires et bleues qui transformait les petits cadavres gonflés des rongeurs en squelettes auxquels la peau couleur taupe restait parfois attachée, les serpents éventrés par la putréfaction et colonisés par les insectes qui les mangeaient – la nature m'enseigna les Vanités bien mieux que l'Église.

La vie grouillait dans cette rivière qui s'appelle la Dives – un nom qui exprime la divinité de l'eau courante depuis probablement bien des siècles. Les poissons-chats surpris sous la pierre levée doucement, quand la vase se libère et crée un petit nuage de particules en suspension vite absorbé par le frêle courant, les vairons pêchés, plongés dans des seaux, puis mangés en fritures, les petits coquillages d'eau douce, comme des bigorneaux, les sangsues dont on disait qu'elles suçaient le sang si on touchait leur chair douce et flasque, fantasmes vite abolis par l'expérience, les truites faro tachées d'ocelles orange et grises, brunes et bleues, tout cela vivait dans un rythme auquel je me soumettais : le temps de la vie naturelle ne se résume pas à sa mesure, mais à son expérience. L'heure du clocher n'a rien à voir avec l'horloge interne de ces animaux qui obéissent à ce que Bergson nomme l'*évolution créatrice*.

Parmi ces bêtes d'eau, je me souviens de petites anguilles, moins d'une vingtaine de centimètres. Je les trouvais sous les pierres que je soulevais délicatement, elles apparaissaient dans les poussières de la vase, des grains de terre, des petits courants de particules turbides. Leur bouche en ventouse se collait à la peau ; elles ondulaient tels de petits serpents quand on les plaçait sur un avant-bras auquel elles se collaient avec leur bouche suceuse. Elles pendaient alors dans le vide, brunes avec des reflets verts, luisantes, un genre de crête de dentelle frissonnant sur le dos. Replacées dans l'eau, elles restaient parfois, indolentes, à doucement lutter contre le courant en créant de jolies sinuosités. Puis elles partaient, lentes, vers le cœur de l'eau.

Parfois, la tête d'un véritable serpent émergeait de la surface de la rivière. Elle ouvrait l'eau pour y dessiner un V dont la pointe faisait naître de petits remous qui se perdaient dans les dessins élégants effectués par les ondulations de la longue queue. J'avais appris à reconnaître la vipère et la couleuvre : la tête rectangulaire de l'une, celle en olive de l'autre, la longueur effilée de la seconde et la brièveté de la queue épaisse coupée court de la première, le danger de l'animal au venin et l'innocuité de la bête dont on disait qu'elle grimpait sur les jambes des vaches pour y atteindre le pis afin d'y sucer le lait. Mon père m'avait mis en garde : à défaut d'être sûr et certain de distinguer les deux animaux, se méfier du serpent qui pouvait toujours être venimeux et mortel. Leçon qui vaut aussi pour les hommes.

Dans l'ordre pratique, une fois mis en leur présence, je distinguais l'orvet, la couleuvre et la vipère, l'anguille. L'orvet, presque sans queue ni tête, luisant comme un tube d'acier ; la couleuvre, élégante et craintive ; la vipère aux crochets venimeux ; l'anguille, animal préhistorique, fouissant la vase, gigotant des heures après qu'on lui eut coupé la tête, parcouru par l'électricité vitale une fois dépecée, après que la cuisinière, ma mère en l'occurrence, l'eut saisie avec un journal transformé en gant, seul stratagème pour bloquer la bête qui, sinon, s'enfuit. Malgré leurs morphologies parentes, ni l'orvet, ni la couleuvre, ni la vipère ne se retrouvent dans les assiettes ; l'anguille, si.

De la même manière que mon père m'avait enseigné les étoiles, leurs lumières parties depuis des millions d'années et nous parvenant seulement maintenant, alors qu'elles étaient mortes depuis bien longtemps, il m'avait aussi raconté que les anguilles, mystérieuses, partaient se reproduire dans la mer des Sargasses, qu'on n'en était pas même certain, car on ne les avait jamais vues parce qu'elles s'y cachaient, et qu'elles effectuaient un nombre incroyable de kilomètres pour pondre au bout du monde dans la mer salée, y mourir, pendant que leurs petits revenaient dans l'eau douce de la Dives pour y croître, y vivre, avant de partir à leur tour en direction des Antilles pour contribuer à l'éternel retour des choses.

Avec les étoiles, mon père m'enseignait le temps et la durée ; avec les anguilles, l'espace et les migrations. La clarté de l'étoile polaire inscrivait ma vie d'enfant dans les durées de l'infini ; les ondulations de l'anguille dans celles d'une planète où tout est en relation de bonne intelligence naturelle. La voûte étoilée au-dessus de mon village et le clapotis de l'eau de la rivière qui grouillait d'une vie préhistorique, voilà qui me permettait d'entrer dans un monde vivant – et de m'y installer durablement. L'enfant que je fus est le père de l'adulte que je suis ; et mon père, le père de cet enfant. La Grande Ourse et la petite anguille conduisent plus sûrement une âme en train de se faire vers les ontologies utiles que les livres qui, bien plus tard, les en détournent. Je ne savais pas à quel point ces *leçons de choses* imprégneraient ma matière grise.

Un demi-siècle plus tard, le mystère des anguilles a un peu reculé, certes, mais guère plus en regard des moyens techniques dont nous disposons aujourd'hui si l'on veut savoir ce qu'elles sont, ce qu'elles font, comment elles le font, pourquoi, ce qui les motive, dans quels endroits elles vont, comment elles y vont, de quelle manière elles se comportent. Personne n'a jamais vu d'anguilles se reproduire, copuler, pondre. On ne sait si elles migrent seules ou de façon grégaire. On ignore ce qui leur permet de se déplacer comme elles le font vers les lieux qu'elles retrouvent indéfectiblement. Nonobstant le travail de spécialistes sur la planète entière, ce que l'on sait d'elles se constate mais ne s'explique toujours pas. En savons-nous vraiment beaucoup plus qu'à l'époque où Aristote écrivait son *Histoire des animaux* ? Probablement non.

Les anguilles que je voyais dans la Dives, à Chambois, les mêmes que celles de la tapisserie de Bayeux qui raconte la geste de Guillaume le Conquérant, venaient donc de la mer des Sargasses, à six mille kilomètres de mon village d'enfance. Et elles se préparaient à y retourner pour s'y accoupler, pondre et mourir. Cette mer qui n'est entourée d'aucun continent se trouve dans l'Atlantique Nord ; elle dispose d'une abondante végétation en surface qui empêche les bateaux d'avancer et raréfie la chlorophylle, ce qui en fait un lieu idéal pour cette espèce lucifuge qu'est l'anguille ; elle se trouve non loin du mythique triangle des Bermudes dont une légende veut que nombre de bateaux y aient disparu sans laisser de trace. Dans *Vingt Mille Lieues sous les mers*, Jules Verne rapporte que cette étrange verdure qui abrite les amours sombres des anguilles proviendrait de la végétation arrachée aux prairies de la défunte Atlantide – le lieu dans lequel Blaise Cendrars voulait qu'on jette son corps mort.

Le Gulf Stream explique cette concentration de végétation mystérieuse : le courant centrifuge ce qui se trouve dans cette vaste zone et le concentre dans un vortex central qui abrite en ses profondeurs les copulations des anguilles européennes. On peut imaginer que cette zone qui entrava plusieurs semaines le bateau de Colomb parti découvrir un Nouveau Monde et permit au mythique *Nautilus* d'accomplir son périple métaphysique concentrait des morceaux de bois en provenance de toutes les épaves de cette immense zone qu'est la mer des Sargasses –

trois mille kilomètres dans sa longueur, d'ouest en est, mille cinq cents pour sa largeur, du nord vers le sud.

Œil invisible et magique du vortex, le lieu de reproduction des anguilles reste celé. Aristote pensait qu'elles n'engendraient pas, parce qu'on n'avait jamais vu leurs œufs – nous en sommes encore là. Le philosophe auteur de *De la génération et de la corruption* croyait qu'elles venaient des entrailles de la terre, qu'elles naissaient par génération spontanée dans les lieux de putréfaction abondants, dans la mer ou dans les rivières. L'animal de la vase ne pouvait donc venir que de la vase qui le faisait naître de façon inexpliquée. Qui se ressemble s'assemble – pensée magique de laquelle nous ne sommes guère sortis. L'Antiquité en faisait le résultat d'une copulation entre la murène et la vipère ; on a fait justice de cette légende. L'anguille naît de l'anguille qui naît du mystère tout de même.

Jules Verne voit dans cette mer des Sargasses, du nom de ces fameuses algues, des alcyons stellés aux couleurs roses, des actinies aux longs tentacules, des méduses vertes, rouges et bleues, des rhizostomes de Cuvier à ombelle bleuâtre bordée d'un feston violet. Mais pas d'anguilles. Elles s'y trouvent tout de même dans les fonds marins à de grandes profondeurs. Ennemies de la lumière, aveuglées par la clarté, elles n'aiment que l'obscurité des noires abysses glacées, là où les pressions barométriques terribles produisent les formes adaptées aux vies primitives – celle du serpent d'eau, long et effilé, qui permet de se faufiler. Plus tard, dans l'imagination courte des hommes, l'anguille devient un symbole de la dissimulation.

Aristote n'avait jamais vu par lui-même, bien sûr, mais il n'avait pas lu non plus, lui l'encyclopédiste, de récits rapportant une copulation entre des anguilles – mais, vingt-trois siècles plus tard, personne n'a pu encore voir ce qu'Aristote n'avait pas vu ! Pas même le Français Éric Feunteun, l'un des cent spécialistes mondiaux de cet animal, qui a plongé dans toutes les mers du monde, vu des nœuds d'anguilles comme il y a des nœuds de vipères, une cinquantaine ou une centaine d'animaux, mais jamais d'acte sexuel entre ces bêtes qui apparaissent avant l'extinction des dinosaures, il y a cent millions d'années.

Donc, naissance dans la mer des Sargasses où sont venues les anguilles de toute l'Europe. De façon identique depuis le début de leur existence, elles reviennent toutes là après avoir effectué déjà une fois le voyage dans le sens inverse : genèse dans le vortex de l'océan lointain, migration vers les rivières d'Europe, traversée de l'Atlantique, métamorphoses de tout le corps afin de pouvoir entrer dans l'eau douce, remontée des fleuves puis des rivières, arrivée dans l'onde du lavoir d'un village de Basse-Normandie, y vivre, se développer, se faire des forces pour repartir, effectuer le trajet de retour, retrouver les Sargasses, s'y accoupler, mourir épuisé après avoir pondu des millions d'œufs dont quelques-uns seulement donneront des anguilles, qui, elles-mêmes, reproduiront le cycle. La vie, le sexe, la mort. Rien d'autre.

Enfant, j'avais donc dans la main un concentré de cette histoire-là. De la préhistoire à l'état pur qui devenait pour un petit garçon n'ayant pas encore dix ans une histoire contemporaine susceptible de se répéter indéfiniment — si les hommes ne mettaient en péril l'existence de cet animal qui est la mémoire de l'humanité la plus primitive. Mémoire de la planète, l'anguille porte en sa chair primitive ce que nous portons encore, nous aussi, dans notre cerveau reptilien. Dans l'encéphale du citadin des mégapoles post-industrielles, on trouve toujours le microcerveau de l'anguille que nous fûmes un jour. Ce serpent fut notre parent. La lumière des étoiles mortes coïncide avec les ondulations de la petite anguille vivante.

Reprenons en détail cette magnifique odyssée qui fait pâlir l'histoire humaine. Naissance, donc, dans la mer des Sargasses, d'une invisible copulation. L'acte sexuel a lieu dans les grandes profondeurs : trois cents mètres. Un chercheur japonais, Katsumi Tsukamoto, a mis une trentaine d'années à découvrir dans les années 80 le lieu de ponte des anguilles japonaises dans l'océan Pacifique : la fosse des Mariannes. Les anguilles pondent à proximité de monts sous-marins situés à une extrême profondeur — onze kilomètres pour cette géologie fantastique.

Quand on sait que, plus tard, adultes, elles peuvent grimper des torrents jusqu'à mille mètres d'altitude – certaines arrivent même jusqu'aux sources des fleuves –, on mesure l'amplitude des trajets des abysses marins aux rivières en altitude.

Une femelle pond plus d'un million d'œufs, voire un million et demi, seuls deux ou trois exemplaires parviennent à maturité : la vie se nourrit de la mort, l'être bref surgit d'un immense néant, le vif a besoin d'un charnier démesuré. Ce grouillement de vie a été payé par une débauche de morts : les parents ayant effectué leur tâche, ce pour quoi ils sont venus sur cette planète, à savoir assurer la vie et la survie de l'espèce, ils trépassent, décharnés, épuisés, vidés de leur vie transmise à leur progéniture.

À cette époque de leur existence, on ne parle pas encore d'anguille mais de leptocéphale – de *lepto*, petit et *céphale*, tête. Ces larves ont la forme d'une feuille de saule. Elles se laissent porter par les courants pendant six mille kilomètres. On ne sait comment elles trouvent leur route, mais elles nagent à contre-courant de la migration pour atteindre le Gulf Stream qui les porte vers l'Europe. Il paraît probable que la pression des fonds marins, les changements de température, les particules ferriques contenues dans leurs mâchoires, les modifications de la lumière, les variations du champ magnétique, tous ces paramètres, dans un ordre et une importance ignorés, entrent en ligne de compte et fournissent les informations qui décident ces larves à effectuer le voyage vers nos côtes.

Elles traversent plusieurs milliers de kilomètres en pleine mer entre deux cents et cinq cents mètres de profondeur. Pendant tout ce temps, elles se nourrissent de flocons de *neige marine*, des particules arrachées à un nuage en suspension qui ne tombe jamais au fond de la mer à cause de son extrême légèreté. Il est constitué de micro-organismes dégradés et minéralisés qui contribuent aux cycles de l'écosystème sous-marin en produisant des sels nutritifs. Un jour, après deux ou trois ans – les avis divergent –, les larves abordent les côtes européennes.

Pour effectuer le passage du milieu salé de l'océan Atlantique à l'eau douce des rivières, en passant par la saumure des embouchures de fleuves, le leptocéphale se métamorphose et devient civelle ; il prend la forme tubulaire et serpentiforme de l'anguille. La pibale, son autre nom, dispose alors d'un très grand nez et de petits yeux. L'extraordinaire olfaction de l'animal lui permet de distinguer d'infimes molécules extrêmement diluées – il peut déceler et suivre la trace d'une proie de 25 milligrammes diluée mille de milliards de fois – un argument pour les partisans de l'homéopathie. On imagine que des nanoparticules donnent des informations qui peuvent concerner les métaux contenus dans les cours d'eau ou les phéromones de leurs congénères. Ainsi informées, les civelles trouvent la bonne direction pour remonter les cours d'eau.

À ce moment, elles sont parfois pêchées par tonnes et transformées en cuisine raffinée et coûteuse – après avoir été jadis le plat simple des gens modestes. À l'instar des poissons carnassiers, des brochets et des sandres, l'homme agit en prédateur, il extermine un nombre incroyable de spécimens capturés lors de leur remontée dans les estuaires, tués au vinaigre, ébouillantés dans un court-bouillon, parfois directement cuits à l'huile d'olive sans avoir été tués, apprêtés au piment d'Espelette et servis sur les tables bordelaises. On les trouve également à prix d'or dans les restaurants espagnols, japonais ou chinois. Celles qui échappent à cette première prédation, et elle est massive (jusqu'à quatre mille tonnes par an en France : sachant qu'une civelle pèse 0,3 gramme, on imagine le nombre d'individus sacrifiés), poursuivent leur chemin en direction des rivières.

À cette époque, la civelle n'a pas de sexe. La pibale ne naît pas femme, elle le devient. Et elle le devient en fonction du processus de la sélection des meilleures conditions pour la vie et la survie de l'espèce : ce sont les conditions d'existence qui orientent la production du nombre des mâles et des femelles : en cas de forte densité de la population, la proportion de mâles est la plus importante ; en cas de faible densité, les femelles prennent le dessus. Il faut assurer la pérennité de l'espèce, et quand il y a beaucoup d'individus, les combats opposent les animaux qui périssent alors en quantité. Les mâles étant plus vite matures, ils assurent plus rapidement la descendance, donc la survie du groupe. En vertu de la *puissance d'exister* chère au cœur de Spinoza, ce mécanisme régulateur assure le maximum de puissance pour la reproduction et la descendance.

Après trois années de voyage en mer, elles arrivent un jour dans l'eau douce des rivières. Elles y vivront dans un espace étendu sur une quarantaine de kilomètres. Or cet incroyable périple n'est que la première moitié de leur vie, la partie consacrée à la préparation de la reproduction. Dans ces endroits, elles seront pêchées par les humains, qui, après les avoir exposées sous les lumières fades des supermarchés, sur un lit de glace pilée, en feront des anguilles grillées, des matelotes au vin rouge, de la mousse, des brochettes, des pochouses, des salades, des rillettes, des charlottes, des rôtis, du pâté (le fameux *pâté d'anguilles* de La Fontaine, qui permet au fabuliste de versifier sur la saturation qu'il y a à manger chaque jour les meilleurs mets, le pâté en question – métaphore pour les plus belles femmes…), à moins qu'ils ne les fument et ne les accompagnent d'une tartine de pain beurré.

Dans les rivières, elles obéissent au tropisme qui va les reconduire un jour dans la mer des Sargasses. Elles grossissent, mangent, font du gras dans la perspective du grand voyage, elles deviennent donc mâle ou femelle, leurs gonades apparaissent. Les gonades furent les premiers objets d'étude d'un certain docteur Freud, qui, avant de faire fortune planétaire dans la pensée magique, a écorché en vain près de quatre cents spécimens avant de passer ensuite six mois supplémentaires en compagnie des testicules de la bête, pour ne rien trouver de plus. Le docteur viennois extrapolera de la génitalité singulière des anguilles une étrange théorie de la bisexualité qui réjouit les freudiens et leurs nombreux partisans, dont, récemment, les tenants de la théorie dite du Genre.

Leur croissance est en relation avec les lieux dans lesquels elles se trouvent : entre trois et dix années pour un mâle, quatre et quarante ans pour une femelle. Au sud de l'Europe, la croissance est plus lente qu'au nord. Elle peut s'arrêter en fonction d'événements extérieurs : changements de température, manque de nourriture, prédations importantes. Mais, une fois leur maturité acquise, leur taille optimale atteinte, elles se préparent à repartir vers la mer des Sargasses. Une nouvelle métamorphose a lieu en vue de ce voyage en forme de retour vers leur lieu de naissance.

Les yeux des anguilles se modifient : ils grossissent quatre fois en volume afin de permettre une meilleure vue dans la pénombre des eaux profondes. Ainsi, elles s'arment contre les prédateurs. La peau épaissit. La couleur change : très sombre sur le dos, très blanche sur le ventre. La métamorphose permet de leurrer les animaux qui pourraient les surprendre au-dessus ou en dessous. Ceux qui aborderaient l'anguille en surplomb pourraient confondre la couleur avec celle des fonds marins ; ceux qui arriveraient en dessous assimileraient le blanc à la clarté du ciel : dans les deux cas, les animaux qui leur voudraient du mal ne les distingueraient pas du milieu dans lequel elles évoluent. Leurs nageoires pectorales s'allongent et deviennent plus pointues en vue de la natation pélagique. Elles arrêtent de manger, leur tube digestif se rétrécit, leur anus se bouche. Elles perdent un quart de leur poids, un huitième de leur longueur. La ligne latérale, l'organe de la sensibilité aux pressions, se modifie. C'est ce qui les renseigne sur la direction des courants et la profondeur des eaux, deux informations utiles pour se déplacer. Une fois cette préparation accomplie, elles partent.

Les scientifiques contemporains, guère plus avancés qu'Aristote ou que Pline, ne savent pas exactement ce qui déclenche le départ, les raisons probablement multiples qui poussent les anguilles à partir en direction des Sargasses. On nomme *dévalaison* ce départ des eaux douces de l'Europe vers les grands fonds de l'océan Atlantique – *l'avalaison* nomme le mouvement inverse. Celle-ci commence avec des conditions de lumière particulières : il lui faut une faible luminosité. La lune joue un rôle important dans cette aventure. L'animal lucifuge n'aime pas les grandes clartés. Il s'avère sensible aux nuages qui cachent la lune et sa migration s'aligne sur ses phases. Les grands départs s'effectuent les nuits sans lune. De même, plus tard, arrivée sur place, l'anguille pond pendant la nouvelle lune.

Elle profite également des crues automnales pour leur effet dynamique qui leur permet de se déplacer en économisant leur énergie, une force précieuse pour effectuer la traversée de l'océan dans les mois qui suivent. À cette époque, l'eau accuse une température assez basse, dix degrés, ce qui assure également un relatif engourdissement des prédateurs. Elles effectuent le trajet retour et, cette fois-ci, vont des sources des rivières, des cours d'eau douce vers les grands fonds marins via les estuaires aux eaux saumurées. Toujours assujettie au grand plan de la nature qui fait de la vie un mécanisme destiné à produire de la vie afin de reproduire la vie, l'anguille va, ignorant son destin qui est de se reproduire et de mourir.

Comme pour ouvrir la route et laisser une trace, en août, les mâles partent en premier ; en septembre, les femelles suivent. Elles vont nager pendant plusieurs mois, une demi-année parfois. Pendant ce temps, elles ne mangent pas, pour éviter une distraction qui les éloignerait de leur destin et les exposerait aux prédateurs. Ensuite, elles se nourrissent à nouveau, mais on ne sait à partir de quand : crustacés, insectes, vers, mollusques, écrevisses, grenouilles, petits poissons morts ou vivants. Plus elles s'éloignent des côtes, plus elles plongent en profondeur. En pleine mer, elle peut descendre à 1 200 mètres quand il fait jour, elles remontent à la surface la nuit et nagent à 50 mètres de profondeur. En une journée, elles effectuent une trentaine de kilomètres en moyenne, près d'une cinquantaine pour les plus vives.

Cette alternance produit des variations de température et de pression : le froid quand l'anguille descend vers de fortes pressions, le chaud, ou, disons, moins de froid, quand elle retourne vers la lumière, elle emmagasine des informations données par ces allers et retours dans l'épaisseur et la matière de la mer. La maturité sexuelle pourrait bien advenir après que le corps a connu ces séries de variations entre les températures, les pressions, mais aussi entre les degrés de salinité séparant la rivière européenne et la fosse des Sargasses.

Une fois arrivée sur place, toutes les conditions étant réunies, si elle a échappé aux prédateurs que sont, dans l'eau douce, les brochets, les truites, les poissons-chats, les sandres et les loutres, venus de la terre, les cormorans et les hérons, venus de la mer, les bars, les saumons, les phoques, les dauphins, les cachalots et les requins-taupes, l'anguille est parvenue à maturité sexuelle : alors, loin des regards des hommes, exactement comme elle le faisait il y a des millions d'années quand les hommes n'étaient pas là, elle souscrit au diktat de la nature et remplit les lieux mystérieux et obscurs de milliards d'œufs qui grouillent sous les algues de la mer mythique. Pendant dix années, elle n'aura accumulé la graisse que pour effectuer ce voyage qu'elle paie de sa mort. Elle vit pour se reproduire et pour mourir – nous aussi.

Le naturaliste Alfred Wegener a découvert la dérive des continents. On sait depuis que l'étirement géologique s'est effectué à partir d'une forme terrestre primordiale. Certains scientifiques émettent l'hypothèse que les anguilles effectuent ces longs trajets (6 000 kilomètres pour l'Europe, mais 12 000, soit le double, pour aborder les côtes de l'Égypte, car, hormis l'Arctique et l'Antarctique, elles sont dix-huit espèces dans toutes les mers du monde) parce qu'elles conservent en mémoire la cartographie primitive. Nonobstant la dérive, elles obéiraient donc avec le même aveuglement au tropisme de leurs aurores existentielles. On peut douter de cette idée qui fait fi des comportements les plus adaptés à la vie, la survie et la reproduction de l'espèce, car cette traversée extrêmement coûteuse en vies pour ces bêtes n'aurait aucune raison d'être si une solution moins mortifère existait pour l'espèce. Le mystère perdure et les Sargasses abritent de l'étrangeté autant que des anguilles.

Quand elles ont pondu, épuisées, décharnées, vidées de leur substance vitale qui a servi à générer une autre puissance vitale, plus puissante et plus vitale, elles meurent. Aristote et Pline avaient déjà remarqué que le corps de leurs cadavres ne remonte jamais à la surface. Elles coulent et vont nourrir les fonds marins dont les deux naturalistes pensaient qu'ils constituent les milieux naturellement propices à une génération spontanée. Mais ce ne sont pas les décompositions qui permettent la composition, la recomposition. La génération ne naît pas de la corruption. Leur vie morte donne naissance à une vie mortelle. Éternel cycle de tout ce qui vit sur cette planète, du plancton à la baleine, du brin d'herbe au baobab, du ciron à l'éléphant, de l'anguille à l'homme.

Que nous apprend *philosophiquement* cette fabuleuse odyssée ? Que nous sommes anguilles par plus d'un trait. Pas seulement de façon métaphorique, allégorique ou symbolique en fuyant, en ondulant, en serpentant, en nous cachant, en préférant l'obscurité et les nuits sans lune au grand jour et à la clarté solaire, en nous enfouissant dans les vases, mais en obéissant à une horloge préhistorique commune à tout le vivant. Nous disposons d'un cerveau reptilien, certes, nous le savons, mais c'est le cerveau de l'anguille qui niche dans le néocortex des urbains que nous sommes devenus pour la plupart.

Nous savons ce que Darwin nous a appris en publiant *L'Origine des espèces* en 1859, mais nous vivons comme si nous ne le savions pas. Nous disons que *l'homme descend du singe*, ce qui n'est pas rendre justice exactement à ce qu'affirme le naturaliste anglais : nous sommes le produit d'une évolution d'un singe qui n'existe plus sous forme de singe primitif, puisqu'il a donné l'*Homo sapiens sapiens*. Mais ce singe, nous le sommes encore et nous le serons toujours, quoi que nous fassions. L'hominisation semble nous éloigner de la nature, mais elle réalise le plan de la nature, comment pourrait-il en être autrement ? Ruse de la raison : nous croyons mettre de la distance entre les animaux et nous, et c'est en agissant ainsi que nous montrons que nous sommes des animaux et que nous obéissons, comme eux, au tropisme de l'*évolution créatrice*.

L'aventure des anguilles montre l'action en nous du *principe lucifuge* – pas étonnant que Lucifer, le porteur de lumière, soit un ange déchu. Notre vérité intime et profonde n'est pas dans un inconscient freudien, métapsychique, mais dans ce tropisme lucifuge ; elle n'est pas dans la pensée magique réactivée par le docteur viennois, mais dans la biologie, en l'occurrence l'histologie qui conserve la mémoire sombre dont on sait qu'elle porte le programme du vivant : naître pour mourir, vivre pour se reproduire et mourir, s'activer pour réaliser le plan de la nature et mourir, se croire libre, se dire libre, tout en avançant en aveugle dans la vie qui nous veut plus que nous ne la voulons et mourir.

Spinoza écrivait fort justement que *les hommes se croient libres parce qu'ils ignorent les causes qui les déterminent*. En effet. Cette vérité qui contraint à la modestie n'est pas à l'ordre du jour à l'heure où les hommes témoignent d'une inconscience aussi grande que leur arrogance, d'un aveuglement aussi puissant que leur vanité, d'une cécité aussi étendue que leurs prétentions. Les plus sages savent qu'ils sont singes et restés singes ; les plus lucides savent qu'ils sont anguilles et restés anguilles. Naître, vivre, *se reproduire*, mourir après avoir nourri ce cycle éternel : combien y échappent en n'ayant pas souscrit au tropisme reproducteur, montrant ainsi qu'ils possèdent un peu plus le monde que la plupart qui sont plus grandement possédés par lui ?

L'enfant que j'étais en savait peu sur ce petit animal gigotant. Mais je connaissais l'essentiel que je voyais : la formidable énergie du vivant qui sait qu'il va mourir. Je voyais parfois, sur le pont du village, une anguille attrapée par un pêcheur : elle se tord, s'enroule, se torsade dans une étrange danse qui dit la vie contrariée et la lutte contre le danger, le combat contre la mort, donc pour la vie. Elle s'entortille alors autour d'un axe imaginaire, celui du monde. Elle noue, dénoue et renoue d'étranges nœuds, ceux de toute vie. Au bout du fil de la ligne, la gueule ouverte, elle aspire goulûment un air qui va manquer, elle lance un cri silencieux, elle gémit et hurle sans bruit, elle se débat contre un ennemi invisible qui rôde sans cesse – la mort. Elle tresse un péan vitaliste pour faire face à ce qui la menace et dont elle ignore le détail, bien qu'elle en comprenne viscéralement la nature potentiellement mortelle.

Un jour, au pied de l'arche de ce vieux pont, des travaux de curage avaient été effectués. Au siècle d'avant, j'en ai la photo, les anciens avaient creusé eux aussi la vase de la rivière pour y effectuer des réparations sur l'ouvrage. Mon grand-père maréchal-ferrant, un gaillard au visage barré par une belle moustache, faisait partie des ouvriers. Les pieds dans la boue brune de la Dives, arc-bouté, il tire sur une corde avec des compagnons. Enfant, je me souviens que la pelle mécanique avait fouillé la vase noire et puante au même endroit. Dans la clarté de la lumière du jour, un nid d'anguilles était apparu : elles grouillaient comme un nœud de vipères. Ce paquet de vie noire et sombre aux senteurs de boue putride qui résiste à la mort, il habite chacun de nos corps. Venu des Sargasses, ce principe lucifuge est notre premier moteur, notre causalité ontologique – *notre vérité.*

3

Le monde comme volonté et comme prédation

Dans la rivière de mon enfance, on ne voit plus grand-chose de vivant : plus de petites anguilles, plus de vairons, plus de coquillages d'eau douce, plus d'algues vertes, ces longs filaments gorgés de chlorophylle qui ondulaient au caprice des courants et prenaient la lumière du soleil pour nourrir leurs couleurs. Plus de vie visible, mais une boue marronnasse dans laquelle pêchent encore quelques enfants du village qui ressortent de la Dives des petits poissons étiques qui tournoient dans le seau d'eau en plastique à leurs pieds – métaphore de la condition humaine.

Des pêcheurs aguerris sortent encore des truites et des anguilles, mais les premières, de fausses Fario, vrais poissons d'élevage lâchés par les syndicats de pêcheurs, n'ont plus la majesté des sauvages qui luisaient et gigotaient au bout des lignes. Le fils de mon frère, homme des bois s'il en est un, sort de l'eau tout ce qui s'y trouve et rapporte parfois à ma mère qui les cuisine quelques anguilles de très belle taille, preuve que la pollution entamée dans les années soixante-dix par le patron de la fromagerie du village qui rejetait les déchets toxiques de l'usine dans la rivière, renforcée par la contamination des sous-sols avec les pesticides répandus par les paysans sur leurs terres pour augmenter leur productivité, que cette pollution, donc, n'a *pas encore* tout ravagé.

Mais la terrifiante disparition des anguilles, parmi tant de disparitions inquiétantes d'espèces animales sur la planète, n'a pas pour seule cause l'impéritie des hommes qui, cartésiens sans le savoir, se sont rendus maîtres faustiens et possesseurs diaboliques de la nature ! Car, pour opposer l'homme à la nature, il faut singulièrement partir du principe que l'homme n'est pas dans la nature, mais au-dehors, à côté, en face, en marge, ailleurs ! La formulation *l'homme et la nature* s'avère une fiction face à la réalité qui se dit *l'homme est la nature* ! Même acculturé, cultivé, transformé, métamorphosé par l'éducation, l'instruction, la transmission d'innombrables savoirs, même dénaturé par la civilisation qui semble depuis des siècles se retourner contre la nature, l'homme en demeure un fragment, de sorte qu'il obéit à sa nature quand il se fait le prédateur des prédateurs et qu'il détruit, ravage et porte préjudice à son milieu.

Quand l'homme répand des pesticides, comme l'animal avec son venin, il se contente de dérouler un plan qui est celui de sa nature. La culture est une sécrétion de la nature, même quand elle semble une antinature. Car qu'est-ce qui, dans la nature, pourrait échapper à la nature ? Il n'y a que la nature, que de la nature, qu'une seule et unique nature, rien d'autre. Dans elle, si l'on cherche le détail, la multiplicité, à la façon des figures fractales, on ne retrouve que l'infiniment petit qui duplique l'infiniment grand, et vice versa. Il est dans le programme de l'homme de produire la culture qui le dénature, car c'est dans sa nature.

Quand nous croyons nous extirper de la nature, nous lui obéissons ; quand nous imaginons nous en émanciper, nous nous y soumettons ; quand nous pensons la laisser derrière nous, nous nous plions à son ordre. Jamais autant que lorsque nous croyons nous affranchir nous ne signifions mieux notre subordination. Nous ne sommes que ce que la nature veut que nous soyons. Lorsque Rousseau croit qu'avec la propriété nous sortons de l'état de nature pour entrer dans un état de culture, il se trompe : nous restons dans la nature avec une culture qui singe la nature. Car la propriété n'est jamais que la forme juridique prise par la logique éthologique des territoires ; la police qui la préserve procède de l'agencement de la force en meute ;

la justice qui la défend dérive des jeux de force et d'intimidation des mâles dominants et de leur cour ; le Code civil met en mots la loi de la jungle faisant alors juridiction – le droit cristallise en mot la loi du plus fort qui devient loi de la force des plus nombreux. Nietzsche a superbement raconté cette généalogie. Triomphe de la meute.

Les hommes obéissent à leurs tropismes et vivent pour se reproduire et mourir, comme les anguilles, nos sœurs ; les hommes dévorent la chair pour se nourrir, comme les animaux carnassiers, nos doubles ; les hommes construisent leurs mégapoles comme les fourmis et les termites bâtissent leurs fourmilières et leurs termitières ; les hommes fabriquent des sousmarins pour vivre sous l'eau, leur élément d'origine il y a des millions d'années, comme les amphibiens, nos ancêtres ; les hommes construisent des avions afin de prendre possession du ciel, comme les oiseaux, nos cousins ; les hommes s'emparent de la planète, de l'Univers, ils colonisent la terre, les mers, puis la lune comme les animaux marquent leur territoire ; les hommes le défendent pareillement, avec bec et ongles, griffes et crocs dont ils s'inspirent pour faire des armes, comme les bêtes, leurs semblables ; les hommes se croient libres, mais ils obéissent à la détermination animale des mammifères.

Jamais autant que dans les choses de la guerre les hommes ne manifestent leur arraisonnement au monde animal. Darwin a mis en évidence le fait que les mâles, nomades, font la guerre pour défendre le territoire de leur tribu ou l'augmenter pendant que les femelles, sédentaires, gardent le foyer, le feu, autour duquel elles élèvent les enfants, des filles pour reproduire des guerriers, des producteurs, des protecteurs. Dans la guerre, y compris dans la formule hypertechnologique de notre modernité, les hommes montrent qu'ils demeurent des bêtes et se comportent comme elles dans les logiques de défense, d'agression, de construction et de protection des frontières, dans celles qui concernent les marquages du territoire que les animaux effectuent avec urine, fèces et glandes aux effluves très puissants.

Les hommes ont pris modèle sur les bêtes pour attaquer, se protéger, tuer, se dissimuler, toutes opérations qui nécessitent de s'affranchir des éléments, l'eau, la terre, l'air, et de maîtriser le feu. Car la vie suppose la mort ; la survie, la mort donnée pour éviter d'avoir à la subir. Vie et mort se montrent comme le revers et l'avers de la même médaille, le recto et le verso d'une unique feuille. Le sexe, le sang, la mort : aucun animal n'y échappe ; les humains non plus, bien évidemment, eux encore moins que d'autres, même si certains d'entre eux montrent qu'ils le peuvent en indexant plus leur vie sur Éros que sur Thanatos – la tâche de toute philosophie digne de ce nom.

Les serres de l'aigle, les griffes du lion, les crocs du loup, les ergots du vautour, le bec des bois du cerf, les ramures de l'élan, les cornes du rhinocéros, la défense de l'éléphant, les dents du requin, les crochets du lucane, le dard du scorpion, l'aiguillon de la guêpe permettent d'*attaquer* ; les piquants du porc-épic, la carapace du tatou, les épines de l'épinoche, de *se défendre* ; les pigments du caméléon et l'encre de la seiche, de *se dissimuler ou de fuir* – autant d'opérations communes au territoire des animaux et aux champs de bataille des humains. Le grand babouin et le commandant sont plus semblables que dissemblables.

Les serres, griffes, crocs, etc. servent à faire couler le sang : les hommes ont inventé les pierres taillées, fichées sur des manches ou entées sur des joncs pour faire des flèches et des javelots, armes de jet avec lesquelles ils écorchent, saignent, éviscèrent leurs semblables. La carapace des tortues, la kératine du tatou, celle de crustacés servent de modèle pour imaginer les casques, les armures, les cottes de maille des guerriers pendant des millénaires, puis le blindage des chars modernes. Le venin du serpent donne le modèle des poisons qui permettent de supprimer un empereur, un tyran, celui des autres animaux fournit le paradigme de ce que la défense nomme NBC, nucléaire, biologique et chimique, de la pointe de flèche imbibée de curare à la bombe atomique, en passant par les gaz asphyxiants des guerres modernes. La tenue de camouflage de l'uniforme de combat, les peintures qui dissimulent le matériel de guerre, sable dans le désert, vert et marron dans les zones de guerres européennes, singent les changements de couleurs du caméléon, l'imitation de certains fruits par tel coléoptère, le pelage blanc d'hiver et brun d'été du renard arctique, le mimétisme de certains papillons en feuilles, des phasmes en brindilles, de la peau des poissons plats en chromatismes des fonds marins, les rayures des zèbres qui les rendent impossibles à repérer par les prédateurs dans le troupeau. Chaque fois, les hommes imitent les ressources des animaux pour vivre et survivre, habiter un territoire et le défendre.

Les hommes ont imité les oiseaux quand ils ont souhaité s'affranchir de l'air : montgolfière, ballons captifs, zeppelins, dirigeables, avions à propulsions diverses, de l'hélice à la tuyère, planeurs, hélicoptères, fusées, drones, il s'agit chaque fois de citations de l'aile, du vol géostationnaire de la libellule, de l'oiseau-mouche, du colibri, du piqué de la buse, de l'usage des courants d'air par les oiseaux migrateurs. Ils ont copié les poissons dans la mer pour s'affranchir de l'élément marin, le bateau en surface, le sous-marin dans l'épaisseur de l'océan ; ils reconnaissent les fonds marins pour se déplacer avec le sonar, comme les baleines et les dauphins. Ils ont plagié la chenille et son mode de déplacement pour équiper les blindés de... chenilles. En 1972, Jack Cover, son inventeur, a maîtrisé le feu allégorique qu'est l'électricité du poisson-torpille pour concevoir le pistolet taser de la police contemporaine.

L'homme s'avère donc un prédateur au même titre que les autres animaux. Comme tous les animaux, il obéit à son programme. En ce qui le concerne, en faisant la guerre, pour lui-même, à son propre compte, ce qui se nomme alors crime, meurtre, homicide, assassinat, donc délinquance, ou pour autrui, sur ordre, ce qui devient alors conflit armé, guerre, donc patriotisme, héroïsme, sacrifice, dévouement, abnégation, il se soumet au tropisme belliqueux. Dans un cas, ce tropisme est puni de prison ; dans l'autre, gratifié de décoration. Ici, la réprobation sociale, là, la récompense de la Nation.

La nature n'est pas idyllique, comme l'imaginent si souvent les naturalistes, les écologistes, les néopanthéistes, les promeneurs du dimanche, les randonneurs et autres amis de la nature ; elle existe par-delà le bien et le mal, elle comporte autant de vie que de mort, de naissances que de trépas, d'entraide que de nuisance, d'instinct maternel que de pulsion de mort, de femelle qui met bas et allaite que de mâles qui dévorent leurs enfants et ravagent le nid, le terrier, le territoire de leurs semblables. L'oiseau qui pêche en mer garde le poisson dans son jabot, le prédigère et le régurgite dans le gosier de ses jeunes progénitures n'est pas plus dans le bien que n'est dans le mal le guépard qui poursuit la gazelle, la saisit avec ses crocs, la tue et la mange. Or nous sommes oiseau qui nourrit ses petits *et* léopard qui saigne sa victime à mort.

Je songe souvent à cette stupéfiante anecdote concernant Himmler, le criminel de guerre auquel l'Europe doit la mise en pratique de la solution finale. Cet homme fut l'adjoint de Hitler dès 1928, on le retrouve derrière la nuit des Longs Couteaux qui liquide les S.A., il triomphe comme dignitaire, comme on dit, du IIIe Reich, maître absolu de la S.S. et de la Gestapo, ministre de l'Intérieur de Hitler, créateur du premier camp de concentration à Dachau en 1933, directeur des camps de concentration et d'extermination, païen mystique, il réorganise la vie autour d'une mythologie nordique de pacotille, il travaille à l'eugénisme aryen avec les haras humains – cet homme, donc, ôtait ses chaussures quand il rentrait d'une journée de *travail* afin de ne pas réveiller son canari qui dormait dans sa cage.

Précisons également pour affiner le portrait du personnage que ce nazi emblématique s'était illustré avant guerre dans la profession d'éleveur de volailles, une entreprise dans laquelle il avait investi la dot de sa femme. Il fit faillite en 1929. Son impéritie professionnelle dans l'élevage le rendit disponible pour le Parti. C'est alors qu'il prit de plus en plus d'importance dans l'organigramme du NSDAP et auprès de Hitler lui-même, qui en faisait le fidèle parmi les fidèles. C'est donc le même homme qui extermine les humains comme des volailles (certains auteurs s'appuient même sur ce fait pour faire de l'abattoir d'animaux le paradigme du processus de destruction des juifs, ainsi I. B. Singer, Nobel de littérature 1978, J. M. Coetzee, Nobel 2003 ou les philosophes Derrida, Élisabeth de Fontenay, Peter

Singer…) qui considère son canari comme suffisamment digne d'attention et d'intérêt pour qu'il se mette en chaussettes et rejoigne sa chambre sans bruit.

J'ai affirmé plus haut que la disparition des anguilles n'était pas que le fait des hommes, de leurs pêches déraisonnables de civelles, de leurs pollutions des milieux aquatiques, de leurs barrages aux turbines mortelles ou des retenues d'eau qui, nonobstant les rares remontées artificielles construites par les hommes, empêchent les mouvements des animaux de la mer vers l'eau douce et vice versa. Il existe en effet une autre cause… *naturelle* : un ver nématode qui a pour nom *Anguillicoloides crassus* – à quoi s'ajoute un virus appelé EVEX. Probablement introduit en Europe par un pisciculteur qui a importé des anguilles japonaises, ce ver tueur a contaminé la presque totalité des océans.

Les nématodes peuvent être entre sept à dix en moyenne dans une seule vessie d'anguille, ils se nourrissent de leur sang, dégradent la vessie, réduisent son élasticité, voire la détruisent. Cette pathologie entrave considérablement la flottabilité de l'animal, qui ne peut plus trouver les profondeurs adéquates dans la mer. Épuisée, l'anguille ne peut plus effectuer les déplacements exigés par la reproduction. Six mois sont nécessaires au voyage vers les Sargasses, or les performances, en cas de contamination, sont réduites de moitié. Elles meurent alors sans avoir pu se reproduire, ce qui affecte considérablement la survie de l'espèce.

Comment fonctionne ce parasitage ? Le nématode adulte est mangé par un hôte qui peut être un petit crustacé d'eau douce ou d'eau de mer, un poisson aussi. Le parasite investit l'animal mangeur qui sera un jour mangé par l'anguille. Le ver colonise à nouveau la vessie de l'anguille, y pond des œufs rejetés par le tube digestif de l'animal. Ces derniers tombent sur la vase ou le sable en attendant qu'un nouvel animal les mange. Le cycle peut alors se continuer indéfiniment et parasiter l'espèce tout entière.

On connaît assez bien le mécanisme du parasitage grâce à un nématode qui parasite les grillons – mais aussi d'autres insectes : araignées, sauterelles, criquets, mantes religieuses. Appliquée aux humains, cette logique de la prédation fait frémir – et pourtant, l'*Homo sapiens* n'y échappe pas. Précisons : ce ver nématomorphe manipule le comportement de l'insecte dont il a besoin pour être conçu, naître, vivre, se reproduire et mourir, autrement dit, dans le vocabulaire philosophique : être et persévérer dans son être. Ce que fait le ver n'est pas plus volontaire que ce que subit l'insecte : l'un et l'autre obéissent à une pulsion de vie qui les transforme en instruments du dessein de la nature. L'énergie créatrice s'en sert pour rendre possibles la vie et la poursuite de la vie.

Une lecture hégélienne qui ferait du ver le maître d'un grillon esclave néglige le fait que l'un et l'autre sont soumis à cette force irréfragable en vertu de laquelle l'un pénètre l'autre pour l'habiter, s'en servir et réaliser son dessein qui est de vivre, se reproduire et mourir. Ce que veut le ver est autant voulu que ce que subit le grillon qui lui aussi est pareillement voulu. Et rien ne permet de penser que les humains échappent à ce processus en se faisant eux aussi, à leur corps défendant bien qu'apparemment voulant, les instruments du plan de la nature qui fera de l'un un ver nématode, de l'autre un insecte parasité. Si Darwin a raison, ce que je crois, il n'y a nulle raison pour que l'*Homo sapiens*, singe parmi d'autres, soit exempté de cette loi qui fait du monde la résultante entre une volonté et une prédation.

Habituellement, le grillon vit dans les bois, les forêts, les champs, mais pas près des cours d'eau. Or il arrive parfois que, comportement aberrant au vu et au su de leurs us et coutumes, certains d'entre eux se retrouvent près d'une mare, d'une rivière, d'une pièce d'eau, lac ou étang, voire d'une piscine, sinon aux abords des toilettes ou des douches d'un camping municipal. Mus par une force irrépressible, aveugles, conduits par une puissance qui, en eux, veut la vie qui veut la vie, les insectes se jettent à l'eau. À ce moment, le grillon semble mort, il reste sur le dos, amorphe, les pattes tétanisées pendant qu'un long ver perfore son abdomen et sort en ondulant dans l'eau qui lui est nécessaire pour vivre et continuer à réaliser son programme.

Le ver peut mesurer de dix à soixante-dix centimètres de long. Le ventre du grillon, en l'occurrence sa cavité abdominale, pas ses intestins, le ver a besoin des organes de l'animal qu'il parasite, le ventre, donc, peut contenir deux ou trois parasites. Comment fait-il pour entrer dans un hôte, le parasiter, le laisser vivre assez pour qu'il puisse héberger ce sidérant processus, se nourrir de lui, piloter son cerveau, ne pas abîmer celui dont il prend les commandes pour lui faire faire ce qu'il n'exécute habituellement pas dans la nature, puis le laisser indemne, mais pas toujours, une fois son plan réalisé ?

Pour être infecté, le grillon doit manger lui-même un animal déjà contaminé. Le processus exige un hôte intermédiaire : escargot d'eau ou autre mollusque d'eau douce, insectes, le spectre est assez large. La nature n'est pas regardante quand elle oblige à sa loi. Le ver a pondu des œufs mangés par ces bêtes qui infectent, les larves se développent en eux, dans l'attente d'une intromission par ingestion dans le corps d'un insecte. Le ver est une formidable usine sommaire à fabriquer de l'esclavage et de la domination — mais en maître lui aussi esclave de sa nature.

Le ver n'a pas de prédateur, sauf celui de l'hôte qu'il parasite. Mais il dispose d'une formidable capacité à déjouer la prédation à laquelle sont soumises ses victimes. Ainsi, le grillon peut être mangé, par une truite par exemple, ou par une grenouille. Dans ce cas, le grillon meurt, mais pas le ver, qui sort par ses propres moyens et, via les branchies du poisson ou la bouche du batracien, réalise ce pour quoi il est né : il chemine via l'estomac, le tube digestif, la cavité buccale de l'animal et s'échappe pour retrouver dans l'eau le partenaire avec lequel il se reproduit. Des observations montrent que jusqu'à cinq vers très longs peuvent ainsi s'échapper de l'estomac dans lequel leur victime a trouvé la mort, mais pas eux.

Le ver prend les commandes du cerveau du grillon en modifiant son dispositif cérébral : il programme l'insecte à produire des cellules nerveuses en surnombre, dans des logiques de connexion qui ne sont pas celles du grillon mais les siennes. Ces molécules mimétiques produites par le ver sont reconnues par le système de décodage central de l'insecte. Le cerveau perturbé par les protéines ainsi fabriquées, le grillon agit à rebours de son propre intérêt, dans la perspective du seul bénéfice du ver. Les molécules du ver qui obéit à sa structure exigent du grillon soumis à sa structure de se plier à la volonté du ver qui est volonté de vie, elle aussi inscrite dans sa structure à laquelle il se conforme.

Quand l'animal parasité a servi à l'animal parasiteur, il peut mourir parce que les conditions l'y auront conduit, mais il n'entre pas dans la logique du processus que la mort soit obligatoire. Le grillon contraint à se jeter dans l'eau pour que le ver le perfore afin de pouvoir s'en extraire peut succomber, noyé. Mais la mort n'est pas prévue, programmée, elle s'avère ici accidentelle. En revanche, cette opération modifie l'avenir de l'animal parasité qui devient stérile. Le grillon conserve l'apparence d'un animal adulte, mais il reste biologiquement immature. La femelle saine prend le sperme et le féconde ; la femelle parasitée ne le peut plus, elle peut pondre des œufs, mais ils ne parviendront jamais à maturité.

Quand ils ne succombent pas noyés, les grillons ont besoin d'un temps de récupération. La manipulation effectuée par le ver est réversible. Les insectes recouvrent une allure normale, une forme normale, un rythme normal, alors que l'infection les rendait plus actifs. Mais leur tour est passé en matière de reproduction : ils auront permis à leur hôte parasite d'assurer la continuité de l'espèce, mais eux ne pourront s'inscrire dans ce lignage. Avec eux s'arrête ce qui par eux a été possible pour d'autres.

Les vers qui auront ainsi parasité le corps d'un autre pour parvenir à leurs fins semblent vouloir pour autrui alors qu'ils sont eux aussi voulus par la même force. C'est en vertu de cette même énergie qu'ils se reproduisent. Dans le courant de l'eau, les mâles s'enroulent autour d'un morceau de bois, d'un branchage ou de tout ce qui permet la formation de nœuds. On ne sait comment ils se reconnaissent ; on ignore également comment les femelles repèrent l'agrégat. On peut imaginer que la capacité à repérer d'infimes molécules transforme ces animaux en intelligences homéopathiques qui communiquent ainsi beaucoup plus subtilement que les hommes. Car ce langage n'est pas ambigu, au contraire du nôtre qui rend possible le mensonge.

Après accouplement de ces vers, les femelles pondent des œufs qui deviennent des larves qui s'enkystent dans une larve aquatique d'insecte ainsi infectée. S'il s'agit d'une libellule, les larves tombent à terre, mangées par un grillon qui, contaminé, portera dans son abdomen les larves qui deviennent vers. Et l'on connaît la suite. Ainsi, le cycle se répète. La vie pour faire la vie ; la mort pour faire la vie ; le parasitage pour faire la vie ; ici l'émasculation des mâles et la stérilisation des femelles pour faire la vie là ; la domination du cerveau de l'autre par un cerveau lui aussi dominé pour faire la vie.

La logique du parasitisme est répandue dans la nature. Elle concerne nombre d'autres animaux. La liste est longue. Les animaux manipulateurs sont eux-mêmes manipulés et ils manipulent : la nature est remplie de ces programmes aveugles qui se coupent, s'associent, se dissocient et contribuent à la propagation de la vie qui suppose la mort des individus comme prix à payer pour la vie et la survie de l'espèce. Il n'existe aucune raison pour que l'homme n'entre pas lui aussi dans cette logique faisant de lui un parasite parasité. La civilisation a eu besoin de postuler chez les animaux humains la liberté, le libre arbitre, la possibilité du choix pour laisser croire qu'elle n'était pas un produit de la nature mais un effet de culture, la culture définissant tout ce qui permettrait l'émancipation de la nature – là où il n'y a que plan de la nature.

La toxoplasmose met en scène un parasite nommé *toxoplasma gondii*. Ce protozoaire ne se reproduit que dans le chat et il se sert des souris ou des rats pour parvenir à ses fins. Ce parasite agit sur les petits mammifères : il supprime leur peur naturelle du chat, ce qui les conduit dans les parages de leur prédateur. Inhibé, empêché, manipulé, conduit, déterminé, le rongeur s'approche du félin qui le mange. Le parasite contamine les rongeurs qui, mangés par les chats, les contaminent à leur tour avant que les humains ne soient eux aussi contaminés par les chats.

Les hommes attrapent ce parasite de différentes manières : en mangeant la viande pas assez cuite d'un animal contaminé, du porc ou du mouton la plupart du temps, en avalant des crudités souillées, en buvant du lait contaminé, en ingérant accidentellement des particules détachées des matières fécales de chats infectés en cas de mains non lavées. La contamination peut avoir lieu lors d'une transplantation d'organe ou d'une transfusion sanguine. La mère peut également contaminer son enfant lors d'une grossesse. Où l'on voit que rats, souris, chats, humains disposent d'organismes suffisamment homogènes pour que le protozoaire circule dans toute la chaîne animale, dont l'homme.

L'affaire se corse lorsque, le plus sérieusement du monde, les neuroscientifiques apportent la démonstration que la toxoplasmose qui supprime la peur naturelle des petits mammifères envers leurs prédateurs et les conduit à la mort peut également influencer le comportement des hommes et des femmes. Ainsi, la toxoplasmose pourrait entretenir un lien de causalité avec l'apparition, chez les hommes, de neuropathologies, dont la schizophrénie. La dépression mentale, les idées suicidaires pourraient procéder de ce dysfonctionnement parasitaire.

Le *toxoplasma gondii* peut en effet modifier les agencements neuronaux et perturber les liaisons à l'origine du plaisir et de la peur. On peut donc imaginer que les bonnes natures joyeuses, heureuses, les optimistes, les personnes qui manifestent une perpétuelle joie de vivre ne seraient pas plus responsables que celles qui, sur une autre planète ontologique, sont des natures tristes, malheureuses, les pessimistes, les êtres que rien ne réjouit et qui traversent la vie en la maudissant sans cesse. Le libre arbitre s'avère alors une fiction, parmi tant d'autres, une fable qui masque la méconnaissance des déterminismes qui nous programment.

Les études épidémiologiques prouvent que la toxoplasmose affecte un tiers de la population mondiale – soit deux milliards d'individus. La métaphysique occidentale, puis la religion chrétienne, ensuite la philosophie européenne communient dans cette idée que les hommes se distingueraient des animaux par leur capacité à choisir. Libres les hommes, mais asservis les animaux ; doté du libre arbitre, l'*Homo sapiens*, mais soumises aveuglément à leur programme, les bêtes. Ce postulat s'avère bien utile quand on veut justifier la responsabilité, donc la culpabilité, donc la faute, donc la punition. Si Ève obéit à un ver parasite qui a pris possession de son cerveau quand elle goûte du fruit défendu sans l'avoir choisi, sans l'avoir voulu, mais en ayant été voulue par une force qui la possède, comment pourrait-on lui en vouloir ? Qui lui reprocherait une faute qui, de ce fait, n'existerait pas ? Le libre arbitre est une fantaisie des hommes qui veulent à tout prix se distinguer des animaux en affirmant qu'une ligne de séparation met le bipède dans un monde et les autres bestioles dans un univers parallèle.

Nombre de maladies dont on ignore aujourd'hui les causes matérielles sont hypothétiquement élucidées à l'aide de la pensée magique : la fable psychologique d'une psyché immatérielle (l'angine comme signe d'autre chose que de l'angine), la légende freudienne d'un inconscient phylogénétique (la dermatose prouve le prurit œdipien), la fiction groddeckienne d'un psychosomatisme obéissant aux symboles, aux comparaisons et aux allégories (la crise cardiaque montre qu'on en avait gros sur le cœur, la lombalgie qu'on en a plein le dos, le cancer du rectum, etc.), un signifiant lacanien structuré comme un langage déterminant nos pathologies (une douleur au genou épiphanise le rapport je-nous), la causalité sociologique farcesque (le soutien-gorge comme cause du cancer du sein), le récit médical des Diafoirus du XXIᵉ siècle (le même cancer produit par un manque d'exercice physique), etc. Tout ceci ressemble à un exercice de patience ludique en attendant le jour inévitable du décodage matérialiste du monde.

La matière est une et diversement modifiée. L'étoile effondrée dont nous procédons a donné dans un même mouvement le nématode et Moïse, le protozoaire de la toxoplasmose et Freud, le ver solitaire et Einstein, la civelle et le président de la République. Elle a généré en chaîne l'anguille qui retourne pondre dans la mer des Sargasses et l'*Anguillicoloides crassus* qui décime aussi, et en même temps, l'anguille en route vers la mer de ses origines. En même temps, elle a produit les cristaux du quartz et la feuille de baobab, l'arête du piranha et la défense du phacochère et toutes ces formes interrogées par D'Arcy Thompson singulièrement ramenées par lui à quelques-unes, primitives, témoignant d'un même noyau généalogique.

Les animaux ne sont pas que de compagnie ou de convenance : il n'y a pas que des chats à caresser, des chiens à promener, des moutons à tondre ou à manger, des oiseaux à admirer, des poulets à rôtir, des tortues à regarder dans son terrarium. Il n'y a pas non plus que des nouveaux animaux de compagnie, les fameux NAC, qui permettent l'exercice de névroses antisociales – embrasser un crotale, caresser une mygale, chatouiller un iguane, parfumer un furet, contempler des GloFish dans son aquarium, ces poissons génétiquement modifiés qui apparaissent verts, jaunes, rouge fluo sous lumière ultraviolette.

Les vers, les parasites, les virus, les bactéries, les microbes, les germes, les bacilles relèvent du vivant au même titre que les éléphants d'Asie et les loups des steppes, les girafes d'Afrique et les renards arctiques – et l'homme. La vie se dit là dans sa brutalité, dans sa simplicité, dans son évidence. Les nœuds gordiens de nématodes constitués autour d'une branche morte dans l'attente de la copulation, de la reproduction, puis de la mort, disent l'origine du monde : une intelligence primitive, une force brute, une énergie aveugle, une volonté de vie payée par la mort, une volonté de mort payée par la vie, un cycle perpétuel, des individus soumis au programme qui les veut pour le profit de l'espèce à laquelle ils sacrifient tout, alors qu'ils croient vouloir quand ils sont voulus.

Le nématode qui pond, qui contamine une larve, qui fait tout pour se faire avaler, qui habite un corps étranger, qui se développe, qui prend toute la place dans l'abdomen, qui épargne les organes vitaux de son hôte, qui produit des protéines pour s'emparer de son cerveau, qui sait l'heure venue de la ponte, qui dirige l'animal en fonction de ses besoins, qui le conduit vers l'eau nécessaire à sa vie, qui plonge l'insecte dans l'onde, qui perfore son abdomen, qui sort du corps épuisé, qui vit sa vie, qui cherche un partenaire sexuel, qui s'accouple, qui se reproduit, qui meurt, ce nématode, donc, si on lui donnait la conscience et la parole, pour recourir à l'allégorie de Spinoza, affirmerait qu'*il a voulu* pondre, contaminer, se faire avaler, épargner, s'emparer, perforer, vivre, copuler, se reproduire – mais pas mourir. Or *il aura été voulu.*

Comme les hommes qui parasitent et sont parasités, mais croient que leur prétendue liberté les met à l'abri de ces cycles immémoriaux, nous sommes au carrefour de programmes aveugles qui nous emportent, nous excluent, nous prennent, nous refusent, nous reprennent, nous intègrent, nous désintègrent. Au regard du cosmos, le nœud gordien des nématodes qui grouillent, vers blancs dans une onde claire, longs fils presque translucides dans le courant d'une rivière, ne sont pas plus et pas moins que le grouillement d'humains dans les mégapoles que nous voyons la nuit, quand les avions de ligne survolent les continents et que Dubaï, Singapour, Bombay, Tokyo, Séoul, Mexico nous apparaissent comme des feux scintillants, un genre de braise immense dans laquelle se consument des humains qui naissent, vivent, s'aiment, copulent, se déchirent, se tuent, agonisent, meurent – comme trépassent les anguilles dans les abîmes noirs et glacés de la mer des Sargasses où elles disparaissent à jamais. Les neurones du cerveau d'un homme sont des nématodes qui grouillent avant disparition programmée dans le néant. Pas de place pour de l'immatérialité dans cette matière souveraine qu'est la vie.

4

THÉORIE DU FUMIER SPIRITUEL

J'aime le vin et si j'avais pu boire une seule fois dans ma vie un bon flacon conçu selon les principes de l'agriculture bio-dynamique, je ne me serais pas interdit la philosophie de Rudolf Steiner, car sa pensée aurait été validée par ses produits. Hélas, je n'ai jamais bu de vin issu de la biodynamie qui ne soit une exécrable piquette. Quand je m'en ouvrais à tel ou tel qui voulait conquérir mon esprit par mes papilles (et il y en eut plus qu'à son tour), j'avais droit à deux types de réaction.

Premier argument : mon palais était formaté par des années de scientisme qui me faisaient prendre pour bon ce qui était mauvais, il était donc normal que je prenne pour mauvais ce qui était bon. Mon jugement de goût était intoxiqué par la chimie, les sulfates, les engrais, mais aussi par le discours œnologique présenté comme idéologique. J'eus droit parfois à des discours qui faisaient d'Yquem, de Pétrus, de Margaux d'authentiques poisons qu'il fallait s'abstenir de boire, sous peine de cancer, qu'on devait s'empresser de verser dans le trou de l'évier !

Le deuxième argument provenait de militants moins installés dans la dénégation et plus aptes à concevoir que le réel avait bel et bien eu lieu : ils concevaient que, peut-être, les critères n'étant pas les mêmes, j'aie du mal à juger sainement. Mais ils trouvaient une raison extérieure au vin pour justifier qu'il ne fût pas aussi bon en bouche que ce qu'annonçait la théorie biodynamique. Le transport de la bouteille, sa conservation, sa manipulation, mais aussi, et surtout, la date, le lieu, l'heure, le jour de la consommation qui ne pouvaient être n'importe lesquels mais qu'il aurait fallu choisir en fonction des mouvements de la lune. Présenté comme un organisme vivant sensible aux mouvements lunaires (et pourquoi pas... mais les autres vins également), le vin n'aurait pas dû être bu au moment où il l'a été sous prétexte qu'il entretenait avec les astres une relation intime lui interdisant de révéler sa vérité dans la bouche du goûteur.

Quoi qu'il en soit, le vin n'était pas bon et s'avérait pâteux, épais, trouble, pas collé (même à l'œuf) ; il avait la consistance d'un jus de fruit avec microparticules en suspension ; il s'avérait râpeux en bouche, sans longueur aucune ; il révélait des arômes inédits pour un vin, aucun d'entre eux n'étant flatteur – vieille cave, fût malpropre, arrière-goût de vinaigre ou de terre ; il ne ressemblait à rien de connu, mais à rien qu'on ait envie de connaître non plus.

Je compris que ce vin avait moins à voir avec le raisin qu'avec l'idéologie et qu'il procédait d'une croyance qui lui donnait sa loi. La biodynamie est une pensée magique qui, comme toute pensée magique, dont la psychanalyse, produit des effets chez ceux qui y croient. Ce vin imbuvable par un amateur de vin devient le nectar le plus fameux pour un palais qui a renoncé à ses papilles au profit du catéchisme formulé en 1924 par l'ésotériste Rudolf Steiner dans un ouvrage intitulé *Agriculture. Fondements spirituels de la méthode biodynamique*. Le vin biodynamique est un genre de vin de messe : il ne donne d'extase qu'aux croyants.

Rudolf Steiner (1861-1925) est un pur produit de l'idéalisme allemand qui débouche clairement dans l'occultisme, l'ésotérisme. Kant avait séparé le monde phénoménal, susceptible d'une appréhension empirique, et le monde nouménal, inaccessible à la raison et à la connaissance. Steiner déborde le kantisme et affirme qu'on peut accéder au nouménal et le connaître par intuition. Si, ce que je crois, toute religion caractérise une vision du monde qui explique l'ici-bas par un au-delà, alors Steiner propose une religion ; si, ce que je crois également, une religion est une secte qui a réussi, on peut dire que Steiner propose une vision du monde qui visait à la religion et, parce qu'elle n'a réussi que partiellement, cette vision constitue une secte, autrement dit une religion miniature, une religion minoritaire.

Dans *Rythmes dans le cosmos et dans l'être humain*, Steiner raconte que chacun a connu des vies antérieures et que nous nous sommes réincarnés. Nous n'avons jamais été des animaux ou des formes inférieures, mais des êtres humains ayant déjà vécu une autre vie. Steiner distingue corps physique, corps éthérique, corps astral. Les âmes des morts peuvent attendre mille ans avant de se réincarner. Celles des humains qui, de leur vivant, ont eu une haute pratique spirituelle par ascèse intellectuelle peuvent attendre plus longtemps le temps de la réincarnation et de leur descente sur terre, car elles jouissent de ce monde pour lequel elles avaient une dilection particulière. L'anthroposophie est donc une théosophie.

Steiner est intellectuellement parti de l'idéalisme allemand : Kant, Fichte, Goethe, Schiller, Jean Paul, Schopenhauer. En 1891, il soutient même une thèse sur Fichte. Il connaît et fréquente Kafka, Kandinsky, devient franc-maçon et passe de la philosophie idéaliste allemande à l'occultisme et à l'ésotérisme. Il a donné un nombre considérable de conférences, plus de six mille, et rédigé une œuvre complète pléthorique, plus de 370 volumes. Il a abordé la pédagogie, la médecine, l'agriculture, la politique et couvre la quasi-totalité des champs de la culture. On lui doit des écoles concrètes, des médicaments, un laboratoire pharmaceutique qui constitue une variation sur le thème de l'homéopathie et de la phytothérapie, et cette technique agricole de la biodynamie – et les vins qui vont avec.

Il semblerait que, sur la planète, 2 700 fermes se réclament aujourd'hui de l'agriculture biodynamique et que 92 000 hectares de terres agricoles soient dévolus à cette pratique. Un label, Demeter, certifie les produits obtenus en biodynamie et, en France, un autre label fort opportunément nommé Biodyvin (!) garantit lui aussi les produits obtenus avec la méthode de

Rudolf Steiner. Ce dernier label français est issu du Syndicat international des vignerons en agriculture biodynamique.

La théorie de la biodynamie se trouve exposée dans une série de conférences effectuées par Steiner entre le 7 et le 16 juin 1924. Elles ont donc été publiées sous le titre déjà cité plus haut. Steiner part d'un constat qu'on ne saurait nier : l'agriculture, devenue industrielle, use de produits chimiques et d'engrais toxiques pour les humains et pour l'humanité. Le conférencier stigmatise la mécanisation, déplore la fin des traditions, encense la sagesse populaire des paysans d'autrefois, vante les mérites de la connaissance empirique paysanne ramassée dans les almanachs.

Peu de temps avant de mourir, à soixante-quatre ans, Rudolf Steiner confesse à son auditoire venu écouter ses propos sur l'agriculture qu'il déplore ne plus pouvoir retrouver le goût des pommes de terre de son enfance et d'autres produits aimés dans ses jeunes années. Il met en relation l'absence de sapidité de ces aliments avec la production industrielle des années 20. Il tient donc l'archétype du discours nostalgique qui affirme que *c'était mieux avant* sans imaginer une seule seconde qu'il puisse être le jouet de ce que j'appellerai le principe proustien en vertu duquel la mémoire enjolive le goût. Or nous mangeons moins des aliments que leur charge symbolique portée par les expériences originaires du monde des jeunes années.

La pensée anthroposophique oppose deux mondes de façon manichéenne : celui, négatif, de la modernité avec le matérialisme, le scientisme, la raison, la chimie, les engrais, la matière, la mort et celui, positif, de l'anthroposophie avec l'esprit, le corps éthéré, les traditions, le cosmos, l'astrologie, l'ésotérisme, l'occultisme, l'intuition, la nature, la vie. Si le monde continue à vivre selon les principes de la modernité, Rudolf Steiner lui promet la disparition ; si le monde veut se sauver, il lui suffira de souscrire aux principes de l'anthroposophie. Steiner propose donc une pensée sotériologique assimilable à une religion de salut.

En matière d'agriculture, Steiner récuse les abords théoriques, conceptuels, statistiques, universitaires et invite à l'observation sur le terrain concret des champs, des forêts, des bêtes d'élevage dans leurs pâtures. Pas besoin de demander aux livres la vérité sur le monde de la nature, sur l'univers géologique, végétal, animal, il faut interroger le réel directement et dire pourquoi et comment la betterave, par exemple, entretient une relation intime avec l'environnement cosmique de la terre.

La raison raisonnable et raisonnante cesse donc d'être l'instrument avec lequel on pense le monde. Steiner lui préfère l'intuition – ce qui lui permet de fonctionner dans le registre performatif sans jamais ressentir le besoin de démontrer, de prouver, de recourir à une méthode expérimentale qui lui permettrait, en renouvelant une expérience à même de confirmer des hypothèses, de parvenir à des certitudes universelles. Steiner peut donc écrire qu'il existe « dans le sol quelque chose (*sic*) qui agit à la manière de l'astral » (55). On ne saura ce qu'est ce *quelque chose*, comment le nommer, le penser, le circonscrire, le définir, on ignorera tout autant les modalités d'action de ce principe architectonique posé comme un acte de foi. De même, on cherchera en vain des précisions concernant cette mystérieuse *manière de l'astral*. Steiner procède de façon performative et assène sans démontrer.

Ainsi peut-il dire que l'eau n'est pas que l'eau, autrement dit un composé chimique réductible à des atomes d'hydrogène et d'oxygène, le fameux H_2O, car elle est plus que l'eau, à savoir une force en relation avec le cosmos. La pluie, par exemple, n'est pas la précipitation météorologique bien connue (des Normands...), mais le vecteur de forces venues des planètes. De même, le bois de chauffage que Bachelard utilisait dans la cheminée de sa maison bourguignonne va bien au-delà des molécules des rondins : son pouvoir calorifique, affirme Steiner, n'est pas du tout le même suivant que l'arbre aura été planté à telle ou telle époque cosmique, l'une étant plus favorable que l'autre.

Ne pensant pas de façon rationnelle mais instinctive, Steiner recourt à des comparaisons qui, selon lui, sont raison. Bachelard aurait stigmatisé la quantité d'obstacles épistémologiques activés par l'occultiste dans sa démarche intellectuelle. Ainsi quelques-uns des obstacles distingués par le philosophe de *La Formation de l'esprit scientifique* (substantialiste, verbal, animiste) sautent aux yeux du lecteur avisé de la *psychanalyse de la connaissance objective* proposée par le penseur des éléments.

Steiner le performatif est dans une logique du *comme* : il pense ainsi le schéma de la relation terre, plante, sol, sous-sol *comme* la relation homme, tête, diaphragme, entrailles. Ce qui fonctionne dans le registre de l'agriculture est donc induit par la comparaison avec le registre humain. *Comme* la tête de l'homme, la plante subit les influences des effets du ciel proche, à savoir le Soleil, Mercure, Vénus et la Lune ; *comme* les entrailles humaines, le sous-sol géologique subit la loi des effets du ciel lointain, donc de Jupiter, Saturne et Mars. Le sol est présenté *comme* un organe dans l'organisme : il est un diaphragme, le ventre du domaine agricole. Steiner confère donc une vie magique à tout ce qui est, une vie en relation avec d'invisibles forces venues du cosmos.

Ce fameux cosmos n'agit jamais directement sur les plantes, mais toujours via la terre, son vecteur. Steiner pose que la vie du sous-sol est rythmée d'une façon particulière et qu'« entre le 15 janvier et le 15 février » (62) le sous-sol s'émancipe de sa proximité avec la terre pour passer directement sous l'influence des forces cosmiques les plus éloignées qui sont actives à l'intérieur de la terre. Il s'agit d'une « force de cristallisation ». Steiner ne s'appuie sur rien d'autre que du performatif : *c'est ainsi*. Le simple fait de dire fait être. Le logos est actif, donc action, le verbe dit devient un faire. Parler fait advenir. Steiner peut donc bien ajouter : « Ce sont là des choses qui auront un jour valeur de données exactes » (62) sans donner plus de précisions, il suffit là encore d'annoncer que l'hypothèse sera un jour vérité pour qu'elle cesse d'être hypothèse et devienne de facto vérité – on dirait du Freud…

Ainsi, Steiner affirme que, dans le sous-sol qui est vivant, alors qu'au-dessus c'est mort, il y a « un principe de vie intérieure, quelque chose (*sic*) de vivant » (61). L'anthroposophe ne s'embarrasse pas de détails : le *quelque chose* suffira. Ce que l'on sait, c'est que le registre pour dire ce vivant n'est ni atomique, ni scientifique, ni matérialiste, qu'il ne renvoie à rien de la science du temps, et que Steiner parle d'éthérique et d'astral – il entretient par exemple de « l'éther de la vie du sol » sans avoir pris soin de détailler ce qu'il en est de la nature incorporelle, immatérielle, ineffable, indicible de ce qui, pourtant, joue un rôle majeur. Cette façon de convoquer des principes incorporels pour dire la vérité du monde corporel définit à mes yeux la logique religieuse.

Steiner renvoie donc aux astres pour expliquer l'ici et maintenant : ainsi, la couleur des fleurs s'explique par les relations entretenues avec les planètes : le rouge de la rose avec Mars, le jaune du tournesol avec Jupiter et la force cosmique du soleil, le bleu du bleuet avec Saturne, le vert avec la chlorophylle, donc le soleil. De même avec le goût des fruits, eux aussi en rapport avec les astres : « Dans une pomme, c'est effectivement Jupiter que vous mangez, dans la prune, c'est Saturne » (73). Idem avec les animaux qui, sur une ligne qui va du museau à la queue, subissent l'influence des astres – de la tête solaire à l'arrière-train lunaire. Pour quelles raisons raisonnable et raisonnante le penseur peut-il affirmer pareilles thèses ? On ne le saura pas. C'est ainsi. *Magister dixit* : sans craindre l'oxymore, sinon la contradiction, il s'agit d'une « science spirituelle » (107) !

Steiner propose ensuite une théorie des cornes et des bois : pourquoi, en effet, les vaches ont-elles des cornes et les cerfs des bois, et non l'inverse ? Question intéressante, en effet ! Réponse simple : la corne de la vache est le lieu par lequel transitent, en provenance de l'extérieur en direction de l'intérieur, des courants venus des astres. En revanche, le bois du cerf n'a pas pour fonction de ramener les courants astraux dans l'organisme, mais de les conduire du dedans vers le dehors « sur une certaine (*sic*) distance » (122).

La corne est donc une substance particulièrement spirituelle puisqu'elle peut canaliser les forces de la vie astrale dans le corps de l'animal. Prenant l'exemple d'une vache, l'émule de Fichte propose une expérience existentielle singulière susceptible de passer pour une connaissance empirique : « Si vous étiez à l'inté-rieur de son ventre, vous sentiriez à l'odeur (*sic*) le courant des forces de vie s'écouler des cornes vers l'intérieur » (123) – même remarque avec les sabots qui jouent un rôle semblable.

On comprend que la théorie anthroposophique (comme la pensée freudienne elle aussi venue d'Europe centrale à laquelle elle fait si souvent penser par la qualité de son épistémologie et sa prétention à transformer de façon performative tout caprice personnel en vérité scientifique universelle) puisse évo-luer dans un monde où la raison n'a plus à faire la loi : l'influence magique des astres sur le vivant, le caractère éthé-rique et astral du sous-sol, le rôle dynamique tenu par les cornes de vache dans le processus de communication des forces venues du cosmos sur l'intime du vivant, voici les éléments d'une onto-logie fantasque avec laquelle se constitue l'agriculture biodyna-mique.

Cette théorie biodynamique se double d'une pratique que Rudolf Steiner détaille dans une conférence le 12 juin 1924 : il s'agit de fabriquer un « fumier spirituel » (127) appelé à régé-nérer, féconder, nourrir le sous-sol, donc le sol, à partir de pra-tiques qui, pour ma part, me font plutôt sourire ou rire. Steiner y conserve l'idée chère à Samuel Hahnemann, l'inventeur de l'homéopathie, de petites dilutions sublimées par une pratique du vortex dans un rituel qui convoque la bouse et la corne de vache dans un concentré de pensée magique.

Voici la recette : trouver des cornes en choisissant des vaches du lieu, car « les forces des cornes provenant d'autres bêtes étrangères au pays peuvent entrer en conflit avec les forces atta-chées à la terre de ce pays » (137) ; peu importe leur âge, pourvu qu'elles ne soient pas trop jeunes, pas trop vieilles non plus ; ne craignant pas la contradiction, répondant aux questions des paysans, Steiner dit qu'on pourra les réutiliser trois ou quatre fois, mais exige des cornes « aussi fraîches que possible » (136) ; on évitera les cornes de bœuf ou de taureau, seule la vache est licite ; elles devront faire entre 30 et 40 centimètres ; si l'on veut réutiliser les cornes, on les placera dans une caisse dont les côtés seront rembourrés avec de la tourbe. Si l'on devait utiliser du fumier de cheval dans une corne de vache, il faudrait alors prendre soin de l'entourer avec des crins du cheval.

Ensuite : bourrer la corne du fumier de la vache ; l'hiver, l'enterrer dans un sol ad hoc, pas trop sablonneux, entre 50 et 75 centimètres, ainsi, écrit Steiner, « nous conservons dans celle-ci les forces que la corne de vache avait l'habitude d'exercer à l'intérieur même de la vache, à savoir réfléchir l'éthérique et l'astral » (127) ; cette hivernation permet de vivifier le contenu de la corne ; on obtient donc dans celle-ci une capacité de fertilisation extraordinairement concentrée et vitalisante – Pourquoi ? Comment ? En vertu de quels principes ? Selon quel processus chimique ? Steiner ne le dira pas, il suffit qu'il en offre la formule.

Plus tard, après que le sous-sol a effectué son travail magique, déterrer le tout, sortir le fumier dont l'anthroposophe nous apprend qu'« il ne sent plus du tout », puis il ajoute : « Il y a là des forces énormes tant astrales qu'éthériques. » Diluer ensuite le fumier dans de l'eau : le contenu d'une corne nécessite un demi-seau d'eau et cette quantité suffira pour traiter 1 200 mètres carrés – pourquoi pas 1 000 ou 1 500, on ne le saura pas plus que pour les autres assertions.

Quand le fumier se trouve dans l'eau du seau, il faut remuer en créant un puissant tourbillon qui doit toucher le fond du récipient. Puis, magie, il faut inverser soudainement la rotation pour créer un vortex. Ce travail doit s'effectuer pendant une heure. Steiner explique qu'il vaut mieux éviter la mécanisation de ce geste et préférer l'effectuer à la main, car, en brassant de façon ancestrale, le paysan transmet des informations sur lui-même au contenu de son seau. L'anthroposophe invite à mobiliser les amis ou la famille le dimanche pour transformer ce rituel en plaisir. Une fois obtenu le précieux liquide astral et éthérique, le pulvériser à dose homéopathique (je rappelle : un seau pour 1 200 mètres carrés) sur le sol ainsi régénéré. On obtient des fruits et légumes dignes d'un jardin d'Éden, bien sûr.

Rudolf Steiner propose une autre recette avec du quartz finement pilé comme une farine. On répète exactement les mêmes opérations : bourrer dans une corne ; enterrer l'été (au contraire de la bouse avec laquelle on hiverne, on estive avec le quartz) ; déterrer à la fin de l'automne ; conserver jusqu'au printemps ; retirer le contenu ; prendre cette fois-ci « la valeur d'un petit pois (*sic*) » – « peut-être même suffira-t-il de la valeur d'une tête d'épingle » ; verser ces milligrammes de poudre dans un seau dont le contenant n'est pas plus précisé, un seau suisse, dit Steiner ; tourner pendant une heure sans oublier l'opération d'inversion ; pulvériser sur les plantes. Magie assurée.

Les agriculteurs en biodynamie croient à un certain nombre d'effets : pour la *bouse de corne* pulvérisée à raison d'un seau par hectare, on sollicite le sol, le système racinaire, on édifie ainsi la structure du sol, on favorise l'activité microbienne, la formation d'humus, l'absorption racinaire, la rétention d'eau ; pour la *silice de corne*, avec 4 grammes par hectare, on traite la partie aérienne des plantes sur le principe d'une « pulvérisation de lumière », cette pratique est censée apporter une meilleure qualité lumineuse aux plantes et, au choix, la pulvérisation favorise la vigueur de certaines plantes ou bien en atténue la luxuriance ; la potion préviendrait également les maladies.

L'extravagance de Rudolf Steiner en matière d'agriculture ne s'arrête pas là. Il complète sa théorie du fumier le 13 juin 1924 en affirmant qu'il reprend à son compte les thèses homéopathiques de la grande puissance des petites substances. À cet effet, il parle de « fumure homéopathique » (158). Il donne six recettes pour tonifier et fortifier le fumier et lui permettre d'obtenir les meilleures grâces de certaines substances nécessaires à l'excellence de l'agriculture biodynamique – potassium, calcium, fer, acide silicique, phosphore.

Pour ce faire, sur le même principe qu'avec la bouse de corne et la silice de corne, Steiner propose des recettes à mi-chemin du rituel de sorcellerie et du canular. *Première recette* : cueillir des fleurs d'achillée, qui s'avère une plante excellente pour remédier aux maux provoqués par la faiblesse astrale ; sa puissance est telle qu'elle agit du simple fait de sa présence ; mettre sa récolte dans une vessie de cerf que l'on coud – la vessie de cerf est en relation directe avec le cosmos ; pendre ce résultat l'été, à l'air libre, dans un endroit aussi ensoleillé que possible ; la décrocher à l'automne ; l'enterrer l'hiver de façon assez peu profonde ; lorsqu'on la sort de terre, la mélanger à un gros tas de fumier : « Le rayonnement agit » (162), affirme Steiner, en vertu d'une « force de radiation extraordinaire ».

Deuxième recette : récolter des fleurs de camomille et les bourrer dans des boyaux de bovidés : « Au lieu de faire comme tout le monde aujourd'hui et d'utiliser les boyaux de bovidés pour faire des saucisses, faisons donc des saucisses avec de la camomille préparée comme il a été dit » (164). Placer ces saucisses dans la terre, là où la neige prend son temps pour fondre. Sortir le tout au printemps. Incorporer au fumier qui, répandu dans la terre, va la vivifier, la stimuler et permettra la production de plantes plus belles et plus saines.

Troisième recette : pratiquer comme avec l'achillée et la camomille et prélever des orties qui attirent naturellement le fer et, de ce fait, assainissent les sols. Les enfouir directement dans le sol, mais recouvertes d'une mince couche de tourbe. Laisser passer l'hiver sous terre et l'été, soit une année. Steiner écrit alors ceci : « Mélangeons maintenant cette préparation au fumier comme nous l'avons fait pour les autres selon les indications précédentes et nous donnerons à ce fumier une sensibilité (*sic*), j'ai bien dit (*sic*) une sensibilité, de sorte que le voilà maintenant comme doué de raison (*sic*) et qu'il ne permet pas que quelque élément que ce soit se décompose mal, laisse l'azote s'en aller », etc. Ce fumier raisonnable rendra la terre raisonnable, poursuit l'anthroposophe.

Quatrième recette : mêmes techniques avec l'écorce de chêne qu'il faut réduire en miettes. Steiner de poursuivre : « Puis nous prenons sur un de nos animaux domestiques, peu importe au fond lequel, le crâne, la boîte crânienne » (171) pour y verser la préparation que l'on referme « si possible avec des os ». Macabre rituel où le crâne de son chien ou de son chat devient le réceptacle d'une étrange magie. Enfouir peu profondément dans la tourbe, aménager une rigole pour conduire l'eau de pluie sur l'ensemble, il s'agit d'obtenir comme une vase. Laisser passer un hiver et un automne. Ajouter au fumier qui devient ainsi une potion magique pour prévenir les maladies des plantes.

Cinquième recette : s'enquérir de pissenlits, les coudre cette fois-ci dans un mésentère de bovidé. Placer la préparation en petites boules dans la terre. Les sortir. Constater ceci : « Elles sont effectivement (*sic*) totalement (*sic*) pénétrées d'influences cosmiques » (174). Ajouter au fumier et, selon le principe homéopathique, disposer ainsi, avec quelques grammes de pissenlit enfouis dans des viscères placés sous terre, d'un produit capable de vivifier le tas de fumier qui se trouve dans la cour de la ferme. Ce fumier sublimé et répandu permet aux plantes de devenir sensibles : elles captent alors tout ce qu'il est possible de capter.

Sixième recette : Rudolf Steiner propose de confectionner l'engrais exclusivement avec ces cinq plantes, mais, sans craindre la contradiction, il en ajoute une sixième – la valériane. Diluée dans de l'eau tiède, versée sur le fumier, elle s'avère excellente pour le phosphore. Voilà comment, en partant de l'excellent constat de la pollution des sous-sols agricoles avec les produits chimiques et en souhaitant une agriculture biologique non polluante, l'anthroposophe élabore cette agriculture biodynamique qui tient de la recette de bonne femme, des rituels de sorcellerie et de la pensée magique.

À l'issue de cette conférence, Rudolf Steiner répond à quelques questions des auditeurs : la vessie de cerf doit être celle d'un mâle ; l'ortie doit être dioïque ; le tas de fumier ne doit pas être trop haut, il lui faut garder le contact tellurique ; on ne doit pas le contenir dans un appareillage de pierre ; l'écorce doit être prélevée sur un chêne rouvre. Mais personne ne remet en question le principe homéopathique, la correspondance poétique entre les fleurs et les substances minérales qu'elles sont censées incarner. Le maître ayant parlé, on ne discute pas du fond de l'exposé, on pose des questions de détail.

La bouse et le cilice de corne, l'achillée dans une vessie de cerf, la camomille dans un boyau de vache, l'écorce de chêne dans le crâne de son chien domestique, le pissenlit dans un mésentère de bovidé, voilà qui constitue, *déjà*, une étrange série de rituels magiques ! Il faut imaginer le paysan éviscérant un cervidé, ses veaux et vaches, déterrant le cadavre de son animal domestique pour en récupérer le squelette, préparant ses recettes extravagantes, mélangeant ses produits infinitésimaux à des tas de fumier gigantesques pour prêter à ces excréments petitement allongés de fleurs et de triperie le pouvoir de capter les forces venues du plus loin des planètes dans le cosmos. On évitera de se souvenir, en buvant son vin issu de l'agriculture biodynamique, qu'il aura fallu pour l'élaborer des défécations animales, du purin, des viscères, des fleurs cousues dans des boyaux, de l'écorce entée dans la boîte crânienne du chien que son maître caressait jadis.

Rudolf Steiner ajoute pourtant d'autres extravagances pour mettre au point son agriculture biodynamique – notamment en théorisant l'incinération. Après l'enfouissement et la décomposition, l'occultiste propose d'autres solutions pour agir sur les forces cosmiques et en obtenir les meilleurs effets : la crémation et la dispersion des cendres. On ne pourra pas s'empêcher de penser qu'avec ces nouveaux rituels l'anthroposophie postule qu'avec la mort on agit sur le vivant, qu'avec la pourriture on obtient des naissances, qu'avec des corps d'animaux brûlés on crée de la matière à fort pouvoir actif.

Dans sa sixième conférence, le 14 juin 1924, il aborde la question des mauvaises herbes et les inscrit dans le dispositif cosmique – elles aussi, bien sûr, vivent de l'énergie venue des planètes et sublimée par le sous-sol. Toujours dans la logique homéopathique qu'une tête d'épingle d'une substance peut agir sur plusieurs hectares, Rudolf Steiner propose de nouvelles recettes pour soigner, guérir par les plantes, prévenir des pathologies, empêcher le retour d'une épidémie qui ravage les cultures.

Une fois de plus, la proposition pratique issue des considérations théoriques astrologiques, ésotériques et occultistes confine aux pratiques de sorcellerie, aux rituels de magie, aux recettes de bonne femme prétendument enracinées dans le savoir millénaire des gens de la terre – rappelons que Steiner, théoricien de l'agriculture qui moque la théorie et vante les mérites du paysan, n'a jamais eu aucun contact personnel et direct avec le travail des champs : il se contentait de penser l'agriculture du fond de son fauteuil.

La doctrine anthroposophique jette un certain discrédit sur un abord trop intellectuel du monde et souhaite un contact direct avec le réel, mais, à rebours de ce qu'elle annonce, elle aggrave les torts d'une civilisation de la spéculation, de la bibliothèque, du séminaire, du cours, du colloque, du théorétique, de la scission radicale des idées et du concret. L'homme des 6 000 conférences et des 370 livres publiés a construit un monde de papier, un château de cartes conceptuelles qui renvoie les plus fameux philosophes de l'Idéalisme allemand du côté des empiriques et des matérialistes les plus grossiers !

Chez Steiner, les idées fonctionnent dans un monde sans aspérités phénoménales : les arbres, les forêts, les champs, les plantes, les herbes, les fruits, les légumes ne sont jamais que des concepts : l'Arbre, la Forêt, le Champ, la Plante, l'Herbe, le Fruit, le Légume… Et ces idoles majuscules ne sont pas ce qu'elles donnent l'impression d'être (à savoir tel arbre, telle forêt, tel champ, etc.), mais une allégorie, un symbole, une force, une métaphore en relation avec des forces invisibles, indicibles, ineffables, mais postulées et toutes-puissantes dans leur épiphanie performative.

Revenons à nos mauvaises herbes : Rudolf Steiner propose de cueillir leurs graines, de les brûler dans un feu de bois et de recueillir les cendres (il dit aussi « le poivre ») chargées de forts pouvoirs cosmiques. Il suffit de répandre cette poudre dans le champ qu'on souhaite traiter et, en deux ans, on constate (du moins il l'affirme) que les mauvaises herbes sont moins abondantes puis, deux ans plus tard, soit quatre au total, on voit clairement qu'elles ont disparu. Si l'on veut en finir avec les pissenlits dans son pré, on agit ainsi, et au bout du cycle de quatre années, ils auront quitté le champ.

À ce moment de son exposé, Rudolf Steiner propose l'épistémologie (gardons le mot par facilité) de sa démarche : certes, il n'y a pas de preuves de ce que les choses se passent ainsi, mais pas besoin d'attendre les preuves : « Car je suis certain, sûr et certain (*sic*), que cela marche. Je m'explique : à mes yeux, les vérités de la science spirituelle sont vraies par elles-mêmes. Elles n'ont pas besoin d'être confirmées par d'autres contextes, à l'aide d'autres méthodes relevant de la connaissance sensible » (198). En matière de science spirituelle (on appréciera l'oxymore), on connaît les choses « parce qu'elles s'imposent intrinsèquement » (198).

On ne peut mieux affirmer que l'agriculture biodynamique est un acte de foi, qu'elle refuse et récuse la méthode expérimentale, qu'elle n'a que faire des validations universellement convenues dans le domaine scientifique : hypothèse, expérimentation, validation, réitération des expérimentations, répétition des validations, conclusion de la vérité de l'hypothèse devenue loi scientifique. Rudolf Steiner en appelle à la foi, à la croyance, à l'intuition, à l'instinct, au sentiment intime. Il lui suffit de dire pour que soit fondée sa doctrine.

Le voilà donc donnant une recette pour combattre la prolifération des mulots dans les champs : en capturer un, puis – donnons la parole à Steiner : « On peut l'écorcher, dépouiller ce mulot assez jeune de sa peau » (199). Mais, chose importante, essentielle, sans laquelle la magie n'opérera pas, il faut effectuer cette vivisection « à l'époque où Vénus est dans le signe du Scorpion ». Si tel n'est pas le cas, l'opération est vouée à l'échec. Ensuite, on brûle la peau de cette petite bête sacrifiée, on récupère les cendres dans lesquelles « il reste la force négative qui s'oppose à la force de reproduction du mulot ». Pourquoi ? Pas besoin de préciser – c'est ainsi.

Répandre ensuite « le poivre ainsi obtenu » (201) à partir de la peau d'un mulot écorché. Puisque dans son univers mental le principe de non-contradiction ne saurait faire la loi, Steiner écrit : « On peut agir à dose encore plus homéopathique. On n'a pas besoin d'une assiette à soupe remplie de poivre à ras bord. » Mais, dans le même mouvement, il affirme : « Attention, ces animaux ont du toupet (*sic*), ils recommencent à se montrer dès l'instant où l'épandage du poivre a laissé des trous à certains endroits. Là où il n'y a pas de poivre, le mulot refait son nid. » Lors de la séance des questions qui suivent son exposé, un interlocuteur lui demande comment répartir la cendre sur le champ. Il ne craint pas de répondre : « On peut vraiment procéder comme quand on saupoudre quelque chose de poivré. La cendre a un rayon d'action tellement étendu qu'il suffit véritablement et proprement de passer à travers le champ et de saupoudrer » (222).

En dépit de toute saine et simple logique, Steiner peut donc dire : un : la peau d'un mulot suffit pour traiter le champ ; deux : il faut en mettre partout, car là où il n'y aura pas eu d'épandage de cendres les mulots reviendront ; trois : saupoudrer suffit, la force active du produit est telle qu'on peut se contenter d'un passage. Ce qui revient à dire que saupoudrer la peau d'un seul mulot convient pour la totalité d'un champ qui, de ce fait, aura été entièrement traité – mais, malgré tout, bien qu'il ait pu être entièrement traité du simple fait de la force de la préparation, là où elle n'aura pas été répandue, le mulot reviendra. Ainsi, pile, Steiner gagne ; face, son interlocuteur perd. À quoi il ajoute que, si le voisin n'a pas procédé lui aussi selon la méthode anthroposophique, les mulots reviendront !

Si l'on veut traiter un champ pour que des insectes ne reviennent pas, on fait de même en brûlant l'insecte et en répandant ses cendres. Si l'on veut combattre la rouille, on prépare une tisane de prêle des champs concentrée, diluée, répandue non par pulvérisation, mais par aspersion, on obtiendra un soin contre toutes les maladies cryptogamiques. Pas besoin de pulvérisateur, l'aspersion « agit sur de grandes distances malgré les très petites quantités aspergées » (212). Si l'on veut traiter contre certains animaux, il faut distinguer ceux dont la moelle est centrale et les autres dont la moelle est épinière : pour les premiers, on brûle l'animal en entier, pour les seconds, seulement leur peau. Si l'on veut traiter contre des plantes aquatiques, on procède selon la même logique, mais on asperge les berges – Steiner ne va pas jusqu'à inventer la mémoire de l'eau.

Cessons là. Boire un vin obtenu selon les méthodes de l'agriculture biodynamique s'avère donc une extraordinaire aventure dans laquelle on aura rencontré du fumier ou de la poudre de caillou dans une corne de vache, de l'achillée dans des vessies de cerf, de la camomille dans des boyaux, de l'écorce de chêne dans un crâne d'animal domestique, des pissenlits dans un péritoine, de l'aspersion de tisane de valériane, des mulots écorchés, leurs peaux brûlées, des insectes et des larves incinérées, des cendres répandues, des informations venues des planètes du cosmos transmises par le sous-sol aux plantes et aux arbres, aux fruits et aux légumes.

Steiner trouvait que les hommes étaient devenus matérialistes en Europe au moment où la pomme de terre est arrivée sur leur continent. Sa *science spirituelle* fonctionne en effet comme un antidote à la science digne de ce nom. Il souhaitait que les acquis de sa théorie de l'agriculture biodynamique soient d'abord ésotériques, confinés aux seuls adeptes de sa doctrine. Il croyait qu'un jour viendrait où la théorie de l'agriculture anthroposophique pourrait être révélée au plus grand nombre. Il existe partout sur la planète des tenants de cette agriculture-là : elle fait juste perdre du temps à ses sectateurs.

Mais il y a également une médecine anthroposophique, une pharmacie anthroposophique, une pédagogie anthroposophique avec ses écoles concrètes. Qu'un vin soit imbuvable, rien de bien grave. Que des agriculteurs vendent sur le marché des produits ayant goûté de l'extrait d'achillée en vessie de cerf ou de l'écorce de chêne dans le crâne de son chat domestique, rien de dramatique non plus. Mais que des médicaments et des soins soient prodigués à des malades ou des enseignements à de jeunes enfants selon les principes astrologiques, occultistes, ésotériques de l'anthroposophie, voilà qui est plus grave. Le vitalisme n'a pas besoin de ce genre d'amis.

5

FIXER LES VERTIGES VITALISTES

Avant l'écriture, la parole était apprise par cœur, mémorisée. La capacité des hommes à retenir des milliers de phrases définissait alors la poésie qui était d'abord sonore : dans la tribu, un homme racontait les généalogies pour faire remonter la famille du roi jusqu'aux ancêtres les plus lointains qui, bien sûr, étaient les dieux, il disait les mots du rituel au moment d'une initiation, il rapportait les récits légendaires qui expliquaient la création du monde, la séparation du ciel et de la terre, l'apparition des hommes, le destin de l'âme des défunts, la puissance du monde des esprits, la manière de s'adresser au dieu, les mots à dire lors du sacrifice d'un animal. L'homme qui enseigne est le poète. Il crée le monde avec des mots, il crée des mots avec le monde.

À l'époque orale, époque bénie de la poésie, le poète dit les mots de la nature, du monde et du cosmos. Il est une encyclopédie des choses à savoir pour vivre en harmonie avec la nature, le monde et le cosmos, donc les autres. Ce qu'il sait est considérable. Il faut donc des moyens mnémotechniques pour se souvenir de ces litanies – la litanie est d'ailleurs l'un de ces moyens. Car la poésie primitive est litanie, inventaire, catalogue, scansion, répétition, refrain, ritournelle, rengaine, leitmotiv, chanson, chant, elle est psalmodiée, récitée, déclamée, parce qu'un mot entraîne l'autre, une image induit la suivante, un son produit son presque semblable. Invoquer les esprits immanents du monde, voilà la première poésie.

Le peuple songhaï, à la frontière de l'Afrique noire et de l'Afrique blanche, descend de l'un des plus grands empires africains, l'empire de Gao. Son islamisation, hélas, comme d'autres ont été christianisés, hélas également !, marque la fin de l'oralité et le début de l'écriture nécessaire à la colonisation monothéiste. À Tombouctou, les lettrés musulmans du XVe siècle consignent par écrit le récit de leur histoire jusqu'à la conquête marocaine. La pensée primitive de ce peuple est immanente, aux antipodes de toute transcendance. Elle trouve, si l'on veut, de la transcendance dans la plus radicale immanence. Elle se soucie en effet des antiques occupants du sol, des premiers arrivés aux points d'eau, des divinités du fleuve, du ciel et de la brousse. Dans le récit scandé de l'histoire de ce peuple, on trouve à leur juste place, celle de tous les peuples qui constituent cette ethnie, la race des ancêtres, des fondateurs de l'empire, le génie de l'eau, le génie borgne de l'éclair, le génie chasseur maître des vents, le forgeron des pierres de foudre, le génie du tonnerre, maître du ciel, l'enfant qui assiste sa mère dans le fleuve, la servante conseillère et réparatrice des dégâts effectués par les fratries ; on y trouve également les génies voleurs d'âmes malfaisants et difformes, les maîtres des savanes, redoutables guerriers, le maître de la forêt enchantée.

Les textes qui racontent ces histoires sont récités et chantés par des musiciens rituels, batteurs de calebasse et joueurs de violon, assistés de prêtres pendant des cérémonies au cours desquelles se déroulent les danses de possession et les transes. À l'origine, les paroles étaient connues par chacun des Sorkos ; avec le temps, seuls les officiants du rituel les connaissaient ; aujourd'hui, elles sont consignées dans les manuscrits médiévaux de Tombouctou. Ces prières coïncident alors avec la poésie, à moins qu'il ne s'agisse de l'inverse. Elles permettent la cérémonie dite des masques – une immense fête rituelle dans laquelle on trouve bien sûr des masques, au sens traditionnel du terme, mais le masque signifie un ensemble : les vêtements, les parures, les décorations corporelles, les invocations rituelles, les danses, les rites eux-mêmes, la présence des ancêtres, les transes chamaniques, la descente des esprits dans les corps exultants, la musique, les rythmes complexes, leurs répétitions lancinantes, les percussions, la force des animaux morts et devenus peaux des tambours qui reviennent dans le monde des vivants le temps d'une cérémonie. L'Occident de la civilisation écrite a arraché le masque aux masques des civilisations orales pour en faire des objets d'art, autrement dit les vider de leur substance afin d'en faire des marchandises.

Contre l'usage marchand et, finalement, néocolonialiste de l'Afrique sous couvert d'art, le génie africain animiste, totémique, polythéiste a été évincé par l'Occident qui, via Vlaminck, puis Derain, Matisse, Picasso, Apollinaire, Léger, a utilisé cette force primitive comme un moyen dionysiaque pour détruire les valeurs occidentales apolliniennes, le projet métaphysique du début du XXe siècle. Des pièces arrachées aux masques – parfois des masques – se retrouvent aujourd'hui vendues au prix des toiles impressionnistes à une poignée d'acheteurs probablement plus proches de l'acte spéculatif que de l'acte empathique avec le génie nègre.

Dada utilise en effet l'art nègre comme une machine de guerre, non pas en soi, pour ses valeurs philosophiques et spirituelles propres, mais parce qu'il trouve là un excellent projectile à lancer contre les œuvres classiques héritées de l'art gréco-romain, puis européen, autrement dit judéo-chrétien et idéaliste. Au Cabaret Voltaire, à Zurich, autour de Tristan Tzara, pendant la Première Guerre mondiale, on a moins le souci de l'être en soi de la pensée nègre que de sa potentialité subversive dans le jeu bien peigné de l'art européen. Les onomatopées, les hurlements, les cris, les gesticulations, sans l'arrière-fond spirituel africain, deviennent des formes pures utilisées pour plastiquer l'art occidental. D'une certaine manière, on lâche les nègres dans le musée pour y mettre la pagaille. Une fois de plus, on s'en sert et on ne les sert pas.

Insoucieux de la pensée africaine, mais tout à leur passion esthétisante, les artistes s'emparent de l'art nègre dans le même esprit. Dada voulait subvertir, puis détruire l'art occidental ; à la même époque, dans la foulée, les artistes veulent investir, puis revivifier l'art occidental en puisant dans le vivier vitaliste africain une matière purement esthétique : les peintres, subjugués par les formes de la statuaire africaine, y trouvent matière à inspiration. Le fond ? La pensée ? La vision du monde ? La philosophie ? L'ontologie ? La métaphysique africaine ? Peu importe. La forme, la pure forme : voilà la révolution.

L'art nègre ne vaut donc pas *en soi*, positivement comme occasion d'aller au-devant du Divers cher à Segalen, mais *relativement*, négativement, de façon utilitaire et pragmatique, fonctionnelle et intéressée. La spiritualité africaine passe au second plan et, à Paris, on s'extasie sur les formes *abstraites* des masques Dogon (Mali) ou Etoumbi (Gabon), sur les sculptures dites *cubistes* Chamba (Nigeria) ou Fang (Gabon) qui inspirent Matisse et Picasso ou les œuvres *tubistes* Songo ou Tschokwé (Angola) chères au cœur de Fernand Léger, formes que l'on retrouve ici dans *Les Demoiselles d'Avignon* (1907), là dans des portraits de Matisse, par exemple celui de sa femme (1913) ou d'Yvonne Landsberg (1914), ailleurs dans les visages, les membres ou les corps des personnages de Fernand Léger.

Ces artistes-là n'ont aucun souci de l'ethnologie ou de l'histoire, de la pensée ou de la spiritualité, de l'anthropologie ou de la philosophie africaine. André Breton fait de tout ce qui échappe à sa culture ou de tout ce qu'il ne comprend pas (ne sait pas comprendre ou ne veut pas comprendre) de l'art magique : magiques les peintures de Monsu Desiderio, magiques les statues de l'île de Pâques, magiques les peintures pariétales préhistoriques, magiques les sculptures polynésiennes, magiques les masques Inuits, magiques les architectures aztèques ou mayas, magiques les grouillements de Bosch, les anamorphoses de Holbein, les portraits panthéistes d'Arcimboldo, magiques les toiles de C. D. Friedrich, magiques Gauguin et le Douanier Rousseau, Kubin ou Gustave Moreau, magiques les boucliers indonésiens, magiques les pictographes navajos, magiques les sculptures des temples khmers, magique Stonehenge, magiques les runes scandinaves, les chaudrons celtes, magique l'art égyptien, magiques les tympans romans, magiques, bien sûr, les masques africains !

Magiques aussi les haricots sauteurs. Une anecdote oppose Breton à Caillois et renseigne sur ce qui a opposé la pensée magique surréaliste à la pensée esthétique rationaliste du poète des pierres que fut Caillois. Rappelons cette anecdote, elle permet de comprendre combien, dans la France qui se prétend pays de Descartes et de la raison, du cartésianisme et des Lumières, de la rationalité et de la logique, la prime est toujours donnée, chez les intellectuels dominants, aux pensées magiques : les baquets du mesmérisme, la foi française en l'homéopathie, les engouements pour le magnétisme animal, la phrénologie balzacienne, les délires du spiritisme, la théâtralisation de l'hystérie à la Salpêtrière, le freudisme des philosophes, le lacanisme des élites parisiennes, le goût français pour la déraison pure. André Breton fournit sa contribution en faisant l'éloge de l'occultisme, de l'alchimie, de l'hermétisme, du surnaturel, de la numérologie, de l'astrologie, du satanisme, du spiritisme, du mysticisme, de la gnose, de la psychanalyse, de la magie, de la kabbale. Quand on connaît le rôle majeur tenu par l'auteur de *La Clé des champs* dans le dispositif culturel parisien, donc français, on mesure l'étendue des dégâts pour la raison.

Donc, les haricots sauteurs : le 26 décembre 1934 (cette année-là, en septembre, le jeune Caillois rencontre Gaston Bachelard à Prague où il participait à un colloque, mais dans un genre de bar de nuit, si l'on en croit les confidences du jeune homme), Caillois, Lacan (dont Caillois omit ensuite de signaler la présence) et Breton sont réunis autour d'une table sur laquelle reposent des graines bariolées rapportées du Mexique, peut-être par Benjamin Péret. Ces haricots animés d'un étrange tropisme sautent parfois de façon imprévisible.

Caillois propose de couper le haricot en deux pour en connaître le mystère ; Lacan refuse et prétexte que seul importe l'étonnement du regardeur ; Breton souscrit et invite à se rassasier du prodige jusqu'à plus soif. Rationaliste, Caillois ne supporte pas le refus de savoir de Breton et Lacan qui souhaitent entretenir la magie au mépris de la connaissance – un principe chez eux. Caillois écrit une lettre de rupture à Breton : il revendique l'usage de la raison contre la magie, le recours à l'intelligence pour déconstruire l'irrationnel. Il prend congé du surréalisme. Quand il publie *Le Champ des signes* en 1978, sous-titré *Aperçu sur l'unité et la continuité du monde physique intellectuel et imaginaire ou premiers éléments d'une poétique généralisée*, on ne peut pas ne pas imaginer que ce titre vise Breton et Soupault, qui publient en 1920 *Les Champs magnétiques*, le premier essai d'exercice d'écriture automatique. Contre ce qui détruit la raison, Caillois revendique l'usage de *sciences diagonales*.

Ce surréalisme-là, plus marqué par le dadaïsme que Breton ne veut bien le dire, instrumentalise le génie africain dionysiaque pour mettre à bas l'apollinisme de plus de vingt siècles d'art occidental. L'art nègre, chez l'auteur du *Manifeste du surréalisme*, c'est la déraison magique contre la raison occidentale et non une autre raison. Réduire cet art à un art magique, c'est renoncer à vouloir le comprendre avec les armes de la raison. C'est danser en même temps que le haricot sauteur en le trouvant formidable et en refusant de comprendre sa logique par peur de voir le mystère s'envoler.

Esthétiser l'art africain, le ranger dans un cabinet de curiosités qui rassemble une collection de cannes de poilus, de bénitiers, de moules à gaufres, de moules à hosties, ou bien encore des papillons, des coquillages, des minéraux, des racines, une carapace de pangolin, un fossile d'oursin, et puis des masques précolombiens, des poupées Kachinsa des Hopis, un fétiche de Nouvelle-Guinée ou un masque inuit, esthétiser l'art africain, donc, c'est passer à côté de la formidable puissance autonome de cette pensée alternative pour l'enrôler dans un combat contre la culture occidentale. C'est occidentaliser une fois encore une civilisation qui n'a pas à être jugée en regard de la nôtre, mais à être pensée comme une entité du Divers dont la mesure n'est pas en dehors d'elle.

Apollinaire contribue lui aussi à muséifier l'art nègre, donc à le cérébraliser, à l'occidentaliser, à l'arraisonner aux travers occidentaux. D'aucuns se pâment aujourd'hui qu'en 1909 le poète de *Calligrammes* ait souhaité un *Musée d'art exotique* pour exposer dans ce lieu nouveau des œuvres conservées jusqu'alors dans des musées ethnographiques comme des curiosités ou des documents. Vouloir abolir la dimension ethnologique, donc historique, de ces œuvres, pour les déplacer dans un musée où elles brilleraient pour leurs qualités esthétiques, voilà le projet – réalisé dans le musée des Arts Premiers du quai Branly avec le couple Kerchache et Chirac. Se pâmer semble moins adéquat que blâmer, car le musée est le lieu où l'on expose les œuvres mortes, comme des papillons dans une boîte.

Certes, on imagine au premier abord qu'Apollinaire crédite cet art d'une dignité inconnue avant lui. Mais il ne trouve lui aussi de grandeur au génie africain qu'après l'avoir inscrit dans le schéma classique de l'art occidental. Pour lui, les Grecs ont beaucoup plus appris des sculpteurs africains qu'on ne veut bien le dire. Comment ? Avec l'art égyptien promu art africain à l'origine des créations des artistes de l'Hellade. Praxitèle ? Un produit de la sculpture africaine !

Ce jeu de l'esprit peut séduire, comme souvent avec Apollinaire, mais il explique mal quelles relations intellectuelles et plastiques relient les œuvres collectionnées par lui (un reliquaire vili, une statuette teke, une marionnette kuyu du Congo, une sculpture nkonde, un arc punu du Gabon, un appui-nuque kuba) et le *Diadumène* de Polyclès ou l'*Athéna* de Phidias pour l'Acropole ! Penser le génie africain en regard du génie grec, même paradoxalement, en faisant du premier l'inspirateur du second, relève du sophisme qui, en inversant la sotte idée répandue à cette époque qu'il ne s'agissait pas d'un art pour en faire un art à l'origine de l'art classique, nie la spécificité de la pensée africaine.

Il n'est pas étonnant qu'après Vlaminck et Tzara, Picasso et Matisse, Breton et Apollinaire Michel Leiris, présenté lui aussi comme un passeur de l'art nègre en Occident, se soit illustré dans une autre forme d'instrumentalisation du génie africain. On le sait, Leiris a beaucoup fait pour la cause avec *L'Afrique fantôme*, qui raconte son expédition scientifique Dakar-Djibouti entre 1931 et 1933, ou bien avec *Afrique noire. La création plas-*

tique, publié en 1967 chez Gallimard dans la prestigieuse collection « L'Univers des Formes » dirigée par André Malraux, mais aussi avec ses travaux universitaires sur le Zar, génie de la possession.

Mais, Leiris le dit lui-même, les scientifiques venus avec lui pour étudier les peuples et les pays de l'Afrique noire traversée d'est en ouest ont pillé nombre de villages dans lesquels ils sont passés. Pendant deux années, Michel Leiris semble partir à la recherche de lui-même plus que des peuples africains. Ethnologue de lui-même, il tient un journal de cette expédition dans lequel il donne les détails de ces pillages. Ce voyage est pour lui d'abord une expérience personnelle, il veut sortir de sa peau, éventuellement pour en trouver une autre. Cette expérience personnelle est aussi et surtout une expérience corporelle : l'extrême chaleur, le manque d'hygiène, le paludisme, la fièvre jaune, les diarrhées, sans parler des dangers inhérents au voyage dans ces contrées sauvages, dépouillement, rançon, meurtre, etc. Quatre des équipiers n'iront pas jusqu'au bout, vaincus par les épreuves, la fatigue, l'épuisement.

Leiris assiste à des cérémonies de circoncision, à des transes et des possessions. En compagnie de Marcel Griaule, le spécialiste des Dogons qui dirige l'expédition, il établit des fiches sur leurs masques, il s'initie à leur langue secrète, il les soumet à des enquêtes, les interroge, remplit des cahiers de notes, s'ennuie à ce travail méticuleux, rébarbatif, qui apporte la caution scientifique à ces travaux dans lesquels la subjectivité joue un grand rôle. L'esthète mélancolique colore en effet souvent ses observations prétendument objectives : la transgression, le sacré, l'interdit fascinent dans sa vie intime ce compagnon de route de Georges Bataille et ces catégories contaminent son travail.

Marcel Griaule, mandaté par l'État français, dispose d'un *permis de capture* – c'est l'expression officielle – qui lui permet de s'emparer légalement de tout ce qu'il convoite – autrement dit : un permis de voler. Cet ancien militaire fait de son métier un travail de juge d'instruction, de détective ; il justifie la ruse ou l'intimidation pour parvenir à ses fins – la vérité. Leiris, qui ne manque pas une occasion de fustiger le régime colonial, évolue comme un poisson dans l'eau avec cette légalité qui justifie l'illégalité : on spolie les Africains de leurs biens, mais... pour leur bien. La science avance, la connaissance progresse, le savoir s'approfondit, peu importe qu'on prive les autochtones de leurs fétiches qui constituent les garanties métaphysiques de leur être. L'équipée ramasse donc un nombre considérable d'objets : masques, statuettes, poteries, instruments de musique, animaux morts ou vivants, tissus, et... soixante-dix crânes étudiés avec les méthodes raciales du moment ! Griaule écrit avoir rapporté 3 500 objets pour le musée du Trocadéro, soit une moyenne de trois objets volés par jour pendant trois années. Dans *L'Afrique fantôme*, parlant de leur passage au Soudan, Leiris parle d'une « véritable rafle ».

Leur pillage le plus manifeste concerne un kono dans le pays Bambara le 6 septembre 1931. Le kono est un autel avec des niches remplies de crânes et d'os d'animaux sacrifiés recouverts de sang séché et de terre. On y trouve une calebasse remplie de flûtes en corne, en bois, en fer, en cuivre. Pour entrer, il faut offrir un sacrifice ; le chef du kono donne la recette : l'égorgement d'un poulet permet à un homme de pénétrer dans le petit édifice en planches. Griaule donne son accord, un homme part chercher les animaux, mais l'ethnologue trouve le temps long : il viole sa parole, démonte les planches, pénètre dans le sanctuaire, en prend connaissance, fouille dans les autres calebasses pleines de masques, s'empare de deux flûtes, les met dans ses bottes et sort. Le chef annonce que Griaule et Leiris doivent trouver leur sacrificateur ; leurs boys refusent ; les deux compères menacent le chef du kono de représailles s'il ne vend pas son kono pour une poignée de centimes – Griaule et Leiris terrifient le chef en lui disant que la police, prétendument cachée dans le camion, les emportera, lui et les notables, pour les conduire au village le plus proche, où ils auront des comptes à rendre devant le tribunal de l'administration. Les deux malfrats demandent qu'on aille chercher le kono ; tout le monde refuse, il est sacré, tabou, ni les femmes ni les non-circoncis ne doivent le voir sous peine de mort ; Leiris et Griaule entrent donc, volent l'objet, alors que le chef, effrayé, terrorisé, s'enfuit à toutes jambes, frappe femmes et enfants pour que tous entrent dans leurs cases. Le masque a été volé, Leiris avoue qu'ils quittent le village « parés d'une auréole de démons ou de salauds particulièrement osés ».

Le lendemain, ils recommencent. Griaule entre sans autorisation dans une autre case. Leiris commet le larcin seul : « Mon cœur bat très fort, car, depuis le scandale d'hier, je perçois avec plus d'acuité l'énormité de ce que nous commettons. » Cette fois-ci, il vole un petit animal, genre cochon de lait croûté de sang coagulé. Il pèse une quinzaine de kilos. Emballé avec un masque, il est lui aussi volé. Au village suivant, ils recommencent : mensonges et menaces du chef à qui ils font savoir qu'ils ont reçu un ordre de réquisition. Leiris entre dans la case, bien décidé à commettre son forfait. Deux Africains le suivent dans l'enceinte. Son commentaire : « Je constate avec une stupeur qui, un certain temps après seulement, se transforme en dégoût, qu'on se sent tout de même joliment sûr de soi lorsqu'on est un Blanc et qu'on tient un couteau dans sa main... » (196).

L'objet entre dans la collection du musée de l'Homme avec des milliers d'autres ; il est prêté par la France, ici, à New York en 1980, comme l'un des cent chefs-d'œuvre du musée de l'Homme, là, au musée d'Ethnographie de Neuchâtel pour une exposition intitulée « Collections Passion » ; il se trouve aujourd'hui au musée du Quai-Branly, le musée où, dit-on, *dialoguent les cultures*. Un texte de Leiris accompagne l'œuvre. Mais, faut-il s'en étonner, pas celui qui raconte les conditions du vol.

Lorsque *L'Afrique fantôme* paraît, Leiris l'a dédié à Marcel Griaule, qui ne supporte pas d'y voir rapportées ses méthodes. Il se fâche avec l'auteur. Lors des rééditions, la mention du nom du chef de l'expédition disparaît. Leiris rapporte dans son *Journal* à la date du 3 avril 1936 que Paulhan sollicite le ministère de l'Éducation nationale pour que les bibliothèques achètent le livre, il reçoit cet extrait du rapport de l'administration en guise de réponse : « Ouvrage dont l'apparente intelligence n'est due qu'à une très grande bassesse de sentiments. » Dans une lettre du 19 septembre 1931, Leiris avait écrit : « Les

215

méthodes employées pour l'enquête ressemblent beaucoup plus à des interrogatoires de juges d'instruction qu'à des conversations sur un plan amical, et les méthodes de collecte des objets sont, neuf fois sur dix, des méthodes d'achat forcé, pour ne pas dire de réquisition. Tout cela jette une certaine ombre sur ma vie et je n'ai la conscience qu'à demi tranquille. Autant des aventures comme celles du kono, tout compte fait, me laissent sans remords, puisqu'il n'y a pas d'autre moyen d'avoir de tels objets et que le sacrilège lui-même est un élément assez grandiose, autant les achats courants me laissent perplexe, car j'ai bien l'impression qu'on tourne dans un cercle vicieux : on pille des Nègres sous prétexte d'apprendre aux gens à les connaître et les aimer, c'est-à-dire, en fin de compte, à former d'autres ethnographes qui iront eux aussi les *aimer* et les piller » (*Miroir de l'Afrique*, 204). Et, dans une autre lettre datée du 13 septembre de la même année : « Je me suis encore un peu conduit comme un aventurier, mais je ne regrette rien : il y a des objets sublimes qu'il serait mille fois plus ignoble d'acheter que de les voler. »

Voleur au cœur léger, pilleur sans états d'âme, détrousseur ignorant le remords, Leiris oublie qu'il avait pris publiquement parti contre Malraux en 1923 lorsque le futur auteur de *La Tentation de l'Occident* avait mutilé le temple de Banteay Srei dans la jungle du Cambodge pour rapporter en France sept caisses de statues khmères dont il voulait faire commerce. Lorsqu'il fut condamné à trois ans de prison, le gratin des lettres françaises signa en sa faveur – Mauriac, Arland, Paulhan, Maurois, Soupault, Aragon, Gaston Gallimard et André Breton, l'initiateur de la pétition. La peine fut transformée en une année de prison avec sursis.

Quand l'expédition arrive en Abyssinie, Griaule et les siens volent les fresques – ce que Leiris appelle « démaroufler les peintures » (572) – de l'église Abba Antonios, saint Antoine, construite au XVII⁰ siècle par l'empereur Yohannès I⁰ʳ après un vœu. Le larcin opéré, Gaston-Louis Roux les remplace illico par des copies effectuées à la chaîne – mais, circonstance probablement atténuante, elles sont « éblouissantes » (572), selon

Leiris ! Un pillage dans une autre église n'aboutira pas parce que les habitants du village se sont armés et rebellés.

Comment le dépouillement d'une église africaine de ses fresques contemporaines de Louis XIV, comment le vol de 3 500 objets, comment la spoliation du matériel rituel et liturgique animiste, comment des dépossessions effectuées sous la menace, la contrainte, le mensonge, comment ces exactions partout répétées pendant deux années, comment le vol comme méthode, comment le mépris cynique du plus intime de l'Autre pourraient-ils passer pour de la recherche scientifique ou pour un projet humaniste visant la connaissance de la civilisation d'autrui ?

Jouissant du scandale de la transgression, jubilant de profaner le sacré d'autrui, exultant de se sentir un Blanc fort et puissant avec une arme, indemne de tout remords, plus soucieux du caractère éblouissant des copies qui remplacent un larcin que des originaux africains, se réclamant de la science et de la recherche, Michel Leiris contribue plus au colonialisme, que par ailleurs il critique (le 26 octobre 1945, il écrit ainsi dans son *Journal* : « Impossibilité dans laquelle je me trouve, par exemple, de prendre pour tout ce qui, de près ou de loin, touche à la question coloniale une position autre qu'anticolonialiste, afin de ne pas démentir l'image de moi qui se dégage de *L'Afrique fantôme* »), qu'à l'amitié entre les peuples ou à la connaissance des civilisations africaines ! La subjectivité de l'ethnologue, son engagement politique du côté des forces coloniales malgré sa critique théorique et virtuelle du système font que l'Afrique fut vraiment fantôme pour lui – et l'on comprend pourquoi et comment.

Pas besoin d'instrumentaliser l'art nègre pour détruire l'art occidental ou pour régénérer d'un sang neuf et dionysiaque la vieille forme apollinienne fatiguée, pas besoin de musées, pas besoin d'enrégimenter l'art nègre dans les histoires de l'art pour en faire la généalogie, via les Égyptiens, de l'art occidental, pas besoin d'esthétiser leur production pour mieux les vider du sacré païen qu'elles portent, pas besoin de mentir, de voler, de spolier, de déposséder autrui sous prétexte de faire connaître et aimer sa civilisation qu'on contribue ainsi à détruire ; il pourrait suffire, en dehors des musées, qu'avec sa caméra un cinéaste ethnographe fixe les vertiges du génie africain dans des films qui disent et montrent, rapportent et exposent, relatent et racontent, informent et communiquent ses formes.

Mais la forme cinématographique n'est pas une garantie en soi du bon fonctionnement épistémologique du reportage ethnographique. On ne saurait opposer le bon film au mauvais livre, car, vérité de La Palice, il vaut mieux un bon livre qu'un mauvais film. L'oralité garantie par le film ne garantit que l'oralité, pas la vérité de l'oralité. Le mensonge existe aussi bien dans la parole que dans l'écrit. Un film ethnographique de Jean Rouch ne dit pas juste parce qu'il est film, mais parce que le réalisateur dit vrai.

Or, en matière de vérité sur le peuple Dogon, il se pourrait bien que le livre de Marcel Griaule, *Dieu d'eau*, et le travail cinématographique de Jean Rouch soient plus des fictions blanches, des écrits occidentaux, des récits mystifiants que des reportages sur la vérité de la pensée, de l'ontologie, de la philosophie, de la métaphysique et de la cosmologie dogons. Griaule, qui fut un Blanc emblématique, pilleur du génie africain avant guerre et auxiliaire de l'administration coloniale après, semble avoir préalablement voulu ce qu'il a vu plus qu'il n'a vu ce qu'il aurait voulu. La construction de Griaule, professeur d'ethnologie à la Sorbonne, paraît moins relever d'un travail épistémologique que d'une volonté subjective de voir ce que les Dogons lui ont finalement montré.

Dans un livre de souvenirs que Jean Sauvy consacre à son ami Jean Rouch, *Jean Rouch tel que je l'ai connu*, l'auteur cite une lettre que Rouch lui envoie de Niamey (Niger) le 26 décembre 1941 dans laquelle on peut lire ceci : « Comme, au hasard d'une conversation, je citais les noms de Griaule et de Labourey (?), j'ai entendu un éclat de rire et on a commencé à me rebattre les oreilles en me disant que c'étaient deux pique-assiette qui feraient bien de ne pas revenir ici, qu'on les avait déjà foutus dehors à coups de pied dans le cul. Je les ai défendus de mon mieux. » Une autre lettre du même au même datée du 2 janvier 1942 entretient d'un jeune chercheur fort prétentieux d'une cinquantaine d'années ; il travaille sur le pays Gourmantché. Le concernant, Rouch écrit à Sauvy : « Les quelques types qui m'en ont parlé me l'ont représenté comme un type bien pire que Griaule, qui, lui, n'est pas parti en paradis par jalousie (illisible) » (64). À la lecture de ces deux lettres, Griaule n'apparaît pas comme une figure incontestée.

Mais, pour Sauvy et Rouch, Griaule, c'est le professeur dont ils ont suivi les cours d'ethnologie à la Sorbonne. Dès lors, quand il contacte ses anciens élèves présents à Mopti et qu'il leur donne rendez-vous le 25 novembre 1946 à la Falaise de Bandiagara, Sauvy et Rouch entrent dans un état de sidération. Le vocabulaire utilisé par Sauvy transforme cette rencontre en apparition : pour caractériser cette rencontre, il parle de « vertige », de « ravissement », de « subjugation », de « prodigieux spectacle », de « griserie », d'« inoubliable parenthèse » – tout ceci dans un chapitre intitulé « Une rencontre magique avec le professeur Griaule. » Rouch regarde Sauvy d'une façon qui confirme son enthousiasme. L'un et l'autre, lors de leur séjour en Afrique pendant la guerre, le dimanche 10 janvier 1943, s'étaient fait le Serment de Bamako : descendre un jour le fleuve Niger, en faire l'histoire, raconter sa vie et faire œuvre pie pour la cause africaine.

Peu importe qui fut Griaule, chez qui se manifestent parfois des faiblesses pétainistes pendant la guerre ; peu importe que Denise Palmer, André Schaeffner et Michel Leiris pensent que, si *L'Afrique fantôme* a été placé sur la liste des livres interdits à la vente par les nazis en France fin 1941, ce qui implique une destruction des exemplaires existants, il faut peut-être y voir l'intervention directe de Marcel Griaule auprès du gouvernement de Vichy ; peu importe que Griaule prenne la place de Marcel Cohen, son ancien professeur révoqué parce que juif, et devienne enseignant à l'Institut national des langues et civilisations orientales la même année ; peu importe qu'en 1942 il refuse de publier un article de Deborah Lifchitz sur des manuscrits éthiopiens dans le *Journal de la Société des africanistes* parce qu'elle est juive et vient d'être arrêtée – Sauvy et Rouch sont dans un rapport de fascination avec leur ancien professeur d'ethnologie. La filmographie africaine de Rouch est une hagiographie, un monument érigé à la gloire de Griaule, un écho sonore et filmique au discours de l'ethnologue plus soucieux d'imagination que de méthode, plus à l'aise avec la fiction romanesque qu'avec la recherche scientifique. Les films de Rouch sur les Dogons avalisent la version fantasmatique de l'auteur de *Dieu d'eau*.

Pourquoi fantasmatique ? Parce que Griaule revendique la science, mais évolue dans un registre littéraire. Un précédent ouvrage daté de 1934 et intitulé *Les Flambeurs d'hommes*, prix Gringoire 1935, avait permis à son auteur d'inaugurer cette façon bien française qu'ont les penseurs, philosophes ou ethnologues de faire de la science – en littéraires. Pas de chiffres, pas d'enquêtes, pas des descriptions, pas de détails, pas de tableaux, pas d'explications, mais un récit, une narration, une histoire d'autant plus insoucieuse des faits qu'il s'agit pour Griaule d'informer le plus grand nombre. Parce qu'il veut vulgariser, Griaule se soucie moins d'ethnologie que de romancer – souvenons-nous qu'en 1907 Segalen souhaitait concourir au Goncourt avec *Les Immémoriaux*, un récit du même genre, à prétexte ethnologique, mais romancé.

Dieu d'eau mériterait d'être lu avec la méthode que j'utilise pour ma *Contre-histoire de la philosophie* et qui met en perspective l'œuvre complète, les correspondances et les biographies – ce que je nomme la *déconstruction existentielle*. Le récit qui donne un visage aux Dogons en Occident est présenté sur un canevas apparenté à celui de la franc-maçonnerie : un initié vient chercher un profane pour lui proposer d'accéder à un savoir ésotérique par transmission secrète. Dans le livre, un vieil aveugle, Ogotemmêli, propose à Griaule, dont il regarde le comportement d'enquêteur sur le terrain dogon depuis quinze ans, de lui livrer les secrets de son peuple en trente-trois journées.

L'aveugle voit plus et mieux que les autres parce qu'il dispose de l'œil intérieur ; le rôle de la vue occultée comme moment nécessaire à l'obtention d'une vue supérieure ; l'initié qui regarde vivre le profane et, au su de ce qu'il voit, décide de lui livrer ses secrets afin de « décomposer le système du monde » (14) ; la transmission orale et le rôle majeur de la Parole et du Verbe comme voie d'accès à la Vérité – de la Parole et du Verbe identifiés même à la Vérité ; jusqu'aux trente-trois journées, pas trente-deux ni trente-quatre, mais trente-trois, comme le plus haut degré maçonnique calqué sur l'âge du Christ le jour de sa mort –, tout cela relève du schéma occidental maçonnique.

Que la mythologie des Dogons égale celle d'Hésiode, que la pensée africaine, suivant le chemin qui conduit de l'Égypte aux Falaises de Bandiagara, constitue la généalogie de la pensée occidentale gréco-romaine puis judéo-chrétienne, que le langage (Griaule a suivi les cours du linguiste Marcel Cohen) constitue la vérité de ce qui est, voilà quelques idées fortes de *Dieu d'eau*. Mais les approximations et les affabulations relevées par des chercheurs, dont Georges Balandier, qui ont comparé ses carnets de notes et ses récits en y trouvant des contradictions, des distorsions signifiantes, procèdent toutes des projections de Griaule : l'ethnologie travaillée par la littérature, l'exotisme agissant comme fascination, le canevas ésotérique occidental fournissant le fil d'Ariane du labyrinthe dogon, l'enquête scientifique diluée dans la forme romanesque, peut-être même le modèle plus ou moins conscient de *L'Afrique fantôme* paru en 1934, tout cela contribue à un livre prétendument scientifique, mais qui s'inscrit dans la vieille tradition du récit de voyage romancé.

On se doute que les Dogons griaulisés méritent autant que le Socrate platonisé d'être déconstruits. Ce que, du Malraux de *La Tête d'obsidienne* à l'Université populaire (*sic*) du Quai-Branly, on dit désormais en Occident de l'art dogon, de ses masques, de ses cérémonies découle la plupart du temps de ce que Griaule en a dit et de ce que Jean Rouch, fasciné par son professeur, en a montré dans ses films. Car ce que Griaule imagine, Rouch lui donne consistance par des images, des sons, des plans, un commentaire, un montage, des films qui accréditent la thèse du professeur. Comment, dès lors, douter de ce qu'*écrit* Griaule, puisque Rouch le *montre* ? Ce que le premier imagine, le second le prouve.

Or, ce que Rouch montre, il l'invente lui aussi, souvent. Ainsi, dans *Les Fêtes du Sigui*, tourné entre 1967 et 1974, il se propose de filmer un rite dogon qui s'étale sur soixante années. Mais, outre que ce rite exige pour se dérouler plusieurs vies d'hommes et que celle de Rouch ne suffirait pas, Rouch ne saurait filmer le rite animiste dans un village islamisé dans lequel les pratiques rituelles ancestrales, notamment la cérémonie du Sigui, ont été parfois violemment éradiquées au nom du Coran. Qu'à cela ne tienne, Rouch recrée la chose à partir de ce que Griaule en a dit. Ce qui fut n'est plus, mais se trouve fictionné par Griaule avant que Rouch ne le montre comme un événement présenté ensuite comme sa vérité.

Le temps réel du rite, soixante années, a été détruit au produit d'un temps reconstruit, celui du film : la vérité temporelle des Dogons laisse place à la fiction filmique qui se substitue à la réalité. Le *temps dogon réel* a été volé par Rouch dans un film qui le remplace (comme avec les fresques volées en Éthiopie par Griaule et Leiris) par un *temps occidental fictif*. Certes, ce mensonge s'effectue au nom de prétendues bonnes intentions, faire connaître le peuple dogon, mais c'est un mensonge présenté comme une vérité. Comment mieux nuire à un peuple qu'en remplaçant la vérité de son être par la célébration de ses copies ?

Pour ce film, Rouch a embauché des acteurs. Noirs, certes, africains, bien sûr, mais des acteurs tout de même. Là où, normalement, sur le terrain, dans les conditions réelles, de jeunes bergers exécutent quelques chants et dansent sur des rythmes, le cinéaste engage un adulte plus expérimenté et susceptible de produire à l'écran un meilleur effet sonore, visuel et esthétique. À la place des adolescents, le spectateur voit donc un quasi-cinquantenaire aguerri aux instruments. Comment ne pas croire que le sens de la cérémonie se trouve affecté par ce remplacement des hommes jeunes par de plus vieux !

Jean Rouch dit pratiquer le « cinéma-vérité » qu'il appelle aussi, sans craindre la contradiction, l'« ethno-fiction » ! Un cinéma ethnologique qui dirait la vérité en proposant des fictions, voilà une singulière façon de procéder qui, là aussi, là encore, s'effectue au détriment de la vérité de la pensée africaine qui n'a pas besoin de ces nouveaux faux amis, authentiques vrais faussaires. Ce qui se dit sur les Dogons a été fabriqué par des Occidentaux, voleurs, dépouilleurs, détrousseurs d'Africains pour Griaule, affabulateurs, bidouilleurs, trompeurs pour Rouch, esthètes pour l'un et l'autre, empêche une fois encore d'accéder à l'âme même.

Que conclure ? Que, de Vlaminck découvrant l'art nègre dans un bistrot d'Argenteuil en 1905 à Jean Rouch qui filme les funérailles de Griaule en pays dogon avec *L'Enterrement du Hogon* en 1973 ; que, de Picasso qui fait entrer l'art nègre dans la peinture occidentale en 1907 à Michel Leiris qui pille et dépouille les Africains pour leur bien et le raconte sans vergogne dans *L'Afrique fantôme* en 1934 ; que, d'Apollinaire qui veut créer un musée pour enfermer cet art dans des vitrines en 1909 à Griaule qui fictionne les Dogons en 1948 dans *Dieu d'eau* ; que, de Breton qui collectionne l'art africain dès ses jeunes années jusqu'à l'ouverture du musée du Quai-Branly en 2006, qui expose une immense collection d'œuvres spoliées à leurs pays d'origine respectifs, il n'y aura eu qu'une objectivation de l'Afrique, une chosification des Africains, une autre façon de poursuivre la geste coloniale, mais sous couvert des meilleures intentions ? Possible, probable.

Car parler d'art africain, c'est diriger les regards vers des objets qu'on destine au Louvre comme si on leur offrait le meilleur avenir, le destin le plus enviable ! Pendant qu'on regarde le doigt, on ne voit pas la lune. Autrement dit, on néglige le génie païen, animiste, totémique de ce peuple, on se prive des leçons qu'il peut donner, non pas en regard de nos repères, mais de façon intrinsèque, à partir d'eux. L'aune à laquelle se mesure le génie africain n'est pas qu'ils égaleraient Praxitèle dans la beauté de leur statuaire, Hésiode dans la complexité de leur mythologie, Ptolémée dans la précision de leur cosmologie, Homère dans la qualité de leur poésie, voire Gesualdo dans la complexité de leur musique et que, de ce fait, ils mériteraient le Louvre dont nous pourrions leur ouvrir les portes parce qu'ils le vaudraient bien !

Parler d'art africain, ou d'art nègre, ou d'art premier, ou d'art primitif, c'est s'accorder sur le fait qu'il s'agirait d'art. Or, la querelle ne doit pas porter sur l'épithète, mais sur le substantif. Car y a-t-il de l'art quand l'homme n'est pas séparé de la nature ? Quand la transcendance ne trouve pas son sens dans une verticalité qui sort l'homme du monde mais dans une horizontalité qui permet de rester dans le monde pour l'approfondir, le pénétrer, le vivre et l'expérimenter plus que le connaître ? Quand ce que les Occidentaux nomment art vaut pour eux muséification alors que, pour un Africain, il est question de divinité du monde, de force primitive, de vitalité créatrice, d'esprit des ancêtres, de mort jusque dans la vie et de vie jusque dans la mort ?

Une fois la cérémonie terminée, les Africains abandonnaient les masques et les statuettes ayant servi de véhicule au sacré immanent. La pluie, l'humidité, les termites avaient vite raison de ces fétiches de bois, recouverts de terre, de sang, de cuir, de paille, de poils, de tissus. L'art nomme ce qui est mort quand le vivant a déserté la vie des objets. Il n'existe que pour dire les traces mortes, les restes décomposés, les déchets. Le musée, les galeries, les collectionneurs, les salles des ventes relèvent des logiques de croque-morts. La vitalité africaine est invisible aux nihilistes occidentaux ; le dionysisme nègre est impossible à percevoir pour un esprit apollinien chrétien ; la grande santé animiste est illisible aux gens du livre ; la vigueur, la ferveur, l'enthousiasme, la robustesse, la force du rire nègre terrorisent le corps épuisé des humains vivant depuis plus de mille ans sous le régime monothéiste.

Le colonialisme a voulu mater cette puissance nègre avec des massacres, des tortures, des ethnocides, des génocides, des populicides, il a détruit des corps mais aussi des villages, des pratiques, des langues, des coutumes, des rites, des façons d'être et de faire, de penser et de parler, de vivre et de mourir, de souffrir et de sentir. Les religions musulmane et chrétienne, grandes pourvoyeuses de traite d'esclaves, de culpabilisation des corps, de putréfaction des âmes, de mépris des chairs noires, ont fonctionné de conserve avec les colons. Le sabre des uns, le goupillon des autres. On a jeté au feu des fétiches, des masques, des objets rituels, on a souillé les autels où les peuples célébraient leurs ancêtres.

Ce que l'homme dit civilisé a fait à celui qu'il appelait barbare a été barbarie. Les pouvoirs civils et militaires, toujours complices, n'ont jamais aimé la vie que l'Afrique aime jusque dans la mort. Les religions du Livre n'aiment et ne célèbrent que ce qui n'aime pas la vie. Elles ont considérablement saigné les peuples vivants, dionysiaques, pour en faire des populations exsangues, apolliniennes. Transformer les objets rituels en art nègre coïncide avec l'épuisement de ces peuples par le christianisme et l'islam. Vouloir et offrir le Louvre à un masque africain, c'est offrir un mausolée aux trophées d'après la bataille gagnée contre les peuples noirs. Peindre l'art nègre à Saint-Germain-des-Prés, danser l'art nègre à Montparnasse, piller l'art nègre pour le musée de l'Homme, romancer l'art nègre, fictionner en film l'art nègre, vouloir un grand musée, le Louvre ou un autre, le Quai-Branly aujourd'hui, pour l'art nègre, c'est faire entrer le fleuve Niger en crue dans le chas d'une aiguille. On peut s'y évertuer ; on peut aussi préférer prendre des leçons nègres en voulant partout le soleil là où triomphe la nuit des civilisations.

Troisième partie

L'ANIMAL
UN ALTER EGO DISSEMBLABLE

L'animal : mon père distinguait les animaux domestiques, les animaux familiers et les autres animaux. Il aimait les chevaux de son travail, de lourds percherons qu'il montait à cru, ce dont témoigne une vieille photo en noir et blanc. Il avait aussi de doux égards pour le petit chien de la maison, Frisette, un compagnon simple et fidèle qui allait chercher le bifteck chez le boucher et le rapportait dans sa gueule sans l'abîmer. Ma mère avait, et a toujours, une conception de l'animal domestique plus carcérale : aussi loin qu'il m'en souvienne, des oiseaux dans des cages, des canaris, des bengalis, des serins, puis, plus tard, après la mort de mon père, une pie dressée par ses soins qui vivait dans la maison, dormait dans le garage attenant à la cuisine, partait se poser sur le toit de l'église toute proche puis revenait se percher sur son épaule quand ma mère l'appelait, jusqu'à ce que assez probablement l'ancienne bonne du curé, amour du prochain oblige, lui brise la tête un jour de fête sadique.

Côté maternel, il y avait aussi, variation sur le thème des barreaux, de petits rongeurs, hamsters ou cochons d'Inde, confinés entre les feuilles de salade, la litière de copeaux et l'inévitable roue dans laquelle ces petits Sisyphe à poil s'excitaient furieusement. Il y eut aussi, un temps, un bocal de poisson rouge qui fut pour l'enfant que j'étais une évidente métaphore de la condition humaine : vivre dans un espace clos, tourner en rond, nager dans le vide, manger des granulés, envoyer ses déjections tortillées dans l'eau souillée et regarder au carreau en ignorant quel monde se tramait derrière la vitre du récipient. Ma mère était chat ; mon père, chien. Mon père aimait la fidélité ; ma mère préférait le mystère.

Les chattes de ma mère allaient courir le mâle dans le village et, inévitablement, se faisaient engrosser. La portée venue, c'était à mon père que revenait le devoir de s'en débarrasser faute de pouvoir tous les placer. Il lui fallait assumer les maternités non désirées dans la maison et il le faisait sans montrer autre chose que le sens de ce qu'il fallait faire parce qu'on ne pouvait pas ne pas le faire. Il s'acquittait de ces tâches sans rien dire, mais lui qui ne fut jamais ni pêcheur (au contraire de sa grand-mère, dont les cannes de bambou étaient dans le grenier), ni chasseur, lui qui de sa vie n'a jamais pris un fusil dans ses mains, je ne peux imaginer qu'il se soit acquitté de cette tâche ingrate sans désagrément. Son silence le protégeait du monde, même quand le monde ne protégeait pas son silence.

« Épiphanie de la bête judéo-chrétienne » (chapitre 1) propose une généalogie de cette partition entre les chevaux qu'on aime parce qu'on partage avec eux les travaux des champs et les chatons aveugles qu'on noie, le petit chien caressé et les lapins énucléés, saignés et mangés, ou les poulets et canards décapités, plumés, vidés, grillés, le hamster cajolé et la souris coincée dans la tapette, le poisson rouge prénommé et la friture de vairons. Ma mère tuait les pigeons en plongeant leur tête dans un verre d'eau-de-vie. Ils finissaient aux petits pois, mais elle réservait sa tendresse et ses caresses à ses chats. J'ai pour ma part une égale compassion pour tous les animaux, sauf ceux qui m'occasionnent des désagréments, ce qui ne va guère au-delà des moustiques.

En ce sens, je suis darwinien : je sais qu'il n'y a pas de différence de nature entre les hommes et les autres animaux, seulement des différences de degré – voir « La transformation de l'animal en bête » (chapitre 2) et « Le surgissement des animaux non humains » (chapitre 3). La philosophie institutionnelle fait comme si Darwin n'avait jamais publié en 1859 *L'Origine des espèces*, qui coupe en deux l'histoire de la pensée occidentale, et sans lequel Nietzsche, qui ouvre l'ère philosophique nouvelle, n'aurait jamais pu proposer sa vision du monde. Mon nietzschéisme procède de cette pensée qui abolit les métaphysiques, devrait rendre impossibles les métapsychologies et oblige à une ontologie matérialiste. L'éthologie est généalogie de l'anthropologie qui elle-même est généalogie de l'éthique, puis de la morale.

Pour qui a le plus élémentaire sens de l'observation, il est évident que les animaux sentent, souffrent, connaissent, échangent, ressentent, qu'ils expérimentent la sensation, l'émotion, l'affection, la perception, qu'ils disposent d'intelligence, de prévoyance, qu'ils utilisent des outils fabriqués par leurs soins, qu'ils ont un sens du temps et de la durée, qu'ils pratiquent l'entraide, qu'ils sont capables de se projeter dans le futur et de conserver une mémoire du passé, puis d'agir en conséquence, ce qui oblige à entretenir avec eux un rapport qui ne soit pas d'ustensilité, d'objectivation, de sujétion, mais de complicité, autant que faire se peut.

La bonne distance doit être trouvée avec eux : ni en faire sans distinction des instruments à notre service, ni les transformer en partenaires, ni les animaliser, ni les humaniser. Dans « Qui veut faire la bête fait l'ange » (chapitre 4), j'examine les arguments des antispécistes (qui refusent la distinction ontologique entre les hommes et les animaux) et des spécistes (qui l'affirment sans ambages). L'antispécisme peut conduire un philosophe contemporain, Peter Singer en l'occurrence, à justifier les relations sexuelles avec un animal si elles ne le font pas souffrir ; le spécisme peut conduire d'autres philosophes, Malebranche par exemple, à assimiler les animaux à des choses, des objets qu'on pourrait utiliser à sa guise.

On peut ne pas vouloir justifier la coucherie de Singer avec une jument si l'envie lui en prend, ni justifier l'industrialisation de la mort dans les abattoirs sans aucun égard pour les animaux. Quand j'étais adolescent, j'ai connu dans mon village natal un zoophile qu'un compagnon de travail de mon père, ouvrier agricole lui aussi, avait surpris un jour juché sur une botte de paille pour honorer une vache, il ne me semble pas qu'il s'agisse là d'un progrès pour l'humanité. Par ailleurs, je ne croise jamais sur ma route un convoi d'animaux en partance pour l'abattoir, vaches ou moutons, porcs ou poulets, sans ressentir corporellement un terrible effroi physique. Faut-il pour autant, comme d'aucuns parler d'un « éternel Treblinka » pour aborder ce problème ? Je ne le crois pas.

La question se pose de manger les animaux, ou non. Quand je pense, je conclus que non ; quand je mange, je fais comme si je n'avais pas pensé, ni rien conclu. Cette pénible contradiction me fait dire qu'en matière de végétarisme je suis croyant, non pratiquant – même si je n'achète jamais de viande pour moi et que je n'en cuisine que pour des amis dont je sais qu'ils l'aiment. Le végétarien se prive de la viande des animaux, les végétaliens de leurs produits, les véganes, de tout ce qui provient d'un animal (laine, soie, cuir, miel...) et de tout usage humain des animaux (expérimentation de laboratoire, bien sûr, mais aussi courses de chevaux, cirques, zoos, animaleries).

Je souscris à nombre de thèses de tel ou tel : je suis pour l'abolition des zoos où l'on humilie les animaux qui développent des pathologies sévères ; pour l'interdiction des animaux dans les cirques où on les brutalise pour les dresser, où on les ridiculise dans le rond de lumière et on les exploite commercialement ; je suis pour la disparition de la chasse, de toutes les chasses, et pour celle, bien sûr, de la tauromachie – « Miroirs brisés de la tauromachie » (chapitre 5) – une imposture intellectuelle qui cache un sadisme des plus primaires. Je souscris également à la nécessité d'offrir aux animaux des statuts éthiques qui criminalisent les mauvais traitements, les traitements inhumains et dégradants. Je crois également que, parmi d'autres, les nouveaux animaux de compagnie, serpents et mygales, et les animaux exotiques, singes et perroquets, devraient être interdits de commerce et de vente.

Les véganes reprochent aux végétariens de se trouver du mauvais côté de la barrière, en compagnie des carnivores, parce qu'ils consomment les produits des animaux qui exigent leur exploitation – par exemple, le lait qui suppose la maternité de la vache et la suppression de son veau pour disposer de son lait, les œufs qui obligent également à massacrer les poussins mâles broyés après sexage à la naissance, etc. Les véganes ont raison : en toute bonne logique, l'argument des végétariens ne tient pas, seul celui des véganes paraît logique.

Mais ne plus manger de viande, se comporter en végane, c'est-à-dire refuser les produits issus des animaux, récuser toute activité de loisir avec eux, s'interdire le miel ou la soie, c'est, si l'on pense en conséquentialiste, à défaut d'euthanasie active généralisée, laisser proliférer les animaux domestiques de façon exponentielle jusqu'à ce qu'ils redeviennent sauvages et activer de la sorte une euthanasie passive qui va placer l'homme dans un biotope sauvage dans lequel les chiens disparus auront laissé place aux loups (la souche de tous les chiens domestiques, rappelons-le), les bovins aux aurochs sauvages, les chats aux puissants félins massifs dont ils descendent, les autres espèces domestiquées revenues aux souches de leurs origines. Or, comme aucune chasse n'aura empêché ce retour à la nature la plus indomptée, l'homme disparaîtra, massacré par les animaux sauvages contre lesquels il ne pourra rien faire. Est-ce pensable ? L'universalisation de la maxime végane débouche sur la suppression de l'homme. Quelques philosophes de l'écologie profonde le souhaitent – pas moi. Impossibilité théorique du végétarisme, impossibilité ontologique du véganisme, reste à construire une frugalité alimentaire avec le moins d'animaux possible.

1

ÉPIPHANIE DE LA BÊTE JUDÉO-CHRÉTIENNE

Notre rapport aux animaux a été construit par plus de mille ans de christianisme : notre amour de la colombe et notre horreur du serpent, les caresses prodiguées à nos chiens ou chats de compagnie et les punaises ou les cancrelats écrasés avec écœurement, la fourmi gazée sans état d'âme et l'abeille que personne n'extermine volontairement, le bœuf, le porc, le poulet, le poisson mangés crus, cuits, rôtis, bouillis, grillés et le serpent ou le chien, la soupe de scorpions chinoise ou la tarentule cambodgienne grillée repoussées avec aversion par le mangeur occidental, le taureau mis à mort dans l'arène avec l'assentiment d'intellectuels pâmés ou d'aficionados jouissant de pulsions sadiques et le discrédit jeté sur le coupable de mauvais traitements à son chien qui active pourtant les mêmes pulsions, la religion végane ou la passion pour le steak tartare, tout cela s'enracine dans le judéo-christianisme. Et, malgré une apparente déchristianisation, nous vivons toujours sous ce paradigme.

Au commencement, bien sûr, était la Bible – et au commencement de ce commencement, le commencement des commencements : la Genèse. On connaît plus ou moins le récit de la création du monde, le déroulé du travail, les successions dialectiques qui séparent le rien du tout, le chaos sur lequel planent l'esprit de Dieu et la femme, perfection de la création, puisque, dans l'ordre des préséances, elle arrive après l'homme, ce qui, pour qui veut bien lire, assure d'une plus grande distance d'avec les animaux. De l'homme et de la femme, le premier est plus proche du singe que la seconde, qui s'en éloigne un peu plus – et cet *un peu* n'est pas peu ! Il y a plus de bête en l'homme qu'il n'y en a dans la femme. Autrement dit : il y a plus de raison et d'intelligence chez Ève que chez Adam – ce que montre son désir de goûter du fruit défendu, fruit de l'arbre de la connaissance, et sa volonté de savoir là où l'homme se contentait d'obéir.

Dieu crée donc les oiseaux dans le ciel, les grands monstres marins dans la mer, puis l'homme – à son image. Les mauvaises langues, dont je suis, déduisent l'imperfection du Créateur au regard du ratage de sa Créature envieuse, jalouse, méchante, suffisante, prétentieuse, taraudée par les passions tristes. Une imperfection qui contredit son être même. Mais passons. Ce même Dieu (aurait) dit : « Faisons l'homme à notre image, selon notre ressemblance, et qu'il domine (*sic*) sur les poissons de la mer, sur les oiseaux du ciel, sur les bestiaux, sur toutes les bêtes sauvages et sur tous les reptiles qui rampent sur la terre » (1.26). Dieu produit donc de façon performative la domination des hommes sur les animaux. Ce diktat fonctionne en généalogie de tous les mauvais traitements infligés aux animaux sous le régime ontologique judéo-chrétien.

Après qu'il a créé l'homme et la femme, Dieu poursuit dans la même logique : « Fructifiez et multipliez-vous, remplissez la terre et soumettez-la (*sic*). » Puis il fait de même avec les plantes, les arbres, les semences appelées à servir de nourriture aux hommes. Se soumettre la terre, dominer les animaux, asservir la nature, exploiter le règne animal et végétal, voilà le programme métaphysique chrétien. L'homme dispose de la nature de la même manière que le créateur avec sa créature.

Dans le récit mythologique chrétien, Dieu crée donc une hiérarchie : il donne les animaux aux hommes et les végétaux aux hommes et aux animaux. Avec ce régime ontologique, la bête judéo-chrétienne devient une chose parmi les choses. Elle va pouvoir fournir de la force de travail par la traction, un moyen de locomotion pour la paix, mais aussi pour la guerre, une usine à nourriture avec lait, beurre, crème, viande, œufs, une réserve de peaux, de cuirs, de poils, de tendons pour s'habiller, se loger, se protéger.

Par décision divine, les humains vont donc pouvoir s'adonner à un immense banquet de viandes : faire couler le sang de la bête judéo-chrétienne pour s'en nourrir, manger ses boyaux, mâcher ses muscles, écraser ses testicules avec leurs molaires, mettre leurs langues dans leurs bouches et les avaler, mastiquer son cerveau, ingérer ses poumons, faire gicler sous leurs dents le jus de ses reins, mélanger leurs salives au sang de son foie – en un mot : les tuer pour les manger chaque jour que ce dieu-là fait pour le bien des hommes et la malédiction des animaux.

Dans le Nouveau Testament, qui raconte la vie d'un homme qui n'a existé qu'à coups de métaphores et d'allégories, de fables, de mythes, de recyclages de fictions orientales, l'animal fonctionne la plupart du temps dans les paraboles. Le judéo-christianisme évacue l'animal de chair et d'os pour ne se soucier que d'un animal conceptuel. Le signifiant vide la bête de son sang pour en faire un signifié symbolique. Le christianisme effectue un genre d'holocauste de l'animal vrai au profit d'un animal parabolique. Si le Nouveau Testament ressemble à un zoo dans lequel on trouve tout ou presque, du serpent à la colombe, du bœuf à l'âne, du porc au chien, du scorpion au poisson, c'est toujours dans une perspective apologétique d'édification du fidèle.

Jésus commence en effet son périple fictionnel dans une étable avec un bœuf et un âne. On pourrait imaginer que, puisque l'Ancien Testament des juifs annonce la venue d'un Messie et sa naissance dans une étable – voir Isaïe –, un bœuf et un âne seraient évidemment présents parce que ce sont les animaux de la traction agricole. Mais la symbolique veut que ces animaux, absents des quatre Évangiles dans les scènes de nativité, apparaissent ensuite lorsque se forge la religion chrétienne, au moment où, de secte persécutée, elle devient religion qui persécute. Il s'agit de donner à cette fable locale une portée universelle à l'aide d'un grand récit susceptible de fédérer au-delà de Bethléem, Nazareth et autres lieux christiques.

On trouve donc le bœuf et l'âne dans les Évangiles apo-
cryphes, le Pseudo Matthieu en l'occurrence, un texte rédigé
au VIe siècle, alors que le christianisme est devenu religion d'État
depuis deux cents ans. Les pères de l'Église s'emparent de ce
bestiaire et lui confèrent une dimension allégorique. Origène,
Grégoire de Nazianze, Ambroise, Cyrille de Jérusalem et beaucoup d'autres s'attellent à la tâche : le bœuf symbolise le peuple
juif enchaîné par la Loi ancienne, l'âne, porteur de lourds fardeaux, l'animal emblématique de l'idolâtrie des Gentils. On se
souviendra donc de ce symbole pour comprendre que Jésus
entrant dans Jérusalem sur le dos d'un âne exprime moins un
dieu fait homme chevauchant un *Equus Asinus* qu'un Prophète
ayant soumis les idolâtres, les païens, les Gentils transformés
en bête de somme. Si l'on cherche une généalogie à l'âne
comme figure emblématique de... l'ânerie, arrêtons-nous un
peu dans cette étable !

Le jour de son baptême dans le Jourdain, l'Esprit saint arrive
au-dessus de la tête de Jésus et prend la forme d'une colombe.
Quand, quelque temps plus tard, il se retrouve dans le désert
et que le diable le tente, il se trouve, nous disent les Évangiles,
au milieu des bêtes sauvages. Sans détails, on imagine le serpent,
dont on connaît le passé qui est un passif, mais aussi les scorpions, animaux associés au mal, à la méchanceté. Le couple
colombe céleste contre serpent terrestre, animal venu du ciel et
bête qui rampe sur le sol, oiseau transcendant contre reptile
immanent, bête à ailes, comme l'ange, contre bête sans pattes,
condamnée au contact du ventre avec la terre, ce couple, donc,
symbolise la cité céleste et la cité terrestre avec célébration de
la première et déconsidération de la seconde.

Ce dualisme traverse l'ensemble du règne animal : animaux
positifs contre animaux négatifs, bêtes chrétiennes contre bêtes
athées. Ainsi, outre la colombe, animal de pureté et de paix
qui rapporte l'olivier après le Déluge, voici les animaux positifs :
le poisson avec sa charge éminemment symbolique porteuse
d'une sémantique qui recourt aux jeux de mots ; l'agneau, en
tant qu'il annonce le sacrifice à venir ; la brebis, qui dit l'innocence de l'Homme-Dieu décidé à offrir sa vie pour racheter les

péchés du monde ; la poule qui rassemble sa couvée sous ses ailes protectrices.

Côté négatif, outre le serpent tentateur et démoniaque : le loup, chasseur du mouton, mangeur de l'agneau, dévoreur de la brebis égarée, cauchemar du berger – qu'est aussi métaphoriquement le Christ et son troupeau de fidèles ; le renard, animal de proie lui aussi, il saigne la poule aimée pour ses vertus christiques protectrices ; si l'on en croit Matthieu, Jésus traite Hérode de *renard* parce qu'il a fait décapiter Baptiste ; le porc, bête lubrique qui se roule dans la fange et y prend plaisir ; le chien, animal impur parce qu'il vit avec les miettes des riches dans l'opulence et donne le mauvais exemple de la relation intéressée ; le vautour, oiseau glouton de cadavres. Le judéochristianisme n'aime ou ne déteste les animaux qu'en fonction de leur charge symbolique. Le couple du loup et de la brebis incarne le méchant qui dévore l'innocent : il ramasse allégoriquement toute l'aventure chrétienne.

Le christianisme entretient un rapport extrêmement symbolique avec le poisson. Certes, l'aventure de Jésus est censée se passer autour du lac de Tibériade, et le poisson constitue la nourriture de base à cet endroit. Cinq des douze apôtres viennent d'une ville côtière et travaillent comme pêcheurs. Mais ces poissons apparemment réels procèdent du poisson symbolique fabriqué sur le principe de l'acrostiche à partir de l'homophonie entre le signifiant grec du poisson (*ichtus*) et les initiales en grec de chacun de ces mots « Jésus / Christ / de Dieu / le Fils / sauveur » (*ikhtus*). Sous le poisson réel se cache toujours un poisson symbolique.

Le poisson est donc la nourriture de prédilection de Jésus ainsi que son arsenal métaphorique majeur. Quand il multiplie la pêche et nourrit des milliers de convives avec deux poissons, quand il la rend miraculeuse et permet de remonter un filet avec 153 prises (153 dit l'humanité tout entière, car il s'agit à l'époque du nombre de poissons alors répertoriés, écrit saint Jérôme), Jésus annonce que son nom est appelé à devenir universel. Le poisson dit donc le Christ, au point que, mort mais ressuscité, il en mange à deux reprises comme signe de reconnaissance à l'endroit de ses disciples, preuve qu'il est bien ce qu'il est et qu'avec pareille nourriture allégorique il s'agit bien du Christ mort sur la croix et ressuscité le troisième jour qui apparaît à ses apôtres.

Le judéo-christianisme nous enseigne donc deux choses : la première, leçon de l'Ancien Testament juif, que Dieu a dit à l'homme qu'il lui fallait soumettre l'animal à son bon vouloir, jusqu'à faire du vivant une chose, ni plus ni moins qu'une pierre ; la seconde, leçon du Nouveau Testament chrétien, qu'il faut vider l'animal de son sang chaud et rouge, de sa chair vive et palpitante, de ses muscles et de sa lymphe, de son système nerveux et de son instinct, de son regard et de sa vitalité, de son énergie et de sa force, de sa libido et de ses frissons, autrement dit, de sa vérité, au profit d'une zoologie allégorique de papier, d'un bestiaire symbolique destiné à accompagner la narration d'une fiction de ce concept nommé Jésus.

La patristique construit ce roman religieux. Les Pères de l'Église disposent du thème fourni par la Bible, *dominez les animaux*, ils se contentent pendant mille ans d'effectuer des variations sur cette phrase terrible. Le ton est donné par Origène, un alexandrin actif au début du IIIe siècle de l'ère commune, qui poursuit Celse de sa vindicte, un philosophe romain du IIe qu'il transforme en épicurien pour les besoins de sa haine alors qu'il est plutôt néoplatonicien. Celse publie vers 178 un *Discours véritable*, qui se révèle un texte radical contre le christianisme alors naissant.

Celse, qui fut l'ami de l'ironiste Lucien de Samosate (qui lui dédie d'ailleurs l'un de ses dialogues, *Alexandre ou le faux prophète*), mélange l'humour et la raison, l'ironie et l'analyse, la charge polémique et la déconstruction critique, pour ridiculiser cette secte aux croyances extravagantes : il ne croit pas à l'historicité de Jésus et comprend parmi les premiers que cette fiction excite et cristallise le zèle de ses sectateurs qui recyclent nombre de croyances orientales dans cette vieille histoire repeinte aux couleurs du moment ; il ne trouve aucune originalité à la morale chrétienne et voit bien que, là aussi, là encore, les chrétiens se contentent de réactiver le vieux fonds moral païen ; il constate que cette religion est antisociale, qu'elle représente un ferment de décomposition de l'Empire romain ; il mesure combien, si elle devait triompher, elle donnerait les pleins pouvoirs à une nouvelle barbarie ; romain, il argumente à l'aide des catégories de la philosophie hellénique qu'il oppose à la foi, aux croyances, aux renoncements à la raison auxquels oblige toute religion ; il voit combien cette secte nouvelle tient la culture en haute suspicion, transforme le simple d'esprit en porteur de vérité.

Le *Discours véritable* de Celse a disparu. On ne sait pour quelles raisons. Mais on peut supposer qu'il a péri comme tous les textes qui s'opposaient au christianisme : quand les moines copistes ont sacrifié un nombre incroyable d'animaux pour disposer de peaux de bête afin de recopier la pléthore de textes chrétiens (au XVe siècle, le premier exemplaire de la Bible imprimée par Gutenberg a exigé la peau de 170 veaux), ils choisissaient les textes à recopier ou à copier. Priorité à la littérature compatible avec le christianisme (idéalisme platonicien, métaphysique aristotélicienne, dolorisme stoïcien) et condamnation de ce qui s'avère incompatible (hédonisme cyrénaïque, liberté cynique, épicurisme matérialiste). En tant que franc opposant au christianisme, Celse fut assez probablement directement proscrit.

Paradoxalement, nous ne connaissons aujourd'hui ce *Discours véritable* que par son ennemi Origène et son très volumineux *Contre Celse*, dans lequel il le cite tellement qu'il sauve près de quatre-vingts pour cent du texte de ce philosophe qu'il honnissait ! Celse a également écrit un *Contre les magiciens* qui prenait à partie d'autres superstitions que la formule chrétienne, mais, Origène n'ayant pas déchaîné sa vindicte sur cet ouvrage, il a disparu complètement. Grâce soit donc rendue au Père de l'Église de nous permettre de connaître aujourd'hui Celse et son grand livre !

Celse a développé sur les animaux un discours radicalement aux antipodes du judéo-christianisme. Fort du catéchisme de sa secte, Origène croit que Dieu a créé les animaux pour les hommes qui peuvent donc s'en servir comme de choses, d'objets, de biens tout à leur service. Celse affirme sans vergogne : que les animaux passent les hommes en raison ; qu'ils manifestent une grande sagesse politique et citoyenne ; qu'ils disposent d'un langage et se font comprendre ; que, dès lors, on peut parler d'une intelligence des bêtes ; qu'ils pratiquent la charité, la compassion, l'entraide ; qu'ils disposent d'une connaissance de la divinisation. Voilà une pensée révolutionnaire qui mérite examen.

Dieu aurait donc tout fait pour les hommes, y compris les animaux, bien sûr. D'où la possibilité pour les humains de chasser, de pêcher, de tuer les animaux pour s'en nourrir, tanner la peau, récupérer la graisse, etc. Celse s'oppose à cette thèse majeure du judéo-christianisme. Il s'y oppose à un point tel qu'il propose une thèse exactement aux antipodes : et si Dieu avait fait les hommes pour les animaux ? Il suffit de regarder autour de soi pour constater combien ce sont les animaux qui nous chassent et nous dévorent naturellement. Il nous faut faire preuve de beaucoup d'inventivité, consacrer un temps fou à mettre au point des techniques, élaborer d'ingénieux stratagèmes pour obtenir, et encore, pas toujours, ce à quoi les animaux féroces parviennent sans difficulté ! D'un côté, des filets, des pierres taillées, des javelots, des lances, des fosses, des chiens de chasse, des mouvements stratégiques et tactiques de chasseurs ; de l'autre, des griffes, des crocs, des muscles, de la vitesse, le tout fourni en quantité par une nature généreuse qui semble avoir choisi son camp.

Soixante ans plus tard, Origène le chrétien se fâche contre un pareil argumentaire. Les humains disposent d'une intelligence supérieure à celle des animaux, pour preuve, de petits hommes dotés d'esprit et d'entendement peuvent tuer des éléphants, ces bêtes monstrueuses, menaçantes et dangereuses. Certes, les animaux disposent de la force physique, mais les hommes, d'une intelligence qui en vient à bout. Nous savons les tuer, bien sûr, mais aussi domestiquer les fauves les plus dangereux, les capturer, les faire entrer dans une cage pour les contraindre à y vivre. Les humains savent aussi contenir des animaux dans des enclos et les élever pour en disposer le jour venu où ils les tuent pour les griller, les bouillir, les manger, s'en nourrir. Dieu a donc donné aux hommes un pouvoir sur les animaux que les animaux n'ont pas sur les hommes : les bipèdes les traquent, les chassent, les capturent, les tuent, les élèvent, les domestiquent, les mangent.

Origène pense la question de la domestication : là encore, Dieu a donné aux hommes un pouvoir que n'ont pas les animaux. Les chiens dressés permettent aux bergers ou aux vachers de garder, guider et conduire leurs troupeaux de moutons ou de vaches. Les bœufs, eux aussi domestiqués, sont attelés à des charrues qui permettent le labour, donc le semis, les récoltes, la moisson du blé, le pain, donc la nourriture. Avec le joug, ces bêtes deviennent une force de travail grâce à laquelle le paysage est créé, modifié, transformé. D'autres bêtes de somme, le cheval ou l'âne, mais aussi le chameau, portent des fardeaux. Le transport des marchandises permet alors les échanges, les ventes, le commerce. La domestication des animaux a donc rendu possibles l'agriculture et le commerce. Dans cette logique, l'homme manifeste sa supériorité sur l'animal : aucun humain n'a jamais été entravé par un animal, ni capturé par lui afin de travailler pour son bénéfice.

Le Père de l'Église poursuit son analyse et aborde la question des lions ou des panthères, des sangliers également. Pourquoi ces animaux ont-ils été créés ? Car on voit bien comment la nourriture et l'habillement, l'agriculture et le commerce témoignent d'une téléologique qu'on dira plus tard spéciste. Mais l'existence même de ces animaux qui passent pour féroces, cruels, méchants ? Pourquoi ont-ils été créés par Dieu ? Réponse d'Origène : pour permettre aux hommes d'exercer leur courage. De la même manière que Bernardin de Saint-Pierre louait Dieu d'avoir dessiné des côtes sur les melons afin d'en partager plus facilement les quartiers en famille, preuve de son évidente téléologie familialiste, Origène ramène l'existence des animaux à l'essence de l'homme : ils sont pour lui, Dieu l'a voulu ainsi — de la même manière que les hommes sont pour Dieu. L'homme est à Dieu ce que la bête est à l'homme : un obligé.

Celse affirme qu'on ne saurait prétendre que les hommes sont supérieurs aux animaux parce qu'ils créeraient ce qui relèverait de la culture – des villes, par exemple. Il en appelle en effet aux pouvoirs de bâtisseur des animaux sociaux que sont les fourmis et les abeilles. Origène rétorque que les hommes le font en raison de leur intelligence, les animaux en fonction de l'imitation des êtres raisonnables. Êtres de culture d'un côté contre êtres de nature de l'autre, ici la raison raisonnable et raisonnante, là ce qu'on appellera plus tard l'instinct, une volonté voulante pour les descendants d'Adam, une obéissance à la nécessité naturelle pour les fils et filles du serpent et autres bêtes primitives.

Si les abeilles font du miel, Origène affirme que c'est pour le bien des hommes : pour les nourrir, les fortifier et les guérir – on connaissait en effet de façon empirique les vertus antiseptiques de ce baume sucré. Pas question d'imaginer qu'il en irait de leur essence de fabriquer ce produit, de leur perfection, de leur être, et qu'il y avait des abeilles qui faisaient du miel bien avant même que l'homme apparaisse sur la planète, il y a cent millions d'années environ, le Père de l'Église ne pense pas, il se contente d'effectuer des variations sur le thème proposé dans la Genèse.

Bien avant Darwin, qui nous apprend en 1859 que la fraternité des animaux contribue à l'évolution des espèces et à la sélection naturelle des individus les mieux adaptés, ou de Kropotkine, qui, quelque temps plus tard, en 1902, écrit un livre intitulé *L'Entraide* pour développer cette thèse, Celse affirme que les animaux pratiquent l'entraide. Il affirme par exemple que les fourmis se déchargent de leurs fardeaux pour s'occuper de leurs congénères épuisées. Celse montre qu'il existe donc une fraternité naturelle, une compassion instinctive, ce qui énerve Origène pour qui la pitié chrétienne ne relève pas d'un mouvement de la nature, d'un tropisme instinctif, mais d'une décision volontaire, rationnelle, en un mot : humaine.

Celse ajoute que les animaux sont prévoyants, autrement dit, même si la chose n'est pas clairement dite, capables de se projeter dans le futur en sachant que, lors des saisons d'hiver, il faudra pouvoir disposer de réserves de nourriture pour survivre avant le retour des beaux jours. Effort non volontaire et toujours instinctif, naturel, selon Origène. Ce mouvement existe, dit le chrétien, chez des êtres privés de raison. Il n'y a là aucun motif de déclarer l'animal égal à l'homme pour ce type de comportement.

Le *Discours véritable* permet de lire ce qui pourrait passer, à défaut de preuves antérieures, pour le premier argumentaire antispéciste ! Origène écrit en effet sur le mode interrogatif que Celse semble dire que « toutes les âmes sont de la même espèce et que celle de l'homme ne l'emporte en rien sur celle des fourmis et des abeilles. C'est la logique du système qui fait descendre l'âme de la voûte du ciel, non seulement dans le corps humain, mais aussi dans les autres corps » (IV.83).

Impossible pour un chrétien comme lui qui croit que l'âme humaine a été créée à l'image de Dieu et que la divinité ne saurait se perdre dans des créatures animales. Mais Origène soulève bien le problème philosophique : soit le dualisme, le spiritualisme, l'idéalisme, le platonisme, le christianisme, et autres pensées qui postulent un ciel, alors il est possible de construire sur cette fiction une théorie de l'animal entendu comme une chose, un objet, très en dessous ontologiquement de l'homme ; soit l'atomisme, le matérialisme, l'épicurisme, une philosophie qui pense le réel à partir du réel, et non des concepts et des idées, alors l'animal n'est pas chose subalterne quand l'homme serait sommet de la création, mais variation, comme les autres animaux, sur le thème du vivant.

Après avoir annoncé leur intelligence, montré qu'ils étaient bâtisseurs, doués de compassion, capables de prévoyance, Celse donne un autre argument en faveur d'un lissage ontologique entre les hommes et les animaux : les fourmis enterrent leurs morts, elles choisissent un lieu pour rassembler leurs défunts. À ceux qui affirment que la tombe constitue une ligne de fracture radicale entre les humains et les animaux, Celse cite ces faits – accrédités par Pline, Cléanthe et Plutarque.

De même, selon l'auteur non chrétien, les animaux communiquent. Là aussi, là encore, ceux qui affirment que le langage distingue définitivement les deux espèces s'en trouvent pour leurs frais. Celse affirme en effet que les fourmis échangent des informations qui leur permettent de ne jamais se tromper sur leurs chemins : « Il y a donc chez elles plénitude de raison, notions communes de certaines réalités universelles, son signifiant, événements, sens signifiés » (IV.84).

Longtemps avant, bien sûr, les travaux de Karl von Frisch et ceux des naturalistes qui permettent aujourd'hui de savoir que les fourmis communiquent avec des molécules chimiques, Celse, probablement de façon empirique, affirme que les fourmis disposent d'un langage, pas celui des hommes, certes, mais d'un langage tout de même. Or rien ne permet de les hiérarchiser. À certains égards, les fourmis communiquent des informations que le langage humain est inapte, par imperfection si l'on veut, à décoder. Ridicule, conclut Origène, pour lequel il n'y a pas de langage chez les animaux.

Celse poursuit : « À regarder du haut du ciel sur la terre, quelle différence pourraient offrir nos activités et celles des fourmis et des abeilles ? » (IV.85). Origène trouve inconvenant de tenir pareils propos. Inconvenance, dit le chrétien ! Et ce pour la postérité – une postérité qui, à la lumière des travaux des scientifiques, donne raison à Celse sur toute la ligne, il n'existe pas, en effet, une différence de nature entre les hommes et les animaux, mais une différence de degré. Vu du ciel, Origène, qui rédige son traité contre Celse, obéit autant à la nécessité qu'une fourmi qui indique son chemin à ses congénères ou à une abeille qui fait du miel.

Selon Origène, Celse confond la raison qui meut les hommes et l'irrationnel naturel qui anime les animaux et que notre modernité nomme instinct. Origène répond à Celse et affirme qu'à regarder les animaux du ciel « on n'y verra d'autre principe, si j'ose dire, que l'absence de raison. Dans les êtres raisonnables, au contraire, on verra le logos commun aux hommes, aux êtres divins et célestes, et peut-être aux êtres divins et célestes, et peut-être au Dieu suprême lui-même » (IV. 85). Dieu ayant fait l'homme à son image, « l'image du Dieu suprême est son logos ». Le logos divin, donc logos humain, contre l'instinct animal, Origène ne changera pas de point de vue : l'homme se trouve du côté de Dieu, du logos, de la raison, de l'intelligence, la bête du côté de la nature.

Celse ajoute un argument – et celui-ci suffit à éviter de le ranger du côté des épicuriens. Il affirme que les animaux sont capables de magie. Il cite les serpents, les aigles, qui, écrit-il, connaîtraient assez la nature pour utiliser les remèdes ou les pierres qu'elle offre pour soigner ou guérir leurs petits des poisons et des maladies. Bien sûr, Origène refuse qu'il s'agisse de magie. Certes, il souscrit à la zoologie de son temps (et comment pourrait-il en être autrement) et croit que le serpent ingère du fenouil pour améliorer sa vue et se mouvoir plus rapidement. Pline rapporte cette croyance reprise par le Père de l'Église.

Celse part de ce qu'il croit être un fait avéré, Origène le critique, non pas sur le fait, mais sur l'interprétation : Celse y voit un effet de la sagacité animale, une nouvelle preuve de l'intelligence des bêtes, une attestation de l'égalité ontologique des deux genres ; pour sa part, persistant dans sa logique, Origène prétend que ce fait, incontesté, témoigne d'un don naturel de leur constitution biologique sans que le raisonnement y prenne part. Si les hommes parviennent à cette sagesse, c'est de façon empirique, par l'observation, le constat, la preuve, la duplication de l'expérience, le raisonnement scientifique, l'animal, par le fait même qu'il possède en lui ce savoir. Dieu a créé les animaux disposant de ce savoir afin de leur permettre d'être, puis de persévérer dans leur être.

On ne sait quelle est la part, chez Celse, de la provocation, de l'humour, de l'ironie ou du sérieux. Certes, il défend l'idée qu'il existe nombre de qualités communes aux hommes et aux animaux et semble militer pour une égalité ontologique qui supposerait une différence de degré et non une différence de nature entre les hommes et les animaux. Mais il lui arrive également de préciser que les animaux sont supérieurs aux hommes ! Celse affirme en effet qu'il n'y a rien de plus divin que prévoir et prédire l'avenir – or les animaux en sont capables. Ainsi les oiseaux qui donnent des signes, ce qui montre leur plus grande proximité avec dieu, Dieu, les dieux, que les hommes, si loin de cet absolu ! Certains hommes de science du moment affirment même que les oiseaux communiquent, échangent des informations, annoncent à leurs congénères où ils vont et s'y rendent, transmettent ce qu'ils ont l'intention de faire et le font. De même avec les éléphants, si l'on en croit Celse, qui sont fidèles à leurs serments et dociles à la divinité par leur très probable proximité avec elle.

Origène réfute ces thèses. Il déplore que Celse n'ait pas eu recours à des raisonnements *apodictiques*, c'est son mot, mais qu'il se soit contenté d'incriminer la foi des croyants chrétiens sans tâcher de découvrir si la divination par les oiseaux était, oui ou non, une discipline fondée. À défaut de certitudes sur le sujet, Origène fait comme si elle était valide. Le voilà donc argumentant : si les oiseaux devaient annoncer l'avenir, ils le connaîtraient ; s'ils le connaissaient, pourquoi dès lors se mettraient-ils si souvent dans des situations si périlleuses qu'ils y perdent la vie ? Car, quitte à prévenir les humains sur leur destinée, pourquoi ne commenceraient-ils pas par prévoir qu'en volant dans telle direction ils rencontreraient à coup sûr des chasseurs et y laisseraient leur vie ? Ou des filets dans lesquels ils succomberaient ? Si les aigles disposaient de cette prescience, ils épargneraient la vie de leurs progénitures qu'ils tiendraient à distance des serpents qui les dévorent. S'ils avaient ce talent, ils échapperaient toujours aux hommes – or ça n'est pas le cas.

Le Père de l'Église affirme : « Aucun des animaux sans raison ne possède une notion de Dieu » (IV. 96). Cette assertion ne manque pas de piquant philosophique, car elle est un genre de preuve que Dieu est une création de la raison, car, la raison faisant défaut aux animaux, les animaux n'ont pas accès à Dieu – qui reste une fiction de la raison, un pur produit de l'intellect que n'ont pas les bêtes, une pure et simple fable humaine, très humaine, trop humaine. Pourquoi Dieu ne se révélerait-il pas, en effet, aux créatures vivantes qui ne disposent pas de l'instrument intellectuel avec lequel se fabrique cette fantaisie religieuse ?

À propos du serment des éléphants, Origène se demande où Celse est allé chercher tout ça ! En fait, Pline et Dion Cassius racontent que les éléphants adorent la lune et refusent de prendre le chemin tant qu'ils n'ont pas obtenu de leurs cornacs un serment solennel certifiant leur retour. Faut-il appeler serment le contrat de bonne entente passé entre l'animal et l'homme qui le domestique ? Si tel était le cas, Celse aurait de toute façon tort, car nombre de preuves attestent que l'éléphant dompté peut s'avérer un jour le plus redoutable des ennemis pour son maître.

Celse affirme que les cigognes manifestent plus de piété filiale que les hommes, car elles apportent de la nourriture à leurs parents. Puis il ajoute une seconde anecdote empruntée à Hérodote et Pline : ainsi, l'oiseau d'Arabie qui émigre en Égypte une fois vieux transporte le corps de son père enfermé dans une boule de myrrhe comme s'il s'agissait d'un cercueil, puis il dépose cet écrin paternel dans le temple du soleil.

Origène contre-attaque : si les cigognes et les oiseaux d'Arabie se comportent ainsi, ça n'est ni par devoir ni par raisonnement, « mais par instinct naturel, la nature, en les formant, ayant voulu que fût placé chez les animaux sans raison un exemple capable de remplir les hommes de confusion sur la reconnaissance due aux parents » (IV.98). La nature montre aux hommes ce qu'il faut faire : Origène, une fois de plus, affirme que les animaux sont là pour les hommes, pour les édifier, leur montrer le chemin et la voie, mais parce que Dieu s'en sert pour éclairer et instruire les humains.

Celse affirme enfin que le monde n'a été créé ni pour les hommes, comme le croient les chrétiens, ni pour les animaux, mais pour lui-même, de façon à être parfait dans son détail et ses parties, dans ses fragments et sa totalité. Le monde est incorruptible, créé et voulu par Dieu qui l'entretient comme tel. Ce même Dieu n'a que faire des hommes dont il ne se soucie aucunement, pas plus qu'il ne se préoccupe des singes ou des rats, chacun vivant son destin, là où il est, ce qui contribue à la perfection de la création. Origène persiste et signe : « Toutes choses ont été faites pour l'homme et pour tous les êtres raisonnables » (IV.99).

Le débat est ainsi posé ; il le reste quasiment dans les mêmes termes. Pour le chrétien, la création est l'œuvre de Dieu qui a procédé par paliers. Les minéraux, les végétaux, les animaux, les humains se présentent les uns après les autres dans le registre temporel, terrestre, mondain. La perfection va croissant de la plante à l'homme. Les animaux sont des créatures de Dieu, sujets et objets des hommes qui peuvent en faire ce que bon leur semble – la parole divine n'ayant rien interdit à leur endroit, ni mauvais traitements, ni souffrance, ni mise à mort, ni cruauté. Origène, austère chrétien, vivait sa foi à la lettre. Au point que, lisant Matthieu qui invitait à se châtrer symboliquement, il a sectionné ses génitoires – preuve qu'il avait des problèmes avec sa part animale.

Pour sa part, Celse fournit l'argumentaire ontologique des antispécistes d'aujourd'hui – même si ces derniers ne souscrivent pas aux histoires naturelles de Pline, d'Arrien ou d'Hérodote. Récapitulons. En effet, pour Celse : les animaux manifestent de l'intelligence ; ils construisent et bâtissent des cités comme les hommes ; ils témoignent de compassion envers leurs semblables ; ils s'avèrent prévoyants et sont donc capables de se projeter dans le futur ; ils enterrent leurs morts ; ils communiquent et disposent d'un langage qui leur permet d'échanger des informations sans se tromper ; ils disposent d'un savoir médicinal assimilable à la magie ; ils prévoient l'avenir ; ils passent des contrats et honorent leurs serments ; ils se montrent doués de pitié filiale. Le païen Celse n'avait pas mis de livres entre le monde et lui, il le voyait tel qu'en lui-même l'éternité ne l'a pas changé.

La transformation de l'animal en bête

L'animal judéo-chrétien est donc un produit de la Bible et des Pères de l'Église. Mais il doit également aux philosophes que l'institution révère, autrement dit, aux idéalistes, spiritualistes, dualistes et autres amateurs d'âme immatérielle, d'esprit éthéré, de substance pensante intangible, de concept pur, de noumène vaporeux, de transcendance ontologique. Platon bien sûr, mais aussi Descartes et les cartésiens, Kant et l'idéalisme allemand contribuent à la continuation de la théologie chrétienne par d'autres moyens. La pensée de Descartes et celle de ses suivants idéalistes (car certains furent matérialistes) comme celle de l'oratorien Nicolas Malebranche ont rendu possibles le spécisme en général et la légitimation philosophique des mauvais traitements aux animaux en particulier.

Le christianisme officiel n'a pas empêché la cruauté envers les animaux et n'a jamais manifesté de compassion à l'endroit des bêtes. La vulgate veut que, dans les premiers siècles du millénaire, il aurait critiqué les jeux du cirque par l'extension d'une pitié à la totalité du vivant. Il n'en est rien. Certes, certains Pères de l'Église ont critiqué les jeux du cirque, mais parce qu'ils regroupaient dans une même détestation le théâtre et le spectacle, coupables de détourner le peuple du vrai Dieu et du culte qu'ils estimaient nécessaire de lui rendre.

À l'époque, les païens célèbrent Minerve dans les gymnases, Vénus dans les théâtres, Neptune dans les cirques, Mercure dans les palestres et Mars dans les arènes. Pas question pour les chrétiens de souscrire à ces piétés antiques, ces grands-messes qui s'effectuent dans la sueur, le sang, le rire, les larmes, les cris. Novatien, Tertullien, Lactance, Augustin, Salvien, Césaire d'Arles font du théâtre une invention du diable. Les jeux du cirque rassemblent des milliers de personnes dans les ferveurs les plus triviales pendant de longues durées – jusqu'à quatre mois par an dans la période du Bas-Empire. Les empereurs chrétiens n'ont jamais interdit les jeux. Au VIᵉ siècle, par exemple, il existe encore des chasses dans les amphithéâtres et à Constantinople, au début du VIIᵉ, l'empereur byzantin très chrétien Héraclius entre plusieurs fois dans l'arène pour y tuer lui-même des lions.

Ce que n'aiment pas les auteurs de la patristique, c'est donc le spectacle, le théâtre, la scène, le peuple en liesse, la dévotion païenne, mais nullement la cruauté envers les animaux. Ils déplorent que des hommes se battent entre eux et assimilent les combats de gladiateurs à des homicides – mais ils ne manifestent aucune compassion pour les animaux massacrés en quantité. Dans sa *Psychomachie*, le poète chrétien Prudence (IVᵉ/Vᵉ) écrit : « Que l'arène infâme se contente uniquement de bêtes sauvages et ne se fasse plus au jeu des homicides parmi les armes ensanglantées. »

Taureaux, ours, sangliers, tigres, lions, hippopotames, éléphants, crocodiles sont capturés partout dans l'empire, enfermés dans des cages, parqués dans des entrepôts, nourris à la chair humaine, convoyés dans d'épouvantables conditions vers le port d'Ostie où débarquent les animaux qui ont survécu avant de retrouver Rome. Pour inaugurer le Colisée, 9 000 bêtes sont tuées. Les spectacles peuvent durer cent jours – on imagine le carnage pendant les sept siècles que dureront les jeux du cirque. Dans l'arène, les odeurs étaient tellement épouvantables que des parfums brûlent en permanence pour couvrir les remugles de mort.

La patristique gréco-latine se trouve dupliquée dans la scolastique médiévale que Descartes pulvérise avec sa métaphysique nouvelle qui récuse le texte comme vérité du monde pour la chercher, puis la trouver, dans une introspection qui débouche sur la création de la subjectivité occidentale. L'auteur du *Discours de la méthode* met la Bible de côté, ne la récuse ni ne la refuse, mais compose sans elle. Une révolution méthodologique, épistémologique, philosophique, ontologique qui débouche sur une métaphysique du sujet entièrement nouvelle.

Mais cette métaphysique oublie l'animal et cette carence réflexive pérennise la condamnation ontologique judéo-chrétienne. Certes, Descartes effectue un pas de géant dans la philosophie occidentale car il lui donne un statut laïc, rationnel, scientifique, dialectique, mais il laisse l'animal à son destin de bête sans âme, de chose sans esprit, de mécanique, d'objet. L'invention du sujet conscient, la déduction de l'être effectuée à partir d'une pensée qui triomphe du doute méthodologique, la création de la subjectivité moderne, la dématérialisation du corps humain composé de substance pensante et de substance étendue, voilà de quoi changer de monde philosophique. Avec Descartes, le Moyen Âge se clôt au profit d'une époque dite moderne.

Mais cette époque n'est pas moderne pour les animaux. Pis : elle va penser de façon moderne la vieille idée de l'animal judéo-chrétien, bête soumise, bête inférieure, bête au service des hommes. On sait que le philosophe, très affecté par la mort de sa petite fille alors âgée de huit ans et par l'apparition de cheveux blancs sur ses tempes de vieux père, avait fait du vieillissement son sujet philosophique de prédilection quand il est mort après avoir pris froid dans la cour royale de Stockholm alors qu'il se rendait auprès de la reine Christine pour lui donner des leçons de philosophie. Pour mener à bien ce projet de philosophie pratique et concrète d'allonger le temps de vie et d'améliorer sa qualité, le penseur pratiquait des dissections dans l'arrière-cour d'un boucher qui le fournissait en animaux. A-t-il pratiqué la vivisection ? A-t-il profité de l'abattage du bétail ou a-t-il sollicité une mise à mort en vue d'une observation ? On ignore les détails. On sait juste qu'il pensait directement le réel en y allant de facto et récusait qu'on renvoie aux textes sacrés qui faisaient autorité pour établir une vérité.

Pragmatique, concret, expérimental, empirique, Descartes interroge la chair pour penser le mécanisme de la vue, la circulation sanguine, l'anatomie, le dispositif digestif, le fonctionnement de la respiration, les organes de la perception et de la sensation, le mystère des songes et du sommeil. Au bout du compte, Descartes y voit des rouages, des contrepoids actifs comme dans les horloges ou les automates, le tout, chez l'homme, animé par une *âme végétative* réductible au sang, aux esprits, au feu qui brûle dans le cœur et aux autres feux se trouvant dans les corps inanimés – pareille conclusion sent le bûcher car, si elle n'est pas franchement matérialiste, cela y ressemble à s'y méprendre ! Ce qui définit l'*âme immatérielle* des chrétiens ne se trouve ni dans les lignes, ni entre les lignes du *Traité de l'homme*, publié après sa mort d'abord en latin en 1662 puis en français en avril 1664.

Et l'animal ? Descartes n'y consacre aucun traité spécifique. Mais on trouve ici ou là dans son œuvre, ou dans sa correspondance, des considérations plus compatibles avec la définition judéo-chrétienne de la bête. Normal. Giordano Bruno brûlé à Rome en 1600, Galilée inquiété publiquement en 1611, attaqué par l'Église en 1615, convoqué au Saint-Office en 1616, mis à l'Index la même année, convoqué à nouveau en 1632, emprisonné en 1633 puis assigné à résidence, voilà de quoi redoubler de prudence pour un homme dont la devise était déjà : « J'avance masqué. »

Dans le *Traité de l'homme*, si l'on en croit une lettre à Mersenne, probablement commencé vers 1623, en pleines tourmentes infligées à Galilée, donc, Descartes écrit librement, animé par la science et conduit par le désir de vérité, sans souci d'éditer ses recherches. Il y affirme par exemple que la terre est en mouvement, ce qui contredit le géocentrisme chrétien. En revanche, quand il publie telle ou telle œuvre, il s'expose au regard critique de l'Église qui surveille la pensée en Europe ; il doit modérer ses propos. Dans l'œuvre inédite de son vivant, donc à l'abri des regards inquisitoriaux, il incarne plus un matérialisme vitaliste que l'idéalisme spiritualiste des œuvres publiées.

Il publie en effet le *Discours de la méthode* en 1637 et consacre la cinquième partie à des questions de physique, dont celle de l'animal. Les chrétiens affirment que Dieu a créé le monde, les hommes et les animaux ? il consent à cette *supposition* – le mot s'avère déjà très audacieux. Il affirme que les hommes et les animaux sont semblables en disposition des organes, en conformation physiologique, en répartition des membres, en constitution matérielle, mais totalement dissemblables, car seul l'homme est gratifié par Dieu d'une âme digne de ce nom. Où l'on retrouve sur ce sujet le recyclage de l'argumentaire théologique judéo-chrétien dans la philosophie cartésienne.

Pas « d'âme raisonnable » dans l'animal, mais « en son cœur un de ces feux sans lumière » identique à celui qui produit la fermentation dans un tas de foin rentré sous l'appentis alors qu'il n'est pas assez sec ou à ce qui produit la fermentation dans un jus de raisin exposé à l'air libre. L'âme est pour Descartes la partie distincte du corps qui permet de penser. Dès lors, cette partie-là est très spécifique des hommes : elle n'existe pas chez les animaux. L'homme se définit donc par l'association d'une substance étendue et d'une substance pensante assez mystérieusement liées par la glande pinéale.

Cette philosophie-là, moderne par ailleurs, et même fondatrice de la modernité métaphysique, n'abolit pas le christianisme, elle le reformule avec le langage de la corporation philosophante : car l'opposition entre substance étendue et substance pensante chez Descartes recouvre grosso modo l'opposition entre le corps et l'esprit chez Platon devenus la chair matérielle et l'âme immatérielle des chrétiens. Le dualisme ouvre une porte à l'arrière-monde en laissant place à une entité métaphysique, au sens étymologique, autrement dit : au-delà de la physique. Et l'arrière-monde nomme le monde réel des religions. De toutes les religions.

Pour le lecteur du Saint-Office, pareille pensée peut recevoir imprimatur. Il respecte en effet les attendus judéo-chrétiens : d'une part, les hommes sont constitués d'un corps matériel, mortel, corruptible, engendré, sujet à la corruption, assigné à la terre, au sol, juste capable de sensations primitives et de perceptions faussées ; d'autre part, ils sont aussi porteurs d'une âme immatérielle, immortelle, incorporelle, une entité subtile, invisible, un genre de tissu ontologique avec lequel on fabrique les anges, les archanges, les corps glorieux, le Christ, Dieu. L'homme associe donc la matière de la terre et l'antimatière du ciel, la pesanteur charnelle et la grâce spirituelle, le poids de son humanité et l'espérance de sa divinité, les organes communs aux animaux et l'esprit propre aux créatures célestes. L'animal, lui, n'est que corps, que terre, que matière, que chair, que génération et corruption. L'homme est potentiellement immortel, tout dépend de la vie qu'il mène, car il peut gagner la vie éternelle ; l'animal n'échappera pas au néant de la mort car, une fois vidé de la vie, il se décompose et ne libère aucune âme. Rien ne distingue Descartes de l'auteur de la Genèse, ni d'Origène ou des autres Pères de l'Église.

Descartes sépare donc les hommes et les animaux parce que seuls les premiers ont une âme, pas les seconds. Il ajoute également un deuxième argument : seuls pensent et parlent les humains, jamais les animaux. Le plus simplet des humains parle et arrange toujours tant bien que mal quelques phrases qui font sens ; mais le plus élaboré des animaux donnant l'impression qu'il va parler, la pie ou le perroquet, par exemple, ne produisent jamais rien d'autre que des sons qui ne constituent jamais un langage à même d'exprimer une pensée. Par ailleurs, les hommes qui naissent sourds et muets inventent un autre langage qui leur permet de communiquer entre eux, bien sûr, mais également avec quiconque apprend leur langage. Descartes conclut : « Ceci ne témoigne pas seulement que les bêtes ont moins de raison que les hommes, mais qu'elles n'en ont point du tout » (Pléiade, 165).

Descartes poursuit son argumentation en déniant aux animaux le pouvoir du langage. Il affirme qu'il faut peu de raison pour parler ; les animaux, même d'une espèce semblable, accusent de grandes inégalités quant au dressage ; un singe ou un perroquet qui, chacun, incarneraient l'excellence dans leur genre, ne pourraient égaler un enfant, même stupide ou au cerveau dérangé, dans le processus d'apprentissage et dans la pratique du langage ; ce qui prouve leur nature différente de la nôtre.

Par ailleurs, le philosophe ajoute qu'il existe des animaux bien plus industrieux que les humains, mais rien ne prouve que cette habileté signifie l'intelligence ou l'esprit. Parlant de l'esprit, justement, Descartes écrit que les animaux n'en ont point « et que c'est la nature qui agit en eux selon la disposition de leurs organes : ainsi qu'on voit qu'une horloge, qui n'est composée que de roues et de ressorts, peut compter les heures et mesurer le temps plus justement que nous avec toute notre prudence » (166).

De là, il conclut que l'âme des animaux est mortelle, et celle des hommes, immortelle. Bien sûr ! Le destin des mouches et des fourmis ne saurait être celui de l'auteur du *Discours de la méthode* ! Mais, plutôt que de conclure à l'inexistence du paradis pour les animaux parce qu'il n'y en a pas non plus pour les hommes, Descartes pose que l'âme humaine est immortelle – car il ne voit rien qui pourrait détruire cette âme. Des preuves de cette assertion un peu philosophiquement courte ? Aucune. Quant aux animaux, puisqu'ils sont différents, il faut bien qu'ils n'aient pas cette âme qui est la signature de l'*Homo sapiens*. Permanence de l'argumentaire théologique chrétien d'Origène !

Dans la *Sixième Réponse faite aux Objections* à ses *Méditations*, Descartes reprend le sujet. Il affirme à nouveau l'inexistence de toute pensée chez les animaux. On trouve chez eux la vie, l'âme corporelle, les sens organiques, mais pas la pensée. Les adversaires de Descartes affirment qu'il y a de la pensée chez les animaux, en proportion différente d'avec l'homme, bien sûr, mais qu'on peut tout de même parler de pensée – le philosophe n'en démord pas : il n'y en a pas chez les animaux. De fait, aucun singe ne pourrait affirmer « Je pense, donc je suis. »

La correspondance porte trace de réflexions sur ce sujet : une lettre à Morus datée du 5 février 1649 persiste dans l'idée qu'attribuer la pensée à l'animal, c'est obéir à un préjugé ancien induit par les ressemblances physiologiques qui nous font prêter une âme aux bêtes. Pas question, pour le philosophe, de consentir d'attribuer aux animaux « cette âme que j'ai définie substance pensante » (1318). Impossible, écrit Descartes, de démontrer qu'il y a une pensée chez les bêtes ; mais impossible également de prouver le contraire.

En matière d'intelligence animale, Descartes est un agnostique. Pénétrer le cœur des animaux s'avère chose impossible pour les hommes. Mais le naturel reprend le dessus et, juste après ce moment de faiblesse agnostique, Descartes affirme à nouveau qu'il ne saurait y avoir d'âme immortelle chez les vers, les moucherons, les chenilles. À preuve, ces mouvements involontaires, comme lors des convulsions, qui témoignent qu'il existe des productions de la machinerie elle-même indépendamment de la volonté. De même, la capacité des humains à fabriquer des automates doués de mouvement atteste que la mobilité ne prouve pas la présence de la pensée et de la décision volontaire de toute motilité. Enfin, aucun animal n'a poussé la perfection jusqu'à inventer un langage comme les humains. Or, le langage étant la preuve de la pensée, le mutisme des animaux prouve l'inexistence de la pensée chez eux. Descartes fait du langage la ligne de partage entre les animaux et les hommes.

Une autre lettre envoyée au marquis de Newcastle le 20 novembre 1646 permet à Descartes de préciser à nouveau sa pensée. Il y affirme ceci : certes, les animaux font des choses mieux que les humains, mais c'est par nature, en vertu de leurs conformations, comme les automates, parce qu'ils sont déterminés par leur physiologie à être ce qu'ils sont et qu'il n'entre pour rien dans ces comportements qui ressemble à un choix volontaire, une décision rationnelle, un projet conscient.

Les animaux fonctionnent comme les horloges qui ne disposent d'aucune intelligence. Quand les hirondelles reviennent au printemps, elles n'y mettent pas plus de raison, de volonté, d'intelligence, qu'une pendule qui nous indique à midi qu'il est... midi. De même avec les abeilles quand elles produisent leur miel. Ou les grues qui volent en ordre dans le ciel. Ou les singes qui se battent tout en conservant eux aussi un ordre dans leur affrontement. Ou les animaux qui enterrent leurs morts. Ou ceux qui, comme les chats, cachent leurs excréments avec des gestes compulsifs. Certes, ces animaux nous ressemblent par leurs conformations physiologiques ; mais ils diffèrent radicalement de nous parce qu'il leur manque l'âme – la substance pensante avec laquelle, s'ils en disposaient, ils penseraient, puis parleraient.

Mais c'est une lettre à Mersenne qui enclenche un mouvement qui, via Malebranche, va faire de Descartes, quoi qu'il en pense, le penseur du spécisme, celui qui impose une ligne de démarcation infranchissable entre les humains pourvus d'âme et les animaux qui en sont dépourvus, entre la substance étendue des hommes sauvée par la présence en elle d'une substance pensante et la pure substance étendue sans substance pensante des animaux qui les voue à la damnation d'un enfer sur terre.

Ce 18 mars 1630, Descartes écrit au Père Mersenne une lettre dans laquelle il prend un exemple qui va le suivre longtemps et le transformer en maître à penser du spécisme ! En précurseur de Pavlov, le philosophe français affirme que, « si on avait bien fouetté un chien cinq ou six fois, au son du violon, sitôt qu'il ouïrait une autre fois cette musique, il commencerait à crier et à s'enfuir » (926). D'un point de vue de la psychologie comportementaliste, il a raison ! Mais la parabole entre en consonance avec les thèses de l'un de ses disciples, Nicolas Malebranche, et va lui permettre la cristallisation d'un lieu commun de la philosophie française qui semble sans trace ni preuve tangibles.

Nicolas Malebranche passe pour un cartésien. On pourrait toutefois modérer cette lecture et opposer dos à dos l'auteur du *Discours de la méthode,* qui vise à s'affranchir de toute tutelle livresque afin de penser à partir de bases solides, mais immanentes, concrètes, pragmatiques, et l'auteur de *De la recherche de la vérité,* qui cherche à concilier Platon, Plotin, le néo-platonisme, Augustin, autrement dit tout l'héritage antique qui plaît au christianisme, et Descartes, qui cherchait à s'en affranchir. Le premier construit son cogito sur une introspection qui met Dieu à l'écart, à défaut de le congédier ; le second fait revenir par la porte un Dieu que Descartes avait fait sortir par la fenêtre. Car ce prêtre oratorien, ce théologien catholique, ce théiste aux antipodes d'un Descartes qui ouvre la voie au déisme laisse un nom dans l'histoire de la philosophie par sa doctrine de l'occasionalisme.

Qu'est-ce que l'occasionalisme ? Un mot compliqué pour exprimer une idée théologique finalement simple et vieille comme le monde : la Providence. Tout ce qui advient n'est possible qu'en Dieu. Voilà. Ce qui est n'est jamais qu'un ensemble d'occasions secondaires dont la cause une, unique, première, est Dieu. Dès lors, la réalité la plus concrète est le produit d'une cause qui la veut ainsi : Dieu. Ainsi, les animaux sont ce qu'ils sont parce que Dieu les a voulus tels.

Et Malebranche, sur ce sujet, de manifester un cartésianisme orthodoxe. L'histoire veut que l'oratorien ait été ravagé à la lecture du *Traité de l'homme* de Descartes en 1664. Le jeune homme de vingt-six ans transpire, voit son cœur battre à vive allure : il se trouve illico converti à l'automatisme cartésien. Comme Descartes, il défend chez l'homme l'existence d'une âme immortelle et pensante ; comme son maître, il affirme que les animaux sont dépourvus d'âme et qu'ils obéissent à des mécanismes automatiques.

L'oratorien met la souffrance en relation avec le péché originel : c'est parce qu'il y a eu cette faute majeure commise par Ève que la négativité est advenue sur terre. Souffrance, mort, travail, pudeur, enfantement dans la douleur. Or les animaux n'ont pas péché ; donc, ils ne sauraient subir les effets de cette cause peccamineuse, ils sont donc dispensés de souffrance. CQFD. Un rhéteur, un sophiste, un habile dialecticien poserait la question du serpent comme cause du péché, mais Malebranche passe cette aventure animale généalogique sous silence.

Pour Malebranche, les animaux mangent sans plaisir, crient sans douleur, croissent sans le savoir, ne désirent rien, ne craignent rien, ne connaissent rien, ils ne sont pas intelligents, ils ne disposent pas d'âme. Ils semblent agir mus par l'intelligence parce qu'on ignore leurs mobiles qui sont tout simplement le bon vouloir de Dieu, la Providence. L'occasionalisme dispose ici d'un exemple : nous prenons pour de l'intelligence ce qui, chez les animaux, relève d'un instinct placé dans la bête par la volonté de Dieu. La providence s'incarne sous forme d'instinct.

Il existe des chiens pour les besoins de l'argumentation de Malebranche dans son œuvre : chiens qui frétillent avant la chasse et montrent de cette façon le jeu de leurs machines ; chien qui fait la fête à son maître et obéit là encore à la dialectique instinctive qui est vouloir divin. Mais c'est un autre chien, invisible dans l'œuvre, qui a beaucoup fait pour la (mauvaise) réputation de l'oratorien. On dit en effet, sans qu'il existe une seule citation explicite dans l'œuvre complète, que Malebranche aurait donné un coup de pied dans le ventre de sa chienne qui aboyait après un visiteur. Alors que ce dernier s'étonnait, il aurait répondu : « Cela crie, mais cela ne sent pas. »

Comme la réputation d'un philosophe (mais aussi d'un homme ou d'une femme qui ne l'est pas) nomme toujours la somme des malentendus accumulés sur son compte, Nicolas Malebranche, penseur sérieux de l'occasionalisme chrétien, est devenu le philosophe qui bourre de coups le ventre de son chien sous prétexte qu'il ne sentirait rien. Du chien métaphoriquement dressé chez Descartes à se faire fouetter cinq ou six fois au son du violon au penseur qui envoie son pied dans le flanc de son animal sous prétexte qu'un vivant dépourvu de conscience, de raison, de langage, épargné par le péché originel, ne sentirait rien, il n'y a qu'un pas. Les mauvais traitements aux animaux peuvent continuer tant qu'il existe une tradition philosophique pour leur dénier le droit d'être des vivants sensibles et souffrants.

La naissance de l'animal judéo-chrétien relayée par la transformation de l'animal en bête ouvre un boulevard aux violences infligées depuis par les hommes aux animaux. L'animal est un être vivant dont l'étymologie renvoie au souffle, à la vie, à l'âme ; la bête, nous apprend le dictionnaire, définit « tout animal, l'homme excepté ». Que s'est-il passé pour que l'animal vivant, doué d'une âme et d'un souffle, devienne une bête et génère par la suite, au XVIIIᵉ siècle, une série de mots connotés négativement : bestial, bêta, bêbête, bêtise, bêtement, bêtifier, bêtisier, abêtir, embêter, rabêtir, ou qu'on associe le mot à idiot, inepte, crétin, imbécile, inintelligent, obtus, stupide, con, ou que les contraires soient fin, futé, ingénieux, intelligent, spirituel, subtil ?

La Genèse, les animaux allégoriques et métaphoriques d'un Jésus de papier et de fiction, les Pères de l'Église tout à la glose de la parole dite de Dieu, Descartes soucieux de conserver le schéma judéo-chrétien pour poser les bases de la modernité avec prudence, Malebranche, présenté comme un cartésien emblématique auquel on associe cette anecdote peut-être inventée, mais qui ramasse si bien la proposition ontologique faite par l'auteur du *Discours de la méthode*, voilà ce qui, dans un lignage qui triomphe dans un Occident industrialisé soumis à l'injonction cartésienne qu'il faudrait « se rendre comme maître et possesseur de la nature », va donner ce que d'aucuns ont appelé un *éternel Treblinka* pour qualifier les flots de sang dans lesquels des millions d'animaux sont égorgés chaque jour pour que des hommes s'en nourrissent. Descartes ne le savait pas, mais il préparait philosophiquement cette orgie de cadavres (animaux) mangés par de futurs cadavres (humains) sans une once de pitié.

3

LE SURGISSEMENT DES ANIMAUX NON HUMAINS

Le statut de l'animal dans l'histoire de la philosophie occidentale n'est évidemment pas le même si l'on se situe dans le lignage institutionnel et officiel, celui de l'idéalisme, du spiritualisme, du judéo-christianisme, du cartésianisme, du kantisme, de l'idéalisme allemand, ou si l'on emprunte un autre chemin, celui de la contre-allée qui rassemble les pythagoriciens, les sensualistes, les matérialistes, les abdéritains, les épicuriens, les utilitaristes et autres penseurs libres qui estiment que la philosophie n'a pas à être au service de la théologie, mais de la vérité, de la justice et de la justesse, de la raison, autant de vertus rassemblées par Darwin qui prouve un jour qu'il n'existe pas une différence de nature entre l'homme et l'animal, mais une différence de degré.

L'Origine des espèces qui paraît en 1859, mais aussi, et plus sûrement, en matière de généalogie scientifique du surgissement de la possibilité ontologique d'animaux non humains, *La Descendance de l'homme* en 1871 et *L'Expression des émotions chez l'homme et les animaux* en 1872 sont deux ouvrages qui révolutionnent la philosophie occidentale – si du moins on avait entendu ce que Darwin enseigne, un message toujours inaudible dans la corporation philosophante idéaliste qui commence toute réflexion en écartant d'abord les faits.

Pourquoi ces trois livres constituent-ils une révolution ? Parce qu'ils coupent l'histoire de la civilisation judéo-chrétienne en deux : avant Darwin, Dieu fait la loi, crée le monde, puis l'homme et la femme ; après lui, Dieu existe toujours, certes, il est « le Créateur », mais le naturaliste le met presque en dehors de cette aventure. Certes, Dieu donne une impulsion primitive, il se sert de lois et non de miracles pour produire son œuvre, il a créé l'homme, mais, d'une certaine manière, il a pris son temps et utilisé la sélection naturelle pour produire, à la fin des temps, sa créature la plus achevée – l'homme. Darwin semble un déiste qui cherche à ne pas blesser les théistes avec des thèses trop opposées à la religion chrétienne ; défend le créationnisme et la création ex nihilo de l'homme réalisé comme une perfection dès sa production.

L'Origine des espèces a beaucoup fait pour la réputation de Darwin, mais dans ce livre il n'y est pas question de l'homme, juste des animaux non humains. On y trouve développée la théorie de la sélection naturelle en vertu de laquelle, dans la nature, les espèces se reproduisent à l'excès, ce qui produit un surnombre d'individus dont certains doivent mourir. Ainsi, dans la compétition qu'elle organise, la nature avantage les individus les mieux adaptés à vivre et survivre dans un monde de prédateurs et de lutte pour la vie en même temps qu'elle supprime ceux qui sont les moins adaptés. Cette sélection vise à améliorer l'aptitude des êtres vivants à mieux vivre dans un milieu hostile. Darwin parle des végétaux et des animaux, mais pas des humains, sinon en une phrase sibylline annonçant que ses découvertes permettront de résoudre le problème de l'origine de l'homme.

C'est donc dans *La Descendance de l'homme*, publié douze ans après, en 1871, que Darwin aborde franchement la question et annonce que l'homme est le produit de l'évolution d'un singe qui, du fait même de cette évolution, a disparu puisqu'il a donné l'homme, cependant que d'autres singes restaient singes du fait d'une évolution différente. Les singes-singes, disons-le ainsi, ont conservé un mode de vie arboricole dans les forêts, leurs avant-bras se sont développés en fonction de l'utilité des déplacements entre les arbres. En revanche, les singes-hommes sont des singes-singes descendus des arbres pour arpenter la savane, ce qui développe une bipédie qui libère la main alors disponible pour une appropriation du monde par les outils. Le cerveau croît alors en importance, l'intelligence se développe. De sorte que, pour Darwin, l'intelligence est le produit d'un changement de mode de vie, une conséquence, et non sa cause.

L'intelligence s'avère le produit d'un mode de vie transformé – trop de singes dans les arbres ? Pas assez de nourriture dans ce volume arboricole ? Trop de singes, donc pas assez de nourriture, ce qui contraint à descendre des arbres ? On ne sait, mais Darwin pose l'hypothèse : des singes restent singes en demeurant dans les arbres, d'autres singes deviennent des hommes en les quittant. Animaux non humains dans la forêt, animaux humains dans la savane. Le partage entre l'animal humain et l'animal non humain s'effectue ontologiquement en 1871 avec ce texte de Darwin.

Dans ce livre révolutionnaire, Darwin constate que les animaux et les hommes se ressemblent étrangement : le squelette, les muscles, les nerfs, les vaisseaux, les viscères, l'encéphale, la transmission de certaines maladies des uns aux autres, la relation des physiologies aux astres, le processus de cicatrisation, la mécanique de la reproduction, l'évolution de l'embryon, etc. L'anatomie comparée permet de multiplier les exemples. Darwin mobilise l'éthologie, l'anthropologie, l'ethnologie, disciplines en gésine, pour argumenter en faveur de la parenté anatomique.

Mais cette parenté anatomique ne fait pas tout. Si le singe-singe et le singe-homme descendent d'un même arbre, il se fait que l'un et l'autre se séparent sur le devenir de leur communauté. Les singes-hommes évoluent dans un sens social qui débouche sur la création de la société pacifiée, de la morale communautaire et de la religion collective. Cette séparation entre l'animal non humain et l'animal humain permet aux antispécistes de fonder leur combat, mais sur une partie de l'information, certes le singe-singe et le singe-humain ont en commun le singe – mais pas l'humain.

Cette communauté n'est pas peu, certes, mais elle n'est pas tout non plus. Car *La Descendance de l'homme* montre que Darwin ne fut pas darwinien – si l'on entend par là : un défenseur du régime politique libéral sous prétexte qu'il serait le plus adapté à la théorie de la sélection naturelle et de la meilleure adaptabilité. Darwin propose une généalogie de l'humain dans ce singe séparatiste des siens en mettant en évidence l'existence d'un sens moral, puis d'un instinct social qui va conduire cet animal à ce qu'il est convenu d'appeler l'humain.

Devenu bipède, ce singe-homme a donc entrepris de s'approprier le monde avec des outils ; il a, de ce fait, développé son intelligence ; l'augmentation du volume de la boîte crânienne témoigne. La sélection naturelle travaille donc, ruse de la raison, effet dialectique singulier, à sa disparition : pour les individus, la sélection naturelle écarte les mal-venus, les mal-formés, les faibles, les moins adaptés à la brutalité de la nature dans laquelle règne la loi de la prédation, afin que les mieux adaptés puissent se reproduire, vivre et transmettre leurs qualités à l'espèce. Avec Spencer, le darwinisme social de droite table sur cette partie de la découverte de Darwin en oubliant qu'il a aussi découvert autre chose qui invalide les lectures de droite du naturaliste anglais.

En effet, l'espèce obéit à d'autres lois. Darwin met au jour un sens moral chez les animaux, un sens de l'aide, de l'entraide, de la coopération qui permet aux plus forts de venir en aide aux plus faibles, de sauver les infirmes, de sauvegarder les malades, d'assister les déshérités. Certains animaux peuvent même se sacrifier individuellement pour que vive le groupe. En plus d'une sélection naturelle individuelle, il existe également une sélection naturelle de groupe. L'éducation, la transmission, le pouvoir de l'intelligence, l'altruisme prennent donc le relais. Ce pan de l'œuvre de Darwin peut être lu à gauche, notamment par le socialiste libertaire Kropotkine, qui, dans *L'Entraide*, s'appuie sur ce qu'il est convenu d'appeler *l'effet réversif de l'évolution* pour proposer une société solidaire, fraternelle, mutualiste – en un mot : anarchiste.

Darwin montre donc la parenté des animaux et des hommes, mais, dans le même mouvement, il signale la divergence : animaux comme les autres animaux dits non humains, les hommes partagent donc une grande partie de leur anatomie, mais aussi nombre de leurs émotions, de leurs sentiments, de leurs affects et, surtout, de semblables réactions physiologiques à ces sensations, ces perceptions – changement de couleur, tremblement de muscles, métamorphoses du système pileux, déclenchement de sécrétions, logiques de sudation, etc.

Dans *L'Expression des émotions chez l'homme et les animaux* (1872), il multiplie les exemples pour montrer ce qui lie les deux mondes : la douleur, la fureur, la terreur, la colère, l'attention, la joie, l'affection, l'étonnement, l'hostilité, l'agressivité, la tendresse, la peur, la gêne, l'embarras, l'effroi, le plaisir, la paix, la guerre, la réconciliation, le contentement, le chagrin, la contrariété, la jalousie, l'abattement, etc. Convenons qu'avec pareil spectre affectif les animaux et les hommes vivent dans un même monde sensible et sont pareillement affectés par les heurs et malheurs de l'intersubjectivité. Pour les hommes, on parle de psychologie ; pour les animaux, d'éthologie. Mais il s'agit de deux façons de dire un même univers.

Prudent, précautionneux, circonspect, Darwin donne des gages aux chrétiens : il n'évacue pas Dieu, il parle du Créateur et lui prête, dans la logique anthropomorphique judéo-chrétienne, une intelligence humaine, un projet humain, un labeur humain, une démarche humaine. Pour le naturaliste, Dieu ne crée pas ex nihilo, comme son statut théologique et ontologique le lui permettrait pourtant, mais il prend son temps, comme une créature humaine, très humaine, trop humaine, qui emprunte la voie découverte par le scientifique de la lutte pour l'existence, de la sélection naturelle. Disons-le plus simplement : pour Darwin, Dieu s'est fait... darwinien pour créer l'homme !

Le Vatican, pas si sot, ne se laisse pas prendre au piège : il comprend bien que, s'il descend des arbres et du singe, l'homme ne saurait descendre du ciel ! Dès lors, les hommes devront choisir entre le créationnisme qui montre la toute-puissance d'un Dieu qui crée à partir de rien, qui produit le tout avec du chaos, et l'évolutionnisme qui témoigne d'un Dieu étalant sa création sur un long temps, empruntant des chemins scientifiques complexes plutôt que des autoroutes théologiques si simples. Les notes intimes et privées de Darwin montrent un homme conscient que l'Église pourrait lui réserver le sort de Bruno et Galilée. Pour ce faire, il cache son matérialisme sous une présentation déiste. La moitié du chemin faite par le scientifique, l'Église effectue elle-même l'autre moitié : elle refuse, bien sûr, ces thèses qui détruisent l'ontologie judéo-chrétienne, mais elle ne met aucun des livres de Darwin à l'index. À malin, malin et demi. Mais le mal est fait : on ne peut plus dire sérieusement qu'il y aurait une différence de nature entre l'homme et l'animal, car il n'existe qu'une différence de degré. Il s'agit d'une révolution ontologique radicale qui pulvérise la pensée chrétienne. Mais pareil changement de paradigme ne saurait s'effectuer dans une civilisation de façon simple, claire et évidente. Nous vivons toujours comme si Darwin n'avait jamais eu lieu.

Il existe une longue tradition philosophique qui prépare ce que découvre le naturaliste anglais. On ne s'étonnera pas qu'elle relève de la *contre-histoire de la philosophie* à laquelle j'ai consacré treize années de mon existence. Elle mobilise des atomistes, des matérialistes, des abdéritains, des épicuriens, des sensualistes, des agnostiques, des fidéistes, des déistes, des panthéistes, des athées, des utilitaristes, des pragmatiques, autrement dit des penseurs rétifs à la tradition idéaliste, des philosophes rebelles, indifférents à l'institution, qui le leur rend bien, des esprits qui cherchent moins la vérité du monde dans les livres qui disent le monde que dans le monde lui-même, directement.

Singulièrement, la pensée de Descartes produit des cartésiens que n'aurait probablement pas adoubés l'auteur du *Discours de la méthode*. Je songe à l'abbé Meslier, curée athée, auteur d'un sublime et volumineux *Testament* retrouvé à sa mort, ou à Julien Offray de La Mettrie, épicurien du siècle des Lumières, grand vivant, bon vivant, lecteur de Descartes, certes, mais aussi amoureux de la vie sous toutes ses formes au point de mourir, dit-on, de l'indigestion d'un pâté de faisan à la cour du roi Frédéric II de Prusse – probablement un infarctus du myocarde, selon mon vieux médecin de campagne aujourd'hui à la retraite qui m'avait diagnostiqué... un infarctus quand j'avais vingt-huit ans !

Si le cartésianisme se construit sur la substance pensante, il génère Malebranche, qui, de l'ontologie judéo-chrétienne jusqu'à l'idéologie du complexe alimentaire industriel capitaliste, fournit une pensée susceptible de justifier les mauvais traitements infligés aux animaux ; s'il s'élabore sur la substance étendue, il débouche sur Meslier, qui, via les matérialistes et les utilitaristes, élabore une pensée dans laquelle l'animal trouve une place de partenaire à respecter et non de proie à déchiqueter.

Les deux lignages peuvent également déboucher sur des impasses : le *spécisme*, qui justifie l'exploitation industrielle des animaux au point qu'on a pu assimiler, comme Charles Patterson, les rapports entretenus entre les hommes et les animaux à ceux des nazis avec les juifs ; ou *l'antispécisme*, qui permet à son héraut Peter Singer de justifier les relations sexuelles entre les hommes et les animaux, pourvu que ces rapports n'occasionnent aucune douleur à l'animal. D'un côté, la dilution de la Shoah dans les abattoirs, de l'autre, la légitimation d'une copulation d'un homme avec une vache, un singe ou une chèvre.

L'historiographie dominante fait remonter à Bentham (1748-1832) le premier souci de l'animal. Le philosophe anglais écrit en effet dans son *Introduction aux principes de la morale et de la législation* (1789) et son *Traité de législations civiles et pénales* (1791) que les hommes et les animaux se comportent selon les mêmes principes hédonistes : les uns et les autres recherchent le plaisir et fuient la douleur, ils souhaitent tous obtenir un maximum de jouissances et conjurer un maximum de peines. Le bonheur s'avère l'objectif des comportements des animaux et des hommes, du philosophe et de son chien.

Bentham n'est pas contre la mise à mort des animaux pour s'en nourrir, mais il s'oppose à l'idée que l'on puisse les faire souffrir, leur infliger de mauvais traitements – il parle alors de les *torturer*. Le philosophe opère une comparaison qui devient raison : il y eut un temps où l'on justifiait l'esclavage avec les mêmes arguments que ceux qui légitimeraient les mauvais traitements infligés aux animaux : leur infériorité, leur sous-humanité. Des lois donnaient même forme et contenu à cette injustice. Bentham se réjouit qu'à la faveur de la Révolution française l'esclavage ait été aboli. Il espère qu'un jour on opérera aussi une révolution intellectuelle et politique du même genre pour que ne soient plus jamais infligées de souffrances aux animaux.

La discrimination entre les hommes et les animaux ne saurait s'effectuer à partir de la faculté de raisonner ou de parler. Il écrit cette phrase devenue célèbre : « La question n'est pas : peuvent-ils *raisonner*? Ni : peuvent-ils *parler*? Mais bien : peuvent-ils *souffrir*? » Et puisqu'en effet les animaux peuvent souffrir, les hommes doivent tout faire pour empêcher leur souffrance. Aucun mauvais traitement ne saurait être justifié, toléré, expliqué, admis, permis. Accepter des lois sanguinaires avec les animaux, c'est accepter que les hommes puissent les appliquer pas seulement à eux. D'où la condamnation effectuée par Bentham des jeux du cirque, des corridas, des combats de coqs, de la chasse, de la pêche, qui, selon lui (et j'y souscris), « supposent nécessairement ou une absence de réflexion ou un fond d'inhumanité » (*Traité des législations civiles et pénales*, I. XVI).

Presque un siècle en amont (précisément : soixante-dix ans avant), cette pensée forte et puissante en faveur des animaux se trouve déjà chez un philosophe français, Jean Meslier (1664-1729), auteur d'un livre majeur qui pose les bases du matérialisme français : un *Testament* dont le titre entier est *Mémoire des pensées et des sentiments de J... M... Pre... cu.. d'Estrep... et de Bal... Sur une partie des Erreurs et des Abus de la Conduite et du Gouvernement des Hommes où l'on voit des Démonstrations claires et évidentes de la Vanité et de la Fausseté de toutes les Divinités et de toutes les Religions du Monde pour être adressé à ses Paroissiens après sa mort et pour leur servir de Témoignage de Vérité à eux, et à tous leurs Semblables.*

L'expression « J... M... Pre... cu.. d'Estrep... et de Bal... » dissimule : « Jean Meslier, prêtre, curé d'Estrepigny et de Balaive », paroisses des Ardennes. Le caractère énigmatique et codé s'explique par le fait que cet ouvrage de près de mille pages s'avère un texte philosophique athée, matérialiste, sensualiste, utilitariste et conséquentialiste avant l'heure. Autrement dit : une bombe philosophique qui, si elle était découverte par ses supérieurs hiérarchiques, lui vaudrait le bûcher illico. Giordano Bruno et Jules César Vanini tués par l'Église en avaient beaucoup moins dit.

Ce curé de campagne qui pense sans bibliothèque et sans le secours des salons parisiens (qui réunissent parfois Diderot, Voltaire, Buffon, Helvetius, d'Holbach, d'Alembert, Hume, Condorcet à la même table), a lu Montaigne et Descartes, mais aussi Malebranche et Spinoza. Jean Meslier a inventé l'exégèse biblique en traquant toutes les contradictions, les erreurs, les extravagances, les aberrations, les stupidités, les énormités, les idioties, les inanités, les âneries, les bêtises, les falsifications qui se trouvent dans la Bible. Il a montré combien Dieu était une fiction et la religion une invention utile aux pouvoirs qui peuvent ainsi s'assurer la domination des peuples opprimés, écrasés, exploités, spoliés. Il a invité à un communisme libertaire communaliste, concret, immanent. Il pouvait donc déplaire à beaucoup, pas seulement aux gens d'Église.

Ce texte, Jean Meslier le rédige dans son petit presbytère, seul, sans copiste, sans possibilité de dicter, comme Montaigne. Il travaille à la lueur de la bougie, le soir, après avoir effectué sa journée de travail de curé... athée. Il a travaillé dix ans de façon clandestine, entre 1719 et 1729, de cinquante-cinq à soixante-cinq ans. Il effectue quatre copies, qu'il disperse, sachant qu'une seule, découverte par un dévot, aurait été facile à faire disparaître – comme l'Église fait disparaître son corps à sa mort le 28 ou 29 juin 1729.

Révolutionnaire en tout, Jean Meslier l'est également sur le terrain de la philosophie des animaux. Ce curé anarchiste a pris le parti des humbles, des petits, des humiliés, des offensés, des sans-grade. Normal qu'il se range du côté des animaux maltraités. Il écrit sur les enfants frappés, les femmes battues, les animaux martyrisés. Meslier confie qu'il ne supporte pas la vue du sang et qu'il ressent de la répugnance à voir tuer des poulets, des pigeons ou des cochons pour les manger. « Je hais de voir

271

seulement les boucheries, et les bouchers » (I.217). Pour autant, il n'est pas végétarien et fait de cette pratique existentielle une bigoterie parente de la pratique religieuse. Il oppose le sacrifice des animaux abattus pour plaire aux dieux et obtenir leurs faveurs et le refus de manger leur chair qui suppose une sacralisation tout aussi philosophiquement condamnable.

Soixante-dix ans avant Bentham, voici ce qu'écrit Meslier : « C'est une cruauté et une barbarie de tuer, d'assommer et d'égorger comme on fait, des animaux qui ne font point de mal, car ils sont sensibles au mal et à la douleur aussi bien que nous, malgré ce qu'en disent vainement, faussement, et ridiculement nos nouveaux cartésiens, qui les regardent comme des pures machines sans âme et sans sentiments aucuns, et qui pour cette raison, et sur un vain raisonnement qu'ils font sur la nature de la pensée, dont ils prétendent que les choses matérielles ne sont pas capables, les disent entièrement privés de toute connaissance, et de tout sentiment de plaisir et de douleur. Ridicule opinion, pernicieuse maxime, et détestable doctrine puisqu'elle tend manifestement à étouffer dans le cœur des hommes tous sentiments de bonté, de douceur et d'humanité qu'ils pourraient avoir pour ces pauvres animaux, et qu'elle leur donne lieu et occasion de se faire un jeu, et un plaisir de les tourmenter, et de les tyranniser sans pitié, sous prétexte qu'ils n'auraient aucun sentiment du mal qu'ils leur feraient, non plus que des machines qu'ils jetteraient au feu, ou qu'ils briseraient en mille pièces. »

Meslier de poursuivre sa démonstration : il y a cruauté puisque les animaux et les hommes partagent nombre de points communs : ils sont vivants, mortels, faits de chair, de sang et d'os, composés des organes de la vie et du sentiment ; ils ont des yeux pour voir, des oreilles pour entendre, un nez pour sentir, une langue et un palais pour distinguer les goûts et choisir ce qui leur convient ; ils ont des pieds pour marcher ; ils ont des sentiments et des passions. Avant Bentham, Meslier écrit : « Ils sont sensibles aussi bien que nous au bien et au mal, c'est-à-dire au plaisir et à la douleur. » Voilà pourquoi, animaux de compagnie ou de travail, il faut les traiter avec douceur et compatir à leurs misères.

Jean Meslier consacre un autre développement aux animaux dans son *Testament*. Il inscrit clairement sa pensée dans le lignage de Montaigne qui, dans son *Apologie de Raimond Sebond*, a consacré de longs passages à jouer d'exemples montrant que les animaux et les hommes ne sont séparés que par degré et non par nature : « Il y a quelques différences, il y a des ordres et des degrés, mais c'est sous le visage d'une même nature » (II.200). On sait combien Montaigne aime chevaucher dans la campagne, la compagnie des animaux, l'observation de ceux-ci, la présence de son chien. Lui qui parle d'un « cousinage » (II.165) avec les bêtes, il avoue relâcher le gibier vivant.

Les pages de l'*Apologie* font entrer les animaux par la grande porte dans l'histoire de la philosophie. On estime bêtes les animaux, mais les animaux pourraient tout autant nous estimer bêtes. Montaigne montre que les animaux communiquent entre eux et avec nous si nous savons les regarder, les écouter, les entendre. Bien avant Darwin, Montaigne se fait éthologue et répertorie les signes donnés par les animaux avec les mains, la tête, les mimiques, les expressions, le corps, le visage. Il parle des chats, des chevaux, des abeilles, des hirondelles, des araignées, des thons, des rémoras, des hérissons, des caméléons, des poulpes, des oiseaux, des baleines, des éléphants, de l'alcyon, du lièvre, des parasites, du renard, pour conclure que les animaux ont « délibération, pensement et conclusion » (II.195) autant que nous et parfois même plus et mieux que nous. Ils montrent leur sagacité à la chasse, leur connaissance des plantes qui soignent, leur capacité à être éduqués et à éduquer, leur fidélité, supérieure à celle des hommes, leur sexualité, plus ludique, leur capacité à la magnanimité, à la repentance, à la reconnaissance, à la clémence.

Les hommes asservissent leurs semblables mais, écrit Montaigne, et qui pourrait lui donner tort ?, aucun animal n'en asservit un autre ! L'homme est un animal qui fait des esclaves – autrement dit, moralement, les animaux surpassent les humains. De même, les hommes font et se font la guerre, les animaux, jamais : s'ils tuent ou se tuent, c'est pour manger. Ils ignorent la cruauté gratuite, le plaisir à supprimer leur semblable ou à faire souffrir dans lequel excellent les humains. L'homme est un animal sadique.

C'est sous les auspices de ce Montaigne-là, le « judicieux Montaigne », écrit-il (III.53), que Meslier inscrit sa réflexion en faveur des animaux. C'est aussi contre Malebranche, pour qui l'essence de l'âme se trouve dans la pensée. Dans une perspective radicalement matérialiste, Meslier affirme que les modifications internes du corps génèrent plaisir et douleur, joie et souffrance, et que les animaux et les hommes les ressentent pareillement, puisque leurs corps sont semblables. Les sensations ne deviennent connaissance qu'avec le cerveau, lui aussi corps matériel mortel. Hommes et bêtes sentent, donc pensent, selon les mêmes logiques induites par le monisme de la matière proposé par le philosophe. Meslier effectue une critique serrée de l'argumentation de Malebranche longuement cité.

Meslier fustige les cartésiens du type malebranchiste pour lesquels les animaux ne seraient que machines incapables de sentir et ressentir du plaisir ou de la douleur. Pour « ces messieurs » (III.65), comme il écrit, il semble inconcevable que des mouvements de la matière puissent rendre raison de la connaissance chez les animaux. Mais n'est-ce pas plus impossible à imaginer ou à croire que la sensation, la perception, la pensée s'effectuent via une substance pensante sans étendue, sans corps, sans partie, sans forme, sans figure, autrement dit sans réalité, sans existence, puisque tout ce qui est obéit à ces instances qui manquent à leur fiction ?

Les cartésiens croient donc que, comme les animaux ne s'expriment pas en latin comme eux, ils ne disposent d'aucun langage ! Dès lors, puisqu'ils ne s'expriment pas comme les humains dans la langue de Cicéron, les disciples de Descartes leur dénient le sentiment, la perception, la sensation, la capacité à ressentir comme les hommes le plaisir ou la souffrance. Autant conclure que les Iroquois, les Espagnols, les Japonais ou les Allemands sont pareils à des animaux parce qu'ils ne maîtrisent pas la langue commune des cartésiens.

Or les bêtes disposent d'une langue commune, la leur, avec laquelle elles communiquent un certain nombre d'informations importantes, subtiles, essentielles et grâce à laquelle elles s'appellent, se répondent, font société, se connaissent, s'entretiennent, s'aiment, se caressent, jouent, se divertissent, se haïssent, se battent. Elles sont capables de ressentir de la joie quand on leur parle, qu'on leur donne de l'affection, de la tendresse quand on les nourrit et de la tristesse quand elles sont malades, languissantes, qu'elles fuient quand on les menace ou qu'on cherche à les frapper : « Tout cela est une espèce de langage naturel, par lequel elles font assez manifestement voir qu'elles ont de la connaissance et du sentiment Ce langage n'est point suspect ni équivoque ; il est clair et net, et est moins suspect que le langage ordinaire des hommes qui souvent sont pleins de déguisements et de duplicité, et de fourberie » (III.95).

Une fois encore, là où la philosophie dualiste, idéaliste, spiritualiste, judéo-chrétienne décrète l'infériorité des animaux sur les hommes, la philosophie moniste, matérialiste, atomiste, athée inverse la perspective et affirme la supériorité éthique et morale des animaux. Car, de la même façon qu'elles s'avèrent incapables d'asservir leurs semblables ou de les chasser ou de les tuer pour le plaisir, les bêtes ne mentent pas, au contraire des humains ! Les hommes inventent la servitude, la chasse, la guerre, le mensonge, autant de vices ignorés par les animaux.

Contre Paris et les subtils raisonnements des beaux esprits dans les salons, contre les sophisteries des cartésiens qui demandent aux livres de Descartes la vérité sur le monde plutôt que de l'observer directement, le curé de campagne athée en appelle à la raison sainement conduite, aux vertus de l'observation, à l'excellence de ce qui deviendra plus tard la méthode expérimentale. Il met les rieurs de son côté et convoque les paysans qui se moqueraient bien des messieurs confits en cartésianisme si on leur disait que leurs vaches, leurs chevaux, leurs brebis, leurs moutons, sont des machines aveugles incapables de mener à bien un projet, des mécaniques dépourvues de sentiment, des pantins animés par des ressorts inaccessibles au bien et au mal ! On ne leur fera pas croire, à ces paysans qui n'ont pas lu Descartes, mais qui connaissent les animaux pour vivre avec eux au quotidien, que leurs chiens n'ont ni vie, ni sentiment, ni affection, qu'ils suivent leurs maîtres, les reconnaissent, manifestent leur contentement ou les caressent sans les voir, les connaître, les sentir ou les ressentir, qu'ils boivent sans soif et mangent sans faim, qu'ils crient sans douleur, qu'ils fuient devant les loups sans peur.

Jean Meslier fustige les « christicoles » (III.100) qui croient plus à ce qu'ils ne voient pas qu'à ce qu'ils pourraient voir s'ils se décidaient à le regarder, parce qu'ils ont lu, en l'occurrence dans les Écritures, ce qu'il faut croire, savoir et penser du monde. Les Écritures sont prétendues saintes, elles regorgent de sottises, de faussetés, de bêtises sur toutes choses, y compris sur les animaux, mais le croyant se moque du réel et du monde, de l'observation et de l'expérience, de ce qui est et de la vérité visible, il croit plus juste sa fiction que la réalité, il a la foi dans un texte qui dit le contraire de ce qu'enseigne la vie, mais préfère donner tort à la vie plutôt qu'au texte devant lequel il s'agenouille.

Athée, matérialiste, sensualiste, le curé Meslier en appelle à la pitié, à la compassion envers les animaux. Contre les fêtes populaires dans lesquelles la populace accroche des chats vivants au bout de perches pour les brûler ensuite dans de grands brasiers qui réjouissent les gens, Jean Meslier souhaiterait des tribunaux pour condamner ce qui s'avère « un détestable plaisir et une folle et détestable joie » (III.104). Meslier dit sa répugnance à faire souffrir les animaux, à voir couler le sang des bêtes, il affirme sa détestation des bouchers et des boucheries, il dit l'humanité des animaux et, parfois, souvent, l'inhumanité de nombre d'humains, il confesse son intérêt pour le végétarisme, mais l'associe probablement au pythagorisme, autrement dit à une secte, à une religion, or il les déteste toutes. Avant Bentham, et comme lui, il veut que les hommes traitent les animaux en vivants capables de souffrir, sentir. Mais l'un et l'autre ne franchissent pas le fossé entre ce constat et la pratique du végétarisme, voire du végétalisme, sinon, position la plus cohérente, du véganisme. Disons qu'en matière de véganisme ils sont croyants mais non pratiquants. Comme moi.

4

QUI VEUT FAIRE LA BÊTE FAIT L'ANGE

Que faire ? La position judéo-chrétienne, reformulée par Descartes, n'est évidemment pas tenable. Mais l'exact inverse l'est-il ? L'exact inverse se nomme l'antispécisme. Le mot spécisme et son corrélat antispécisme ne se trouvent pas dans le *Dictionnaire culturel en langue française* d'Alain Rey. Dans *La Libération animale*, Peter Singer l'utilise et écrit dans une note : « Je dois le mot "spécisme" à Richard Ryder (*speciesism*). Ce mot est tombé dans l'usage courant depuis la première édition de ce livre, et figure maintenant dans l'*Oxford English Dictionary*, seconde édition, Oxford, Clarendon Press, 1989 » (59). Le mot existe dans les pays anglo-saxons parce que la chose s'y trouve aussi. En France, le terme manque parce que le combat antispéciste reste confiné à un militantisme relativement confidentiel.

La traduction française du livre de Peter Singer date de 1993. L'édition originale en langue anglaise de 1975-1990 pour les ajouts. Peter Singer (né en 1946) est un philosophe juif australien dont la famille viennoise a quitté l'Autriche nazie en 1938 pour s'installer en Australie. Ses grands-parents ont été déportés, son grand-père maternel est mort à Teresienstadt. Sa philosophie de l'animal l'a conduit à pratiquer le végétarisme depuis 1971. Son ouvrage, *La Libération animale*, passe pour l'ouvrage de référence en matière de combat antispéciste.

Le végétarisme de Singer ne plaît pas aux végétaliens et encore moins aux véganes. On le sait, les premiers interdisent la consommation de toute viande animale ; les deuxièmes y ajoutent le refus des produits dérivés des animaux, soit : lait, beurre, crème, œufs ; les derniers récusent absolument tout produit issu des animaux : la soie fabriquée par les vers, le cuir venu des ovins, bovins, caprins, la laine des moutons, le miel et la gelée royale des abeilles. Peter Singer fonde sa philosophie sur la capacité qu'ont les animaux à souffrir et il interdit toute souffrance animale. Si la preuve est faite qu'un animal ne souffre pas en offrant une nourriture ou un produit dérivé, il n'est pas contre. Il ne s'oppose pas, par exemple, à la consommation d'œufs si l'élevage en plein air dans de bonnes conditions a permis aux poules de mener une vie exempte de souffrance – ce qui lui vaut l'ire des véganes.

Singer part des analyses de Bentham et assimile l'exploitation des animaux à celle des esclaves dans le régime colonial. Comparaison n'étant pas raison, cette façon d'envisager le combat pour abolir la souffrance des animaux par la mise en perspective avec les combats menés pour abolir la souffrance des hommes peut choquer. Quand les *Cahiers antispécistes lyonnais* titrent « Morts pour la France », un article de leur revue de janvier 1994 qui fait le compte des bovins, veaux, porcins, ovins, caprins, équidés, volailles, pigeons, cailles, lapins, chevreaux, canards, dindes, pintades, oies, faisans abattus pour la consommation alimentaire, on constate que cette envie (légitime) d'attirer l'attention sur les animaux doit se payer d'une déconsidération (obscène) des humains morts aux combats des guerres 14-18 ou contre l'occupant nazi.

Les antispécistes voudraient hisser les animaux à hauteur ontologique des hommes, mais, ce faisant, ils se contentent souvent de descendre les hommes à hauteur d'animaux. Car je vois mal comment un antispéciste pourrait hésiter deux secondes entre sauver un humain de sa famille ou sauver leur animal de compagnie si, casuistique oblige (ils y recourent tellement souvent), un incendie les contraignait à choisir l'un ou l'autre, sans possibilité d'échapper aux termes de l'alternative. J'ose espérer qu'un antispéciste préférerait son épouse, son mari, ses enfants, son père, sa mère à son chien ou à son chat, sinon à son poisson rouge, quel que soit le degré d'affection porté à son animal domestique.

Le combat antispéciste est militant. Il est donc souvent radical, sans nuance, excessif. *La Libération animale*, de Peter Singer défend une thèse extrêmement simple : les hommes sont des animaux non humains et les animaux, des semblables auxquels il ne faut infliger aucune souffrance. Dès lors, on ne doit pas les torturer, les faire souffrir, les utiliser comme des choses, les élever dans des conditions déplorables, les utiliser pour des recherches scientifiques, les mener à l'abattoir, les manger. Et Peter Singer de décrire avec force détails peu ragoûtants les souffrances infligées par les chercheurs, les éleveurs, les industriels.

La thèse, simple, claire, est défendue avec une pléthore de détails à charge complaisamment exposés. Les prétendues recherches scientifiques mentionnées, décrites, exposées, détaillées dans l'ouvrage s'avèrent spécialement débiles : infliger des radiations aux singes, faire ingérer du TNT aux chiens, élever des singes avec une mère fictive qui explose ou se hérisse soudainement de pointes mortelles, avec un tissu qui passe subitement de 37° à 2°, avec un cheval en plastique, électrocuter ou empoisonner, immerger dans l'eau glacée, injecter des produits mortels, gazer, intoxiquer à l'herbicide, droguer puissamment, etc.

Dans un inventaire terrible, Peter Singer associe la recherche scientifique sur les animaux à cette effrayante litanie : accélération, agression, asphyxie, lésion à la moelle épinière, blessures multiples, brûlures, cécité provoquée, centrifugation, commotion, comportement prédateur, compression, congélation, décompression, écrasement, état de choc, faim prolongée, coups sur les pattes arrière, hémorragies, immobilisation, irradiation, isolement, névrose expérimentale, privation d'espace, privation protéique, punition, soif, stress, surchauffement, test de médicaments « et bien d'autres encore » (112). Si la recherche devait se réduire à ce catalogue de perversions sadiques, à l'évidence, il faudrait la stopper immédiatement.

Bien sûr, le parallèle est effectué avec la prétendue recherche nazie. Si l'on voulait se faire l'avocat du diable, on pourrait même imaginer un amateur de chasse, de corrida ou de combats de coqs ne souscrivant pas à la recherche scientifique si celle-ci devait se réduire à ces séances de torture évidemment inadmissibles. Je veux bien ne pas douter de l'existence réelle de ces *recherches*, mais on doit critiquer ce genre d'expérience qui n'a rien à voir avec la recherche en souhaitant que le sadisme de tel ou tel expérimentateur ne soit pas présenté comme le moteur de toute personne qui cherche à guérir des maladies ou des pathologies véritables. La pratique du docteur Mengele n'invalide pas toute la recherche scientifique.

En revanche, la description de l'élevage industriel semble plus conforme à l'habitude qu'à l'exception. Le capitalisme libéral ayant fait sa religion des bénéfices, tout est bon pour utiliser les animaux à des fins commerciales et augmenter les profits au prix de tortures : entassement dans l'élevage et le convoyage des animaux, vie quotidienne dans leurs déjections, inhalations de l'ammoniac de leurs matières fécales et de leur urine, production de leurs névroses, devenir cannibale des bêtes, morsures, blessures, souffrances, débecquage, arrachage des dents, section des queues de porc à vif, mutilations, castrations, fièvre, stress, intoxication pharmaceutique, égorgement halal, traitement infernal dans les abattoirs : Peter Singer propose un voyage dans des enfers.

Cet enfer, et c'en est un, d'aucuns lui donnent un nom : Treblinka. Les antispécistes ont créé le mot spécisme de façon militante, à la façon d'un croyant soucieux d'apologétique. Il s'agit moins d'être juste et vrai qu'efficace, même si justesse et vérité doivent être mises de côté. Car, évidemment, spécisme est construit comme racisme et sexisme – et qui voudrait être raciste ou sexiste ? Même les défenseurs contemporains des races dites supérieures ou les phallocrates et les misogynes les plus convaincus refusent de passer pour racistes et sexistes.

Le raciste discrimine des races au nom de la blanche, qui serait supérieure aux autres ; le sexiste discrimine les deux sexes en affirmant l'existence d'un sexe faible ; le spéciste procède de même et discrimine les animaux non humains dans un ensemble où l'homme s'avère un animal (presque) comme les autres. Le racisme renvoie au nazisme, à Hitler, à la solution finale, à la Shoah ; il est associé au sexisme, dont le national-socialisme fait preuve ; dès lors, ultime glissement, racisme, sexisme et spécisme sont présentés comme trois facettes d'une même figure. Qui peut vouloir se dire spéciste dans ces cas-là ? Il ne reste au lecteur de Singer et des siens que le choix entre le bon camp des antispécistes ou le mauvais camp des nazis, entre la sainteté du végétarisme et les diaboliques mangeurs de viande assimilables aux parangons du mal occidental. Si je mange de la viande, des « morceaux de non-humains abattus », pour le dire comme Singer (13), alors je suis complice de la Shoah.

Peter Singer, juif, fils de déportés morts à cause du régime national-socialiste, joue de cette comparaison qui devient raison : lorsqu'il fustige, à juste titre, l'expérimentation animale quand elle est pratiquée comme il le prétend (de perpétuels exercices de sadisme sans aucun bénéfice pour la découverte scientifique), il glisse au nazisme et semble assimiler toutes les expériences sur les animaux, les bonnes comme les mauvaises : le shampooing dans un œil de lapin pour tester sa nocivité et le protocole d'un nouveau traitement chimiothérapique, la décapitation de singes pour mesurer le temps de survie des têtes décollées et les tests chirurgicaux sur de nouvelles techniques opératoires...

Que faut-il penser d'un certain nombre de découvertes effectuées sur les animaux et profitables aux humains ? Ainsi : la circulation du sang, le rôle de l'insuline dans le traitement du diabète, la nature virale de la poliomyélite, la mise au point du vaccin qui permet de l'éradiquer, l'affinage des techniques chirurgicales du pontage coronarien, la compréhension des mécanismes du système immunitaire pour éviter les rejets lors des transplantations cardiaques ? Peter Singer doute que l'expérimentation animale ait joué un rôle dans ces découvertes, puis il ajoute : « Je n'ai pas l'intention d'entrer dans cette controverse » (147). C'est pourtant le sujet. Le philosophe ne souscrit pas à ce qu'il nomme l'« éthique de l'augmentation de la connaissance » (149). Terrible aveu !

D'un côté, l'assimilation des chercheurs sur les animaux à des nazis, de l'autre le doute quand on apporte des preuves que ces souffrances animales ont pu être utiles à de réels progrès en matière de médecine ou de chirurgie.

Or, dans la logique utilitariste de Peter Singer, une souffrance animale peut trouver sa justification si elle est utile à la production d'une découverte qui évitera des millions de souffrances humaines. Épargner la vie d'un chien de laboratoire prêt à permettre une découverte susceptible de révolutionner la santé de millions de gens aurait été un formidable acte antispéciste, mais d'une inhumanité sans nom.

Peter Singer doute qu'un protocole actif sur un animal produise les mêmes effets positifs sur un humain. Pourquoi n'envisage-t-il pas de réfléchir aux raisons profondes de cette séparation fondamentale qui prouve bien que l'animal est, certes, un alter ego, mais réellement différencié ! Car on ne peut dire qu'il y a similitude en tout entre les animaux et les hommes et affirmer en même temps qu'une même thérapie ne fonctionne pas de l'animal à l'homme – preuve d'une hétérogénéité psycho-physiologique, donc ontologique, avérée malgré l'évidente homogénéité formelle.

Dans la formule casuistique qu'il apprécie tout particulièrement, Peter Singer pose la question : pourquoi, en matière d'expérimentation sur du vivant, ne pas remplacer un animal par « un être humain atteint de lésions cérébrales et possédant un niveau mental semblable à celui des animaux qu'ils ont l'intention d'employer » (135) ? Personne n'y souscrit, conclut le philosophe, et il ajoute : « À juste titre ». Mais alors, pourquoi l'accepter pour des animaux ? On pourrait répondre tout simplement : parce qu'on peut ne pas souscrire à l'ontologie spéciste du judéo-christianisme et du cartésianisme, c'est mon cas, sans se retrouver enfermé dans l'autre terme de l'alternative et passer pour un antispéciste assimilé aux partisans de la solution finale. Car enfermer le problème dans l'alternative *spéciste/*

antispéciste, c'est ne laisser le choix au condamné qu'entre l'idéologie antispéciste ou l'infamie nazie. Or l'antispécisme n'est pas de facto une garantie antifasciste !

Pour preuve, une histoire rapportée par Charles Patterson dans *Un éternel Treblinka* : Abel Kaplan, fils de juifs russes immigrés aux États-Unis au début du XXᵉ siècle, banquier haut de gamme à New York, converti au végétarisme en 1959, puis au végétalisme, enfin au véganisme, a vécu dans nombre de grandes capitales mondiales – Londres, Paris, Luxembourg. Il a habité sept ans en Israël en menant un combat antispéciste. Il parlait d'« Auschwitz pour animaux » (237) et fulminait contre un laboratoire dans lequel se pratiquait la vivisection.

Abel Kaplan eut une conversation sur ce sujet avec Charles Patterson. En voici la restitution écrite : « Je suis en faveur de la vivisection des vivisecteurs. Je propose un laboratoire de vivisection pour les vivisecteurs. Les vivisecteurs seront, bien sûr, gardés en cages dans les circonstances et les conditions qui leur sont très familières. Et on fera des expériences sur eux, animaux de laboratoire qu'ils seront. Toutes sortes d'expériences dont le but sera l'amélioration de la vie des animaux non humains » (236-237).

Faut-il commenter ?

Charles Patterson affirme que l'abattage industrialisé aux États-Unis a fourni le modèle de la Shoah. En utilisant le procédé du *comparaison est raison*, en effectuant des glissements insidieux qui assimilent l'homme et l'animal, le porc dans l'abattoir et le juif dans le camp de concentration, en expliquant que le procédé de la chaîne inventé par Henry Ford, qui était antisémite et supporter de Hitler, dont il avait un portrait dans son bureau, a fourni le modèle de la destruction de masse des juifs d'Europe, on lutte peut-être en faveur du bien-être, du mieux-être ou de la libération des animaux, mais il faut pour cela, postulat spéciste, assimiler les juifs à des porcs d'élevage, à des poulets de batterie, à des bœufs, ce qui relève de la thèse nationale-socialiste tout en transformant en nazi tout mangeur de viande abattue dans un abattoir. Et qui aurait envie d'être assimilé à un nazi ? Personne. Dès lors, si l'argumentation devait être efficace, juste, pertinente, la conversion au végétarisme devrait être immédiate.

Or, ça n'est pas le cas : je témoigne. Je me sens antispéciste, car je partage leur lecture de l'ontologie judéo-chrétienne, du rôle néfaste du cartésianisme dans la construction de la vision occidentale des animaux, du rôle mortifère du capitalisme libéral, de l'industrialisation de la mort dans les abattoirs modernes, je souhaite moi aussi qu'on cesse de penser l'homme comme couronnement de la nature, qu'on arrête d'utiliser les animaux comme s'ils étaient au service exclusif des hommes, qu'on pratique une décroissance alimentaire pour réduire le plus possible la chair animale (je n'achète jamais de viande pour moi et ne la choisis jamais dans un restaurant).

Je souhaite, comme Diogène et Montaigne, comme Meslier et Bentham, que nous prenions des leçons des animaux. Mais, effet de mon conditionnement, diraient probablement les militants de l'antispécisme, je n'hésiterai pas une seconde si, dans la configuration casuistique qu'affectionnent la plupart du temps les philosophes antispécistes, j'avais la possibilité de sauver un seul juif de Treblinka ou d'Auschwitz en sacrifiant le nombre de grands singes qu'on voudrait, ou de porcs, ou de vaches, ou de moutons qu'on souhaiterait. Je souscris évidemment à cette thèse qu'il existe une différence de degré entre les hommes et les animaux, et non une différence de nature, mais je souhaite qu'on se souvienne que, dans la configuration différence de nature et différence de degré, les deux camps souscrivent à cette évidence qu'il existe tout de même une différence. Et, si l'on me permet cette formule : cette différence fait la différence.

Quoi qu'en disent les penseurs anglo-saxons avec habileté sophistique ou virtuosité dialectique, le chien-loup au bout de la laisse du nazi et le nazi qui le tient des deux mains ne sont pas d'une même dignité ontologique, même si la dignité d'un personnage moralement indigne reste une nécessité éthique fondamentale à préserver, car on aurait vite fait de le transformer en non-homme, en sous-homme, en... animal, une métamorphose ontologique légitimant qu'on lui inflige ce qu'on lui reproche d'infliger à autrui – les mauvais traitements ou la mort. Si éventrer le chien du nazi est inconcevable, il est plus inconcevable encore d'éventrer le nazi – dans une configuration d'après-guerre.

Le refus d'entendre philosophiquement qu'il existe une différence entre les animaux et les hommes conduit Peter Singer à d'étonnantes extrémités éthiques. Le philosophe australien récuse les notions de Bien et de Mal pour leur préférer celles de bon et de mauvais. Affirmer l'existence d'un Bien en soi, d'un Mal en soi, définit une position qu'on appelle déontologique : Kant, par exemple, croit que le mensonge est toujours mal parce qu'il disqualifie la source du droit, peu importent les conséquences de la vérité.

Pour un kantien, si dire la vérité produit des dégâts, peu importent les dommages, il faut la dire. Préférer le couple bien et mal relatif définit ce qu'on nomme le conséquentialisme : une chose n'est jamais bonne ou mauvaise en soi, mais relativement à son but. Pour Singer, au contraire de Kant, le mensonge, pour conserver cet exemple, peut être bon s'il vise une bonne fin (épargner une douleur, une souffrance, procurer du plaisir) et mauvais s'il en vise une autre (nuire, léser, blesser, meurtrir…).

La tradition philosophique occidentale dominante est déontologiste – Platon, les Pères de l'Église, saint Augustin, saint Thomas d'Aquin, le christianisme, Kant et le kantisme, etc. La tradition anglo-saxonne est globalement conséquentialiste, utilitariste – Godwin, Bentham, Stuart Mill, par exemple, mais aussi Peter Singer. (Précisons en passant qu'on oublie la source française de cette tradition anglo-saxonne, en l'occurrence Maupertuis, qui développe cette théorie dans son *Essai de philosophie morale* en 1749.)

Peter Singer a toujours fondé son combat antispéciste sur son ontologie conséquentialiste. Il prétend ne pas aimer les animaux, mais mener un combat hédoniste : il souhaite le plus de plaisir possible et le moins de déplaisir pensable, autrement dit, le plus grand bonheur possible pour le plus grand nombre d'individus, animaux compris. Ce principe posé, il juge de ce qui est pour savoir si tel ou tel acte permet de réaliser ou non ce projet moral. Est bon ce qui le permet, mauvais ce qui l'entrave. Le tout s'effectuant donc par-delà le Bien et le Mal.

Cette position philosophique le conduit à des impasses onto-logiques qui révulsent la raison pratique, même si le raisonne-ment semble impeccable. De la même manière que Jean Meslier oppose le bon sens des paysans à la sophistication insane des raisonnements de Malebranche et conclut son combat philoso-phique par un appel aux descendants de la servante Thrace qui se moque de Thalès tombant dans un trou pour n'avoir pas vu le réel tant il était préoccupé par le ciel (des idées), je sou-haiterais moi aussi faire de l'ami des bêtes un juge plus sûr de ce que sont les animaux que les philosophes capables de montrer par leurs arguties qu'il fait nuit en plein jour ou que la dialec-tique casse des briques.

Avec un raisonnement tiré à quatre épingles, digne d'un topo de normalien, Peter Singer rappelle sa thèse : hédoniste, il vise au maximum de plaisir possible pour un maximum de sujets pensables, dont les animaux. La souffrance fonctionne comme seul et unique critère : mauvais ce qui fait souffrir, bon ce qui évite la souffrance. Pas de Bien en soi, pas de Mal en soi. C'est avec cet arsenal conceptuel théorique que le philosophe aborde la question des rapports sexuels avec les animaux. Doit-on, oui ou non, justifier, légitimer, bénir, si je puis dire, la zoophilie ? Peter Singer répond oui.

Peter Singer recourt aux habituels paralogismes sur lesquels il bâtit toutes ses démonstrations, une technique qui lui permet de faire raison de toute comparaison. Par exemple : l'élevage des animaux en batterie équivaut à la concentration de juifs à Auschwitz ou Treblinka ; l'abattage industriel s'apparente aux techniques de la solution finale ; l'animal dans la logique spé-ciste est assimilable au juif dans la logique raciste ; l'expérimen-tation animale est de même nature ontologique et éthique que les expériences menées par les nazis sur des victimes prélevées dans les camps ; l'ouvrier qui gagne son salaire à découper un porc dans une boucherie industrialisée vaut le nazi qui ouvre le gaz et assassine Robert Desnos, Anne Frank ou Benjamin

Fondane avec des millions d'autres. D'un point de vue du raisonnement, si l'on veut ; mais d'un point de vue éthique, ces raccourcis gênent. Je ne peux me faire à l'idée qu'un mangeur de viande tiendrait de facto en même estime ontologique Anne Frank et un cochon. Je suis mangeur très occasionnel de viande et ne me sens pas convaincu par cette sophisterie qui trouble parce qu'elle désarçonne. Troubler, désarçonner ne suffit pas à convaincre.

La justification philosophique de la copulation entre, disons, Peter Singer et une vache peut tenir sur le papier, mais le réel donne tort aux arguments ! La casuistique de type anglo-saxon met à mal tout raisonnement occidental de type déontologique. Car il faut répondre aux conséquentialistes avec des arguments conséquentialistes, aux utilitaristes avec des arguments utilitaristes, aux casuistes avec des arguments de casuistes. Peter Singer ne se réfute qu'en allant jusqu'au bout des conséquences de ce qu'il affirme.

Dans un texte intitulé *Amour bestial,* paru dans les *Cahiers antispécistes* (février 2003, n° 22), Peter Singer justifie la zoophilie. Examinons ses thèses et sa démonstration. *Premier argument* : Peter Singer affirme qu'un certain nombre de pratiques sexuelles aujourd'hui tolérées, légitimes, légales, défendues, promues, inscrites dans la loi, ont été un temps interdites, prohibées, condamnées, persécutées, parfois punies de mort. Ainsi la sexualité dissociée de la procréation et pratiquée pour elle-même avec le seul souci du plaisir qu'elle donne en soi, la contraception, la masturbation définie comme viol de soi-même, la sodomisation, l'homosexualité, la fellation. On ne peut lui donner tort sur ce sujet : le progrès existe et, de fait, ce qui fut légitime un temps (le travail des enfants, l'infériorité des femmes, la sujétion des gens de couleur, la haine des juifs…) a cessé fort heureusement de l'être – du moins en Occident. Poursuivant sur cette dynamique, Peter Singer profite du mouvement que la pensée induit pour prendre son lecteur par surprise et affirmer qu'il en va de même avec les rapports sexuels des humains avec les animaux. Ils ont été interdits, ils le demeurent encore aujourd'hui, dès lors, comme tout ce qui a été interdit a fait un jour l'objet d'un aggiornamento, d'une révision puis d'une légitimation, la zoophilie deviendra normale, en vertu des progrès de la raison – dont Peter Singer s'affirme le héraut, en pointe avancée de l'avant-garde éclairée.

À l'heure actuelle, on critique les rapports sexuels des hommes avec les animaux. Mais, constate Peter Singer, et voici son *deuxième argument*, ils existent depuis toujours. Or, doit-on, du fait que l'homicide, l'infanticide, le viol, la vendetta, le talion, le sexisme, la misogynie, la phallocratie existent depuis que l'homme est homme, justifier, légitimer l'homicide, l'infanticide, le viol, la vendetta, le talion, le sexisme, la misogynie, la phallocratie ? L'ancienneté d'une pratique ne témoigne en rien de sa légitimité, de sa légalité, de sa moralité, de sa conformité avec la morale. Qu'une peinture rupestre suédoise de l'âge du bronze, qu'un vase grec datant de l'époque de Périclès, qu'une miniature indienne du XVIIe, qu'une estampe européenne du siècle suivant, qu'un tableau persan ou un dessin japonais contemporains de Nietzsche mettent en scène des copulations d'humains avec des cerfs, des ânes, des pieuvres ne prouve pas que la fiction sublimée de l'artiste correspond à une réalité moralement légitime ! Figurer la transgression n'est pas la valider. Que la bestialité soit une pratique aussi vieille que le monde ne saurait prouver qu'elle est une bonne chose.

Peter Singer cite le rapport Kinsey sur la zoophilie : 8 % des hommes, 3,5 % des femmes auraient eu un contact sexuel au moins une fois avec un animal dans leur vie sexuelle – mais la factualité d'une pratique ne prouve pas sa moralité ; Kinsey souligne la fréquence plus élevée de cette sexualité en milieu rural qu'en milieu urbain – sans préciser que la zoophilie rurale avec une vache, une brebis, un âne dans une étable semble plus facile à surprendre qu'un même forfait avec des chiens, des chats ou des animaux domestiques dans l'appartement privé des urbains ; il assimile la pratique de l'équitation à la zoophilie parce qu'elle procure un plaisir sexuel aux femmes – mais il y a loin de la passion pour le concours complet à la pénétration vaginale par un étalon ; il en appelle à l'arrière-fond ontologique de la zoophobie judéo-chrétienne – mais certains interdits judéo-chrétiens sont bons, ainsi l'invitation à ne pas tuer, et le bon de l'un n'est pas le mauvais de l'autre, pas plus le contraire ; il constate la parenté de l'anatomie des organes sexuels chez les autres mammifères – mais les puces ont également des organes sexuels comme les humains, est-ce une preuve de leur ressemblance ontologique ? ; il renvoie à un obscur auteur signataire d'un livre oublié (Otto Soyka, *Au-delà des limites de la morale*) dénonçant la prohibition des sexualités dites contre nature – or le livre publié n'est hélas pas garantie de vérité, de justesse et de justice, voir *Mon combat* d'Adolf Hitler ; il précise que cet auteur légitime la bestialité quand elle n'implique aucune souffrance infligée à l'animal.

Le philosophe conséquentialiste surenchérit, il entre dans le détail : l'insertion du pénis humain dans le cloaque de la poule, l'orifice des excréments et des œufs, s'avère fatale à l'animal, que certains zoophiles décapitent parce que la mort de la poule contracterait le sphincter, ce qui augmenterait le plaisir sexuel. Le philosophe convient qu'il s'agit de cruauté, mais il ajoute, relativisant : « Est-ce pire pour la poule que de vivre un an de plus, entassée avec quatre ou cinq congénères dans une triste cage métallique, si petite qu'elles ne peuvent pas étendre leurs ailes, d'être ensuite fourrée (*sic*) avec d'autres dans des caisses pour être conduite à l'abattoir, puis suspendue la tête en bas sur une bande transporteuse, et enfin tuée ? Si la réponse est non, alors ce n'est pas pire que ce que les producteurs d'œufs infligent en permanence à leurs poules. » Autrement dit : un homme qui sodomise une poule, déchire son orifice, puis la décapite pour ressentir la contraction de son anus autour de son sexe équivaut d'un point de vue éthique à l'éleveur industriel promoteur d'un élevage en batterie.

Peter Singer de conclure, après avoir rapporté le cas d'une primatologue ayant subi les avances d'un orang-outan, qu'il n'y avait rien à craindre de l'animal : d'abord, à cause de son petit pénis (comme si le viol était avéré seulement en cas d'une certaine longueur de pénis), ensuite, parce que singes-singes et singes-hommes partagent un même monde interdisant qu'on s'offusque de la zoophilie. Le philosophe souhaite que « de tels rapports cessent de constituer une offense envers notre statut et notre dignité d'êtres humains ».

Le conséquentialisme de Peter Singer conduit à des impasses existentielles singulières. On peut, comme moi, récuser l'onto-logie judéo-chrétienne qui chosifie les animaux pour justifier si souvent les mauvais traitements qu'on leur inflige ; on rappellera aussi souvent que possible la proximité biologique de l'homme et du singe, sans pour autant animaliser les hommes ou huma-niser les animaux ; on signalera également que les uns et les autres partagent un même monde riche en sens, avec sensations, perceptions, émotions, communication, affections communes ; on réitérera qu'il existe une différence de degré entre les deux mondes et non une différence de nature, mais il n'en demeure pas moins qu'il s'agit tout de même de deux mondes.

En effet, le chien du gardien de camp de concentration est moindre en dignité que le dernier des humains emprisonné à Auschwitz de par son appartenance à une espèce qui se distingue des autres par sa capacité à échapper au déterminisme de la prédation. L'homme se distingue des autres animaux par son pouvoir de ne pas tuer – il n'existe pas de serpent qui renonce à son venin, de lion qui renonce à la gazelle, de loup qui renonce aux agneaux, de chat qui renonce aux souris, de buse qui renonce aux mulots. En revanche, il existe des humains qui renoncent à tuer, ce à quoi leur place dans la nature les contraint pourtant pour survivre. Paradoxalement, le végétarien prouve qu'il est un animal humain qui réalise ce qu'aucun ani-mal non humain n'accomplit : *il dit non au déterminisme du prédateur.* Ce en quoi le végétarien incarne à mes yeux une forme éthique suprême. De même avec l'opposant à la chasse, à la pêche, à la corrida, aux combats de coqs.

Mais pourquoi ne suis-je pas végétarien ? Je suis un opposant absolu à la corrida car elle fait de la mise à mort d'un animal un spectacle, le plus bas, le plus vil, le plus avilissant des spec-tacles dans une civilisation : prendre plaisir à la souffrance d'un animal, en faire une jouissance, jubiler de voir le sang couler, scénographier un abattage qui conduit toujours (sauf rarissimes exceptions, tel ou tel accident), via une longue torture, à l'agonie et au trépas de l'animal, montre paradoxalement non pas le haut degré culturel de civilisation de la corrida, mais la permanence du tropisme bestial chez les humains. Ce spectacle n'a aucune justification, aucune légitimité. Jouir de la souffrance puis de la mort infligée à un animal définit tout simplement le sadisme.

Or, il n'y a pas de sadisme chez un boucher. On peut lui reprocher l'accoutumance à sa besogne, son indifférence à la souffrance de l'animal, sa mithridatisation au poison de l'abattage, mais, s'il est normalement constitué, il ignore le plaisir de l'aficionado qui applaudit, récrimine, agite son mouchoir blanc pour demander l'octroi d'une oreille, des deux ou de la queue, du torero qui salue ou effectue un tour d'honneur (la *vuelta*), qui sort de l'arène sur les épaules des admirateurs, etc. Le boucher donne la mort mais ne jouit pas de l'infliger ; le toréador en fait un spectacle et cristallise autour de lui cette passion triste des dévots de la pulsion de mort.

J'ai écrit plus haut qu'en matière de végétarisme j'étais croyant mais non pratiquant. Croyant, on aura compris ; mais non pratiquant ? Je ne suis pas déontologiste et, comme Peter Singer, je suis hédoniste et conséquentialiste. Comment, avec les mêmes prémices, peut-on parvenir à des conclusions opposées ? Peter Singer dit s'être converti au végétarisme en 1975. Mais il n'est ni végétalien, ni végane. Or, dans cette configuration, les véganes ont raison contre les végétariens, car ils sont les seuls conséquents. Un végétarien qui ne serait ni végétalien ni végane contribue comme les carnivores à la reproduction du système d'exploitation des animaux. Le philosophe australien ne mange donc aucune chair animale, ni viande ni poisson, mais il se pose la question de consommer des crustacés, des mollusques, des huîtres, des moules, des poulpes, des seiches, des calamars, des crabes, des homards, des écrevisses : peuvent-ils souffrir ? Si oui, pas question de les manger. Il ne tranche pas sur le sujet, ni pour, ni contre et, dans le doute, il s'abstient.

En revanche, il ne s'oppose pas à la consommation d'œufs de poules élevées en plein air. Or, dans la logique de production d'œufs, les poussins mâles sont détruits à la naissance. Dans les élevages industriels, le sexage envoie directement au broyage les mâles réintégrés dans les aliments des survivants. De même, les poules qui cessent de produire sont tuées. Par ailleurs, Peter Singer consomme du lait, du beurre, de la crème, des yaourts. Or, l'obtention de produits laitiers exige qu'un taureau engrosse la vache, qu'elle vêle, puis qu'on éloigne le veau de sa mère. Ce qui suppose un taureau confiné dans une activité de reproducteur dans laquelle sa vie n'est pas exempte de souffrance, une vache chosifiée, une mère éloignée de sa progéniture, dans cette logique, le lait s'avère donc un produit éthiquement spéciste.

Pour justifier sa pratique non végétalienne, Peter Singer avance un argument qui pourrait être utilisé par un autre que lui pour se refuser au végétarisme ! Il écrit en effet : « Il n'est pas facile, dans le monde spéciste où nous vivons aujourd'hui, de s'en tenir de façon aussi stricte à ce qui est moralement juste » (271). Où l'on découvre les arguments philosophiques en faveur du croyant non pratiquant. Il propose donc ceci : « Un plan d'action raisonnable et défendable est de changer son alimentation à un rythme mesuré avec lequel on puisse se sentir confortable » (*id.*) – argument spéciste pour les radicaux du combat antispéciste ! Mais argument qui me va.

Les véganes poussent l'ascèse plus loin encore. Ils refusent toute exploitation des animaux. Certes, je souscris à leur condamnation des cirques dans lesquels on habille des animaux, on les dresse à effectuer des palinodies comportementales, on les ridiculise en les humanisant, on les enferme dans des cages avant de les sortir dans le rond de lumière, on les brutalise pour les dresser, on les maltraite pour obtenir d'eux obéissance, docilité et soumission. Je souscris aussi à la condamnation des zoos dans lesquels on abrutit des animaux sauvages, on leur impose de vivre une vie entière dans des conditions climatologiques qui ne sont pas les leurs. On les prive de sexualité, d'espace vital, de nourriture vivante, de mouvement, de dignité. Je suis pour la fermeture des zoos et l'interdiction d'utiliser des animaux dans les cirques.

Mais le végane va plus loin et, logique dans les conséquences de ses attendus théoriques, il s'interdit de porter de la laine, du cuir, de la soie, du cachemire, de l'alpaga, de la fourrure, bien sûr ; il s'interdit tous les produits ayant nécessité des tests sur les animaux, des médicaments aux produits d'entretien, en passant par les cosmétiques ; il refuse l'équitation de loisir, les courses de chevaux ou de lévriers ; il ajoute le miel à la prohibition végétalienne ; il ne consent pas aux animaux domestiques. Dans sa radicalité, le végane exprime la vérité du combat contre la souffrance animale. Car le végétarien consent à la souffrance des poules pondeuses, des vaches laitières ; il consent également à ce à quoi souscrivent les végétaliens, à savoir les cirques, les zoos, l'usage du cuir, de la soie, etc.

Autrement dit, le végétarien avoue une indignation sélective, partielle et partiale, il se fait la courroie de transmission de la souffrance animale en mangeant un œuf à la coque, en tartinant son beurre sur sa biscotte, en sucrant son café avec du miel, en y ajoutant du lait, en enfilant ses chaussures en cuir, en portant une chemise en soie, un pull en cachemire, un pantalon en laine, en donnant des croquettes à son chat, en conduisant ses enfants à une leçon d'équitation, en jouant au tiercé…

Doublé dans sa radicalité, le végétarien tancé par le végane découvre qu'il fait souffrir les animaux comme les mangeurs de viande. L'alternative n'est donc pas entre végétariens et carnivores, mais entre véganes et carnassiers. La preuve de l'impossibilité ontologique du végétarisme est apportée par le véganisme même : le végétarien avance sur le bon chemin, mais plus près du mangeur de viande que de celui qui affirme avec cohérence conséquentialiste que le refus de faire souffrir un animal passe par la rigueur austère du véganisme. Celui qui se croyait révolutionnaire prend des leçons de révolution chez celui qui l'est véritablement – où l'on découvre que ce qui anime le végétarien n'est donc probablement pas dans ce qu'il présente comme sa bonne raison.

Si le véganisme semble montrer les limites du végétarisme, voire *l'imposture végétarienne* (si l'on cite la violence verbale des véganes parlant des végétariens), du moins son impossibilité pratique, on peut le montrer en ayant recours au conséquentialisme : que donnerait un monde dans lequel le végétarisme et le véganisme feraient la loi ? Dans le cas du végétarisme, s'il devait s'étendre à la planète, s'universaliser, il mènerait à la disparition totale des animaux domestiqués : la vache, le porc, le cheval, la poule, mais aussi le chien, le chat procèdent de millions d'années de sélections humaines : en effet, ces animaux n'existent pas à l'état naturel.

Les animaux que nous mangeons sont la plupart du temps domestiqués depuis des milliers d'années : la poule qui pond les œufs du petit déjeuner provient... des dinosaures, via l'archéoptéryx ; le porc qui fournit le bacon du même repas descend en droite ligne du sanglier ; le nuage de lait de la vache versé dans le thé suppose le travail des hommes qui transforment l'aurochs en bovin. Mêmes remarques avec les animaux de compagnie : le chihuahua et le doberman descendent d'un même ancêtre, le loup ; le cheval procède de l'hippidion ; le chat, d'un chat sauvage.

Autrement dit, ce que le citadin pétri de connaissance livresque prend pour des fragments emblématiques de la nature a été dénaturé, transformé, défiguré, refiguré, figuré, configuré pour devenir, selon le principe formulé un jour par les judéo-chrétiens, un instrument entre les mains des humains. Les animaux sont devenus ce qu'ils sont pour servir les hommes, à savoir : les nourrir, les vêtir, les transporter, leur fournir la force de travail, les distraire, les amuser. Ces animaux, comme les hommes, sont les produits d'une évolution : la domestication a été un facteur d'évolution, de sélection des espèces. Le végétarien refuse de manger viandes et poissons, le végétalien s'interdit en plus lait, beurre, crème, œufs, miel, le végane qui proscrit le cuir (des bovins, ovins, caprins), la soie (des vers), la laine (des moutons), l'alpaga et le cachemire (des caprins) : leur idéologie triomphante aurait pour conséquence la disparition des animaux domestiques. Il en resterait quelques-uns qui, laissés à leur pleine et entière liberté, redeviendraient sauvages et poseraient alors le problème de la survie... des humains !

Car, dans un régime politique ontologique végétarien, végétalien ou végane, l'interdiction des chasseurs contribuerait à la prolifération de ces animaux retournés à l'état sauvage. Les animaux restés sauvages, quant à eux, les sangliers, les cerfs, les biches, les lapins de garenne, les lièvres, les renards (pour en rester au périmètre européen), pulluleraient et menaceraient la survie de l'espèce humaine. Sans parler de l'écosystème, profondément et durablement affecté.

La nature est ainsi faite que la culture en procède ! La culture agit sur la nature et la métamorphose depuis que l'homme existe. La logique des espèces animales suppose la prédation, c'est un fait. Et l'alimentation carnée pour les humains : l'obligation pour les véganes d'ingérer artificiellement de la vitamine B12 pour compenser la carence induite par leur régime le prouve : cette substance produite par des bactéries se trouve dans la chair animale et ses sous-produits. Elle s'avère indispensable à la survie de l'homme. Ce qui atteste que, naturellement, le régime végane, le seul qui n'induise aucune souffrance véritable pour les animaux, débouche, pour l'individu, sur des pathologies de carencé ; pour le règne animal, sur l'hécatombe des espèces domestiques et sur la prolifération monstrueuse des espèces restées ou redevenues sauvages. Dans les deux cas, la conséquence de cette logique s'avère la précarisation des hommes à brève échéance et leur inévitable disparition. Qui aurait ainsi voulu faire l'ange aurait fait la bête !

Sur le marché de Pointe-Noire, au Congo, j'avise le quartier des bouchers, non loin de celui des guérisseurs. La chaleur est étouffante, les odeurs épouvantables, un mélange d'urine et d'excréments, de vieilles pourritures impossibles à identifier et de matériaux en décomposition. L'humidité sature l'atmosphère. Le soleil tape sur les toiles maculées, grasses, raidies par la crasse. Il s'immisce par les interstices et les trous, puis noie de lumière des fruits tavelés, des légumes fatigués, des vêtements recyclés, des petits étals de téléphonie d'un autre siècle, mais aussi des morceaux de viande impossibles à reconnaître ou de petits animaux desséchés – chauves-souris, caméléons, têtes de serpents, fourrures tachetées, ocelles noires sur un fond d'or, ou l'inverse.

Là où j'entre dans ce marché, j'avise une grande cuvette en émail blanc avec les bords écaillés. Des larves jaunes, chacune grosse comme un petit doigt, grouillent en quantité. Elles semblent disposer d'un genre de bec marron, des yeux peut-être, ou quelque chose qui permet de distinguer une tête dans ces corps annelés qui remuent, fourmillent, donnent l'impression de vouloir avancer mais ne peuvent que se mêler un peu plus, se chevaucher, s'enjamber pour aller nulle part, puisque ce gros paquet d'insectes va remplir le ventre d'un acheteur qui les mangera crus ou cuits.

Je me souviens alors d'un texte de Claude Lévi-Strauss dans *Tristes Tropiques* qui rapporte sa réaction d'ethnologue en présence de la tribu qui lui offre un bol de larves recueillies précieusement au fond d'un arbre, cadeau royal pour fêter dignement l'arrivée du Blanc dans la tribu ! L'Occidental habitué aux langoustes et au homard voit d'un très mauvais œil ce récipient rempli à ras bord de larves vivantes. Pas question d'entamer le crédit a priori offert à l'étranger en repoussant le don ! Dépassant sa prévention d'Européen, on porte la larve à sa bouche et la sectionne vivante avec ses dents. Elle coule alors sur la langue comme le ferait un lait concentré sucré, avec un goût de noisette. Ce qui s'était avéré à l'œil une nourriture dégoûtante, une fois assimilé à un aliment connu, goûté et aimé, devenait alors tout à fait mangeable, agréable même.

Mes hôtes européens m'avaient promis un repas de ces larves qui ne deviendraient jamais papillons – c'est du moins ce qu'on m'a dit quand j'ai demandé de quel animal elles étaient la promesse. J'avais donné mon accord pour essayer. Trop bref, mon séjour ne permit pas cette expérience culinaire ! Du cru vivant, je ne connaissais que l'huître, comme nombre de Français. Je me demandais pourquoi cette prévention, cet a priori gustatif, alimentaire, alors que les larves sont comestibles dans ce pays africain – et pour tant d'autres peuples.

Plus loin dans le marché, l'odeur devient fade. Celle du sang. Un cochon entravé gît à même le sol, recouvert par ses propres excréments dans lesquels il se débat en vain. Le boucher sort un porc rasé et cuit, entier d'un gros récipient : cadavre fixé et figé dans la mort avant d'être découpé pour être mangé par de futurs morts. La lame entre dans le ventre de l'animal et libère des viscères puants. Par terre, à la façon des prisonniers de Pascal, qui, enchaînés dans la nuit d'une cave, attendent leur tour avec leurs compagnons d'infortune en sachant qu'on viendra bientôt les chercher pour les exécuter, allégorie de la nature humaine et de la misère de l'homme sans Dieu selon le philosophe, par terre, donc, le porc, vivant ses dernières heures, se tortille dans ses liens, comme s'il sentait que son destin l'enverrait quelques minutes plus tard sur l'étal maculé de sang et de graisse.

À quelques pas, l'odeur change. C'est celle des gibiers de brousse fumés. Après le sang et l'urine, les matières fécales et la graisse, une exhalaison tenace de feu de bois. La viande est méconnaissable. Un genre de paquet sans tête ni pattes, un bloc dodu à peau piquetée, comme percée par des aiguilles : un porc-épic. À côté, des têtes de gazelles sectionnées, un fil de fer autour du cou. Des mouches sur la blessure de la coupure. Les yeux ouverts. Elles ne voient pas le néant, elles regardent le chaland.

Le matin, me dit-on, il y a eu du singe, des grands singes si proches des humains. Morceaux de choix, ils sont partis dès l'ouverture du marché. En même temps que du boa vivant. J'imagine, dans des sacs, avec l'odeur fétide des serpents en captivité, ou qui ont subi du stress, de longs et gros boas tués, décapités, sectionnés en tranches, vidés de leurs proies à demi digérées, repartant enveloppés dans du papier journal taché de sang. Les mêmes hôtes promettent de s'enquérir de la possibilité d'acheter de la viande de singe ou de serpent pour m'y faire goûter pendant mon séjour.

Je me sens de moins en moins ethnologue en culotte courte et de plus en plus petit-fils de Darwin ! Le grouillement des centaines de larves comme nous, humains, nous grouillons sur la terre dans l'immense bassine du cosmos, le regard mort, mais tellement vivant d'effroi de cette petite antilope strangulée au fil d'acier, le corps secoué de tressaillements existentiels du petit cochon qui assiste à la mise à mort de l'un de ses semblables et qui aura pendant des heures décodé tous les signes de détresse, de solitude, d'angoisse, de frayeur, d'épouvante, de peur envoyés par son congénère, le destin de ces porcs-épics jadis vifs dans la nature transformés en blocs de viande morte autour desquels virevoltent de grosses mouches noires, je ne suis pas loin de me faire la promesse de ne jamais plus manger d'aucune viande.

Plus loin, toujours dans le rayon dit de la boucherie, j'avise trois tortues retournées sur le dos. L'une d'entre elles agite encore doucement, faiblement, ses petites pattes écaillées et griffues. Les deux autres semblent ne plus bouger : déjà mortes ? trop fatiguées ? épuisées par ce traitement qui les sort... de *l'humanité*, ai-je envie d'écrire, juste en les renversant ? Envie de les acheter toutes les trois, entravées de manière énigmatique avec des fils de fer, pour les remettre en liberté dans la nature. Vœu pieux. Aurais-je acheté un boa pour le relâcher lui aussi ?

Dans ses *Pensées pour moi-même*, Marc-Aurèle recourait à une méthode dite de *psychagogie* qui lui permettait de dévaloriser tout ce à quoi le non-philosophe tient, victime des formatages d'une époque, d'une culture, d'un temps, d'une civilisation. Ainsi, passer la nuit avec une créature de rêve devenait chez le penseur stoïcien prolégomène au frottement d'un vulgaire morceau de chair suivi par l'éjaculation d'un peu de morve – pas de quoi en faire une affaire, du moins un sujet de préoccupation susceptible de détourner de l'essentiel, à savoir : philosopher.

Pour les amateurs de bonne chère, de repas fins, de banquets à la Pétrone, l'empereur stoïcien agissait de même : des tétines ou des vulves de truie farcies, des sangliers confits au miel et bourrés de lièvres eux-mêmes remplis de petits oiseaux truffés

298

d'épices, des cous de girafe ou des langues de passereau ? Des cadavres, rien que des cadavres, de l'ingestion de cadavres, de la digestion de cadavres, puis de la déjection de cadavre par celui qui, bientôt, deviendrait cadavre, étant déjà lui-même tellement cadavre. De quoi couper l'appétit d'un apprenti philosophe !

Dans ce marché aux odeurs pestilentielles, ce qui me touchait profondément n'était pas le cadavre, encore que, mais la volonté humaine d'arrêter une vie animale qui avait présidé à ces étalages de cadavres. Le porc vivant côtoyant le cochon mort, puis écorché, le vif voyant sous ses yeux comment on allait le tuer avant de le manger, cette image terrible ramassait des millénaires de prédation fondée sur le besoin de se nourrir, certes, mais aussi, au-delà, sur la symbolique qui préside à ces opérations.

Car la pensée magique nourrit la nourriture. Non loin des étalages de boucherie se trouvent les petites boutiques des sorciers, des guérisseurs, des médecins traditionnels. Les apothicaires contemporains des sagesses préhistoriques sollicitent toute la nature : le minéral, le végétal, l'animal – j'ignore si l'humain y trouve une part que cacheraient les chamanes africains. Mais je n'en serais pas étonné – sueur, sang, larme, urine, matière fécale, sperme portent trop de charge allégorique. Poudres, micas, terre, argile, craies, écailles arrachées aux pierres de couleur, vertes ou bleues, marron ou noires, transparentes, côtoient dans un savant désordre des racines, des plantes, des herbes en bottes, des décoctions, des tisanes brunâtres dans des bouteilles en plastique douteuses, des petits ballots de tiges séchées.

La pharmacopée mobilise aussi le règne animal : j'avise une grosse tête de boa, coupée à la racine de la colonne vertébrale, elle me regarde, noire, comme confite dans un jus sombre ; puis des caméléons séchés, verdâtres, recroquevillés sur eux-mêmes, comme si la queue, elle-même en crosse, avait initié le mouvement de la totalité du corps afin que la tête aux petits yeux globuleux puisse entrer dans le cloaque pour refermer l'animal sur lui-même ; ici des griffes d'oiseaux, là des pattes de rongeurs ; des chauves-souris arrêtées dans un cri qui fut leur dernier, gros yeux et petites canines hors de la gueule, les ailes repliées comme des parchemins sombres nervurés de noir ; des dents arrachées à d'improbables bouches, chiens ou chats, lions ou rats, canines et incisives brunes, jadis armes de guerre contre les proies, aujourd'hui fétiches, amulettes et talismans ; des peaux de serpent qui font imaginer l'écorchage, d'un côté, une enveloppe souple en écailles qui forment des motifs géométriques, mandalas des dieux, de l'autre, une chair sanguinolente répartie le long de la colonne vertébrale, de la viande pour les hommes ; accrochées à côté des dépouilles des serpents, des peaux aux odeurs fortes, aux poils raides et rêches, petits mammifères, rongeurs dépouillés, fauves miniatures aux pelages de nuit et de soleil, des yeux de poils semblent regarder dans ces peaux tannées par le soleil et la fournaise ; des insectes, séchés, avec leurs petites pattes fébriles et leurs grosses têtes désormais pleines de substances magiques.

Ce que vend le boucher, le guérisseur le vend aussi. Ce qu'ingère le malade venu voir le médecin traditionnel, le client du marchand de viande le mange. Car l'aliment porte une charge symbolique, allégorique, métaphorique. En mangeant la viande d'un animal, on s'incorpore – au sens étymologique : on met dans son corps – ses forces (prétendues), ses vertus (supposées). Chaque organe vaut pour ce à quoi il sert : l'œil mangé est bon pour la vision du mangeur, le sexe pour sa fertilité, le cœur pour sa vaillance, le foie pour son courage, le muscle pour son énergie, le sang pour son flux vital. Avaler la larve vivante, c'est probablement nourrir son corps, sa chair, des potentialités spermatiques de l'être en devenir. Peut-être goûter du serpent (craquelin en surface, goût de veau ensuite, me dit-on) confère-t-il les vertus magiques de l'animal colportées par la tradition orale, la religion, le récit mythologique ?

Larves vivantes, porc-épic fumé, boa en darnes, antilope égorgée, singe écorché, tortue extirpée de sa carapace et plongée dans l'eau qui fera un bouillon, mais aussi, il n'y en avait pas quand je suis passé, viande de petits crocodiles, voilà qui fait nourriture exotique en regard de notre alimentation. Certes. Mais en regard de la nôtre, je parle d'un Européen, voire, plus particulièrement, du Français que je suis : manger des escargots, bourgognes ou petits-gris, sinon des cuisses de grenouille, est-ce vraiment moins exotique ?

Et pourquoi le gourmet qui commande une assiette d'escargots refuserait-il, le jour où la livraison n'aurait pas eu lieu, un plat de limaces, même (et surtout.) s'il est préparé lui aussi avec un beurre… d'escargot ? Le même repousserait probablement avec une moue fort significative l'assiette dans laquelle, faute de grenouilles, le maître d'hôtel lui servirait des cuisses de crapaud ! Et pourtant, qu'y a-t-il de l'escargot à la limace ou de la grenouille au crapaud, sinon le poids allégorique, mythologique, symbolique d'une civilisation ?

Qu'on ne mange pas de poisson rouge au contraire de la sardine, ou qu'on épargne le hamster mais pas le lapin, sinon le chien alors qu'on mange la chèvre, c'est parce que, on le sait, les premiers sont susceptibles d'être des animaux de compagnie et que, théoriquement, en vertu d'une humanité élémentaire, on ne mange pas ceux qu'on affuble d'un petit nom, on ne met pas dans son estomac ceux qu'on regarde, pensifs, dans un bocal ou dans un aquarium, on ne mastique pas entre ses mandibules ceux qu'on observe, vaguement sadiques, s'épuiser à tourner dans la roue d'une cage, ou ceux qu'on habille, franchement ridicules, avec un tricot pour leur éviter le rhume à la sortie pipi. On ne mange pas son prochain ; ce qu'on fait en revanche avec le lointain.

Ainsi, animal de compagnie en Occident, le cochon d'Inde meurt de sa belle mort, comme on dit, choyé, gras, cajolé, parfumé, enrubanné, alors qu'on le sert à table au Pérou depuis des millénaires. Le *Cuy*, comme on le nomme (rapport à son couinement…), est même représenté sur des peintures de l'époque coloniale à la cathédrale de Cuzco, l'ancienne capitale de l'Empire inca, et au monastère San Francisco de Lima, dans une circonstance toute particulière : le dernier repas du Christ. Jésus a donc mangé du cochon d'Inde avant l'ascension du Golgotha ! Des maîtres queux contemporains conseillent de le manger frit jusqu'à ce que la peau soit dorée et croustillante, accompagné de pommes de terre sautées, avec une sauce aigre-douce ou aux cacahuètes.

Cochon d'Inde au Pérou, chien en Thaïlande, nid d'hirondelles en Chine, serpent au Viêt-Nam, ragondin en France, kangourou en Australie, sauterelles au Maghreb, chats en Suisse, humains en Papouasie-Nouvelle-Guinée, chauve-souris à l'île Maurice, œil de phoque cru au-delà du cercle polaire et autres combinaisons gastronomiques notables : les hommes mangent tout ce qui est vivant. Dès lors, pourquoi pas des larves et du gorille, du boa et de la tortue, du porc-épic et du crocodile au Congo ?

La ligne de fracture ne sépare pas tel ou tel animal, mais les animaux et ce qui n'est pas ce que l'on peut ingérer et qui permet de vivre tout de même. Quel que soit l'animal mangé, et peu importe, au fond, ce qui est commun chaque fois, c'est *la vie arrêtée* un jour qui s'avère nécessaire à la consommation toujours. C'est la mort pour faire de la vie. C'est le cadavre pour nourrir du vivant. C'est la charogne pour vivifier le vif. C'est le couteau porté à la carotide pour égorger et tuer ce qui va devenir chair de celui qui va vivre. Est-ce une nécessité, une fatalité ?

Non. Car, si je pense, je deviens végétarien. C'est parce que je ne pense pas que je ne le suis pas (devenu). Car penser, c'est savoir que la chair qui se présente dans mon assiette a été celle d'un animal vivant tué pour que je le mange. Le tueur a arrêté sciemment la vie d'un être vivant pour rendre possible ma vie, dit-on. Certes, j'ai posé le principe que le boucher ne jouit pas de la mort qu'il inflige, je laisse cette passion triste aux matadors des arènes, mais il faut un vivant qui arrête la vie sous prétexte de permettre à la vie d'être et de durer pour que cette assiette se trouve devant moi. Et qui peut vouloir abolir la vie d'un vivant ? Au nom de quelle prétendue bonne raison ?

Je ne peux vouloir ma vie si je la dois au sacrifice de vies innocentes. Dès lors, le végétarisme s'impose intellectuellement. Mais le végétalien, et il aura raison, arguera que le cuir, le beurre, les œufs, la crème, le miel, la laine, la soie, le cachemire obligent à tenir les animaux dans un état de servitude qui n'est guère plus enviable que la mort. Si la vie fait la loi, les jaïnistes ont raison, et il n'y a pas non plus de bonnes raisons de supprimer les puces, les moustiques, les animaux dits nuisibles. Si je pense plus encore, je deviens donc végane.

Car la veste en cuir, les gants en peau de mouton mort-né, donc étouffé à la naissance, le manteau de fourrure, les chaussures en daim, le pull en angora, les chaussettes en soie, le col en vison, la veste en laine supposent l'élevage des animaux considérés dès lors comme des objets, des choses destinées à mourir un jour pour finir sur le corps d'humains en accessoires pour le vêtir. De même, la tartine de beurre, les œufs brouillés, le pot de miel, le nuage de lait, la cuillère de crème des petits déjeuners exigent également que des vaches, des poules, des abeilles aient été réifiées, objectivées, chosifiées pour produire des nourritures humaines. Par ailleurs, les bonbons, les entremets, les desserts que l'on ne confectionne pas soi-même posent problème, car ils peuvent comporter de la gélatine, faite avec les os de l'animal. Enfin : les produits dits de beauté, de soins et d'hygiène corporelle, de maquillage, parce qu'ils ont la plupart du temps nécessité des expérimentations animales pour tester leur innocuité sur des… cobayes, doivent être refusés.

Faut-il aller jusque-là et ne pas distinguer ce qui nécessite la mise à mort à dessein, ce qui suppose l'élevage et l'exploitation sans mort, ce qui relève de l'usage pacifique et complice des animaux par les hommes depuis des millénaires et qui se nomme tout simplement l'*élevage* ? Le véganisme suppose, en horizon ontologique et idéologique, l'holocauste de toutes les races domestiques : par exemple, il implique l'extinction de toutes les races de chiens, sans exception, au nom du seul loup dont, du chihuaha au dogue allemand, tous procèdent. Il suppose la fin des vaches laitières, toutes races confondues, au nom de l'aurochs généalogique. Il induit la disparition des chats, toutes variétés incluses, afin de retrouver le lynx originaire. Coûteuse pureté des hommes qui s'avérerait ruineuse pour les animaux !

Or l'abattoir n'est pas semblable d'un point de vue éthique, ontologique, métaphysique, spirituel, à l'élevage du ver à soie, ni à la tonte du mouton ou à la fabrication de miel par l'apiculteur qui aime ses abeilles. De même, l'expérimentation animale sadique dans les laboratoires n'a rien à voir avec le prélèvement au peigne des poils de la chèvre angora. Le port du pull en mohair ou la consommation de la gelée royale n'obligent pas à tuer la chèvre ou à exterminer la reine des abeilles – chèvres et abeilles d'ailleurs bien loin de leur source génétique originaire, puisque le caprin asiatique et la mouche mellifère sont moins des créations de la nature que des produits voulus pendant des millénaires par l'intelligence des hommes, en l'occurrence des éleveurs.

L'assiette est l'impensé radical. Si l'on réfléchit un tant soit peu à ce que l'on mange, ou à ce que l'on ne mange pas, aux goûts et aux dégoûts propres à chacune des civilisations, si l'on se rappelle la vie de l'animal que l'on a préparé par l'artifice de la cuisine, si l'on se pose la question de la légitimité de la mort infligée à un vivant quand on a pris le parti de la vie, de l'hédonisme et de la joie partagée, si l'on imagine chaque jour les flots de sang qui recouvrent la planète pour que nous couvrions nos tables de nourritures, alors nous nous retrouvons devant l'obligation de l'action. Sinon, à quoi bon la pensée ?

Je suis sorti du marché de Pointe-Noire. La vie a repris le dessus. Le soir, nous sommes allés dîner dehors d'un gros poisson recouvert de rondelles d'oignon cru. La nuit était chaude et lourde. La sueur perlait sur les visages. Le ciel était étoilé. La voûte céleste de l'hémisphère Sud me faisait rêver. Je songeais à mes disparus. Chacun avait dans son assiette un genre de gros bar qui débordait, tête à l'œil blanc et queue racornie dans le vide. L'un des convives raconta que ce restaurant servait les meilleurs poissons de la ville. Puis il ajouta que le patron avait jadis fait savoir un peu partout qu'il faisait la meilleure soupe de poissons de Pointe-Noire. La raison en était qu'il allait chercher son eau… à la morgue, car cette eau était chargée de la force et de l'énergie des morts !

J'ai fait répéter. Il s'agissait probablement d'une calomnie venue d'un confrère jaloux ? Pas du tout. C'est le propriétaire lui-même qui avait non pas fait courir une calomnie sur son compte, mais donné une information sur son excellence : sa soupe de poissons était la meilleure de la ville parce qu'il allait chercher son eau à la morgue et que, de ce fait, elle était chargée de la puissance des défunts. J'avais bien entendu. Affaire d'ontologie, donc ! Pensée magique tricotée à la production gastronomique. On ne mange donc pas tel ou tel produit, mais des forces, des énergies, des puissances, soupe de poisson ou pas, entrecôte-frites ou non. On ingère des symboles, des mythes, des allégories, des métaphores. Le carnivore et le végétarien ne vivent pas dans le même monde symbolique. Je mange de la viande, mais je vis dans l'univers symbolique du végétarien. Ma contradiction.

Vingt-quatre heures plus tard, la nuit, dans l'avion qui me ramène en France, je suis rentré fiévreux et malade – *comme un chien*. Nul doute que, dans ma nuit agitée, il y avait des larves grouillantes et des têtes de boa, des ailes de chauve-souris et des antilopes décapitées, des porcs hurlant à la mort déféquant sous eux et des tortues sur le dos attendant la soupe, des porcs-épics reconfigurés en minerai de viande fumée et des escalopes de crocodile empestant le gibier africain. Mais aussi, probablement, des bars raidis par la cuisson et des soupes de poisson épicées au cadavre humain. Manger son prochain s'avère toujours une aventure périlleuse pour les corps – pour les âmes aussi.

5

Miroir brisé de la tauromachie

« Faire l'amour au taureau, c'est sûr, c'est
impudique, c'est beau, il vient vers vous, pas pour
vous encorner, mais pour aimer ! La muleta tirée
sur le sol comme une langue qui inviterait pour
un profond baiser, le spectateur se fait voyeur,
c'est à un coït que l'on assiste, un orgasme
collectif, à Bayonne la corrida est vaginale. »
Simon Casas, *Taches d'encre et de sang*

« On reconnaît le fasciste au cri, encore une fois :
Vive la mort ! Toute personne qui dit "Vive la
mort !" est un fasciste. Nulle beauté ne peut passer
par la mort [...] Tout en moi s'offense lorsque je
vois des formes qui se rattachent à un culte de la
mort quelconque. Parce que c'est ça encore une
fois le fascisme, c'est ça la tyrannie. »
Gilles Deleuze, *Dialogues*

Toute virilité ostentatoire signale bien souvent une virilité
défaillante. Vouloir exhiber sa testostérone relève la plupart du
temps d'un plaidoyer pro domo : on montre ce à quoi on aspire
mais qui nous fait défaut. La virilité authentique n'a pas besoin
d'être spectaculaire, théâtralisée, exposée, il lui suffit d'être. La
tauromachie bénéfice d'un incroyable soutien du côté des écrivains, des peintres, des artistes, des philosophes, des hommes
politiques, des poètes. On ne compte plus les œuvres qui, de
Goya à Picasso, de Manet à Botero, de Gautier à Arrabal, de

Lorca à Char, de Montherlant à Hemingway, de Cocteau à Savater, de Bergamin à Leiris, célèbrent le spectacle de la mort comme un prétendu théâtre solaire de l'érotisme, de l'art et de la poésie. Ce qui est proprement jouissance du spectacle de la souffrance d'un animal doublé de la théâtralisation de sa torture se trouve ainsi présenté comme l'esthétisation d'un rite millénaire comparable à l'opéra qui, lui, est *au contraire* quintessence et sublimation de ce que l'esprit produit de plus achevé.

Il existe un lien entre la passion tauromachique et la sexualité des aficionados. On ne saurait impunément et sans raison rapprocher la mise à mort d'un animal et la jouissance sexuelle sans disposer d'une libido abîmée. Le christianisme, qui a produit l'une des plus grandes civilisations sadomasochistes en invitant à l'imitation du supplice du Christ pour mériter le salut et à celle des martyrs décapités, éviscérés, cuits, rôtis, bouillis, lapidés, déchiquetés, dépecés pour accélérer le mouvement, a généré une culture de la haine de la vie dans laquelle s'inscrit la tauromachie.

L'Église a beau rappeler qu'elle condamne cette activité barbare en 1567 avec une bulle de Pie V sous prétexte que la corrida découlerait des jeux du cirque païens et romains, c'est le triomphe de son idéologie qui nourrit cette passion funeste pour la mise à mort célébrée, ritualisée, montrée, exhibée, adulée, applaudie, vénérée. Faire du sang versé le signe de la vie alors qu'il prouve la mort, transformer la tuerie en beauté, célébrer la torture assimilée à un art, faire de la souffrance un spectacle, ces étranges perversions ne peuvent surgir que dans les cerveaux dérangés de qui jouit de faire le mal ou de voir d'autres le faire.

Une carte des lieux du monde dans lesquels se pratique la tauromachie évite les pays protestants ou orthodoxes et met en évidence les nations catholiques : l'Espagne, bien sûr, mais aussi le sud de la France, fille aînée de l'Église ; on en trouve également dans les pays conquis par les Espagnols en Amérique du Sud, chrétiens eux aussi, Mexique, Pérou, Colombie, Venezuela, un temps en Argentine, Portugal. La France coloniale impose cette pratique sanglante en Afrique du Nord, mais l'islam l'interdit. On n'imagine pas de corridas dans les pays de tradition protestante ou orthodoxe – en Suisse ou en Allemagne, dans les pays scandinaves ou en Russie. Pour goûter le sang, la mise à mort, le spectacle de la cruauté, il faut le préalable de l'éducation catholique, apostolique et romaine qui a formaté nombre de consciences occidentales, dont des intellectuels qui se croient ou se disent parfois postchrétiens ou franchement athées.

Dans cet ordre d'idée, il n'est pas sans intérêt de savoir que Michel Leiris, grand penseur de la tauromachie, caution intellectuelle majeure de cette pratique sauvage, auteur d'au moins deux textes cultes sur le sujet, *Miroir de la tauromachie* (1938) et *La Course de taureaux* (1951), était aussi un grand impuissant ayant truffé ses œuvres, notamment son *Journal*, d'abondantes notations sur son incapacité à la turgescence, son incapacité à mener à bien un acte sexuel même élémentaire. Les quatre volumes de *La Règle du jeu* abondent en aveux sur sa déficience libidinale. Dans *L'Âge d'homme*, il écrit : « Aujourd'hui, j'ai couramment tendance à regarder l'organe féminin comme une chose sale ou comme une blessure, pas moins attirante en cela, mais dangereuse par elle-même comme tout ce qui est sanglant, muqueux, contaminé. » La sexualité, chez lui, n'apparaît jubilatoire que dans la souffrance, la séparation, l'échec, la rupture, la douleur. Qu'il puisse faire de la tauromachie une voie d'accès à la sexualité, un *miroir*, selon son mot, rien que de très normal.

Pour sa part, Georges Bataille intègre dans l'*Histoire de l'œil* (1928) une scène de corrida en Espagne au cours de laquelle le torero Granero se fait arracher un œil par la corne du taureau pendant que l'héroïne de son récit s'enfonce un testicule de l'animal dans le vagin. L'écrivain a lui-même confessé son dérangement mental, judicieusement pointé par Breton. Ses biographes nous apprennent en effet qu'il s'est *réellement* masturbé sur le corps mort de sa mère, qu'il a *réellement* envisagé un temps de jouir en sacrifiant le corps de Colette Peignot consentante pour cette pratique extravagante, qu'il a *réellement* substitué un singe à cette femme et qu'il a joui de voir se contracter l'anus de l'animal enterré vivant la tête en bas.

L'homme et l'œuvre associent sans cesse érotisme et mort, jouissance et blasphème, nécrophilie et jubilation, scatophilie et délectation, meurtre et plaisir, sacrifice et extase, sang et cadavre, sperme et putréfaction. Que la tauromachie puisse passer chez cet homme au mental abîmé pour un art noble n'étonne pas.

Montherlant, quant à lui, auteur d'un roman qui passe pour autobiographique intitulé *Les Bestiaires* (1926), a passé sa vie à se réclamer de la virilité romaine et stoïcienne tout en menant une existence tranquille entre pédophilie en Afrique du Nord et mondanités à l'Académie française, entre célébration de l'Occupation allemande comme une chance virile et solaire pour le pays et dissimulation pour éviter les foudres de la justice à la Libération. L'auteur de *Un assassin est mon maître* a été fasciné par le spectacle d'un soldat qui se masturbe sous les bombardements lors de la Première Guerre mondiale dans laquelle il s'engage avec prudence en cherchant la blessure utile à la biographie qu'il se constitue. La tauromachie triomphe en lieu du bravache par excellence où l'on prétend se mesurer à la mort en allant tuer un animal *d'abord* affaibli, blessé, torturé, épuisé ; que Montherlant l'ait défendue fait sens. La corrida ressemble à sa vie : la dramatisation d'un combat dans lequel on ne risque rien – la mortalité y étant aussi fréquente qu'en matière de conduite automobile.

J'ai visité la maison-musée d'Hemingway à Cuba. Que cet homme ait eu besoin pour exister de tuer des grands fauves de l'Afrique, de partir sur trois champs de bataille, de pratiquer la boxe, de multiplier les accidents (ses biographes en comptent trente-deux : de chasse, de voiture, de bateau…), de pêcher des espadons et des marlins gigantesques dans un bateau où il fichait sa canne dans un genre de gros étui pénien en bronze, de se mesurer à Castro dans des concours de pêche au gros, de célébrer la tauromachie dans *Mort dans l'après-midi* ou dans des chroniques taurines qui faisaient rire les spécialistes, de s'enivrer plus que de raison et de fumer sans cesse, puis, le diabète et la maladie aidant (l'hémochromatose, en l'occurrence, dont les effets sont l'impuissance chronique, les troubles de la libido, les problèmes hépatiques et cardiaques, les douleurs articulaires, le diabète, l'hypogonadisme – un genre de castration –, la confusion mentale…), qu'il ait, comme son père avant lui, et comme son frère, sa sœur et sa petite fille après lui, choisi le suicide après la menace de cécité annoncée, on le comprend bien quand on découvre que sa mère l'habillait et le coiffait en fille pendant que son père lui offrait un fusil pour ses dix ans et qu'il se réjouissait, avant cet âge, d'avoir tué un hérisson à coups de hache. On comprend qu'en 1937 pareil homme ait pu oser un titre comme *En avoir ou pas*.

Leiris (suicidaire en 1937, tentative de suicide en 1957), Bataille (suicidaire en 1919), Montherlant (suicidé en 1972), Hemingway (suicidé en 1961) montrent à l'envi que les virilités défaillantes génèrent une compensation accompagnée d'une spectacularisation jubilatoire de ce qui leur fait défaut. La corrida, baptisée par antiphrase *course de taureaux*, sert ce projet existentiel. *Miroir de la tauromachie* est *le* livre qui théorise cette activité que les autres traitent en romanciers, en littérateurs, en poètes, en peintres. Leiris assiste à des corridas, collectionne les tickets, les programmes, les prospectus, les photos et autres souvenirs taurins ; il écrit des poèmes en prose consacrés à ce sujet publiés sous le titre *Tauromachie*, plus tard intégrés dans *Miroir de la tauromachie* ; il ouvre *L'Âge d'homme* (1939) avec *De la littérature considérée comme une tauromachie* et prétend que l'écrivain doit risquer sa peau dans un livre de la même manière que le torero dans l'arène – une invitation ayant généré beaucoup de dégâts dans la littérature.

Dans *Miroir de la tauromachie*, Leiris transfigure culturellement et intellectuellement un spectacle qui fait de la souffrance et de la mise à mort d'un animal un plaisir prétendument subtil, une jouissance dite raffinée. Pour obtenir ce résultat confondant, il convoque une artillerie lourde : la coïncidence des contraires de Nicolas de Cues qui justifierait la dialectique susceptible d'établir le caractère divin de l'entreprise tauromachique ; la beauté ardente et triste de Baudelaire qui proclame la présence du satanique dans le beau, du mal dans le bien, du noir dans le blanc ; le Satan de Milton qui l'autorise à faire du toréador, avec sa queue-de-cheval (pardon : sa *coleta*, un accessoire qui fait suite à une résille à chignon), ses bas, ses couleurs roses et ses vêtements moulants à paillettes, le « type achevé de la beauté virile » ; l'idée de Platon, très utile pour décrire la « beauté géométrique surhumaine » (39) de la passe tauromachique ; le cratère du volcan d'Empédocle, image destinée à signifier le danger semblable à celui de l'arène ; les travaux de Marcel Mauss sur le sacrifice qui permettent, in fine, de faire de ce carnage trivial un geste sacré susceptible de relier au divin.

Effet de la corne du taureau littéraire, la lecture du *Journal* de Leiris ne cesse de nous mettre en présence de confidences sur son incapacité à mener à bien une relation sexuelle – exercice concret de cette pratique de la littérature comme tauromachie : il y montre ses faiblesses, ses ratages, ses déficiences, ses impotences, ses lassitudes, ses épuisements, ses fiascos, ses fatigues. On y trouve, pêle-mêle, l'initiation sexuelle ratée au bordel, les partouzes avec les mannequins nègres et les godemichés de la rue Saint-Augustin, l'envie de se faire remplir la bouche d'urine par une prostituée, les soûlographies et les vomissures associées, les séances de masturbation en pensant aux femmes vénales, la « chasteté sadique » (234), le travestissement en femme, l'impuissance sexuelle, les rêves lubriques. Leiris rapporte ses actes sexuels avec Zette. En rapporter un, c'est les rapporter tous : « Commençant à débander, (je) me retire sans avoir joui » (238), ce qu'il compense par des griffures « comme si je voulais la déchirer ». Il lui dit : « Ma méchanceté, c'est la méchanceté de l'impuissance, tu dois comprendre cela » (239). Puis cette note, au détour d'une page : « Une série de rêves dans lesquels la tauromachie joue un rôle. Aspiration à la virilité d'un matador » (290).

L'une de ses femmes en marge de Zette, Léna, lui dit que « le goût du sang est un signe d'impuissance ». Leiris ne commente pas. La remarque est pourtant fort juste. La liste des impuissances de l'auteur constelle son abondante œuvre autobiographique. Dans cette configuration existentielle, les pages publiées sur la tauromachie apparaissent comme la confession esthétisante dans laquelle Leiris affirme qu'un acte sexuel vraiment réussi suppose la mort du protagoniste ou des protagonistes – il parle en effet de « cette incapacité de communion ailleurs que dans une fusion mortelle » (52). Il entretient de l'envie de « tuer après l'amour » (53). À défaut, l'acte sexuel reste une entreprise vaine n'ayant de sens que dans la multiplication des gestes sadiques. L'amour de la corrida est la puissance des impuissants – de même pour la chasse.

Miroir de la tauromachie ne cesse de filer la métaphore de l'acte de toréer comme un acte sexuel : « La corrida baigne dans une atmosphère érotique » (48). Se rendre à la corrida, c'est aller à un rendez-vous ; les affiches qui l'annoncent dans la rue font penser aux enseignes des bordels ; le taureau est une figure phallique ; les mouvements de va-et-vient entre l'animal et l'homme correspondent à ceux des partenaires dans un coït ; les passes sont une caresse, l'ovation une décharge, le bravo une éjaculation ; l'estocade rappelle l'intromission du pénis dans le sexe de la femme ; le « olé ! » de la foule femelle ressemble à celui de la jouissance des femmes ; le désir d'agression consubstantiel à l'acte sexuel coïncide avec celui du toréador lié au taureau ; enfin, il existe un plaisir à consommer ses testicules après sa mort. Mourir, c'est jouir ; souffrir, c'est jouir ; tuer, c'est jouir ; torturer, c'est jouir : on ne fait pas plus âme catholique qu'avec cette profession de foi thanatophilique.

Leiris utilise une image terrible quand il aborde le troisième temps de la corrida, celui de la mise à mort, qu'il décrit ainsi : « Danse haineuse des deux adversaires, l'homme entraînant la bête dans une sorte de valse funèbre, faisant miroiter devant elle l'étoffe colorée, tel un sadique offrant des douceurs à la petite fille qu'il se propose d'égorger » (61). On est d'autant plus sidéré par le recours à cette image qu'une note du *Journal* datée du 4 juillet 1960 compare l'affaire des ballets roses et celle de Djamila Boupacha – la première, qui éclate en janvier 1959, met en scène des jeunes filles désireuses de faire carrière dans la danse et à qui l'on présentait des vieux messieurs bien placés dans la société, dont André Le Troquer, dernier président de l'Assemblée nationale de la IVe République qui, inculpé d'attentat à la pudeur, a été condamné à un an de prison avec sursis ;

la seconde, une jeune Algérienne qui préparait un attentat à la bombe dans un café d'Alger et qui a été torturée et violée pendant un mois par le lieutenant Charbonnier et quelques-uns de ses hommes.

Le sympathisant du FLN qu'est Leiris s'insurge que, « dans la France d'aujourd'hui, l'on condamne ceux qui prennent du plaisir avec des *petits rats* parfaitement consentants et qui y trouvent financièrement leur profit, alors qu'on interprète comme un geste patriotique d'enfoncer une bouteille dans le vagin d'une jeune fille algérienne dont l'inscription future au martyrologe sera le seul bénéfice » (553). Leiris déplore que l'affaire ait coûté sa carrière à Le Troquer et celle de Boupacha une promotion à Charbonnier. L'argument qui fait du pédophile un hédoniste inoffensif et de ses victimes des coupables consentantes et vénales s'avère peu ragoûtant. Suit le même jour un paragraphe concernant un torero. Cessons là.

Dévêtons la corrida de ses oripeaux esthétisants, intellectualistes, culturalistes, pour la regarder en face et voir ce qu'elle est *vraiment*, à savoir une *torture* infligée à un animal condamné à mort, un acte de *cruauté*, un geste clairement *sadique* et une *perversion* caractérisée. Ces mots ne sont pas des jugements de valeur, ils qualifient objectivement des faits. Pour en convenir, faisons du dictionnaire le juge de paix susceptible de permettre l'analyse. Bien qu'amoureux du Littré, je renvoie au *Dictionnaire culturel en langue française* d'Alain Rey pour des définitions plus modernes de ces substantifs.

Qu'est-ce que *torturer* ? L'étymologie renvoie à une torsion qui génère une souffrance. La définition ? « Infliger la torture », bien sûr. Mais aussi : « Faire beaucoup souffrir (au physique et au moral). » Qui nierait que le taureau est torturé pendant le deuxième Tercio par les piques du picador, neuf centimètres d'une dévastatrice pyramide d'acier au bout d'une perche de deux mètres soixante, et les banderilles du torero, des harpons du même métal de six centimètres affûtés comme des rasoirs enfoncés sur le garrot de l'animal afin de provoquer des hémorragies. Exsangue, épuisé, fourbu, s'effondrant sur ses antérieurs, le sang sortant par la bouche, les naseaux, le taureau ne souffrirait pas ?

Leiris écrit dans *La Course de taureaux* : « Les cavaliers s'arment de leurs piques munies d'un arrêt destiné à empêcher le fer de pénétrer profondément. Le rôle des piques est d'atténuer la fougue du taureau et de lui fatiguer le cou car le matador, plus tard, ne pourrait loger son épée si le taureau portait la tête haute. Le taureau doit donc être piqué dans la masse de muscles qui surmonte le cou, et non ailleurs » (57). *Atténuer la fougue, fatiguer le cou,* des euphémismes pour éviter le mot véritable : *torturer.* Car, en réalité, le fer entre jusqu'à trente centimètres et le mouvement de vissage sectionne les muscles du cou de l'animal qui ne peut plus tenir la tête en position haute, donc charger.

La pression de la pique écrase les chairs ; le taureau tourne autour des piques qui vrillent et augmentent la souffrance ; les arêtes de la pique cisaillent la plaie en profondeur ; les nerfs sont sectionnés à la pique, de même pour le ligament nuchal ; la colonne vertébrale se retourne sur elle-même lors des nombreuses chutes ; piques, banderilles et épée génèrent d'abondantes hémorragies ; malgré la croisette d'arrêt, la pique peut entrer jusqu'à cinquante centimètres ; certains toréadors s'y reprennent jusqu'à dix fois et s'acharnent sur une même plaie ; une paralysie s'ensuit ; le petit poignard sectionne le bulbe rachidien. Le 24 juillet 1989, à Santander, le torero Ruiz Miguel inflige trente-quatre coups d'épée. Normalement, dans les textes, un seul devrait suffire pour le coup de grâce.

Qu'est-ce que la *cruauté* ? La « Tendance à faire souffrir (étymologiquement, à verser le sang). » Mots associés : « Barbarie, férocité, inhumanité, méchanceté, sadisme, sauvagerie. » Suit une citation… de Georges Bataille. Qui nierait l'inexistence de la cruauté dans le fait d'infliger pareilles tortures à un animal sensible ? Le rôle des piques et des banderilles n'est pas de tuer directement, ce que fera l'épée enfoncée de quatre-vingts centimètres et le poignard, la *puntilla*, enfoncé dans le bulbe rachidien, mais de tuer à petit feu, de prendre son temps en nfligeant la mort, de raffiner, ce que permet le heurtoir de la pique qui évite d'enfoncer en profondeur – il s'agit en effet de blesser sûrement sans tuer illico, d'abîmer, de détériorer, de briser le taureau. Voilà la nature de ce spectacle qu'est la corrida : théâtraliser la souffrance de l'animal avant sa mise à mort. Le boucher tue sans plaisir et personne ne l'applaudit ; en revanche, le torero jouit de donner la mort, et il recherche les hourras de la foule pour ses exactions barbares.

Le statut du cheval de corrida est sidérant. À l'origine, les organisateurs de ces jeux barbares ne choisissent pas de beaux chevaux vigoureux, mais des chevaux réformés, chevaux en retraite, chevaux de l'armée, chevaux destinés à l'abattoir. Envoyés au combat sans caparaçon, ils se font encorner, ouvrir le flanc par les cornes et perdent leurs entrailles sur la piste. On les recoud parfois en coulisse pour les renvoyer au combat après lequel on les achève. Le caparaçon, rendu obligatoire en 1928, limite les dégâts mais ne les empêche pas, car il ne couvre ni le cou ni le ventre, qui restent exposés.

Les chevaux de combat sont aujourd'hui sélectionnés pour leur hauteur adéquate, ni trop hauts ni trop petits. Dressés pour obéir aux commandements vifs et contradictoires du picador, volte, contre-volte, tour, demi-tour, ils deviennent incapables de fuir, de ruer ou de s'écarter. Ils encaissent alors toute la puissance furieuse du taureau qui charge latéralement. Pour empêcher leur peur en présence du taureau, on leur bande les yeux, on leur remplit les oreilles et les naseaux de vaseline, de coton, de papier journal mouillé. On sectionne leurs cordes vocales pour empêcher le hennissement.

Goya, Doré et Picasso représentent ces éventrations, ces boyaux sur la piste, ces intestins fumants et puants sous la brûlure du soleil hispanique. Ils esthétisent cette blessure que les aficionados, habitués aux éléments de langage puisés dans un surréalisme mâtiné de freudisme, assimilent à un sexe féminin ouvert. Hemingway associe la mort du taureau à la fin tragique du héros et fait du cheval vidé de ses intestins un personnage comique, un clown comme ceux que mettent en scène les Fratellini qui traînent des saucisses derrière eux. Dans *Miroir de la tauromachie*, Leiris écrit : « En ce qui concerne les animaux victimes, tout avait été, dès l'origine, judicieusement partagé : au taureau, la mort noble, qu'il reçoit à coups d'épée ; aux chevaux passivement éventrés le rôle de latrines, ou de boucs émissaires sur lesquels toute la part d'ignoble est déplacée » (59).

Qu'est-ce qu'un acte *sadique* ? Sadique renvoie à Sade, bien sûr, et au sadisme, évidemment. Et sadisme ? « Luxure accompagnée de cruauté » – ce qui convient ici. Mais aussi : « Goût pervers de faire souffrir, délectation dans la souffrance d'autrui » – seconde acception. Qui nierait qu'il existe du plaisir chez l'aficionado qui ponctue de « Olé ! » et de bravos cette cérémonie funeste ? « Olé ! » veut dire bravo. D'aucuns renvoient à une étymologie arabe, *wallah*, qui signifierait « Par Dieu ! » La puissance de la manifestation accompagne le degré de satisfaction dans le sadisme : plus le raffinement dans la mort infligée coïncide avec le code, plus le public jouit dans les gradins.

Qu'est-ce qu'une *perversion* ? Au sens psychiatrique : « Altération, déviation des tendances, des instincts, due à des troubles psychiques, souvent associée à des déficits intellectuels, à des déséquilibres constitutionnels. » Mots associés : « Anomalie, détraquement. » Autre sens, perversion sexuelle : « Tendance à rechercher la satisfaction sexuelle autrement que par l'acte sexuel "normal" (ce dernier étant défini comme accouplement hétérosexuel, en vue d'obtenir l'orgasme par pénétration génitale ou, de manière plus extensive, selon la tolérance sociale). » Mots associés : « Bestialité (ou zoophilie), exhibitionnisme, fétichisme, masochisme, nécrophilie, ondinisme, pédophilie, sadisme, voyeurisme. » Qui nierait qu'il y a de la perversion à ressentir un plaisir de nature sexuel, à avouer sa libido excitée par le spectacle de la mise à mort d'un taureau ? Leiris écrit ceci : « Toute la corrida et ses alentours exhalent une odeur érotique » (50). Quand Simon Casas, ancien toréador, grand prêtre de ces cérémonies sadiques, auteur de livres à la gloire de cette barbarie, écrit : « Quand je vois un jeune torero triompher, je bande, ça n'a pas de prix », faut-il ajouter autre chose ?

L'association de la mort à la corrida reste un grand classique. Leiris conclut son *Miroir de la tauromachie* en célébrant cette activité sous prétexte qu'elle rendrait possible cette étrange profession de foi terriblement catholique : « Incorporer la mort à la vie, la rendre en quelque manière voluptueuse » (66). Mais la mort fonctionne dans un seul sens : le taureau ne s'en sort jamais. Même épargné pour sa vaillance, ce qui arrive très rarement, juste pour permettre l'usage rhétorique, sophistique et polémique de cette façon qui paraît chevaleresque, il meurt en dehors des regards du public, épuisé par les blessures infligées pendant la corrida.

Quant à cette idée que le toréador risquerait sa vie en entrant dans une arène, c'est une fiction : l'homme qui choisit délibérément et sciemment ce métier ne court pas plus de risques que le couvreur qui grimpe chaque jour sur les toits pour un métier bien moins payé en monnaie sonnante et trébuchante et en symbolique que le métier de tueur de taureaux dans les arènes ! La mort est un accident du travail chez ces tueurs qui prétendent risquer leur vie au-dessus du bloc opératoire qui jouxte la chapelle où attend le chirurgien de garde qui, la plupart du temps, s'affaire sur des blessures bénignes, dont certaines procèdent de coupures que les toréadors maladroits s'infligent avec leurs armes effilées.

Les faits permettent toujours d'en finir avec les mythes : Éric Baratay et Élisabeth Hardouin-Fugier rapportent ceci dans un excellent petit livre hélas introuvable sur la corrida : « Entre 1901 et 1947, on trouve 16 décès pour 71 469 taureaux tués (6 par corrida), soit 1 pour 4 467. De 1948 à 1993, on compte 4 décès pour 136 134 taureaux tués, soit 1 pour 34 033. » Pour combien de charpentiers ou de couvreurs morts sur leurs chantiers ? La mort du matador est un lieu commun qui fonctionne comme le loup dans les contes pour enfants : il fait peur, mais ne mange jamais personne.

Si l'on se contente de la lexicologie pure : la corrida est une torture ; la corrida est une cruauté ; la corrida est sadique ; la corrida est une perversion. Que les aficionados transforment en jugement moral l'usage correct du vocabulaire, il n'y a là rien que de très normal : aucun pervers n'avoue l'être, aucun sadique ne dit qu'il l'est. Le propre même de ces pathologies, c'est qu'elles ne paraissent pas telles à celui qui s'en trouve affublé. Simon Casas, directeur des arènes de Nîmes, affirme par exemple sans vergogne : « J'aime le taureau d'un amour sincère, si je pensais que le taureau souffre, j'arrêterais tout de suite ! » Cynisme ou bêtise ?

Jamais un chasseur, qui fait partie de la même famille que l'amateur de tauromachie, ne dit prendre du plaisir à tuer quand, *de fait*, il prend du plaisir à tuer ; qu'il prend du plaisir à faire couler le sang quand, *de fait*, il fait couler le sang ; qu'il prend du plaisir à arrêter la vie d'un animal quand, *de fait*, il arrête la vie d'un animal ; qu'il prend du plaisir en jouissant du pouvoir d'enlever la vie quand, *de fait*, il prend plaisir à enlever la vie. La dénégation fait la loi chez celui qui jouit de la mort et ne veut ni le dire, ni le savoir, ni qu'on le lui dise ou qu'on le lui fasse savoir. Car jouir de la mort infligée, c'est être déjà partiellement mort, faire parler en soi la part déjà corrompue, pourrie.

S'il faut l'en croire, et ses pauvres éléments de langage sont toujours les mêmes, le chasseur tue parce qu'il aime les animaux ; il ravage la nature parce qu'il aime la nature ; il ajuste le tir dans le cœur du sanglier (s'il peut) par amour du sanglier ; il abat le cerf, majestueux et hiératique, par amour du cervidé ; il explose les petits oiseaux, toujours par amour des passereaux, si jolis – dans son assiette, dévorés avec leur tête, sous une serviette ; il massacre une biche après avoir vu les pleurs dans son œil, par affection pour la petite bête qui gît dans son sang. Il tue ce qu'il aime, il n'aime que ce qu'il tue – ce qui renseigne sur sa façon d'aimer.

De même avec le toréador, un chasseur habillé en femme : il tue le taureau parce qu'il l'aime, le vénère, le respecte ; il le fait souffrir pour lui montrer son amour ; il le fatigue, le blesse, fait couler son sang, toujours par passion amoureuse ; il envoie des picadors martyriser la bête, pour son bien, car il s'agit de lui offrir une belle mort dans une arène de soleil et d'ombre alors que le bœuf domestique se trouve saigné dans un abattoir sans noblesse ; il enfonce son épée jusqu'à la garde pour atteindre le cœur, toujours pour exprimer sa passion pour l'animal. Gageons qu'il existe des amours moins toxiques pour l'aimé et qu'il ne fait pas bon être aimé par pareille engeance.

Ce que tue le toréador, ou le chasseur, c'est la vie – parce qu'il préfère la mort. Présentée comme l'inverse de ce qu'elle est, la corrida n'est pas célébration du taureau, mais culte rendu à Thanatos, non pas éloge de la bête sublime, mais grande fête mortuaire et morbide, non pas panégyrique de l'animal, mais cérémonie funèbre et meurtrière, non pas péan au mammifère mythologique, mais sacrifice sanguinolent et barbare. Le taureau, c'est la force, la puissance, la vie, la robustesse, l'énergie ; la corrida, c'est la force de la faiblesse, la puissance de l'impuissance, la vie de la mort, la robustesse des chétifs et des malingres, l'énergie des épuisés.

Dans les religions antiques, le taureau est vénéré pour sa force génésique et son pouvoir fécondant, il est le mâle impétueux, le féroce mugissant, l'animal indompté, la virilité procréatrice, l'esprit mâle et combatif, l'ardeur cosmique, l'incarnation de la force chtonienne, obscure, l'idole néolithique, la bête de toutes les mythologies, lunaire par la fécondité, solaire par la semence, associée aux cultes agraires. Il traverse les civilisations, les cultures, les religions.

À l'évidence, le christianisme, religion de l'épuisé et de l'épuisement, ne pouvait que détester le taureau. Cette fameuse bulle papale qui condamne la corrida au XVIᵉ siècle ne doit pas faire illusion : l'Église ne voit pas d'un mauvais œil cette cérémonie de la mise à mort du taureau qu'elle déteste autant qu'elle vénère son antipode : le bœuf, taureau castré. Le bœuf se trouve dans la crèche pour signifier d'emblée que cette religion se place sous le signe du ruminant privé de testicules. Les *Psaumes* font du taureau l'animal méchant, l'Ancien Testament le montre comme la bête de l'idolâtrie. Dans ses *Homélies sur l'Exode*, Origène l'associe à l'orgueil de la chair. Taureau païen contre bœuf chrétien : on peut assujettir le bœuf et lui infliger le joug avec lequel, domestique, il travaillera pour les hommes. Il traînera la charrue pour labourer. Dans le tétramorphe, il est l'animal associé à saint Luc. Il souffle sur le corps de l'Enfant Jésus dans les premiers jours de sa naissance. Il est doux, calme, patient. Avec ses testicules perdus, il a gagné la faveur du christianisme.

Ajoutons que le culte de Mithra aurait pu devenir religion si Constantin s'y était converti ! La secte de Chrestos a eu chaud. Quelques empereurs romains ont été intéressés par cette religion solaire venue d'orient — le Soleil est l'hypostase de Mithra. Elle avait pour culte le sacrifice d'un taureau dans des cryptes aménagées de façon que le baptême de l'impétrant allongé sous une grille s'effectue par l'aspersion du sang de l'animal saigné. Dans la grotte, les initiés, des hommes seulement, communiaient ensuite dans un banquet donné sous la voûte de la grotte pensée comme un cosmos — la visite d'un mithraeum à Rome sous la basilique Saint-Clément quand j'avais vingt ans fut pour moi un grand moment d'émotion. En se convertissant à la secte que l'on sait, Constantin initiait le christianisme. Il n'eut de cesse de malmener ce culte avec ses édits et de faire ravager les lieux par ses affidés. Les chrétiens reprochaient à ce culte solaire de s'effectuer dans les ténèbres d'une crypte ; on eut avec eux un culte des ténèbres donné dans le plein jour d'églises dispendieuses.

On aurait pu vouloir chevaucher le taureau sacré et célébrer ainsi la force guidée par l'intelligence et la raison, la puissance et la complicité avec les humains ; on a préféré le tuer. La corrida, si souvent associée à des fêtes religieuses sans que jamais le Vatican proteste, peut séduire et ravir le christianisme, qui, d'une part, voit ici triompher sa théorie des animaux soumis au vouloir et à la volonté des hommes et, d'autre part, peut regarder non sans joie le sacrifice des animaux du sacrifice païen.

Cette cérémonie qu'on dit païenne apparaît finalement très chrétienne, en l'occurrence catholique, la corrida et l'Église partagent le goût du spectacle, du décorum, de la musique, des mises en scène. L'une et l'autre, construites par des épuisés pour des épuisés, jouissent de mettre à mort la vie et la vitalité. Leur culte s'organise autour de la mise à mort d'une victime émissaire. Leur rite, rappelé par l'eucharistie, jouit du sang versé et bu symboliquement. L'holocauste du vivant sublimé en cérémonie clinquante, voilà de quoi réconcilier l'évêque et le matador, le curé et les picadors, le pape et le toréador.

Je préfère pour ma part le taureau païen que l'on peut chevaucher pour profiter de sa force, de sa puissance et de sa vitalité – à la façon d'Europe :

LA FEMME ET LA BÊTE

1

Draps d'or
Tissus de feu
Broderies d'argent
Soies moirées

La princesse phénicienne dort
La princesse phénicienne rêve

2

Dans le songe
Deux continents
Prennent forme humaine
Et cherchent à la séduire

La princesse phénicienne dort
La princesse phénicienne rêve

3

Sortie du sommeil
Libérée du rêve
Europe s'éveille
Aux parfums de la mer

La princesse phénicienne frissonne
La princesse phénicienne tremble

4

Accompagnée de trois femmes
Cheveux blonds, de cuivre et de feu
Elle va vers la plage
Parfumée d'embruns

La princesse phénicienne frissonne
La princesse phénicienne tremble

5

Devant sa femme
Zeus succombe à l'autre désir
Il veut Europe
Il devient taureau

La princesse phénicienne frissonne
La princesse phénicienne tremble

6

Disque d'argent sur la tête
Cornes en forme de lune
Parfums violents
L'animal frémit

Le roi du temps désire
Le roi du temps ordonne

7

Le taureau s'avance
Sûr, dominateur, puissant
L'œil sur les femmes
Les narines grandes ouvertes

Le roi du temps désire
Le roi du temps ordonne

8

La bête parfumée au musc
Irradie de désir
Luit de liquides de vie
Rayonne de vertus séminales

Le roi du temps désire
Le roi du temps ordonne

9

Le taureau s'allonge
Se roule dans l'herbe
Écrase les fleurs
Montre son sexe

Le roi du temps désire
Le roi du temps ordonne

10

Europe tressaille
Trop d'odeurs
Trop de parfums
Trop de senteurs

La princesse phénicienne se pâme
La princesse phénicienne défaille

11

La main de la princesse
Sur le ventre du roi du temps
Sur sa peau et sur son poil
Sur son sexe

La princesse phénicienne se pâme
La princesse phénicienne défaille

12

Dans la bouche du taureau
Le crocus sent le safran
L'haleine de Zeus
Renverse Europe

La princesse phénicienne se pâme
La princesse phénicienne défaille

13

Le taureau blanc
Se relève soudain
Europe agrippe les cornes
Puis l'échine de l'animal

Le roi du temps décide
Le roi du temps veut

14

La bête se jette à la mer
Gerbes d'écume entre les jambes
Flocons crémeux entre les cuisses
Bouillonnement de semence

Le roi du temps impose
Le roi du temps dispose

15

Zeus en feu
Europe liquide
L'eau brûle
Le couple traverse la mer

Le roi du temps impose
Le roi du temps dispose

16

Couverts de miel
Nimbés de mer
Nappés de lumière
Tous deux abordent une île

Le roi du temps impose
Le roi du temps dispose

17

Sous un platane
Le taureau entre dans la femme
La bête devient humaine
Et la femme animal

Le roi du temps impose
Le roi du temps dispose

18

Zeus offre trois cadeaux
Une robe et un collier
Un chien qui ne lâche jamais sa proie
Un homme de bronze avec une seule veine

Le roi du temps impose
Le roi du temps dispose

19

Trois enfants naissent
Alors Zeus s'en va
Laisse Europe
Et la donne à un autre

Le roi du temps impose
La princesse phénicienne obéit

20

Le roi de Crète épouse la princesse
Reconnaît ses trois enfants
Europe s'éteint
Zeus rit aux éclats

Le roi du temps rit

Alors
Le roi du temps rit

Quatrième partie

LE COSMOS
Une éthique de l'Univers chiffonné

Le cosmos : le ciel que me montre mon père et qu'il me décode n'est pas le ciel chrétien. Je n'ai pas le souvenir qu'il m'ait dit que mes grands-parents, que je n'ai jamais connus, étaient au ciel ou qu'un voisin mort était parti lui aussi au ciel. La mort n'était jamais enrubannée de fictions : elle était, c'était déjà bien assez, on faisait silence, on respectait le disparu dont on se souvenait, mais jamais je n'ai entendu de discours chrétiens sur le paradis, l'enfer et le purgatoire, choses justes bonnes à avoir la moyenne aux cours de catéchisme.

Mon père n'avait pas la culture qui lui aurait permis de se réjouir du paganisme sous-jacent au christianisme, mais il aurait aimé, je crois, retrouver dans les grandes fêtes religieuses de plus anciennes fêtes polythéistes. Dans « Permanence du soleil invaincu » (chapitre 1), je traque les éléments du collage judéo-chrétien : cette vision du monde s'avère composite, elle agrège des sapiences préhistoriques et leurs variations au cours des âges. Le culte de la lumière (qui pourrait bien expliquer l'art pariétal néolithique) passe par les religions orientales, nourrit les animismes, les chamanismes, les polythéismes, les panthéismes qui ne séparent pas l'homme du cosmos et de la nature car les hommes d'avant le monothéisme savent qu'ils sont fragments d'un Grand Tout et qu'ils ne sont nullement séparés de celui-ci.

Le christianisme recycle le vieux culte plurimillénaire de la lumière dans la totalité de ses fêtes. De même, les grandes dates de la biographie inventée par les hommes au cours des siècles pour donner une réalité physique et corporelle à Jésus, simple personnage conceptuel, sont toutes des dates de fêtes païennes indexées sur les solstices et les équinoxes, les levers et les couchers du soleil dans la journée, la disparition et la réapparition de la lumière lors des saisons. Le Christ cristallise sous son nom les cultes de la lumière à l'origine de toutes les religions primitives. L'histoire sainte ne se lit correctement qu'en regard de la pensée païenne qu'elle démarque.

L'église elle-même est un temple solaire construit de façon très codée par les architectes et les maçons sur ces antiques savoirs de la lumière – ce que se propose de démontrer « Le christianisme, un chamanisme solaire » (chapitre 2). La fondation des églises obéit à un rite solaire. Leur orientation est symboliquement et rituellement indexée sur le lever de l'astre. Les oculus laissent entrer la lumière au zénith du jour où l'on fête le saint. Le rai lumineux qui passe par lui atteint les reliques enchâssées sur l'autel à l'heure donnée par l'horloge solaire. Les corps allongés dans le cimetière le sont face au soleil afin de voir la lumière le jour de la résurrection des morts.

Par ailleurs, les symboles solaires abondent dans le christianisme : la porte d'entrée qui repose sur les deux tours orientées selon l'axe lever/coucher du soleil, le tétramorphe qui représente les quatre évangélistes en relation avec le zodiaque céleste, le clocher comme forme élancée destinée à conquérir le ciel, puis à répandre son énergie en retour sur le lieu même de l'eucharistie, le coq perché à son sommet qui annonce l'arrivée du jour, les découpages des heures, des jours et des mois, tout est solaire dans cette religion orientale acclimatée en Occident avec force rhétorique.

Le christianisme a vidé le ciel de ses astres pour le remplir de ses fictions. « La construction du ciel chrétien » (chapitre 3) propose la généalogie de cette éviction des réalités astronomiques au profit des fantaisies théologiques. La patristique contribue à meubler le ciel de Saints, d'Anges, d'Archanges, de Puissances, de Trônes, de Séraphins et de toute une colonie d'ectoplasmes présentés comme des modèles existentiels. Il s'agit pour l'apologétique chrétienne d'inviter à vivre sans corps, sans chair, sans désir, sans besoin de boire ou de manger, sans libido, sans ce qui fait la vie corporelle de tout un chacun. Le ciel est un anti-terre, son peuplement, une contre-nature.

Le cosmos païen enseignait une sagesse existentielle qui permettait aux hommes de vivre selon lui. L'ordre du monde était réglé par une puissance mystérieuse qui ne s'appelait pas encore Dieu. La nécessité apparaissait à quiconque avait observé la répétition des mouvements du monde et compris la forme et la force des cycles de la nature. On peut imaginer que les chamanes, les sages, les druides, les officiants enseignaient cette vérité physique dans un temps qui ignorait la métaphysique — étymologiquement, les fictions qu'on invente pour peupler l'au-delà de la physique.

Le cosmos chrétien enseigne lui aussi une sagesse existentielle, mais pas la même. Il s'agit d'imiter Jésus qui est aussi le Christ : fils de Dieu et rejeton d'une Vierge, chair sans chair, corps incorporel, oxymore vivant, mais aussi cadavre tuméfié, anatomie mortifiée, et, pour couronner le tout, mort ressuscité. Le ciel est offert à quiconque fait de sa vie une duplication de celle de Jésus-Christ. Il est plein de martyrs aux corps déchirés, découpés, décapités, brûlés, etc.

Pendant que les théologiens peaufinent ce ciel rempli de fantasmes, des scientifiques scrutent la voûte étoilée et n'y trouvent que des astres tournant sur leurs orbites, des planètes en mouvement réglé, des étoiles scintillantes. La pratique de l'astronomie, la volonté scientifique vident le ciel chrétien comme une baignoire pleine d'eau usée. La physique est une antimétaphysique, elle permet une ontologie matérielle. L'Église condamne les hommes de science qui osent dire du ciel qu'il est ce qu'il est — un vaste espace pour des bolides de matière sublimes. La prison, le bûcher, la persécution, le procès s'abattent sur ceux qui retrouvent le cosmos païen sous le cosmos chrétien.

« L'oubli nihiliste du cosmos » (chapitre 4) me semble peser davantage que l'oubli de l'être dans la généalogie d'une bibliothèque contemporaine. Le monothéisme a célébré le livre qui disait le monde, qui prétendait dire la totalité du monde ; pour ce faire, il a écarté les livres qui disaient le monde autrement que lui et toléré les livres qui abondaient en son sens. Une immense bibliothèque s'est installée entre les hommes et le cosmos, et la nature, et le réel. Le livre et l'archive qui disaient le monde sont devenus plus vrais que le monde lui-même. Le nez dans les livres, les hommes ont cessé de le lever vers les étoiles. L'invention du livre éloigne le monde. La bibliothèque détourne du cosmos.

Cet oubli du cosmos suppose la toute-puissance de la culture comme antinature. Le ciel étoilé disparaît, brûlé par les lumières électriques des villes. La flamme d'une chandelle, la clarté d'une bougie, le feu de cheminée, feux mystérieux qui sculptent les ombres de la nuit et créent les clairs-obscurs dans lesquels puise l'imaginaire, se trouvent remplacés par les lumières artificielles. Le soleil ne fait plus la loi quand l'électricité s'y substitue. Les paysans virgiliens s'effacent au profit des ouvriers de la terre. Le temps cyclique païen s'effondre au profit du temps qui devient de l'argent. La terre meurt et les paysans aussi : elle devient un support à produits chimiques ; contraints et forcés par la religion de la productivité, ils deviennent les ouvriers de cette mise à mort.

Je sors du sommeil dogmatique dans lequel m'avait plongé mon éducation chrétienne quand j'ai dix-sept ans, en rencontrant Lucrèce à l'université de Caen dans le cours de mon vieux maître Lucien Jerphagnon. Cette terre maltraitée, cette civilisation virgilienne abolie, cette paysannerie meurtrie, cette sagesse millénaire détruite, cette vie coïncidant avec la nature exterminée, j'en suis le témoin. Lucrèce permet de vivre selon cette sagesse disparue. Dans « Un épicurisme transcendantal » (chapitre 5), je propose qu'on aille chercher dans la pensée préchrétienne de Lucrèce matière à fonder une philosophie postchrétienne qui conserve de l'épicurisme ce qui peut constituer une force postmoderne. Le penseur romain récuse tout ce qui ne contribue pas à l'édification personnelle et à la construction d'une sagesse pratique. Je souscris à cette idée d'écarter ce qui ne débouche pas sur une pratique existentielle, l'essentiel consiste en effet à mener à bien une vie philosophique.

Le propos philosophique majeur de l'épicurisme consiste à tout mobiliser pour faire reculer la superstition, qui est croyance à des idées fausses qui nous aliènent. L'usage d'une raison sainement conduite fait reculer la foi. La science, hors scientisme qui est religion de la science, permet de penser le monde selon la logique de l'ontologie matérialiste : ne rien convoquer qui relève des arrière-mondes, ne rien solliciter qui renvoie à de la métaphysique, ne rien mobiliser qui ressortisse à la métapsychologie. Il n'y a qu'un monde et pas d'arrière-monde ; que de la physique et pas de métaphysique ; que de la psychologie et pas de métapsychologie.

Contre l'heuristique de la peur et la pensée catastrophiste très en vogue aujourd'hui, le transcendantal s'avère un remède contre les facilités de la transcendance. L'ontologie matérialiste gagne par exemple à solliciter l'astrophysique pour vider le ciel du fatras chrétien et le restituer dans sa force primitive saisie par l'intelligence contemporaine. La science d'aujourd'hui valide nombre d'intuitions épicuriennes – elle n'a jamais validé aucune hypothèse chrétienne.

L'astrophysique a effectué plus de progrès dans le dernier demi-siècle que depuis que l'homme scrute le ciel. Chaque homme est une quantité négligeable dans un univers rempli d'étoiles effondrées, d'univers multiples, de trous noirs qui avalent l'énergie, de trous de ver par lesquels les univers communiquent peut-être, de fontaines blanches ou d'univers chiffonné, le nôtre, un univers dans lequel les illusions d'optique nous font prendre pour grand ce qui est petit parce que réfracté, contemporain ce qui est mort parce que différé, dans un même temps ce qui relève de temps divers parce que plié par la gravitation.

Chaque homme est une quantité négligeable dans l'univers, certes, c'est donc entendu, mais chaque homme s'avère également une exception unique, une configuration définitivement inédite, une singularité sans aucune duplication possible dans le temps et dans l'espace, une chance de vie et de force, de puissance et d'énergie. Cette occurrence fragile et vraie, improbable mais réelle qu'est toute existence mérite que nous soyons subjugués et que de ce sentiment d'étonnement radical naisse l'expérience du sublime.

1

Permanence du soleil invaincu

Le judéo-christianisme est l'immense collage d'un grand fatras païen, oriental, mystique, millénariste, apocalyptique ; il recycle des histoires anciennes qui remettent elles-mêmes en circulation des histoires encore plus anciennes. Qui dira que le Déluge du Noé judéo-chrétien de la Genèse ne provient pas en ligne directe du déluge de *L'Épopée de Gilgamesh* qui lui préexiste d'au moins deux mille ans – une épopée qui elle-même cite dans ses dernières versions *L'Épopée d'Atrahasis* ? Les pluies diluviennes, le retour de la colombe, le corbeau qui ne revient pas, l'échouage de l'arche sur une montagne passent par le judéo-christianisme, mais n'en sont ni le produit ni la signature.

Le christianisme a recouvert de mort la vie qu'il a confisquée : le paganisme infuse cette religion du Livre qui a interposé les mots entre le monde et les hommes. Avant les livres et l'écriture, bien avant les livres dits saints ou sacrés, les hommes entretenaient des rapports directs avec le monde, autrement dit : aux éternelles successions du jour et de la nuit, aux cycles des saisons, à l'alternance des lumières et des ténèbres, aux étoiles dans le ciel et aux mystères des grottes sous terre, aux mouvements des astres, aux trajets de la lune et du soleil dans le cosmos, à la régularité de métronome des apparitions des solstices et des équinoxes, aux dialectiques du printemps et de l'hiver, au perpétuel contrepoint des cadavres enterrés et des enfants qui jaillissent du ventre de leur mère.

Le Talmud, la Bible et le Coran étouffent la vie et le vivant sous des mots, des histoires, des pages, des commentaires, puis des commentaires de commentaires. Avec ces trois Livres, les hommes cessent de regarder le monde et de lever les yeux vers les étoiles, le ciel, les astres, pour baisser le regard vers les grimoires dont ils croyaient qu'ils renfermaient la vérité définitive sur le monde. Dans un univers où le livre était lu par peu, les scribes seuls disaient ce que le texte racontait : le pouvoir du rabbin, du prêtre et de l'imam est devenu puissance de divinités. Ces trois instances temporelles ont pris appui sur le spirituel pour investir la politique et donner les pleins pouvoirs à la théologie, donc à la théocratie.

Le judéo-christianisme est la forme historique, temporelle, concrète, immanente prise en Occident par le vieux culte de la Lumière. On peut imaginer qu'à l'origine de l'humanité les hommes dits préhistoriques aient d'abord vénéré la puissance des cycles de la lumière : ses variations annuelles sont faciles à constater pour l'esprit empirique du chasseur, du cueilleur, du pêcheur, du paysan, de l'agriculteur. Pas besoin de savoir que la terre est ronde, qu'elle tourne sur elle-même et autour du soleil qui est fixe pour constater l'existence de deux solstices et de deux équinoxes.

Le savoir païen intègre que, dans une année, il existe un moment où la durée de la lumière est maximale, celle de la nuit minimale (solstice d'été) et un autre qui lui correspond de façon inversée et au cours duquel la durée de la lumière est minimale, celle de la nuit maximale (solstice d'hiver). De même, il comprend qu'il existe deux fois dans l'année un même moment où les durées de jour et de nuit s'équilibrent absolument (équinoxe de printemps et équinoxe d'automne). Pas besoin d'instrument pour mesurer le temps parce qu'on ne sait plus ce qu'il est essentiellement, il suffit de regarder le ciel, la lune, le soleil, et la longueur des ombres pour trouver sa place dans le cosmos.

Ce même savoir comprend cette idée que la lumière rend possible la vie, que son absence correspond au dépérissement du vivant : la croissance de la lumière nourrit le retour à la vie, sa décroissance, le voyage vers la mort. Déduire son trajet existentiel du trajet cosmique fut probablement généalogique du sentiment religieux et de la naissance de l'idée d'immortalité : ce qui advient à tout dans la nature ne peut pas ne pas arriver à chacun. Ce qui naît, vit, croît, atteint son degré d'excellence, décroît, décline, périclite et meurt – puis renaît.

La succession du printemps, de l'été, de l'automne et de l'hiver fournissait la métaphore des quatre âges de la vie ; la succession des saisons sous forme de cycles, celui de l'éternel retour des choses, archétype généalogique de toute construction religieuse du monde. Pour quelles raisons, à l'époque où la fiction monothéiste n'a pas encore séparé l'homme du cosmos, la créature de son hypothétique créateur, les individus auraient-ils imaginé un destin séparé pour eux et le reste des créatures vivantes ? Ce qui convenait à la plante, à l'arbre, à l'abeille, à l'oiseau, au mammouth, à l'aurochs, au soleil, à la lune convenait pareillement à l'homme : le vivant obéit aux mêmes lois partout.

On ignore tout de la pensée de l'homme préhistorique. Ce que disent les cavernes, les peintures pariétales, se trouve la plupart du temps enfermé dans le commentaire de ces œuvres par les théoriciens contemporains. Ainsi, la grotte de Lascaux, par exemple, a permis à chacun de projeter ses fantasmes et de retrouver dans ce qui se présentait sous forme d'énigmes ce qui constituait ses propres obsessions – préfigurations du culte vrai, le catholicisme, selon l'abbé Breuil, signes temporels de l'éternel goût des hommes pour le rire, le sacré, la transgression, la liaison d'Éros et de Thanatos selon Bataille, vérité sémantique du structuralisme pour Leroi-Gourhan, traces chamaniques pour Jean Clottes, observatoire du ciel permettant d'établir les cartes des constellations selon l'archéoastronome Chantal Jègues-Wolkiewiez.

À défaut de traces écrites permettant de lire sans ambiguïté ce qu'il faudrait comprendre, l'art pariétal nous enseigne une chose certaine : une force vitale anime tout ce qui est et contraint les hommes à lui obéir. Car, comment expliquer, sinon, que dans des lieux différents très éloignés, dans un même temps, autrement dit dans une géographie antipodique à l'époque et dans une histoire semblable, des individus qui s'ignorent les uns les autres produisent un même art figurant de la même manière dans un même style – car les différences paraissent mineures et négligeables tant les ressemblances emportent la mise.

Un œil au minimum expérimenté ne saura pas distinguer l'acheuléen, le moustérien, le châtelperronien, l'aurignacien, le gravettien, le protomagdalénien, le solutréen, le salpêtrien, le badegoulien, le magdalénien, l'épipaléolithique, le mésolithique, mais il saura qu'il s'agit de l'art préhistorique qui se déplie et se déploie en Europe pendant plus de 25 000 ans – entre moins 35 000 et moins 10 000. Malgré les diversités, les différences, les dissemblances, un même style ontologique dit un même monde dans un même moment sans que des hommes puissent communiquer tant les distances sont impossibles à combler entre la France, la Scandinavie, la Grande-Bretagne, la Belgique, l'Allemagne, l'Ukraine, la Russie, l'Italie du Sud, la Sicile, l'ouest de l'Irlande et le Portugal – pour en rester à l'Europe.

Pendant trente mille ans, des hommes séparés les uns des autres ont perpétué un même style, un même monde, une même tradition figurative : aucune trace du monde végétal – pas d'herbes, de fleurs, de plantes, d'arbres ; pas d'insectes – on extrapole un papillon à Chauvet à partir d'une calligraphie énigmatique ; pas d'éléments naturels – ni cours d'eau, ni rocher, ni colline ; pas de bolides célestes – étoiles, soleil, lune, comètes ; pas de créations humaines – huttes, villages, campements, vêtements ; pratiquement pas de représentations humaines – mais des créatures constituées d'assemblages d'humains et d'animaux. En revanche, des animaux à profusion : taureaux, chevaux, aurochs, bisons, lions, rhinocéros, vaches, cerfs, bœufs, bouquetins, rennes, mammouths – mais aucun reptile, aucun batracien, aucun poisson.

Si l'on pose l'hypothèse d'une religion préhistorique totémique, on comprend pourquoi ces animaux et pas les autres : leur symbolique est positive – la force, l'ardeur, la puissance, l'élégance, la vitesse, l'énergie, la vigueur, la robustesse. Quelles vertus honorables, prestigieuses, nobles, peut-on associer à la grenouille, au crapaud, au lézard, au serpent, au poisson avec lesquels les hommes préhistoriques cohabitent ? La pulsion de vie, la vitalité, la positivité des bêtes représentées ne fait aucun doute. C'est l'hommage des vivants à la vie qui va et veut que peignent les hommes au même moment, de la même manière dans des lieux beaucoup trop éloignés pour que des nomades aient partout enseigné leur art. La force vitale constitue la première des vertus honorées – des dieux vénérés, si l'on préfère.

Et pas de force vitale sans le soleil qui nourrit les plantes avec lesquelles se nourrissent les animaux qui nourrissent les hommes. La lumière est le dieu des divinités, la force première sans laquelle il n'y a pas de forces dérivées. Elle est le principe auquel s'initient les plantes. Le botaniste Francis Hallé nous apprend que les scientifiques ont découvert le phytochrome dans les années 1960. Il s'agit d'un pigment végétal de couleur bleue qui absorbe les radiations rouges et infrarouges grâce auxquelles toutes les plantes, des plus sommaires et frustes aux plus élaborées et complexes, entretiennent une relation d'intelligence au monde. On lui doit le tropisme vers la lumière, bien sûr, le repli des plantes lorsqu'elle disparaît, la germination des graines, la croissance des plantules, la formation des fleurs.

Ce pigment informe le végétal de l'allongement ou du rétrécissement de la durée de la lumière dans la journée. Elle est le principe actif qui donne son intelligence à la plante et la fait réagir aux informations fournies par la nature. Quand la lumière baisse, l'information lui parvient, elle met alors en action le processus qui lui permet de développer les bourgeons protecteurs, même si la température reste estivale. La sève quitte les extrémités des feuilles et redescend vers les racines : les feuilles prennent alors leurs couleurs d'automne, puis elles perdent leur ductilité, leur humidité, elles se ratatinent, sèchent, puis tombent. De même, l'été, lorsque ce signal chimique informe la plante que les nuits augmentent alors qu'il fait encore chaud, elle se prépare à la venue de l'hiver : là où les animaux qui peuvent migrer prennent la direction de pays chauds, elle ralentit sa croissance, produit les substances avec lesquelles s'élaborent les bourgeons écailleux qui protègent ses cellules les plus importantes. Les fruits et les feuilles mortes tombent. La sève s'arrête de circuler.

Une autre substance, l'auxine, est à l'origine de la courbure des tiges vers la source lumineuse, elle stimule la croissance des racines, inhibe la croissance des branches basses des jeunes arbres. D'autres substances (gibbérellines, cytokinines, acide abscisique, éthylène) permettent d'autres prodiges : stimuler la germination, allonger les tiges, produire de nouvelles cellules, ralentir la croissance, accélérer la maturation des fruits, etc. Le langage de toutes ces substances ? La quantité et la qualité de la lumière.

Les plantes communiquent, elles manifestent même une véritable intelligence. Elles perçoivent la lumière et sa couleur ; elles réagissent à la gravité ; elles répondent au stimulus d'un contact mécanique avec des influx nerveux assimilables à ceux des animaux ; elles manifestent une capacité à compter au moins jusqu'à deux ; elles disposent d'une mémoire ; elles ont un sens du goût ; elles émettent des bruits ; elles mesurent les distances ; elles savent distinguer qui leur veut du bien, qui du mal ; elles disposent de capacités à échanger leurs gênes ; elles réagissent aux marées et aux lunaisons.

De même, les plantes envisagent l'avenir et sont capables d'agir pour se protéger d'un danger. Des gazelles d'Afrique du Sud, les koudous, mangent les feuilles d'une variété d'acacia, l'*Acacia caffa*, un arbre des savanes africaines. L'animal broute les feuilles d'un arbre, puis s'en éloigne ; il va vers un autre, et s'éloigne à nouveau ; ainsi de suite. Pour quelles raisons a-t-il besoin de changer d'arbre ? Parce que les arbres se protègent de leur destruction avec un métabolisme qui rend leurs feuilles suffisamment tanniques pour que les gazelles les délaissent à cause de leur goût astringent.

Or, certains acacias chargent leurs feuilles en tannins avant même d'avoir été approchés par les gazelles. Pourquoi ? Parce qu'ils se trouvent dans la ligne de vent porteur des informations données par leurs congénères attaqués : les arbres dégagent un gaz particulier, l'éthylène, qui déclenche la production du tannin qui les protège de la mort. Une fois les koudous passés, les acacias recouvrent leur chimie normale ; la toxine qui les protégeait a disparu. Preuve que les plantes disposent des moyens de l'intelligence de leur survie et d'une capacité à communiquer pour réaliser ce plan. Comme les hommes, elles disposent de ce qu'Aristote appelle l'art de *persévérer dans son être* et ce que Spinoza nomme la *puissance d'exister*.

La vie des plantes se trouve donc en étroite relation avec la lumière, sa quantité selon les saisons, sa qualité en relation avec les équinoxes et les solstices ; elle obéit également à une intelligence qui met en œuvre des dispositifs susceptibles d'assurer la vie, la survie, l'existence quand elle se trouve menacée. Dans le panier où j'ai oublié mes poireaux dont j'ai taillé les hautes feuilles, une pousse sort du cœur et va rechercher plus de luminosité pour être, mieux être, plus être. Il n'existe aucune raison objective pour que ce qui concerne le vivant le plus élémentaire ne concerne pas le vivant le plus élaboré. Ce qui fonctionne dans le légume agit selon les mêmes principes dans l'épicentre de l'*Homo sapiens sapiens*.

Cette lumière fascine les hommes qui, depuis les débuts de la pensée sauvage, savent que le soleil est l'astre de la vie, de la force, de la puissance, de l'énergie, de la vitalité. Voilà pour quelles raisons ils ont construit des dispositifs architecturaux pour en capter le principe : les grottes préhistoriques orientées au solstice d'été, comme à Lascaux par exemple, permettaient au soleil d'entrer dans la caverne et d'éclairer pendant près d'une heure la salle des Taureaux. Les hommes du paléolithique supérieur (plus de 30 000 ans) ont probablement établi le plus vieux calendrier lunaire sur une plaquette d'os en Dordogne. Il s'agissait peut-être de prévoir les changements de saison afin d'envisager les périodes de migration des gibiers.

La paléoastronome Chantal Jègues-Wolkiewiez affirme que la presque totalité des sites ornés du paléolithique français sont orientés vers un point de l'horizon correspondant à un moment notable des cycles : lever ou coucher du soleil lors des équinoxes ou des solstices. Le choix des grottes s'effectuait donc en fonction de ce savoir païen. Les hommes préhistoriques savaient lire le ciel, avaient saisi les mouvements des planètes, connaissaient l'éternel retour des saisons, prévoyaient le futur en relation avec ce que le passé leur avait appris et envisageaient leur futur en relation avec ce savoir. La grotte ornée est probablement le premier édifice d'un savoir solaire connu.

Cette femme qui n'est pas du sérail universitaire obtient des résultats tangibles : elle constate après mesures qu'à Lascaux les points saillants des peintures coïncident avec les étoiles à forte magnitude du temps préhistorique. Les trajets de la lune, eux aussi, se superposent à des incisions visibles sur les parois de la grotte. L'institution pinaille, rechigne, résiste, elle prétend qu'une pareille découverte se mesure au support dans lequel elle est annoncée : ça n'est pas dans une revue de spécialistes, mais dans une publication grand public, les professeurs refusent de donner leur aval. Il n'empêche. Jean Malaurie, grand chamane qui croit plus au génie de l'intuition libre et libertaire qu'aux calculs approximatifs mais certifiés conformes par leurs pairs des ronds-de-cuir subventionnés par le CNRS, souscrit à cette thèse.

Stonehenge (fin du IIIᵉ millénaire av. J.-C.) s'explique également par la référence solaire : le célèbre alignement de pierres s'effectue vers le lever du soleil sur l'horizon au moment du solstice d'hiver. De même pour un certain nombre d'autres alignements mégalithiques de Bretagne, d'Écosse ou d'Allemagne. Cet agencement de pierres en relation avec le soleil fait la loi pendant trois mille ans. Connaître les mouvements des astres, c'est savoir les saisons ; savoir les saisons, c'est envisager la vie ou la survie du groupe : les chasseurs-cueilleurs peuvent prévoir le passage des troupeaux, l'arrivée des fruits, des baies, les agriculteurs, le moment de planter, de semer.

Le tout en relation avec le sacré de la nature célébrée par des processions. À Stonehenge, l'alignement circulaire de pierres dont il reste des traces disposait d'un pendant dans un alignement circulaire de bois. Les deux étaient séparés par une rivière.

Le cercle de pierres correspondait à la vie, il était composé d'un matériau dur, solide, qui traverse les siècles et s'inscrit dans l'éternité ; le cercle de bois, en revanche, était fait d'un matériau putrescible, destructible. Le premier cercle, celui de la vie, était indexé sur le lever du soleil au solstice, le retour de la vie, donc ; le second, celui de la mort, sur le coucher du soleil au solstice. Les fidèles effectuaient le trajet conduisant de la vie à la mort, puis ils s'adonnaient à des fêtes païennes avec alcool, nourriture, sexualité, accouplements et tout ce qui célèbre la vitalité – la lumière.

Les Amérindiens inscrivent également leur vision du monde dans l'animisme, le totémisme, le panthéisme. Dans cette période de l'humanité où il n'existe ni dieu unique ni individu, mais une nature naturée et une nature naturante constituant deux des multiples entrées pour dire la nature unique, l'homme n'est pas séparé des animaux, des pierres, des rivières, des étoiles, du soleil et de la lune, il n'est pas un sujet distinct, écarté, seul et solitaire, mais un fragment lié et relié au Grand Tout.

Venus de Sibérie il y a plus de trente-six mille ans, les Amérindiens pratiquent une religion chamanique et vivent en harmonie avec la nature, donc avec eux-mêmes, car il ne leur viendrait pas à l'idée de se considérer comme des étrangers au monde dans lequel ils se trouvent. Ils orientent donc leurs villages en fonction des points cardinaux : les portes sont ouvertes vers l'est de façon que les rayons du soleil à son lever pénètrent la maison et lui apportent la lumière, donc la vie, la force, la santé, la puissance. Leur conception du temps n'est pas linéaire, comme chez les chrétiens, mais cyclique : il suit bien évidemment les cycles de la nature.

Les Amérindiens eux aussi ont écrit sur le sol avec des pierres dans des logiques assez semblables à ce que, probablement, faisaient les hommes préhistoriques en dehors des cavernes et les Celtes dans leurs alignements de mégalithes. Les habitants d'Amérique construisaient des Roues de médecine qui avaient la forme d'un cercle de pierre séparé en quatre parties égales auxquelles étaient associés des couleurs, des points cardinaux, des saisons, des qualités, des vertus : le nord était couplé au blanc, à l'esprit, à l'hiver ; l'est au jaune, à la raison, au printemps ; le sud, au rouge, au corps, à l'été ; l'ouest, au noir, au cœur, à l'automne. Les quatre couleurs signifiaient les quatre races humaines.

D'un diamètre de vingt-sept mètres, cette roue comporte vingt-huit rayons, autrement dit, autant de jours qu'un cycle lunaire. Ce cercle de vie permet de dater le jour du solstice d'été. La tribu des Anasazis, à son acmé vers l'an 1000 et mystérieusement disparue au XVIᵉ siècle, a bâti un palais solaire entre le Colorado et l'Utah (le Hovenweep Castle) dont les ouvertures étaient orientées de façon que les lumières de solstice et d'équinoxe entrent dans la construction de façon rituelle et calculée. Une même architecture au Nouveau-Mexique (le Chaco Canyon) témoigne de cet art de sertir la lumière rythmée du cosmos dans des constructions de pierre.

La philosophie de ce peuple est ramassée dans ce cercle de vie : trois ficelles et une plume l'expriment. Une ficelle blanche part du centre et va vers le haut du cercle, elle porte sept coquillages qui chacun signifient une entité, une force, une puissance, une vertu, voire un couple de vertus : éternité ; sagesse et connaissance ; amour et confiance ; vérité et honnêteté ; humilité et patience ; courage et bravoure ; respect. Ce sont les leçons de vie des sept grands-pères. Une ficelle bleue part du centre et représente le ciel. Une ficelle verte signifie la mère nature. Au centre se trouve une plume qui symbolise le souffle du créateur, l'harmonie entre l'individu et la nature, la personne et le cosmos.

Des milliers d'années avant l'*Éthique à Nicomaque* d'Aristote, cette sagesse amérindienne montre qu'une sainteté païenne n'a pas besoin de transcendance, de dieu unique, jaloux, vengeur, agressif, vindicatif, pour proposer une éthique exigeante en relation avec les forces du cosmos et de la vie – et non contre elles. Cette philosophie de la nature et du cosmos peut être dite de façon anachronique spinoziste ou nietzschéenne, autrement dit, en totale opposition avec la vision du monde judéo-chrétienne.

Un chef Sioux, Héhaka Sapa (Wapiti Noir), a raconté la danse du soleil. Il fallait réunir des objets rituels dans une loge ornée de sauge : calumet, rouleau de tabac, écorce de saule rouge, herbe aromatique, couteau en os, hache de silex, moelle de bison, crâne de bison, sac en peau brute, peau tannée de jeune bison, peaux de lapin, plumes d'aigle, couleur de terre rouge, couleur bleue, peau brute, plumes de la queue d'un aigle, sifflets taillés dans les os de l'aigle tacheté. Le rituel exige également un tambour en peau de bison avec des baguettes à l'extrémité recouverte de cette peau avec les poils à l'extérieur : la rotondité de l'instrument symbolise l'univers, son rythme, celui du cœur qui bat en son centre, sa mélodie, la voix du Grand-Esprit qui lie le monde. Quatre hommes et une femme chantent.

Dans la symbolique de la tribu, la lune signifie ce qui est créé et se trouve donc soumis à l'entropie du monde ; la nuit équivaut à l'ignorance, la lune et les étoiles expriment la lumière dans les ténèbres ; le soleil est la source de la lumière, le principe vital, donc, il est semblable au Grand-Esprit. Le bison est célébré comme l'animal qui donne l'exemple par sa sagacité. Il est aussi celui qui permet les habitations avec sa peau et la nourriture avec sa chair : il rend possibles la vie du corps et celle de la tribu. En ce sens, il mérite le respect, le culte.

Un arbre sacré, un arbre murmurant, se trouve au centre du dispositif rituel. Il s'agit d'un cotonnier dont les feuilles coniques ont servi d'archétype lors de l'invention de la forme du tipi un jour où, dit-on, les adultes ont vu les enfants jouer avec elles et produire cette forme. Autour de lui, dans une multiplication des gestes rituels, la loge de la danse du soleil est construite. Il s'agit, dit le chef sioux, de « l'Univers en image » (Héhaka Sapa, *Les Rites secrets des Indiens Sioux*, 140). Vingt-huit perches, une fois encore un chiffre selon les lunaisons, entourent le dispositif. Vingt-huit est également le nombre des côtes du bison et celui des plumes d'une coiffure de guerre.

Le rite multiplie les détails, les signes et les gestes, il accumule les paroles, les mots et les incantations sacrées, il met en scène le corps, les peaux d'animaux, le crâne de bison, l'os nasal dirigé vers l'est, le lieu du soleil levant, auquel sont destinées les offrandes, il suppose la danse, le déplacement symbolique avec lequel on constitue une croix ou bien on imite le parcours du soleil, il requiert le chant, la voix modulée, la danse, il s'articule autour de cet arbre qui symbolise l'épicentre de l'univers, il exige la purification avec des feux, des pierres, des plantes, il recourt à la couleur rouge qui est celle de la terre d'où viennent les corps et à laquelle ils reviendront. Quand le soleil pointe à l'horizon, les danseurs s'écrient : « Le Père se lève ! » (153).

Dans le vacarme des bruits de tambour, dans l'excitation de cette cérémonie entamée des heures en amont, les huit danseurs habillés de peaux de bison sont précipités à terre et renversés par des hommes qui leur plongent des stylets d'os dans la chair, le sang coule, les victimes rituelles soufflent dans les sifflets taillés dans les os d'aigle, les danseurs découpent des morceaux de la chair et l'offrent à l'arbre sacré. Cette cérémonie a lieu jusqu'au coucher du soleil. Le calumet est fumé. La prospérité se trouve assurée ; la Vie continue.

J'ai eu la chance de visiter la grotte Chauvet (et celle de Lascaux). Je me souviens, parmi les moments les plus intenses de cette visite, de la découverte de la salle dans laquelle un crâne d'ours trône sur un bloc rocheux effondré du sommet de la caverne : une main humaine l'a posé là. Une demi-douzaine d'autres crânes du même animal reposent, agencés en demi-cercle, autour de ce genre d'autel païen. La pierre se situe au centre d'un dispositif géologique faisant songer à un amphi-théâtre. Quelques bourrelets de pierre donnent l'impression que des hommes, des femmes et des enfants s'y sont assis en cercle pour assister à une cérémonie parente de la danse du soleil chez les Sioux.

Je pose l'hypothèse que, dans certaines populations épargnées par la civilisation monothéiste, il subsiste une religion fossile qui fut probablement celle des premiers hommes : culte de l'ours dans la grotte Chauvet il y a trente-cinq mille ans, culte du crâne de bison de la plus haute antiquité à l'an mille avant l'arrivée de non-Amérindiens, des Normands en l'occurrence, sur le sol américain, cultes chamaniques dans la Sibérie septentrionale jusqu'à la période soviétique comprise, avant le dieu unique, les hommes, les animaux, les plantes, les cours d'eau, les étoiles, le soleil, la lune n'apparaissent pas dissemblables d'un point de vue ontologique. Le vivant est un, unique et diversement modifié. Les hommes sont l'une des modalités de cette modification, au même titre que l'ours et le bison, l'oiseau et le feu, la pierre et la plante. À cette époque, la religion, fidèle à son étymologie, relie – le monothéisme séparera ce qui était jadis uni.

Le christianisme est un chamanisme pour ceux qui savent lire. Les civilisations orales disposaient d'une sagesse issue de la contemplation de la nature, de la réflexion sur les indices donnés par le cosmos. L'éternel retour des choses, le cycle naissance, vie, décadence, mort, résurrection, vie à nouveau, *ad libitum*, la considération de la Totalité comme une entité vivante et non comme une création constituée de parties hiérarchisées : Dieu se fit d'abord géologue (les cieux, la terre, les lumières, les ténèbres, le soir, le matin, l'eau), ensuite botaniste (les végétaux), puis astronome (les luminaires), zoologue ensuite (les oiseaux, les poissons, le bétail, les reptiles, les animaux terrestres), anatomiste enfin (l'homme, puis la femme, sommet de la création !). Au premier jour, il crée donc la lumière sans quoi rien de ce qui est ne peut être.

Avant le monothéisme judéo-chrétien, le monde est un tout, une entité, une sphère sans entrée, sans sortie, une perfection totale et totalisante, une forme pure qui contient l'encyclopédie du monde : l'homme est à égalité avec le soleil, le soleil avec la plante, la plante avec l'oiseau, l'oiseau avec le reptile ; il y a de chacun en tout : de l'intelligence dans les animaux, de l'animalité dans les hommes, du masculin chez les femmes, du féminin chez les hommes, du minéral dans le végétal, du végétal et du minéral dans l'humain, du reptile dans le prétendu sommet de la création, de la sagacité chez le lézard. Rien n'est supérieur ou inférieur, puisque tout se trouve à égalité ontologique.

Les juifs inventent le dieu unique, même s'il leur vient des Égyptiens dont les pyramides fonctionnaient comme un formidable propulseur cosmique : à Gizeh, en effet, la chambre mortuaire du pharaon reçoit la lumière par deux conduits, l'un est aligné sur Orion, l'autre, sur l'étoile polaire. Le temps manque pour s'attarder sur la filiation entre le monothéisme égyptien d'Akhenaton (XIVe av. J.-C.) et celui des juifs huit siècles plus tard – ou plus tard encore, selon Jean Soler. Le judaïsme originel n'est pas ce que la tradition enseigne : il a été considérablement influencé par... le christianisme ! Ce qui permettrait de comprendre autrement l'expression judéo-christianisme.

2

LE CHRISTIANISME, UN CHAMANISME SOLAIRE

La preuve de l'inexistence historique de Jésus se trouve dans le fait que, fort opportunément, chacun des moments qui relèveraient de la prétendue biographie de ce supposé dieu fait homme correspond à une symbolique païenne ancestrale : Noël, Épiphanie, Chandeleur, Rameaux, Pâques, Résurrection, Pentecôte, Saint-Jean, Transfiguration constituent autant de moments présentés comme biographiques de Jésus. Or, tous correspondent, point par point, à une mythologie païenne plusieurs fois millénaire qui s'appuie sur le mouvement des planètes dans le ciel. Étrangement, les grands moments de la vie de Jésus ont toujours rendez-vous avec les solstices et les équinoxes ! Preuve que Jésus nomme le collage effectué par ceux qui se réclament de lui et le constituent en le disant. Le Christ est une réalité performative païenne et solaire.

Le christianisme, écrivais-je, est un chamanisme pour ceux qui savent lire. Cette secte devenue religion par la décision impérieuse et impériale de Constantin au début du IVe siècle est en effet un immense patchwork des religions orientales sectaires, des cultes mystiques venus de l'Est, des traditions païennes, des spiritualités mésopotamiennes, des sectes juives, gnostiques, néoplatoniciennes, le tout forgé dans le creuset de la patristique pendant mille ans, puis sculpté par des siècles de scolastique, enfin imposé par le glaive de saint Paul et de ses sectateurs aux populations de la planète.

Dans le christianisme, les cultes solaires tiennent un rôle majeur et l'Église romane triomphe comme un temple solaire. J'ai vécu mon enfance dans une petite maison de village entre le château féodal et l'église, deux bâtiments romans du XIIe siècle. Mes premières années s'écoulent symboliquement entre le pouvoir temporel incarné dans la tour carrée qui reste aujourd'hui l'un des plus beaux spécimens d'architecture militaire médiévale et le pouvoir spirituel manifeste dans l'église au clocher de pierre.

La symbolique des architectures n'est pas enseignée. Quand elle l'est, ce sont souvent les loges maçonniques qui effectuent une lecture selon leur logique. Si l'on veut un décodage laïc, voire païen, au sens second du terme, il faut chercher le bon grain du sens dans l'ivraie des affabulations. La bibliographie fait souvent bon ménage avec l'ésotérisme, sinon l'occultisme. Les templiers, les francs-maçons, la chevalerie, l'alchimie, les Rose-Croix, l'hermétisme, la numérologie, l'astrologie, la gnose constituent un marché de la déraison pure duquel il faut extraire la symbolique rationnelle.

Je suis entré dans cette symbolique en découvrant un jour par hasard qu'au sommet du clocher de l'église de mon village se trouvaient quatre sculptures dont je vis aux jumelles qu'il s'agissait d'un bœuf, d'un lion, d'un ange et d'un aigle. J'ai passé des années à jouer sur la place de cette église sur laquelle mon père est mort dans mes bras, j'ai vécu toute mon enfance et mon adolescence dans ce village, mais je n'avais jamais vu cette quadruple sculpture tout au sommet de l'édifice, juste en dessous du coq – dont j'ignorais également qu'il était lui aussi un symbole solaire.

On nomme tétramorphe la conjonction de ces quatre représentations qui symbolisent les quatre évangélistes en même temps que des constellations du zodiaque, des éléments et des points cardinaux. Ou parle également des Quatre Vivants. Voici la série : saint Luc, le bœuf, la constellation du taureau, la terre, le solstice d'hiver, le capricorne, l'ouest ; saint Marc, le lion, la constellation du lion, le feu, l'équinoxe de printemps, le bélier, l'est ; saint Matthieu, l'ange, la constellation du Verseau, l'air, l'équinoxe d'automne, la balance, l'air, le nord ; saint Jean, l'aigle, la constellation du scorpion, l'eau, le solstice d'été, le cancer, le sud.

Le premier texte établissant cette identification est celui d'Irénée de Lyon, *Contre les hérésies*, au IIᵉ siècle. La première représentation connue du Tétramorphe date de 420 – deux plats d'un évangéliaire conservé à la cathédrale de Milan. À cette époque, on ne signifie pas le Christ mais l'on utilise ce signe qui renvoie moins à l'histoire du personnage nommé Jésus qu'à la sapience plusieurs fois millénaire du cosmos. À l'origine, il s'agit de figures mi-hommes mi-bêtes : tête d'oiseau sur corps d'homme pour Marc, tête de bœuf sur corps d'homme pour Luc, etc. Le corps de ces créatures laisse place à l'animal renvoyant aux quatre animaux qui traînent le char dans la vision d'Ézéchiel.

Voici ce qu'on peut lire également dans l'Apocalypse de Jean (IV.6-8) : « En face du trône, il y a comme une mer semblable à du cristal ; et devant le trône et autour du trône, quatre animaux remplis d'yeux devant et derrière. Le premier ressemble à un lion, le second à un jeune taureau, le troisième a la face d'un homme, le quatrième ressemble à un aigle qui vole. » Ces quatre transpositions plastiques de la vision d'Ézéchiel signifient les quatre angles ou piliers du monde, les quatre éléments constitutifs du monde physique, les quatre plus grandes constellations du zodiaque.

Par la suite, ces animaux renvoient aux commencements des quatre Évangiles et signifient chacun une anecdote sacrée : ainsi, l'ange à figure d'homme signifie Matthieu parce que, dans son Évangile, il commence par établir la généalogie humaine de Jésus. Marc est lion car il évoque Jean-Baptiste criant dans le désert. Le lion est aussi le roi des animaux, donc il dit le Roi des rois, le Seigneur des seigneurs. Son rugissement est craint, comme la prédication des docteurs qui terrifie l'assemblée. Luc est le bœuf pour rappeler le sacrifice offert à Dieu et celui du Christ pour le salut des hommes. Jean est l'aigle qui vole droit vers le soleil afin d'être renouvelé, il regarde l'astre sans fermer les yeux, il présente ses aiglons face au soleil et garde ceux qui soutiennent la boule de feu du regard ; ceux qui baissent les yeux, il les renie. L'aigle signifie la haute intelligence des saints ou l'ascension du Christ. Il fait son nid sur les cimes les plus élevées car il méprise le terrestre. Il se nourrit d'espérance et de ciel.

Ce tétramorphe se trouve donc au sommet du clocher qui, lui aussi, est un symbole solaire. À l'époque païenne, les colonnes primitives servaient à mesurer la course de l'astre de son lever à son coucher. La zone qui existait entre les deux tours marquait l'espace compris entre le minimum d'hiver et le maximum d'été. On marquait alors les deux points extrêmes avec deux témoins, deux piliers correspondants aux points solsticiaux. L'axe équinoxial était désigné par un bétyle – l'ancêtre du clocher chrétien.

Au sommet de ce clocher, on trouve donc le coq. Pourquoi cet animal ? Parce qu'il est un symbole solaire. Dans la religion mazdéenne, à laquelle le christianisme emprunte, il est consacré au dieu de la lumière – Mazda ; chez les Grecs, il est consacré à Hélios. Il avertit de la venue du jour, donc de la lumière, il dit l'arrivée du soleil, il annonce la bonne nouvelle. Avant de pousser son cri, il se prépare en écartant les ailes et en battant ses flancs afin de se réveiller. Il incarne donc aussi l'éveil, le réveil avant l'annonce de la clarté qui dissipe les ténèbres. Il est la voix du Christ qui détruit celles de Satan et de ses anges déchus. Le texte évangélique précise que la résurrection du christ s'effectue au moment du chant du coq. Cette même voix annoncera le jour venu la résurrection de tous les morts. L'animal figure souvent dans la représentation des instruments de la Passion. Dans l'une de ses quatre hymnes, saint Ambroise nomme Jésus *coq mystique*.

Cosmique le tétramorphe, solaires le clocher et le coq, comme la fondation du site de l'église. Les bâtisseurs choisissaient souvent un lieu déjà chargé d'un point de vue sacré dans l'ancien culte païen : une éminence, un ruisseau, une clairière, un mégalithe, une source. Ensuite, le rituel de construction part du cosmos. Depuis le néolithique, l'orient, qui renvoie étymologiquement à la naissance, est le lieu où se lève le soleil, il est assimilé à la vie ; l'Occident, pour sa part, étymologiquement associé à la chute, à la tombée, nomme l'endroit où le soleil se couche, lieu de la mort.

Le sanctuaire s'aligne sur le trajet solaire, car il s'agit de faire renaître la vie dans l'enceinte terrestre construite à cet effet. Il s'agit de reproduire le processus de la vie depuis la création en réalisant la coïncidence entre le rayon de soleil à un moment de l'année et le saint auquel l'église est consacrée. L'orientation s'effectue donc à partir du soleil. Dans son *Manuel pour comprendre la signification symbolique des cathédrales et églises*, l'évêque Guillaume Durand de Mende (XIIIe siècle) écrit que la tête de l'église doit regarder vers l'orient – elle doit donc viser le soleil, la lumière. Cette tradition architecturale d'orientation des édifices sacrés païens vers le soleil levant se trouve attestée dès les Actes d'Hipparque de Nicée, héritier des astronomes chaldéens de Babylone deux siècles avant J.-C.

Concrètement, à l'endroit futur de la croisée des transepts, le bâtisseur effectue le premier geste : il plante dans le sol un mât, un gnomon. Ce geste s'effectue au lever du soleil, le jour de la fête du patron de l'édifice, s'il s'agit d'une période avant le solstice d'été ; à défaut, le geste a lieu au coucher du soleil, le jour de cette même fête. L'architecte note alors l'ombre portée par le mât : sa direction définit l'axe est-ouest qui correspond à l'axe romain cardo-decumanus. Il s'agit de l'écart maximum entre l'ombre du matin et celle du soir. Ensuite, il trace un cercle dans lequel s'inscrivent les quatre piliers du transept. Ce tracé définit alors le sanctuaire et il définit la nef. Le tracé du cercle, le tracé des axes, le tracé du carré de base : voilà la triple opération de fondation du sanctuaire. Un siècle avant la prétendue naissance dudit Jésus, Vitruve en donnait déjà le détail dans *Les Dix Livres d'architecture*.

Sur le mur arrière de l'église de mon village figure un oculus obstrué qui devait servir à l'origine à laisser passer la lumière solaire venue de l'est. Cette clarté venue de l'orient tombait sur le chœur et l'autel, juste en dessous du clocher, du tétramorphe et du coq. Le point de jonction entre une ligne verticale, céleste, et une ligne horizontale, zénithale, terrestre, détermine le lieu sacré par excellence : celui sur lequel se reproduit l'eucharistie, mystère pour les chrétiens, épicentre solaire et païen survivant par-delà les âges pour l'athée que je suis.

Lorsque le fidèle entre dans l'église, il s'en va donc vers la lumière. Il franchit la porte qui, elle aussi, est un symbole solaire. Il y a porte lorsqu'une poutre transversale est posée entre les tours jumelées qui servent à mesurer les déplacements du soleil dans le ciel. Le porche est passage d'un monde vers un autre : le croyant vient du monde trivial et vulgaire du péché de la vie courante et se dirige vers le monde sacré de la trans-figuration spirituelle. Dehors, dedans : le porche figure le fran-chissement qui mène des ténèbres aux lumières, de l'obscurité à la clarté solaire.

La porte entretient une relation avec le zodiaque. Elle syn-thétise les portes solsticiales identifiées aux portes célestes. Par les portes passent les quatre saisons en relation avec les quatre points cardinaux eux-mêmes associés aux quatre figures du tétramorphe, les allégories des quatre évangélistes. Les saisons sont associées aux mouvements de la planète : le nord et le sols-tice d'hiver, le sud et le solstice d'été, l'est et l'équinoxe de printemps, l'ouest et l'équinoxe d'automne. La porte principale de l'église symbolise la porte du ciel qui est le Christ.

À l'entrée de l'église de mon village, la porte apparaît entre des colonnes et une archivolte aux motifs géométriques. Les colonnes ont des chapiteaux à motifs végétaux. Ce mélange de végétaux et d'entrelacs géométriques fait penser aux formes celtes, mais aussi, et surtout, à celles de l'art scandinave païen. Cette entrée d'église romane chrétienne fabriquée par des tailleurs poitevins cite des motifs païens scandinaves qui rap-pellent la vitalité des plantes, la vie des végétaux, les efflores-cences des buissons, des forêts, des bosquets, des racines – la puissance d'une force naturelle incarnée dans la réalité la plus immanente.

À l'aplomb de cette porte, sur le sommet du toit de la nef, est posée une croix antéfixe qui inscrit une croix grecque avec les branches qui correspondent aux quatre éléments (le feu au-dessus, l'eau en dessous, 'air à droite, la terre à gauche) dans le cercle de la roue cosmique. Le double axe des solstices et des équinoxes s'inscrit dans l'ouroboros, la vie en cercles croissants. Les druides utilisaient ce genre de croix lors de cérémonies cosmiques ou phalliques. Cette croix dite d'Odin, la roue de Taranis, réunit les polarités opposées : on en trouve trace dès le néolithique.

Le Christ lui-même est le soleil. Je tiens pour l'inexistence historique de Jésus et pour sa construction a posteriori en regard du messie annoncé par les juifs, messie dont les chrétiens prétendent qu'il n'est pas à venir, mais qu'il est bien venu puisqu'il correspond à ce qui était annoncé : il est en effet facile d'écrire l'histoire d'une aventure qui n'a pas eu lieu historiquement en prétendant qu'elle a eu lieu véritablement par le jeu subtil de symboles, d'allégories, de collages, de métaphores, d'apologues, de fables, de mythes, de fictions. Nombre d'historiens présentent les incohérences des livres dits saints, les contradictions des Évangiles pourtant dits synoptiques, les extravagances historiques de ce qui advient dans le texte poétique, les multiples erreurs logiques.

Cette secte qui réussit devient religion par le vouloir de l'empereur Constantin au début du IVᵉ siècle de l'ère commune. La forgerie de cette religion s'étend sur des siècles, elle suppose la contribution des pères de l'Église pendant mille ans, l'usage de la machine de guerre scolastique pour forger des concepts utilisés comme des armes de guerre idéologiques et intellectuelles, l'invention de l'intellectuel au service du prince, Eusèbe de Césarée, par exemple, la multiplication des conciles qui décident de l'orthodoxie et persécutent les hétérodoxes, des décisions impériales violemment discriminantes pour les païens, l'usage du glaive de saint Paul à des fins politiques, le recours radical et systématique à la théocratie, le cynisme du clergé complice des inquisiteurs, des croisés, des conquistadors et autres verseurs de sang.

Dans cette configuration, le Christ est le nom pris dans ce moment de l'histoire, par le principe sur lequel le sacré se constitue : le culte de la vie, la célébration du vivant, la passion pour la vie qui veut la vie, le soleil et sa lumière fonctionnant comme la matrice des matrices. Jésus est une fiction, le Christ la fiction sublimée de cette fiction. Des épisodes de la vie merveilleuse du Christ existent à foison dans la littérature antique qui précède cette fiction : l'Annonciation concerne également Pythagore ou Platon ; l'Incarnation des dieux dans un corps concret existe déjà chez les Égyptiens, Plutarque nous en donne les détails, chez les Chinois, chez les Grecs, lire ou relire Homère, chez les Romains, voir Ovide ; la grotte de Bethléem dans laquelle serait né Jésus est un sanctuaire où l'on célèbre Adonis ; les mages guidés par une étoile ont leur pendant dans des histoires semblables en Iran, en Syrie ; le Massacre des innocents, la Fuite de la Sainte-Famille sont des épisodes déjà présents chez les Égyptiens ; l'enfant donnant une leçon aux docteurs du Temple concerne également Pythagore, Zoroastre, Bouddha, qui, très jeunes, confondent des maîtres de sagesse bien plus âgés qu'eux ; la tentation dans le désert existe aussi pour Bouddha, Zoroastre, ce dont témoigne la littérature avestique ; aimer son prochain se trouve déjà chez Cicéron, ne pas faire à autrui ce qu'on ne voudrait pas qu'il nous fasse, chez Confucius, pardonner les offenses et rendre de l'amour pour la haine se trouve dans les livres de sagesse pharaonique ; le sauveur eschatologique existe dans la Perse ; le nom de Seigneur existe chez les Syriens ; les miracles sont légion dans toute la littérature antique – parmi une multitude d'exemples, Asclépios, guérisseur et thaumaturge réputé, Apollonios de Tyane ressuscite une jeune fille, Empédocle une morte depuis trente jours ; Jésus marche sur les eaux, mais Dionysos également, ainsi que les jumeaux indiens les Açvins, dixit le Rig-Veda ; la mort suivie de résurrection est un lieu commun des divinités, voir Osiris l'Égyptien, Tammouz le Babylonien, Enlil le Sumérien, Aliyan Baal le Phénicien, Attis l'Asiatique, Dionysos le Grec ; le phénomène astronomique de l'éclipse de soleil lors de la mort du Christ renvoie au tremblement de terre lors de l'entrée de Bouddha dans le nirvana, le même phénomène et l'ouragan lors de l'enlèvement au ciel de Romulus, ou bien aux prodiges associés à la mort de César rapportés par Virgile dans les *Géorgiques* ; le sang comme vecteur de la rédemption existe dans le culte de Cybèle et d'Attis, dans celui de Mithra, dans l'orphisme ; l'Ascension est assimilable aux vols magiques, Bouddha, Adapa, Ganymède et beaucoup d'autres furent des adeptes de ce moyen de transport. Cessons là, mais sachons que cette énumération est une goutte d'eau dans un océan de références qui témoignent en ce sens.

Jésus-Christ coagule de vieux mythes, d'anciennes histoires, de vieilles fictions, de très antiques légendes : il est une figure historiquement réductible sans aucune épaisseur singulière. Juste la forme prise dans un temps donné, dans un lieu donné, par le désir de fabriquer des histoires qui sécurisent à partir d'un vieux fonds primitif – celui du culte de la vie, du vivant, du soleil et de sa lumière qui donne vie à tout ce qui existe dans la nature. Jésus-Christ incarne le désir des hommes de rendre un culte au mystère du vivant qui échappe à la mort et revit malgré le trépas.

Le Christ est le nom pris par le soleil dans une histoire particulière et ce dans une géographie donnée : dès sa constitution, le christianisme entre dans le logiciel solaire païen. *Sol justiciae*, Soleil de justice : les textes ne cessent de le dire – le prophète Malachie, saint Luc, Denys l'Aréopage, les poètes des Psaumes. Le Christ lui-même affirme dans Jean (8.12) : « Je suis la lumière du monde. Celui qui me suit ne marchera pas dans les ténèbres, mais il aura au contraire la lumière de la vie. » On lui prête deux attributs : la lumière de la sagesse et la chaleur de l'amour, qui président à la création et à la révélation.

La régularité des mouvements solaires offre une image parfaite de l'ordre et de la justice christique – ou l'inverse : l'ordre et la justice christique offrent une excellente image de la régularité des mouvements solaires. L'ordre (qui est l'étymologie de cosmos) dispose de son incarnation dans le Verbe et l'Être même du Christ. Au zénith, à midi, il partage la durée du jour en deux parties égales, il manifeste ainsi sa justice divine ; dans sa position immobile, il signifie l'image de l'instant éternel, il est le signe de la puissance qui domine les éléments.

Le Christ est soleil parce qu'il est le seigneur du temps, il en règle la marche ; il rythme et cadence le cycle diurne : le

Christ est le jour, les douze apôtres, les douze heures du jour ; il meurt à la neuvième heure, le soir ; il descend aux enfers et revient par l'est matinal, via les chemins cachés du nord. Voilà pourquoi les heures de l'office dans la vie religieuse sont scandées par la marche du soleil : les matines disent l'arrivée de la lumière et la disparition des ténèbres ; les laudes expriment la fin du moment où le soleil apparaît au chevet oriental de l'église ; la tierce signifie le feu solaire qui monte ; la sexte coïncide avec l'arrivée du soleil à son zénith, il embrase alors le monde ; à none, l'heure de la mort du Christ, heure où s'assombrit le monde, la lumière décline ; à vêpres on dit l'office du soir ; à complies on exprime la nostalgie de la lumière une fois la nuit tombée. Matines reviendra le lendemain matin, résurrection du Christ mort à none.

La journée se trouve ainsi découpée selon l'ordre des raisons solaires. Il en va de même avec la semaine, chaque jour signifiant une planète. Dans le système géocentrique qui place la terre au centre et le soleil au plus loin, on nomme les jours en fonction de leur plus grande proximité avec la terre. Ce qui donne : au plus proche de la terre, lundi la Lune, puis mardi Mars, mercredi Mercure, jeudi Jupiter, vendredi Vénus, samedi Saturne, enfin, au plus loin de la terre, Dimanche, le jour du Soleil, *dies solis*, qui devient jour du Seigneur parce que Constantin le décide le 3 juillet 321. Pour éviter de supprimer le jour dédié au culte solaire, l'empereur garde la fête, mais la vide de son contenu païen, puis la remplit d'une charge chrétienne : la fête continue, mais sans le soleil, du moins avec un soleil qui se nomme le Christ.

De matines à complies, la journée chrétienne est solaire ; de lundi à dimanche, la semaine chrétienne est solaire ; de Noël à l'Avent, l'année chrétienne est également solaire. Les grandes fêtes chrétiennes sont en effet indexées elles aussi sur le mouvement des planètes : l'Annonciation, Noël, l'Épiphanie, la Chandeleur, Pâques, la Saint-Jean, la Saint-Michel constituent autant de fêtes religieuses chrétiennes qui entretiennent une relation païenne et solaire avec le jeu des équinoxes et des solstices.

Ainsi Noël : pendant très longtemps, la date de naissance du Christ reste imprécise. Et pour cause : une fiction, une légende, un mythe, une construction conceptuelle comme le Christ n'a pas une date de naissance précise, arrêtée sur une journée, car elle s'intègre comme nombre d'autres informations prétendument historiques et biographiques dans un récit qui suppose une longue forgerie exercée sur un long temps.

Avant d'être fixé le 25 décembre, Noël a été fêté le 6 janvier. Mais les païens commémoraient en nombre la fête solaire du 25 décembre qui correspondait au solstice du calendrier julien, à savoir, à la naissance du dieu Mithra, Sol Invictus – le soleil invaincu ! Qu'à cela ne tienne, comme avec le dimanche, l'Église garde la fête, la vide de son contenu solaire pour y mettre la date de naissance de sa fiction. La bûche allumée pour aider le soleil à reprendre de la force afin qu'il inverse son cours vers plus de lumière, l'offrande provençale de grains dans des soucoupes pour fêter la germination comme le faisaient les disciples d'Adonis, l'ajout tardif du sapin comme arbre au feuillage perpétuel, tout cela montre un culte syncrétique chrétien qui fait la part belle au paganisme.

La messe de minuit elle-même, comme épicentre de la soirée de Noël, rappelle ce qu'est la mi-nuit : de la soirée jusqu'à minuit, le mouvement va vers plus de nuit, il conduit au maximum de ténèbres ; après minuit, le mouvement s'inverse, il devient descendant, on va vers la lumière du petit matin, en direction de l'aurore. Elle s'inscrit dans un cycle de quatre messes : celle de l'Emmanuel qui s'effectue la veille au coucher du soleil, celle de la nuit, qui est proprement celle de minuit, celle de l'aurore donnée avant le lever du jour, enfin la messe du jour de Noël. Le recours aux lumières, aux illuminations, aux bougies était tellement en rapport avec les Saturnales romaines que l'Église a parfois interdit ces manifestations par trop païennes.

Sans le savoir, les chrétiens célèbrent un antique culte païen solaire. Ainsi, quand ils fêtent l'Épiphanie, ils célèbrent également la fête de la lumière, non plus selon le calendrier solaire, mais selon le calendrier lunaire : les douze jours qui séparent en effet les deux fêtes correspondent à l'écart entre l'année lunaire, qui compte 354 jours, et l'année solaire, qui en comporte 365. Lors du passage au calendrier solaire, les autorités n'ont pas renoncé au calendrier lunaire : on a donc créé l'Épiphanie pour fêter la présentation de Jésus au monde sous la forme de Rois Mages, trois hommes de couleurs différentes pour signifier le caractère universel de cette cérémonie de l'être-là messianique. En fait, ce jour est présentation du retour de la lumière selon l'ordre du calendrier lunaire là où Noël l'est également, mais selon les raisons du calendrier solaire.

L'habitude de fêter les Rois avec une galette et une fève renvoie à une symbolique très ancienne, elle-même en relation avec les cultes solaires qui célèbrent la vie, le vivant et ce qui, dans la vie, veut le vivant. La forme ronde de la galette, sa couleur dorée, renvoie au soleil, bien sûr. La présence d'une fève cite la symbolique païenne antique : cette plante s'avère la seule à disposer d'une tige creuse à l'aide de laquelle communiquent les vivants et les morts. Avec cette tige sans nœuds, les hommes, disait-on, remontaient des ténèbres de l'Hadès vers la pleine lumière du monde.

Les pythagoriciens avaient constaté que, mise sous terre ou dans le fumier, la fève produisait d'étranges enchantements : du sang, une tête d'enfant, un sexe de femme. Le légume était donc pour les disciples de Pythagore le premier vivant surgi de la pourriture, le premier être venu de la décomposition, la première lumière de ce qui se trouve dégagé par la putréfaction ténébreuse. Ils associaient également la fève au sperme, principe vital s'il en est, prétextant que la légumineuse exposée à la brûlure solaire sentait le liquide séminal.

La Chandeleur obéit aux mêmes logiques : comme Noël et l'Épiphanie, elle s'inscrit dans le cycle des fêtes de la lumière. Obéissant au principe qui veut que la biographie du Christ épouse la ligne des fêtes solaires païennes, l'ancienne fête des chandelles qui correspondait au changement d'année chez les Romains, un changement associé aux Lupercales chez les Romains, à l'*imbolc* chez les Celtes, aux fêtes de purification, devient célébration de la Présentation du Christ. La lumière païenne est transfigurée en lumière christique. En 494, le pape Gélase transforme les chandelles allumées à minuit pour la purification en cierges commémorant le Christ lumière du monde.

Par ailleurs, ainsi que la galette circulaire et jaune de l'Épiphanie, les crêpes associées à la Chandeleur, rondes et dorées, symbolisent le soleil, l'époque marque en effet dans l'année une accélération dans le processus lumineux. De même, les paysans (rappelons que l'étymologie de païen, *paganus*, est *paysan*) effectuaient alors les semailles. Avec le surplus de blé, les paysans produisaient une farine avec laquelle leurs femmes confectionnaient les crêpes.

Le dimanche des Rameaux, les chrétiens fêtent l'entrée de Jésus à Jérusalem sous les acclamations de la foule qui agite des rameaux de palme ; ils commémorent en même temps la mort et la passion du christ. Cette fête est aussi dite « Pâques fleuries » ou « Dimanche des palmes ». Lorsque Matthieu et Marc racontent l'histoire de Jésus, ils recyclent l'antique coutume païenne de célébrer le renouveau de la végétation et la fécondité qui accompagne ce processus. Plutarque racontait cette procession païenne faite lors des Pyanepsies, la fête de la récolte des fruits au cours de laquelle étaient offerts des fruits, bien sûr, mais aussi d'autres présents : pain, figues, miel, huile, vin, herbes et... des gâteaux ronds – comme le soleil. Ovide rapporte qu'aux calendes de mars l'habitude consistait à changer les rameaux de laurier accrochés dans les maisons des officiants du culte.

Les rameaux annoncent donc également Pâques, la Passion, la mort et la crucifixion du Christ, puis sa résurrection. Jésus meurt, comme se flétrissent et fanent les fleurs et les plantes ; mais, dixit la mythologie chrétienne, il renaît, revient de la mort et montre que, comme le sapin (de Noël), le buis (des Rameaux), les œufs (de Pâques), les fèves (de l'Épiphanie), les crêpes et les galettes (de la Chandeleur et des Rois), il incarne la permanence de la vie, la puissance du vivant, la vitalité à l'œuvre dans la fonction chlorophyllienne, la force indéfectible de l'énergie solaire. Jésus est le nom imposé par Constantin et ses suivants chrétiens pendant des siècles au soleil invaincu.

Avant que la date soit fixée, Pâques fut fêté le 25 mars, date de l'équinoxe du calendrier julien – date également de la passion d'Attis, la divinité phrygienne, mais aussi des fêtes d'Adonis. Une fois encore, le christianisme associe une date dans la vie de son mythe, Jésus, et une date de réjouissance populaire, publique et ancestrale. Le chemin de croix avec stations et prières à chacune d'entre elles existe dans les fêtes égyptiennes, notamment lors du culte d'Isis.

L'œuf de Pâques est un symbole de résurrection dans tout le bassin méditerranéen. Les archéologues en ont retrouvé dans les tombes préhistoriques, puis, sans discontinuer, chez les Égyptiens, les Phéniciens, les Grecs, les Romains, les Étrusques. Quand les œufs sont peints en rouge, la couleur signifie la lumière du Christ. Parfois, dans les églises, les chrétiens suspendent des œufs d'autruche : une histoire qui renvoie une fois encore au ciel en explique les raisons. Il est dit que l'autruche oublie ses œufs une fois enfouis dans le sable et qu'après avoir vu une certaine étoile elle s'en souvient et revient vers eux pour les couver. Morale de l'histoire : scruter le ciel et voir la lumière, en l'occurrence des étoiles, c'est se rappeler qu'il ne faut pas laisser triompher la mort, donc les ténèbres, mais vouloir la vie, donc la lumière.

J'ai vu à la mosquée bleue d'Istanbul un œuf d'autruche au mitan d'un long câble qui descendait de la voûte vers les fidèles et portait un immense lustre. Un musulman qui m'avait reconnu (il était, me dit-il, correspondant pour le journal *Le Monde*) me fit savoir qu'il connaissait mon *Traité d'athéologie* – et qu'il en désapprouvait, évidemment, les thèses. J'entamai une discussion et, pour illustrer mon propos, je lui racontai l'histoire de cet œuf ; il me dit qu'en aucun cas il ne pouvait être une citation païenne : c'était pour empêcher les rongeurs de grimper puis de ronger le cordage – en acier.

Le dimanche, jour du seigneur, jour du soleil, jour de Mithra, jour de *sol invictus*, correspond dans la liturgie chrétienne au jour de la commémoration de la résurrection qui, elle-même, est promesse de lumière dans un monde de ténèbres. Selon la mythologie chrétienne, Jésus meurt un vendredi, jour de Vénus, et ressuscite trois jours plus tard un dimanche, jour de lui-même. Comme le dimanche était déjà un jour de réjouissance païen, il fut facile au pouvoir chrétien de consentir à ce jour de fête en ne l'abolissant pas concrètement, projet impopulaire, mais en supprimant sa symbolique : de jour de fête solaire il devint jour de fête christique.

La Transfiguration de Jésus est fêtée le 6 août, un jour qui, singulièrement, se trouve à égale distance du solstice d'été et de l'équinoxe d'automne – au milieu de l'été, donc. C'est le moment où, selon les évangélistes, le Christ change d'apparence corporelle et arbore une face lumineuse. Ses vêtements deviennent blancs comme la lumière – disent les textes. Moïse et Élie apparaissent, trois des disciples du Christ sont là : tous sont enveloppés dans une nuée lumineuse. Dieu parle.

La Saint-Jean, enfin, magnifie la logique solaire du christianisme : avant de devenir la fête de Jean, elle fut fête du solstice d'été, jour le plus court en nuit et le plus long en jour – jour le plus long en lumière, le plus court en ténèbres, donc jour symbolique par excellence. Il faut bien une occasion chrétienne grandiose pour tâcher de se substituer à la cérémonie la plus puissante du monde païen. Il s'agira donc de la naissance de Jean le Baptiste, autrement dit, de lui donner la puissance maximale.

La puissance maximale n'est donc ni la naissance à Noël, ni la mort et la résurrection à Pâques, mais le Baptême dans le Jourdain. Dans l'Ancien Testament, Moïse ne peut franchir le Jourdain qui est la limite fixée à la Terre promise. Ce que le juif Moïse ne peut pas, Jésus le peut : ce baptême d'un Dieu fait homme est également celui du judéo-christianisme. Le Messie annoncé par l'Ancien Testament des juifs devient le Messie venu, réel, concret, présent : pour les juifs, le Messie est à venir, pour les chrétiens, il est venu – c'est ce jour-là, avec ce geste-là qu'il est dit qu'il est venu.

Il est venu comme Fils de Dieu fait Homme. En tant qu'homme, il porte les péchés du monde, comme tous les humains. Le baptême lui confère la mission : au moment même de la cérémonie, le ciel s'ouvre, l'Esprit saint descend du ciel sous la forme d'une colombe, la voix de Dieu le certifie dans sa mission. Le christianisme peut commencer – pour ceux qui y souscrivent, le judaïsme s'achève ici et ainsi. C'est le moment spirituel de la plus grande clarté solaire, celui de la plus petite dose de ténèbres sur terre. Le feu païen de la Saint-Jean devient l'épiphanie de la lumière du Christ.

Pour conclure ce trajet d'histoire sainte écrite en regard du cosmos païen de toujours, précisons ceci : si la vie de Jésus recycle le schéma du mouvement très païen des astres dans le cosmos, celle de Marie, sa vierge de mère, en donne également une version allégorique, symbolique, métaphorique. Les fêtes mariales correspondent à celles des cultes de Cybèle et d'Isis tenant Horus dans ses bras comme la Vierge l'enfant Jésus. Ladite Vierge Marie procède en effet de la Grande Déesse Mère qui est tout bonnement la divinité de la terre, de la nature sauvage. Ce culte existe depuis la préhistoire, il concerne bien sûr les Égyptiens, mais également les Basques, dont on sait peu de chose, sinon que leur panthéisme disposait de cette déesse de la Nature qui avait pour nom... Mari. Les Basques célébraient la nature dans ses manifestations célestes et terrestres : le soleil et la lune, l'air et l'eau, les montagnes et les forêts.

La Vierge des chrétiens est la Reine du ciel. Dans l'antiquité païenne, la date de l'Assomption de la Vierge Marie, le 15 août, « Vierge revêtue du soleil » selon l'Apocalypse (12.1), s'intercalait entre celle de Janus le 17 août, dieu de la porte du soleil et de la porte céleste, et celle de Diane le 13 août, déesse dont l'étymologie signifie la brillance du soleil, une divinité vierge et fécondante, sœur du soleil et assimilée à la lune. Une fois de plus, la lumière symbolique et allégorique, métaphorique et parabolique, se trouve en relation avec la lumière solaire cosmique et réelle, concrète et astronomique.

Le christianisme nous a privés du cosmos païen en le travestissant, en l'habillant avec des histoires orientales, des fables méditerranéennes, des mythes égyptiens, des allégories juives, des symboles gnostiques, des métaphores millénaristes, des collages babyloniens, sumériens, mazdéens, perses. Il nous prive du cosmos réel et nous installe dans un monde de signes qui ne font plus sens alors qu'avant lui le sens était fait par les signes cosmiques. Là où il fallait voir du concret, le judéo-christianisme a installé du symbole : il a aboli la vérité imma-nente des rythmes lunaires et solaires, des déplacements de constellations, des significations stellaires, des cadences de jours et de saisons au profit d'une histoire extravagante d'un enfant né d'un père qui n'était pas son géniteur, d'un nouveau-né conçu et porté par une mère qui était vierge, inséminé par un esprit saint ayant pris la forme d'une colombe, d'un homme qui ne mangeait ni ne buvait que des symboles et n'a jamais montré qu'il subissait les lois corporelles les plus triviales (digé-rer, roter, déféquer, copuler...), d'un thaumaturge qui ressuscite les morts et joint lui-même le geste à la parole en mourant puis en ressuscitant le troisième jour et en grimpant directement au ciel pour s'asseoir à la droite de Dieu – son autre père, le vrai.

Enfouies sous les couches chrétiennes, les vérités païennes ont disparu : la substantifique moelle des paysans qui connaissaient la nature et l'invoquaient pour en obtenir les faveurs a été rem-placée par un récit métaphorique et alambiqué construit comme un conte à dormir debout. Il s'agissait de séduire un peuple inculte en lui racontant des histoires. Le merveilleux a servi d'excipient pour faire passer le breuvage amer de la religion qui détourne toujours le spirituel vers le temporel afin de permettre au Roi, aidé par son clergé, d'utiliser la peur de l'au-delà pour justifier ici-bas obéissance, soumission, docilité et servitude.

À l'origine de toute culture, il y avait l'agriculture. L'agricole définit le champ cultivé : le champ, c'est la nature, la culture de ce champ, qui est agriculture, ce sera la culture. Une culture des champs était alors un pléonasme ; elle est devenue aujourd'hui un oxymore tant la culture passe pour une sécrétion urbaine. L'agriculteur travaille les champs : il laboure, sème, taille, entretient, récolte, puis il laboure à nouveau, sème encore, entretient toujours, etc., et ce toute sa vie, comme ses ancêtres le faisaient, comme il souhaitait que sa descendance le fasse. L'ouvrier agricole œuvre à une culture perdue, enfouie, détruite, déconsidérée par la culture dominante qui est culture des villes, culture des livres, antinature, contre-culture des champs.

Virgile a raconté ce que sont les travaux des champs : connaître la nature des terrains, des sols et des sous-sols, distinguer les terres légères et grasses, humides et froides, denses et friables, savoir lire les informations données par le ciel, ne rien ignorer des pratiques agricoles ancestrales riches de savoirs millénaires, pouvoir lire les informations données par les vents prometteurs de pluies ou de brûlures, de pourritures ou des dessiccations, être initié aux mystères de l'arboriculture que sont la taille et la greffe, le marcottage et le bouturage, savoir planter les bons cépages dans les bons sous-sols, aux bons moments de l'année, bien orienter les vignobles, apporter les précautions nécessaires aux jeunes plants en nourrice, d'abord protéger les plantes quand elles poussent, ensuite les traiter avec énergie, s'occuper comme il faut des oliviers, des arbres fruitiers, de ceux qui fournissent les bois de menuiserie.

De la même manière, Virgile aborde la question des animaux : savoir choisir les génisses et les étalons, accoupler les animaux avec intelligence, dresser comme il faut les bœufs de labour, les chevaux de guerre ou les coursiers destinés aux jeux, prendre des leçons de sagesse du taureau, observer les brebis et les chèvres, apprendre à tondre et à fabriquer le fromage, être au courant des maladies du cheptel et savoir les prévenir ou les guérir, connaître les mœurs du serpent, observer les abeilles, produire le bon miel, bien orienter les ruches vers le soleil levant et, de ce fait, savoir qu'on commande bien à la nature quand on lui obéit, enfin, comprendre de ces apprentissages à quoi pourrait ressembler un dieu qui présiderait à l'organisation de toute cette mécanique divinement organisée.

La culture, alors, nommait la connaissance nécessaire à l'agriculture. À cette époque, on ne demande pas aux livres de nous dire ce que nous apprend directement la nature : on la regarde, on l'examine, on l'observe, on vit en harmonie avec elle, on écoute les anciens qui avaient écouté et appris des anciens. Pas question d'intercaler un livre entre le monde et soi : regarder le soleil, la lune et les étoiles suppose un rapport direct. On sait ce qu'il y a dans le ciel non pas parce qu'un lettré nous dit ce qu'il faut y voir, en l'occurrence le séjour d'un dieu unique, coléreux et vengeur, ami des princes et des rois, des gens de pouvoir et des guerriers, des riches et des puissants, mais ce qui s'y trouve : l'éternel cycle du retour des saisons dans lequel l'homme n'est pas spectateur mais partie prenante.

Le Livre monothéiste s'interposa comme un écran entre la nature et les hommes, il détruisit tous les autres livres qui ramenaient à la nature pour imposer celui qui éloignait de la nature au profit de la culture livresque. Avec le Livre unique, les hommes sont devenus lettrés, mais incultes ; ils ont lu, mais n'ont plus su ; ils ont commenté, mais n'ont plus vu ; ils ont psalmodié, récité, déclamé, mais ils n'ont plus observé ; ils ont glosé, annoté, commenté, expliqué, analysé, interprété, mais ils sont devenus aveugles et sourds au monde. Les hommes qui connaissaient le monde ont péri sous les bibliothèques, ils ont laissé place aux hommes qui savaient lire, écrire, compter, les instruments de la domination des autres par le verbe. Quand le Verbe est devenu une religion, la Nature est devenue l'ennemie de prédilection. Les solstices et les équinoxes, les lunaisons et la course du soleil dans le cosmos, les alternances du jour et de la nuit, la succession des saisons et leur éternel retour, tout cela a laissé la place à Jésus, Marie, Joseph, les Rois Mages, le bœuf et l'âne de la crèche, le Père, le Fils et le Saint-Esprit, la bûche de Noël, l'œuf de Pâques et les feux de la Saint-Jean. En regardant le ciel, les hommes ont cessé d'y voir les constellations et la Voie lactée, ils y ont vu le fatras de l'angélologie judéo-chrétienne.

3

La construction du ciel chrétien

Jésus n'était pas astronome, du moins, si tel était le cas, il l'a bien caché. Il n'existe en effet aucune considération dans les Évangiles sur le monde céleste et son peuplement. La biographie de ce personnage fictif, on l'a vu, épouse la carte du ciel païen, mais lui-même ne manifeste aucun souci de ce qui se passe au-dessus de sa tête. Ni la lune, ni le soleil, ni les astres, ni les constellations, ni la Voie lactée, ni les planètes, ni les étoiles ne font partie de ses soucis. Nulle part on ne le voit contempler la voûte étoilée ni commenter la Voie lactée de façon religieuse.

En revanche, quand il annonce la destruction du Temple dans lequel il avait, enfant, fait la leçon aux docteurs, cet homme apparemment affable, gentil, qui aime les femmes adultères, tend l'autre joue quand on le frappe, recourt à la métaphore cosmique pour annoncer la destruction du Temple concomitante avec sa venue : faut-il alors comprendre que la destruction du temple réalisait le christianisme qui accomplirait le judaïsme ? Possible. En attendant, Jésus annonce : un ciel qui s'obscurcit, la lune éteinte, les astres qui tombent du ciel, l'ébranlement des puissances des cieux, l'apparition du signe du Fils de l'homme dans le ciel, porté par les nuées, entouré d'anges avec trompettes.

Constantin se souviendra de la prédiction et affirmera avoir vu ce signe dans le ciel. Il prétendra lui devoir la victoire sur Maxence au pont Milvius, victoire qui décida de son triomphe impérial et de la conversion de l'Empire à la secte chrétienne qui devint ainsi religion nationale. Le culte du Soleil Invaincu recyclé en célébration du Christ-Roi et de son représentant sur terre, l'Empereur en majesté, nourrira la religion judéo-chrétienne imbibée de saint Paul plus que de Jésus. Le treizième apôtre affirmera que « tout pouvoir vient de Dieu », la théo-cratie se trouve ainsi fondée. Le culte de l'Empereur comme Soleil Invaincu accompagne une politique dans laquelle le clergé et le prince entretiennent une relation intime pour mieux gou-verner les hommes. Les Pères de l'Église construisent cette mécanique théocratique – voilà pourquoi on n'enseigne jamais la patristique ailleurs que dans les séminaires : de Philon d'Alexandrie à Manuel II Paléologue, un temps remis en selle médiatique par Benoît XVI, mille ans de pensée donnent à la petite secte chrétienne un statut de religion universelle.

La Patristique remplit le ciel de fatras théologiques. Quand, au IIᵉ siècle de l'ère commune, Ptolémée voit dans le ciel ce qui s'y trouve, même dans le désordre, puisqu'il défend le géo-centrisme, à savoir la terre immobile au centre et les planètes qui tournent autour d'elle, les chrétiens le remplissent d'anges, de trônes, d'archanges, de séraphins, de chérubins et autres habitants cartographiés par Pseudo-Denys l'Aréopage dans sa *Hiérarchie céleste* vers l'an 500. Dans l'*Almageste* et les Tables tactiles, Ptolémée propose un catalogue d'étoiles et de constel-lations, il entretient d'épicycles, d'équants et d'éclipses, pendant qu'Origène, Clément d'Alexandrie, Grégoire de Nysse et tant d'autres acteurs de la patristique vident le ciel de ce qu'il contient véritablement pour le remplir de fictions présentées tels des modèles existentiels.

Les païens cherchaient dans le ciel véritable des leçons de sagesse et les trouvaient : l'alternance du jour et de la nuit, le cycle des saisons, l'éternel retour des choses, l'ordre du cosmos auquel il faut consentir pour obtenir sagesse, équilibre, vérité existentielle, et tout ce qui donne un sens à sa vie. Ce qui advient au soleil qui naît, croît, brille de tous ses feux, puis décroît, disparaît, meurt et renaît le lendemain, ce qui advient à la nature au printemps, à l'été, à l'automne, à l'hiver, puis à nouveau au printemps semble un schéma qui correspond à ce qui arrive aux jours. Pourquoi ce qui advient aux jours et aux saisons ne serait-il pas la loi de ce qui advient aux hommes ?

De fait, la naissance du nourrisson, la croissance de l'enfant, la vitalité de l'adolescent, la force du jeune adulte, la grande puissance de la maturité, l'acmé d'une vie suivie par son déclin, les premières manifestations de la vieillesse, la vitalité partie quand arrivent les dernières années, la grande vieillesse, puis l'agonie, la mort, tout cela concerne les hommes exactement comme les jours et les saisons. Ce qu'enseigne le cosmos est un ordre du ciel qui est aussi un ordre existentiel. Il faut vouloir ce qui nous veut, là est la seule liberté que nous puissions construire. Être libre, c'est obéir à la nécessité que nous enseigne la roue de l'éternel retour des choses.

Quand le christianisme vide le ciel de ces vérités, quelles alternances existentielles nous propose-t-il ? L'imitation du cosmos n'est plus d'actualité, il s'agit désormais d'aspirer à la Cité de Dieu, la Jérusalem céleste ! En mille ans, le christianisme fabrique un paradis avec son lieu, son histoire, ses habitants, ses détails, avec les Pères de l'Église, mais aussi avec les artistes, les poètes, les écrivains, les peintres, les sculpteurs : qu'on songe à Basile de Césarée (IVe), à Bède le Vénérable (VIIIe), à Walafrid Strabon (IXe), à *La Divine Comédie* de Dante, au *Paradis perdu* de Milton, aux grands maîtres de la Renaissance italienne.

Jadis, le paradis fut terrestre. Il naît dans un désert comme anti-désert : là où la réalité est brûlure et brûlante, sable et soleil incandescent, fournaise, absence d'eau et d'ombre, manque d'animaux et de nourriture, rareté des hommes et précarité des vies, la fiction paradisiaque s'avère l'exact inverse : fraîcheur et végétation, ombre et douceur, animaux en abondance vivant en paix, ruisseaux de lait et de vin, sources fraîches, jardins exotiques, fleurs et plantes luxuriantes, nectar et ambroisie, abondance et harmonie.

Dans les premiers temps, on l'imagine non loin du Tigre et de l'Euphrate, mais dans la géographie terrestre. Nombre de voyages concrets sont effectués pour trouver ce lieu qui fonctionne en promesse de toutes les richesses, matérielles et spirituelles. Bien sûr, il se trouve vers l'orient, autrement dit, en direction du soleil levant. Il est un luxe de végétation, donc une quintessence chlorophyllienne rendue possible par la lumière solaire. Le paradis, s'il est un jardin, est aussi et surtout un éternel concentré de vie rendue possible par la lumière. L'arbre de vie qui s'y trouve témoigne.

Ensuite, le paradis migre de la terre vers le ciel. Cette métamorphose transforme le lieu d'avant en lieu d'après, il concernait l'origine du monde, il concernera la fin du monde, il accueillait le séjour d'Adam et Ève, il accueillera les Justes ayant vécu selon les préceptes chrétiens. La nostalgie du passé nourrit le désir de l'avenir. Le pessimisme tragique laisse place à l'optimisme des millénaristes – aux religieux de la transcendance, les trois monothéismes et nombre d'autres religions, aux religieux de l'immanence, les socialismes utopiques, dont le marxisme.

Le christianisme opère cette transmigration du paradis avec sa mythologie. Dans les Évangiles, déjà, le Christ parle du paradis : il le promet au bon larron lors de ses derniers moments sur la croix, il annonce dans l'Évangile de Jean (20.10) qu'il monte vers son père *et* vers Dieu. Jacques de Voragine détaille cette ascension devenue célèbre dans *La Légende dorée*, un livre majeur dans le Moyen Âge occidental pour nourrir l'histoire sainte de fictions, de légendes, de mythes, de fables, de légendes apologétiques. Cet ouvrage a construit le corps chrétien pendant la moitié d'un millénaire.

Dans cette encyclopédie du corps chrétien, les martyrs tiennent une place abondante et l'on éviscère, brûle, torture, décapite, tourmente, supplicie, écorche, cuit, bout, rôtit, saigne, égorge, découpe, déchiquette les corps en gros et en détail pour expliquer au croyant que la mortification de la chair constitue la voie la plus sûre pour parvenir au paradis. En effet, pour s'approcher des anges, la meilleure technique consiste à mépriser la chair, l'avilir, la salir, ainsi, croit-on alors, le Royaume des Cieux ouvre ses portes sans coup férir.

Pragmatique, Jacques de Voragine pose les bonnes questions, elles sont évidemment au nombre symbolique de sept : de quel lieu est-il parti ? Pourquoi a-t-il attendu trois jours avant d'effectuer ce voyage ? Comment s'y est-il pris ? Avec qui était-il ? En vertu de quel mérite ? Vers quel lieu ? Pour quelles raisons est-il monté au ciel ? Réponses : premièrement, il est parti de la montagne des Trois Lumières qui reçoit le matin les rayons du soleil, cet endroit, le mont des Oliviers, produit une huile avec laquelle on produit de la lumière – permanence, donc, du soleil invaincu. Une église a été construite sur ce lieu saint, mais le sol n'a jamais pu être pavé, le marbre sautait au visage des ouvriers qui n'ont jamais pu le poser. Deuxièmement, il a attendu quarante jours pour qu'on ait le temps de le voir vivant après sa mort. Avec trop peu de temps, le Christ n'aurait pas eu le temps de montrer qu'il était le maître du temps.

Troisièmement, il a grimpé « avec une grande puissance, grâce à ses propres forces ». Jésus excelle donc dans l'autocombustion. Il est monté au ciel « comme sur un amas de nuages », affirme Voragine, mais sans avoir besoin des nuages, juste pour montrer que le Créateur peut ce qu'il veut sur sa Créature. Dialectique imparable : tout ce qui est contre nature est donc décrété divin. Le déraisonnable miraculeux est donc bien la preuve de l'existence d'une raison divine – la raison de Dieu a ses raisons déraisonnables que la raison des hommes ignore. Cette ascension se fait devant les apôtres afin qu'ils aient envie de lui emboîter le pas ontologique. Elle s'effectue dans la joie, avec le chant des anges qui n'ont pas d'organe vocal d'un point de vue oto-rhino-laryngologique mais n'en chantent que mieux. Voragine cite Augustin, qui précise : « Le ciel tout entier est troublé, les astres sont dans l'admiration, les armées applaudissent, les trompettes sonnent et mêlent leurs douces mélodies aux chants de joie du chœur » (233). Dans le ciel chrétien, les astres admirent – nous ne sommes pas partis bien loin du paganisme dans ce qu'il a de plus sommaire.

L'ascension s'effectue rapidement. Le chrétien Voragine cite le juif Moïse Maïmonide et son *Guide des égarés* qui donne des gages d'un point de vue astronomique et, disons, scientifique. Puisque Maïmonide écrit que chaque cercle ou ciel a pour épaisseur un trajet de 500 ans, c'est le temps qui sépare également deux ciels, or il en existe sept, dès lors, du centre de la terre à la partie concave de la dernière planète, Saturne, le trajet est de 7 000 ans, et jusqu'à la partie concave du ciel, 7 700 ans. À raison de 40 milles effectués par jour par un homme normal, on imagine le temps nécessaire pour parvenir à ce point aussi éloigné de l'Univers. Eh bien le Christ effectue tout ce trajet en « un bond », affirme Voragine citant saint Ambroise.

Quatrièmement : le Christ effectue ce voyage avec de nombreux hommes et beaucoup d'anges. Pendant ce bond effectué en un clin d'œil, les anges ont tout de même le temps de questionner Jésus et celui-ci de prendre le temps de répondre à leurs demandes en citant les textes de l'Ancien Testament. Ils l'interrogent sur divers sujets, notamment sur les raisons du fait qu'il conserve les plaies sanglantes de la Passion. Pendant ce si bref temps, les anges prennent tout de même la peine de venir à la rencontre de leur saint patron. Le texte nous apprend qu'il brille dans le ciel.

Cinquièmement : il s'éleva au ciel pour la triple raison de la vérité, de la douceur et de la justice. On comprend mal pourquoi ces trois vertus justifieraient l'ascension, mais c'est ainsi. Et cette réponse ne mobilise pas trop Voragine, qui enchaîne sur la sixième réponse dans laquelle il nous apprend que le Christ est monté « au-dessus de tous les cieux », au-dessus, car il existe quatre ciels : le matériel, le rationnel, l'intellectuel, le supersubstantiel. Mais ces divisions ne suffisent pas, elles sont elles aussi travaillées par d'autres divisions : dans le ciel matériel, on trouve le ciel aérien, l'éthéré, l'olympien, l'igné, le sidéral, le cristallin et l'empyrée ; dans le rationnel, le ciel nomme l'âme de l'homme juste, le siège de la sagesse ; dans le ciel intellectuel, le ciel correspond à l'ange qui participe au beau et au bien et manifeste la « lumière cachée » ; dans le ciel supersubstantiel se trouve enfin le lieu sublime du Christ. Comme toujours avec la biographie imaginaire de ce Jésus fictif, sa prétendue épaisseur historique est constituée de fragments de l'Ancien Testament : la preuve qu'il s'est élevé au-dessus de tous les cieux jusqu'au ciel invisible pour parvenir à l'Empyrée ? Le verset d'un *Psaume* le dit – si un texte qui préexiste au Christ l'annonce, il faut bien que ce soit vrai et advenu, pas besoin d'un autre réel que le Verbe !

L'empyrée est donc la demeure du Christ, des anges et des saints. C'est un ciel supérieur à tous les autres ciels en rationalité (!), en dignité, en primauté, en situation, en dimension, en éternité (il est donc plus éternel que ceux qui sont déjà éternels), en uniformité, en immobilité, en capacité et… en luminosité ! L'empyrée brille donc d'une clarté à nulle autre pareille – comment ne pas songer à la clarté solaire, clarté des clartés, lumière néoplatonicienne de l'Un, bien radieux comme l'astre de feu. Revenons à nos questions.

Septièmement : la raison de son ascension est que le Christ a généré des profits – l'habitation de l'amour divin, la plus grande connaissance de Dieu, le mérite de la foi, la sécurité des humains pour lesquels il se fait l'avocat auprès de Dieu, leur dignité, la solidité de leur espérance, le chemin montré, l'ouverture des portes du ciel, la possibilité de préparer une place pour la venue des Justes. Où l'on voit que le ciel chrétien contient une bureaucratie céleste efficace pour gérer la vie après la mort de ceux qui auront mérité, par leur vie chrétienne, un salut éternel dans un lieu présenté comme éminemment désirable. Lorsque Dante entreprend sa *Divine Comédie*, il ajoute sa pierre à l'édifice chrétien dont je cesse là l'archéologie.

Le souci du ciel chrétien n'aurait aucun intérêt s'il devait n'être qu'un travail sur les archives et les textes chrétiens. *La Légende dorée* de Jacques de Voragine a puissamment contribué à créer le cadre ontologique chrétien dans lequel nous nous mouvons encore, même si, et peut-être surtout, nous ne sommes ni croyants ni pratiquants. Ce texte fut autre chose qu'un texte : il fut la mine dans laquelle nombre de curés de campagne ont puisé pour écrire leurs sermons. Les prédicateurs y ont trouvé matière à propager la religion catholique via le livre de ce dominicain du XIIIe siècle.

Jacques de Voragine transforme le temps cyclique païen en temps linéaire, celui sur lequel nous vivons encore. Ainsi, dans le prologue du livre auquel il a consacré une trentaine d'années de sa vie, Voragine détruit l'ancestral temps venu du fin fond de l'histoire des hommes pour le contraindre à entrer dans une dialectique théologique qui épouse les partitions des saisons pour mieux les abolir. Le soleil païen s'éclipse au profit de la clarté christique, le ciel de Ptolémée devient celui d'Augustin et des Pères de l'Église, les astres ne sont plus des planètes mais des entités anthropomorphisées capables de se réjouir. Quand la patristique travaille pour un lectorat d'intellectuels, Voragine s'adresse à ceux qui parlent directement au peuple.

Voragine divise le temps de la vie terrestre en quatre : *le temps de l'égarement* qui commence avec le péché du premier homme et dure jusqu'à Moïse – pour l'Église, il s'agit de la période qui va de la Septuagésime à Pâques ; *le temps de la rénovation* ou rappel, qui va de Moïse jusqu'à la naissance du Christ, temps de la foi rénovée par les Prophètes, temps chrétien compris entre l'Avent et Noël ; *le temps de la réconciliation* correspond à celui au cours duquel le Christ a réconcilié les hommes, soit entre Pâques et la Pentecôte ; *le temps de la pérégrination* correspond à celui dans lequel l'auteur écrit, le présent, une période d'errance et de lutte selon lui, temps qui sépare l'octave de la Pentecôte et l'Avent. À chaque période correspond la lecture d'un livre saint : respectivement la Genèse, Isaïe, l'Apocalypse, le Livre des Rois et les Livres des Macchabées.

Jacques de Voragine ne cache pas que cette partition en quatre temps qui va devenir la « suite des temps ordonnés par l'Église » épouse les quatre saisons : l'hiver de l'égarement, le printemps de la rénovation, l'été de la réconciliation, l'automne de la pérégrination. Puis il écrit, sibyllin : « La raison de ce rapprochement est assez évidente », mais n'en dit pas plus – ce qui, en effet, ruinerait le merveilleux de sa logique pour l'inscrire dans une histoire, celle du paganisme, ce que ne saurait faire ce dominicain soucieux d'édification chrétienne des masses. Le plan du livre suivra donc cette partition : il permet d'écrire l'histoire des saints dans la perspective chronologique. Le temps est devenu chrétien.

Ce livre ne fait pas qu'écrire une nouvelle histoire du temps qui correspond à l'apogée de la civilisation judéo-chrétienne, il écrit surtout une histoire des corps. L'ouvrage ne cache pas ses visées apologétiques. L'auteur propose l'imitation des corps de martyrs sous prétexte que vivre comme eux, ce serait gagner son paradis, parvenir au ciel et y connaître les délices de l'immortalité. En faisant de son existence un chemin de croix, en mourant de son vivant, en acceptant la souffrance comme une voie qui conduit à la rédemption, en voulant les plaies du Christ sur son propre corps, en désirant verser son sang comme tant de martyrs présentés en modèles de vertus chrétiennes, donc de sainteté, la voie du salut se trouve toute tracée. Le ciel catholique est un enfer concret : seuls s'y trouvent les croyants qui ont accepté de mourir de leur vivant en transformant leur existence en vallée de larmes. Pathologies assurées pour plus d'un millénaire.

Alors que les païens regardaient le ciel pour bien vivre, mieux vivre, vivre en harmonie avec le cosmos, les chrétiens l'ont scruté pour le désirer et aspirer à y perdre leur chair pour n'être plus que virtualité d'un corps glorieux, un anticorps, un corps sans chair, sans désirs, sans passions, sans vitalité, sans pulsions. Le ciel des paysans était rempli de signes concrets susceptibles d'être décodés : des brillances, des halos, des clartés, des luminosités, des nimbes, des scintillements, des irisations, des quartiers dans la lune, des déplacements de constellations, des ciels couverts ; le ciel des chrétiens s'est chargé de fictions appelées à transformer les vies des croyants en fictions elles aussi.

Au nom de ces fictions, l'Église a vu d'un très mauvais œil les scientifiques qui avaient l'audace de rappeler que, dans le ciel, on trouve des astres et des bolides, des mouvements de planètes et des traces de voie lactée, mais pas d'anges ou de divinités, encore moins de Dieu transcendant. Ainsi, Giordano Bruno vide le ciel des fadaises chrétiennes et le remplit à nouveau de ce qu'il contient : un cosmos sans dieu, sans divinités, sans sacré, sans mystère, avec juste des objets, des forces, des attractions, des orbes, sans interventions démiurgiques, sans principe transcendant ni transcendantal. Il affirme que la Terre, ronde, tourne sur elle-même et autour du Soleil placé au centre de notre système ; que ce système n'est pas le seul et qu'il existe une pluralité des mondes séparés par le vide ; que le soleil dispose d'une infinité de doubles ; que l'univers est infini, sans bornes, sans limites, sans surface, éternel ; qu'il est un composé d'atomes et de particules ; que les étoiles sont des combustions énormes ; que les comètes se déplacent dans le cosmos en effectuant un trajet elliptique ; que la totalité de l'univers se compose d'une seule et même substance ; qu'il existe des constantes mathématiques dans l'univers. Et tout ceci sans observations ou sans calculs.

Après Copernic, resté prudent, mais avant Galilée, triomphant en scientifique, après Épicure le matérialiste atomiste, mais avant Spinoza le panthéiste moniste, Giordano Bruno poète et philosophe, homme de lettres et artiste, rebelle et dramaturge, se trouve dans le collimateur de l'Église. Ce dominicain d'origine nie la virginité de Marie, moque la Transsubstantiation, récuse le dogme de la Trinité, attaque les calvinistes, pulvérise les aristotéliciens, déclasse les tenants de la doctrine cosmologique de Ptolémée. L'Inquisition l'arrête, l'emprisonne, le Saint-Office s'active. Après huit années de procès, l'homme qui a vidé le ciel et inventé l'espace moderne est conduit au bûcher, nu, un mors dans la bouche pour l'empêcher de parler. Le 17 février 1600, sur le Campo dei Fiori, ce philosophe visionnaire part dans les flammes. Son cosmos était le bon.

Son matérialisme panthéiste constitue la seule alternative philosophique possible aux constructions fumeuses de l'idéalisme, quelles qu'en soient les formules – religieuses avec les trois monothéismes, intellectuelles avec les formules platoniciennes, cartésiennes, kantiennes, hégéliennes, freudiennes, phénoménologiques… Le matérialisme abdéritain des philosophes rangés sous la rubrique des présocratiques initie une ligne de force qui débouche dans l'astrophysique contemporaine.

Le grand poème de Lucrèce *De la nature des choses* propose une cosmologie matérialiste, concrète, immanente, antireligieuse qui permet une éthique aux antipodes de l'idéal ascétique chrétien. Contre l'usage métaphorique de la physique qui permet aux chrétiens d'inventer ce ciel rempli de fictions qui conditionnent une vie de renonciation au monde, les matérialistes recourent à la physique pour construire une relation apaisée au monde. Le cosmos épicurien de Lucrèce garantit la sagesse, la paix, l'harmonie, l'ataraxie, la sérénité, la quiétude. Le ciel matériel est plein d'occasions de réconciliation avec le cosmos, avec soi, avec les autres, le monde et l'univers.

Je comprends dès lors, après la mort de mon père, pourquoi j'entre en philosophie avec un coup de foudre qui est celui du grand poème de Lucrèce : *De la nature des choses*. Avec lui, je découvre l'antidote au ciel chrétien qui fut le seul qu'on m'enseigna – si je mets à part celui que mon père me signala, le ciel absent le jour de sa mort entre mes bras. J'ai dix-sept ans, Lucrèce me sort de mon sommeil dogmatique chrétien : une pensée préchrétienne permet une morale qui me convient, elle peut donc devenir une pensée postchrétienne avec un ajout de précisions qui seront celles d'un contemporain du siècle de la bombe atomique. Je vis depuis lors dans ces notes en bas de page de Lucrèce.

Que dit sa cosmologie antichrétienne avant même l'existence du christianisme ? Que le système qui gouverne le monde, dont le ciel fait partie, est réductible à un principe de base : l'atome ; que ces atomes sont de formes multiples et agencés pour constituer la matière ; qu'en dehors d'eux et du vide il n'y a rien ; que les dieux sont donc constitués de ces particules subtiles et qu'ils ne se soucient pas des hommes, mais fonctionnent comme des modèles d'impassibilité, d'ataraxie, de sagesse ; qu'il faut observer rationnellement la nature et ne pas croire aux fictions proposées par les religions responsables d'une infinie litanie d'actions criminelles ; que rien n'est jamais créé de rien à partir de l'action d'une puissance divine ; que la matière est éternelle et qu'elle porte en elle une vie immortelle, autrement dit, que les atomes sont éternels, mais pas leurs agencements ; que rien ne va au néant, car tout se décompose et se recompose ; que les odeurs, le froid, les sons constituent des corps invisibles qui entrent en relation avec nos propres corps atomiques ; que le vide dans lequel s'effectuent ces mouvements est intangible, sans consistance, mais qu'il rend possible la dialectique de la matière ; qu'il existe des interstices dans la matière même ; que là où est le vide n'est pas la matière, et vice versa ; que les éléments premiers sont d'une matière pleine et sans vide ; qu'autour du vide il existe une matière solide ; que l'univers n'est ni totalement plein, ni totalement vide, mais qu'il y a alternance de matière et de vide ; que les agencements sont des structures denses et de forte résistance ; qu'il existe une loi de constance dans la matière, grâce à des éléments immuables ; qu'il y a identité entre l'infiniment grand et l'infiniment petit ; que la plus petite chose est composée d'une infinité de parties ; que les mêmes atomes constituent le soleil, la mer, les hommes et que seuls changent les combinaisons et les mouvements ; qu'en dehors de l'ensemble de la création il n'existe rien ; que l'univers est sans limite, car s'il en existait une, que deviendrait un javelot lancé au-delà de cette barrière ? ; que seul existe le mouvement perpétuel de la matière ; que l'espace est donc infini ; qu'aucune intelligence divine n'a présidé à la création de l'univers qui est le produit des meilleurs essais de la nature effectués pendant des millions d'années ; que les particules qui volettent dans un rai de lumière donnent bien l'image de la physique épicurienne : une danse d'atomes dans le vide ; que les platoniciens et les stoïciens proposent une métaphysique fautive parce que idéaliste et récusant la matérialité du monde – une critique qui pourra ensuite être faite aux chrétiens ; que la déclinaison d'un atome dans la pluie verticale de particules fut un jour la cause de la première agrégation de la matière à partir de laquelle toutes les autres se sont faites ; que les atomes chutent à la même vitesse, quel que soit leur poids ; qu'ils sont lisses, striés, crochus, etc., mais que, dans leur catégorie, ils sont en nombre infini ; qu'il existe une tension entre une force destructrice et une force constructrice dans tout l'univers ; que l'atome n'apparaît jamais seul, mais toujours composé ; que les atomes sont dans une danse éternelle ; qu'il existe une pluralité des mondes avec d'autres races d'hommes et des espèces animales inédites ; que notre univers naît, vit, croît, décroît, disparaît et se trouve remplacé par un autre ; que l'esprit, l'âme, le souffle, le corps sont des composés atomiques mortels dans leurs compositions, mais immortels dans leurs composants ; qu'il existe une force sans nom pourtant nommée « élan vital » dans la traduction de Charles Guitard (III. 396) ; que des membranes détachées des corps constituent des simulacres qui se déplacent dans l'espace et parviennent à notre cerveau afin que l'on puisse voir, percevoir et connaître le réel dans sa matérialité ; que cette écorce des choses conserve leurs formes ; que les astres obéissent aux lois de la nature, et pas à des quelconques divinités ; que la naissance du monde, la genèse du soleil, celle des nuages, de la nature, le mouvement des astres, l'équilibre de la terre, la chaleur du soleil, son mouvement, l'alternance en mouvement du jour et de la nuit, les phases de la lune, les éclipses, l'apparition du vivant, des végétaux, des animaux, des humains et de tout ce qui s'ensuit obéit aux lois de la nature la plus matérielle, concrète et immanente ; que ce qui est n'a jamais été voulu par un créateur transcendant mais par une nature qui s'est essayée aux formes les plus adéquates pour être et persévérer dans son être ; que l'ignorance des causalités naturelles de la foudre, des volcans, des raz-de-marée, des trombes, des nuages, des arcs-en-ciel est la cause des fantasmes religieux ; qu'en augmentant le savoir on fait reculer la croyance ; enfin, que les enfers sont sur terre – et donc le paradis aussi.

Pour ma part, je reste confondu par tant de prescience chez un philosophe qui ne dispose que de son intelligence pour établir ces propositions que la science contemporaine confirme, du moins dans les intuitions les plus audacieuses : la radicalité matérialiste, la rationalité immanente, la dialectique de l'atomisme, l'immortalité de la matière, la périssabilité de ses agencements, la récusation de toute transcendance, le refus de tout dieu créateur, la thèse du « rien ne se perd, rien ne se crée, tout se transforme », l'affirmation de l'infinité de l'univers, l'idée de la pluralité des mondes, l'existence d'une force qu'un traducteur français probable lecteur de Bergson nomme un « élan vital », tout ceci a été confirmé depuis par des observations empiriques, des calculs scientifiques, des validations confirmées par une épistémologie impeccable.

Postulé par des philosophes antiques, le ciel épicurien annonce le ciel des astrophysiciens contemporains. Là où Épicure, Lucrèce et les siens associaient la physique à l'éthique et faisaient de la connaissance de ce qui est une occasion d'en finir avec la mythologie, les dieux, les prêtres, les clergés, les chrétiens ont refusé la science en général, et la science matérialiste en particulier, parce que la raison raisonnable et raisonnante ne peut souscrire aux billevesées avec lesquelles la patristique remplit le monde céleste. La science libère des dieux, or l'Occident s'est libéré de la science, il revient donc aux dieux. Lucrèce reste un antidote puissant contre les religions, toutes les religions – les trois monothéismes ne sauraient donc l'aimer.

4

L'OUBLI NIHILISTE DU COSMOS

Les villes ont tué le ciel. La clarté électrique du moindre village pollue les cieux que l'on ne voit plus. J'ai souvenir, sur le toit d'une fragile maison de Touareg dans le désert malien, d'un ciel vaste, plein, scintillant, bruissant de façon silencieuse d'une musique consubstantielle aux premiers temps du monde. Un ciel à portée de main. Jamais je n'avais saisi combien la voûte étoilée était à ce point saturée de signes lumineux, d'informations en quantités et en qualités de lumière, riche de constellations, donc d'astronomie, certes, mais aussi de mythologie, de religions, de fictions. La nuit, noire comme jamais je n'ai vu de noir, servait d'écrin à ce bijou d'étoiles que très peu d'hommes savent lire désormais.

L'oubli du cosmos me paraît l'un des signes du nihilisme contemporain. Tant que les hommes ont su et pu lire le ciel, ils étaient en contact direct avec le cosmos et leurs vies se réglaient sur le mécanisme d'horlogerie impeccable de l'univers. Le temps d'une journée, le temps d'une année, le temps d'une vie entretenaient une étroite liaison : le jour et la nuit d'un être, les saisons de l'existence d'un vivant, les cycles, l'éternel retour des cycles, autrement dit la mise en abyme des cycles en cycles, tout ceci constituait un décor sublime et vaste, immense et infini, aux vies minuscules de milliards d'humains depuis l'apparition des hommes dans l'univers.

Une multiplicité de religions a donné une forme historique à ces vérités ontologiques. Chaque religion fournit l'habillage daté d'un fonds immémorial de savoirs immanents : nous sommes inscrits dans un cosmos qui nous dicte sa loi comme au restant de l'Univers. Il a fallu croire que l'homme était le sommet de la création pour imaginer qu'il disposait d'un statut d'extraterritorialité ontologique lui permettant de croire, faussement, que ce qui concernait le vivant ne le concernait pas, lui, de la même manière. La pierre obéit au cosmos, la plante, l'animal aussi, bien sûr, mais pas l'homme, qui, parce qu'il serait doué d'intelligence, de raison, donc d'une âme conçue comme un fragment détaché de la divinité extérieure à sa création, voudrait sans être voulu.

Une partie de l'histoire de la philosophie a tenté de justifier cette extraterritorialité – les idéalistes, les spiritualistes, les dualistes, les chrétiens, évidemment. Mais une autre partie de l'histoire de la philosophie a bien dit et vu que le réel était un et non double, qu'il était matériel et non animé par de l'invisible, que le libre arbitre était une fiction, que la possibilité de vouloir librement, et donc de choisir, relevait d'un désir, d'un fantasme, mais sûrement pas de la réalité. Ces philosophes ont vu le cosmos tel qu'il est : non pas un réservoir de fictions, mais un monde obéissant aux mêmes lois que l'infiniment petit.

Le paysan, l'agriculteur, l'horticulteur, l'apiculteur, le marin, l'éleveur, le vigneron, le cultivateur, le fermier, le campagnard, le sylviculteur en savent plus sur le monde que le philosophe qui, bien souvent, ne connaît de lui que ce que les livres en disent. Les premiers connaissent l'odeur de la terre, celle du fumier, ils sont capables de lire les différentes intensités de vert qui conduisent de la germination à la feuille, ils savent que les plantes ont l'intelligence de la lumière, que la sève s'avère l'influx nerveux de leur discernement, ils n'ignorent pas que la lune, dans ses phases montantes et descendantes, dans ses moments croissants et décroissants, agit sur le développement des plantes, sur le comportement des animaux, donc, évidemment, sur celui les humains selon les mêmes règles, ils sont avisés des mouvements de migration des oiseaux, de la logique de formation des bancs de poissons, ils comprennent ce que dit la mer en lisant la surface des vagues, la qualité de l'écume, les différentes variations de couleur, du noir au vert en passant par les bleus, les violets, ils savent modifier d'un ou deux degrés l'orientation de la ruche pour permettre aux abeilles de voler plus tôt que les autres vers le pollen, ils savent d'un regard ce que le brouillard qui monte d'un petit cours d'eau va produire comme effet sur le raisin d'un vin et ils anticipent l'effet en bouche de l'excès ou du manque d'eau, ils taillent les rosiers au bon endroit, optimisant dans le buisson la circulation de la sève pour sculpter le végétal, ils extrapolent de la sécheresse une poussée des racines dans le sol de la géologie viticole et savent quel goût aura le jus des fruits de leurs cépages choisis, la nuit venue, ils interrogent la lune et apprennent du halo qui la nimbe le temps qu'il va faire le lendemain, tous ces gens de la terre, de la mer, du ciel lisent directement (dans) le monde.

En revanche, les philosophes questionnent le texte de celui qui a commenté le propos d'un autre qui lui-même effectuait déjà une glose d'une idée proposée par un troisième. Les penseurs sont souvent pauvres en monde réel et riches en fictions, en concepts, en idées, en notions. Ce que le philosophe dit de la vigne reste très en deçà de ce qu'en expliquent le vigneron, le viticulteur, le vendangeur, le maître de chais, l'œnologue, qui auront choisi et planté les cépages, entretenu et taillé la vigne, épié jour après jour les effets du climat, du soleil, de la pluie, du vent, de la grêle sur les feuilles et les grains, décidé de ramasser les grappes ce jour-là et pas un autre, choisi de garder ou d'ôter la rafle de la presse, procédé aux assemblages des récoltes, composé un équilibre pour le nez et la bouche, mis en tonneau dans des fûts d'un bois choisi dans la forêt, entreposé dans tel endroit de la cave, ni trop sec ni trop humide, sans vent coulis, embouteillé après avoir choisi le chêne-liège du bouchon.

J'ai souvenir d'avoir appris un jour de la bouche du propriétaire d'un domaine prestigieux qu'un philosophe que j'avais vu pérorer à la télévision sur un très grand vin patrimonial français, dans une émission littéraire de jadis, avec force métaphores et mots précieux, en ayant recours à un vocabulaire choisi, voire précieux, qui se répandait en comparaisons lyriques et baroques, frétillait cérébralement, mais n'avait jamais joui de ce qu'il racontait, puisqu'il fit l'aveu au maître des lieux qu'il n'avait jamais bu ce vin avant de se le faire offrir par celui qui voulait le remercier d'en avoir si bien parlé. Ce penseur de charme parle ainsi de nombre de sujets qu'il maîtrise à la perfection – sur le papier.

Ceux qui avaient fait ce vin entretenaient un véritable rapport au cosmos, rapport direct et non médiatisé, rapport vrai et franc, car on ne saurait mentir en la matière : un maître de chais ne fait pas illusion longtemps, son vin parle pour ou contre lui. En revanche, le philosophe qui en pérorait si bien dans la forme, mais si faussement dans le fond, sans l'avoir bu, ignore le cosmos et parle par ouï-dire. Le regard levé vers le ciel s'avère antinomique du regard baissé vers le livre. Le monde ne se résume pas à une bibliothèque. Le réel ne s'encage ni ne s'emprisonne dans du papier.

La culture, devenue urbaine, sécrétion des villes, sudation citadine, procède de l'agriculture. Qui s'en souvient ? La culture rurale est donc d'abord un pléonasme ; elle est aujourd'hui devenue un oxymore ! La culture sort de l'agriculture comme le champ de blé d'une glèbe généreuse. Pourquoi ? Comment ? Le savoir du paysan est culture : on ne vit ni ne survit si l'on ne sait pas où, quand et comment planter, semer, sarcler, bêcher, soigner, récolter, labourer. Dans cette configuration primitive, ne pas savoir conduit au pire : la disette, la famine, la mort des siens. L'homme de la terre ne cherche pas dans les livres ce qu'il faut faire avec la terre, l'écrit ne sert à rien.

Le paysan tient son savoir d'un apprentissage, d'une transmission orale, d'une initiation par un ancien qui, lui-même, tenait son savoir, sa culture, d'un plus ancien que lui, et ce, en remontant très loin en amont. L'apprenti recevait de son maître un savoir, un savoir-faire, une sagesse en même temps, une sapience ancestrale, pragmatique, empirique, mais vraie, juste, parce que éprouvée par l'expérience et validée par l'histoire. Il apprenait les lois de la géologie, celles de l'hydrologie, de l'ampélographie, de la sylviculture, de l'arboriculture, de l'horticulture, de la viticulture, de la botanique, de la climatologie, en ignorant qu'il s'agissait d'hydrologie, d'ampélographie, de sylviculture, d'arboriculture, d'horticulture, de viticulture, de botanique, de climatologie, tout simplement parce qu'il apprenait la terre et acquérait ce que Nietzsche nomme *le sens de la terre*.

Des cavernes jusqu'à l'invention du livre, la culture, c'est le savoir nécessaire à l'agriculture. Il n'est donc pas étonnant que l'acception devenue courante du mot *culture* date de 1549, date à laquelle l'invention de l'imprimerie (la Bible de Gutenberg date de 1452, le premier livre imprimé en France est... *La Légende dorée* de Voragine, en 1476) a rendu possible la Renaissance qui, pour s'affranchir du poids *du* Livre, en l'occurrence la Bible, sollicite *les* livres, à savoir le patrimoine de l'Antiquité gréco-romaine. Platon et Plutarque, Aristote et Sénèque, Marc-Aurèle et Cicéron, servent d'antidote – voire de contrepoison – à la tyrannie du Livre unique des judéo-chrétiens. À partir de la Renaissance, la culture s'affranchit de l'agriculture, elle cesse d'être savoir de la nature, connaissance du cosmos, science de la terre pour devenir savoir livresque, connaissance de bibliothèque, science des signes qui disent la terre.

Montaigne est à la croisée des chemins. Les *Essais* regorgent de références à la littérature gréco-romaine. L'homme qui vit dans sa librairie, à savoir sa bibliothèque, demande à Tacite, Tite-Live, Plutarque, Sénèque, Cicéron, des lumières sur le monde tel qu'il est, tel qu'il va. En même temps, il demande au monde la vérité du monde dans le monde tel qu'il est, tel qu'il va : son corps, ses pathologies, son physique, sa femme, son sommeil, son potager, ses goûts, son chat, son accident de cheval, les paysans de son domaine. Homme du livre qui dit le monde en même temps qu'homme du monde qui dit le monde, Montaigne n'écrit d'ailleurs pas ses *Essais*, il les dicte, ce que les *Essais* nous apprennent, si on les lit !

Le livre éloigne donc du monde. Mais il y eut plusieurs siècles, au moins quatre, des paysans doués de culture (celle qui sort, part, revient et reste au monde) en même temps que des citadins qui brillaient dans une autre culture (celle qui éloigne de la matière du monde). Ce que le livre fit pour éloigner la culture de l'agriculture à la Renaissance, l'électricité domestique l'acheva au milieu du XXᵉ siècle. La bibliothèque détourne du cosmos, la centrale hydroélectrique en éteignit définitivement les feux. Avec l'électricité, la nuit est morte au produit d'un soleil artificiel et perpétuel, une lumière morte et froide qui n'avait plus rien à voir avec la lumière naturelle venue du soleil.

Des millénaires séparent l'homme des cavernes qui utilise une lampe à huile ou un feu pour s'éclairer et le paysan, voire le châtelain, qui recourent aux mêmes techniques pour s'éclairer : la bougie modeste du laboureur médiéval ou l'orgie de candélabres du roi de France qui brûle une fortune de cire en une soirée, le feu de cheminée du petit âtre d'une famille de pauvres ou l'immense brasier confectionné dans le foyer d'une grande salle à Versailles, la lampe à pétrole unique ou leur profusion dans chaque pièce d'une maison bourgeoise ne parviennent qu'à produire une lumière d'appoint.

Pendant des siècles, on troue modestement la nuit, on la creuse un peu avec des clartés tremblantes, on ménage une petite clairière vacillante de lumière menacée par l'obscurité, mais la nuit, la nuit fait la loi. Il existe donc empiriquement une conscience de l'alternance entre le jour et la nuit, la clarté solaire et les mystères nocturnes, entre la vie céleste et la mort chtonienne. Au paradis, la clarté fait la loi, dans les enfers, les ténèbres règnent, éclairées par le brasier infernal. De façon ancestrale, les hommes vivent et travaillent à la lumière du jour, ils se reposent du labeur diurne dans la nuit qui est le monde des rêves et des cauchemars, des bêtes sauvages qui rôdent, des animaux mystérieux, des chouettes, des sabbats de sorcières, de la sexualité.

Si Montaigne fut le philosophe du passage de la civilisation orale empirique à celle théorétique du livre, Bachelard fut le penseur du passage du feu à l'électricité. Quand il écrit *La Psychanalyse du feu* (1938) ou *La Flamme d'une chandelle* (1961), le philosophe connaît les deux mondes : celui du feu de cheminée, de la bougie, de la lampe à pétrole et celui de l'électricité

domestique qui écrase la nuit et détruit les ombres avec la brutalité des clartés du scialytique de bloc opératoire. Quand la
mort l'emporte, Gaston Bachelard écrivait une *Poétique du feu*.

Bachelard associe le feu à l'imagination, à la méditation, à la
rêverie. Naturellement, dit-il, les hommes se trouvent portés aux
songes en présence d'une flamme. L'imagination est généalogie
de la pensée et non l'inconscient freudien, elle travaille comme
une flamme : la rêverie nous constitue psychiquement. Cet épis-
témologue renommé, ce philosophe qui était aussi poète, ce professeur à la Sorbonne, cet écrivain à la belle prose, cet homme
libre de toute entrave intellectuelle, avouait : je préfère « manquer
une leçon de philosophie que manquer mon feu du matin » (25).

Dans *La Psychanalyse du feu*, Bachelard écrit que « la contemplation du feu nous ramène aux origines mêmes de la pensée
philosophique » (42) et il mélange les considérations personnelles
aux analyses générales. Les considérations personnelles : le feu
allumé par le père dans la chambre de l'enfant malade, les bûches
dressées sur le petit bois, la poignée de copeaux glissée entre les
chenets, le feu comme tâche du père qui échoit au jeune homme
à dix-huit ans seulement, « l'art de tisonner » (25), la grand-
mère qui cuisine dans une marmite accrochée à la crémaillère dans
la cheminée, les pommes de terre pour les cochons, les mêmes,
mais plus fines, pour la famille, le tout dans le même chaudron,
les œufs frais qui cuisent sous la cendre, la goutte d'eau qui
pétille sur la coque et signale qu'il est cuit, la gaufre rôtie dans
la braise : « Alors, oui, je mangeais du feu, je mangeais son or,
son odeur, et jusqu'à son pétillement tandis que la gaufre cra-
quait sous mes dents » (38), le brûlot, une fête d'hiver au cours
de laquelle le père imbibait du sucre de marc et flambait le tout
pendant que la mère éteignait la suspension.

Les analyses générales : le feu comme lieu de la méditation,
l'imagination comme moteur de la pensée, les différents complexes pour exprimer les tendances qui nous poussent à savoir
autant et plus que nos pères (complexe de Prométhée), pour
dire que le feu est le lieu du savoir véritable (complexe d'Empédocle), pour montrer que l'invention du feu est en relation avec
le frottement qui s'avère de nature sexuelle (complexe de Nova-

lis), pour montrer que l'aliment se décompose dans le corps afin de devenir feu et que le feu se nourrit d'astres (complexe de Pantagruel), pour disserter sur le feu de l'alcool, eau-de-vie et eau-de-feu, et les combustions spontanées de gens tellement imbibés qu'ils disparaissent sans laisser de trace juste en passant près de l'âtre (complexe d'Hoffmann).

Le même Gaston Bachelard consacre *La flamme d'une chandelle* à méditer (bien plus puissamment et clairement que Heidegger) sur le sujet annoncé. Lui qui disserte en poète sur la tarte au citron, le marteau du maréchal-ferrant, le grenier et la cave, l'oiseau dans le jardin, la maison natale, l'arbre, la chambre, le nid, le puits, le vin, la cire, la nuit, le ruisseau, il raconte la solitude méditative de l'homme qui, à la lueur d'une bougie, avec un livre, entre dans la lueur tonitruante qui congédie les ténèbres réelles et métaphoriques. Les heures ondulent, écrit-il, pour raconter la magie d'une pensée dans la nuit éclairée par la flamme d'une chandelle.

Dans la biographie qu'André Parinaud consacre à Gaston Bachelard, un cahier photo permet de voir le philosophe à différents âges de sa vie. Un cliché montre son bureau avec des manuscrits éparpillés pour la pose, des dossiers ouverts, des papiers, une boîte de pastilles Valda, une montre oignon, un paquet de trombones, un buvard avec une constellation de petites taches, une loupe, un « Que sais-je ? » de dos, une bouteille d'encre dans son cartonnage – et puis une lampe de chevet dont on voit l'abat-jour, le pied en métal, le fil électrique torsadé du 110 volts et son interrupteur. Le penseur du feu de cheminée et de la flamme de la bougie a changé de monde. L'électricité fait la loi pour lui aussi. Nostalgique ? Bachelard laisse un livre qu'il ne finira jamais sur la « Poétique du feu ». Bachelard me manque.

Farrebique (1946) et *Biquefarre* (1983, sortie 1984), film diptyque de Georges Rouquier (1909-1989), va beaucoup plus loin que nombre de thèses sur la fin du monde rural, l'effondrement de la paysannerie virgilienne, la disparition de la campagne des feux de cheminée et des bougies, la mort du local au profit du global, le surgissement des tracteurs, des moteurs, de l'électricité, du réfrigérateur, de la machine à laver, et autres objets de la société de consommation. D'un monde l'autre, autrement dit, de l'immédiat après-guerre au socialisme mitterrandien converti aux valeurs libérales de la droite, le chemin conduit clairement à l'abîme.

Moi qui, habituellement, me détourne du cinéma devenu une industrie de divertissement à cause de son financement, transformé en miroir aux alouettes qui magnifie la société du spectacle construite sur l'aliénation et la coupure entre soi et soi, entre le soi réel si souvent minable et le soi fictionné narcissique et mégalomane, je trouve dans ce double film matière à nommer et à montrer l'achèvement de la civilisation judéo-chrétienne rurale au profit d'un monde en voie de globalisation massive, donc d'unidimensionnalité accomplie.

Georges Rouquier a clairement dit son intérêt pour le travail de cinéaste effectué par Flaherty avec les Esquimaux – que les paysans et les Inuits trouvent ici un point de liaison n'est évidemment pas pour me déplaire. Il tourne son premier film en Aveyron, dans le Massif central, plus précisément dans le Rouergue, avec des non-comédiens (une autre plus-value à mes yeux), dont sa famille, des voisins. Il raconte la saga familiale en mettant en scène deux ou trois générations : celle des grands-pères ou des pères parle l'occitan rouergat, celle des fils le comprend, mais ne le parle plus, gageons que celle des petits-fils ne le comprend ni ne le parle plus aujourd'hui.

Les langues régionales eurent un sens, elles obéissaient à un biotope, celui qui installait l'individu au milieu d'un monde la plupart du temps clos qui n'excédait pas la cinquantaine de kilomètres qu'on pouvait alors effectuer à vélo – ce temps de la mécanique vélocipédique a remplacé le temps du pas d'un cheval et celui, plus ancien, du pas d'un homme qui mettait le bout du monde beaucoup moins loin encore. Parler une langue régionale avait un sens quand tous les mots nécessaires à la communication existaient et permettaient à une communauté géographique, historique, tribale, de se comprendre.

À cette époque, on ne parle pas le corse en Corse, mais des langues corses. De même, on ne parlait pas le breton, mais des parlers bretons. Idem avec l'occitan. Ainsi, la prétendue langue corse unique se constitue de la multiplicité des dialectes du Nord et du Sud, le bonifacien, le calvais, le corso-sarde, sans oublier le gallurais parlé jusqu'en Sardaigne ou le grec de Cargèse. De même avec le breton qui cache la diversité de langues bretonnes : le cornouaillais, le léonard, le trégorrois, le vannetais, le gallo, à quoi certains ajoutent même le guérandais. Idem avec l'occitan qui rassemble l'auvergnat, le gascon, qui inclut le béarnais, le languedocien, le limousin, le provençal qui lui aussi inclut le rhodanien, le maritime, le niçois, le vivaro-alpin. La langue corse, la langue bretonne, la langue occitane sont des créations jacobines nationalistes et folkloriques ! Et puis, comment dit-on tracteur et centrale nucléaire en breton ? Ordinateur et infarctus du myocarde en corse ? Télévision et voiture électrique en occitan ? Les langues anciennes obéissaient à une logique locale qui n'est plus à l'heure, sinon du planétaire, du moins du national. On ne ressuscite pas les langues mortes, on se contente d'un acharnement thérapeutique qui laisse croire à la vie quand la mort, hélas !, a déjà fait son œuvre noire. Ce que montre Georges Rouquier avec cette déperdition de l'occitan rouergat en trois ou quatre générations, c'est la fin d'un écosystème linguistique et naturel au profit d'un devenir-monde du monde.

Farrebique filme le temps de la nature. Le réalisateur recourt à un procédé technique extrêmement intéressant : l'accélération des prises de vue permet lors de la projection de rendre visible la croissance des plantations dans les champs. Les végétaux sont mal-aimés : leur temps plus lent que celui des animaux ou des humains ne montre pas leur vitalité, leur vie, leur sensibilité, leur interactivité avec le monde, leur relation intelligente avec ce qui les entoure de façon clairement perceptible. La plante semble fixe, sur place, arraisonnée à un biotope dont elle ne pourrait s'extraire. En fait, elle développe un véritable entendement facile à constater lors d'expériences, lorsqu'elle résout les problèmes posés par la nature. S'il manque, là où elle est, de l'eau, de l'air, de la lumière ou d'autre chose qui s'avère nécessaire pour être et persévérer dans son être, elle invente une solution.

Georges Rouquier montre donc la vie du vivant végétal avec ces plans simples et sobres qui donnent à la vitesse lente des plantes l'allure rapide de la vitesse des hommes. Dès lors, on voit à l'œil nu les germinations, les tiges qui sortent de la terre, écartent les grains d'une motte, la percent, ondulent, dansent, vibrent, cherchent la lumière, quêtent la force en se dirigeant vers le soleil, poussent, croissent, deviennent drues, vertes, fortes, puissantes. On les voit devenir herbes hautes, blés mûrs, orges prêts à la fauche ou à la moisson, ayant vécu leur vie de plante avant que le paysan ne leur offre un destin en devenant farine et fourrage, pain et foin, nourriture des hommes et des bêtes.

À cette époque, le paysan dans sa campagne travaille avec les chevaux. Au pas du percheron, de l'ardennais, du boulonnais, le temps de l'homme de la France rurale reste proche du temps des champs.

Les pieds plus de dix heures par jour dans le sillon, le laboureur a le temps de connaître la nature : les variations de lumière et de couleur à l'aube et au crépuscule, à la moitié de la journée et au zénith, en fin d'après-midi et au couchant, les changements de température et d'odeurs, l'air qui danse dans la chaleur ou se densifie dans le froid, ses parfums avant l'orage, ceux de la terre après la pluie, la texture sous le pas d'une glèbe lourde, grasse, humide après une saison de pluie, ou bien le sol friable, sec, après une saison calcinée par la canicule, le chant des oiseaux dans les haies ou de l'alouette au-dessus du travailleur, le nid de la vipère, les vers de terre qui se tortillent dans la terre retournée par le soc, les cris perçants des mouettes venues de la mer à une centaine de kilomètres à vol d'oiseau pour manger tout ce qui grouille de vivant derrière la charrue, les signes imperceptibles par le quidam qui marquent les changements de saison, les premières rougeurs sur le bord des feuilles, le changement de couleur du vert des feuillages, la dessiccation qui les recroqueville avant leur chute, les branches comme des cris silencieux du bois dans l'air, le parfum de l'humus et des pourritures qui se font pour créer doucement de la terre nouvelle...

Le corps du laboureur épouse les longs temps cycliques visibles à son œil exercé : l'homme des champs installe sa vie dans la durée magnifique des ciels et des saisons, des semailles et des récoltes, des naissances et des morts, des épiphanies végétales et des disparitions de verdure. Son âme n'est pas distincte de celle des animaux et des fleurs, des plaines et des forêts, des vallons et des collines, elle est matière du monde, fragment détaché, mais lié tout de même, du Grand Tout qui n'est jamais ainsi nommé – qui n'est même jamais nommé du tout. L'ontologie du paysan économise les mots, le verbe, l'expression, mais elle n'en est pas moins ontologie.

Georges Rouquier montre sobrement ces travaux. Le film est en noir et blanc. Sobriété des variations : l'absence de couleurs oblige à la nuance chromatique. Ce temps-là, en noir de suie et blanc de linceul, fut celui de milliards d'humains sur la planète. La caméra pouvait encore un temps les immortaliser avant disparition définitive. Soumis au cosmos, obéissant à l'ordre des choses, incapables de se rebeller contre ce sur quoi ils savaient n'avoir aucun pouvoir, stoïciens bien avant même que le mot fût inventé par des gens du livre, les paysans étaient la mesure de l'ordre que possède en son cœur étymologique le mot cosmos.

Dans cet ordre imposé par la nature ancestrale, le monde est rangé, classé, séparé : les hommes et les femmes, les jeunes et les vieux, les parents et les enfants. Les familles elles-mêmes sont ordonnées selon le même principe, famille du village, famille d'ailleurs, famille d'en haut, famille d'en bas, famille de la ferme d'ici, famille de la ferme de là-bas, famille de Farrebique, famille de Biquefarre.

Dans cette boîte bien rangée, la hiérarchie fait la loi. La hiérarchie, n'oublions pas l'étymologie, dit le pouvoir du sacré : celui des hommes sur les femmes, des vieux sur les jeunes, des parents sur les enfants. C'est ainsi. Ni bien ni mal, la tradition oblige. Le patrimoine va à l'aîné, tant pis pour le cadet obligé de faire famille ailleurs. La malédiction d'être le dernier devient bénédiction quand le travail à la ferme s'avère un enfer plus infernal encore que ce qu'il fut pendant si longtemps, conduisant nombre de paysans à finir leur existence au bout d'une corde, pendus à la poutre maîtresse de la grange, saignés par les banquiers, ruinés par les fermages, vieillis avant l'heure à cause d'un travail épuisant depuis les jeunes années.

Pour maintenir l'ordre dans cette boîte et faire de telle sorte que personne ne rechigne à la place qui lui échoit, la religion chrétienne fait le nécessaire : dans l'église du village, le dimanche, les paroissiens se retrouvent. Le prêtre explique qu'il faut se soumettre, obéir, trimer, se taire, travailler, faire des enfants, les éduquer, vieillir, prier, mourir, car tout ça s'explique avec le péché originel, Adam et Ève. Il raconte en chaire que le Paradis attend les soumis, les obéissants, les pieux, les fidèles, que l'Enfer récupérera les rebelles et que le Purgatoire permettra, moyennant quelques prières payées en monnaie sonnante et trébuchante à la sacristie, d'accélérer le mouvement d'abord indécis en direction paradisiaque d'un impétrant pas toujours très catholique. Les hommes occupent le côté droit de l'église, les femmes le côté gauche – héritage des auspices païens, la droite est connotée positivement, la gauche, négativement.

À la sortie de la messe, les hommes vont au café. Concession païenne faite au rituel chrétien. On y refait le monde, on parle, on fume, on boit, on se rencontre. On baptise à l'église, on y fait sa première communion, sa communion solennelle, sa confirmation, on s'y marie, on y baptise à nouveau ses enfants qui eux aussi y connaîtront les sacrements, on y enterre les ancêtres, normalement l'arrière-grand-père, puis l'arrière-grand-mère, une naissance redit le pouvoir de la vie quand la vie montre son pouvoir en exigeant la mort.

La mort fait partie de la vie. Le curé administre l'extrême-onction, les chapelets se disent avec ferveur pour intercéder auprès du Bon Dieu ou de ses saints, les enfants de chœur en surplis aident le curé au rituel, les morts sont gardés à la maison, le corbillard avec les chevaux caparaçonnés de noir conduit le corps du défunt dans la terre qui fut la grande affaire de sa vie. On porte le deuil. Brassards noirs et crêpe ostensible. Les paysans prient Jésus, Marie, Joseph, la Nativité, l'Assomption, l'Ascension, les Rameaux, Pâques, ils ignorent qu'ainsi ils sacrifient, comme leurs ancêtres du néolithique, au rythme millénaire des saisons, et que la culture a enrobé la vérité païenne dans les fictions chrétiennes.

Le cinéaste raconte l'autosubsistance des paysans de 1946, comme ceux de Virgile : ils travaillent sur une terre qu'ils labourent et ensemencent, ils récoltent le blé, le broient, ils font la farine et fabriquent leur pain qu'ils cuisent dans le four familial, puis ils mangent leur miche ; ils plantent et ramassent leurs pommes de terre ; ils construisent des meules comme des maisons primitives, pour garantir sa saveur au foin destiné aux bêtes ; ils taillent la vigne, soignent les raisins, vendangent, récoltent, foulent, mettent en barrique et boivent leur vin ; ils vivent avec les bœufs, les vaches, les moutons, les poules, les coqs, les chevaux, les chiens, ils donneraient des leçons de bon sens à Descartes et à Malebranche si d'aventure les philosophes avaient envie de voir le monde véritable ; ils vivent également avec les animaux sauvages qui font partie de leur quotidien : hérissons, renards, crapauds, oiseaux.

Dans ce film qui mélange la vie des bêtes et la vie des hommes et qui montre que les rythmes des uns sont ceux des autres, la sexualité tient sa place. Le mariage est la forme que le judéochristianisme, via saint Paul, inflige à la libido en Occident. Deux prétendants au mariage se parlent devant l'œil de la caméra : « Et si le printemps ne revenait pas ? » dit la femme à l'homme, qui propose que la cérémonie ait lieu au printemps. « Que tu es bête, répond le garçon, le printemps, ça revient toujours… »

Or, la mort emporte tout : le printemps n'est pas revenu chez les paysans quand sont arrivées les premières machines. Le cheval a disparu, remplacé par le tracteur, l'odeur du crottin a laissé place à celle du fuel, le bruit des naseaux de l'animal au vacarme du moteur, la complicité avec la bête à l'asservissement à la machine. Les instruments fabriqués par l'intelligence et la main des hommes des millénaires en amont supposaient des gestes immémoriaux, semer, labourer, récolter, ils ont disparu, engloutis dans le néant – Virgile est mort écrasé sous les pneus d'un tracteur agricole.

Biquefarre raconte en 1983 cette histoire d'un changement de monde. Les puits dans lesquels les ancêtres puisaient l'eau ne servent plus, ils ont été bouchés ; le four dans lequel le pain était cuit a été abandonné ; l'étable ancienne a laissé place à une stabulation dernier cri, la machine à traire dispense de la traite millénaire qui supposait le contact entre la main de l'homme et le pis de la vache ; les porcs ne mangent plus les restes de la famille, mais des granulés dont on ignore la composition ; les autres animaux eux aussi ingèrent des aliments médicamenteux ; le potager qui servait à la subsistance de la famille a été rasé, sur l'espace libéré, la nouvelle génération a fait construire une maison d'agglo et de ciment sans âme ; les soirées auprès du feu, les veillées où tous se retrouvaient et parlaient ont disparu au profit de la télévision devant laquelle les solitudes s'additionnent ; on parle d'ordinateur à la ferme ; les marchands de vaches font la loi, ils agissent, pensent et décident avec le cynisme des banquiers ; le marché s'est mondialisé, la petite commune qui fonctionnait en autosubsistance se trouve désormais en relation commerciale avec la Nouvelle-Zélande ; les engrais sont répandus partout et intoxiquent le paysan qui les diffuse, ils polluent sols et sous-sols, rentabilité oblige ; les animaux, les insectes meurent en quantité après le passage du pulvérisateur ; les tracteurs sont désormais la seule force de traction ; le téléphone a connecté tout le monde ; le camion laitier vient chaque jour récupérer le lait pour l'emporter à l'usine ; plus personne ne parle l'occitan ni ne comprend les anciens qui le parlaient ; l'agriculture intensive transforme les paysans en entrepreneurs, les agriculteurs en industriels soucieux du moindre coût et du bénéfice maximal ; les églises sont vides, les hommes et les femmes sont mélangés lors des offices ; le fils cadet, écarté de l'héritage du patrimoine réservé à l'aîné, fait des études de médecine ; les poissons crevés passent sur le dos dans la rivière, intoxiqués par les produits chimiques pulvérisés pour augmenter les rendements à l'hectare ; les escargots eux aussi ont disparu, emportés par l'hécatombe chimique ; les cèpes jadis séchés, enfilés sur un fil tendu dans la cuisine, sont maintenant congelés ; la tonte des moutons s'effectue avec du matériel électrique, il s'agit d'aller vite ; l'ensilage de maïs oblige les paysans à nourrir leur bétail avec cette alimentation fermentée, pourrie, corrompue, moins coûteuse en temps et en argent que le foin de jadis ; le goût du lait est à l'avenant.

L'âtre de *Farrebique* a laissé place à la tondeuse électrique pour les moutons de *Biquefarre*. Virgile, qui est mort, a laissé place au chimiste. La rentabilité, l'argent, la productivité, le rendement, le bénéfice, le gain sont devenus les horizons ontologiques de la nouvelle génération. Elle s'est rebellée, Mai 68 a eu lieu, elle a compris que la hiérarchie, le vieux monde, la tradition avaient fait leur temps. Elle a raison. Mais faut-il pour autant sacrifier aux nouvelles idoles : la machine, le moteur, l'électricité, la chimie, l'industrie, le profit ? L'ancienne pulsion de vie indexée sur les mouvements du cosmos a laissé place à la pulsion de mort indexée sur les mouvements du marché. Plus aucun paysan ne peut plus comprendre Les *Géorgiques* de Virgile, et tous doivent lire les rapports des banquiers, les instructions techniques des ingénieurs-conseils, la législation des bureaucrates européens.

La vie de *Farrebique* n'était pas heureuse, joyeuse, ludique, enchantée ; celle de *Biquefarre* ne l'est pas plus. Deux paysans du nouveau monde sans cosmos se suicident chaque jour. Les fermes disparaissent. La situation a empiré. Ceux qui, dans leurs champs et leurs prés, sur le seuil de leurs fermes, dans leurs parcelles, leurs petits bois, non loin de leurs ruisseaux, de leurs mares, des rivières, en compagnie de leurs troupeaux de vaches ou de moutons, dans leur basse-cour, pensaient, agissaient en vigie du cosmos ancien, ceux-là ne sont plus – ou presque plus.

La vulgate citadine réactive le tropisme du chien de Pavlov quand on rappelle que les gens de la terre et de la mer portaient le savoir millénaire et empirique d'un long lignage d'humains qui ont façonné la nature, l'ont créée, avec ses paysages, ses races d'animaux domestiqués, ses allures, ses formes, ses forces : elle cite fielleusement ce propos tenu par le maréchal Pétain à Vichy : « La terre, elle, ne ment pas. » Une fois cette référence faite, les paysans se trouvent ontologiquement exterminés. Qui peut se remettre d'une pareille insulte ? Comment se relever après une telle injure ? En faisant de l'histoire.

Car cette phrase du chef d'État fasciste que paient sans cesse depuis la paysannerie française et ceux qui la défendent a été écrite par l'un de ses nègres : en l'occurrence, Emmanuel Berl. C'est en effet ce juif brillant, issu de la haute bourgeoisie, apparenté aux Bergson et aux Proust, ami des surréalistes, de Breton et Malraux, radical de gauche, favorable au Front populaire, pacifiste, qui rédige ce fameux discours de Pétain daté du 25 juin 1940 dans lequel se trouve cette terrible phrase. Écrite par un intellectuel juif, elle fut prononcée par un dictateur fasciste, et ce sont aujourd'hui les paysans ou ceux qui les défendent qui doivent aujourd'hui en assumer l'opprobre.

Pour ma part, je ne dirai pas que la terre ne ment pas. Mais je souhaiterais qu'on écoute la voix calme et posée de quelques paysans d'aujourd'hui qui refusent aussi bien l'austérité brutale de *Farrebique*, sa violence sauvage, sa rudesse et sa rugosité, sa vallée de larmes perpétuelle que le nihilisme de *Biquefarre*, la servitude des paysans aux banquiers, leur soumission aux marchands de matériel agricole, leur subordination aux vendeurs de pesticides, leur obéissance aux courtiers en grains.

La solution ? Un Virgile qui aurait lu Debord. Autrement dit : une pensée de la nature qui saurait ce que le XXᵉ siècle a fait pour dénaturer la nature, l'industrialiser, la détruire, la soumettre selon les principes du vieux fantasme judéo-chrétien et cartésien. Le rapport au cosmos a été rompu ; le cosmos ancien n'est plus ; il en faut une autre saisie, moins magique, moins mythique, moins légendaire, plus scientifique. Ce que le paysan connaissait jadis de façon empirique, celui qui souhaite la sagesse doit le connaître de manière philosophique – autrement dit : d'une façon amoureuse de la sagesse. Il faut pour ce faire retrouver la voie païenne du ciel, vider les cieux du fatras judéo-chrétien, se faire le compagnon des anciens paysans et des marins d'antan qui interrogeaient le ciel et en obtenaient des réponses. L'astrophysicien ouvre la porte de l'infini qu'il descend sur terre pour qui sait l'entendre.

5

Un épicurisme transcendantal

La philosophie antique a fonctionné en antidote à mon éducation judéo-chrétienne. J'avais été intellectuellement, spirituellement, ontologiquement formaté par le catholicisme romain et j'imaginais mal, à dix-sept ans, qu'on pût être moral sans être chrétien. Certes, j'avais compris depuis longtemps qu'être chrétien ne supposait pas de facto être moral : les exemples de prêtres vindicatifs, tripoteurs de petits garçons, sadiques, pervers m'en ont très tôt fait la démonstration. Les colères du curé de campagne de mon village natal, la brutalité et la pédophilie des salésiens que j'eus à subir dans un orphelinat entre dix et quatorze ans, sinon les comportements immoraux des figures locales du bourg de mon enfance qui allaient à la messe dominicale, tout ceci fit qu'empiriquement je sus très vite qu'il y avait loin entre se dire chrétien et l'être véritablement.

C'est probablement de cette époque que date ma méfiance envers les mots (même si elle gagnerait encore à plus d'extension...) et ma décision de juger sur les faits et gestes. À cette aune extrêmement simple, nombre de beaux parleurs, de rhéteurs, de sophistes, de verbeux, de tribuns, d'orateurs s'effondrent immédiatement. En revanche, nombre de gens modestes, discrets, silencieux, taciturnes s'avèrent des héros de la vie quotidienne, car, sans le dire, ils font le bien autour d'eux. La sainteté laïque existe, je l'ai rencontrée.

L'art de congédier et conjurer l'histoire générale et l'histoire particulière, donc l'histoire et la biographie, qui triomphe dans

399

l'institution philosophique est d'abord une ruse de guerre pour laisser au Verbe sa toute-puissance en exigeant qu'il ne soit pas éclairé par la pratique – pratique contradictoire la plupart du temps. Tous les philosophes qui ont clamé haut et fort leur mépris du *misérable petit tas de secrets* (Malraux, qui fut un grand mythomane, Cioran, pronazi dans sa jeunesse, Heidegger, héraut du national-socialisme) avaient personnellement intérêt à ce qu'on n'aille pas fouiller dans leur biographie. Leur passé témoignant contre eux, ils avaient une bonne raison triviale d'écarter avec mépris toute déconstruction existentielle qui associe la vie et l'œuvre, l'homme et le penseur, la théorie écrite et la pratique effective.

Le coup de foudre qui me fit comprendre qu'on pouvait être moral sans être chrétien fut le cours de mon vieux maître, Lucien Jerphagnon, qui raconta de façon épique l'épicurisme romain de Lucrèce. Je découvris *De la nature des choses* comme un viatique existentiel à partir duquel je pouvais organiser ma vie en tâchant de la construire droite, en honorant les valeurs romaines de l'amitié, du civisme, de la rectitude, de la parole donnée, de la tension morale. Et puis, découverte de la rotondité de la terre, mais j'avais dix-sept ans, et l'on est très sérieux quand on a dix-sept ans, je comprenais qu'une pensée préchrétienne (à l'époque de Lucrèce, la fiction est en lointaine gésine) fournit un minerai précieux pour une philosophie postchrétienne.

J'ai aimé ce qui répondait à l'urgence existentielle de mon moment : la résolution du problème de ma mort. Cette idée simple, brève, efficace, terriblement efficace, que, *si je suis là, la mort n'y est pas, si elle est là, je n'y suis plus,* m'a immédiatement convaincu qu'en effet la mort en acte n'était pas l'idée de la mort, que la première est moins présente dans une vie, (car elle peut être brève, immédiate, inconsciente, subite) que la seconde (qui peut la pourrir par l'angoisse, la crainte, l'inquiétude, l'effroi) et qu'il faut, en attendant ce jour qui ne manquera pas d'advenir, mais qui n'est pas d'immédiate actualité, vivre et que la véritable certitude n'est pas l'existence d'une vie après la mort, mais celle d'une vie avant la mort et qu'il faut en faire le meilleur usage.

D'où l'hédonisme épicurien. L'épicurisme romain de Lucrèce, sa formule campanienne, sa vérité tardive avec Philodème de Gadara ou Diogène d'Œnanda, donnent de l'épicurisme grec d'Épicure une autre allure. Nietzsche a raison de dire qu'on a la philosophie de sa propre personne, celle d'Épicure fut la pensée d'un homme malade, fragile, au corps faible, travaillé par des calculs rénaux extrêmement douloureux dans une époque qui ignore toute sédation efficace. Voilà pourquoi son hédonisme est ascétique, austère, minimal et se définit d'abord par l'absence de douleur. Refuser de satisfaire tous les désirs, sauf ceux de la faim et de la soif, puis faire de cette satisfaction la paix du corps, donc celle de l'âme, l'ataraxie, voilà qui assimile l'hédonisme d'Épicure à une sagesse de renonçant.

En revanche, l'épicurisme romain de Lucrèce tourne le dos à sa formule grecque. On ignore tout de la biographie du philosophe romain – à peine peut-on affirmer avec certitude qu'il appartenait à la classe des chevaliers au premier siècle de l'ère commune. Mais de l'œuvre on peut déduire un corps qui fut celui d'une grande santé. Lucrèce ne souhaite pas définir l'ataraxie comme la seule satisfaction des désirs naturels et nécessaires. Il souhaite que tout désir soit satisfait s'il n'est pas payé d'un déplaisir supérieur en coût à ce que supposerait y renoncer.

Là où Épicure pense qu'apaiser la soif et la faim s'effectue avec de l'eau et un morceau de pain, Lucrèce n'exclut pas ce qui constituait le menu de base des épicuriens d'Herculanum dont on a retrouvé la Villa décorée d'œuvres d'art philosophiquement édifiantes : les sardines pêchées dans la Méditerranée, l'huile d'olive produite avec les fruits du jardin, les poissons marinés aux fruits des citronniers du verger, le beurre, le lait, la crème et les œufs des animaux de la ferme, la viande d'agneau grillée aux sarments de la vigne dont on boit le vin frais, le pain fabriqué avec le blé des champs avoisinants. L'épicurisme romain, plus pragmatique, plus empirique, plus vivant que l'épicurisme grec, fut pour le jeune homme que j'étais un soleil méditerranéen ontologique.

La formule grecque du fondateur interdit la sexualité : pour Épicure, la libido s'inscrit dans la logique des désirs naturels, communs aux hommes et aux animaux, mais non nécessaires. Non nécessaires, parce que ne pas les satisfaire n'empêche pas la vie d'être et l'être de persévérer dans son être. On sent bien le plaidoyer pro domo chez Épicure, dont la vitalité sexuelle ne devait guère être plus puissante que sa vitalité non sexuelle. À dix-sept ans, quand on n'a pas le petit corps et la petite santé d'Épicure, Lucrèce semble plus adéquat !

De la nature des choses n'interdit pas la sexualité, sauf si sa pratique doit se payer de désagréments susceptibles de troubler la sagesse du sage. Il n'y a donc pas de posture déontologique chez Lucrèce (si caractéristique de la philosophie grecque), mais une affirmation conséquentialiste (un trait de caractère de la pensée romaine) : si le désir sexuel trouble l'âme, il faut donner satisfaction à ses désirs ; si cette jouissance doit se payer d'un déplaisir, il faut y renoncer ; si, au contraire, le trouble du désir se résout par le plaisir, alors donnons simplement libre cours à notre désir. Lucrèce affirme qu'on a la sexualité de sa propre personne, qu'elle n'est ni bonne ni mauvaise, que son exercice ne doit pas produire de désagréments qui empêcheraient le philosophe d'exercer sa discipline. Le philosophe romain pense pour l'homme concret une vie concrète avec une sexualité concrète là où la sainteté grecque d'Épicure installe l'éthique sur des sommets inatteignables au sage s'il ne renonce pas au monde pour être véritablement – un ectoplasme.

Ce que je ne vis pas à l'époque où je lisais Lucrèce pour la première fois, c'est le rôle philosophique consolateur qu'il donne à la science. C'est aujourd'hui seulement que je le comprends. Les épicuriens n'avaient aucun souci du savoir inutile pour mener une vie philosophique. Nul goût chez eux pour les spéculations oisives, le théorétique pur, la rhétorique intellectuelle, le spéculatif désincarné : ils pensent pour produire des effets de vie heureuse. La science n'échappe pas à cette logique : la théorie des atomes, la physique, les savoirs enseignés dans les lettres à Pythoclès et Hérodote ne visent à rien d'autre qu'à apaiser les craintes, volatiliser les angoisses, pulvériser les peurs.

Ainsi, lors de ma découverte d'Épicure, je m'attristais qu'il ne nous reste que trois lettres, dont une seule seulement consacrée à l'éthique. L'université n'enseignant jamais que l'histoire de la philosophie, mais jamais l'histoire de l'histoire de la philosophie, on ne disait pas que l'on devait cette raréfaction de l'œuvre complète d'Épicure (qui avait, dit Diogène Laërce, écrit plus de trois cents livres) à la furie judéo-chrétienne ayant décrété le matérialisme antique nul et non avenu. Joignant le geste à la parole, les chrétiens ont obtenu ce que Platon avait rêvé : un grand brasier métaphorique des œuvres incompatibles avec les fictions idéalistes, spiritualistes et religieuses. On égorgea des centaines de milliers de moutons pour tanner les peaux sur lesquelles furent consignés les textes de la secte chrétienne devenue religion, et la pensée atomiste fut grattée des cuirs devenus palimpsestes pour la pléthore d'Évangiles, puis effacée, négligée, vilipendée, oubliée, insultée, caricaturée, méprisée. Trois malheureuses lettres d'Épicure ont survécu à ce massacre barbare des tenants de l'amour du prochain.

Ces trois lettres, une chance, étaient des résumés de l'œuvre complète à destination des disciples. Un compendium dense et clair de ce qu'il fallait retenir, enseigner pour pratiquer l'épicurisme. Les *Lettres à Hérodote* et *à Pythoclès* m'impatientaient : à quoi bon toutes ces considérations sur les sons, les corps, le vide, les agencements, les simulacres, la perception, la vision, les phénomènes célestes ? Et ces affirmations selon lesquelles « rien ne naît du non-étant », « le tout est infini », ou qui nous apprennent l'éternité du mouvement et autres considérations de détail sur la forme des mondes, celle de l'univers « découpée dans l'infini », l'infinité des mondes, la nature véritable des éclipses, des météores, des mouvements et des lumières des astres, la variation de longueur des jours et des nuits, la météorologie, la foudre, le tonnerre, les éclairs, les cyclones, les tornades, les tremblements de terre, la grêle, la neige, la rosée, la glace, l'arc-en-ciel, le halo autour de la lune, les comètes, les astres qui tournent sur place, ceux qui errent dans l'espace, les étoiles filantes ?

Impatient, je voulais ici et maintenant des recettes existentielles, des sagesses pratiques et praticables, des techniques de vie, des exercices spirituels concrets. Mais je n'avais pas vu qu'une lecture plus attentive d'Épicure aurait dissipé mon premier mouvement : la physique matérialiste prépare à une ontologie concrète, elle interdit les sottises d'une métaphysique en dehors de la physique, autrement dit, d'une religion qui cache son nom et nous entretient des Essences, des Concepts, des Idées pour mieux nous amener, ramener ou conduire vers Dieu et les mondes de servitude qu'il légitime, explique, excuse et justifie.

Épicure écrit que la connaissance scientifique dispense de souscrire aux croyances irrationnelles. Faire avancer la connaissance, c'est contribuer au recul des méconnaissances avec lesquelles se constituent les légendes, les fictions, les fables dont se nourrissent les religions. Si l'on sait que, dans le ciel, il n'y a que de la matière, des atomes agencés de façon multiple, si l'on découvre que les dieux sont matériels et que, dépourvus de troubles, expérimentant l'ataraxie, ils fonctionnent comme des modèles de sagesse pratique, alors on vide le ciel des dieux de la foi et de la théologie, on cesse de se soumettre à de fausses puissances investies de faux pouvoirs sur les hommes.

La science digne de ce nom sape la religion entendue comme superstition – autrement dit, comme croyance à de faux dieux. Les seuls vrais dieux sont matériels et leur divinité réside dans leur constitution subtile et leurs agencements singuliers. Dans la *Lettre à Pythoclès*, après avoir disserté sur la foudre et ses impacts, jadis considérés comme sacrés parce que désignés par les dieux pour envoyer un message aux humains, Épicure donne sa version. Le philosophe atomiste convoque des explications matérielles et matérialistes : des rassemblements de vents tourbillonnants, des embrasements, la rupture d'une partie de leur masse, leur chute violente, la densité et la compression des nuages, la dynamique du feu, l'interaction entre les mouvements célestes et la géologie des montagnes. Puis il conclut ainsi son analyse concrète de phénomènes concrets : « Que seulement le mythe soit exclu ! » (104).

« Que seulement le mythe soit exclu ! » – voici l'impératif catégorique de ce que je nomme un *épicurisme transcendantal*. Je ne suis pas habituellement un partisan du transcendantal, car le mot sert souvent de cache-sexe ontologique pour du sacré, du divin, de l'immatériel, du religieux ! Je retiens de ce mot l'acception que lui donne Littré : « Qui s'appuie ou a la prétention de s'appuyer sur des données supérieures aux impressions sensibles et à l'observation. » Autrement dit : il y eut un épicurisme historique, daté, inscrit dans des périodes susceptibles de datations, avec des philosophes, des œuvres, des noms et des livres. Les disciples d'Épicure fondent le mot et le sens.

Partons de la diversité des épicurismes, ceux des contemporains du fondateur, ou des autres, plus tardifs, tel celui de Diogène d'Œnanda par exemple, soit du IVe/IIIe av. au IIIe après J.-C. Constatons qu'il y eut plus d'un demi-millénaire de philosophie épicurienne, ici en Grèce, là à Rome ou Herculanum, ailleurs en Asie Mineure. Les uns furent contemporains de la cité athénienne décadente, les autres de l'Empire romain conquérant. Concluons que, nonobstant les différences, il existe une puissante ligne de force constitutive de l'épicurisme, une énergie qui va d'ailleurs souterrainement nourrir les courants de résistance intellectuelle au christianisme.

Je nomme épicurisme transcendantal cette force qui se cristallise autour d'un certain nombre de thèses intempestives et inactuelles : le monde est connaissable ; la connaissance est architectonique du bonheur ; le bonheur suppose l'affranchissement de toutes les mythologies ; les mythologies ont pour seul antidote le matérialisme moniste ; le matérialisme moniste combat les religions ; les religions vivent d'idéal ascétique ; l'idéal ascétique invite à mourir au monde de son vivant ; mourir au monde de son vivant est pire que mourir un jour véritablement ; mourir un jour véritablement se prépare ; cette préparation suppose la philosophie – qui est connaissance véritable du monde véritable et récusation des fables et des fictions. Da capo.

Cet épicurisme transcendantal suppose aujourd'hui que la philosophie, si souvent égarée dans le culte du Verbe pur, renoue avec la tradition épicurienne du goût pour la science. Certes, elle est devenue complexe, spécialisée, éclatée, difficile à comprendre pour un non-spécialiste. L'époque n'est plus où, comme Descartes, un homme peut être un philosophe génial et un inventeur qui laisse son nom dans l'histoire des sciences. Mais l'impossibilité de tout savoir sur la science de son temps n'interdit pas d'en savoir suffisamment pour cesser de dire des sottises sur le monde en général ou sur un sujet en particulier.

Nombre de considérations de philosophes contemporains sur la bioéthique, le réchauffement de la planète, le génie génétique, le gaz de schiste, la transgénèse, les organismes génétiquement modifiés, la brevetabilité du vivant, la biodiversité, le clonage, l'effet de serre, le nucléaire relèvent souvent du discours déontologiste qui recourt à *l'heuristique de la peur* chère à Hans Jonas plus qu'un recours à la saine raison. La pensée magique nourrit souvent la rhétorique catastrophiste que permet un discours déconnecté de la science. L'ignorance de ce que la science permet autorise un délire théorique qui pense plus en regard de la science-fiction que de la science sans fiction.

Matérialistes et atomistes, Démocrite et Épicure pensaient à partir des informations fournies par leur intelligence empirique. Le rai de lumière dans lequel dansent des particules en suspension donne l'impulsion intuitive à une physique concrète qui débouche sur une éthique insoucieuse de Dieu et des divinités. Un épicurisme transcendantal requiert un usage des informations que les sciences peuvent nous fournir pour éviter de délirer purement et simplement. Dans cette configuration d'un épicurisme intempestif et inactuel, le transcendantal s'avère un remède à la transcendance.

Demandons à l'astrophysique matière à une ontologie susceptible d'illustrer ce que pourrait être cet épicurisme transcendantal – en vue d'une éthique ataraxique. On découvrira que les intuitions atomistes d'il y a vingt-cinq siècles se trouvent globalement corroborées par les récentes découvertes scientifiques en la matière – alors que, depuis deux mille ans, la science n'a jamais confirmé une seule hypothèse chrétienne et les a même toutes invalidées – la géologie déclasse la thèse chrétienne de l'âge du monde, l'astronomie celle du géocentrisme, la psychologie celle du libre arbitre, le naturalisme darwinien celle de l'origine divine de l'homme, l'astrophysique celle de l'origine créationniste du monde, etc.

En revanche, les sciences contemporaines valident nombre d'intuitions épicuriennes : le monisme de la matière ; la création réduite à une pure et simple combinatoire matérielle ; l'éternité de la matière, la temporalité de ses agencements ; l'inexistence du néant dans une configuration où rien ne se crée à partir de rien et rien ne disparaît nulle part ; la dynamique alternative de la décomposition et de la recomposition ; l'atome comme élément primordial présent en toute chose existante ; l'infinité de l'univers, donc de l'espace ; l'existence d'une pluralité des mondes ; le caractère périssable de notre univers qui est advenu, est et disparaîtra ; l'ordonnancement du cosmos selon un ordre réductible à une formulation mathématique et à des lois de la nature – le tout sans Dieu créateur.

Voici ce que nous savons du cosmos tel que nous le raconte Jean-Pierre Luminet, dont l'hypothèse d'un univers chiffonné me séduit. Jean-Pierre Luminet est astrophysicien, certes, mais aussi mélomane, musicien, poète, écrivain, romancier, dessinateur, à quoi il faut ajouter pédagogue, conférencier, professeur, chercheur. Il ressemble à ces hommes de la Renaissance nullement impressionnés par l'universel et qui voyagent dans tous les mondes intellectuels en flâneurs apparemment détachés alors qu'ils dénudent tout ce qui est. Jean-Pierre Luminet travaille dans la cour des grands, Galilée, Kepler, Newton, Einstein, mais notre époque n'aime pas ses génies.

Jean-Pierre Luminet cite les philosophes, certes, il connaît bien la philosophie des sciences et se déplace avec bonheur dans tous les mondes : de la pensée cosmologique poétique des présocratiques à la physique la plus dure des chercheurs contemporains en passant par les classiques, de Platon à Leibniz, de Nicolas de Cues à Giordano Bruno, de Copernic à Tycho Brahé, d'Einstein à Riemann, de Gauss à Lobatchevski, mais il manifeste une tendresse particulière pour les atomistes abdéritains, pour Démocrite, Épicure et Lucrèce et leurs intuitions géniales.

En matière d'astronomie, les trente dernières années ont plus apporté que les trois derniers millénaires – spécialisation des matériels d'observation et avènement de nouveaux concepts obligent. D'où l'étonnement de constater que la pointe la plus fine des découvertes coïncide avec les hypothèses empiriques des matérialistes qui, regardant la danse de la poussière dans un rai de lumière, échafaudent un monde, un univers, une cosmologie, une ontologie toujours d'actualité du point de vue des fondations.

Si le philosophe déduit la nature du réel à partir de quelques grains de poussière, l'astrophysicien précise les choses. À l'origine, l'univers est un composé de gaz et de poussière qui flotte entre l'espace vide et les étoiles. Il n'y a pas encore de soleil. Dans cette nébuleuse se trouvent la totalité des atomes découverts par les matérialistes : ce qui constitue les planètes du système solaire, la terre et tout ce qui se trouve sur la terre, les corps humains, celui de moi qui écris ce livre, de vous qui êtes en train de le lire, tout ce qui se trouve sous votre regard à l'instant où vous lisez et quand vous lèverez la tête de ces pages, tout cela est un composé d'atomes flottant dans la nébuleuse qui nous a engendrés. On ne peut mieux dire la vérité moniste de ce qui est : de la puce aux planètes, du calamar géant des fonds sous-marins aux étoiles, du ciron cher aux philosophes pour leurs démonstrations à Darwin qui raconte les lois de l'évolution du règne animal, du brin d'herbe à la galaxie, tout provient de cette nébuleuse protostellaire sollicitée par l'explosion d'une supernova, une très grosse étoile, dont l'onde de choc secoue l'équilibre de la nébuleuse qui s'effondre sur elle-même et entraîne les réactions en chaîne donnant naissance au soleil – cette lumière qui nourrit la vie de la planète terre.

La masse de gaz tourne sur elle-même, elle se contracte, la rotation s'accélère, le nuage s'aplatit et prend la forme d'un disque qui rend possible l'accrétion, autrement dit l'agglomération de petits corps pour en faire de plus gros jusqu'à ce que, à partir d'infimes poussières, adviennent les planètes, dont la terre, puis l'homme… Les effets de la gravité affectent ce mouvement d'effondrement de l'étoile sur elle-même. Pendant des millions d'années, ces mouvements d'accrétions se multiplient.

Ne dirait-on pas une formulation scientifique, physique, astrophysique de ce que les épicuriens appellent le clinamen ? Quand Lucrèce explique que tout est atomique et composé d'atomes pour expliquer qu'on passe d'une multitude d'atomes qui chutent dans le vide à des corps composés, il recourt à cette hypothèse scientifique qui s'avère une excellente intuition scientifique : le postulat poétique du clinamen, la déclivité d'un atome qui en rencontre un autre qui va de ce fait rendre possibles les agrégations de ce qui est, ce postulat poétique, donc, devient formulation scientifique affinée sous la plume des astrophysiciens.

Le soleil qui rend possible la vie sur terre a donc une date de naissance : avant lui l'univers était, après lui l'univers sera. Quand il advient à l'être, l'univers a déjà 9 milliards d'années ; son temps est compté, il durera encore 5 milliards d'années. Avant lui, l'homme est une potentialité sans conscience pour la penser ; après lui, l'homme ne sera même plus un souvenir, puisque aucune conscience ne sera plus là pour en porter la mémoire. L'homme aura juste été une péripétie dans une immense conflagration atomique. Or cette péripétie se croit tout et le centre de tout, alors qu'elle est noyée dans ce qui est, au même titre que les pierres et les glaciers, les volcans et les orages, les parhélies et les arcs-en-ciel.

Pour en rester localement et modestement à notre univers, Jean-Pierre Luminet affirme qu'il est fini mais sans bornes, créant ainsi un oxymore, puisque la fin suppose la limite, la limite une fin, et qu'on ne saurait être fini et sans limites. Dans un espace euclidien à trois dimensions, bien sûr, car, dans cette configuration, nos habitudes conceptuelles et mentales nous contraignent à un certain type de représentation. Mais dans un espace non euclidien, l'oxymore disparaît au profit d'une figure mentale nouvelle qui permet, par exemple, si l'on se trouve dans un cube, de sortir par le plafond et d'entrer de ce fait par le plancher.

Ce changement de paradigme spatial permet de résoudre nombre de problèmes, dont celui de la forme de l'univers. Jean-Pierre Luminet le dit chiffonné. Autrement dit, beaucoup plus petit qu'on ne l'imagine et réfracté par un dispositif qui nous le fait prendre pour plus grand qu'il n'est. Le réel, du moins ce qui nous apparaît comme tel, s'avère une immense combinaison de fictions, en l'occurrence des illusions d'optique, des mirages topologiques, des fantômes. Lucrèce tenait pour un univers infini car il se demandait ce que deviendrait un javelot lancé en direction du fini au moment où il atteindrait les bornes de l'univers : il s'arrête et s'immobilise ? Il se brise sur des murs potentiels ? Mais, derrière ces murs d'un monde fini, qu'y a-t-il ? Et comment nommer ce qui ne peut manquer d'être après la limite du fini ? La géométrie non euclidienne permet de résoudre le problème : le javelot de Lucrèce lancé en direction de l'infini irait infiniment dans cet univers fini mais sans bornes : mouvement perpétuel, éternité par les astres.

Jean-Pierre Luminet explique que ce qui est vu à l'observation nous trompe : des temps différents nous paraissent des temps semblables. Le rayonnement fossile de l'univers suppose que toutes nos informations le concernant soient données par la lumière qui parvient à notre regard déformé par les forces qui structurent l'univers. La lumière ne se déplace pas autrement qu'affectée par la gravitation. De sorte que la ligne droite n'est pas le chemin le plus court en la matière. La gravitation creuse des abîmes de forces qui dévient le cours de la lumière et lui font écrire des partitions singulières : des lumières multiples parties en des temps étagés sur des millions d'années nous parviennent dans le temps de l'observateur dans lequel s'effectue un lissage : la multiplicité des temps lumineux se fond en unicité d'un temps d'observation. De sorte que nous prenons pour diverses des choses parfois semblables alors qu'elles sont vues dans plusieurs de leurs états — comme si l'on prenait pour des individus différents des personnages dont nous verrions dix mille photos de leur conception à leur trépas. Ces mirages gravitationnels montrent que la vastitude, pour n'en être pas moins vaste, ne l'est pas, autant qu'on pourrait le croire après l'avoir vue.

Jean-Pierre Luminet prend l'exemple d'un volume dont l'intérieur serait tapissé de miroirs qui réfléchiraient une seule chandelle : nous en verrions autant que les réfractions le permettraient, et pourtant, il ne s'agirait que de la flamme d'une seule bougie autant de fois dupliquée qu'il y aurait de miroirs. L'espace réel s'avère beaucoup plus petit que l'espace observé. Cet univers est chiffonné : un genre de jeu de miroirs agrandit une petite représentation. Notre univers est un théâtre baroque.

Ce monde est petit, mais il y en a de multiples et l'astrophysique parle des multivers. Notre univers se serait détaché du vide quantique pour obéir à sa propre horloge temporelle et à sa géométrie spatiale singulière pendant que le multivers vivrait en dehors du temps et de l'espace en agrégeant des univers sans cesse en formation avec leurs temps et leurs espaces, totalement inédits et absolument inconcevables pour un cerveau formaté dans notre espace-temps.

Les épicuriens croyaient aux mondes multiples et aux dieux de matière situés dans les intermondes. Totalement dépourvus de forme humaine, de sentiments humains, ces atomes subtils incarneraient un modèle d'ataraxie auquel Épicure appelait à ressembler : l'ataraxie du sage avait donc pour modèles les dieux de l'intermonde. Les dieux n'étaient donc ni jaloux ni coléreux, ni envieux ni courroucés, ils n'étaient anthropomorphes ni en forme ni en fond, juste des formes idéales susceptibles d'être activées comme des modèles de sagesse – la sagesse était réduite au pur plaisir d'exister.

Or ces intermondes sont validés par l'astrophysique : il s'agit des trous noirs qui se définissent comme une force d'une telle gravité qu'elle absorbe tout ce qui passe à sa portée, qu'elle ingère et digère la lumière, la matière. Le temps y est dilaté, la matière décomposée et absorbée, les rayons lumineux sont déviés. La frontière qui délimite le trou noir est dite « Horizon des événements » car on ne peut plus rien observer au-delà d'eux. Il n'y a plus d'intérieur et d'extérieur, d'espace et de temps, l'ensemble s'inverse. Près de cet horizon, l'espace se retourne comme un gant. Il est déformation de l'espace-temps.

D'aucuns affirment que le fond du trou noir en rotation n'est pas bouché et qu'on y trouve des « trous de ver », un genre de tunnel correspondant avec d'autres univers. On parle également de « fontaines blanches » qui seraient l'inverse des trous noirs, qui n'absorberaient pas mais feraient jaillir la matière engloutie par les trous noirs. Le big-bang serait alors une immense fontaine blanche peut-être connectée à un autre univers qui aurait déversé une partie de sa matière dans notre propre univers. Voilà où nous en sommes.

Les atomes épicuriens parents de la nébuleuse protostellaire, le clinamen comme intuition poétique du phénomène astrophysique de l'accrétion, le javelot de Lucrèce lancé en direction de l'infini qui découvre sa trajectoire dessinée par l'astrophysique de Jean-Pierre Luminet, la pluralité des mondes épicuriens validée par les multivers des découvreurs, voilà des preuves qu'un épicurisme transcendantal contemporain est possible, sinon pensable, et que la physique, en l'occurrence ici l'astrophysique, s'avère propédeutique à une éthique.

À l'évidence, on voit que le petit ciel judéo-chrétien rempli de bimbeloterie angélique, de fictions paradisiaques pour des corps glorieux, est déclassé, surclassé par les hypothèses de la science astrophysique. Cette partie de la connaissance revendique sa modestie : nous ne savons presque rien de l'univers et du cosmos. Mais ce que nous commençons à savoir oblige à revoir nos conceptions de la liberté, du libre arbitre, du choix, de la volonté, de la responsabilité. Nous sommes des fruits de la nature, la chose paraît entendue pour tout sujet accessible à la raison.

Mais nous sommes également des fruits du cosmos, une évidence beaucoup moins partagée par le commun des mortels qui ignore souvent les découvertes de l'astrophysique la plus récente. Les derniers travaux sur le boson de Highs enfin piégé devraient contraindre les derniers théologiens à rendre les armes et à envisager plutôt un recyclage dans l'ontologie, pourvu qu'elle soit matérialiste. Le fatras judéo-chrétien céleste, même quand on n'y croit plus au pied de la lettre, a laissé des traces dans l'âme formatée par plus de mille ans d'idéologie.

La pensée magique existe encore dans des millions de cerveaux humains : des créationnistes aux chamanes du new age, des néobouddhistes aux théistes musulmans, des monothéistes sur mesure des mégapoles planétaires au spiritisme, de l'anthroposophie des partisans de l'agriculture biodynamique dévots des créatures spirituelles aux shintoïstes qui invoquent les dieux de la pelouse avant de la tailler, des partisans de multiples sectes qui, comme Raël, pensent que seuls les clonés seront sauvés et admis dans le vaisseau spatial qui assurera le salut aux partisans du vaudou, de la santéria et autres cultes afro-américains, on ne manque pas de partisans du surnaturel recyclé en religieux et en religion.

Une ontologie matérialiste s'appuie sur cet épicurisme transcendantal qui rappelle le lien entre l'homme et la nature, certes, mais aussi entre l'homme et le peu que nous savons du cosmos. Commençons par une capacité au spectacle de cette immensité qui suppose le sublime : le sublime est la voie d'accès matérialiste, atomiste, athée au sentiment océanique qui ramène le corps dans la configuration d'avant la séparation judéo-chrétienne. Les leçons données par le sublime activent en l'être une force oubliée, négligée, méprisée, vilipendée, traquée par les monothéismes. Partir à sa recherche pour la solliciter à nouveau selon l'ordre des raisons hédonistes permet une éthique postchrétienne dans laquelle l'épicurisme transcendantal joue un rôle non négligeable.

Cinquième partie

LE SUBLIME
L'EXPÉRIENCE DE LA VASTITUDE

Le sublime : Dans une famille où l'argent pour manger fait défaut dès la moitié du mois, l'art n'existe pas. Pas de livre, pas de musique, pas de concert, pas de cinéma, pas de théâtre, pas d'exposition. L'art fait partie d'un autre monde, celui des autres, de ceux pour qui la vie est douce, agréable, sympathique, celui des chanceux qu'on n'envie pas, mais qui peuvent consacrer leur existence au futile, à l'accessoire, au dérisoire, des riches à ce point qu'ils peuvent engloutir des millions dans des œuvres que les pauvres prennent pour des tas de ferraille, des dessins d'enfants, des prurits de gamins attardés.

À la maison, Dalí était moins le peintre surréaliste que le facétieux moustachu qui faisait de la publicité à la télévision et clamait dans sa diction hystérique : « Je suis fou du chocolat Lanvin. » La mise en scène des *Perses* d'Eschyle dans la version de Jean Prat diffusée en 1966 à la télévision laisse mes parents dans l'expectative. Les voisins nous avaient offert un poste après avoir changé le leur, ce téléfilm fut le premier programme de notre première soirée télé. Mon père commenta avec un laconique : « C'est spécial... » – et n'en dit pas plus. Les portraits déstructurés de Picasso sidèrent et l'on comprend mal qu'ils s'arrachent à prix d'or. Déhanché, Elvis Presley chante en tenant son matériel sexuel à pleines mains, Johnny Hallyday se roule sur scène, pousse des cris, massacre sa guitare, son public hystérique et en délire casse des chaises. L'art est un monde hors du monde de mes parents – donc du mien.

Je découvre l'art à l'école. D'abord en apprenant que la poésie existe. C'est celle des écoles communales d'alors : René-Guy Cadou, Maurice Fombeure, Jacques Prévert, Maurice Carême, Paul Fort, une poésie simple et belle, efficace et juste, elle apprend à être près du monde, à le voir autrement. Mais les instituteurs nous enseignent aussi les classiques, dont Musset et la « Ballade à la lune » et me parle très concrètement : ce poème, c'est d'abord pour moi la lune sur le clocher de mon village – et je ne le vois jamais la lune et le clocher la nuit sans penser à ce poème :

C'était dans la nuit brune,
Sur le clocher jauni,
La lune
Comme un point sur un i.

Lune, quel esprit sombre
Promène au bout d'un fil
Dans l'ombre
Ta face et ton profil ? (...)
N'es-tu rien qu'une boule ?
Qu'un grand faucheux bien gras
Qui roule
Sans pattes et sans bras ? (...)
Est-ce un ver qui te ronge,
Quand ton disque noirci
S'allonge
En croissant rétréci ?
Qui t'avait éborgnée
L'autre nuit ? T'étais-tu
Cognée
À quelque arbre pointu ? (...)
Je viens voir à la brune
Sous le clocher jauni
La lune
Comme un point sur un i.

Je ne suis pas bien sûr d'avoir tout compris, mais au moins j'avais saisi qu'avec le réel, la lune et le clocher on pouvait écrire de belles choses. Un cahier de mes rédactions récemment retrouvé montre que j'avais envie de ce lyrisme auquel j'associais la poésie. J'écrivais dans l'enflure, avec un goût immodéré pour la langue et une passion pour les mots recherchés. La cadence, les rythmes, le balancement, les allitérations me préparaient à entendre un jour la musique et à y vibrer vraiment. J'aurais aimé apprendre à jouer d'un instrument, ce fut impossible dans ma configuration familiale. J'écris aujourd'hui en musicien illettré qui met dans sa prose tout ce qu'il n'a pas pu mettre dans la musique.

Parfois, dans la nuit de la chambre que mes parents mon frère et moi partagions, mon père nous disait un poème de Victor Hugo appris à l'école communale qu'il avait quittée tôt :

[...] Je veux habiter sous la terre
Comme dans son sépulcre un homme solitaire ;
Rien ne me verra plus, je ne verrai plus rien.
On fit donc une fosse, et Caïn dit « C'est bien ! »
Puis il descendit seul sous cette voûte sombre.
Quand il se fut assis sur sa chaise dans l'ombre
Et qu'on eut sur son front fermé le souterrain

Puis après un temps d'arrêt, avec une voix grave, mon père ajoutait :

L'œil était dans la tombe et regardait Caïn.

Je sus ensuite qu'il s'agissait de « La conscience », un poème extrait de *La Légende des siècles*. Il disait aussi quelques fameux alexandrins extraits du *Cid* de Corneille :

Nous partîmes cinq cents ; mais par un prompt renfort
Nous nous vîmes trois mille en arrivant au port.

L'école avait appris ces vers à mon père et, dans la nuit sans chauffage de cette petite chambre, il nous transmettait le mystère de la poésie et de la littérature, la formidable puissance des mots – ce fut un trésor.

Des années plus tard, lors d'une Université populaire du goût que j'avais consacrée à George Sand, devant quelques amis spécialistes de l'auteur de *La Mare au diable*, qu'il avait lue, mon père fit référence à une dictée qui racontait l'enterrement d'un cheval dans l'herbe et, puissance de la nature, la pousse plus drue de la végétation l'année suivante. Je n'avais pas retrouvé cette référence jusqu'à ce qu'un livre envoyé par Homéric sur les chevaux m'apprenne qu'il s'agissait d'un texte de Maupassant, *Coco*.

J'adore Maupassant. Quand j'ai lu les deux volumes de la Pléiade qui lui sont consacrés, j'ai écrit de quoi faire un petit livre de nouvelles – un manuscrit aujourd'hui perdu. J'ai rouvert mes Pléiade pour lire ce petit texte d'une grande cruauté, mais d'une telle justesse sur l'âme humaine. Maupassant met en scène un jeune garçon d'une quinzaine d'années, pas bien fin, méchant, moqué par les voisins parce qu'il s'occupe d'un vieux cheval blanc, Coco, que la maîtresse de maison souhaite voir mourir de sa belle mort, comme on dit.

En quatre pages, Maupassant montre le sadisme du gamin : il frappe la pauvre bête avec un scion, l'épuise en le faisant tourner à la longe, lui jette des pierres, l'attache au piquet et réduit le pâturage, puis ne le déplace pas et le laisse dépérir près du piquet qu'il ne déplace plus. Le cheval maigrit, s'épuise, hennit pour apitoyer l'enfant, il tend la tête vers l'herbe mais, attaché trop court, ne l'atteint pas. Zidore, c'est le surnom du sadique, vient voir chaque jour les effets de sa perversion. Quelques jours de ces mauvais traitements et le cheval s'étend, ferme les yeux, s'endort, puis meurt. Le mauvais garçon s'assied sur le cadavre de l'animal, le laisse quelques jours se décomposer, profite de ce temps pour ne pas rentrer à la ferme et se balader dans la campagne. Il finit par avertir son patron qui ne s'émeut pas, demande qu'on creuse un trou pour l'enterrer là où Coco est mort. Maupassant conclut ainsi sa nouvelle : « Et l'herbe poussa drue, verdoyante, vigoureuse, nourrie par le pauvre corps. »

Cette leçon peut être lue comme une cruelle mais juste allégorie de la condition humaine : venir sur terre pour y travailler, peiner, souffrir, rencontrer des fâcheux, faire l'objet de leur méchanceté, s'épuiser à la tâche, vieillir et finir sa vie maltraité par des faibles qui trouvent jouissance à rudoyer plus faibles qu'eux. Puis finir en terre avant que notre cadavre, recyclé par la nature, ne permette de nouvelles formes à la vie. Le tout par-delà le bien et le mal, dans la plus parfaite innocence, dans l'ordre logique des cycles de la vie. Leçon d'ontologie matérialiste.

Les lettres, au sens noble du terme, faisaient donc partie de la maison quand elles disaient la vie : le petit cheval et l'écolier, l'encre et le papier, la lune et le clocher, le remords et le renfort, la cruauté des hommes et l'innocence de la nature. La poésie m'a accompagné dans mon adolescence, la vie poétique de Rimbaud et la mélancolie de Baudelaire (mon premier Pléiade acheté avec mon premier salaire à l'usine pendant les vacances de 1975), la folie surréaliste et l'incandescence d'Artaud, le hiératisme de Bonnefoy et l'efficacité de Jouffroy, les poèmes ébouriffés de Vian et les paradis artificiels de Michaux. Mais l'intellectualisme de la poésie contemporaine, de plus en plus obscure, de plus en plus hermétique, de plus en plus élitiste, m'a conduit loin de ses rivages.

Le long cancer de ma compagne, que j'ai accompagnée pendant treize années partout à l'hôpital, aux rendez-vous, aux chimiothérapies, aux analyses et à leurs résultats, au bloc opératoire, aux urgences, aux radios, aux scanners, aux visites de contrôle, m'a familiarisé avec les haïkus, formes brèves qu'on peut lire dans ces lieux infernaux. Dans « L'expérience poétique du monde » (chapitre 1), je montre combien cette tradition poétique, délivrée de son corset par le vers-librisme, fonctionne en antidote au devenir hermétique de la poésie.

Les auteurs de haïkus ne sont pas des fonctionnaires du vers, ni des intellectuels dévots du logos, mais des auteurs qui, comme Rimbaud ou Segalen, Walt Whitman ou Ezra Pound, mènent une vie poétique. Pour eux, écrire c'est vivre, et vice versa. Le poème n'est pas une prouesse cérébrale, mais la trace d'une expérience vécue qui nécessite une présence acérée au monde. Elle suppose une quête des épiphanies qui le constituent, une recherche des pointes fines du monde. Leurs recueils n'éloignent pas du monde, ils y conduisent pour nous y ramener plus riches de lui. L'écriture du haïku est un exercice spirituel apparenté à ceux des philosophes antiques.

Pendant des années, je me suis exercé à l'art en courant les musées d'Europe. L'art contemporain est arrivé plus tard, après un temps où, ignorant tout de lui, je disais des sottises à son propos – sans avoir eu le temps, fort heureusement, d'en écrire. Ce fut une visite guidée au Centre d'art contemporain (CAPC) de Bordeaux qui fut l'occasion d'un déclic. J'ai compris pendant la visite effectuée par une responsable que je ne disposais pas des codes et que je ne pouvais rien comprendre de ce qui était exposé. Une fois donné le mode d'emploi (nécessaire à chaque œuvre d'art, quelle que soit son époque), l'art contemporain devient un continent extraordinaire.

Plus tard, quand on a effectué un genre de voyage initiatique dans cet univers trop souvent réservé à des élites qui ne partagent pas, on peut juger, choisir, aimer ou moins aimer. J'ai fait mon tri : « La Cène de l'art contemporain » (chapitre 2) montre combien cet art doit au christianisme qui est broderie sur une fiction historique devenue réalité mythique plus légitime que la réalité historique. La religion chrétienne, tout entière construite sur le tombeau vide d'un corps inexistant, a eu recours à l'art pour donner forme et force à cette fiction – peinture, mosaïque, enluminure, récit, poésie, sculpture, architecture, musique, etc. Une grande partie de l'art contemporain s'inscrit dans ce lignage – le ready-made, l'art conceptuel, l'art minimal, l'art corporel, l'actionnisme viennois, par exemple.

Dans « Esthétique du sens de la terre » (chapitre 3), je propose l'amorce d'un genre de contre-histoire de cet art officiel inféodé à l'épistémè judéo-chrétienne. Arcimboldo et les arcimboldesques semblent ouvrir cet autre lignage avec un panthéisme qui n'oublie rien de ce qui constitue la nature – les éléments, les saisons, les matières. La nature morte, si souvent vanité philosophique dissociée de la préoccupation apologétique, le paysage qui s'émancipe du décor pour devenir sujet à part entière, creusent ce sillon sinon panthéiste et païen, du moins libéré de l'assujettissement de l'art au religieux.

« Le sublime de la nature » (chapitre 4) poursuit cette ébauche de contre-histoire de l'art avec le Land Art qui renoue avec le chamanisme des origines préhistoriques. Cet art rematérialise le monde et compose avec lui. De la même manière qu'un haïku, il nous apprend à voir le monde autrement, à prendre place dans la nature non pas comme un être séparé d'elle mais tel un fragment qui jouit de sa relation avec le tout dans une expérimentation qui conduit au sublime, à la beauté des temps d'après la mort du beau. Je ne m'étonne pas que Caspar David Friedrich ait pu être invoqué comme source de ces artistes souvent américains qui travaillent dans la vastitude des paysages du Nouveau Monde.

On peut entrer dans la nature par la culture, pourvu que celle-ci se veuille une porte d'entrée en elle. Le Land Art offre une voie d'accès à ce qui nous lie au monde quand nombre d'œuvres d'art nous en éloignent. Dans la perspective d'une construction de soi, l'abord et la contemplation de ces œuvres fonctionnent de manière édifiante. J'opte pour les artistes qui ouvrent des portes pour accéder au cœur du monde plutôt que ceux qui les ferment et tournent le dos au monde pour lui préférer des anti-mondes ou des contre-mondes alternatifs purement conceptuels – variations sur le thème du corps absent ou du corps fictif.

Après la poésie et la peinture, vers toujours plus d'affinement en direction du sublime, on rencontre la musique – « Faire pleurer les pierres » (chapitre 5). Elle est l'art du temps par excellence. Dans le temps, elle permet l'inclusion d'un autre temps qui force le premier. Elle est aussi un art d'agir sur l'espace via les simulacres, intuition épicurienne qui s'avère juste à l'ère de la mécanique quantique. Les simulacres agissent sur le corps qu'ils pénètrent et informent au point de modifier les rythmes, les cycles, les cadences, les souffles, la circulation, la respiration. La musique donne du temps aux forces et des formes au temps. Préhistorique, elle passait par des instruments de musique fabriqués avec des fragments de la nature. Les sons produits prenaient place en elle sans la perturber mais pour s'insérer dans la musique du réel et en infléchir parfois le cours. Avec elle, nous sommes au plus près de l'énergie créatrice : elle nous en offre une image sonore.

1

L'EXPÉRIENCE POÉTIQUE DU MONDE

Le haïku agit en antidote à ce que la poésie est devenue en Occident. Le haïku fournit une occasion de sortir la poésie de l'impasse dans laquelle elle se trouve aujourd'hui. Devenue la pointe la plus aiguë de la déréliction du sens, la poésie qui triomphe dans l'historiographie dominante multiplie les verbigérations gratuites comme autant d'audaces qui agiraient en marqueurs de l'avant-garde. L'occulte, l'obscur, le fumeux, le délirant, l'autisme, le solipsisme triomphent dans ce qui se montre si souvent sur le terrain poétique.

Le long trajet qui conduit le vers de l'épopée lyrique des premiers temps des civilisations sans écriture aux glossolalies qui mettent en évidence le nihilisme de notre époque coïncide avec la route qui mène de la force des aubes aux délitements contemporains d'un judéo-christianisme épuisé. De *L'Épopée de Gilgamesh* aux proclamations dadaïstes de l'immédiat après-Première Guerre mondiale, le poème a vécu une formidable aventure qui prend ses racines dans le déluge d'Atrahasis deux mille cinq cents ans avant l'ère commune et s'effondre dans le signifiant sans signifié des lettristes.

Quand les hommes ignoraient l'écriture, ils versifiaient afin de pouvoir se remémorer la geste et bien la dire à l'assemblée réunie. Le vers fonctionne alors comme un moyen mnémotechnique alors que l'écriture ne permet pas encore de conserver l'essentiel. Ces choses dites deviendront un jour des choses écrites – d'où les épopées mésopotamiennes, leurs formules grecques puis latines, sans oublier les milliers de vers des cycles indiens, islandais, germaniques, vieil irlandais qui ont traversé les siècles avant d'être un jour consignées par des scribes.

Mallarmé inaugure l'ère autiste en poésie, il fait du Verbe une religion dans un temps où la religion s'effondre. La mort de Dieu coïncide avec la naissance de cet étrange culte du pur signifié. L'auteur de *Un coup de dés jamais n'abolira le hasard* réagit aux Parnassiens et souhaite ne jamais présenter les choses directement : il préfère l'allusion, l'allégorie, le symbole, la métaphore, tout, pourvu que le prétendu mystère de ce qui est soit conservé. Il s'agit de *ne pas dire* pour mieux suggérer. Cet art poétique élitiste, aristocratique, cette logique cénaculaire prépare la voie à l'esthétique pour laquelle le regardeur fait le tableau et le lecteur, le poème. Cette logique débouche sur une double impasse : la fuite du lecteur qui n'est pas un professionnel de la discipline et, conséquemment, la confiscation de la poésie par des techniciens de la sémiologie. Voilà pourquoi Mallarmé jouit d'une grande réputation chez les philosophes qui jubilent d'augmenter les fumées sémiotiques, l'obscurité syntaxique, la confusion verbale.

Le poème mallarméen propose donc une énigme définitivement celée. Personne ne détient la clé de ce qui congédie le sens au profit de la pure musicalité. Pas plus qu'une phrase musicale de Debussy ne signifie quelque chose, nombre de poèmes de Mallarmé ne signifient quoi que ce soit. La mort du signifié se double d'un culte du signifiant agencé selon l'ordre du caprice euphonique. Le vers voulu par Mallarmé congédie le corps, la sensualité, la volupté, la matérialité du monde, il fonctionne comme un concept, une idée, un noumène devant lequel il n'est d'autre possibilité que d'acquiescer religieusement. Paul Valéry se souvient d'avoir entendu Mallarmé lui parler de « Formes temporelles » – avant de lui demander s'il ne trouvait pas que cette démarche était un « acte de démence »...

Dans *Un coup de dés*, le sens importe moins que le blanc, la mise en page, la typographie, le choix du papier, son grammage. Si l'on sait que, pour le professeur d'anglais chahuté, « le monde est fait pour aboutir à un beau livre », il faut entendre *beau* de façon très prosaïque et envisager cette saillie comme celle d'un bibliophile plus que d'un inventeur d'art poétique. Mille lectures de ce texte n'en forcent jamais le sens : à quoi bon écrire pour n'être pas compris, sinon pour produire un acte susceptible de rallier des disciples susceptibles de communier dans un même enthousiasme de secte. C'est ainsi que commence une religion.

Le monde est donc moins dans le poème que le poème ne devient un monde. Même si, au XXᵉ siècle, Supervielle, Michaux, Ponge, Prévert, Cendrars, Jaccottet et quelques autres manifestent une résistance à cette transformation du monde en éther de mots, en brouillard de purs signifiants, le lignage mallarméen triomphe bien souvent : les uns après les autres, Mallarmé, Tzara, Isou déconstruisent le poème de type rimbaldien qui triomphe en énigme impénétrable, en extravagance verbale, en bruitisme ludique.

Ainsi, dans *Pour faire un poème dadaïste*, en 1916, Tzara invite à découper un article de journal, à mélanger ces fragments de papier dans un sac, à agiter les paperolles, à les extraire, à les couper dans l'ordre aléatoire de leur sortie. Il promet alors un poème qui ressemblera à son auteur. Puis il conclut : « Et vous voilà un écrivain infiniment original et d'une sensibilité charmante, encore qu'incomprise du vulgaire. » Toujours cette opposition entre l'avant-garde éclairée qui transforme le canular en art et le vulgaire insensible aux expérimentations d'une poignée de jeunes hommes traumatisés par la boucherie de 14-18 et qui augmentent le nihilisme et l'épousant plus qu'en le combattant.

Le surréalisme donne une généalogie philosophique à cette proposition avec le *Premier Manifeste surréaliste*. Dès 1924, le rêve tel que Freud le pense et l'inconscient tel que le docteur viennois le dit contribuent à un nouveau discours de la méthode. La raison, la déduction, le principe de non-contradiction, la logique, la démonstration, la conscience laissent place à l'occultisme, au freudisme, au spiritisme, à la magie, à l'ésotérisme. La dictée sous l'emprise de l'inconscient fait la loi. Le cadavre exquis évacue toute ligne de sens. S'il s'agit d'André Breton et de quelques-uns de ses amis qui disposent d'un égal talent, la méthode peut s'avérer fructueuse. Mais quand elle fonctionne pour pallier l'indigence de son auteur, elle produit des fruits avariés. Les émules, les disciples, les épigones n'ont pas manqué (et ne manquent pas), convaincus que se laisser aller à écrire suffit à produire une œuvre poétique. L'inconscient ne produit que de l'inchoatif : c'est le travail volontaire du sujet qui seul peut en extraire des pépites.

Isou achève la déconstruction. Mallarmé invite à cultiver l'obscur ; Dada à célébrer l'aléatoire ; Breton à vénérer l'inconscient, mais tous conservaient au moins le mot. Isou propose de l'abolir. En 1945, il ne reste plus qu'un agencement de lettres qui produisent des sons. La Première Guerre mondiale accouche de la mort du signifié ; la Seconde, du trépas du signifiant. Ainsi, en 1947, dans le poème *Neiges*, Isou écrit : « Khneï Khneï thnacapata thnacapatha » – une série dont, sans rire, les théoriciens de la chose nous apprennent qu'elle évoque la tombée de la neige.

Les fils de Mallarmé, les enfants de Tzara, les rejetons de Breton, les descendants d'Isou n'ont pas manqué de produire des œuvres qui se coupaient du grand public – les deux millions qui ont suivi le cortège funèbre de Victor Hugo. En France, la poésie officielle est devenue affaire de cénacles, de bibliophilie, de sectes – alors que le genre poétique reste le plus pratiqué par la population. Jamais le divorce n'a été aussi grand entre l'élite (qui se prétendait souvent révolutionnaire) et le peuple, alors que dans nombre de pays, l'Iran par exemple, la poésie reste un genre populaire et exigeant.

L'Iran – ou le Japon. Car le haïku, forme demi-millénaire, est au pays du Soleil-Levant une institution populaire et exigeante. Ces formes brèves sont très prisées par tout un lectorat qui n'est ni intellectuel, ni avant-gardiste, ni universitaire, ni clerc, ni mandarin. Les journaux à grand tirage en publient régulièrement, les écoliers apprennent à en composer, des concours sont organisés, des revues très lues en publient qui s'avèrent de grande qualité, des sorties (Ginkô) sont organisées afin d'observer la nature pour en saisir les épiphanies, des réunions (Kukaï) en rassemblent les praticiens. La forme a conquis la planète – pour preuve le *Livre des haïkus* de Kerouac.

Ces formes poétiques indépendantes de l'Occident le sont par la géographie et l'histoire, certes, mais aussi et surtout par la référence métaphysique. L'Occident a été formaté par le judéo-christianisme qui suppose la séparation entre un créateur et sa créature, un sujet avant toute chose et des objets après ce sujet, un premier moteur immobile et des mouvements, une cause incausée et des effets de causes, un Dieu et son monde dans lequel se trouve l'homme.

Toute la philosophie occidentale qui triomphe dans l'historiographie dominante duplique cette schizophrénie dualiste : l'âme chrétienne, la substance pensante cartésienne, le noumène ou la chose en soi kantienne, le Concept hégélien, l'inconscient freudien, l'ontologique heideggérien qui s'opposent successivement à la chair, à la substance étendue, au phénomène empirique, à la matière, au plasma germinal, à l'ontique. Le schéma d'origine connote positivement le divin et ses attributs et négativement le mondain et les siens.

Descartes invente le sujet autonome, séparé. La philosophie du penseur français a détruit tout ce qui pouvait l'être afin de découvrir ce sur quoi pouvait se construire une métaphysique sans Dieu. Descartes trouve le « Je ». Dès lors, les aventures de la subjectivité coïncident avec celles de la conscience qui regarde le monde, le met à distance et impose la loi d'un regard singulier. Le monde et l'homme se trouvent séparés : de l'opposition entre Dieu et son univers découle celle qui sépare l'homme et la nature.

La pensée qui préexiste à l'écriture d'un haïku ne souffre pas de cette séparation dommageable : pas de je ou de moi qui préexisteraient au monde, pas de dualisme qui opposerait un monde céleste et un monde terrestre, pas de coupure entre soi et la nature. Le monde, la nature, les oiseaux, la rivière, les fleurs, la lune et le soleil, les poissons, les plantes, les forêts, les plaines, les chiens, les lumières, les couleurs, les saisons, les

grenouilles, les enfants, les souris, les libellules ne sont que variations sur un seul et même thème : le cosmos. Les hommes ne
sont pas séparés de lui, mais dans lui. Le christianisme a abîmé
l'homme ; le shintoïsme l'a respecté.

On l'a vu, l'écroulement d'une transcendance religieuse à
l'époque de Mallarmé coïncide avec l'envie de réinvestir ailleurs
ce besoin de transcendance qui fit de la poésie le temple d'une
nouvelle religion – celle du mot, du verbe, du texte pour eux-
mêmes. Dans la logique du haïku, le mot n'est pas une fin en
soi, mais un moyen pour parvenir à plus et mieux que lui :
saisir l'une des épiphanies du monde dans sa pointe la plus
brillante. La forme oblige à une économie de mots – à l'origine,
trois vers de cinq, sept et cinq syllabes. Elle contraint donc à
concentrer ce qui a eu lieu dans un minimum d'espace gra-
phique.

L'expansion lyrique n'a donc pas sa place dans cet exercice
de style qui exige d'aller à l'essentiel. Quand Sumitaku Kenshin
(1961-1987), qui vit une longue agonie à l'hôpital à cause d'une
leucémie, écrit :

Suspendues dans la nuit
ma perfusion et
la lune blanche

il dit plus et mieux, plus directement du moins, que Fritz
Zorn (1944-1976), qui raconte dans *Mars* en long, en large et
en travers le lymphome qui finit par l'emporter. Quand il meurt
à vingt-cinq ans, Kenshin laisse derrière lui 281 haïkus écrits
dans les derniers vingt mois de sa vie. Lui qui eut le temps
d'être cuisinier, prêtre bouddhiste, marié, père de famille, il a
produit une œuvre qui ramasse en une poignée de mots un
trajet existentiel avec lequel le Japon a produit depuis un mythe.
Son dernier haïku (le dernier haïku d'un auteur se nomme
Jisei) :

Si triste la nuit
que quelqu'un
s'est mis à rire

Le haïku oblige à une phénoménologie minimale – un oxymore en Occident, puisque la phénoménologie se résume souvent à la multiplication efflorescente de descriptions souvent affectées par une logorrhée qui prend son souffle, sa syntaxe et sa cadence sur l'expression allemande. La phénoménologie française (Sartre, Merleau-Ponty, Levinas, Henry, Janicaud, Marion, etc.) n'en finit jamais de dérouler minutieusement une description pure en diluant le réel, en l'étouffant dans une pléthore de détails, de considérations adventices qui noient la substance du monde dans la pâte étendue d'un verbe devenu divinité.

Pas besoin de vivre quand il y a religion de l'écriture, il suffit d'organiser un culte à la divinité du langage en multipliant les textes. Au XXe siècle, le structuralisme donne le cadre formel de cette religion textuelle. La vérité du monde était moins dans le monde que dans le texte qui disait le monde : la vérité de la folie était plus pour Foucault dans les archives qui la disaient que dans le corps du fou ; la vérité de la peinture se trouvait moins pour Derrida dans la peinture elle-même que dans le discours que tenait Cézanne sur elle ; la vérité de la peuplade primitive amérindienne dont Lévi-Strauss ne parlait pas la langue (me confia un jour Jean Malaurie…) était moins à chercher dans le détail de leur vie quotidienne que dans de prétendues structures invisibles héritées de façon mystérieuse par le processus phylogénétique selon le texte de Freud ; la vérité de Sade et du sadisme n'avait rien à voir avec la vie du marquis puisque tout était dans le texte de son œuvre et que la vérité de l'auteur était dans ce qu'en faisait le lecteur.

L'auteur de haïkus ne peut vivre par procuration dans un monde qu'il doit expérimenter, sentir, ressentir, percevoir, vivre afin de pouvoir en saisir les pointes les plus fines avant de les fixer sur le papier avec la plus grande économie expressive. Le bruit de la grenouille qui saute à l'eau du haïku peut-être le plus fameux de Bashô n'a pu être saisi dans les caractères japonais (les kanjis) que parce que, a priori, il aura été entendu – aux deux sens du terme. Le fameux « ploc ! » ne dit qu'à celui qui a entendu un jour ce bruit caractéristique. Foucault a pu écrire une *Histoire de la folie* sans jamais rencontrer un seul fou parce qu'il travaillait dans les archives qui le protégeaient du monde ; le haïkiste doit d'abord vivre, pour écrire ensuite.

Dans la tradition poétique occidentale dominante, le poète est le démiurge de son monde versifié ; dans la logique d'écriture du haïku, la nature impose sa loi au poète. Il existe au Japon un *Grand Almanach poétique japonais* en cinq volumes : le nouvel an, le printemps, l'été, l'automne, l'hiver. Ce glossaire rassemble *les mots de saisons* qui signifient le moment de l'année dans lequel on se trouve : le premier jour de l'année, le deuxième, puis le troisième, celui qui suit ces trois-là et qui dit l'entrée dans le vif de l'année, la saison des pins, l'enlèvement des ornements de pins ou de bambou qui servaient de décoration lors des fêtes de fin d'année, le temps de la galette de riz, celui des années majeures ou mineures selon les lunes, le temps de la lueur rouge garance de la lune, de la première aube de l'an, de la lumière naissante, le premier soleil, le firmament du premier jour, le premier beau temps, les premiers brouillards, les vents nouveaux, le regard sur le mont Fuji, l'arrivée des moineaux, puis des corbeaux, du coq, du rossignol, du pigeon, de la grue, la pêche nouvelle des langoustes, la fougère bleue, la daphniphylle à larges feuilles, le raisin de mer, une plante marine brune ou bleu sombre, la petite adonis, la bourse à pasteur, la patte de chat recouverte d'un duvet cotonneux, l'ortie blanche.

Chaque saison a ses repères : ainsi, pour le printemps, ses prémisses, le retour du froid, le froid persistant, les restes de neige, le chant du rossignol, les fleurs du prunier, la remontée des poissons vers les glaces de la surface, les pluies nourricières, les poissons que la loutre aligne sur la berge sans les manger, le réveil des insectes, la métamorphose du faucon en colombe, autrement dit des forces du monde en énergie pacifiée, l'équinoxe de printemps, les jours qui le précèdent et ceux qui le suivent, le nom de la divinité des champs qui marque le début des travaux agraires, les lunaisons, les aubes et les soirées, la déclinaison du jour, les premières heures de la nuit, la douceur et la tiédeur, la nuit de lune voilée, la limpidité et la clarté du ciel nocturne, la sérénité du jour qui s'allonge, le jour qui s'étire, l'apparition des pousses sur les arbres, la saison des fleurs, le déclin du printemps, l'ouverture des fleurs, les chants d'oiseaux sans fin, le mois des cerisiers, bien sûr, l'atmosphère pleine d'une pure clarté, le coup de froid sur les fleurs, la saison des grenouilles, le devenir taupe de la caille, le printemps qui s'en va, le regret du printemps.

Arrive l'été et ses nombreuses variations sur le vent, la brise du sud humide et chaude qui souffle sur les bourgeons, le vent des roseaux fleuris, la brise pluvieuse du sud, celle des pousses de bambous, le vent des moissons, les longues pluies et le pourrissement des fleurs de deutzias, les premières ondées de la mousson, le temps couvert et gris, les trois lunaisons, le ciel d'été, les nuages, le sommet de nuage, la lune et les étoiles, les vents venus des montagnes, le vent bleu du sud, l'averse du soir, la pluie d'orage, la forte ondée, les pluies soudaines et passagères, la rosée d'été, les brumes et les brouillards, l'arc-en-ciel, le tonnerre, la lune et les étoiles de mousson, le sombre vent du sud, le vent des moineaux d'or, la saison des pluies, la pluie sur les pruniers verts, la saison sans pluie, le déclin de l'été, les ténèbres du mois du riz, les étoiles de sécheresse, les clairs vents du sud, les vents secs, chauds, frais, calmes, la canicule sans vent, la pluie bienheureuse, la mer de nuages, l'auréole de lumière pourpre, le temps gris matinal, les rougeoiements d'aube, l'effet soleil levant, les feux du couchant, la pleine chaleur du jour, l'embrasement céleste, la chaleur huileuse.

L'automne : nombre de variations sur la montagne, ses teintes, ses couleurs, ses effets, les jardins à fleurs, les terres et les champs fleuris, les réserves de chasse, les rizières, les eaux des rizières évacuées avant la moisson, la pureté de l'eau après les pluies, les crues, les marées, les vagues de la Fête des morts, les bords de mer solitaires et mélancoliques, les phosphorescences marines que les habitants du lieu appellent les feux du Dragon, la lune, les couleurs de l'automne, les nuages-sardines qui ressemblent à des vaguelettes, la veillée pour attendre la lune, le spectacle de l'astre blanc, la pleine lune, la Voie lactée, la Rivière céleste, les premières bourrasques suivies des vents violents de la fin de l'automne, les pluies, l'éclair, le brouillard, la rosée glacée, la gelée blanche.

L'hiver, enfin : l'ours entre dans sa tanière, le bar descend des rivières vers la mer, l'éperlan remonte en bande les cours d'eau, apparition du brochet de mer du temps de givre, dévoration de la mante religieuse, pucerons sur les pommiers, chant d'insectes, bonds des sauterelles, première morue, premier flétan, beauté du gisu, hibernation des serpents, des reptiles, des batraciens, des sauriens, engourdissement des écureuils, des loirs, des chauves-souris, passages de l'ours, du blaireau, du daim, de l'antilope laineuse, du renard, du raton laveur, de la martre, de l'écureuil volant, du loup, du chevreuil, du lapin, les singes crient sous les frimas, chiens et chats, faucons et aigles, oies sauvages et hérons, pie-grièche et rossignol, hirondelle et roitelet, hibou et hulotte, alouettes, cygnes et mouettes, colverts et pluviers, vanneaux et plongeons, mouettes, grues et guillemots, passage des baleines près des côtes, des dauphins, des requins, poissons-tonnerre, thons, grondins, brèmes, espadons, dorades, béryx d'or, poisson-perroquet, brise-marmite, mulet des temps froids, sardine aux yeux voilés, crabe araignée, méduse, huîtres, papillon d'hiver, phalènes, abeilles, mouches, taons, larves, moustiques, puces, grenouilles des champs, moineaux, corbeaux, oiseaux dans la neige, cygnes, labre des grands froids – le « roi des poissons » pour les Japonais –, carpes, seiches, lamproies, palourdes. Et retour circulaire au nouvel an, puis à l'hiver.

Où l'on constate deux choses : la première, qu'avec un minimum de mots le haïku constitue une encyclopédie du monde ; la seconde, que cette encyclopédie du monde dans son détail l'est aussi dans son mouvement, dans sa dialectique de la totalité. L'infiniment petit de la larve dans le sol côtoie l'infiniment grand du spectacle des lunaisons, les mouvements vifs et répétés d'une mouche qui se frotte les pattes constituent une épiphanie au même titre que les grandes et longues migrations des oiseaux ou des poissons indexées sur les champs magnétiques.

L'atome dit le cosmos, le cosmos dit l'atome : la goutte d'eau dans laquelle se reflète la vastitude du paysage ; le bref chant d'un oiseau solitaire lancé dans l'éther d'un paysage infini ; l'étroit chemin près de la rizière qui raconte le trajet d'une vie de sage bouddhiste ; le parfum violet d'un paulownia qui ouvre la porte du monde perdu de l'enfance ; la lenteur de l'escargot sur la pente du mont Fuji ; la neige fondue qui préfigure le corps du poète dans sa tombe.

Avec dix-sept syllabes seulement, le haïku produit du sublime. Cette forme brève, économe en dépense verbale, mais extrêmement rentable d'un point de vue ontologique et métaphysique, obtient qu'en creusant l'écart entre la petitesse de l'homme et l'immensité des cycles de la nature, entre l'infinitésimal d'une vie humaine et l'éternité du cosmos qui enveloppe ces cycles surgisse ce sentiment d'écrasement et de dilution de soi qui fait naître le sentiment océanique. Mallarmé libère la fumée ; Bashô et les siens, l'être de tout ce qui est.

Récapitulons ce qui, pour l'instant, définit le haïku et raconte sa formidable puissance philosophique et sa force de frappe alternative à la pensée occidentale : pas de je exposé, pas de moi exhibé, pas d'expansion lyrique, pas de dualisme schizophrène, pas de soi séparé du monde, pas de conscience distincte de la nature, pas de créateur opposé à sa création, pas de religion verbale, pas de tentation conceptuelle, pas de formalisme littéraire, pas d'obscurcissement du monde, mais, au contraire, un corps qui sent, regarde, goûte, jouit du monde, expérimente le réel, saisit le détail et la globalité de la nature, du cosmos, le mot au service de la vie empirique, une phénoménologie minimale pour une poétique maximale, une proposition stylistique infime capable de produire le sentiment du sublime, un éclaircissement de ce qui est.

Ajoutons à cela de quoi parfaire la description d'une expérience poétique du monde en précisant que le haïku agit en instrument de la vie poétique : pas question, en effet, d'une vie séparée avec un moi qui écrirait une chose et un moi qui en vivrait une autre – le moi de Mallarmé professeur d'anglais chahuté et irritable dans des lycées de province et le moi de Mallarmé vivant sur les cimes élitistes d'un poème qui abolirait tous les autres poèmes.

Bashô (1644-1694) écrit et vit une seule et même chose : il écrit ce qu'il vit et non pour échapper à la vie qu'il vit en s'en créant une autre, ressemblant en tout point aux arrière-mondes des religions. Fils de samouraï déchu, ce contemporain de Descartes apprend la technique d'écriture et la pratique existentielle de cette technique d'écriture dès l'âge de treize ans dans un monastère zen. Puis il fonde une école et transmet ce qu'il a appris. Il connaît le succès et renonce à la vie mondaine en devenant moine bouddhiste. Il s'installe alors dans son premier ermitage et y plante un bananier plantain offert par l'un de ses élèves – d'où son nom, Bashô, qui signifie bananier. Il y pratique une vie de pauvreté, d'amitié littéraire, de spiritualité concrète, de très longs voyages (2 500 kilomètres), en compagnie d'un disciple d'écriture. Il dicte son dernier haïku, cesse de manger, brûle de l'encens, dicte son testament, éloigne ses disciples et rend son dernier souffle à cinquante ans après avoir composé plus de 2 000 haïkus.

Dans la logique du haïku, la vie n'est pas donc pas séparée de l'écriture, puisque la première nourrit la seconde et que les deux vivent l'une de l'autre. Écrire, c'est vivre et vivre c'est écrire, car il faut vivre pour écrire. La pratique de cette forme brève exige une longue et attentive présence au monde. Le corps doit être sans cesse aux aguets de ce qui advient pour en saisir les fines pointes. Le poète recueille des diamants – si l'on se souvient que ces gemmes cristallisent des forces, des pressions, des densités accumulées, figées, fixées, concentrées et restituées sous formes géologiques.

Même si le bouddhiste ne croit pas au moi et qu'il enseigne la fiction du je, la plaisanterie que serait la subjectivité susceptible de dire « je pense donc je suis », son corps est présence active au monde. Non pas présence contemplative, mais présence soucieuse, présence en quête, présence en chasse, comme on pourrait le dire d'un amateur de coléoptères. Le réel ne vient pas à soi si l'on ne va pas à lui. Nombre d'êtres passent à côté du monde qui ne viendra jamais à eux : dans le monde, ils sont hors du monde. Pour écrire des haïkus, il faut être dans le monde, présent au monde comme on surveille le lait sur le feu – dans l'attente du débordement.

La promenade (Ginkô) se propose de chasser et cueillir l'épiphanie qui deviendra haïku ; elle constitue l'avers de la médaille péripatéticienne car Aristote enseignait à ses disciples en marchant, mais la déambulation comptait pour rien dans le surgissement des idées. Il s'agit là d'un mode anecdotique de déplacement. Lors de la sortie dans la nature, la marche sert à se remplir d'un monde, du monde, pour en saisir toutes les apparitions : visuelles, auditives, olfactives, gustatives, tactiles – voir la lente ondulation de la carpe dans l'onde de la rivière, entendre les trilles du rossignol sur le prunier, sentir les fragrances entêtantes du lis, goûter le thé noir brûlant, toucher la peau granuleuse et chaude de la fraise dans le jardin et restituer toutes ces sensations dans le temps d'une phrase susceptible d'être dite sans reprendre son souffle.

La marche poétique participe donc à la vie poétique comme il existe des vies philosophiques. La pratique de l'ultime haïku (Jisei), dans laquelle le poète concentre avant de mourir tout ce qu'il a ramassé dans sa vie d'écriture, s'inscrit dans une même logique existentielle. Autrement dit, lui qui fut l'homme de la quintessence, il va quintessencier ces quintessences afin de transformer ces grandes densités éparses en densité ultime susceptible de transmettre une leçon de sagesse définitive.

Voici le Jisei d'Issa (1763-1828) :

Ce sera donc cela
ma dernière demeure ?
cinq pieds de neige

La leçon véritable étant bien sûr dans… le point d'interrogation ! Pas de ponctuation, pas de majuscules en dehors du premier mot, pas de point pour ne pas conclure ni finir : n'est-ce pas une magnifique leçon de bouddhisme zen de conclure toute une vie de haïkiste par un signe interrogatif qui suspend tout le travail de quintessence et concentre le concentré dans une pirouette ontologique ? Le bouddhisme enseigne, mais le bouddhiste enseigne qu'il ne saurait enseigner autre chose que le doute après une vie de sagesse, de recherche, de méditation, d'écriture.

La vérité du monde n'est donc pas dans le texte qui dit le monde mais dans le monde – il faut qu'un texte le dise pour être véritablement texte et texte majeur. Le haïku le dit. Il fonctionne comme un entonnoir métaphysique dans lequel l'immensité du monde entre pour se trouver quintessencié à l'entrée en formes brèves mais denses avant que la sortie hors du monde s'effectue sur le mode du point d'interrogation. Point d'interrogation qui, bien sûr, n'est pas univoque : il ne dit pas le questionnement pur, mais il exprime aussi la certitude affirmée sur le mode interrogatif, cynique au sens grec : ma dernière demeure ne serait donc que cela ? Sous la neige. *Ou bien* dit ce point d'interrogation qui ouvre alors tout à nouveau.

Ou bien entrerai-je dans le grand cycle de la nature, du monde, du cosmos ? Car que nous apprend le *Grand Almanach poétique japonais* ? Il dit le temps non pas sur le mode philosophique occidental mais sur le mode empirique : temps circulaire des saisons, temps cyclique du cosmos, temps de la roue orientale contre temps de la flèche occidentale, temps de l'éternel retour, temps de la nature concrète. Loin de toutes ces considérations théorétiques, le haïku propose donc une phénoménologie empirique du temps concret.

Ainsi : *temps du nouvel an* : passage d'un monde qui meurt à un temps qui renaît ; transformation du chaos en cosmos ; retour du temps à son point d'origine ; moment axial des nouveautés – premier lever de soleil, première nuit, première vue d'un paysage, premier feu dans l'âtre... ; préparation du potage à sept plantes curatives ; leçons des lunaisons, autrement dit des morts et résurrections de l'astre de la nuit ; prolégomènes à la vie qui revient ; temps de la neige et de sa fonte ; fêtes associées avec préparation, usage et décrochage des décorations.

Matin du nouvel an
l'an passé brûle encore
dans le poêle

écrit Hino Sôjô.

Temps du printemps : vent du dégel venu du sud-est ; chants des oiseaux en général et du rossignol en particulier ; remontée des poissons du fond des eaux vers la surface sous la glace qui fond doucement ; averses ; fonte des glaces, dislocation des blocs ; sol détrempé, l'herbe pousse, les bourgeons apparaissent dans les arbres ; apparition des brumes ; réveil des insectes ; réchauffement de la terre ; ouverture des fleurs de pêcher ; premiers vols des premiers papillons ; équinoxe à partir de laquelle les jours rallongent ; les moineaux font leurs nids ; les fleurs de cerisier s'épanouissent ; le tonnerre réapparaît ; augmentation de la luminosité ; la vie végétale explose ; les hirondelles reviennent ; les oies sauvages volent vers le nord ; premiers arcs-en-ciel ; la gelée blanche disparaît ; les semis montent ; la fleur de pivoine s'épanouit ; la loutre se réveille, elle pêche des poissons qu'elle aligne sur la berge et ne mange pas, comme si elle les offrait à une étrange divinité.

Sur les offrandes de la loutre
grosses pluies
purificatrices

écrit Tagada Choï.

Temps de l'été : croissance des bambous ; éveil des vers à soie ; retour des lucioles ; coassement des grenouilles ; les plantes parviennent à leur maturité ; elles sont moissonnées ; les vers à soie commencent à manger les feuilles de mûrier ; les semences lèvent, les graines germent ; les mantes religieuses et les lucioles apparaissent ; les prunes mûrissent ; l'iris, les fleurs d'acore odorant, la pinelle tubifère s'épanouissent ; les plantes médicinales sèchent ; le jeune faucon commence à chasser ; les paulownias bourgeonnent ; le sol est saturé d'eau ; la canicule sévit.

Temps de l'automne : fraîchissement des vents ; chants des cigales ; apparition de brumes légères ; la chaleur décroît ; les étamines du cotonnier s'épanouissent ; le feu décline ; la rosée se dépose sur les herbes qui scintillent à l'aube ; apparition des premiers chants de bergeronnettes ; départ des hirondelles ; équinoxe d'automne ; réduction de la longueur des jours et augmentation de celle des nuits ; disparition du tonnerre ; les insectes, les reptiles et les batraciens creusent leurs abris et s'enfouissent sous la terre ; l'eau se raréfie ; la température chute ; la rosée blanche accompagne l'aube froide ; les oies reviennent de Sibérie ; la fleur du chrysanthème s'ouvre ; les grillons et les criquets cessent de chanter ; les premiers givres apparaissent ; la rosée laisse place au givre ; l'air se glace ; les érables et le lierre rougissent ; les typhons apparaissent ; les paysans récoltent le riz ; les brumes matinales embrasent les montagnes ; la plus grosse des étoiles visible à l'œil nu ; le mouvement des étoiles requiert la méditation.

Temps de l'hiver : arrivée des vents venus de Sibérie ; fleurissement des camélias ; épanouissement des narcisses ; arrivée timide des premiers flocons ; chute de neige sur les sommets des montagnes ; disparition des arcs-en-ciel ; feuilles arrachées par le vent du nord ; mûrissement des mandarines ; gros manteau neigeux ; ciel bas et lourd ; hibernation des ours ; rassemblement des saumons ; solstice d'hiver ; la tradition invite à mettre des citrons dans son bain du soir et de manger des citrouilles ; l'herbe brûlée par le gel repousse ; germination du blé ; les cerfs perdent leurs cornes ; les tiges des orchidées jaillissent ; les sources tressaillent ; prospérité des simples et de la ciguë ; cri du faisan ; le gel durcit les marais ; les poules couvent ; une plante nommée le pas-d'âne fleurit ; la nature amorce son réveil ; la constellation Cassiopée occupe le milieu du firmament ; les chasseurs sortent ; les bêtes descendent des montagnes et s'approchent des habitations ; les arbres sont nus, les oiseaux s'y repèrent plus facilement.

Voilà ce que disent les cinq volumes du *Grand Almanach poétique japonais* : *Matin de neige*, pour le nouvel an, *Le Réveil de la loutre* pour le printemps, *La Tisserande et le bouvier* pour l'été, *À l'ouest blanchit la lune* pour l'automne et *Le Vent du nord* pour l'hiver. Ce savoir procède d'une accumulation de sagesse effectuée depuis le VIIIe siècle par des fonctionnaires impériaux. *Le Grand Almanach poétique japonais* fonctionne comme le Talmud, la Bible ou le Coran : il s'agit à mes yeux d'un livre fondateur de civilisation. Il dit un monde, il manifeste une ontologie, il indique une métaphysique, il consigne par écrit une sagesse plusieurs fois millénaire qui évite l'écueil des livres dits sacrés fondateurs des religions monothéistes. Les trois livres du Dieu unique proposent en effet de livrer la vérité du monde dans un discours qui éloigne du monde et en fait l'économie : pour les thuriféraires du Dieu-un, la vérité du monde est moins dans le monde que dans le livre qui le dit. On questionne moins le réel qu'on n'interroge le livre, à savoir celui qui prétend enseigner comment il faut le lire – rabbin, prêtre, imam.

L'Almanach n'est pas philosophie transcendantale, mais sapience immanente ; il n'est pas produit cérébral daté d'une cogitation intellectuelle, mais observation empirique millénaire ; il n'est pas théorie pensée pour l'esthétique de la forme intellectuelle, mais incitation à une pratique existentielle invitant à se faire grande présence au monde, à la nature et au cosmos ; il n'est pas livre qui conduit à la bibliothèque pour s'y enfermer afin d'éviter le monde, mais texte qui incite à retrouver le chemin de la promenade, de l'observation, de la méditation, de l'herborisation ; il n'est pas réflexion hors sol destinée à un pur esprit, à une âme éthérée, à un cerveau sans corps, mais notes pour un exercice spirituel très concret qui engage la totalité du corps sensuel.

L'histoire de la pensée occidentale peut se regarder en regard de l'histoire des grands auteurs de haïkus : Matsuo Bashô (1644-1694) est contemporain de Descartes, Yosa Buson (1716-1783) de Kant, Kobayashi Issa (1763-1823) de Hegel, Masaoka Shiki (1867-1902) de Nietzsche, Natsume Sôseki (1867-1916) de Bergson, Sumitaku Kenshin (1961-1987) de Jacques Derrida. Sans *Discours de la méthode*, sans *Critique de la raison pure*, sans *Science de la logique*, sans *Généalogie de la morale*, sans *Essai sur les données immédiates de la conscience*, sans *De la grammatologie*, les haïkistes produisent une phénoménologie du minimal qui a été formellement sublime et invitation existentielle radicale. Quelle meilleure contre-histoire de la philosophie occidentale peut-on proposer ?

Mais que penser du haïku qui ne soit pas japonais ? Car, hélas, il y en eut ! Paul-Louis Couchoud joue un rôle majeur dans l'introduction de cette forme poétique en France. Cet homme occupe une place à part dans les idées françaises : il fut le théoricien de la négation de l'existence historique de Jésus, le déconstructeur du mythe chrétien, donc l'un des déchristianisateurs théoriques les plus efficaces et les plus pertinents. Autant dire qu'il a été enterré prestement par l'historiographie dominante et qu'on le lit aussi peu que Prosper Alfaric, un autre penseur libre – à défaut de pouvoir utiliser le terme libre-penseur si connoté par une autre cléricature.

Paul-Louis Couchoud (1879-1959) fut normalien, agrégé de philosophie, poète, orientaliste, médecin, ami d'Anatole France dont il a été aussi le généraliste. À vingt-quatre ans, il obtient une bourse qui lui permet de résider au Japon entre septembre 1903 et mai 1904. Il y rencontre des poètes, des sages, des maîtres zen et des haïkistes, dont Kyoshi Takahama (1874-1959), qui a dirigé la grande revue de haïkus *Hototogisu* (*Le Coucou*).

De retour en France, il effectue un voyage en péniche sur les canaux avec ses amis le sculpteur Albert Poncin et le peintre André Faure. Pendant ce trajet, ils rédigent des haïkus pour raconter leur périple. Ce faisant, Paul-Louis Couchoud restaure la pratique primitive qui était collective et supposait l'écriture de poèmes liés (Renga). En 1905, ils publient leurs œuvres à trente exemplaires, sans nom d'auteur, sous le titre *Au fil de l'eau*. Ces 72 haïkus répartis sur quinze pages valent plus par le fait qu'ils inaugurent le genre en France que par leur excellence. Voici le premier d'entre eux :

Le convoi glisse déjà.
Adieu Notre-Dame !...
Oh !... la gare de Lyon !

Plus loin, celui-ci :

Chéri, chéri,
Ah ! Tu me fais mourir !
Douche dans le verger.

Et cet autre, pour finir :

Quand on a enlevé la croûte noire
Il reste une feuille de cigarette
Fromage de Melun.

Fractionner une prose banale en trois sections présentées dans la page en trois lignes superposées ne suffit pas pour faire un haïku. Ce genre de poème n'est pas simple forme sans fond, mais fond phénoménologique qui exige la forme minimale. Or il est plus facile d'obtenir la forme minimale que de partir du fond phénoménologique existentiel qui exige chez le haïkiste cette capacité singulière à saisir l'épiphanie. Voir et dire ce qu'on voit, puis présenter la chose dite en trois lignes laisse l'auteur à l'entrée du haïku, car il manque la vision du monde panthéiste qui la soutient.

Le haïku sans une spiritualité entée sur la nature, le cosmos, l'univers perd son sens, sa saveur. La formule classique du haïku exige formellement trois obligations codifiées au XVIIIe siècle : une composition en trois vers de 5, 7 et 5 syllabes ; la présence d'un mot de saison (Kigo) nécessaire pour se repérer dans le temps cosmique ; celle d'un mot césure (Kireji) qui introduit une rupture, une respiration, une ponctuation à l'intérieur du vers. Avec le temps, le haïku évolue : au début du XXe siècle, Santoka Taneda (1882-1940), un moine zen, abolit l'obligation de fractionner les 17 syllabes en 5, 7, 5 ; il évacue aussi le recours au mot de saison ; enfin, il souhaite la forme totalement libre, donc la disparition du mot césure.

Mais la libération des contraintes formelles ne s'accompagne pas d'une libération de la contrainte spirituelle. Moine et bouddhiste zen, Santoka fait du haïku la trace d'une pure expérience – or, regarder ne suffit pas pour faire une expérience, encore faut-il voir ce que l'on regarde. L'œil regarde, mais seule la sensibilité voit. En ce sens, un aveugle peut voir ce que le regardeur valide ne verra pas. Libérer le haïku de sa forme, pourquoi pas ; mais le libérer de son sens… n'a pas de sens !

La mécanique versifiée est au service de ce que les sages japonais nomment le « mystère ineffable » (Yûgen) et qu'un philosophe occidental pourrait appeler la pure présence de ce qui est, l'être de l'être, la substance de l'épiphanie, la collision des simulacres, l'agencement des forces, le jeu des formes, la dialectique du vivant, la force de l'immanence – ce que, formulé avec le vocabulaire de Nietzsche, nous pourrions nommer : les vibrations de la volonté de puissance.

Le haïku français eut également à cette époque un autre thuriféraire, il s'agit de Julien Vocance (1878-1954), pseudonyme de Joseph Seguin, un jeune homme licencié en droit et en lettres, chartiste, diplômé de l'École du Louvre et de Sciences Po. Il a publié en mai 1916 *Cent Visions de guerre* dans lesquelles il raconte les tranchées, la mort, le combat, le sang, le feu, les blessures, la décomposition. Voici l'un de ses haïkus :

Bonne comme ses yeux, douce comme sa voix,
Souple, sûre, sa main panse ;
Elle pense, je crois.

La forme haïku était-elle nécessaire ? La référence à cette tradition japonaise s'imposait-elle ? Une vieille formule versifiée aurait pu faire l'affaire. Quand la forme seule fait la loi et qu'aucune métaphysique ne l'accompagne, il n'y a que description pure d'un monde fade, croquis banal d'un réel commun. Ainsi, lorsque Kyoshi Takahama, le maître Paul-Louis Couchoud, écrit :

Un serpent s'est enfui.
Ses yeux qui m'ont regardé
Seuls restent dans les herbes.

il est ontologiquement (très) loin de son disciple qui publie (sans rire) ce haïku français :

Les chirurgiens
Examinent l'intestin
De la bicyclette.

Ce qui n'empêchera pas Paul-Louis Couchoud de participer au dossier *Haï-Kaï* de *La Nouvelle Revue française* en 1920.

Le haïku exprime la transcendance dans l'immanence, il la saisit, la sublime, la transfigure dans une formule économe en mots, mais riche en percées ontologiques. Cette séquence poétique tient tout entière dans la période rythmique et respiratoire d'une phrase contenue dans une unique profération, juste après, il faudrait reprendre son souffle. Regarder l'immanence sans savoir qu'elle porte en elle matière à sublime, c'est ne voir que la matière des choses et passer à côté de ce qui l'anime, la hante, la fait vibrer : l'énergie. Le haïku réussi capte l'énergie dans les épiphanies du monde. Après lui, le silence s'impose.

2

LA CÈNE DE L'ART CONTEMPORAIN

La fiction chrétienne construite sur un Jésus de papier à partir de prophéties de l'Ancien Testament juif a généré une passion occidentale pour l'allégorie, la parabole, le mythe, le symbole, la métaphore. Jésus, n'ayant jamais existé historiquement mais ayant été fabriqué par des juifs qui pensaient que le Messie annoncé était venu et qu'il était tellement le vrai que ce qui fut prédit dans les textes s'est réalisé dans l'histoire, a généré une façon d'être, de penser, de peindre, de sculpter. Le corps chrétien s'est construit sur cette fiction devenue réalité par la volonté des constructeurs de la mythologie chrétienne.

La possibilité de figurer, autrement dit de donner figure, décidée au Second Concile de Nicée en 787, fut une bénédiction : ce qui n'avait jamais été dans la réalité allait pouvoir exister dans la fiction peinte, sculptée, dessinée, etc. La représentation de ce qui ne fut pas devenait vérité : l'absence d'un seul Jésus réel se trouvait supplantée par les millions de Jésus peints, dessinés, sculptés, figurés par des mosaïques. Le réel fictif a laissé la place à la fiction qui devenait réelle. L'art a été un formidable instrument de propagande : pendant plus de mille ans, il a raconté une légende, il a montré ce qui n'a jamais existé, il a figuré des fictions, il a représenté des mythes. Le Concile de Trente, au XVIᵉ siècle, réactive ce qui avait été décidé lors de Nicée en 787. L'image exige les mêmes égards que la réalité – mais comme la réalité n'a pas eu lieu, l'image deviendra la seule réalité.

446

On eut donc en fresque, en peinture, en stuc, en bois, en pierre, en bronze, en pigments, en mosaïque, en marbre, en airain, en gouache, en or, en aquarelle, en argent, en pastel, des corps de Christ à toutes les époques de sa biographie (Nativité, Fuite en Égypte, enfant avec les marchands du Temple, adulte dans le désert, en pleine gloire lors de ses prédications, faisant des miracles, rencontrant les apôtres ou Marie-Madeleine, et tant d'autres, grimpant au Golgotha, crucifié sur la croix, ressuscité le troisième jour, monté aux cieux, assis à la droite du père, etc.), des corps de la Vierge dans tous ses états (saisie par la colombe de l'annonciation, en dormition, enceinte, allaitante, affligée, montant au ciel elle aussi), des corps d'anges dans toutes activités (chantant, battant des ailes, jouant d'un instrument, protégeant des enfants, terrassant un dragon).

Cette prolifération d'anticorps (un vivant qui ne mange que des symboles, un mort ressuscité trois jours après son trépas, une vierge mère de famille, un ectoplasme asexué avec des ailes dans le dos) contribue à la construction du corps chrétien occidental – en l'occurrence d'un corps névrosé, car les vivants ingèrent des calories, pas des allégories ; quand ils meurent, hélas, ils ne reviennent pas à la vie ; et quant aux femmes, si elles sont vierges, elles n'ont pas d'enfant, si elles sont mères, elles ont perdu leur virginité. Pour les anges, doit-on argumenter ?

Pareille avalanche de modèles formate la chair du quidam pendant mille ans au moins. La moindre église de campagne dans laquelle tout un chacun se fait baptiser, se marie, fait baptiser ses enfants, reçoit la communion solennelle, puis privée, enfin la confirmation, enterre ses grands-parents, puis ses parents, ses amis, les siens, montre ces anticorps et invite à y ressembler : corps de Dieu en vieillard à la crinière blanche, corps de Jésus en jeune homme blanc et blond, bien qu'originaire de Palestine, corps maternel de Marie la Vierge et Mère, corps du Christ sanguinolent et abîmé du cadavre crucifié, corps potelé du chérubin ou corps androgyne de l'ange souriant, on a (peu) le choix !

Avec le temps et la foi détendue, l'histoire de l'art s'émancipe du sujet religieux. Commanditaires obligent. L'argent fait la loi. Les bourgeois s'offrent des artistes, les riches Flamands se font portraiturer ; le paysage apparaît d'abord en fond, comme l'écrin des couples enrichis par le commerce, puis il s'émancipe et devient lui-même sujet ; la nature morte apparaît, elle est passage du paysage vaste au détail de la matière ; la peinture s'émancipe du sujet avec l'impressionnisme qui peint les effets de la lumière sur un objet devenu secondaire ; cet objet secondaire disparaît lui-même, l'abstraction suffit : on ne peint plus rien de précis, sinon le geste ; le geste finit même par être en trop, le *Carré blanc sur fond blanc* de Malevitch annonce la fin de la peinture, la mort de la toile, la disparition du sujet, de l'objet et du traitement de ce sujet. Advient alors Marcel Duchamp qui annonce la mort de l'art, une mort de l'art qui se transforme paradoxalement en faire-part de naissance de l'art contemporain. L'histoire de l'art du XXᵉ siècle est l'histoire de ce paradoxe.

On aurait pu imaginer que la déchristianisation ait travaillé l'art, au moins depuis l'avènement du paysage flamand. Certes, les sujets religieux existent encore, mais on voit bien combien Le Gréco, Le Parmesan, les Maniéristes, les Baroques traitent encore le sujet, mais triomphent dans la subjectivité de la forme qu'ils lui imposent, dans la singularité du traitement : la signature prend le dessus. L'artiste passe avant le sujet qu'il traite – Charles Quint ne s'y trompe pas quand, à Bologne, dans l'atelier du maître, il se baisse pour ramasser un pinceau tombé de la main du Titien. Chardin a pu peindre des natures mortes sublimes, rien n'a empêché Dix, Ernst, Nolde, Redon, Munch, Schiele, Ensor, Chagall, Rouault, Dalí, Picasso, entre autres, de peindre des crucifixions. La peinture a continué à traiter de sujets chrétiens jusqu'à ce jour – je songe à mon ami Robert Combas.

Ce qui m'intéresse, c'est la permanence du judéo-christianisme dans l'art après Duchamp – Duchamp compris. Car le triomphe de l'installation, l'apparition de la performance (l'actualisation du rituel), le traitement de la chair dans l'Actionnisme viennois ou dans le Body Art (le sacrifice qui conduit au rachat), les présupposés ontologiques de l'art minimal (la présence de l'absence) ou de l'art conceptuel (le triomphe de l'absence), les travaux d'un certain nombre d'artistes sur l'empreinte du corps (le suaire), sur le caractère sacré du vêtement d'un disparu (la tunique du Christ), sur l'écorché ou le cadavre (le corps du Christ), sur la chair comme lieu de l'identité (l'incarnation de Jésus), tels Klein, Boltanski, von Hagens, Serrano, Orlan, inscrivent leur travail, Volens Nolens, dans une perspective judéochrétienne. Précisions.

Marcel Duchamp a quitté la France pour l'Amérique en emportant avec lui, dit-on, *L'Unique et sa propriété* de Stirner et *Ainsi parlait Zarathoustra* de Nietzsche. L'ancien peintre normand devenu le dynamiteur de l'art occidental abolit la peinture de chevalet, quel qu'en soit le sujet, et ouvre grand la porte de la créativité. Il affirme que « le regardeur fait le tableau », autrement dit que l'artiste compte pour peu et le partenaire pour tout, ou presque. Le principe explique donc le fonctionnement du Ready-Made : ce qui est prélevé préfabriqué dans un magasin, une pissotière en émail par exemple, ou un porte-bouteilles, peut devenir œuvre d'art si le regardeur met l'objet en situation de le devenir. L'artiste cesse d'être le Dieu tout-puissant de l'art, puisque Dieu est mort, et l'Unique transforme en propriété ce qu'il regarde, comme y invite Stirner.

Fini le règne de l'artiste roi, de la matière noble (le marbre du sculpteur, le bleu outremer du peintre de la Vierge, l'or qui figure les auréoles des saints, les rayons de l'Esprit saint, le bronze du fondeur de statues...), avènement de toutes les matières, y compris les plus triviales. Le siècle nouveau habilite une théorie délirante de matériaux : poussière, carton, papier, ficelle, journaux, sable, déchets, détritus, urine, matière fécale, salive, sperme, sang, vêtements, plastique, jouets, poils, animaux morts, graisse, etc. Il donne également à l'immatériel un rôle important : le son, la lumière, l'idée, le concept, l'électricité, le vide, le langage.

Le cliché du peintre assis devant sa toile posée sur un chevalet, avec une palette à la main, des couleurs mélangées par ses soins, un pinceau au bout des doigts, tout cela disparaît. Les artistes proposent des installations ou des performances. Le *Dictionnaire culturel en langue française* d'Alain Rey définit ainsi l'*installation* en art contemporain : « Œuvre d'art complexe, généralement provisoire, réunissant des objets assemblés. Les installations, adaptées à un lieu précis ("in situ"), sont présentées pendant une période limitée. » De même pour la *performance* : « Production immédiate d'un événement de nature artistique, par gestes, sons musicaux, mouvements du corps. » L'un et l'autre mot peuvent se mettre en relation avec la messe qui suppose un rituel et une liturgie, autrement dit : des objets, des vêtements, des signes, des mots, des gestes, des postures du corps – à savoir, calice, ciboire, patène, chasuble, étole, mais aussi bras grands ouverts, signe de croix, bénédiction, le tout pour célébrer l'eucharistie.

La performance suppose une action publique dans un temps donné qui mobilise un certain nombre d'arts – danse, chant, musique, théâtre, vidéo, mime, diction, poésie, sculpture, cinéma, multimédias… Il s'agit de réaliser, devant un public, parfois parmi lui, un récit corporel souvent cathartique qui permet aux artistes d'échapper à la forme apollonienne dominante dans l'art occidental depuis des siècles au profit d'une explosion dionysiaque, d'une improvisation corporelle qui laisse la part belle à la remontée en surface des pulsions refoulées par la civilisation judéo-chrétienne.

Bien souvent, on y met en scène un anticorps chrétien qui, par son obsession à se démarquer d'une tradition, la revisite et lui donne une consistance nouvelle, voire une noblesse inédite. Le marquis de Sade et Georges Bataille fonctionnent en philosophes de prédilection dans l'esprit des acteurs de cette subversion tellement attachée à ce qu'elle doit subvertir, faute de disparaître si elle devait être vraiment subversive, qu'elle affirme plus qu'elle ne nie son objet. Un chrétien qui n'aurait pas d'œillères verrait les travaux des Actionnistes viennois, de

Michel Journiac, de Gina Pane ou d'Orlan comme des hommages.

L'Actionniste viennois Hermann Nitsch (1938), que j'ai visité dans son château autrichien de Prinzendorf lors de l'une de ses préparations de performance dans son *Théâtre du mystère des orgies*, use et abuse des objets de la liturgie chrétienne : autel, calice, ciboire, patène, chasuble, étole, ostensoir – *Kasel* (1973) représente une chasuble souillée de sang ; *Relikt der 80. Aktion* (1984) montre objets et vêtements du culte dans une configuration sanguinolente sacrificielle. Lors des actions qui peuvent parfois durer plusieurs jours, six lors de la performance de 1998, des animaux sont sacrifiés, abattus, écartelés, équarris comme dans les logiques sacrificielles païennes qui constituent la source du judéo-christianisme. Un impétrant vêtu d'une aube blanche maculée du sang des animaux est lié sur une croix, bras écartés, en posture christique, par des officiants eux aussi couverts d'hémoglobine. Ce cofondateur de l'Actionnisme viennois représente aujourd'hui l'Autriche, son pays si catholique, à la Biennale de Venise. Il dispose déjà d'un musée consacré à son travail à Mistelbach an der Zaya, dans le land de Basse-Autriche.

Rudolf Schwarzkogler (1940-1969) fut avec son ami Hermann Nitsch l'un des acteurs majeurs de l'Actionnisme viennois. Sa première performance date du 6 février 1965, elle est intitulée *Mariage*. Sur une table recouverte d'un linge blanc, comme sur un autel chrétien, l'artiste a posé un miroir noir sur lequel il a réparti des poissons, un couteau, des ciseaux, des verres contenant des liquides colorés, une éponge, des œufs, un poulet, une cervelle, des poires, des pots de fleur, une cuisinière électrique, des bandes de gaze, des feuilles de plastique coloré, du scotch, une poire à lavement. L'action consiste à manipuler tous ces objets : ouvrir et éviscérer les poissons, les envelopper de gaze, mettre la cervelle dans un verre de liquide bleu, trouer les œufs et injecter du bleu, utiliser la poire pour asperger de bleu un rideau blanc, couper des poires, casser les pots de fleurs, séparer les racines de la terre. Des chants grégoriens sont diffusés dans l'espace de la performance.

La *troisième action* met en scène un homme nu qui s'enveloppe le sexe dans des bandes de gaze, l'introduit dans la gueule d'un poisson, s'accroche un brochet dans le dos, s'enroule dans la gaze tachée de sang, etc. Les tourments infligés au phallus de l'artiste ressemblent à s'y méprendre à ceux que s'inflige Origène, le père de l'Église qui se sectionne les génitoires pour obéir à la lettre à l'invitation de l'évangéliste qui rapportait ce propos de Jésus : « Tous ne comprennent pas ce langage, mais ceux-là seulement à qui c'est donné. Il y a, en effet, des eunuques qui sont nés ainsi du sein de leur mère, il y a des eunuques qui le sont devenus par l'action des hommes, et il y a des eunuques qui se sont eux-mêmes rendus tels en vue du royaume des Cieux. Comprenne qui pourra ! » (Mat.19.11-12). Schwarzkogler meurt en chutant de la fenêtre de son appartement à l'âge de 28 ans.

L'artiste Michel Journiac (1935-1995) effectue une performance qui met au jour cette filiation : après avoir fait des études de théologie à l'Institut catholique en 1956, le séminariste renonce à la prêtrise en 1962 pour se tourner vers l'art, qu'il étudie à la Sorbonne. En 1969, il réalise une performance célèbre intitulée *Messe pour un corps* au cours de laquelle un assistant lui prélève trois grosses seringues de sang qu'il fait cuire avec des oignons émincés et du gras animal, il entre le mélange dans un boyau qu'il noue et cuit à l'eau avant de le griller, de le trancher, puis d'en couper des morceaux servis comme des hosties à l'assemblée qui consomme donc le corps de l'artiste comme une eucharistie concrète.

De même avec Gina Pane (1939-1990), dont le travail d'art corporel fut indéniablement dans le sillage judéo-chrétien : son *Action sentimentale* (1973) réalisée devant un public de femmes à Milan lui fait alterner des séquences avec roses rouges et roses blanches ; l'artiste passe en douceur de la station debout, celle du bipède de l'*Homo sapiens*, à l'état fœtal, celle de la régression cathartique de l'artiste ; elle enlève les épines des roses et se les fiche méthodiquement et lentement dans l'avant-bras ; elle s'incise la paume au rasoir, le sang coule. À ceux qui veulent une symbolique première, l'avant-bras et le creux de la main figurent allégoriquement la tige et la fleur de la rose, le sang qui coule correspond à l'incarnat des pétales de la fleur.

Pour ceux qui ne se contentent pas d'un langage des fleurs postmoderne, on peut aussi rappeler que les épines et la blessure dans le creux de la main correspondent à celles de la couronne et aux stigmates du Christ. Que cette souffrance rédemptrice du Messie est endossée à nouveau par l'artiste qui souscrit elle aussi à cette idée que le supplice conduit au salut, que la douleur est connaissance, que la chair mutilée conduit directement au corps glorieux, que l'affirmation du corps est dans sa négation, que la vie véritable passe par la mortification.

Gina Pane n'a jamais caché que la mythologie judéo-chrétienne lui servait de boussole ontologique. Quand elle nomme l'une de ses performances *La Légende dorée. 1984-1986* (1986), elle revendique clairement l'ascendance de cet ouvrage qui montre quantité de saints achetant leur paradis, gagnant leur vie éternelle, par les mauvais traitements infligés à leurs corps : décollation de Denis, éviscération d'Adrien, barbecue de Laurent, percement de Sébastien, égorgement d'Agnès enterrée de son vivant (une performance de Jean Lambert-wild, l'enterrement vivant, pas l'égorgement), déchiquètement par le verre, brûlure dans les charbons, arrachement de la pointe de ses seins à la tenaille d'Agathe, ingestion de poix et de résine bouillante de Second et Calocérus, de plomb en fusion pour Prime et Félicien, tortures multiples pour Christine, etc.

Dans les années soixante, l'art corporel de Gina Paine s'inscrit dans un christianisme dont j'ai écrit dans *Le Souci des plaisirs* qu'il triomphait « comme un espace mental et intellectuel, ontologique et métaphysique, spirituel et philosophique, dans lequel on ne jouit que du corps détruit, coupé, taillé, martyrisé, éviscéré, brûlé, décapité, décharné, empalé, noyé, déchiré, fouetté, pendu, crucifié, violé, égorgé, lapidé, torturé, déchiqueté, étouffé, écartelé, assassiné, broyé, dévoré, enchaîné, ligoté, battu, pendu, frappé, bastonné, lacéré, scié, tué ». Je n'ai rien à ajouter ni à retrancher.

En 1971, la même Gina Paine propose une performance dans son atelier intitulée *Escalade non anesthésiée*. Elle gravit pieds nus une échelle aux barreaux affûtés comme des lames de rasoir. Quinze ans plus tard, en 1986, elle donne une autre performance intitulée *L'Échelle du martyre de saint Laurent n° 3 (Partition pour un corps irradié)*. L'échelle y joue toujours un rôle important : on se souviendra que l'échelle de Jacob conduit de la terre peccamineuse au ciel paradisiaque, de la chair abîmée par le péché originel au corps glorieux éternel et immortel ; quand elle se trouve associée aux instruments de la Passion du Christ, elle dit ce qui permet d'accéder à la croix, au visage du Christ et à son corps lors de la Passion.

Dans *Psyché (essai)*, en 1974, l'artiste s'entaille la peau des sourcils avec lenteur. Elle fait couler des larmes de sang de ses yeux. Dans d'autres performances, elle danse pieds nus sur des braises pour étouffer le feu ; elle mange pendant plus d'une heure de la viande avariée ; dans *Death Control* (1974), elle gît au sol le visage couvert d'asticots et le public assiste à la conquête de son visage par les insectes de la décomposition qui entrent dans ses yeux, ses narines, ses oreilles ; en 1988, sa performance s'intitule *La Chair ressuscitée*. Elle meurt d'un cancer deux ans plus tard.

Une grande partie de son œuvre ne se comprend qu'avec l'idée que l'artiste inscrit son travail, sans pouvoir s'en défaire, dans plus d'un millénaire d'iconographie judéo-chrétienne. Les signes, les symboles, les allégories, les références, les révérences, les citations explicites ou non, les métaphores abondent : la forme symbolique de la croix, la présence des épines, le sang versé, la production des stigmates, l'usage de reliquaires et d'autels, l'utilisation de l'échelle, mais aussi, et surtout, le fond même de son travail : le sacré relié au sacrifice, la rédemption dans, par et pour la douleur, l'usage du corps dans la perspective de l'idéal ascétique, le sang comme vérité – Gina Pane réalise dans des galeries parisiennes le grand triomphe de saint Paul !

Orlan (1947), de son vrai nom Mireille Suzanne Francette Porte, est la figure emblématique de l'art corporel français. En 1979, au Palazzo Grassi de Venise, elle met en scène une sainte Thérèse vivante qui imagine les incarnations à venir de sainte Orlan ; en 1981, elle réalise une performance à Lyon intitulée

Mise en scène pour une sainte. Elle construit une chapelle dans laquelle se trouvent les artifices du baroque : miroirs, sculptures, colonnes à effets de perspective, colombes, sculptures en résine qui imite le marbre. Cinquante découpages de chérubins servent d'écran à son intervention, autour d'elle, une sainte dénude son sein – citation évidente de l'iconographie chrétienne, à savoir Marie allaitant l'enfant Jésus ; en 1983, elle propose une *Étude documentaire* constituée par une série de photos dont voici quelques titres : *Le Drapé-Le Baroque ou sainte Orlan avec fleurs sur fond de nuages, Le Drapé-Le Baroque ou Sainte Orlan couronnée et travestie à l'aide des draps de son trousseau, avec fleurs et nuages* ; la même année, une performance permet une série de photographies, dont *Skaï and sky et vidéo, Vierge blanche se drapant de skaï et de faux marbre* ; en 1990, elle effectue une conférence intitulée *Ceci est mon corps... Ceci est mon logiciel...* au cours de laquelle elle présente son *Manifeste de l'art charnel.*

Dans les années 90, elle entreprend de sculpter son corps avec la chirurgie afin de produire une chair culturelle susceptible d'une identité nouvelle : elle envisage, avec force opérations de chirurgie esthétique, de transformer son visage de chair en support concret de quelques visages iconiques de la peinture occidentale. Deux implants sur le front lui donnent une allure faunesque. Ce corps nouveau produit par la volonté culturelle aura un nom nouveau choisi par les autres afin d'exprimer une identité nouvelle. Le titre de ce vaste projet : *La Réincarnation de sainte Orlan.*

L'ultime projet artistique d'Orlan consiste à placer son corps momifié dans un musée – mais, pour l'instant, aucun partenaire n'a manifesté d'intérêt pour cette performance. En attendant ce jour ultime, point d'orgue pour une carrière d'artiste corporel, elle dit qu'avec ses performances elle dénonce la violence faite au corps des femmes, sans qu'on comprenne forcément de quel type de combat féministe il s'agit, ni expliciter comment la fréquentation régulière des blocs opératoires contribue au légitime combat féministe. Par ailleurs, Orlan est chevalier des Arts et Lettres, chevalier de l'Ordre national du mérite et titulaire de la Médaille d'or de la ville de Saint-Étienne, sa ville natale.

De l'Actionnisme viennois à l'art corporel français, la chair en jeu reste judéo-chrétienne. Outre la présence de citations explicitement chrétiennes (l'épine, l'échelle, la croix, le sang, la plaie, la blessure, les stigmates, l'autel, le calice, la patène, le ciboire, l'ostensoir, le chant grégorien), on retrouve également des traces de l'ontologie judéo-chrétienne : le sacrifice rédempteur, le caractère sacré du sang versé, la mortification de la chair, l'imitation du corps supplicié pour réaliser le salut, la sotériologie sanguinolente, le culte de la pulsion de mort retournée contre soi-même. En quoi les artistes de l'art corporel, souvent présentés comme de grands transgresseurs, restent souvent très chrétiens.

Aux antipodes de l'art corporel qui scénographie la chair la plus immanente, l'art minimal ou l'art conceptuel qui magnifient le rien, le peu, le rare, l'infinitésimal, la trace, l'idée, le concept obéissent eux aussi à l'épistémè judéo-chrétienne. Car l'art minimal joue de la présence de l'absence et l'art conceptuel, du triomphe de l'absence – comme dans la fiction chrétienne tout entière échafaudée sur un personnage conceptuel historiquement inexistant. Le corps du Christ sublime une allégorie aux antipodes d'un corps réel. La religion catholique tourne autour de ce centre vide, de ce cœur creux, de cet épicentre dans lequel on ne trouve rien d'autre que du Verbe. Comment comprendre, sinon, cette affirmation selon laquelle le Verbe se fait Chair ? Le mode d'emploi du christianisme réside dans cette transfiguration du Verbe en Chair – en Chair qui est Verbe.

Rappelons que le christianisme suppose advenu ce que le judaïsme annonce à venir. Le corpus chrétien se constitue donc pour donner corps et chair à cette proposition religieuse. Les caractères du Messie annoncé dans l'Ancien Testament deviennent ceux du Messie venu selon le Nouveau. Rien de ce qu'est le Christ n'a été dit de lui en amont de façon vétérotestamentaire. Ce qui justifie cette débauche de verbe, de gloses, de commentaires, de dialectique, de sophistique, de scolastique dans la forgerie qui rend possible le christianisme puisqu'il lui faut construire une histoire avec une fiction.

L'art conceptuel procède de même. Il n'existe que parce que Nietzsche annonce la mort de Dieu, donc la mort du beau – comme idole majuscule. L'esthétique platonicienne qui a enseigné l'existence d'idées pures, indépendantes de la réalité sensible, a nourri la philosophie de l'art chrétien. Le Beau en soi était le modèle avec lequel s'effectuait un jugement de goût : les objets étaient dits plus ou moins beaux en fonction de leur plus ou moins grande proximité avec la Beauté en soi. Cette Beauté renvoyait à l'équilibre, à l'harmonie, à la symétrie, mais aussi à la ressemblance de la représentation avec la chose représentée.

Le christianisme met l'art au service de son idéologie. L'idéal platonicien sert le contenu politique édifiant de la religion. Tant que triomphe cette civilisation, l'art fonctionne sur ces principes. Kant en formule la théorie la plus achevée dans sa *Critique de la faculté de juger*. Le Beau a partie liée avec Dieu – du moins : le lieu du Beau coïncide avec celui de Dieu, à savoir : le ciel des idées, le monde intelligible, l'universel nouménal, la topique conceptuelle. Léonard de Vinci fait de la peinture une « chose mentale », Marcel Duchamp pousse cette idée dans ses derniers retranchements.

À la mort de Dieu, il ne reste plus qu'un terrain vague ontologique. Canular ou théorie, provocation ou doctrine, plaisanterie ou système, avec le Ready-Made Duchamp propose une révolution qui réussit. L'art n'est plus dans l'objet qui pouvait être beau, mais dans le regardeur qui peut le faire beau – ou non. Puisque le regardeur fait le tableau, le tableau compte pour peu, voire pour rien et le regardeur, pour tout. La banalité d'un porte-bouteilles ne peut être sublimée que par le regardeur qui va conférer à cet objet extrait d'une quincaillerie une dignité artistique du simple fait de son projet. L'art devient ce que le regardeur veut qu'il soit. Tout peut donc être art, autrement dit rien ne l'est plus explicitement.

La démarche duchampienne fonde l'art conceptuel. Mais Duchamp a encore besoin d'un support, un porte-bouteilles, une pelle, un urinoir, un porte-chapeaux, mais ses émules radicalisent sa pensée. Pourquoi avoir encore besoin d'un objet, pour quelles raisons recourir à un support ? La pensée doit se suffire à elle-même. L'idée prime sur l'objet exactement de la même manière que le Verbe prend le dessus sur toute autre réalité dans le christianisme. Le projet n'exige même pas la réalisation concrète d'une œuvre car le projet, voilà l'œuvre. Un mot écrit sur le mur d'une galerie, une phrase peinte dans un lieu d'exposition, un document énigmatique présenté dans une vitrine, voilà qui suffit. La dématérialisation intégrale prend de court ceux qui, avec un carré blanc sur fond blanc ou avec des monochromes pensaient avoir atteint un lieu de non-retour pour l'esthétique : or, après l'effacement, il y a l'abolition ; après la trace, la disparition.

Les artistes conceptuels sont les théologiens de l'après-mort de l'art. Là où les tenants de l'art corporel cherchent à atteindre la sainteté concrète dans l'épreuve infligée au corps peccamineux, les conceptuels s'installent sur le terrain de l'ontologie. Le modèle des premiers ? La mystique. Celui des seconds ? La métaphysique. Les uns veulent accéder au divin par la chair qu'ils scénographient pour la nier afin d'affirmer le corps glorieux, les autres visent le même éther, mais par la théologie négative. Dans les deux cas, le judéo-christianisme fournit les cadres formels et idéologiques – le boudin humain est au corps ce que le porte-bouteilles est à l'esprit : une catégorie engluée dans le catholicisme.

3

ESTHÉTIQUE DU SENS DE LA TERRE

Dans le capharnaüm d'un magasin d'antiquités du sud de la France, j'avisai, retournée sur le dos et posée sur le haut d'un meuble, une toile de petit format qui me parut d'abord brune, très brune, au point que ce bitume épais me donnait l'impression de n'être qu'une croûte du genre monochrome bruni et lourdement verni. Je la pris en main et vis d'abord un assemblage hétéroclite d'animaux : un petit lion souriant posant une patte douce sur une branche d'arbre tronquée ; un oiseau avec une longue queue terminée par une plume comme taillée en pointe ; un autre oiseau, un genre de corbeau, retourné ; un loup à l'œil inquiétant qui couvait maternellement un petit chien domestique avec un collier rouge ; cet attelage singulier sur le dos d'un bouc cornu ; deux autres chiens, des molosses, eux aussi imbriqués dans ce zoo fantastique. Je ne voyais pas pourquoi ces animaux étaient ainsi mélangés, confondus dans d'étranges postures, les uns chevauchaient les autres, celui-ci protégeait celui-là. Rien, dans la nature, ne pouvait correspondre à pareil assemblage de huit animaux dans un arbre.

Je retournai la toile et découvris un châssis ancien. Une étiquette avec deux chiffres, d'autres numéros écrits au crayon à papier sur l'encadrement qui paraissait ancien, une inscription en lettres gothiques apposée avec un tampon violet. Le dos de la toile semblait ancien lui aussi. Ces signes cabalistiques montraient que peut-être l'œuvre avait circulé. L'antiquaire à qui je demandai le prix me fit une réponse vague. Le vendeur avait besoin d'argent assez rapidement, il avait décroché l'œuvre des murs d'une riche maison familiale et voulait bien s'en débarrasser pour un prix modeste pourvu que ce soit payé en liquide le plus vite possible.

Je regardai à nouveau la toile et ne vis plus aucun animal : plus d'oiseaux, plus de lion, plus de chiens, plus de bouc, plus de loup – ou ce qui lui ressemblait. Mais, à la place : un visage d'homme avec une grande mèche noire et une barbe taillée en pointe. Un portrait de profil. Puis je vis à nouveau les bêtes, avant de m'apercevoir que le visage était composé avec ces animaux. Le nez ? L'arrière-train poilu du bouc. La mèche et la barbe ? Le corps et les pennes des deux oiseaux. La nuque ? Le dos de l'un des oiseaux. Le maxillaire ? Le ventre de l'autre. Le front ? Le dos recourbé du loup. L'oreille ? Le molosse recroquevillé. La ligne descendante du cou ? La patte griffue de l'oiseau à aigrette – une poule faisane, peut-être. L'œil ? La queue du petit chien domestique prise entre le fessier du loup et l'échine du bouc. Le haut du col du vêtement ? Les feuilles d'un arbre. Le feston du col de cette pièce d'étoffe ? Une branche d'arbre. Les lèvres ? Deux blocs de pierre sur lesquels repose la ménagerie mystérieuse. Une bête humaine ou un humain bestial, un homme fait chien et bouc, corbeau et lion, mâtin et bichon. Je songeai, bien sûr, à Arcimboldo.

J'ai acheté cette toile, bien que je ne sois pas acheteur d'objets d'art – sauf quelques pièces d'art africain. Mais, le temps passant, elle ne trouvait pas sa place dans la maison. Magique, fantastique, inquiétante, énigmatique, obscure, sombre en tout, matière et sujet, elle semblait inquiéter le regardeur, le questionner, l'épier de son siècle d'origine. Lequel ? Je ne sais. Sûrement pas contemporain des arcimboldesques, un genre dont il relève pourtant, qui furent légion au XVIIe siècle. La facture semblait XIXe siècle, mais le style d'Arcimboldo est hors époque : il aurait pu être d'avant lui, il peut être contemporain de lui, mais aussi postérieur à lui, car il sort de l'histoire, fond et forme, pour *dire* de manière anhistorique des vérités ontologiques, métaphysiques, philosophiques, biologiques.

Je me suis renseigné alors sur Arcimboldo et les arcimbol-desques – Joos de Momper, Hans Meyer, Matthäus Merian l'ancien, Stefan Dorffmeister. J'ai cherché et lu, espérant découvrir le nom de ce peintre pour le plaisir d'en savoir plus sur cette œuvre. Le portrait réel d'un homme réel ? Qui, alors ? Car qui peut aimer voir son visage décomposé et recomposé ainsi avec des dos et des ventres d'oiseau, des échines de caprins ou de canidés, des plumes noires et des poils écrus ? Quel être peut trouver son compte à se voir ainsi portraiturer à l'aide d'un bestiaire ? Quelle beauté plastique peut souhaiter se faire ainsi démonter le portrait, au sens second de l'expression, au profit d'un portrait remonté de la sorte ? Qui aimerait être décomposé pour être ainsi recomposé ?

Cette déconstruction esthétique permet une reconstruction ontologique. Arcimboldo n'a laissé aucun écrit. Il nous reste de lui juste une phrase qui semble programmatique : *Homo Omnis Creatura* – L'homme est la créature du Tout. Pas de Dieu chrétien, pas de démiurgie d'un genre déiste, pas de créateur opposé à sa créature, pas de renvoi à la Bible, mais une proposition philosophique panthéiste qui devient peinture. Arcimboldo (1526-1593) montre, comme Giordano Bruno (1548-1600), son exact contemporain, que les références au christianisme sont caduques et que le monde ne s'oppose pas à un créateur qui lui serait séparé, mais qu'il est créateur et créature lui-même – au siècle suivant, Spinoza écrira *nature naturée* et *nature naturante*.

Faute d'avoir pensé la pensée possible d'Arcimboldo, les lectures de cette œuvre restent à la surface des choses. Les analystes parlent de bizarreries, de caprices, d'extravagances, de fantastique, de plaisanteries, de facéties, de magie, d'humour noir, mais aussi, plus sûrement, d'allégories maniéristes, d'œuvres politiques de cour, de précurseur du surréalisme, de contre-points entre le microcosme et le macrocosme, de peinture de la laideur pour dire le beau, donc de l'une des modalités du sublime, de précubiste à rebours (*sic*), d'artiste ésotérique. Avec Barthes ou Mandiargues et quelques autres, dont Breton, on peut dire tout ça, bien sûr, mais autre chose également.

Car Arcimboldo semble un panthéiste païen. Il illustre à sa manière la Renaissance qui se définit par le retour de l'Antiquité au premier plan, ce qui contraint la religion catholique à passer au second plan. On peut toujours lire la Bible et s'en réclamer, bien sûr, mais les philosophes proposent de l'aborder de conserve avec le stoïcisme, l'épicurisme, le pyrrhonisme, ou bien encore le cyrénaïsme. Le Dieu des philosophes remplace le Dieu d'Isaac, Abraham et Jacob. La vérité du monde se trouve moins dans le livre qui dit le monde que dans le monde – qui peut dire dieu, certes, mais un dieu qui est soit l'autre nom de la nature, soit la force qui la rend possible.

Cette peinture exprime le monisme de la matière. Pour le dire une fois de plus dans les mots des philosophes, en l'occurrence ceux des penseurs matérialistes du siècle des Lumières, il n'existe pour elle qu'une seule substance diversement modifiée. Cette ontologie matérialiste suppose que les poissons et les pierres, les fleurs et les fruits, les hommes et les animaux, les légumes et les livres, les arbres et les perles relèvent d'une seule et même matière. Dans ses portraits de visages composés, Arcimboldo ne peint rien d'autre. Il utilise ce que chacun connaît, la raie et le perroquet, la rose et le citron, le cerf et l'oignon, le turbot et le paon, la jonquille et l'orange, l'éléphant et l'artichaut, mais dans un agencement inédit producteur d'une forme connue – un visage, en l'occurrence, celui de Ferdinand Ier, Maximilien II, Rodolphe II, peut-être de Calvin, sûrement du bibliothécaire et du juriste de la cour des Habsbourg.

Ce que sont ces hommes ? Des agencements de matière, de la même substance que celle qui constitue le reste du monde, la totalité du monde. Nous partageons avec l'iris et la langouste, la châtaigne et la poire, le champignon et le raisin, la même texture ontologique, celle des atomes de Démocrite, d'Épicure et de Lucrèce, celle des particules découvertes par les physiciens modernes. La nature est un immense réservoir de forces avec lesquelles se font les formes et vice versa. Le peintre montre ces éléments de base et leurs agencements. Il révèle les mystères du démiurge.

Cette peinture du monisme de la matière s'avère très exactement l'antidote au dualisme du christianisme qui fait alors la loi en Europe. Pendant que ses contemporains – le Tintoret, Raphaël, Le Gréco, Véronèse pour les plus célèbres – peignent des scènes religieuses et donnent une consistance, une existence, une visibilité, une matérialité à toute la quincaillerie des arrières mondes chrétiens, Arcimboldo, seul de son propre parti, à la manière de Jérôme Bosch un siècle plus tôt, raconte le monde et montre l'intime liaison entre ses différentes parties.

Dans *De l'orateur*, Cicéron disait du visage qu'il était le miroir de l'âme. On sait qu'après Max Picard Levinas effectua une variation talmudique sur cette vieille idée romaine. Arcimboldo souscrit, mais en évitant d'opposer l'intériorité d'une belle âme immatérielle et immortelle, parcelle de divinité en nous, enchâssée dans un corps laid et matériel, corruptible et mortel, scie musicale philosophante dans le lignage de la pensée dominante qui va de Pythagore et Platon, via Augustin et Thomas d'Aquin, Descartes et Kant, jusqu'à Heidegger et Levinas.

L'âme que l'artiste peint en visage se révèle de la même farine ontologique que les poissons et les fleurs, les animaux et les objets. Quoi qu'en penserait Platon, il est, lui et son visage, constitué de la texture immanente avec laquelle se formulent les différentes modalités du monde – le minéral du ventre de la terre, le végétal des forêts primitives, l'animal des origines, l'éther du cosmos. La physique contemporaine ne dit rien d'autre en prouvant que tout ce qui est procède de l'effondrement d'une seule et même étoile sur elle-même. Arcimboldo nous le rappelle : nous sommes variation sur le thème d'une matière unique.

La peinture d'Arcimboldo est tautologique : quand il construit le visage d'un bibliothécaire, c'est avec des livres – le nez, le buste, la tête, les joues sont construits avec des volumes agencés horizontalement, verticalement, de manière oblique, empilés d'une façon particulière, l'un d'entre eux, ouvert à plat, donne l'impression des cheveux avec les feuillets ouverts en éventail, cinq signets qui sortent d'un livre dont le dos constitue le bras figurent les cinq doigts, un autre signet, rouge, dessine une oreille, la barbe et la moustache sont des queues de martre avec lesquelles on époussette alors les reliures. Ainsi avec le jardinier et ses outils, le cuisinier avec ses ustensiles. De même quand il figure les éléments ou les saisons, le peintre utilise les fruits et légumes de saison pour dire l'automne, les poissons pour exprimer l'eau, les fleurs pour signifier le printemps.

Avec seulement quatre éléments et quatre saisons, soit huit toiles sur une production qui comporte moins d'une vingtaine de peintures, Arcimboldo propose une encyclopédie païenne du monde. Son talent allégorique et symbolique fait qu'avec ses mêmes œuvres il produit une peinture de cour avec des œuvres apologétiques de la famille des Habsbourg et de leur politique, ainsi que des portraits officiels des empereurs qui l'appointent, Maximilien II en *Printemps*, Rodolphe II en *Vertumne*, mais produits de la façon la moins académique qui soit.

Avec les quatre éléments, l'eau, la terre, le feu, l'air, Arcimboldo dispose de l'alphabet avec lequel tous les mots de la nature sont écrits ; avec les quatre saisons, printemps, été, automne, hiver, il maîtrise l'autre alphabet avec lequel se formule la vie des mots de la nature. D'une part, ce qui est, selon l'ordre de la matière ; d'autre part, la vie de ce qui est, selon l'ordre des durées. Ici, la matière du monde ; là, le temps qui travaille la matière du monde. Avec peu de moyens, il peut ainsi exprimer la totalité.

Chaque toile consacrée à un élément permet une encyclopédie. Ainsi, la terre propose une multiplicité d'animaux pour un seul visage : une gazelle indienne, un daim et une daine, un léopard, un chien, un cerf, une grande bête pour le seul front, un bouquetin pour la nuque, les bois de ces animaux pour les mèches de cheveux, un rhinocéros, un mulet, un singe, un ours, un sanglier, un chameau, un lion, un cheval, un éléphant pour le front, un bœuf étendu pour une autre partie du cou, un loup, un rat, le renard pour le sourcil, le lièvre pour le nez, la tête de chat pour la lèvre supérieure, le tigre pour le menton, le lézard, le chevreuil... Le vêtement est une peau de lion et un mouton très laineux, autrement dit, la dépouille du lion de

Némée qui ravageait l'Argolide et fut tué par Hercule dans le premier de ses Douze Travaux, et la Toison qui raconte la Toison d'or, une référence à la mythologie grecque, bien sûr, mais aussi à l'alchimie, très présente à la cour. La peau du lion rappelle le royaume de Bohème qui faisait partie de l'Empire et la Toison d'or, la dynastie impériale, puisqu'il s'agit d'un ordre des Habsbourg.

Arcimboldo agit ainsi avec la totalité des éléments : un visage de profil qui représente une femme, parée avec une boucle d'oreille et un collier en perles, produits de la mer, mais dont le visage est visqueux, glaireux, gluant, collant, poisseux, puisqu'il est constitué d'une multitude de poissons, de fruits de mer, de crustacés, de coquillages, d'animaux serpentiformes, cuirassés, caparaçonnés, épineux, tentaculaires, kératineux, gélatineux, on trouve également dans ce portrait de femme une tortue écailleuse, une grenouille luisante, un poulpe mou, un hippocampe chevalin, un morse aux défenses menaçantes, un ver à mille pattes, une branche de corail pourpre, une étoile de mer envahissante, un tourteau dont les petits yeux fixent le regardeur. Les yeux de tous ces animaux pullulent sur la toile, comme autant de regards – apeurés, menaçants, primitifs, abyssaux, insistants, agressifs, inquisiteurs. De même pour les gueules ouvertes : bouches barbues, cartilagineuses, grosses lèvres ourlées, mandibules comme des pinces. Deux petits jets d'eau sortent de la bouche d'un poisson sur le sommet du crâne de cette femme, ils semblent un toupet de cheveux dans une coiffure apprêtée, puis, sur le haut de la tête, une couronne signale que le portrait de cette femme aux poissons est très probablement celui d'une grande dame de la cour, peut-être même l'épouse de l'empereur. On imagine le jugement du sujet ainsi portraituré quand il découvre sa transfiguration païenne, sa métamorphose la plus immanente en créature des fonds sousmarins.

Pour apprécier l'allégorie, il faut savoir qu'elle en est une. On ne saurait consentir à pareille figuration de soi si elle n'est soutenue par aucune symbolique. Ce que montre l'œuvre cache ce qu'il faut comprendre. Et ce qu'il y a à comprendre, pour le peu qu'on puisse en savoir, est probablement de nature cosmogonique – l'alchimie jouant probablement un rôle majeur. Ce que dit Arcimboldo ? Que le politique procède du cosmos, qu'il en est la figure, l'incarnation, la personnification si l'on se souvient de l'étymologie de : *persona*, le masque. Le cosmos arcimboldesque n'est pas une idée, mais la réalité d'un univers matériel et matérialiste.

L'agencement des toiles se veut lui aussi allégorique : les saisons se font face et les éléments renvoient aux saisons. L'été est chaud et sec, comme le feu ; l'hiver, froid et humide, comme l'eau ; le printemps, chaud et humide, comme l'air. La nature se compose d'éléments, les éléments se soumettent au rythme des saisons qui est la mesure naturelle du temps. L'Empereur garantit cet ordre. Il résume et ramasse en sa personne l'ordre et les mouvements du monde. Cet homme mortel incarne le cosmos immortel. Le cosmos impose sa loi à l'empereur qui, lui, impose sa loi aux hommes. De sorte que le cosmos inflige son règne aux sujets, via le Prince, sujet et acteur du grand Tout.

La couronne impériale, la boucle d'oreille et le collier de perles dans l'allégorie de *L'Eau* ; la lettre « M », celle de Maximilien II, dans la trame du manteau tressé de jonc de *L'Hiver* ; les peaux de lion et de mouton, symboles des Habsbourg et du royaume de Bohème, dans *La Terre* ; la présence du paon et de l'aigle, autres symboles de la maison impériale, dans *L'Air* ; l'utilisation du même symbole, la chaîne de la Toison d'or, dans *Le Feu* – les symboles impériaux ne manquent pas pour associer ces figures souvent déplaisantes (le gluant des poissons de *L'Eau*, la desquamation de la peau écorce de *L'Hiver*, le vermicule des rares poils de barbe faits de petites racines, le caquetage de basse-cour de *L'Air*, l'urticante bouche en bogue de châtaigne ou sa version mycosique de *L'Automne* et de *La Terre*) à une peinture de cour apologétique.

La laideur pour dire le beau, l'apparence grotesque, monstrueuse, burlesque, caricaturale pour exprimer la grandeur et l'excellence impériale, voilà qui, a priori, confine au paradoxe : l'Empereur célébré pour son intercession cosmique avec des petits pois, des oignons, des courges, des châtaignes, du maïs, une grenade, des olives et autres fruits et légumes destinés à la cuisine, voilà qui pourrait paraître un manque de respect, une insolence, une impertinence, une audace inacceptables.

Or, on sait que les empereurs respectifs apprécient beaucoup Arcimboldo, qui fut leur peintre, mais aussi le grand ordonnateur des fêtes qui leur permettaient de montrer au plus grand nombre leur magnificence et leur puissance. Ingénieur, architecte, décorateur, inventeur, concepteur du cabinet de curiosité impérial, Arcimboldo fait partie avec les alchimistes et les mages, les astrologues et les astronomes, les bibliothécaires et les naturalistes, les cuisiniers et les caméristes, les jardiniers et les botanistes, de ceux qui transfigurent l'exercice princier en théâtre philosophique et politique.

En ces temps où le platonisme est à la mode, la figure de Socrate peut jouer un rôle majeur. Dans *Le Banquet*, Alcibiade fait de Socrate un Silène – une figure laide dont on gravait le visage sur les coffrets à bijoux. Ce contraste, très baroque ou maniériste, bien dans l'esprit du temps, entre un extérieur laid et un intérieur beau, une apparence repoussante et une intériorité ravissante, met en évidence le caractère secret, mystérieux, magique, de la vérité de tout ce qui est. Sous l'apparence, la vérité ; derrière les fruits et les légumes, les animaux et les fleurs, les poissons et le gibier, la magnificence d'un empereur ou de son épouse ; sous le visqueux de la pêche sous-marine, la beauté cachée de la femme du souverain.

Panthéisme païen, encyclopédie de la nature, monisme matérialiste, ontologie de l'immanence, poïétique démiurgique, socratisme pictural, l'esthétique d'Arcimboldo recourt également à une technique qui, avec les portraits tautologiques composés, constitue la signature de l'artiste : les peintures réversibles. Lues dans un sens, elles expriment une chose ; retournées, le haut devenant le bas, le bas le haut, elles disent autre chose. Cette technique expressive sens dessus dessous donne corps à ce que l'on nommera le perspectivisme. Suivant l'angle d'attaque du réel, il ne dit pas la même chose – il exprime même parfois le contraire.

Ainsi, *Le Cuisinier* et *Le Jardinier*, qui passent pour des portraits du personnel de la cour impériale. Tautologie, là encore : le maître queux est figuré par un plat, l'homme du verger et du potager avec des légumes. Le premier, composé avec des pièces rôties présentées dans un plat, devait ressembler à un rustaud aux traits épais, avec une figure patibulaire, le second, fait de cardes, de racines, d'oignons, de châtaigne, de noix, un personnage joufflu et bon vivant. Une fois l'œuvre retournée, le plat dans lequel reposent les porcelets, la volaille et autres morceaux de viande devient le revers du chapeau du cuisinier. De même avec le cuisinier : la jatte dans laquelle sont placés les légumes devient un couvre-chef, dès lors, le gros oignon figure la joue, l'épaisse rave blanche le nez et les salsifis une barbe bien fournie.

Au-delà de la peinture, Arcimboldo (1526-1593), contemporain de Copernic (1473-1543), Galilée (1564-1642) et Kepler (1571-1630), effectue sur ses toiles le passage du monde clos à l'univers infini. Plus de haut céleste et de bas infernal, plus de ciel des idées platoniciennes au-delà ou de terre encombrée par les pourceaux d'Épicure ici-bas, mais un monde dont le centre est partout où se trouve de la matière et la circonférence nulle part. Le cuisinier vaut ontologiquement le porc qu'il cuisine tout autant que le jardinier est la pomme de terre qu'il apprête, mêmes atomes, mêmes particules, même matière – question de point de vue. Un jour volaille rôtie, un autre responsable des repas impériaux ; une fois gros oignon de jardin, une autre bajoue du jardinier. On ne fait pas matérialisme plus épicurien.

Pour continuer dans le registre du perspectivisme, la dialectique qui travaille le haut et le bas œuvre également dans le couple proche et lointain : ce qui semble un visage (d'empereur) à quelques pas devient un assemblage (d'animaux) une fois le nez collé sur l'œuvre. De la même manière qu'en regard de l'infiniment grand ou de l'infiniment petit, ce qui se trouve examiné devient ridicule ou gigantesque. Ce qui est n'existe donc jamais dans l'absolu, mais relativement. Ce qui semble un corps dans l'absolu s'avère en fait un ensemble d'atomes et de particules dans la réalité – ce qui n'empêche pas non plus la réalité du corps. Contemporain de l'invention de la lunette d'approche par Giambattista della Porta en 1586 et du microscope par Hans et Zacharias Janssen en 1590, Arcimboldo peint simultanément ce qu'il verrait au télescope comme s'il s'agissait de ce que révèle le microscope, et vice versa.

Le macrocosme exprime le microcosme : les fragments constituent le tout mais sont eux-mêmes des touts susceptibles de se décomposer encore en fragments qui sont eux-mêmes des touts, et ce à l'infini. Le macrocosme noble qui exprime le visage de l'empereur se compose de microcosmes vils agglutinés – végétaux, animaux, fleurs… La mise en abyme prend le regardeur en otage pour lui infliger l'illusion en la lui présentant comme la réalité – ou la réalité, comme une illusion. Cette peinture s'avère dynamique, elle est même la saisie dans l'instant pictural de la dynamique de l'élan vital qui se trouve peint entre deux instants – l'instant du visage et celui du poisson, l'instant de la figure et celui des légumes, l'instant du portrait et celui des gibiers…

À la manière de Rabelais (1483 ou 1494-1553) et de Montaigne (1533-1592), deux autres de ses contemporains, Arcimboldo fonctionne en encyclopédiste. La métaphore qui les exprime au plus près reste celle du cabinet de curiosités : faux désordre, ordre véritable, apparent capharnaüm pour un plan précis, ce qui ressemble *à première vue* à un grenier où se trouvent ramassés des babioles, des bibelots, des objets, des choses parce qu'il semble qu'on les aurait reléguées ici et que seule la relégation serait leur point commun, apparaît *à bien y regarder* comme un résumé du monde, une brève encyclopédie du monde, un compendium de la nature, un abrégé des présences. Il n'est pas étonnant qu'Arcimboldo ait contribué à la collection du cabinet d'art et de merveilles de Rodolphe II dans lequel se trouvait une multitude d'objets pour dire une seule et même chose – la diversité de la nature une, la richesse du Tout-Un, ses mystères et sa magie, ses formes curieuses et ses épiphanies extravagantes.

Dans ce cabinet, on pouvait voir : des bocaux remplis avec les corps de siamois bicéphales, des cornes de licornes, en fait, souvent, des dents de narval, des oiseaux empaillés aux plumages mirifiques venus de contrées lointaines, d'énormes coquillages montés sur des pièces d'orfèvrerie chantournées, des poissons-scies ou des espadons, avec leurs appendices curieux, des pierres rares sans qu'elles soient forcément précieuses, des monstres inclus dans du verre, des racines de mandragore qui ressemblaient à des corps humains miniatures et dont on disait qu'elles étaient produites par le sperme des pendus, des astrolabes, des automates à musique, des squelettes de nains ou de géants, des momies, des objets rapportés de contrées lointaines, l'Inde ou l'Amérique, des cires humaines, etc.

Non loin du cabinet de curiosité, l'empereur avait souhaité un parc zoologique avec des animaux exotiques : les féroces, comme on disait alors, léopards de chasse, ours, lions, tigres, loups, lynx, ou bien les gibiers, cerfs, daims, sangliers, sinon les bêtes importées de contrées lointaines, rhinocéros, éléphants, oiseaux, certains ajoutaient à leurs collections des phoques et des girafes, des camélidés ou des singes, des autruches ou des lévriers. Arcimboldo, qui était aussi fin lettré, érudit en matière de science, a illustré des faunes et des flores pour de grands scientifiques d'alors – dont le Bolonais Ulisse Aldrovani. Le portrait allégorique, la peinture renversée, le cabinet de curiosités, le jardin zoologique constituent autant de variations sur le thème païen de la beauté et de la vérité du monde ici-bas. Le mystère n'est pas dans la vie après la mort, mais dans la vie avant la mort. Le paradis n'est pas dans le ciel, mais sur terre – il suffit de savoir bien regarder et de voir.

Le christianisme enseigne que la vérité du monde n'est pas dans le monde, mais dans Le livre qui dit le monde, à savoir la Bible. La renaissance en général, et Arcimboldo en particulier, ne disent rien *contre Le livre*, dont ils ne se soucient pas, ils disent *pour le Monde*. Adam est moins important que les « Sauvages » dont on découvre l'existence en Amérique en 1492. Montaigne a rencontré trois Tupinambas dans le port de Rouen en octobre 1562, il collectionne lui aussi des objets, notamment brésiliens. Dans *Des cannibales* (I.31), il donne une liste de ces objets peut-être rapportés par son domestique normand originaire de Rouen, un marin et/ou un colon ayant vécu un temps sur la côte brésilienne : des hamacs, des cordons de coton, des épées massues, des bracelets de bois, des bâtons de rythme. Le péché originel cesse d'être une affaire de métaphysique et de fruit défendu pour devenir la dénaturation, l'acculturation, la civilisation judéo-chrétienne.

Depuis que j'ai acheté cette peinture, je la regarde moins qu'elle ne me regarde. Le visage de ce personnage est inquiétant – au sens étymologique : il trouble celui qui le regarde. En fonction de la distance à laquelle je l'envisage, soit je vois le personnage, soit je vois les animaux qui le composent. À un moment incertain, on voit même les deux et l'intelligence hésite pour voir l'un, puis l'autre, puis l'un, avant de se fixer soit sur l'un, soit sur l'autre. Après son achat, la toile est restée longtemps posée sur le haut d'une bibliothèque ; puis je l'ai fait nettoyer, restaurer un peu ; le temps d'un déménagement, je l'avais reléguée dans un papier de soie et un emballage ; je la replaçai enfin au mur dans un nouveau lieu d'habitation. Chaque fois, la dimension de cette toile m'est apparue modifiée. Je l'imaginais plus grande, vaste, ouverte. En fait, le petit format crée l'illusion.

Arcimboldo et les arcimboldesques illustrent un genre susceptible d'inaugurer une contre-histoire de la peinture. Ce lignage serait indépendant de l'histoire officielle et institutionnelle qui s'avère apologétique : la fable chrétienne a été amplement *figurée* par les peintres. La fiction de Jésus n'a été nourrie que de mots, de couleurs, de pierres, de livres, de chants. Le Christ est une invention des hommes qui a nécessité la confiscation de l'art pour rendre possible une incarnation. L'histoire de l'art officiel, l'histoire officielle de l'art, coïncide avec cette entreprise allégorique. Dans la construction du christianisme, les artistes jouent un rôle majeur : les icônes byzantines, les églises romanes, les cathédrales gothiques, *La Légende dorée* de Jacques de Voragine, les peintures de Giotto, les vers de Dante, les cantates de Bach donnent corps et chair à une fable comme il y en eut des milliers. Constantin convertit l'Empire à la secte chrétienne en fabriquant du même coup la civilisation européenne. Les artistes furent les acteurs majeurs de cette scène historique, spirituelle, religieuse, idéologique.

Arcimboldo paraît être le premier à échapper à l'art chrétien. On ne trouve rien, dans sa trentaine de toiles connues, qui rappelle de près ou de loin le christianisme. On n'y voit aucune des scènes habituelles de la fiction de la vie de Jésus : pas d'annonciation, pas de visitation, pas de vierge mère, pas de nativité, pas de sainte famille, pas d'étable, pas d'étoile du berger, pas de rois mages, pas de fuite en Égypte, pas de baptême, pas d'apôtres, pas de pêche miraculeuse, pas de miracles, pas d'auréoles, pas de langues de feu, pas de marchands du temple, pas de cène, pas de montée au calvaire, pas de crucifixion, pas de descente de la croix, pas de résurrection, pas d'ascension, pas de Pentecôte, pas d'Assomption.

De même, on ne trouvera rien chez le peintre italien de ce qui fait les délices du martyrologe chrétien pendant des siècles de peinture dans des millions d'endroits où se trouve ainsi relayé le message : la décapitation de Denis, l'éviscération de Laurent, la lapidation d'Étienne, la crucifixion la tête en bas de Pierre, la dévoration de Blandine par les lions, la combustion d'Alberte, la décapitation de saint Tropez, la bastonnade de Félix, l'écorchement de Barthélemy, le supplice de la roue de Catherine d'Alexandrie et autres joyeusetés destinées à montrer que le chrétien véritable obtient son salut en imitant le martyre de Jésus pendant la Passion.

Quand la peinture ne célébrait pas la mythologie chrétienne, elle honorait, glorifiait et magnifiait les princes et les rois très chrétiens. Il existe quelques peintures attribuées à Arcimboldo qui représentent des archiduchesses ou bien encore le portrait de l'empereur Maximilien II et de toute sa famille, petit chien compris. Le tout dans un style sobre, efficace qui n'a rien à voir avec celui qu'on lui connaît. Portraits de cour, peintures officielles, si ces œuvres sont de lui, ce qui reste à prouver, mais le doute subsiste. S'il en était l'auteur, Arcimboldo aurait alors effacé son style, gommé son art et produit le neutre pour fabriquer les images officielles de la famille qui l'appointait. Le Milanais, quand il a peint les puissants de la cour de Prague, y a mis l'ironie d'un Diogène se faisant peindre pour raconter les rois avec des noisettes et des salsifis, des grenouilles et des perroquets, des cornichons et des phoques.

Cette contre-histoire non chrétienne de la peinture n'intégrerait pas les natures mortes, car, la plupart du temps, elles confisquent des objets pour leur faire tenir un discours d'édification chrétienne : le couteau en équilibre sur le bord de la table va tomber, le ver est dans le fruit, la mouche qui se nourrit de viandes putréfiées se cache sur la toile en attendant son heure, le papillon vivant quelques jours seulement est posé sur un fruit déjà tavelé, le verre est ébréché, la pelure du citron pend dans le vide, la coupe est renversée, la fleur fanée, la noix ouverte. Il s'agit de comprendre que, comme ces objets mis en scène, nous sommes dans le temps, au bord du vide alors que Dieu se prélasse dans l'éternité et que nous pouvons y accéder par une vie chrétienne.

Parfois la nature morte l'exprime plus clairement : on y trouve un crâne, un sablier, une bougie, des animaux morts, poissons ou gibiers, une huître ouverte, une montre, un miroir, un bougeoir avec ou sans bougie éteinte. La peinture parle, elle dit que tout est vanité et poursuite du vent, sauf le souci de son salut. Elle édifie le regardeur en lui faisant savoir que, pareil au reflet sur la panse d'une aiguière en cristal fin ou au poisson éviscéré, il passe, va passer, qu'il va mourir, qu'il est presque déjà mort et que le temps est venu de se soucier de son âme et de sa vie après la mort. Chez Arcimboldo, le poisson n'a pas le ventre ouvert, il a l'œil vif qui nous regarde comme pour nous demander si l'on a compris qu'il était nous et qu'on était lui.

Une contre-histoire de la peinture n'intégrerait donc pas la nature morte, mais elle accueillerait comme une manne ontologique la peinture de paysage. Le paysage existe depuis longtemps en peinture, mais souvent au second plan, comme un décor, un fond de scène : il sert d'écrin à une peinture religieuse ou à la peinture bourgeoise des Flamands qui mettent en scène leur richesse en se présentant sous leurs meilleurs atours, dans de beaux vêtements, avec de lourds drapés, les femmes portant bijoux et fourrures, le tout posé, cadré dans des intérieurs cossus dont les fenêtres donnent sur les fameux paysages, paysages parfois peints de façon autonome sur de petites toiles qui servent à la décoration des intérieurs en question.

Le paysage est donc le fond accessoire au portrait, comme les décors du théâtre d'un sujet qui occupe le premier plan – tout le monde connaît *La Joconde* (1503/1506) de Vinci ; puis il occupe de plus en plus de place ; avec le romantisme, le personnage prend de moins en moins de place, au po.nt de n'être plus qu'une silhouette dans un immense espace qui sature la toile – qu'on songe à *Matin dans les montagnes* (1822) de C. D. Friedrich ; pour finir, le paysage devient lui-même le sujet, ainsi avec le stupéfiant *Soirée* (1824) du même C. D. Friedrich.

Presque un demi-siècle plus tard, avec *Impression soleil levant* (1872) de Claude Monet, les impressionnistes engagent la peinture dans une voie qui sort le paysage de la toile pour ne plus peindre que les effets de la lumière sur lui (ce dont témoigne la série des façades de la cathédrale de Rouen peintes entre 1892 et 1894), puis la lumière elle-même sous sa forme emblématique : la couleur (*Le Bassin aux nymphéas* entre 1917 et 1920). L'heure de l'abstraction sonne alors, avant l'abstraction même de l'abstraction diluée dans le concept pur initié par Marcel Duchamp avec son premier Ready-Made en 1914 – le *Porte-bouteilles*. Après le coup d'État duchampien, l'art contemporain laisse encore une place au paysage qui devient lui-même le matériau brut et naturel d'une œuvre d'art sculptée par l'artiste.

4

LE SUBLIME DE LA NATURE

Le Land Art incarne aujourd'hui cette esthétique du sens de la terre qui sert de fil rouge à cette brève esquisse d'une contre-histoire de l'art. Contre l'hypercérébralisation issue de Marcel Duchamp, loin de l'art conceptuel, de l'art minimal, de l'arte povera et des autres variations vers de moins en moins de matière et de plus en plus d'abstraction, de plus en plus d'idées, le Land Art sort l'art des musées, des galeries, des endroits clos et confinés, des ghettos culturels élitistes pour faire des gestes ancestraux de l'homme qui transforme la nature le matériau de son travail.

Dans l'esprit chamanique des hommes du néolithique qui sculptent les pierres, les agencent pour produire des alignements en relation avec le soleil, la lune, les étoiles et le mouvement des planètes, dans le même esprit que ces prêtres, ces druides ou ces sages à l'origine de Carnac ou Stonehenge, Filitosa en Corse, les nuraghes de Sardaigne et autres mégalithes aux Baléares et à Malte — et partout ailleurs sur la planète — les artistes du Land Art — Dibbets, Fulton, Sonfist, Holt, De Maria, Smithson, Rinke, Nils-Udo, Oppenheim, Heizer, parmi d'autres — restaurent le geste esthétique inscrit dans la nature et le paysage.

Les œuvres du Land Art n'entrent pas dans les galeries où elles ne peuvent être rentabilisées. Seuls des documents de travail peuvent être montrés, exposés et vendus : esquisses, photos, croquis, dessins, carnets, cartes, plans, documents divers, tickets, bouts de ficelle, plantes séchées, pierres, sachets de sable. Ceux qui travaillent la terre et le paysage, la montagne et les rochers, la mer et les vagues, la vallée et le ruisseau, la foudre et le ciel, la neige et les pierres, les fleuves et les lacs, les champs et les mines, les glaciers et les arbres, l'iceberg et le volcan, les lacs salés et les forêts, les troncs d'arbre et les feuilles, les fleurs et les pollens, le sable et la boue, l'herbe et les cailloux, la poussière et la lumière, le vent et les nuages, la trace et les ombres, s'exposent à une presque impossible exposition de l'œuvre en tant que telle dans un lieu institutionnel et se contentent d'en commercialiser les traces.

Ce qui a eu lieu dans la nature est dessiné, filmé, photographié, raconté, peint, les artistes produisent des relevés topographiques, des notes, des diagrammes, des études statistiques, des croquis d'architecte, tout ceci nourrit un rameau de l'art conceptuel. Il n'empêche, le geste a d'abord concerné un fragment de la nature, un morceau du monde, un bout du réel immanent sur lequel l'artiste imprime sa marque à la façon d'un démiurge. L'artiste a creusé, effleuré, accumulé, pelleté, découpé, extrait, déplacé, transféré les quatre éléments sous toutes leurs formes, dans tous leurs états, pour toutes les configurations nouvelles possibles et imaginables.

Avec *The Lightning Field* (1977), au Nouveau-Mexique, Walter De Maria déplace la foudre qu'il dirige sur quatre cents mâts d'acier susceptibles d'attirer la formidable énergie des orages ; avec *Spiral Jetty* (1970), Robert Smithson crée l'ombre d'une spirale, il produit la trace d'une immense crosse émergée dans l'eau du grand lac salé à Utah ; avec *Circular Surface Planar Displacement Drawning* (1970), Michael Heizer laisse des traces de pneu sur la surface totalement plate d'un lac asséché, les cercles s'agencent comme une pure composition géométrique ; avec *Stones in Nepal* (1975), Richard Long crée un ordre lapidaire dans le désordre caillouteux ordonné par la nature au sommet d'une montagne népalaise ; avec *Roden Crater* (1992), James Turrell configure un cercle parfait au sommet du volcan, (sa propriété en Arizona), avec une noria de bulldozers afin de permettre l'entrée de la lumière par un œil central qui donne dans des bâtiments souterrains ; avec *Secant* (1977), Carl Andre dessine une ligne de près de cent mètres de long qui ondule comme un serpent de bois et épouse les courbes d'un champ vallonné ; avec *Installation VI/05*, Bob Verschueren (2006) crée un pont de bois dans le sentier encaissé d'une forêt italienne et ouvre ainsi une porte naturelle dans la nature ; avec *Tilleul, Sorbes* (1999), Nils-Udo trace une ligne de fruits rouges (les sorbes, fruits du sorbier) dans la mi-hauteur d'un bosquet de résineux placés sous des tilleuls ; avec *Lassalle River* (1996), François Méchain confond l'écorce de trois troncs d'arbres avec la croûte d'argile séchée du sol ; avec *Iris Leaves with Roman Berries* (1987), Andy Goldsworthy compose une marqueterie de feuilles vertes et de fruits rouges qui affleurent en damier à la surface d'une pièce d'eau ; avec *Views Through a Sand Dune* (1972), Nancy Holt troue une dune, y place une buse en béton qui donne sur la mer ; avec *Cattedrale Vegetale* (2001), Giuliano Mauri demande aux arbres de se plier aux formes gothiques pour faire la voûte végétale d'un genre de temple païen aux formes chrétiennes ; etc.

Sculpter la foudre, domestiquer la mer, dessiner des cercles sur la surface d'un lac vidé de son eau, désordonner le chaos géologique par l'ordre d'une volonté artistique, remodeler les volcans, tracer des lignes sur la terre, plier des fragments de forêts pour en faire une arche en tore, dessiner un ruban de fruits rouges sur le vert d'un paquet d'arbres, métamorphoser l'écorce en terre, et vice versa, peindre la surface de l'eau avec des matières végétales, percer une dune pour y placer un hublot par lequel on fait apparaître l'océan, recréer la forme végétale ayant présidé aux colonnades antiques égyptiennes, mais aussi découper la glace d'un fleuve gelé, excaver le sable du désert, créer une allée d'arbres qui entrent dans la mer, construire des pyramides de paille, planter un champ de blé au sud de Manhattan, créer des vortex de branches, desquamer un pan de lierre pour créer une forme d'automne dans la végétation, capturer le vent pour lui faire sculpter une bande de tissu longue de plusieurs kilomètres : les artistes du Land Art rematérialisent l'art en puisant à ses sources les plus primitives.

Smithson, qui avouait une dilection particulière pour la géologie, la préhistoire et les sciences naturelles, a travaillé à un projet que la mort ne lui permettra pas de voir, *Amarillo Ramp* (1973). Cette œuvre sera tout de même réalisée à partir de ses plans : il s'agit d'une grande courbe de terre construite à proximité d'un lac. Le mouvement du regardeur qui va vers l'œuvre en modifie l'apparence. Là où l'on imaginait le cercle parfait, on le découvre ouvert sur un côté. Ce qui semblait circulaire s'avère elliptique. Pour voir finalement l'œuvre, comme avec Arcimboldo, il importe de trouver la bonne distance : trop près on voit une chose, mais pas l'autre, trop loin, on en voit une autre, mais pas l'une.

Les artistes du Land Art obligent à voyager. Il faut se déplacer pour voir leurs œuvres, aller dans la nature, se rendre dans des contrées inhospitalières, gravir des montagnes, descendre des vallées, pénétrer dans des forêts, parcourir de nombreux kilomètres pour s'éloigner des mégapoles, pénétrer dans des déserts. Ces démiurges de la nature invitent à retrouver des lieux symboliques dont nous avons perdu le sens après des milliers d'années de civilisation : l'énergie des terres celtes, la magie du sable des déserts, la majesté des sommets atteints, l'exaltation de l'altitude, la jouissance du point de vue sur les cimes, le silence des contrées désertes, le frisson dans les forêts sombres, le contact avec les éléments, la proximité avec la foudre, le magnétisme des eaux, le mystère de la neige, la puissance des glaces, le prodige des croissances végétales, le vertige des grands espaces – autrement dit : les voies d'accès au sublime.

La mort du beau obtenue par Duchamp ne laisse pas le champ artistique vierge de tout contenu nouveau. Le sublime entre en effet par la grande porte. Le concept existait depuis longtemps, au moins depuis Longin ou le Pseudo-Longin au IIIe siècle de notre ère, mais il n'avait guère droit de cité tant les esthétiques du beau faisaient la loi. De l'idéalisme de Platon aux fumées phénoménologiques de Maldiney, en passant par l'indigeste *Critique de la faculté de juger* de Kant, qui, prétendant à l'universel, se contente d'universaliser le goût de son auteur pour en faire le jugement de goût absolu (du genre : *le beau est ce qui plaît universellement et sans concept*, mais tout ce qui n'est pas art occidental, sinon exclusivement européen, n'est pas art), le sublime apparaît comme une catégorie secondaire en regard du Beau – majuscule obligée.

Nancy Holt (1938-2014), une artiste américaine du Land Art, permet d'effectuer la liaison entre le beau classique et le sublime contemporain avec son travail, notamment avec une œuvre de vingt-deux tonnes intitulée *Sun Tunnels* (1973-1976) – elle figure sur la couverture de ce livre. Après de longs voyages prospectifs qui constituent autant de méditations et d'expériences sur soi, elle choisit soigneusement un lieu. Ensuite, elle en prend intimement connaissance : géologie, géomorphologie, faune, flore, astronomie, astrophysique. Puis elle campe sur les lieux et se met dans la disposition d'esprit des hommes qui, des millions d'années avant elle, ont vécu dans cet endroit, dans une nature désertique presque inchangée. Dans son champ de vision se trouvent des montagnes et des humains ont habité des cavernes qu'on y trouve encore. L'artiste part à la quête ontologique de la spiritualité de ces premiers hommes.

Nancy Holt travaille ensuite avec les mouvements du soleil et particulièrement avec les solstices en produisant une œuvre qui permet au regardeur de se retrouver au centre du cosmos et de prendre conscience qu'il est petite partie d'un grand tout, infime morceau d'un univers infini, insignifiant fragment d'une totalité incommensurable. Dix jours en amont et dix jours en aval des dates de solstice d'hiver et d'été, mais pas seulement, l'œuvre permet au regardeur d'effectuer une expérience qui lui permet de faire coïncider le paysage extérieur dans sa configuration astronomique et le paysage intérieur dans sa conformation cosmologique.

L'œuvre installée dans le désert de l'Utah, à soixante kilomètres de la première ville, à une quinzaine de kilomètres de la première route, non loin de Lucin, une ville fantôme, se compose de quatre buses orientées en fonction de l'arrivée des rayons du soleil au moment des solstices. Les pièces sont dans un matériau d'une couleur presque semblable à celle du sable du désert à cet endroit. Elles sont disposées en X, alignées par couples, placées dans l'axe de la direction des lumières verticales de l'été et horizontales de l'hiver. Chaque tunnel comporte des trous minutieusement percés qui permettent le dessin de motifs lumineux à l'intérieur des pièces dans lesquelles un humain peut entrer – elles font plus de cinq mètres de long, près de trois mètres de hauteur, le tout s'étalant sur vingt-six mètres. Par ces orifices, on peut voir les constellations du Dragon, de Persée, de la Colombe et du Capricorne. Le projet esthétique de cette installation dans le désert ? Que chacun sente et découvre son appartenance au cosmos.

Pour saisir le sens de cette œuvre, il faut renvoyer de nouveau aux travaux d'ethnoastronomie et/ou d'archéoastronomie de Chantal Jègues-Wolkiewiez, travaux qui secouent la corporation des préhistoriens. Elle avance l'hypothèse que les hommes les plus anciens disposaient d'une excellente connaissance du ciel, du soleil et de la lune, des étoiles et qu'ils étaient capables de mesurer le temps, de prévoir les cycles, donc d'organiser les chasses (avec le mouvement de migration des animaux) et les cultures (avec les moments des semailles, des plantations ou des récoltes) en fonction de ce qu'ils avaient compris des mouvements du cosmos.

Dès l'aurignacien, les humains gravent un calendrier lunaire sur un os de renne, ce qui témoigne de leur capacité de connaître la position de la lune et du soleil par rapport à la terre. Son analyse de ce genre de pierre de Rosette de l'archéoastronomie découverte dans l'abri Blanchard à Sergeac, en Dordogne, lui permet de prouver que le graveur de cet os a compté le nombre de jours supplémentaires qui séparent la lunaison synodique et la lunaison sidérale – soit, par rapport à deux lunaisons sidérales, cinq jours de plus pour deux lunaisons synodiques. Chantal Jègues-Wolkiewiez parle alors d'une capacité à mesurer l'Univers.

L'ethnoastronome propose une thèse audacieuse mais très séduisante pour expliquer les œuvres d'art pariétales dans les grottes préhistoriques : les figures dessinées le seraient en fonction d'une carte du ciel. Les lieux de culte seraient en effet choisis en fonction des mouvements du cosmos – une tradition connue au moins jusqu'aux constructeurs d'églises chrétiennes. Il s'agit d'abord de retrouver l'entrée primitive des grottes qui ont été déplacées par les effondrements, les glissements de terrain, les modifications géologiques, les tremblements de terre, les ravinements par les eaux.

Cela fait, on constate que le rayon lumineux qui parvient au fond de la grotte lors des solstices et des équinoxes dessine sur les parois une chorégraphie lumineuse utilisée par les artistes qui reproduisent les constellations sur la pierre. L'*art* préhistorique s'avère en fait une technique astronomique très immanente, loin des lectures transcendantes qui font des œuvres pariétales des traces sacrées de religions préhistoriques. L'abbé Breuil y voit la préhistoire de sa religion révélée (il transforme en chapelles et sanctuaires des grottes ornées), Georges Bataille y projette ses propres obsessions (la liaison de l'érotisme et de la mort, du rire et de la transgression, des larmes et de la blessure, du sang et du sperme, de la copulation et de la divinité), Leroi-Gourhan celles de son époque structuraliste (les signes, les chiffres, les signifiants, les nombres, les structures, les pictogrammes, les mythogrammes), Jean Clottes, celle de nos temps new age (le chamanisme et la transe, les esprits et les magiciens, les sorciers et les thaumaturges).

Pour sa part, Chantal Jègues-Wolkiewiez y voit la trace d'hommes dont l'intelligence du cosmos et de la nature s'avère suffisamment développée pour que leurs cartographies soient d'une précision scientifique redoutable. Pour elle, la lumière qui entre par la porte de la grotte au moment des solstices et des équinoxes sacralise le lieu. Elle parle de l'*ordre caché* du cosmos et de sa découverte par les hommes du paléolithique. Les relevés, les mesures, les exemples, les interprétations convainquent : la blessure du bison par le soleil d'été, le mouvement du rhinocéros vers l'ouest, l'aigle en rut devenu homme-oiseau, la place des déjections des animaux, l'axe de leurs queues relevées, l'orientation des sagaies identiques à celles du soleil levant et couchant des solstices sur le site, la duplication de ces orientations dans la grotte, l'usage du puits comme d'un axe primitif autour duquel s'organise ce cosmos peint, tout cela montre à l'évidence que ce que l'on nomme *art préhistorique* entretient une relation intime avec le cosmos.

L'histoire de l'art occidental semble l'histoire de la libération progressive de cette liaison intime entre l'art et les lois de l'Univers au profit de tout ce qui s'interpose entre l'homme et le cosmos – en l'occurrence, le texte, la loi, la parole écrite des religions monothéistes. La lumière fut le signe du divin à partir des clartés solaires et lunaires, et ce de façon purement immanente. Si transcendance il y avait, elle était dans la plus radicale des immanences. La lumière s'émancipa de ses sources cosmiques pour devenir la forme d'un dieu séparé du monde. De la lumière du soleil à celle des auréoles chrétiennes devenues duplications de cosmos miniatures, il y eut des milliers d'années.

Le Land Art renoue avec cette tradition préhistorique, primitive, généalogique. Certes, la glose philosophante a souvent fait de ce mouvement d'art contemporain un rameau de l'art conceptuel pour penser ses traces exposées dans les galeries plus que la présence au monde concrète de ces artefacts sublimes. Mais, si l'on économise l'appauvrissement de cet art par les doctes en art contemporain, on découvre qu'il apprend d'abord et surtout à voir la nature, à percevoir le monde, à saisir l'univers, à expérimenter le cosmos pour permettre à chacun de trouver sa place dans cette mécanique superbement réglée.

On trouve chez les artistes emblématiques du Land Art un usage des signes les plus anciens : la spirale, par exemple, présente dans le règne végétal (les pampres de la vigne, les ressorts de la glycine), dans le règne animal (l'hélice de l'escargot, celle des coquillages) ou dans le règne cosmique (le mouvement des nébuleuses), signifie l'évolution d'une force, elle est la forme prise par une force, en l'occurrence celle des rythmes de la vie sur laquelle le naturaliste d'Arcy Thompson propose une variation littéraire, poétique, philosophique, lyrique étourdissante.

Le Land Art utilise un alphabet de signes simples : le point qui peut se faire trou quand il est en trois dimensions ; le déplacement de ce point donne une ligne ; cette ligne peut se multiplier et s'enrouler pour dessiner un cercle si la ligne se referme sur elle-même, ou bien encore des arcs ou demi-cercles, des sphères, ou une spirale si elle s'affranchit de la pure et simple duplication tout en conservant le mouvement, ou se croiser avec d'autres lignes pour produire des croix, des triangles, des étoiles, des carrés, des rectangles, toutes formes également présentes dans la nature : la ligne d'horizon, le rond du soleil, le demi-cercle des croissants de la lune, les cristaux des minéraux, la voûte étoilée, etc.

La spirale dit le même et l'autre, la répétition du semblable, mais dans un temps dissemblable : le point tourne, trace un cercle, repasse presque par le même endroit, mais ce décalage transforme le même en autre − ce mouvement duplique celui de tout ce qui est : la vie est mouvement, la mort est déplacement de ce mouvement et création d'un autre vivant, procédant du vivant mort. Elle signifie l'éternel retour non pas du même, ce que dirait le cercle, mais du dissemblable manifeste dans le décalage créateur de l'enroulement.

Cette façon de dire le temps qui s'affranchit de la flèche judéo-chrétienne renoue avec les lectures primitives, animistes, polythéistes, panthéistes du temps : elles récusent la flèche et lui préfèrent la spirale des mouvements et des rythmes du cosmos. La production d'une œuvre comme celle de Nancy Holt, *Sun Tunnels* (1973-1976), se fait contemporaine des œuvres préhistoriques dont il ne reste plus aucune trace parce qu'elles s'effectuaient sur ou avec des supports éphémères (sable, terre, bois, végétaux, coquillages) ou bien de ces peintures pariétales dont Chantal Jègues-Wolkiewiez nous propose cette lecture si stimulante.

Le Land Art n'enferme pas l'art dans la culture et ses lieux, il l'ouvre dans, par et pour la nature. Accéder à l'œuvre d'art s'effectue donc en allant au contact direct avec les éléments scénographiés. Le désir de voir l'œuvre, le voyage (parfois long) qui y conduit, l'arrivée dans la zone où elle se trouve, l'approche et ses degrés qui supposent une série de perspectives avec, chaque fois, une métamorphose de l'œuvre qui apparaît diverse dans un même espace parce que appréhendée de lieux divers, tout cela participe de l'œuvre qui exprime un temps et un espace : temps cyclique et spiralé, espace métamorphique et protéiforme. Bouger dans l'œuvre, c'est faire bouger l'œuvre, la changer, la créer, la recréer. Cette pratique esthétique s'avère une expérience existentielle : le corps dans un temps mobile et dans un espace changeant devient l'axe ontologique de l'œuvre. Le regardeur fonctionne comme point à partir duquel se regarde l'univers dont le centre coïncide avec chacun. L'univers fini sans bornes se trouve ainsi saisi, expérimenté à l'aide d'une œuvre d'art contemporaine... de la préhistoire.

Nancy Holt revendique un certain nombre d'influences, dont celle de Caspar David Friedrich. Cette référence s'impose quand on connaît la peinture et les quelques écrits de ce peintre allemand qui fut l'artiste par excellence du sublime romantique. L'exégèse a fait de cet homme le peintre de la tragédie du paysage, celui de la désolation de l'individu solitaire. Les freudiens, jamais en reste d'une sottise, découvrant le symbole phallique dans une stèle tombale et l'utérus maternel dans la grotte, en font l'artiste du désir de régression qui échoue tragiquement. Les nazis, obsédés par la virilité qui leur faisait défaut, associèrent sa peinture au romantisme viril concentré sur le local, parfait antidote idéologique au romantisme féminin soucieux de l'universel ! Les dévots chrétiens en font l'un des leurs et, avec force contorsions, après avoir affirmé que les montagnes sont des allégories de la foi, les rayons du soleil couchant, le symbole de la fin du monde préchrétien et les sapins, des métaphores de l'espoir, ils embrigadent Friedrich dans leur confrérie mystique. Cette dernière lecture oublie juste que C. D. Friedrich a écrit : « Le divin est partout, y compris dans un grain de sable », ce qui, si l'on veut une étiquette, en fait un panthéiste, mais sûrement pas un théiste chrétien.

Une petite peinture (54 X 42 cm) de son ami Georg Friedrich Kersting intitulée *L'Atelier de Friedrich* (1811) le montre assis sur une chaise, devant son chevalet, travaillant à une toile, dans une pièce austère, avec une fenêtre fermée dans sa partie inférieure et ouverte dans sa partie supérieure pour laisser entrer la lumière du jour. Sur une table se trouvent ses pigments dans trois flacons bouchés, un chiffon repose dans une boîte en bois ouverte ; au mur sont accrochés une équerre, un tau, une règle, deux palettes. Une autre grande fenêtre est murée. L'artiste peint avec sa main droite alors que sa gauche tient une palette, une poignée de pinceaux et une longue baguette d'appui pour sa main. Dans cette pièce, telle une camera oscura dont surgira la lumière peinte, le romantique en robe de chambre travaille en chaussons.

Deux autres petites œuvres (31,4 x 23,5 et 31,2 x 23,7 cm) en crayon et sépia réalisées par Friedrich représentent les fenêtres droite et gauche de son atelier en 1805-1806. On y voit donc ce qu'il voyait par ces deux ouvertures. Celle de droite a été occultée dans l'œuvre de 1811. Et ce qui se trouve accroché au mur, à gauche une clé, à droite une paire de ciseaux, sur les bords, un miroir dans lequel se reflètent en partie le visage du peintre et un cadre avec une œuvre indistincte dans un ovale, ce qui se trouve accroché, donc, a disparu en 1811. L'œuvre la plus tardive montre une pièce austère, dépouillée, pure, sobre. Ce qui pourrait distraire le regard de l'artiste a disparu : à gauche, le pont de la ville, le fleuve, les bateaux à quai ou qui descendent le cours d'eau, une barque qui traverse ; à droite, le mât d'un bateau, la berge en face, un groupe de maisons, des arbres, peut-être des peupliers, une embarcation et son marin.

L'Atelier de Friedrich est un manifeste. Cette pièce dans laquelle il travaille s'avère l'athanor de l'alchimiste qu'est le peintre : il transforme la boue du monde en or esthétique. Friedrich ne travaille pas avec un chevalet dans la nature (mais assis sur une chaise en robe de chambre et en chaussons), en regardant par la fenêtre (il en ferme une et a occulté l'autre), avec des dessins ou des croquis (il n'a rien d'autre que son matériel pour peindre), mais en sollicitant son cerveau, sa mémoire, ses émotions et ses sensations emmagasinées lors de sorties dans la nature.

Quand ses contemporains effectuent le voyage à Rome pour s'imprégner de l'esprit antique, Friedrich revendique les marches dans les paysages de son enfance ; quand ses collègues peignent en citant d'autres tableaux, lui se soucie de la nature et non des autres toiles qui la disent ; quand les expositions montrent des œuvres bien peignées, classiques, il veut susciter la sensation, l'émotion, le sentiment, le cœur du regardeur ; quand les autres se contentent de reproduire, lui *produit* un effet sur le visiteur qui se trouve devant son travail : il génère le sentiment du sublime. Friedrich est le peintre du sublime contemporain.

Le sublime surgit dans la résolution d'une tension entre l'individu et le cosmos. La petitesse du sujet qui contemple la nature grandiose génère un sentiment : celui du sublime. Tout à lui-même, l'individu occidental, celui dont l'étymologie affirme qu'il est indivisible, entre en lui-même avec un travail d'introspection. Montaigne le premier, Descartes ensuite, Pascal dans la foulée, interrogent le moi comme une réalité autonome, séparée de la nature, bien que dans la nature. Aucun n'a le souci du cosmos. Tous les trois croient à leur manière à Dieu (un Dieu français pour le premier, idée innée pour le deuxième, révélé et catholique pour le troisième), mais le cosmos matériel n'est pas leur souci. Pascal est bien effrayé par le silence des espaces infinis, mais pour mieux conjurer l'effroi par la foi qui le fait s'agenouiller et s'abîmer de façon mystique.

Après avoir douté de façon méthodique de tout, sauf de la religion de son roi et de sa nourrice, prudence oblige, Descartes effectue un travail de quête intérieure à la recherche d'une première vérité sur laquelle bâtir son édifice philosophique. Cette façon de faire, révolutionnaire en son temps puisqu'elle fait l'économie de Dieu sans le risque de le nier, réalise l'autonomie de la pensée de façon radicale. La raison devient l'unique instrument de savoir et de connaissance. La sensation, l'émotion deviennent suspectes, affaire de corps, là où l'esprit, un avatar de l'âme, doit faire la loi. La nature et le cosmos disparaissent en même temps qu'a lieu l'épiphanie de la raison du sujet autonome.

L'étymologie de *sublime* renvoie à *ce qui élève en l'air* et l'on sait que l'élévation, en régime judéo-chrétien, coïncide avec un ciel demeure de Dieu et des anges, des esprits et des archanges. En dehors de cette topique chrétienne, le sublime renvoie à ce qui est élevé, grand, digne, noble, magnifique, respectable, haut, large, vaste, immense, terrible, pour une pensée, une idée, un être, un acte, un style, un caractère, un paysage. Il y a dans le sublime une exacerbation de l'âme matérielle qui s'élargit au point de coïncider avec la vastitude du monde. Il est une affaire de physiologie, de ravissement de la part la plus fine de l'être par un spectacle qui contracte l'âme puis la décontracte jusqu'à l'infini. Au cours de cette dynamique ontologique, un sentiment envahit le corps et se manifeste par une réaction anatomique : frisson, tremblement, convulsion.

On connaît le syndrome de Stendhal ayant affecté l'auteur de *La Chartreuse de Parme* alors qu'en 1813 il sortait de l'église Santa Croce à Florence : il a expérimenté physiologiquement le sublime de la rencontre avec des œuvres d'art. Chaque œuvre dispose d'une aura, au sens que lui donne Walter Benjamin, on la connaît, on en a vu des représentations, des images, des photos, mais on n'a pas forcément été mis en sa présence. Chacun porte un musée iconographique virtuel dans sa mémoire.

La confrontation avec la vérité de l'œuvre, avec sa matérialité peut affecter la personne mise en présence d'une apparition. Si le lieu est un musée chargé de chefs-d'œuvre, et c'est le cas dans l'église Santa-Croce de Florence, les ébranlements à répétition finissent par tétaniser le regardeur qui souffre alors de sueurs, de tremblements, de vertiges, de suffocations, d'accélérations du rythme cardiaque, de modifications de son souffle, jusqu'à expérimenter des extases, voire, dans certains cas, des hallucinations ou des orgasmes. Stendhal dut s'asseoir sur un banc pour reprendre ses esprits – le symptôme a depuis pris son nom.

Le sublime se manifeste lors de la connaissance immédiate d'une vérité révélée par la grande puissance d'un spectacle – sublime devant la nature, sublime devant la culture. L'individu, magnifié par Descartes et la tradition occidentale, voit sa raison débordée, suspendue, évitée. Le corps dans sa matérialité la plus primitive prend le relais. Le cerveau effectue un travail, certes, celui de la raison, mais le système neurovégétatif prend le dessus et ravage la chair par une série de pulsions, de pulsations, de flux, d'énergies débordées et débordantes. Le sublime emporte la raison rationnelle, raisonnante et raisonnable ; il libère l'émotion pure, la sensation directe, l'émoi généalogique, le trouble franc.

Burke en a fait la théorie ; on ne s'étonnera pas que Kant en ait fait la critique : le premier parle de physiologie, le second effectue une analyse transcendantale. Le sensualiste anglais aimait le sublime qui pouvait être écrasant, l'idéaliste allemand lui préférait le beau et renvoyait la catégorie de sublime hors du monde de l'art. L'auteur empirique de la *Recherche philosophique sur l'origine de nos idées du sublime et du beau* (1757) met en scène le corps comme condition de possibilité du sublime, voilà pourquoi il entretient des thématiques immanentes : la douleur et le plaisir, la joie et le chagrin, la terreur et l'obscurité, la lumière et le vaste, l'infini et la magnificence, les cinq sens et l'infini, les effets du noir et la beauté du lisse, la douceur et la poésie. Pour sa part, le philosophe de la *Critique de la faculté de juger* (1790) évolue dans les concepts : jugement réfléchissant, jugement déterminant, analytique du jugement, dialectique du jugement, jugement esthétique a priori, jugement de goût empirique, jugement esthétique, jugement téléologique. Mais, tout à son monde d'idées pures, Kant parle de l'art en oubliant la musique, en condamnant les romans, en faisant silence sur l'architecture, en ne citant aucun artiste.

Caspar David Friedrich (1774-1840) est *le* peintre du sublime. Sa peinture nous apprend à voir la nature – comme les artistes du Land Art. La peinture du sublime de la nature sans personnage lui permet une brève encyclopédie des éléments : la perfection de l'arc-en-ciel et l'éther des nappes de brume, le rougeoiment de l'aurore boréale et la pâleur de l'hiver, l'étrange clarté du clair de lune et le diffus des brouillards matinaux, la carnation des prairies et les courbes des collines, la magie de la nuit et l'éternel retour de l'étoile du soir, la pureté des sommets et l'attrait des précipices, la paix du soleil couchant et l'enchaînement des saisons, la présence forte des pierres et la menace des récifs, la matière des nuages et les reflets de la lune sur l'eau, la majesté des sapins élancés et la puissance des arbres brisés, l'émotion de la première neige et la tragédie du naufrage dans les glaces, la force cataractante des chutes d'eau et la placidité des lacs, la nature est montrée sans l'homme, comme elle le fut et le sera pendant des millénaires. Pure nature dans sa vitalité sans cesse en mouvement.

Les jeux d'ombres et de lumières, la dialectique des arbres visant le ciel et celle des chênes déracinés, l'alternance réglée des levers et des couchers de soleil, la juxtaposition des eaux en chutes bouillonnantes ou en étendues calmes, la mise en perspective d'une nature nimbée dans les brumes et des paysages inondés de lumière solaire, une fois les feuillus vert tendre, une autre les branches sèches des arbres morts, ici le rocher comme un promontoire vers le ciel, là, le récif comme une promesse de naufrage, une fois le chêne avec un nid de cigognes, une autre un arbre mort avec des corbeaux, tout cela permet aux amateurs d'allégories, de symbolisme, de métaphore ou de lectures cryptées, codées, de lire la peinture de Friedrich comme une œuvre apologétique chrétienne.

Le peintre dirait, sans les dire, tout en les disant, le bien et le mal, le ciel et la terre, le jour et la nuit, la colère ou la paix, la vie et la mort, la joie ou la peine, la naissance et le trépas. Mais on peut aussi imaginer qu'il montre tout simplement la nature, rien que la nature, toute la nature, sans lui faire dire ce qu'elle ne dit pas, mais en montrant ce qu'elle montre à qui sait la regarder, la voir et l'apprécier sans prisme déformant : elle dit les cycles millénaires, les rythmes ancestraux, les alternances cosmiques, les temps de la répétition, la dialectique du même qui dure dans l'espèce et de l'autre qui meurt dans l'individualité.

On pourrait inviter les dévots désireux de ramener Friedrich à leur cause à regarder ce que manifestent ces toiles quand il s'agit de religion : certes, les églises sont toujours majestueuses, puissantes, fortes, mais dans le lointain, perdues dans la brume, comme des constructions imaginaires, des rêveries de pierre éloignées. Les édifices religieux, quand ils ne sont pas à l'arrière-plan, mais au-devant, sont des ruines : dans les pierres tombées, la nature reprend ses droits ; les coupoles effondrées laissent place à la végétation luxuriante ; l'abbaye dont il ne reste qu'un pan de mur disparaît dans un paysage d'arbres morts plus puissants, même morts, que l'éphémère création des hommes ; le couvent apparaît lui aussi comme une ruine dans le cimetière qui accueille les humains, mais aussi les architectures sacrées ; dans les cimetières, même la mort semble morte, car l'herbe envahit tout, les arbres feuillus prennent toute la place ; le mur construit par les hommes, n'est plus qu'un tas de pierres reconquis par la végétation. Si divinité il y a, il s'agit plus de la force qui travaille la nature que de celle du Fils de Dieu.

Quand le Christ apparaît, il n'est pas dans le chœur d'une église, au milieu d'un bâtiment religieux, dans la nef d'une chapelle gothique, mais à l'épicentre de la nature. Sa croix de bois est de la même matière que celle des bosquets de sapins dont il surgit. Dans la forêt ou au sommet d'une aiguille de pierre, sous la neige ou dans un paysage avec une chaîne de montagnes à perte de vue, le crucifié semble surgir du sol, de la terre, comme une plante immortelle, une végétation éternelle. La croix lie le torrent et le ciel, les rochers et la cime des sapins, la terre vivante et le ciel incandescent. Ce Christ dans la nature semble plus une divinité païenne des éléments qu'un messie venu pour sauver l'humanité.

Dans un dessin réalisé vers 1817, *Croix sur la montagne*, le Christ apparaît sur une grande croix enracinée dans un bosquet de sapins plantés en haut d'une montagne. D'autres montagnes sont en arrière-plan. Un arc-en-ciel traverse le corps du Christ, il semble entrer et sortir par les mains du crucifié : soit le fils de Dieu libère cette énergie qu'il porte, soit il concentre une énergie qui le porte, qui le fait, le crée – ce à quoi je crois. Il ne crée pas la nature, mais il est la nature en tant que lumière qui s'avère langage du cosmos, indépendamment de ce que la religion fait de cette évidence que la lumière est, in fine, ce que les hommes adorent toujours, quelle que soit la forme prise par cette adoration – cette forme ayant pour nom religion. Derrière l'accessoire temporel d'un culte particulier se trouve toujours l'universel culte païen de la lumière qui est source de vie – source au sens astrophysique et non mystique du terme.

Peinture du sublime sans l'homme, peinture du sublime de la nature fondue dans la religion, voire de la religion fondue dans la nature, mais aussi peinture du sublime de la nature avec des personnages. On le sait, c'est l'une de ses caractéristiques, Friedrich peint dans de petites toiles de vastes paysages dans lesquels prennent place de tout petits personnages figurés de dos. Le regardeur hors la toile regarde le regardeur dans la toile et voit ce qu'il voit : à savoir le sublime de la nature.

Le peintre met en scène un individu seul dans la nature : un chasseur dans une futaie de sapins, un marcheur perdu dans un paysage d'hiver avec des souches et des arbres morts ; un voyageur (probablement un inspecteur des eaux et forêts avec son uniforme de travail) qui contemple une mer de nuages au sommet d'un roc qui surplombe un immense paysage de pierre et de brume ; un homme appuyé sur sa canne, adossé à un rocher, dans un paysage au ciel sombre barré par la courbe de lumière d'un arc-en-ciel ; une femme, bras ouverts devant un lever de soleil, qu'on imagine moins comme une dévote de la religion du Christ que comme une femme sachant que la lumière est, pour le dire dans les mots de Schopenhauer, la chose la plus réjouissante qui soit.

Avec ces peintures, Friedrich propose de petites voies d'accès, par le format de ses toiles, à la vastitude du sublime de la nature : immergée dans l'immensité d'une forêt de sapins, face à un paysage nuageux au-dessus du ciel, écrasée par la courbe polychrome de l'arc-en-ciel dans un ciel noir d'orage, devant les cieux rougeoyants, orangés, jaunes, lumineux du petit matin, la personne expérimente sa facticité en même temps que la grandeur du spectacle, elle découvre sa finitude d'autant plus brutalement qu'elle accède à l'infinitude de ce qu'elle voit, elle se sait mortelle en présence de la nature immortelle, elle fait l'expérience du sublime. Et nous qui regardons ces sujets qui regardent, nous expérimentons la même chose au moment où nous faisons face à l'œuvre.

Friedrich scénographie parfois autrement ses tableaux : il peint un couple d'hommes qui contemplent la lune à son lever, en bord de mer au crépuscule, dans la brume du matin ; un couple avec un homme et une femme qui regardent la ville au loin dans la brume au-devant d'un bateau en mer ou qui, au sommet d'une éminence, gardant leur troupeau de moutons, s'abîment dans le spectacle des montagnes avec des sommets à perte de vue ; voire un couple et un autre personnage presque en déséquilibre au bord d'un précipice de falaises de craie qui tombent dans une mer immense ; puis un couple de femmes en avant et un homme en retrait qui assistent au lever de la lune sur une mer luisant de lumière blanche ; ou bien encore deux couples, deux hommes et deux femmes, perdus dans la contemplation d'un clair de lune sur la mer. L'amitié, l'amour, la complicité montrés dans ces œuvres disent que le spectacle du sublime n'est pas une affaire individuelle, mais qu'il peut être partagé.

Pour prendre congé de Friedrich et du sublime, attardons-nous sur *Le Moine au bord de la mer* (vers 1809), une œuvre assez grande dans la production de l'artiste – 110 x 171,5 cm. Le ciel occupe les trois quarts de la toile, la mer et la terre se partagent le quart restant. Le ciel permet toutes les variations de bleu, du presque blanc à l'outre-mer quasi noir en passant par l'indigo, l'azur, le cobalt, le pastel. Le moine est un tout petit personnage, de dos, face à la mer, en contemplation – non pas face à un Christ, mais devant l'élément dont provient la vie. Le moine ne lit pas la Bible ou son bréviaire, il n'est pas dans une bibliothèque, il n'écrit pas, il ne copie pas, il ne prie pas à genoux, il regarde la vaste étendue d'eau et, probablement, puise dans ce spectacle matière à expérimenter le sublime.

La vraie religion est celle qui nous ramène aux éléments, la véritable prière, celle qui nous restitue notre liaison à la nature, la véritable expérience mystique, celle qui, païenne, nous remet à notre place authentique : non pas le centre, mais le fragment, non pas l'axe du monde, mais la partie infime, non pas l'ego, mais le cosmos. Cette toile fonctionne comme un manifeste pour cette religion païenne qui fait de la nature non pas une création de Dieu, mais la divinité elle-même, une divinité immanente, matérielle, concrète.

En 1824, C. D. Friedrich peint *Le Soir*. Cette huile sur carton d'un petit format (12,5 x 21,2 cm) pourrait bien être la première toile abstraite de l'histoire de la peinture. Bien avant Turner ou Monet, le peintre romantique part du spectacle de la nature, en l'occurrence un banal *Soir*, et il produit une œuvre gigantesque : on peut y voir le ciel d'un bleu profond zébré par des rayures de lumière jaune, bien sûr, une série de traînes solaires taillées dans le vif d'un espace infini de bleus, mais on y trouve aussi une porte d'entrée, débarrassée de l'anecdote et de la signification, qui ouvre sur ce lieu dans lequel on entre dans la nature, une porte ontologique de quelques centimètres carrés, un genre de miroir à traverser pour trouver dans le monde matière à saisir le monde sur le mode du sublime. On n'en revient pas.

5

FAIRE PLEURER LES PIERRES

Caillois faisait parler les pierres : la vitrification des forces qui furent inspire assez peu en dehors des géologues. Pourtant, il y a des millions d'années, des liquides en fusion, refroidis, ont donné l'obsidienne et le diamant, le quartz et le jaspe, la calcédoine et l'agate, l'onyx et la variscite, le lapis-lazuli et la paesina, l'améthyste et la fluorine. Une fois ouvertes en deux et polies, on découvre que les pierres contiennent des simulacres, écrit le poète. Dans ce que cette ouverture au monde montre, on peut voir des monstres et des visages, des paysages et des personnages, des silhouettes et des arbres, des oiseaux et des sexes de femme, des yeux et des feuillages, des évêques et des dragons, des écrevisses et des cours d'eau, des chiens et des têtes de mort tout autant que des rêves et des présages.

Ce qui caractérise les pierres ? Leur silence, malgré leur longue mémoire, leur immobilité figée dans une forme, la radicalité de l'invariabilité de leur structure, leur vie loin du vivant, leur force tranquille, la cristallisation du temps. Mais aussi le relatif mépris dans lequel les tiennent les poètes et les artistes, les écrivains et les musiciens, les gens de l'art que ce temps pétrifié n'intéresse que de façon très exceptionnelle.

Qu'Orphée ait pu faire pleurer les pierres, voilà qui renseigne sur le pouvoir de la musique (qui est temps culturel versifié) sur les pierres (qui sont temps naturels cristallisés). La légende est connue, précisons-la tout de même : l'étymologie d'Orphée renvoie à la nuit, à l'obscurité, au caché. Orphée est à la fois poète et musicien, ce qui conforte mon hypothèse que les civilisations sans écriture mémorisaient de longues informations qui, versifiées, donc psalmodiées, donc chantées, s'en trouvaient d'autant plus faciles à mémoriser. Avec ses rythmes, ses cadences, ses balancements, ses périodes, le poème anticipe la musique, ou coïncide avec elle, pour dire le monde, ou ce qu'il y a à en dire. Qu'il trouve sa place dans les généalogies des personnages les plus anciens de la mythologie confirme son caractère fondateur.

Le musicien, fils de Calliope, la muse de la poésie lyrique, et d'un roi, est initié par Apollon lui-même. Ce dernier lui offre une lyre à sept cordes qu'il perfectionne en lui en ajoutant deux pour honorer les neuf muses. Il invente la cithare. Lors de l'expédition des Argonautes pour ravir la Toison d'or, Orphée rythme avec son chant la cadence des cinquante rameurs, tous des héros – Jason, Castor et Pollux, Hercule, etc. Ce même chant apaise les flots impétueux de la Méditerranée. C'est aussi avec lui qu'il anéantit le pouvoir des Sirènes qui, elles aussi avec leur chant, attirent les marins qui précipitent leurs bateaux sur les rochers. Carnivores, ces oiseaux à tête et buste de femme dévoreraient ensuite les marins.

Orphée obtient des résultats incroyables avec son chant et sa lyre : il charme les arbres et les forêts lui obéissent, il fait pleurer les pierres et leur donne des sentiments humains, il arrête le cours des fleuves impétueux qui se mettent à couler comme de simples rivières nonchalantes, il rend douces et calmes les bêtes sauvages, les lions ne chassent plus les cerfs, le chien ne court plus après le lièvre, plus aucune bête féroce ne l'est, elles connaissent toutes la douceur, la sérénité, le calme, elles ne font plus couler le sang. L'ordre du monde s'en trouve affecté puisque ce qui constitue la nature des éléments ne fait plus la loi, qui, elle, se trouve désormais édictée par le chant, la mélodie, la musique.

On sait aussi, autre partie de la biographie d'Orphée, qu'une vipère a ravi la vie de sa femme Eurydice par une morsure au pied. Son époux la rejoint aux Enfers après avoir obtenu de nouveaux enchantements grâce à la musique : il a calmé Cerbère, le terrible chien tricéphale gardien du lieu, et les non moins épouvantables Euménides, les esprits femelles de la justice et de la vengeance, les protectrices furieuses de l'ordre du cosmos, mais aussi Hadès, le dieu des Enfers lui-même, et Perséphone, la reine du lieu. Pour pouvoir retrouver Eurydice et la vie avec elle, il doit remonter vers la lumière avec son épouse derrière lui et en aucun cas se retourner ou lui parler avant d'arriver à la surface. Alors que ce musicien n'entend plus les pas de son amour perdu, pris d'inquiétude il se retourne, perdant de ce fait pour toujours sa bien-aimée. Veuf et inconsolé, le ténébreux reste fidèle à la femme perdue. Ce qui met en colère les Bacchantes qui le déchirent, le démembrent et répartissent son cadavre en morceaux dans divers endroits pour le punir de cette fidélité post-mortem. On dit que, dans son tombeau, la tête chantait parfois encore. Orphée fut à l'origine d'une secte qui ne fut pas sans irriguer la pensée de Pythagore, celle de Platon et… le christianisme primitif.

Le chant maléfique des Sirènes contre le chant bénéfique d'Orphée forme un couple qui traverse ensuite l'histoire : d'une part, la musique comme instrument du diable et du mal ; d'autre part, la musique comme instrument des dieux et du bien. Côté *Sirènes*, saint Augustin raconte dans ses *Confessions* combien la musique, à cause des « voluptés de l'oreille » (X), s'avère un véhicule toxique qui éloigne de Dieu et nombre de Pères du désert, de Pères de l'Église ou de saints, Jérôme et Ambroise, Basile et Jean Chrysostome, Tertullien et Clément d'Alexandrie, par exemple, des puritains anglais ou des docteurs de la loi islamique lui emboîtent le pas. Côté *Orphée*, les tenants de la musique célébrée lors des cultes païens, bachiques, dionysiaques ou corybantiques – fustigés par Platon dans l'*Ion* qui attaque la musique sous prétexte qu'elle fait sortir son auditeur de lui-même pour entrer dans un état de transe qui est le diabolique par excellence. Les chrétiens associeront cette part maudite de la musique au satanique.

Le pouvoir de la musique est donc un pouvoir sur les corps. Elle s'empare de la totalité de la chair, âme comprise. La tension des muscles, l'excitation des nerfs, la circulation du sang, les battements cardiaques, les fréquences de la respiration, la structure matérielle de l'âme s'en trouvent donc modifiés. La théorie matérialiste se voit une fois de plus confirmée : au sens épicurien, les simulacres constitués par la musique, autrement dit les nappes de particules détachées de la matrice, ces nappes circulent dans l'air et modifient les simulacres dont l'âme est composée. Cette interaction d'atomes, qui sont autant d'énergie, produit une puissance sur les flux du corps. La musique est la mécanique matérielle qui agit sur les fluides matériels eux aussi de la chair. On comprend que les tenants de l'idéal ascétique, de Platon à Boulez en passant par les chrétiens, se méfient des pouvoirs hédonistes de la musique sur les corps païens.

Boèce raconte dans son *Traité de la musique* que, un jour où Pythagore regardait les étoiles et scrutait le cosmos, comme à son habitude, il avisa un jeune de Taormina, rendu ivre et saoul par l'audition du mode phrygien – mode de *ré* selon la terminologie contemporaine. Le Sicilien voulait incendier la maison dans laquelle une prostituée vendait ses charmes à l'un de ses rivaux. Ses amis ne pouvaient rien faire contre sa folie furieuse. Sage et pour l'occasion descendu des étoiles entre lesquelles il méditait, le philosophe qui sait tout des effets de la musique des sphères conseille au musicien de jouer un autre mode musical qui l'apaiserait. Ce qui fut fait, avec succès, en recourant à un spondée, autrement dit un passage en mode dorien – mode de *mi*. L'histoire des modes musicaux qui affectent les hommes pour les exciter ou les calmer parcourt l'Antiquité : Platon, Aristote, Plutarque, Dion Chrysostome, saint Basile, Cicéron, Jamblique, Boèce donc.

Le mythe d'Orphée nous apprend que la musique est un ordre du monde, dans le monde, et qui donne des ordres au monde. La musique ne dit rien, elle n'exprime rien, elle ne signifie rien, elle est juste l'une des modalités de ce qui est. Au sens étymologique, elle forme, elle donne une forme, elle informe le réel en sculptant sur mesure ses vitesses et ses lenteurs, ses fulgurances et ses immobilités, ses vortex et ses stases. Elle donne des formes au temps et du temps aux formes. Elle étire et raccourcit les durées qu'elle conduit à son désir. Elle est le chiffre du monde qui interfère avec le nombre de ce qui est.

Si l'on quitte la mythologie pour l'histoire, le réel confirme la fiction : le pouvoir magique de la musique produit ses effets sur tout ce qui est, animaux compris. La trace la plus ancienne dont nous disposions en matière d'*histoire* de la musique date de quarante mille ans : on la trouve sur une fresque située dans la Grotte des Trois-Frères à Montesquieu-Avantès, en Ariège. On y voit un homme à tête de taureau, Minotaure avant l'heure, jouant d'un instrument qui semble être un arc à cordes, instrument dont l'existence et l'usage sont bien connus des ethnomusicologues, puisqu'il est encore joué dans certains endroits d'Afrique noire. Que cet homme soit un chamane en relation avec les forces de la nature et que son instrument lui serve de médium pour les interpréter, les interroger, les solliciter, les appeler, obtenir leurs faveurs par transfert de forces ou transport de puissances, par captation du flux d'énergie et redirection vers d'autres foyers existentiels, nous pourrions le conclure.

Car le chamanisme qui est la religion des religions, la mère de toutes les croyances, la foi matricielle, le rituel des cultes généalogiques, demeure, même en temps postmodernes, dans des géographies préservées de la planète – Sibérie, Amérique du Sud, Amérique du Nord, Australie, Arctique. Elle met en scène nombre de situations dans lesquelles un homme qui a revêtu un habit de cérémonie porte un masque zoomorphe et joue d'un instrument, souvent un tambour. Mais cette figuration dans la grotte des Trois-Frères fournit une information majeure.

Cet instrument se présente sous la forme d'une tige de bois pliée, en tension, entre les deux bouts de laquelle se trouve tendue une liane. La bouche est utilisée comme une caisse de résonance susceptible d'être modulée par des mouvements d'ouverture ou de fermeture. Une tige de bois sert de percuteur sur la liane tendue qui résonne et donne une note. La main qui ne tient pas cette petite tige pose et place un morceau de bois sur la liane qui, par des tensions plus ou moins fortes, permet de varier le son. Le chant de l'instrumentiste accompagne les notes modulées par la cavité buccale et la tension manuelle. L'arc, instrument de guerre et de chasse, devient alors instrument de communication avec les esprits de toutes choses – la terre et le ciel, la pierre et l'air, le vent et la pluie, les morts et les vivants, le gibier et les animaux domestiques, le bois et la rivière, les montagnes et les forêts, la foudre et les nuages, etc.

Dans la grotte, on peut imaginer que la cérémonie initiatique dans laquelle cet instrument se trouve utilisé sert de médium entre les deux mondes : celui duquel on vient, les ténèbres de l'ignorance, celui vers lequel on va, les lumières du savoir, le tout dans le jeu inversé : on apprend la lumière dans l'obscurité de la grotte alors que l'ignorance règne dans la lumière de la vie quotidienne. Aller d'un monde à l'autre et revenir fonde les rituels de passage des jeunes ignorants au monde des adultes qui savent, informés par le dépositaire de la fonction sacerdotale – le philosophe préhistorique.

On connaît d'autres instruments de musique préhistoriques, tous fabriqués avec des fragments de la nature : pierre, os, bois, corne, coquillage. D'autres ont disparu parce que biodégradables : la terre et la peau des tambours, les écorces des instruments à vent. Mais, dans un temps où l'homme n'est pas séparé, distinct et opposé à la nature, mais lui aussi morceau à part entière de celle-ci, l'instrument de musique est ontologiquement assimilable à une partie du corps humain, mais aussi du grand corps qu'est le grand tout de la nature.

Faire de la musique, c'est alors ajouter aux bruits et au son de la nature de façon à y moduler des vibrations voulues et mélangées aux vibrations non voulues produites dans la nature : le chant extrêmement complexe des oiseaux, bien sûr, mais aussi le bruit mat et velouté de leurs battements d'ailes dans le ciel, les grondements du tonnerre, le craquement violent de la foudre qui tombe, la pluie qui s'ensuit, douce et impressionniste ou bien drue et percussive, le clapotis d'une frange ourlée au bord d'un cours d'eau, le friselis d'une source à son origine, le soyeux de l'onde d'une rivière l'été ou son bruit ample lors des crues d'hiver, le vent dans les arbres qui agite doucement les feuilles en cas de brise ou qui secoue violemment les branches lors des tempêtes, le bref bruit d'un poisson qui sort de l'étang calme pour y gober un insecte et retomber de tout son poids, le craquement mystérieux des ramures la nuit, le crépitement du feu allumé par l'impact de foudre, l'immense symphonie ignée lors des grands incendies de forêts propagés par le vent, tous ces bruits naturels deviennent musique quand on les veut, qu'on les reproduit.

La pensée animiste de cette époque suppose qu'on prête une âme à la nature, au monde, au ciel, à la terre, mais aussi à chaque chose – le chant des oiseaux, le bruit de leur vol, le tonnerre et la foudre, la pluie et le vent, etc. Les vocalises d'un bouvreuil ne devaient pas être que les vocalises d'un bouvreuil mais très probablement la voix venue du monde des esprits d'un ancêtre disparu, le chant d'un étourneau lui aussi devait porter la parole d'un enfant mort qui s'exprimait ainsi et disait aux vivants ce que le chamane leur apprenait à entendre.

L'existence de rhombes dans les peuplades aborigènes d'aujourd'hui permet de conclure que les hommes préhistoriques les utilisaient. Ces pierres plates polies, de forme ovoïde, trouées afin de permettre d'enfiler un lien, sont mises en mouvement par un geste circulaire au-dessus de la tête. Le tournoiement permet à l'air de s'engouffrer dans le trou et de produire un vrombissement que des ethnomusicologues assimilent à la voix des ancêtres disparus qui reviennent de cette manière dans la communauté des hommes.

Les humains de cette époque ont également fabriqué des instruments appelés des racleurs – sur le principe du *wash-bord* des jazzmen. Ils incisaient l'os animal ou le bois de cervidé de façon régulière et créaient ainsi comme une barre d'engrenage frottée avec une baguette en bois ou un os léger. Là aussi, là encore, la partie de l'animal ainsi recyclée permettait à l'esprit de la bête de durer sous forme sonore. Les rythmes obtenus par le musicien chamane fonctionnaient comme des incantations, des appels aux esprits convoqués autour des humains rassemblés.

Les préhistoriens ont également retrouvé des sifflets. Étaient-ils utilisés comme instruments de musique ou comme des appeaux pour la chasse ou bien encore comme des instruments de reconnaissance entre tribus ? Ou comme les deux à la fois ? La phalange de renne perforée pouvait aussi bien servir, comme le rhombe, à solliciter les esprits ou à permettre à des chasseurs en mouvement de se reconnaître (comme les criquets des GI du débarquement en juin 1944) qu'à appeler l'âme des ancêtres ou des animaux morts, mais vivant encore par leur mana, leur pouvoir magique.

Dès lors, pas question d'imiter le chant de l'oiseau pour ceux qui, probablement, ajoutaient au chant des oiseaux ; pas question d'imiter le bruit de la foudre qui tombe et du tonnerre en frappant la peau des tambours obtenue avec la peau tannée, taillée, tendue et percutée d'un animal traqué, chassé, tué et dépouillé. Le son du tambour est la parole de la bête sacrifiée, l'os qui sert à frapper la peau, une côte, un fémur, un tibia, n'est pas un banal outil, mais lui aussi une portion d'âme, un fragment d'esprit du bison mort, du renne tué par une flèche ou d'un aurochs saigné par un silex affilé. La musique n'imite pas, ne singe pas, mais elle se faufile dans les bruits de la nature pour y ajouter le concert de bruits volontaires qui, de ce fait, deviennent musique. L'homme qui souffle dans un cor fabriqué avec la corne d'un aurochs, d'un bison, d'un bouquetin ne fait pas que de la musique, il enchante aussi l'âme de l'animal disparu, il lui redonne vie, il la convoque pour revenir dans le monde des vivants qu'elle n'a pas quitté, mais qu'il faut savoir solliciter. Il y a trente cinq mille ans, l'homme ou la femme qui joue de la flûte taillée dans l'ivoire de mammouth, dans un os de cygne ou dans celui d'un vautour, comme dans les instruments retrouvés dans la grotte de Hohle Fels dans le Jura Souabe, en Allemagne, ne se contente pas lui non plus de faire de la musique, il réactive les esprits du mammouth, du cygne et du vautour, il convoque leurs âmes pour les faire revenir là où le musicien, qui est donc aussi un chamane, un prêtre, le souhaite.

Le tambour fait de terre, de bois et de peau d'animal tendue avec des fibres végétales, le cor fabriqué avec les cornes de bovidés évidées et percées, la trompette confectionnée dans l'écorce de bouleau, la flûte taillée dans l'os d'un oiseau de proie, d'un cygne sauvage ou dans l'ivoire d'un mammouth, la conque marine, le gros coquillage percé, mais aussi la voix humaine prennent la parole pour ajouter leurs voix au concert du monde. Ils musiquent le monde et parlent son langage.

Si Orphée faisait pleurer les pierres, on sait aujourd'hui grâce aux ethnominéralogistes et aux paléomusicologues que les pierres chantaient à l'époque préhistorique. Les hommes des cavernes utilisaient certaines stalactites comme les modernes avec les tuyaux d'orgue. L'ancienneté de la concrétion génère un format plus ou moins long et épais associé à une note plus ou moins haute. La multiplicité de ces merveilles géologiques fournit naturellement un matériau sonore susceptible d'être sollicité de manière percussive.

Mais les récentes découvertes d'un usage musical de la pierre sont dues à l'ethnominéralogiste Erik Gonthier, anciennement tailleur de pierres précieuses pour les joailliers place Vendôme, aujourd'hui rattaché au Museum d'Histoire naturelle. Cet homme a compris que les pierres conservées dans les réserves, souvent ramenées par des militaires en poste en Afrique du Nord et étiquetées et classées comme pilons ou haches, étaient en fait des lithophones, littéralement des *pierres à voix*, et qu'on pouvait en jouer comme les percussionnistes avec les plaquettes de bois pour le xylophone – littéralement *bois à voix*.

Posées sur un support qui leur permet d'être en suspension, aujourd'hui de la mousse, jadis probablement de la matière animale, cuir ou poil, ou végétale, mousse ou herbe, ces pierres qui peuvent avoir 10 000 ans sonnent de façon cristalline. L'une d'entre elles, noire, pesant 4,5 kilos, a été trouvée à 1 500 kilomètres de son lieu d'extraction. Le polissage subtil a probablement nécessité deux années de travail. Le paléomusicologue l'a baptisée Stradivarius. Certaines pierres plates fonctionnent comme lithophones laminaires, d'autres sont cylindriques. Elles vont de 80 centimètres à un mètre et peuvent peser jusqu'à 7,5 kilos. Percutées avec un maillet en bois, elles sonnent comme une cloche d'airain ou comme des verres.

En descendant facétieux et inventif d'Orphée, Erik Gonthier a fait chanter les pierres. Pour fêter le quatre-vingtième anniversaire de l'Orchestre national de France, il a travaillé avec le compositeur Philippe Fénelon qui a composé une œuvre jouée sur vingt-trois lithophones, dont le fameux Stradivarius, par quatre percussionnistes de Radio-France. Ce chant des pierres permet d'abolir la distinction effectuée jadis par Roger Caillois dans *L'Écriture des pierres* : le penseur opposait en effet les pierres précieuses, les pierres curieuses, et les pierres simples, banales. Car, dans cette configuration lithophonique, la pierre banale devient précieuse, curieuse.

La parole des pierres, le son des pierres, la voix des pierres, voilà matière à penser la musique comme ce qu'elle est essentiellement : un bruit volontaire, un son voulu, désiré, construit, architecturé, à intercaler dans le grand concert silencieux du monde, non pour en perturber l'harmonie, mais pour obtenir de cette harmonie matière à variation. La musique préhistorique offre une porte d'entrée dans un monde de toute façon ouvert. Elle est une voie d'accès à l'invisible des effets de la matière. Non pas un invisible transcendant ou transcendantal, mais l'invisible des métamorphoses de la matière, l'invisible du vivant à l'œuvre, l'invisible de ce qui, dans la vie, veut la vie. La musique propose un angle d'attaque du réel particulier. Loin de la musique des sphères pythagoriciennes, elle est la voix silencieuse du grouillement du vivant captée, capturée, libérée, offerte et vite partie. Juste saisie, donnée, produite, interprétée, elle est assez vieille pour mourir de jeunesse.

À l'époque préhistorique, la musique n'est pas séparée du monde et des hommes au point qu'il aurait alors fallu des cérémonies comme les concerts d'aujourd'hui qui sont autant de performances muséales nécessaires aux activités mortes et desséchées ; la musique faisait partie du monde, de leur monde ; elle était l'art de mêler sa voix aux mélodies du monde pour y trouver sa place ; elle permettait alors d'intervenir et d'ajouter aux sonates naturelles, aux symphonies des éléments, aux cantates animales, aux cantilènes des eaux, aux opéras de feu, aux berceuses des vents, et de parler la langue de la nature en économisant le verbe et les mots. La musique est un signifiant sans autre signifié qu'elle-même.

En même temps que disparaît cette religion sans église qu'est l'animisme, la musique devient une affaire de culture et non plus de nature. L'histoire de la musique se confond avec l'histoire de la domestication des sons sous le signe des Sirènes et non d'Orphée. La musique qui assure de la présence au monde, qui augmente l'être-là dans le monde, laisse place progressivement à une musique destinée à nous éloigner du monde, à nous sortir du réel pour nous faire entrer dans l'univers de la divinité. Le soin mis par l'Église catholique à égorger Dionysos dans la musique pour lui infliger l'ordre et la mesure d'Apollon constitue le fil rouge de l'histoire de la musique occidentale.

La musique comme transe, comme extase, comme orgie bachique, la musique comme expérience corporelle qui appelle la danse, le mouvement des corps requis par la formidable puissance des simulacres a été persécuté par les autorités chrétiennes qui ont créé des polémiques incessantes. Dans les premiers siècles de l'Église primitive, contre la musique coupable de donner des plaisirs forcément condamnables, association de Satan à l'invention de la musique, condamnation de la musique comme indissociable des cultes païens ; à l'époque médiévale, pour la monodie grégorienne qui permet de mettre le texte de la prière au premier plan, mais contre la polyphonie coupable de prendre le pas hédoniste et dionysien sur le sens apollinien des paroles d'oraison ; à la Renaissance, par décret disciplinaire du pape Jean XXII, au Concile de Trente (1545-1563), interdiction de la musique dans les églises sous toutes ses formes sous prétexte de lascivité et d'impureté ; fustigation par Érasme de la musique associée aux délires orgiaques antiques, dans les églises ; à l'époque baroque, castration des enfants pour obtenir une voix d'ange sous prétexte que la voix du diable est grave et masculine ; au XVIIIe siècle, condamnation du chromatisme, autrement dit de l'utilisation d'échelles musicales progressant par demi-tons, sous prétexte de « douceur efféminée et de lubricité vicieuse », dixit Benito Feijoo ; au XIXe siècle, guerre ouverte contre le triton, intervalle diabolique (quarte augmentée ou quinte diminuée) utilisé par Beethoven, Liszt, Wagner, Puccini. Pour les chrétiens, la musique n'est défendable qu'au service de l'oraison religieuse.

L'opéra constitue une résistance d'un genre païen à l'idéal ascétique chrétien musical. De ses origines baroques aux œuvres contemporaines, l'opéra regorge de crimes et de trahison, d'érotisme et d'amour, de philtres et de merveilleux, de dieux païens et de danses lascives, de bacchanales et de décapitation, de damnation et de sorcellerie, de malédictions et d'apparitions, de poisons et de somnambules, de folie et d'inceste, d'infanticides et de métamorphoses, de libertins et de diables, de bohémiens et de buveurs, de travestis et d'hystériques, de torture et de prison, de poignards et de sang, de malades et de mourants, de tuberculose et d'incendies, d'amoureux et de cadavres, de suicides et de meurtres, d'échafauds et de bordels, de banquets et de valets. Une fois le rideau levé, tout ce monde se trouve mis en scène derrière les lourds rideaux pourpres. Tout ce qui remplit l'existence, la vie, l'amour, la mort, ce qui occupe les hommes, l'ambition, la domination, les honneurs, ce qui les déçoit, la trahison, l'infidélité, le parjure, ce qui les conduit, le sexe, l'argent, le pouvoir, ce qui les salit, le mensonge, la tromperie, l'hypocrisie, tout cela est chanté, crié, susurré, murmuré, dit, hurlé, chuchoté, comme si le spectacle et la théâtralisation de ce que nous sommes si souvent nous permettait, une fois représenté sur scène et donné dans les limites du théâtre, de nous purifier d'être ce que nous sommes. L'opéra, catharsis païenne et art total, reste le lieu possible d'un pur déploiement de la musique dans l'esprit d'Orphée.

La passion chrétienne pour l'idéal ascétique, le refus hédoniste de ce qui donne du goût à la vie se double de la haine de la musique des révolutionnaires qui se réclament de Rousseau ou de Marx. Rousseau, mélomane, compositeur, inventeur d'une nouvelle façon d'écrire la musique, auteur d'un opéra dont il compose également le livret, vivant de leçons de musique, fustige l'opéra dans son *Discours sur les sciences et les arts* sous prétexte qu'il amollit les mœurs et dévirilise le citadin déjà tellement corrompu. Contre la musique de salon et à l'opéra associée à l'aristocratie, Rousseau veut une pratique simple d'instruments simples pour permettre, dans un rassemblement frugal, de faire danser les paysans, les gens de la terre.

Les révolutionnaires donneront hélas corps à cette vision. En 1793, en créant un Institut national de la musique, la musique devient une activité d'État, soumise à l'idéologie qu'elle doit servir. Gossec, lui-même musicien, défend ce projet et reprend l'ancienne critique de la musique émolliente des salons de la monarchie à laquelle il faut opposer la musique martiale et virile, patriotique et nationale, des révolutionnaires. Contre les « sons efféminés » entendus dans les salons, Gossec promeut la musique militaire. On ne s'étonnera pas que ce dernier ait produit une œuvre musicale indigente. Aucun chef-d'œuvre musical n'a survécu à la Révolution française qui n'en a rendu aucun possible. Faut-il s'en étonner ?

Ce même idéal ascétique antihédoniste, ce refus de la musique d'Orphée pour lui préférer la musique des Sirènes se retrouve sans surprise dans la Russie soviétique et dans l'Allemagne nazie : même condamnation de la musique amollissante, le fameux mode phrygien de l'Antiquité, même célébration de la musique idéologiquement asservie au projet d'État communiste ou racial. Ni l'URSS ni le Reich nazi n'ont produit un seul chef-d'œuvre musical – ni même littéraire ou poétique. Les Bolcheviques eurent pourtant les pleins pouvoirs pendant plus de soixante-dix ans, entre 1917 et 1989, et les nazis durant douze années, entre 1933 et 1945.

Ce lignage révolutionnaire de la haine d'Orphée et de la célébration des Sirènes aboutit dans le dodécaphonisme et le sérialisme qui mettent à mort la tonalité, la consonance, l'harmonie, l'équilibre euphonique, au profit d'un savant calcul de séries et de succession de douze sons. On ne fait pas plus antihédoniste comme proposition : la musique reste une idéologie et l'on voit bien comment, dans *Philosophie de la nouvelle musique*, en 1948, le philosophe Adorno, lui-même compositeur de musique dodécaphonique, recourt à l'idéologie pour opposer le bon révolutionnaire Schönberg promu idéal de l'avenir au méchant réactionnaire Stravinsky transformé en ennemi de classe à abattre.

En réservant la musique aux musicologues, Schönberg évinçait les mélomanes. L'homme qui renvoie au Créateur, à la lumière de la création, et s'installe de façon immodeste dans ce sillage, en appelle à la perfection de la Création et à son chiffre en prétendant pouvoir en saisir la nature et la retranscrire dans la série qui en offre le nombre. Le même affirme : « Si c'est de l'art, ce n'est pas pour la masse et si c'est pour la masse, ce n'est pas de l'art. » On conçoit que, dialoguant à égalité avec Dieu et méprisant le peuple, le père du dodécaphonisme et de la série culmine en prophète des Sirènes, mais aussi, dans le même temps, en meurtrier d'Orphée.

Nullement tué par ce projet dodécaphonique, Orphée continue à produire ses effets. Mais, loin des salles de concert de musique classique où l'emblématique concert de silence *4'33* de John Cage (1952) montre l'impasse dans laquelle s'était dirigée cette musique pour musicologues depuis que Webern fit du silence le maître mot de la seconde école de Vienne. Les pièces brèves avec musique rare devaient bien aboutir un jour au silence transformé par la grâce verbeuse des intellectuels de la composition en pur moment de musique. Que cette pièce expérimentale soit encore jouée dans des salles de concert avec tout le sérieux dont sont capables les cuistres et les imposteurs, voilà qui renseigne sur la haine de la musique à l'œuvre chez nombre de... mélomanes !

Aux antipodes de cette musique élitiste pour musicologues, la musique pop, électrifiée, festive, hurlante, psychédélique, accompagnée de substances hallucinogènes, comme dans les rassemblements chamaniques, permettant de grandes transes populaires dans des cérémonies en plein air saturées de décibels, affirmait la permanence des pouvoirs d'Orphée. Qu'on se souvienne de Woodstock. Le jazz, le folk, le rock ont eux aussi repris le flambeau orphique en renouant avec la musique pour les corps.

La musique répétitive et minimale américaine offre aujourd'hui une issue hédoniste à l'histoire de la musique. Construite sur la répétition et la différence, elle propose une série d'infinies variations sur le thème du vivant, de la prolifération, de la métamorphose, du développement, de la multiplication, de la duplication, de la mutation, de l'altération, de la transmutation. Dionysiaque, elle propose une forme répétée à l'identique jusqu'à ce qu'une infime variation décale, décentre, perturbe le dispositif. Sans qu'on y prenne garde, ce clinamen presque inaudible nous conduit vers un autre monde sonore. Au bout d'un long temps d'écoute, nous sommes transportés dans une autre formule sonore sans avoir réellement perçu les modalités de ce voyage.

De la même manière que notre forme première parvient à notre forme finale et que, partis du néant dont nous provenons, nous parvenons à nouveau à ce néant dont nous venons, la pièce minimale et répétitive donne à entendre le destin de chacun d'entre nous. Pièce brève, pièce longue, peu importe : nous partons de rien, nous retournons vers le rien et il ne restera rien de nous. Entre deux néants, quelques atomes associés effectuent le simulacre de la vie. Ces simulacres portent notre nom, un temps. Trois petits tours et puis s'en vont. Le cosmos, lui, bruit sans nous, comme il a brui sans nous, comme il bruira sans nous.

Conclusion

La sagesse
une éthique sans morale

La philosophie est une activité urbaine. L'Athènes de Socrate, la Rome de Sénèque, le Stockholm de Descartes, l'Amsterdam de Spinoza, la Florence de Machiavel, le Berlin ou l'Iéna de Hegel et de l'idéalisme allemand, le Copenhague de Kierkegaard, le Londres de Marx et Engels, la Vienne de Freud, le Paris des scolastiques, celui des Salons des Lumières, puis des socialismes dits utopiques, enfin de la pensée française du XXᵉ siècle, le Madrid d'Ortega y Gasset, le New York d'Arendt, on n'en finit pas d'accumuler les exemples attestant de la philosophie comme sécrétion des villes.

La philosophie ? Toute la philosophie ? Non, la philosophie dominante essentiellement. Car les marges philosophiques qui me plaisent et me nourrissent montrent que la pensée peut aussi être une quintessence des champs : Montaigne qui pense une sagesse laïque au sommet de sa tour dans la campagne de Guyenne, l'abbé Meslier qui pose les bases de l'athéisme dans son presbytère d'Étrépigny, dans les Ardennes, Nietzsche qui erre dans une Europe d'hôtels et de pensions de famille non loin de la Méditerranée ou des montagnes suisses où il invente une pensée postchrétienne, Thoreau qui se construit une cabane dans les bois pour y mener une vie philosophique indexée sur la nature, Bachelard qui n'oublie pas sa Bourgogne natale quand il pense les éléments, Camus, fils spirituel de Tipasa, malheureux comme les pierres à Paris et retrouvant un peu de plaisir à vivre chauffé au soleil du Sud en Provence,

509

à Lourmarin, peu de temps avant de mourir, ces philosophes prouvent qu'on peut aussi penser en dehors des villes. Au bord de la mer, en campagne, dans la nature, loin des cités, la pensée n'est jamais la même. On n'imagine pas Sartre ou BHL en dehors de Paris, vivant dans le Cantal ou les Ardennes.

Prenons le cas de Wittgenstein : la plupart des institutionnels de la philosophie le présentent comme un penseur de la logique vivant à Vienne en oubliant qu'il fut aussi et surtout un homme soucieux de mener une vie philosophique, notamment dans la campagne norvégienne, ce dont témoigne une partie de son œuvre souvent négligée.

Or le philosophe du *Tractatus logico-philosophicus* est aussi l'auteur des *Carnets de Cambridge et de Skjolden*. Cet homme qui a dessiné les plans de la maison de sa sœur à Vienne, maison tout en angles, bâtiment qui est à l'espace ce que les œuvres de Mondrian sont à la peinture – moins les couleurs –, ce personnage qui a construit cette habitation comme s'il s'agissait de donner forme en trois dimensions à une œuvre de Webern, cet être, donc, fut aussi l'individu qui vécut en Norvège dans une cabane recouverte de végétation au fond d'un fjord. Cet homme divers n'est la plupart du temps présenté que sur une seule de ses facettes : celle du logicien. Dans cet ordre d'idées, il n'est pas étonnant que ce soit Pierre Hadot, le penseur de la vie philosophique, des exercices spirituels et de la pensée comme propédeutique à l'existence, qui ait souligné dès 1959 la dimension existentielle de la philosophie du personnage.

Or la logique lui fut, comme chez Épicure bien des siècles plus tôt, une voie d'accès à la vie philosophique. Mais qui le dit ? Qui effectue ce passage entre les deux Wittgenstein, le logicien de Vienne et l'existentiel de Skjolden, le rat des villes autrichien et le rat des champs norvégien, le penseur austère des propositions de la logique formelle et l'homme souffrant d'être au monde en quête de solutions pour se remettre au centre de lui-même ? Nombre d'universitaires peinent sur ce que pourrait bien signifier la dernière phrase du *Tractatus logico-philosophicus* : « Ce dont on ne peut parler, il faut le taire » faute de comprendre que ce dont on ne peut parler, *il faut le vivre* ! Comment saisir, sinon, qu'en 1919 il écrive à Ludwig von Ticker : « Mon œuvre est surtout ce que je n'ai pas écrit » ?

La biographie est une œuvre, quel que soit le format de l'être concerné, de l'être le plus simple et le plus modeste à la pointe la plus fine d'une civilisation. Nul besoin d'égaler Alexandre ou César, Michel-Ange ou Rembrandt, Aristote ou Descartes, Homère ou Dante… L'héroïsme n'a pas besoin de guerres et de batailles, de chefs-d'œuvre esthétiques ou architecturaux, littéraires ou philosophiques, il est là où un être se bat contre la mort sans geindre, gémir, se plaindre. Un être debout, voilà le héros ; le véritable héroïsme est souvent silencieux, sobre, simple, discret. L'œuvre-vie d'un philosophe sert de narration, de récit utile, pas de modèle à décalquer.

Mon goût pour les philosophes des champs me fait apprécier ceux qui philosophent en n'étant pas philosophes de profession et chez lesquels j'apprends beaucoup, sinon l'essentiel, de toute façon plus que chez les tâcherons de la discipline : les auteurs japonais de haïkus, de Bashô, contemporain de Spinoza, à Sumitaku Kenshin (1961-1987) ; les poètes chinois, dont la poétesse Xue Tar (770-832), ou coréens, comme Ki Hyongdo (1960-1989) ; Guillaume de Mende, un évêque du XIIIᵉ siècle qui révèle la symbolique des églises dans une somme passionnante ; Charles Darwin, bien sûr, qui coupe la philosophie en deux avec *L'Origine des espèces* en 1859, ce que les professionnels de la philosophie n'ont toujours pas vu, mais aussi et surtout avec un livre à mes yeux plus important, *La Filiation de l'homme*, qui paraît l'année de la Commune ; D'Arcy Thompson, le bio-mathématicien qui, dans *Forme et croissance*, pense les métamorphoses de la forme du vivant et nous permet d'appréhender la vie en dehors des catégories transcendantales ; Jean-Henri Fabre, le naturaliste qui ouvre la porte à l'éthologie contemporaine avec ses *Souvenirs d'un entomologiste* – je regrette l'époque où ses livres pour enfants étaient aux programmes scolaires ; le curé défroqué Prosper Alfaric qui me convertit à l'inexistence historique de Jésus avec *Comment s'est formé le mythe du Christ* (1947) ; le Ernst Jünger des *Chasses subtiles* ; Roger Caillois pour toute son œuvre, mais aussi pour *L'Écriture des pierres* ou *Le Champ des signes*.

J'ai appris aussi sur le temps grâce à Richard Geoffroy, le maître de cave de Dom Pérignon, et à Denis Mollat, archiviste généreux de ces œuvres liquides ; sur la forme de l'univers, le roman du cosmos, l'effondrement des étoiles ou la communication des plurivers par les trous noirs auprès de mon ami Jean-Pierre Luminet ; sur l'horloge interne et la durée vécue et ses rapports au temps chronométré lors d'une rencontre sous le soleil méditerranéen avec Michel Siffre ; sur la vie des plantes et l'origine végétale du vivant humain chez Jean-Marie Pelt ; sur l'ontologie tzigane avec mon ami photographe Alain Szczuczynski, qui a beaucoup photographié ce peuple sans terre à l'âme forte ; sur la vie secrète des anguilles avec les travaux de l'écologue marin Éric Feunteun ; sur la prédation du nématode avec les films du réalisateur Yves Élie associé à Frédéric Thomas, chercheur au CNRS ; sur les peuples sans histoire en général, et les Inuits en particulier, grâce à mes conversations avec Jean Malaurie, vieux chamane aux sourcils broussailleux qui parle comme un oracle ; sur les mystères des grottes préhistoriques avec les livres modestes mais stimulants de Chantal Jègues-Wolkiewiez ; sur les voies d'accès au sublime avec les artistes du Land Art et les compositeurs de la musique répétitive américaine, Phil Glass ou Steve Reich par exemple.

Cosmos doit donc à ceux qui philosophent en dehors des clous : des poètes et des éthologues, un biomathématicien et des naturalistes, un évêque en exercice et un curé défroqué, des écologues et des botanistes, des apiculteurs et un photographe, des voleurs de poules tziganes et des danseurs africains, un astrophysicien et un géologue, un entomologiste et un collectionneur de pierres, des cinéastes et un ethnologue, une archéoastronome et des compositeurs de musique contemporaine. Des philosophes ? Assez peu, somme toute. Ma bibliographie ressemble plus à un cabinet de curiosités qu'à un entassement d'archives poussiéreuses. Pour penser, mieux vaut le faux squelette d'une sirène fabriquée avec une queue de poisson cousue à un cadavre d'enfant qu'un travail universitaire sur le cabinet de curiosités de La Mothe Le Vayer. Ou un nid de moineau qu'une thèse sur le nid de moineau.

Le premier volume de cette *Brève encyclopédie du monde* est un genre d'*Abrégé des présences*. Toutefois, les absences y sont plus nombreuses, bien sûr, que les présences. C'est le propre de toute encyclopédie, même ironiquement brève, de taire plus de chose que d'en dire. Mon *Ontologie matérialiste* n'est ni panthéiste, ni déiste, ni païenne, ni animiste aux sens anciens et contemporains de ces termes, pas plus elle ne saurait contribuer à un corpus new age ou nourrir un œcuménisme qui ferait de la nature une divinité devant laquelle se prosterner.

Ce travail s'inscrit dans le sillon franchement athée et nettement matérialiste qui est le mien depuis toujours : il n'existe aucune transcendance et il n'y a que de la matière. Je ne suis pas un dévot de la Table de Mendeleïev, mais un contemplatif de cette même grille des présences. Je ne suis pas scientiste, mais je sais qu'on ne saurait jamais penser juste sans ce que la science nous apprend. Je vise seulement à augmenter la présence hédoniste au monde quand tout invite au contraire ou presque. Se remettre au centre de soi pour y trouver la puissance d'exister afin de la sublimer.

À l'heure de prendre congé, je souhaiterais abréger cet abrégé en une poignée de formules susceptibles de permettre une éthique sans morale. Il me faut pour ce faire résumer quelques thèses de ce gros livre à même de permettre à chacun de réfléchir sur les principes, l'éthique, sans souci de la prescription, la morale. La troisième partie sera intitulée *Sagesse*. Elle proposera une analyse des exercices spirituels préchrétiens romains plus que grecs (les premiers sont pragmatiques au contraire des seconds, trop souvent théorétiques) à même de rendre possible les invites concrètes à une philosophie pratique postchrétienne. Le but de ce compendium ? Que chacun trouve sa place dans la nature, puis dans le cosmos. Après quoi, chacun pourra construire un rapport droit et structuré avec lui-même, donc avec les autres.

Voici donc l'abrégé de cet abrégé qu'est cette première partie de *Brève encyclopédie du monde*. Selon l'ordre d'apparition dans *Cosmos*, et sans souci de se qui se recoupe, se redit, se suppose :

Sculpter la nature, ne pas la supprimer ; Connaître les lois du vivant en nous ; Accepter notre destin de mammifère ; Mettre la culture au service de la pulsion de vie ; Lutter contre toute pulsion de mort ; Savoir que le vivant s'épanouit par-delà le bien et le mal ; Vivre le temps des astres plus que celui des chronomètres ; Vouloir une vie naturelle en remède à la vie mutilée ; Travailler pour vivre et non vivre pour travailler ; Coïncider le plus possible avec les mouvements du monde ; Habiter densément l'instant présent, être pour ne pas avoir à avoir ; Vivre en étant et non survivre en ayant ; Se créer le temps d'un otium personnel ; Se savoir pure matière ; Connaître le fonctionnement de sa psyché matérielle ; Distinguer ce sur quoi on a du pouvoir et ce sur quoi on n'en a pas ; Vouloir le vouloir qui nous veut quand on ne peut agir contre lui ; Agir contre le vouloir qui nous veut quand on peut agir sur lui ; Savoir que l'individu croit vouloir ce que veut l'espèce ; Obéir le plus possible à son programme par-delà le bien et le mal ; Savoir que nous ne sommes pas dans la nature, mais la nature ; Identifier les prédateurs pour s'en prémunir ; Récuser toute pensée magique ; Découvrir le mécanisme de son horloge biologique ; Vivre selon les cycles païens du temps circulaire ; Ne pas ignorer le principe lucifuge de notre psyché matérielle ; Connaître les lois du ciel païen ; Descendre le ciel sur la terre ; Dépasser l'épistémè chrétienne ; Utiliser la physique pour abolir la métaphysique ; Revenir au cosmos pour dépasser le nihilisme ; Écarter les nombreux livres qui nous éloignent du monde ; Méditer le peu de livres qui nous ramènent au monde ; Interroger les sagesses préchrétiennes en vue d'un savoir postchrétien ; Récuser tout savoir inutile d'un point de vue existentiel ; Utiliser la raison contre les superstitions ; Réactualiser le Tetrapharmakon épicurien : la mort n'est pas un mal, la souffrance est supportable, les dieux ne sont pas à craindre, le bonheur est possible ; Souscrire à un matérialisme intégral ; Refuser la religion pourvoyeuse d'arrière-mondes ; Se persuader que mourir de son vivant est pire que mourir un jour ; Préparer sa mort par une vie adéquate, philosopher pour apprendre vraiment à mourir ; Expérimenter le sublime par la contemplation du cosmos ; Savoir que l'homme et l'animal diffèrent en degré pas en nature ; Traiter les animaux en alter egos dissemblables ; refuser d'être un animal prédateur ; Exclure d'infliger une souffrance à un être vivant ; Refuser de faire un spectacle avec la mort d'un animal ; Se réconcilier avec les animaux ; Prendre des leçons des animaux ; Faire de l'éthologie la première science de l'homme ; Construire une frugalité alimentaire ; S'exercer à mener une vie poétique ; Viser ensuite l'exercice de la vie philosophique ; Augmenter sa présence au monde ; Emprunter aux artistes leurs voies d'accès au monde ; Cesser, dans le monde, de vivre hors du monde.

Avec cette poignée de maximes existentielles qui constituent un mode d'emploi de soi avec soi et pour soi, sans qu'il soit question d'autrui, il s'agit de permettre à chacun de se mettre au centre de lui-même – tout en sachant que le cosmos s'y trouve déjà.

Sic itur ad astra
« Voilà comme on monte aux étoiles. »

Virgile, *Énéide*, IX.641.

Argentan, 31, rue des Fleurs, Chambois, route d'Argentan
Caen, 13, place de la Résistance
2013-2014

BIBLIOGRAPHIE DES LIVRES
QUI RAMÈNENT AU MONDE

PRÉLUDE

Bachelard m'accompagne partout dans cet opus – mais pas seulement. *La Formation de l'esprit scientifique* (Vrin) est un livre majeur pour toute philosophie de la connaissance bien plus que la *Critique de la raison pure* (Pléiade) de Kant. Ses développements sur « les obstacles épistémologiques » permettent qu'on puisse comprendre… les fictions religieuses des trois monothéismes, les mythologies freudiennes, les pâmoisons des sadophiles et autres sadolâtres, l'incapacité de nombreux intellectuels à consentir au fait que *le réel a bien eu lieu*.

Ses écrits sur la matière du monde sont pour moi un modèle de distance adéquate entre le penseur et le réel : *La Flamme d'une chandelle* (PUF), *La Psychanalyse du feu* (Gallimard), lectures ferventes de mon adolescence, mais aussi *L'Eau et les Rêves, L'Air et les Songes, La Terre et les Rêveries de la volonté, La Terre et les Rêveries du repos* (tous chez José Corti) puis *La Poétique de l'espace, La Poétique de la rêverie, Le Droit de rêver* (PUF). La biographie bien austère d'André Parinaud, *Gaston Bachelard* (Flammarion), restitue moins le grand et bon vivant qu'il fut que le texte affectueux de Jean Lescure, *Un été avec Bachelard*, (Luneau Ascot).

Première partie

LE TEMPS
UNE FORME A PRIORI DU VIVANT

Le temps vu, pensé, conçu et analysé par les philosophes est un monde à soi seul. Il permet de faire des thèses ou de gros volumes. Je suis allé le chercher ailleurs, moins chez ceux qui l'ont *pensé* que chez celui qui l'a *vécu*. Je songe à *Hors du temps* de Michel Siffre (Julliard), qui a obtenu sur ce sujet plus que ceux qui n'y avaient mis que leur intelligence conceptuelle, en impliquant son corps tout entier de façon empirique. Le spéléologue a rencontré le temps dans sa matérialité primitive ; il a raconté le détail de ce face-à-face producteur de découvertes scientifiques qu'ignorent toujours les philosophes assis à leur bureau.

L'expérience de dégustation du champagne « 1921 » relève du même esprit : partir à la recherche du temps perdu moins en quête d'idées pures inutiles qu'en chasse de vérités empiriques utiles. J'avais mené ce genre d'exercice, déjà sous le signe de Bachelard, dans *Les Formes du temps. Théorie du Sauternes* (Mollat, puis Le Livre de poche), un livre qui fut en France classé dans le rayon œnologie quand l'Allemagne le traduisit dans des collections où figuraient Foucault, Deleuze ou Baudrillard. Mais, d'un point de vue institutionnel, il vaut mieux, pour penser le temps, commenter les livres qui parlent du temps chez les autres philosophes qu'aller le chercher là où il est – dans une grotte ou dans un verre entre autres endroits.

Ou chez ceux qui le vivent autrement. Ainsi avec les Tziganes porteurs d'une ontologie spécifique, du moins pour quelques-uns encore qui résistent à l'assimilation chrétienne forcenée. La bibliographie est souvent anthropologique ou historique, voire anecdotique. J'ai préféré celle qui renvoie à l'oralité : les contes dans *Mille Ans de contes tsiganes* (Milan jeunesse), la poésie dans *Sans maison sans tombe* (L'Harmattan) de Rajko Djuric et l'œuvre si vaste et si riche d'Alexandre Romanès (qui ne fait pas mystère de ne pas savoir écrire) et qui publie chez Gallimard *Un peuple de promeneurs*, *Sur l'épaule de l'ange* et *Paroles perdues*.

La grotte du spéléologue, les tonneaux du maître de chais, le feu de bois du campement tzigane sont d'excellents lieux pour penser le temps. Comme le jardin. Certes, il y eut celui de mon père, jardin premier, jardin des jardins, jardin de mon enfance, mais il n'est plus ; pour le retrouver un peu : *Le Théâtre d'agriculture et mesnage des champs* (1600) d'Olivier de Serres, La *Théorie et la Pratique du jardinage* (1709) d'Antoine-Joseph Dezallier d'Argenville et l'*Instruction pour les jardins fruitiers et potagers* (1690) de Jean-Baptiste de La Quintinie (tous les trois aux éditions Actes Sud).

Un petit volume intitulé *Fragments posthumes sur l'éternel retour* (Allia) de Friedrich Nietzsche contribue à la confusion entre textes publiés par Nietzsche après approbation et fragments et notes de travail. Ce qui fait dire aux auteurs de ce petit volume que Nietzsche n'aurait pas voulu agencer la doctrine de l'Éternel retour comme un système. L'absence de contextualisation et la présentation de documents de travail comme des résultats aboutis de recherche conduit dans cette impasse. Car Nietzsche a donné une forme systématique dans ce qu'il a publié sur ce sujet : dans le *Gai Savoir* et dans *Ainsi parlait Zarathoustra* (Gallimard).

Pierre Héber-Suffrin a publié une somme magnifique qui donne toutes les clés du livre : Lecture d'*Ainsi parlait Zarathoustra* en quatre volumes plus une traduction du livre par Hans Hildenbrand. Tome I : *De la vertu sommeil à la vertu éveil*. Tome II : *À la recherche d'un sauveteur*. Tome III : *Penser, vouloir et dire l'éternel retour*. Tome IV : *Au secours des hommes supérieurs* (Kimé).

Deleuze a consacré deux livres à Nietzsche : en 1962, *Nietzsche et la philosophie* ; en 1965, *Nietzsche* (PUF). Voir également en juillet 1964 son intervention au colloque de Royaumont, *Nietzsche : Conclusions sur la volonté de puissance et l'éternel retour* (Minuit).

Pour un contre-temps hédoniste en remède au temps mort du nihilisme : Bengt et Marie-Thérèse Danielsson, *Gauguin à Tahiti et aux îles Marquises* (Éditions du Pacifique). Henry Bouillier, *Victor Segalen* (Mercure de France). Outre *Les Immémoriaux* (Plon) publié dans l'excellente collection de Jean Malaurie « Terre Humaine », voir les textes sur Gauguin, le bovarysme, Rimbaud, l'exotisme, les synesthésies dans les deux tomes d'*Œuvres complètes* (Laffont).

On lira dans les excellents *Cahiers de l'Herne Victor Segalen* dirigé par Marie Dollé et Christian Doumet des articles sur la politique, la religion, la poétique de Segalen. Et cette lettre écrite par Bachelard à la fille de Segalen qui lui avait envoyé les œuvres de son père. Bachelard écrit : « Je suis si sûr maintenant que les poètes sont les véritables maîtres du philosophe ! Ils vont droit au but. Autour de leurs découvertes, on peut bâtir des concepts, des systèmes. Mais ce sont eux qui ont la lumière. »

Deuxième partie

LA VIE
LA FORCE DE LA FORCE

L'œuvre complète de Jean-Marie Pelt fournit un nombre considérable d'informations très concrètes sur le monde végétal, le grand oublié de la philosophie, sauf si l'on intègre le travail de Goethe dans ce registre : *La Métamorphose des plantes et autres écrits botaniques* (Triades) permet de penser l'histoire en termes de morphologie, ce qui est une piste philosophique intéressante dans un monde dominé par le mécanisme le plus simple, au point qu'il est parfois mécanicisme. Parole de matérialiste.

Le vitalisme mériterait d'autres défenseurs que ceux qu'il a si souvent, savoir des amateurs d'irrationnel et de déraisonnable. Le vitalisme de Bergson vaut qu'on s'en soucie – voir *Œuvres complètes* et *Mélanges* (PUF) ; celui de Deleuze également, grand bergsonien comme on le sait et auteur de *Le Bergsonisme* (PUF), qui s'avère, sans en avoir l'air, une pièce majeure dans son dispositif philosophique.

Soucieux de ce qui déborde la philosophie pour penser la vie, j'ai lu, sur les conseils de mon regretté ami Alain Richert, qui construisait de magnifiques jardins sur la planète entière, D'Arcy Thompson, *Forme et Croissance* (Seuil), une remarquable recherche entre physique des forces et poétique des formes (voire physique des formes et poétique des forces...) sur les lois qui déterminent les morphologies.

Dans le même esprit, Adolf Portmann analyse les coquilles de mollusques ou les ocelles des papillons, les zébrures des pelages ou le port de tête d'un oiseau, les plumes de perroquets ou les duvets de mammifères, les bois de cerfs et les tentacules de méduse, parmi tant d'autres énigmes, dans *La Forme animale* (Éditions La Bibliothèque). Autre formule intéressante de vitalisme matérialiste ou de matérialisme vitaliste.

Mes connaissances sur les anguilles procèdent presque toutes d'un seul et même livre, une encyclopédie sur le sujet : *Le Rêve de l'anguille, une sentinelle en danger*, d'Éric Feunteun (Buchet-Chastel). Ce Breton professeur d'écologie marine au Muséum national d'histoire naturelle a sillonné toutes les mers du monde pour éclaircir un peu la vie de cet animal qui fuit la lumière.

Celles qui concernent le nématode, ce terrible ver parasite, proviennent toutes des recherches effectuées par Frédéric Thomas, chercheur au CNRS, recherches qui ont débouché sur un film, *Le Manipulateur*, réalisé par Yves Elie. Une formule disons... moins CNRS a été diffusée sous le titre *Toto le Némato*.

Lire ou relire en parallèle *Le Monde comme volonté et comme représentation* (PUF) d'Arthur Schopenhauer, dont la philosophie rend bien compte de l'anguille et du nématode, mais aussi de tout ce qui permet, dans l'esprit de Darwin mais avant lui, de considérer qu'il n'existe pas une différence de nature mais une différence de degrés entre les hommes et les animaux – Schopenhauer ajouterait : les pierres et les plantes.

Aux antipodes de ces pensées qui ont l'air irrationalistes mais ne le sont pas, celles de Schopenhauer ou Nietzsche, on trouve Rudolf Steiner qui cite parfois ces deux auteurs pour légitimer son anthroposophie. Cette doctrine qui rend possibles les vins biodynamiques, l'agriculture qui va avec, sans parler de médicaments ou d'écoles Steiner partout sur la planète, est consternante. Lire *Agriculture, fondements spirituels de la méthode bio-dynamique* et *Rythmes dans le cosmos et dans l'être humain* (éditions Anthroposophiques Romandes) pour mesurer l'étendue des dégâts. Lire ou relire *La Formation de l'esprit scientifique* de Bachelard pour démonter toutes ces fariboles.

Le vitalisme est la philosophie des pensées premières. Les histoires de la philosophie, européocentristes en diable, commencent avec la Grèce et les présocratiques ; elles ignorent la plupart du temps qu'il a existé en Inde, en Chine et dans de nombreux autres pays des penseurs ayant nourri des visions du monde qui circulaient en même temps que les hommes sur les routes terrestres et maritimes de leurs commerces.

La collection « L'aube des peuples » chez Gallimard publie nombre de livres généalogiques d'humanités perdues, détruites ou massacrées : les chants du peuple Aïnou, les mythes, légendes et traditions d'une île polynésienne, les récits de la mythologie nordique, *L'Edda*, des contes gallois du Moyen Âge, les chants, poèmes et prières de petits peuples ouraliens, la philosophie des esquimaux, *La Geste des Danois* de Saxo Grammaticus, *L'Épopée de Gilgamesh*, celle des Finnois, le *Kalevala*, ou bien les *Textes sacrés d'Afrique noire*. Il manque un livre qui présente l'histoire de la pensée première : il inscrirait ces textes dans un seul corpus afin de montrer qu'il existe une pensée avant les pensées du livre et des livres.

Ces textes, qui sont souvent des consignations sur le papier de très anciennes traditions orales, ne souffrent pas de la subjectivité des ethnologues qui asservissent souvent les peuples dont ils parlent à leurs obsessions : ce qui est le cas de Marcel Griaule, *Dieu d'eau. Entretiens avec Ogotemmêli* (Fayard). La biographie publiée par Isabelle Fiemeyer, *Marcel Griaule. Citoyen dogon* (Actes Sud), une hagiographie qui passe très vite sur les rapports de Griaule à Vichy et autres sujets sensibles.

Pour aborder le prétendu « cinéma-vérité » de Jean Rouch, les éditions Montparnasse ont édité en trois DVD : *Les Maîtres fous* (1956), *Mammy Water* (1956), *Les Tambours d'avant / Tourou et Bitti* (1972), *La Chasse au lion à l'arc* (1967), *Un lion nommé l'Américain* (1972), *Jaguar* (1955), *Moi, un Noir* (1959), *Petit à petit* (1971), *La Pyramide humaine* (1961), *Les Veuves de 15 ans* (1966).

Voir aussi chez le même éditeur, en 4 DVD dans *Une aventure africaine : Au pays des mages noirs* (1947), *Les Magiciens du Wanzerbe* (1949), *Circoncision* (1949), *Initiation à la danse des possédés* (1949), *Bataille sur le grand fleuve* (1951), *Yenendi : les hommes qui font la pluie* (1951). Autour de Marcel Griaule : *Au pays des Dogons*, de Marcel Griaule (1931). *Sous les masques noirs*, de Marcel Griaule (1939), *Funérailles dogon du professeur Marcel Griaule* de François di Dio (1956), *Cimetières dans la falaise*, de Jean Rouch (1951), *Le Dama d'Ambara* (1974). *Sigui synthèse (1967-1973). L'Invention de la parole et de la mort* de Jean Rouch et Germaine Dieterlin (1981).

Pour le démontage du mythe Rouch, le souvenir personnel de Jean Sauvy, *Jean Rouch tel que je l'ai connu* (L'Harmattan) et surtout Gaetano Ciarcia, *De la mémoire ethnographique. L'exotisme du pays dogon* (Éditions de l'EHESS).

Michel Leiris a publié *L'Afrique fantôme* que l'on retrouve savamment annotée dans le second volume de Pléiade *L'Âge d'homme* (Gallimard) dans lequel on ne retrouve pas *Afrique noire*, paru dans « L'Univers des formes », une collection dirigée par Malraux. Leiris a passé sa vie à s'écrire, à se décrire et se raconter. On lira donc son *Journal. 1922-1989* (Gallimard) pour savoir qui il était et la biographie d'Aliette Armel, *Michel Leiris* (Fayard) pour apprendre ce qu'il n'aura pas dit.

L'opposition entre Roger Caillois et André Breton structure deux écoles : celle de l'auteur d'*Approches de l'imaginaire* (Gallimard), son grand livre, n'est pas celle de l'auteur de *L'Art magique* (Adam Biro). Dans l'affaire qui les oppose sur les haricots sauteurs, Caillois avoue sa fascination pour le mystère, à laquelle il sacrifie la raison, alors que Breton préfère renoncer à la raison pour entretenir le mystère. Le premier coupe la graine et découvre un insecte parasite ; le second s'y refuse pour entretenir la magie – l'un incarne l'esprit vivace des Lumières, l'autre, l'esprit des pensées magiques avec lesquelles se constituent la religion et l'ésotérisme, l'astrologie et la parapsychologie, l'ufologie et la psychanalyse.

Caillois mérite d'être lu par ailleurs. Entre autres titres dans une immense bibliographie : son nietzschéisme : *La Communion des forts* (Sagittaire), *Instincts et société* (Denoël) ; son « esthétique généralisée » : *Babel* précédé de *Vocabulaire esthétique* (Gallimard), *Cohérences aventureuses* (Gallimard) ; sa critique de l'interprétation freudienne des rêves : *L'Incertitude qui vient des rêves* (Gallimard) ; son art poétique : *Poétique de Saint-John Perse* (Gallimard) ; sa poétique concrète : *Pierres* (Gallimard), *L'Écriture des pierres* (Skira) ; sa cosmologie : *Le Champ des signes* (Hermann).

Troisième partie

L'ANIMAL
UN ALTER EGO DISSEMBLABLE

Les parutions philosophiques sur la question animale ont considérablement augmenté. En 1991, après *Cynismes*, instruit par Diogène, j'avais commencé à prendre des notes pour un livre sur l'usage métaphorique des animaux dans l'histoire de la pensée. À cette époque, on ne trouvait pas grand-chose sur les animaux dans les bibliothèques ou les librairies. Quelque temps plus tard paraissait *Le Silence des bêtes. La philosophie à l'épreuve de l'animalité* (Fayard, 1998), un livre encyclopédique d'Élisabeth de Fontenay. J'ai abandonné ce projet.

La philosophie s'est emparée du sujet. Tant mieux. Peter Singer a ouvert le bal avec *La Libération animale* (Grasset). On peut aussi lire de lui *Questions d'éthique pratique* (Bayard), *Sauver une vie* (Michel Lafon) et *Une gauche darwinienne. Évolution, coopération et politique* (Cassini). Mais c'est dans un article du numéro 22 des *Cahiers antispécistes* (février 2003) intitulé « Amour bestial » que le philosophe justifie les relations sexuelles entre les hommes et les animaux : http://www.cahiers-antispecistes.org/spip.php?article199

La mise en relation du camp d'extermination nazi et des abattoirs est théorisée par Charles Patterson, *L'Éternel Treblinka* (Calmann-Lévy). On retrouve cette idée dans le travail déjà cité d'Élisabeth de Fontenay, mais aussi, du même auteur, dans *Sans offenser le genre humain. Réflexions sur la cause animale* (Albin Michel), et dans *L'Animal que donc je suis* de Jacques Derrida (Galilée). Alexandrine Civard-Racinais a publié un terrible petit livre intitulé *Dictionnaire horrifié de la souffrance animale* (Fayard). Sans forcément souscrire au rapprochement dangereux entre Auschwitz et les abattoirs parce qu'il met sur un pied d'égalité ontologique les déportés et les porcs, on mesure avec ce petit livre ce que les hommes sont capables de faire aux animaux.

Le combat entre Celse et Origène est emblématique de ce qui a séparé païens et chrétiens, pas seulement sur la question animale. Le *Contre Celse* d'Origène (5 volumes, Cerf) a le grand mérite d'avoir tellement cité Celse pour le combattre que son auteur a ainsi sauvé de l'oubli plus de 80 % du texte original qu'il pourfendait... Voir Celse, *Contre les chrétiens* (Phébus) et Louis Rougier, *Celse contre les chrétiens* (Le Labyrinthe) et *La Genèse des dogmes chrétiens* (Albin Michel).

Même si ça n'était pas dans ses intentions, Darwin a définitivement réglé le problème entre Celse et Origène en faveur du premier ! Donc, Darwin. Tout Darwin. Je rêve de refaire le voyage du « Beagle » avec *Voyage d'un naturaliste autour du monde* (La Découverte) à la main ! Il faut lire *L'Origine des espèces* (Garnier Flamma-rion), certes ; mais aussi et surtout *La Descendance de l'homme* (Schleicher frères), *L'Expression des émotions chez l'homme et les ani-maux* (Rivages), et *L'Instinct* (L'Esprit du temps), terrible leçon d'éthologie, donc de philosophie. Mais aussi en tirer les conséquences philosophiques. Ce qui reste à faire. Voir aussi de John Bowlby, *Charles Darwin. Une nouvelle biographie* (PUF).

Le darwinisme, via Spencer, est devenu l'idéologie du capitalisme libéral. C'était oublier que Darwin avait dit qu'il existait aussi dans la nature un tropisme naturel en faveur de la coopération, de la mutualisation et de l'entraide entre les animaux blessés, faibles, et leurs congénères valides et en pleine forme. Voilà pourquoi Peter Singer peut parler d'un « darwinisme de gauche ». Le prince anar-chiste Pierre Kropotkine a consacré un ouvrage à ce tropisme coo-pératif naturel : *L'Entraide. Un facteur de l'évolution* (Alfred Costes).

Descartes a beaucoup fait pour justifier et légitimer philosophi-quement ce qu'il est désormais convenu de nommer le spécisme. Voir *Œuvres* (Pléiade, Gallimard) mais aussi les deux forts volumes de la *Correspondance* (Gallimard). Sur la question animale, le philosophe s'exprime en effet plus dans ses lettres que dans son œuvre explici-tement philosophique. Les biographies racontent avec plus ou moins de bonheur la partie Descartes anatomiste dans les arrière-salles de boucheries, voire avec des cadavres humains. Avantage à Geneviève Rodis-Lewis qui a passé toute sa vie sur le philosophe avec son *Des-cartes* (Calmann-Lévy) sur le pourtant plus récent *Monsieur Descartes. La Fable de la raison* de Françoise Hildesheimer (Flammarion), qui n'ajoute rien qu'on ne sache déjà depuis longtemps.

Cartésien de droite, si l'on me permet l'expression, Malebranche, l'homme qui botte l'arrière-train de son chien sous prétexte qu'il est une machine insensible, a les honneurs de deux volumes en Pléiade (Gallimard) : *Œuvres* ; cartésien de gauche, donc, Jean Meslier, le curé athée qui laisse un volumineux *Testament* (3 volumes chez Anthropos) pour défendre ceux qui souffrent, les enfants battus, les femmes maltraitées, les pauvres exploités et, donc, les animaux battus, maltraités, exploités.

Bien avant Bentham, dont la vulgate affirme qu'il est le premier à défendre la cause animale dans son *Introduction aux principes de morale et de législation* (1789), Meslier semble le premier, soixante-dix ans avant lui, à défendre ces thèses dans son *Testament* – le livre paraît de manière posthume en 1729. Exemple de cette vulgate : Tristan Garcia, *Nous, animaux et humains. Actualité de Jeremy Bentham* (François Bourin).

Bibliographie très étique en dehors du livre déjà très ancien de Maurice Dommanget, *Le Curé Meslier. Athée, communiste et révolutionnaire sous Louis XIV* (Julliard). Voir également une version courte faite d'extraits du *Testament* sous le titre *Mémoire* (Exils) et Thierry Guilabert, *Les Aventures véridiques de Jean Meslier (1664-1729). Curée, athée et révolutionnaire* (Les Éditions libertaires) qui ose en conclusion l'hypothèse d'un suicide de l'ami des bêtes.

L'œuvre matérialiste de La Mettrie lui fait tenir en plein XVIIIe siècle le discours atomiste par lequel il apparaît impossible de faire de la différence entre les hommes et les animaux une différence de nature là où il n'y a qu'une différence de degré. Son œuvre examine ces différences : *L'Homme-machine*, bien sûr, mais aussi, moins connu, *L'Homme-plante* ou bien *L'Homme plus que machine* (2 volumes, Fayard). Aucune biographie, bien sûr, mais deux anciens livres : Nérée Quépat, *Essai sur La Mettrie. Sa vie et ses œuvres* (Librairie des Bibliophiles) et Pierre Lemée, *Julien Offray de La Mettrie. Saint-Malo (1709)-Berlin (1751). Médecin. Philosophe. Polémiste* (sans nom d'éditeur, ce qui signifiait probablement chez l'auteur).

Parmi les cruautés légalement infligées aux animaux, la tauromachie. Bibliographie abondante. Les défenseurs s'appuient sur nombre d'écrivains (Mérimée, Dumas, Gautier, Montherlant, Hemingway), de poètes (Byron, Lorca, Rilke, Char), de peintres (Goya, Manet, Picasso, Botero), de penseurs (Bataille, Leiris, Caillois, Paulhan), mais aussi de philosophes.

Ainsi Fernando Savater, *Toroética. Pour une éthique de la corrida* (L'Herne), Francis Wolff, « Directeur du département de philosophie de l'École normale supérieure », peut-on lire en quatrième de couverture, *Philosophie de la corrida* (Fayard), mais aussi *L'Appel de Séville. Discours de philosophie taurine à l'usage de tous* (Au Diable Vauvert). Dans le même esprit : Simon Casas, *Taches d'encre et de sang* (Le Diable Vauvert) ou *La Corrida parfaite* chez le même éditeur. Les textes de Michel Leiris sont bien connus : *Miroir de la tauromachie* (Fata Morgana) et *La Course de taureaux* (Fourbis).

Étonnamment, il n'existe aucun texte de qualité contre la corrida. Aucun pamphlet, aucune plume bien taillée depuis deux siècles pour faire l'anatomie de cette passion triste. Un excellent « Que sais-je ? » hélas épuisé et étonnamment jamais réédité d'Éric Baratay et d'Élisabeth Hardouin-Fugier, *La Corrida* (PUF), mériterait de retrouver le chemin des librairies. Les mêmes auteurs ont publié un autre très bon livre, *Zoos. Histoire des jardins zoologiques en Occident (XVIe-XXe siècle)* (La Découverte).

Quatrième partie

LE COSMOS
UNE ÉTHIQUE DE L'UNIVERS CHIFFONNÉ

Avec *L'Ethnoastronomie : nouvelle appréhension de l'art préhistorique. Comment l'art paléolithique révèle l'ordre caché de l'Univers* (éditions du Puits de Roulle), Chantal Jègues-Wolkiewiez propose une lecture vraiment inédite de ce monde qui, de l'abbé Breuil à Jean Clottes en passant par Georges Bataille ou Leroi-Gourhan, a fait beaucoup couler d'encre. En 2003, l'auteur a publié un article intitulé « Une appréhension de l'art préhistorique grâce à l'ethnoastronomie » dans une revue éditée par le CNRS sous la responsabilité éditoriale de Jean Malaurie – une redoutable caution de « liberté libre » pour utiliser les mots de Rimbaud. Cette lecture inédite de l'art préhistorique comme un acte cosmologique mériterait d'être plus amplement connue et discutée.

La fête du soleil chez les Indiens d'Amérique pourrait être un écho lointain de ce que furent les cérémonies sacrées à l'époque préhistorique. Lire *Les Rites secrets des Indiens Sioux* de Héhaka Sapa (1863-1950) (Payot), autrement dit Wapiti Noir. Cette grande figure spirituelle et politique de la tribu des Sioux a participé à la bataille de Little Big Horn à l'âge de treize ans et a été blessée lors du massacre de Wounded Knee en 1890. Il est mort à l'âge de 86 ans non sans avoir contribué à faire connaître la pensée de son peuple au monde entier.

Pour envisager la question de la permanence du culte solaire des origines préhistoriques jusqu'à nos jours, là où il existe encore du chamanisme sur la planète, en passant par le christianisme, voir Louis Rougier *Astronomie et Religion en Occident* (PUF).

Mon vieux maître Lucien Jerphagnon m'avait conseillé en son temps, autrement dit au début des années 80 du siècle dernier, la lecture d'André Neyton, *Les Clefs païennes du christianisme* (Belles Lettres). Ce livre, remarquable de simplicité et d'érudition, montre comment le christianisme a recyclé un nombre incroyable de savoirs et de sagesse, de fêtes et de rites, de coutumes et de pratiques issus du paganisme. La totalité des évènements de la vie de Jésus — et j'écris bien : *la totalité…* —, le péché et le baptême, la prédication et les miracles, la Sainte Trinité et le Saint Esprit, la Vierge et les anges, Satan et l'antéchrist, la confession et l'eucharistie, la fin du monde et le jugement dernier, les figures du paradis et de l'enfer, toutes les fêtes chrétiennes, les rites et les symboles, le bestiaire et la croix, tout cela procède des religions anciennes.

Ce livre fit beaucoup pour me conduire vers une historicisation radicale du christianisme et vers la thèse dite mythiste de l'inexistence historique de Jésus. Voir sur ce sujet les travaux de Prosper Alfaric, dont : *Jésus a-t-il existé ?* (Coda), également composé de *Comment s'est formé le mythe du Christ ?* et *Le Problème de Jésus*.

La symbolique chrétienne qui donne image à ce corps invisible du Christ, et pour cause, dans l'art occidental, se trouve fort bien exposée dans les très beaux livres de la collection Zodiaque : *Le Monde des symboles* de Gérard de Champeaux et Sébastien Sterckx. À quoi on peut ajouter des lectures profitables : *Invention de l'architecture romane* de Raymond Oursel, *Glossaire* de dom Melchior de Vogüé, dom Jean Neufville et *Bestiaire roman*, dom Claude Jean-Nesmy.

Pour la construction des églises, voir l'indispensable ouvrage d'un évêque du XIIIᵉ siècle répondant au nom de Guillaume Durand de Mende, *Manuel pour comprendre la signification symbolique des cathédrales et des églises* (MdV éditeur). Son influence a été considérable au Moyen Âge. Quiconque veut comprendre ce qu'est une église et comment elle fonctionne, comment on la fonde, ce que signifie chacune de ses pièces doit lire ce livre.

Sur les rites de fondation, voir Mickael Gendry, *L'Église, un héritage de Rome. Essai sur les principes et méthodes de l'architecture chrétienne* (L'Harmattan) et, sur la fondation des églises en regard du cosmos, des levers et couchers de soleil, Jean-Paul Lemonde, *L'Ombre du poteau et le carré de la terre. Comment décrypter les églises romanes et gothiques* (Dervy).

Le peuplement du ciel chrétien est soigneusement décrit par le Pseudo-Denys l'Aréopagite, *La Hiérarchie céleste* (Aubier) vers l'an 500. Jacques de Voragine publie *La Légende dorée* (Pléiade) au XIIIᵉ siècle : best-seller européen, ce livre raconte la vie des martyrs qui peuplent le ciel chrétien et fournissent le modèle des corps à imiter pour obtenir son paradis via l'imitation de la Passion du Christ. La moindre église de campagne a été le lieu de l'actualisation de ces fictions pendant des siècles. Ce livre a inspiré tous les artistes de l'art occidental chrétien.

Pour vider ce ciel chrétien rempli de son fatras, rien de tel que Lucrèce et son *De la nature des choses* (Imprimerie nationale) qui, certes, enseigne les dieux, mais de constitution matérielle et vivant dans les intermondes, comme des modèles d'ataraxie physique à imiter. L'épicurisme a fonctionné comme une arme de guerre contre ce ciel rempli d'Anges, d'Archanges, de Trônes, de Chérubins et de Séraphins.

Voir dans le ciel ce qui s'y trouvait réellement a été chèrement payé par Galilée, par Giordano Bruno et par Vanini. Pietro Redondi montre dans *Galilée hérétique* (Gallimard) que l'Église lui a moins reproché l'héliocentrisme que son matérialisme ; Jean Rocchi prouve dans *L'Errance et l'hérésie ou le destin de Giordano Bruno* (François Bourin) et dans *Giordano Bruno l'Irréductible. Sa résistance face à l'Inquisition* (Syllepse) que, pour le penseur, la matière possède l'âme pour principe, que l'univers est infini et qu'il existe une pluralité des mondes ; Émile Namer dans *La Vie et l'Œuvre de Jules César Vanini. Prince des libertins mort à Toulouse sur le bûcher en 1619* (« Bibliothèque d'histoire de la philosophie », Vrin) nie l'immortalité de l'âme et l'éternité de la nature. De quoi nettoyer le ciel de ses miasmes chrétiens.

Pour tout esprit non contrefait, le cosmos postchrétien est donc désormais celui des scientifiques. Il peut lui aussi nous donner des leçons de sagesse. Les images que les hommes se sont faites du cosmos sont nombreuses. Changeantes et contradictoires, certes.

Les travaux de Jean-Pierre Luminet, qui est aussi poète et dessinateur, romancier et musicien, et excellent ami à l'occasion, sont nombreux. Ils m'ont convaincu. Sa bibliographie est abondante, de textes scientifiques haut de gamme parus dans de prestigieuses revues internationales au terrible poème *Un trou énorme dans le ciel* (Bruno Doucey) en passant par tant d'autres titres, dont des romans sur Copernic, Galilée, Newton. Je retiendrais quelques titres seulement : *L'Univers chiffonné* (Folio), qui donne son titre à l'une des parties de ce livre, *Le Destin de l'Univers* (2 volumes chez Folio), *Illuminations. Cosmos et Esthétique* (Odile Jacob), et, récemment, un ouvrage de vulgarisation d'une très grande efficacité initiatique *L'Univers* (« 100 questions sur », La Boétie) – des années de travail synthétisées en deux cents pages qui se lisent comme un roman.

Cinquième partie

LE SUBLIME
L'EXPÉRIENCE DE LA VASTITUDE

Nombre de mauvais livres inscrivent le haïku dans une configuration new age. Ils proposent un syncrétisme de sagesses orientales pour répondre à l'offre de spiritualité dans nos temps de nihilisme postchrétien. Un peu de bouddhisme, du zen, du shintoïsme, du chamanisme, et le haïku devient la littérature de cette pitoyable spiritualité de substitution.

Un livre sort du lot et inscrit le haïku dans sa véritable spiritualité : *L'Art du haïku. Pour une philosophie de l'instant* (Livre de poche) avec des textes de Bashô, Issa, Shiki présentés par Vincent Brochard (qui est aussi le traducteur) et Pascale Senk.

Pour lire des haïkus : deux petits volumes d'une *Anthologie du poème court japonais* (Gallimard), présentation, choix et traduction de Corinne Atlan et Zéno Bianu. *Du rouge aux lèvres*, anthologie de haïjins japonaises, traduction et présentation de Dominique Chipot et Makoto Kemmoku. On peut aussi lire, plus pour les haïkus que les commentaires, *Fourmis sans ombre. Le livre du haïku. Anthologie promenade* (« Libretto/Phebus ») par Maurice Coyaud.

J'ai abondamment utilisé le *Grand Almanach poétique japonais* (Folle Avoine) traduit et adapté par Alain Kervern : *Matin de neige, Le Nouvel An*, livre I. *Le Réveil de la loutre. Le printemps*, livre II. *La Tisserande et le Bouvier. L'été*, livre III. *À l'ouest blanchit la lune. L'automne*, livre IV. *Le Vent du nord. L'hiver*, livre V. Alain Kervern a publié *Pourquoi les non-Japonais écrivent-ils des haïkus ?* (La part commune) – la question était belle, la réponse n'est pas donnée.

Jack Kerouac s'y est essayé avec plus ou moins de bonheur dans *Le Livre des haïku* (La Petite Vermillon).

Saluons les éditions Moundarren dont, fond et forme, tous les livres sont des bijoux. Parmi les auteurs de haïkus qu'ils publient : Santoka, Issa, Soseki, Ryokan, Buson…

Les 281 haïkus inachevés de Sumitaku Kenshin n'ont jamais été édités en France. Ils sont parus dans le *Bulletin de recherche de l'École supérieure de Kôbe*, n° 6, 1999. Je lisais ces haïkus du jeune homme hospitalisé sachant qu'il allait mourir d'un cancer sur des feuilles volantes à l'hôpital aux côtés de ma compagne mourant elle aussi d'un cancer.

La biographie de François Buot, *Tristan Tzara* (Grasset), permet d'envisager la vie d'un homme tout entière consacrée à l'accélération du nihilisme de son temps. Théoriquement, il lui suffisait de pousser jusqu'au bout les conséquences autistes et conceptuelles de Mallarmé. De plus en plus de mots pour de moins en moins de sens. Dans cette passion de détruire, le futurisme emboîte le pas, puis le surréalisme. Le *Manifeste du surréalisme* et le *Second Manifeste* d'André Breton se trouvent dans l'édition de la Pléiade. Dans *Introduction à une nouvelle poésie et à une nouvelle musique* (Gallimard), Isidore Isou effectue le mouvement suivant : plus du tout de mot pour plus du tout de sens. Dialectique nihiliste achevée, néantisation du sens accomplie.

L'art contemporain nécessiterait une bibliographie à lui seul. Pour savoir ce que sont l'art minimal, l'art conceptuel, l'arte povera, l'art corporel, le Land Art, il faudrait compulser nombre de monographies d'artistes. J'ai choisi un ouvrage synthétique à la bibliographie abondante : *Histoire matérielle et immatérielle de l'art moderne* (Larousse), une excellente étude dépourvue de jargon de Florence de Mèredieu. La meilleure histoire de l'art moderne, selon moi.

Pour le Land Art, voir Andy Goldsworthy, *Refuges d'Art* (Fage, Musée Gassendi). Puis : Gilles A. Tiberghien, *Land Art* (Carré), Colette Garraud, *L'Idée de nature dans l'art contemporain* (Flammarion), Anne-Françoise Penders, *En chemin. Le Land Art*, tome 1 : *Partir*, tome 2 : *Revenir* (La Lettre Volée).

Pour l'ébauche d'une contre-histoire de la peinture et de l'art ayant « le sens de la terre », pour utiliser l'expression de Nietzsche, commencer par Arcimboldo. La bibliographie à son sujet tourne la plupart du temps autour du merveilleux et de l'énigmatique, du mystère et du magique, *L'Art magique* d'André Breton en tête. Ce que l'on ne comprend pas, on le trouve toujours magique... Variations sur ce thème chez : André Pieyre de Mandiargues et Yasha David, *Arcimboldo le Merveilleux* (Laffont), Legrand et Sluys, *Arcimboldo et les arcimboldesques* (la Nef de Paris), et *Roland Barthes Arcimboldo* (Franco Maria Ricci).

En ce qui concerne Caspar David Friedrich, la symbolique fait des ravages. Toujours pour éviter de penser ce qui se trouve simplement dit, tout comme chez Arcimboldo : il n'existe qu'une seule matière diversement modifiée. Pour le peintre allemand, l'arc-en-ciel, le Christ en croix et le brouillard sont constitués d'une même substance dans laquelle, comme chez le milanais, rien ne se perd, rien ne se crée, tout se transforme. Charles Sala, *Caspar David Friedrich et la peinture romantique* (Terrail) et Werner Hofmann, *Caspar David Friedrich* (Hazan). Un texte de Caspar David Friedrich : *En contemplant une collection de peinture* (José Corti).

Le sublime est ce qui nous reste après la mort du Beau. Cette notion a été pensée dans l'Antiquité par Pseudo-Longin, *Du sublime* (Rivages). Puis par Burke, *Recherche philosophique sur l'origine de nos idées du sublime et du beau* (Vrin). Transcendantale, l'« Analytique du sublime » de la *Critique de la faculté de juger* de Kant (Vrin) est très en deçà de l'approche empirique de Burke. Baldine Saint-Girons a publié une somme sur le sujet, *Fiat lux. Une philosophie du sublime* (Quai Voltaire). Version moins thésarde dans *Le Sublime de l'Antiquité à nos jours* (Desjonquères).

Pascal Quignard, grand mélomane devant l'Éternel, qui n'existe pas, a consacré de nombreuses réflexions à la musique. Sa *Haine de la musique* (Calmann-Lévy) est un essai transversal comme il sait les faire avec bonheur. Qu'il me soit ici permis de rendre hommage, sinon à l'œuvre complète de Philippe Bonnefis, mon ami trop tôt disparu, connaisseur avisé de la pensée de Pascal Quignard, parmi tant d'autres sujets, du moins à l'auteur de *Pascal Quignard. Son nom seul* (Galilée) et *Une colère d'orgues. Pascal Quignard et la musique* (Galilée). Il avait mis au point une terrible technique de saisie de la globalité d'une œuvre ou d'une pensée par le fil qui dépasse de la pelote serrée, et ce dans une langue qui lui ressemblait : précise et austère, mais aussi énigmatique et souriante comme l'Ange de la cathédrale de Chartres.

Je ne sais s'il aimait la musique répétitive américaine dont je fais l'éloge dans la conclusion de *Cosmos* – celle de Steve Reich ou de Phil Glass, nous n'aurons pas eu le temps d'en parler ; mais je suis certain qu'il la connaissait. Ce qu'il fut demeure comme un écho à cette musique.

INDEX

4'33, 507

À l'ouest blanchit la lune, 440, 530

Académie des sciences, 105

Action sentimentale, 452

Abattoir, 179, 283-284, 289, 304, 315, 318, 524
  et camp de concentration, 179, 231-232, 269, 279-280, 283-284

Abécédaire de Gilles Deleuze (L'), 122

Actionnisme viennois, 422, 448-449, 451, 452-456

Adam, 470

ADORNO, Theodor W., 506-507

Afrique fantôme (L'), 212-223, 522

Afrique noire. La création plastique, 212-213

Afrique, 212-223
  et colonialisme, 217-223
  et Jean Rouch, 220
  et Marcel Griaule, 222-223
  et Michel Leiris, 222-223

objectivation de l', 223

pillage de l'Âge d'homme (L), 308-310

Agriculture, 60-67, 73, 153, 189-206, 243, 365-366, 385-387, 395, 413, 521
  biodynamique, 163, 189-205, 413, 521
  comme leçon de choses, 73
  et agrestis, 61-62
  et Cérès, 61-62
  et culte, 60-63
  et culture, 60-63
  et dieu(x), 60-63
  et Dryades, 61
  et Faunes, 61
  et Jean-Baptiste de La Quintinie, 63-64, 519
  et Olivier de Serres, 62
  et Pan, 61
  et Silvain, 61
  et Virgile, 12, 61-73, 366, 395

Agriculture. Fondements spirituels de la méthode biodynamique, 190

Agronomie, 67

535

Ainsi parlait Zarathoustra, 122, 138, 156, 449, 519

Alchimie, 36, 50

Alexandre ou le Faux Prophète, 240

ALFARIC, Prosper, 442, 511, 528

Allégorie de la caverne, 114

Almanach d'un comté des sables, 132

Amarillo Ramp, *478*

Amateur de bordeaux (*L*), 38, 51

AMBROISE, 156, 238, 352, 373, 496

Âme, 14, 21-24, 39-43, 48, 51-58, 116-117, 161, 253-261, 312, 383, 393, 441, 463, 473, 496-500

   immortelle, 21-24, 256-260, 463

Amérindiens, 343-346

Amor fati *nietzschéen, 67, 139*

Ancien Testament, 237, 240, 319, 363, 373, 446, 456

ANDRE, Carl, 477

ANDRIESSEN, Hendrick, 40

Anguille, 144, 161-188

   et avalaison, 168

   et civelle, 166

   et dévalaison, 168

   et disparition, 174-175, 180, 188

   et Éric Feunteun, 163, 512

   et Katsumi Tsukamoto, 164-165

   et leptocéphale, 165-166

   et mer des Sargasses, 167-173, 187-188

   et pibale, 166

   et reproduction, 163-187

   et voyage, 163-188

   lucifuge, 159-173

Animal, 87-88, 98, 109, 159-173, 165-185, 193, 201, 206, 210, 215, 231, 235-324, 352, 408, 420-421, 452, 460, 482, 500-501, 515, 521

   asservissement de l', 236, 263-324

   conceptuel, 237

   cruauté envers l', 305-324

   égalité ontologique entre l'homme et l', 247-248, 347

   et abattage industriel, 283

   et abeille, 235, 246

   et agneau,

   et âme, 253

   et antispécisme, 231, 277

   et Jeremy Bentham, 269-272, 276-278, 284-285, 525-526

   et brebis, 238-239, 275, 288, 366

   et Celse, 240-250, 524

   et Charles Darwin, 26, 68, 109-110, 149, 171-181, 230, 244, 263-274, 408, 511

   et Charles Patterson, 269, 283, 524

   et chasse, 77-88, 232-233, 270, 273-275, 280, 290, 312, 433, 501

   et cheval, 20, 56, 124, 197, 243, 294, 315, 386, 395, 420-421, 464

   et chien, 87, 94, 199-201, 229-239, 259-261, 269,

273, 282, 284-285, 290, 306, 397, 459-461, 472, 496, 525

et cirque, 92-93, 251-252, 270

et cochon d'Inde, 302

et colombe, 235-238, 364-365, 432, 447

et corrida, 305-324

et Descartes, 251-259

et Dion Cassius, 249

et élevage industriel, 269, 280-289

et euthanasie passive, 233

et expérimentation, 232

et fourmi, 235, 245

et Max Frisch, 246

et frugalité alimentaire, 233, 296-310

et grillon, 131, 181-184

et Hérodote, 249

et judéo-christianisme, 235-251

et Emmanuel Kant, 251, 285

et Pierre Kropotkine, 244, 266

et loup, 152, 177, 239, 317, 459-461

et Nicolas Malebranche, 231, 251, 259-274

et Jean Meslier, 268-276, 284, 288, 509, 525-526

et Michel de Montaigne, 271-274, 284

et Origène, 238, 240-250, 319, 524

et pêche, 19-20, 80, 179, 239, 270, 290, 309, 432, 439, 467

et Platon, 251-259, 285, 311

et Pline, 170, 245, 247-250

et poisson, 179-182, 235-240, 279, 291, 302, 305-306

et porc, 84, 235, 237, 239, 280, 283, 286, 294, 298, 300, 468

et poule, 95, 239, 289-294, 460

et Prudence, 252

et raison, 68, 82, 171, 193-196, 241-274, 281-288

et recherche scientifique, 279-280

et renard, 239, 273, 295, 395

et sadisme, 232, 280-281, 290-291, 314-316, 420-421,

et serpent, 36, 67-68, 88, 159-166, 177, 235-239, 244-248, 260, 290, 297, 298, 301, 302, 339, 434, 465, 477,

et servitude, 156, 275, 303, 365

et singe, 112, 129-130, 145-148, 171-172, 181, 235-236, 245, 256-258, 264-269, 279, 281, 289-308

et Peter Singer, 180, 231, 269, 277-292, 524

et spécisme, 231, 251, 259, 269, 277-282, 524

et suppression de l'homme, 233

et taureau, 32, 156, 235, 252, 295, 305-324, 351, 498, 526

et tauromachie, 235, 305-324

et vautour, 177, 239, 501

et véganisme, 232-235, 276-279, 283, 291-295, 303-304

et végétalisme, 232, 276-278, 283, 291-295, 300-303

et végétarisme, 147-148, 232-233, 272, 276-295, 303-306

et vivisection, 203, 253, 283

et zoo, 232, 237, 292-293, 470, 527

et zoophilie, 231, 286-290, 316

infériorité de l', 243, 270-275

intelligence de l', 67-68, 231, 241-267, 320, 347

langage, 68, 242-275

négatif, 238-239

positif, 238-239

sens moral de l', 266, 275

sensibilité de l', 168, 261, 267-272, 314

supériorité de l', 275

vertus magiques de l', 156, 239, 301

Animaux dénaturés (Les), 43

Animisme, 86, 89, 329, 343, 504

Annales de spéléologie, 105

Anthropomorphisme, 130-132, 142, 147, 267, 375, 411

Anthroposophie, 132-133, 189-205, 413, 521

et Rudolf Steiner, 132-133, 189-205, 521

et théosophie, 191

et biodynamie, 133, 189-205, 413, 521

et fumier spirituel, 189-205

Antinature, 43, 72, 175, 366

vs agriculture, 175, 366

Antiquité, 32, 48, 163, 346, 364, 386, 462, 497, 506, 532

Antispécisme, 231, 251, 259, 269, 277-282, 524

Apocalypse, 351, 364, 375

APOLLINAIRE, Guillaume, 208, 211-212, 223

Apologie de Raimond Sebond, 273

Apostille au crépuscule, 109

Arboriculture, 147, 264-265, 366, 385-386

Arbre, 56, 65, 76, 97, 129-159, 202-205, 236, 265-267, 297, 337-346, 359, 366, 371, 459-162, 476-477, 489-491, 495, 500

de la connaissance, 76, 236

de vie, 76, 371

Sipo Matador, 129-147

ARCIMBOLDO, Giuseppe, 209, 422, 460-478, 532

ARISTOTE, 35, 162-163, 168, 170, 241, 341, 344, 377, 386, 437, 497, 511

ARRIEN, 250

Arrière-monde, 25, 92, 138, 255, 333, 436, 514

Art, 82, 209, 212-225, 307-309, 338-339, 344, 422-509, 523

africain, 212-225

conceptuel, 422, 449, 456-457, 475-476, 482, 531

contemporain, 422, 446-449, 482

dogon, 209, 221

et arte povera, 475, 531

et Land Art, 82, 422, 475-488

et muséification *vs* vitalité créatrice, 224-225
minimal, 449, 456, 475, 531
occidental, 224
pariétal, 329, 337-338
préhistorique, 338-339
Astrophysique, 333, 377, 381, 398, 406-412, 479, 491, 512
Ataraxie, 378, 401, 404-406, 411, 529
Atlantide, 162
Atomisme, 49, 245, 268, 275, 347, 377, 380, 403-407, 526
Au fil de l'eau, 442
Au-delà des limites de la morale, 289
Automne (*L*'), 466, 530
Avenir, 31, 79, 90, 115-118, 247-250, 340, 371
et fidélité au passé, 115-118, 371

BACH, Jean-Sébastien, 472
BACHELARD, Gaston, 29, 150, 193, 210, 387-390, 517-521
BACON, Francis, 65-67
BALANDIER, Georges, 221
BALZAC, Honoré (de), 210
Banquet (*Le*), 467
Banquet épicurien, 63
BARATAY, Éric, 317, 527
BARTHES, Roland, 461, 532
BASHÔ, Matsuo, 431, 435-436, 441, 511, 530
BASILE de Césarée, 370
Bassin aux nymphéas (*Le*), 474
BATAILLE, Georges, 213, 308, 310, 314, 337, 450, 481, 526, 527

BAUDELAIRE, Charles, 140, 310, 421
Beau (le), 373, 423, 457, 461, 466, 478-479, 488, 532
BÈDE le Vénérable, 370
BENOÎT XVI, 369
BENTHAM, Jeremy, 269-272, 276-278, 284-285, 525-526
BERGSON, Henri, 29, 145, 160, 380, 398, 441, 520
BERL, Emmanuel, 398
Bestiaires (*Les*), 309
Bible (la), 122, 235, 237, 240, 241, 251, 253, 271, 319, 336, 363, 373, 386, 440, 446, 456, 461, 462, 470, 492
Bien (le), 65-69, 131, 272, 285-286, 373-374
Biodynamie, 133, 189-205, 413, 521
Biodyvin, 191
Biologie, 99, 109
de l'inconscient, 109, 110, 148, 171, 177, 183, 200, 290, 460
Biquefarre, *389, 393, 396-398*
Blé des pharaons, 98
Body Art, 449
BOÈCE, 497
BOLTANSKI, Christian, 449
Bonheur, 130, 269, 285, 405, 514
BONNEFOY, Yves, 421
BORDEU, Théophile (de), 150
BOSCH, Jérôme, 209, 463
Botanique, 129, 137-159, 385-386, 520
Bouddhisme, 44, 157, 413, 430, 435-438, 443, 530

BOUGAINVILLE, Louis-Antoine (de), 132

BOURCART, Jacques, 105, 110

BRAHÉ, Tycho, 407

BRETON, André, 209-212, 216, 223, 308, 398, 428, 461, 523

BREUIL, Henri (dit abbé Breuil), 337, 481, 527

BRUNO, Giordano, 254, 268, 271, 376-377, 407, 461, 529-530

Bucoliques, 13, 72, 113,

Buffon, 271

BURKE, Edmund, 488, 532

BUSON, Yosa, 441, 531

Cabaret Voltaire, 208

CADOU, René-Guy, 418

CAGE, John, 507

Cahiers antispécistes lyonnais, 278

Cahiers Antispécistes, « Amour bestial, 287

CAILLOIS, Roger, 210-211, 494, 503, 511, 523, 526

Calligrammes, 211

Capital (*Le*), 72

Capitalisme, 113, 269, 280, 284, 525

CARÊME, Maurice, 418

Carnets de Cambridge et de Skjolden, 510

Carré blanc sur fond blanc, *448, 458*

Cartésianisme, 40, 62, 106, 122, 175, 210, 251-284, 377, 398, 429, 436, 486-488, 525

CASAS, Simon, 306, 316, 318, 526

CASSIUS, Dion, 249

Cattedrale Vegetale, 477

CELSE, 240-250, 524

CENDRARS, Blaise, 162, 427

Cène, 42, 446-459, 472
   païenne, 42

Cent visions de guerre, 444

Cérès, 61-62

Cerveau, 46, 67-70, 100, 148-149, 153, 164, 171, 182-188, 265, 274, 380, 411, 441, 488
   reptilien *vs* cortex, 67-70, 171

CÉSAIRE d'Arles, 252

CHAGALL, Marc, 448

Chamanisme, 18-19, 133, 138, 207, 299, 329, 330, 331, 337, 342, 349-368, 413, 422, 475, 481, 498, 500-501, 507, 512, 527, 530

Chambois, 20, 162, 515

Champ des signes (*Le*), 211, 512, 523

Champs magnétiques (*Les*), 211

Chartreuse de Parme (*La*), 487

Chasses subtiles, 511

Chauvet (grotte), 338, 346

Christ, 13-14, 62, 81, 86, 154-156, 221, 239-240, 256, 301, 307, 330-331, 349, 351-376, 447, 449, 453-456, 471, 490-492, 528
   L'araignée en croix, 156

Christianisme, 63, 71, 81, 82-90, 122, 133, 154-156, 207, 221, 225, 235-251, 255-263, 282-283, 307, 319-320, 329-335, 349-382, 394, 405, 422-430, 442, 447-463, 470-472, 490-496
   et mort, 14, 21, 24, 62, 71, 86, 90, 154, 221, 225,

239-240, 255-259, 270-271, 331, 335, 352-382, 394, 426, 433, 447-463, 470, 529

et Celse, 240-250, 524

et sadomasochisme, 307

et haine de la vie, 307

et péché originel, 31, 76, 80-81, 132, 156, 260-261, 375, 394, 454, 471

et signes, 21, 156, 239-240, 307, 351, 357, 364-365, 368, 454

et pensée magique, 155-156, 523

et chamanisme, 330, 347, 349-367, 527

et paganisme, 63, 329, 335, 372, 375, 528

et culte de la lumière, 86, 329-330, 335-339, 347, 349-374, 482, 507

Chromatisme, 504,

Chronique des Indiens Guayaki, 142

CICÉRON, 25, 103, 274, 356, 386, 463, 497

Cid (Le), 419

Ciel, 15, 21, 40, 57-58, 63, 79, 83, 92, 144, 154, 176, 194, 206, 236, 245-246, 256, 267, 286, 329-344, 349-385, 398, 404, 412, 440, 454, 457, 468-470, 476, 480-481, 489-493, 500, 514, 529

chrétien, 329-331, 368-398, 412, 529

épicurien, 377, 399-413

des idées, 457, 468

et astrophysique, 333, 381, 398, 406-412, 479, 491, 512

et Isaac Newton, 40, 407, 530

et Jean-Pierre Luminet, 407-412, 512

monter au, 15, 329, 365, 372-376, 447, 454,

Cigale, 96-99

Cinéma, 134, 218-223, 390-398, 522

et ethno-fiction, 223

ethnologique, 134, 218-223

Circular Surface Planar Displacement Drawing, *476*

Civilisation, 20, 31-37, 43, 74-76, 83-92, 96-99, 102-103, 111-113, 116, 133-135, 175, 184, 202, 208, 211, 217-219, 225, 263-264, 268, 290-291, 298, 301-307, 319, 332, 346-347, 376, 387-390, 440, 450, 457, 471-472, 478, 495

Akkadienne, 112

écrite, 202, 208

orale, 83-92, 208, 347, 387, 390, 495

et animal dénaturé, 43, 184

CLASTRES, Pierre, 142

Clé des champs (La), 210

CLÉANTHE, 245

CLÉMENT d'Alexandrie, 154, 496

CLÉMENT, Gilles, 69

Climatologie, 385-386

Clinamen, 409, 412, 508

CLOTTES, Jean, 337, 481, 527

Coco, 420

COHEN, Marcel, 219, 221

COMBAS, Robert, 448

Comment s'est formé le mythe du Christ, 511, 528

Communisme libertaire, 271

Complexe,
d'Empédocle, 356, 388
d'Hoffmann, 389
de Novalis, 388-389
de Pantagruel, 389
de Prométhée, 388

Concile de Trente, 446, 504

CONDORCET, Nicolas (de), 271

Confessions (Les), 101, 496

Connaissance, 48, 71, 76, 137, 150, 155, 190, 192-196, 203, 210, 214, 217, 236, 272-275, 282, 294, 344, 366, 381, 386, 404-405, 412, 453, 479-480, 486, 488, 517
empirique, 192-196, 203, 272-275, 405, 412, 453
arbre de la, 76, 155, 236
du cosmos, 386, 480, 488
livresque, 294, 386, 517
scientifique, 71, 150, 155, 194, 214, 217, 404, 479

Conséquentialisme, 233, 271, 285, 287, 289-291, 293-294, 402

CONSTANTIN, 112, 320, 349, 355, 358, 361, 368, 472

Contrat naturel (Le), 132

Contre Celse, 241, 246, 524

Contre-Histoire de la philosophie, 23, 49, 72, 220, 268, 441

Contre les hérésies, 351

Contre les magiciens, 241

Contre-temps, 32, 111-125, 519
et éternel retour, 120-123
et Friedrich Nietzsche, 120-125

et Paul Gauguin, 123-125
et temps vivant, 116
existentiel, 117, 123-125
hédoniste, 116-125, 519

COPERNIC, Nicolas, 377, 407, 468, 530

Coran (le), 122, 222, 336, 440

CORNEILLE, Pierre, 419

Corps, 14, 24, 25, 33, 38-39, 43, 48-54, 71, 77, 108-112, 117-118, 158, 182-188, 191, 207, 224-225, 245, 253-256, 273-274, 299-305, 320, 330-331, 345-346, 351, 356, 371, 376-380, 389, 393, 401-403, 408-409, 412-413, 420-423, 426, 435-436, 441, 446-472, 484-490, 496-499, 504, 507, 518, 528-529
astral, 191
éthérique, 191-192
physique, 191

Corrida (ou tauromachie), 232, 235, 270, 280, 290-291, 306-324, 526-527
et acte sexuel, *307, 311-312*
et bulle de Pie V, *307*
et catholicisme, 307-308, 312, 317, 320
et cheval, 315
et cruauté, 313-317
et Élisabeth Hardouin-Fugier, 317-318, 527
et Éric Baratay, 317-318, 527
et Ernest Hemingway, 307, 309-310, 315, 526
et érotisme, 307-309, 311-312
et Francisco de Goya, 306, 315, 526

et Georges Bataille, 308, 526
et Gustave Doré, 315
et Henry de Montherlant, 309-310, 526
et impuissance, 309-311, 319
et islam, 307
et matador, 302, 311, 314, 317, 321
et Michel Leiris, 307-317, 526
et Pablo Picasso, 306, 315
et perversion, 307, 313-317
et pulsion de mort, 291
et sadisme, 291, 314-316
et Simon Casas, 306, 316, 318, 526
et souffrance animale, 290-295, 307, 310, 313-316
et taureau, 235, 306-324
et théâtralisation de la torture, 306-307, 315
et toréador, 291, 311-321
et virilité défaillante, 306, 310, 311, 319
Cosmos,
chrétien, 331
épicurien, 378
oubli du, 332, 382-398
païen, 331, 364
COUCHOUD, Paul-Louis, 441-442, 444
Course de taureaux (La), 308, 314, 526
COVER, Jack, 178
Créationnisme, 264, 267, 407, 413
Critique de la faculté de juger, 457, 478, 488, 532
Critique de la raison pure, 441, 517

Croix sur la montagne, 490
Cubisme, 134, 209, 461
Cuisinier (Le), 468
Culte, 60-63, 119, 133, 251, 306, 319, 320, 329-330, 336-337, 345-346, 349, 350, 352, 355-369, 405, 413, 426, 431, 451, 456, 481, 491, 496, 504, 527
solaire, 320, 329-330, 336, 358-360, 369, 527
païen, 352, 496, 504
Culture, 21, 30, 60-73, 92, 94, 112, 117, 133-134, 142, 175, 184, 211, 215, 241, 244, 295, 298, 310, 329, 365-367, 385-387, 395, 423, 455, 483, 504
Colere, 30
comme art d'une antinature, 43, 72, 175, 332, 366
de l'âme, 65
et agriculture, 30, 60-73, 365-366, 385-387
et contre-culture, 60, 366
et émotion, 486-488
et guerre, 67
et nature, 175, 184, 244, 295, 423
et sublimation de la nature, 488
Cyniques grecs, 132, 438
Cyrénaïsme, 241, 462
CYRILLE de Jérusalem, 238

D'Alembert, 271
Dada, 36, 208, 428
Dadaïsme, 134, 211, 425, 427
DALI, Salvador, 417, 448
Danse du soleil, 245-246

DANTE, 370, 374, 471, 511

DARWIN, Charles, 26, 68, 109-110, 149, 171, 176, 181, 230, 244, 263-268, 273, 407-408, 511, 521, 524-525

DARWIN, Francis, 298

Darwinisme social, 266
et Herbert Spencer, 266

De l'orateur, 463

De la génération et de la corruption, 163

De la grammatologie, 441

De la nature des choses, 71, 377-378, 400, 402, 529

De la recherche de la vérité, 259

DE MARIA, Walter, 475-476

Death control, *454*

DEBORD, Guy, 398

DEBUSSY, Claude, 131, 426

Décadence, 7, 112, 347

Déclin de l'Occident (Le), 112

Déconstruction existentielle, *220, 400*

Décroissance alimentaire, 284

Deep ecology, 132

Dégustation,
du champagne,

Déisme, 150, 260, 264, 268, 461, 513

DELEUZE, Gilles, 120, 122-123, 150, 306, 519-520

Demeter, 191

DÉMOCRITE, 48, 406, 408, 462

Demoiselles d'Avignon *(Les)*, *209*

Déontologisme, 285, 291, 406

DERAIN, André, 208

DERRIDA, Jacques, 179, 431, 441, 524

Des cannibales, 471

DESCARTES, René, 14, 62, 106, 122, 210, 251-262, 268, 271, 274-275, 277, 395, 406, 429, 436, 441, 463, 486, 488, 509, 511, 525

Descendance de l'homme (La), 263-265, 525

Déterminisme, 68, 121-122, 185, 290

Deuil, 23, 25, 36, 89, 119, 394

DEZALLIER D'ARGENVILLE, Antoine Joseph, 69, 119

Dialogues, 306

DIBBETS, Jan, 475

Dictionnaire culturel en langue française, 277, 313, 450

DIDEROT, Denis, 132, 271

Dieu d'eau, 218, 220-221, 223, 522

Dieu, 60-63, 76, 81, 85, 89, 95, 137-138, 150, 154, 206, 235-251, 255-256, 259-267, 271-272, 297, 300, 316, 331, 339, 343-347, 349, 351, 352, 356, 363-381, 394, 404, 406-407, 411, 429, 441, 447, 449, 457, 461, 473, 482, 486-487, 490, 493, 496, 505, 507, 514
vs dieux, 60-63, 154-158, 206, 300, 339, 352, 356, 404, 411-413

Dionysisme, 48, 134, 208, 211, 217, 224-225, 450, 496, 504, 508
africain, 134, 211, 224-225

Discours de la méthode, 62, 253-254, 257, 259, 262, 268, 427

Discours sur les sciences, 505

Discours véritable, 240-241, 245
Dithyrambes de Dionysos, 157
Divine Comédie (*La*), 149, 370, 374
Dix Livres d'architecture (*Les*), 353
Dives (la), 159, 161-162, 173-174
DIX, Otto, 448
Dogon, 209, 213, 218, 220-223, 522
Dom Pérignon (domaine de), 39-42, 44, 59, 512
DORFFMEISTER, Stefan, 461
DORTOUS DE MAIRAN, Jean-Jacques, 99, 110
Double Rimbaud (*Le*), 123
Droit, 176, 285
  et loi du plus fort, 176
Dualisme, 138, 238, 245, 251, 255, 275, 383, 429, 435, 463
DUCHAMP, Marcel, 36, 51, 448-449, 457, 474-475, 478
DUJARDIN, Karel, 40
DURAND, Guillaume, évêque de Mende, 353, 528

Eau (*L*), 466
Échelle du martyre de saint Laurent n° 3 (Partition pour un corps irradié) (*L'*), *454*
Écologie, 132-133, 141, 178, 233, 512, 521
Écriture des pierres (*L*), 503, 512, 523
Écriture, 79, 121, 206-207, 211, 335, 421, 425, 429, 431-432, 436-438, 442, 495
Éden, 76, 197
Égalité, 247, 347, 507, 524

ontologique, 247, 347, 524
Église, 14, 22, 159, 216-217, 229, 238, 240-262, 268, 271, 285, 307, 319, 320, 330-331, 350-362, 369, 370, 375-377, 394-396, 447, 452, 471, 481, 487, 490, 496, 504, 511, 528-529
Pères de l', 238, 240-262, 370, 375, 452, 496
EINSTEIN, Albert, 112, 186, 407
Élevage, 47, 54, 138, 174, 179, 193, 278, 280, 283, 286, 289, 292, 303
ÉLIE, Yves, 512, 521
EMERSON, Ralph Waldo, 133
Émotion, 69-71, 114, 117, 148, 231, 263, 267, 290, 486, 488-489, 525
En avoir ou pas, 310
Énéide, 515
Enfer, 72, 89, 280, 329, 358, 376, 380, 387, 394, 495, 496, 528
ENSOR, James, 448
Enterrement du Hogon (*L'*), *223*
Entraide, 68, 179, 231, 242, 244, 266, 525
Entraide, un facteur d'évolution de (*L*), *525*
ÉPICURE, 25, 377, 381, 401-406, 408, 411, 462, 468, 510
Épicurisme, 25, 35, 49, 63, 66, 71, 240-241, 245, 247, 263, 268, 332-333, 377, 377-381, 399-413, 423, 462, 468, 497, 510, 514, 529
  matérialiste, 49, 71, 241, 332, 377
  transcendantal, 399-413

Épistémè chrétienne, 422, 456, 514

Épopée d'Atrahasis (L), 335

Épopée de Gilgamesh (L), 46, 335, 425, 522

ÉRASME, 63, 504

ERNST, Max, 448

Éros, 177, 337

Érotique (une), 71

Érotisme, 23, 38, 71, 307, 309, 312, 316, 481, 505

Escalade non-anesthésiée, 453

ESCHYLE, 417

Ésotérisme, 190-192, 201, 205, 220-221, 350, 427, 461, 523

Essai de philosophie morale, 285

Essai sur les données immédiates de la conscience, 441

Essais (Les), 25, 386

Essais sur l'entendement humain, 64

Esthétique (une), 71

Esthétique du Pôle Nord, 17

Éternel retour (l'), 25, 61, 64, 83, 90, 120-123, 139, 156, 161, 337, 342, 347, 367-370, 438, 483, 519

du différent, 121, 483

du même, 25, 61, 64, 83, 120-123

et Friedrich Nietzsche, 25, 61, 64, 83, 90, 120-123, 139, 156, 161, 337, 519

et surhomme, 121-122, 139

Éthique à Nicomaque, 344

Éthique, 90

Éthique (une), 26, 117, 327, 344, 378, 406, 412,-413, 509, 513, 526-527

Ethnocide, 74, 78, 92, 133, 224

Ethnologie, 124, 134, 209, 218-221, 265

Éthologie, 66-68, 231, 265, 267, 511, 515, 525

Étoile polaire, 15-17, 21, 57, 161, 348

EUSÈBE de Césarée, 355

Évangiles (les), 24, 237-238, 351, 355, 368, 371, 403

Ève, 76, 79-80, 89, 186, 236, 260, 394

Évolution créatrice, 145, 160, 171

Évolution, 50-51, 54,

Évolutionnisme, 267

Existentiel, 16, 65, 103, 117-118, 123, 125, 170, 195, 220, 272, 290, 298, 310-311, 330-332, 337, 369-370, 400, 404, 430, 436-437, 441, 443, 484, 498, 510, 514, 515

point de repère, 16

Expérience, 24, 30, 52-54, 58, 62, 98-101, 104-109, 118, 143, 160, 192-195, 213, 247, 276, 280-286, 296, 333, 385, 391, 421, 425-445, 479, 484, 492, 504, 518,

vs livre, 276

vs culture, 21, 62, 71-72, 77

Expression des émotions chez l'homme et les animaux (L), 263, 267, 525

FABRE, Jean-Henri, 67, 511

Farrebique, 389, 391, 393, 397-398

Fatalité, 118, 121, 158, 302

FAURÉ, Gabriel, 36

FÉLIX, Minucius, 154

Femme nue dormant au bord de l'eau, 36

FÉNELON, Philippe, 503

Fête,
    Assomption, 364, 395, 472
    Chandeleur, 349, 358, 360-361
    Épiphanie, 349, 358, 359-361
    Noël, 84-85, 349, 358-363, 367, 375
    Pâques, 84-86, 209, 349, 358, 361-363, 367, 375, 395
    Saint-Jean, 349, 351, 358, 363, 364, 367

Fêtes du Sigui (Les), 222

Feu (Le), 466

FEUNTEUN, *Éric, 163, 512, 521*

Filiation de l'homme (La), 511

Flambeurs d'hommes (Les), 220

Flamme d'une chandelle (La), 387, 389, 517

Foi, 13, 193, 203, 210, 241, 248, 250, 276, 317, 333, 374, 375, 404, 448, 484, 486, 498,
    catholique, 13, 317

FOMBEURE, Maurice, 418

FOREL, Auguste, 100

Formation de l'esprit scientifique (La), 194, 517, 521

Forme et Croissance, 511, 520

FÖRSTER, Élisabeth, 119

FORT, Paul, 418

FOUCAULT, Michel, 431, 518

Fragments posthumes, 9, 120-121, 139, 142, 519

FREUD, Sigmund, 37, 104-105, 108-109, 122, 167, 186, 194, 427, 431

Freudisme, 210, 315, 427

FRIEDRICH, Caspar David, 423, 484, 488, 532

FRISCH, Karl von, 246

FULTON, Hamish, 475

Futur, 31, 33, 35-36, 45, 50-51, 84, 91, 113, 115, 118, 231, 244, 250, 342

Futurisme, 134, 531

Gadjé/Gadjo, 31, 75-77, 87-88, 93, 95

GALILÉE, 254, 268, 377, 407, 468, 529-530

Gastronomie, 55, 71, 302, 305

GAUSS, Carl Friedrich, 407

Généalogie de la morale, 441

Genèse, 63, 153, 235, 244, 256, 262, 335, 380

Génocide, 224

GEOFFROY, Richard, 39, 41-42, 44, 57, 59, 512

Géologie, 17, 41, 45, 104, 384-385, 404, 407, 478-479

Géométrie non euclidienne, 410

Géorgique de l'âme, 29, 60-73,

Géorgiques, 72-73, 356, 397

GIESBERT, Franz-Olivier, 42

GLASS, Philip, 512, 533

Gnose, 210, 350

GOLDSWORTHY, Andy, 477, 531

GONTHIER, Érik, 502, 503

GRACIÀN, Balthazar, 39

Grand Almanach poétique japonais, 432, 438, 440, 530

GRÉGOIRE de Nazianze, 238

GRÉGOIRE de Nysse, 369

GRIAULE, Marcel, 213-216, 218-223, 522

Grillon, 131, 180-184, 440

Grotte des Trois-Frères, 498

Guerre, 19, 37-38, 67-68, 103, 124, 153, 176-179, 208, 219, 236, 267, 273, 275, 278, 285, 300, 309, 400, 425, 428, 499, 511

GOUEZ, Benoît, 42, 44, 54-55, 58

Guide des égarés, 372

GUILLARD, Michel, 38-39, 41-43

GUILLAUME le Conquérant, 162

HADOT, Pierre, 510

HAGENS, Gunther (von), 449

HAHNEMANN, Samuel, 196

Haïku, 23, 48, 421, 423, 425, 428-432, 434-438, 441-444, 511, 530-531

HALLÉ, Francis, 339

Hamlet, 124

Hédonisme, 23, 33, 69-70, 73, 116, 123, 241, 269, 285-286, 291, 304, 313, 401, 413, 497, 504-507, 513, 519

HEGEL, Georg Wilhelm Friedrich, 181, 377, 429, 441, 509

HEIDEGGER, Martin, 72, 389, 400, 429, 463

HEIZER, Michael, 475-476

HELVETIUS, Claude-Adrien, 122, 150, 271

HEMINGWAY, Ernest, 307, 309-310, 315, 526

HÉRACLITE l'Obscur, 35, 107, 110, 137

HÉRACLIUS, 252

Hermétisme, 210, 350, 421

Héros (Le), 39

HÉSIODE, 221, 223

Hiérarchie céleste, 369, 529

HIMMLER, Heinrich, 179

Histoire de l'œil, 308

Histoire de la folie, 431

Histoire des animaux, 162

Histoire, 84, 116, 135, 164, 207, 357, 370, 375-376, 396, 422, 457, 473, 512,

Accélération de l', 111-112

Histologie, 171

HITLER, Adolf, 37, 119, 149, 179, 281, 283, 289

Hiver (L), 466, 530

HOBBES, Thomas, 72

HOLBACH, Paul Henri Thiry (d'), 122, 150, 271

HOLBEIN le Jeune, Hans, 209

Holocauste, 237, 303, 320

HOLT, Nancy, 475, 477, 479, 483-484

Homélies sur l'Exode, 319

Homéopathie, 166, 191, 196, 210

Hominisation, 43, 171

Hommage à Gauguin, 123-124

Homme de cour (L), 39

Homme universel (L), 39

Homme-plante (L), 143, 526

Homme, 51, 63, 68, 76, 93, 109, 112, 151, 188, 194, 235-325, 333, 349, 351, 363, 375, 466, 48, 498

créationnisme *vs* évolutionnisme, 265, 379, 383, 407, 435, 171, 264

et animal, 93, 112, 265-325, 481, 498

et prédateur, 98, 131, 146, 166, 178,

Homo sapiens, 66, 107, 144, 148, 171, 181, 186
Hors du temps, 101, 103, 518
Horticulture, 149, 385-386
Hototogisu (*Le Coucou*), 442
HUGO, Victor, 419, 428
HUME, David, 271
Hydrologie, 385-386
HYONGDO, Ki, 511

Idéalisme, 245, 263, 377, 478
  allemand, 190, 191, 202, 251, 263, 509
  platonicien, 241
  spiritualiste, 254
Idée, 35, 48, 49, 65, 101, 186, 202, 245, 253, 260, 269, 286, 333, 337, 380, 384, 404, 426, 437, 449, 456-458, 466, 475, 486-487
  pure, 457, 488, 518
  platonicienne, 311, 468
Immanence, 156, 207, 371, 443, 444, 467, 482,
Immatérialité, 188
Immémoriaux (*Les*), 124
Immortalité, 14, 90, 337, 376, 380, 529
Impression soleil levant, 474
Inconscient, 109, 428
  biologique, 109
  freudien, 105, 171, 388, 427, 429
  métapsychique, 171
  phylogénétique, 186
Infini (l'), 15, 161, 398, 403, 410, 412, 488
Ingénieur Élie-Monier, 103
Installation VI/05, *477*

Installation, 448, 450, 480,
Institut de France, 110,
Institut national des langues et civilisations orientales, 219,
Instruction pour les jardins fruitiers et potagers, 63, 519
Intelligence, 47, 68, 114, 117, 137, 161, 215, 236, 242, 244, 247, 265-267, 305, 320, 333, 352, 366, 379, 380, 383, 395, 406, 481, 518
  animale, 67, 184, 187, 231, 242, 244-250, 257, 258, 260, 347
  mythologique, 61
  sensuelle, 29
  végétale, 147-150, 339-341, 383
Introduction aux principes de la morale et de la législation, 269
Intuition de l'instant (*L'*), 29
Ion, 496
IRÉNÉE de Lyon, 351
Iris Leaves with Roman Berries, *477*
Isaïe, 237, 375
ISOU, Isidore, 427, 428, 531
ISSA, Kobayashi, 441, 530, 531

JACCOTTET, Philippe, 427
Jardin, 62-64, 68, 69, 71-73, 95, 141, 151-153, 155, 157, 197, 370, 371, 389, 401, 433, 437, 470, 519, 520,
  de l'âme, 66, 70, 73, 155
  de propreté, 69
  épicurien, 66
  planétaire, 69
  potager, 30-32, 62-64, 95

Jardinier (Le), 468
Jean Rouch tel que je l'ai connu,
  218, 522
JEAN XXIII, 14
JÈGUES-WOLKIEWIEZ, Chantal,
  337, 341, 480, 481, 483, 512,
  527
JERPHAGNON, Lucien, 332, 400,
  528
JÉSUS-CHRIST, 13, 14, 62, 80,
  81, 86, 154-156, 221, 237-
  240, 256, 262, 302, 307, 320,
  330, 331, 349, 351-364, 367-
  369, 371-376, 395, 442, 446,
  447, 449, 452-456, 471, 472,
  490-492, 511, 528, 529, 532
JONAS, Hans, 406
*Journal de la Société des
  Africanistes,* 219
Journal, 215, 217, 308, 311,
  312, 523
JOURNIAC, Michel, 451, 452
JOYCE, James, 37
Judaïsme, 86, 348, 364, 368,
  456
Judéo-christianisme, 235, 237,
  240-242, 263, 282, 335, 336,
  363, 425, 429, 448, 451, 458
JÜNGER, Ernst, 511
JUSTIN de Naplouse, 154

Kabbale, 210
KANT, Emmanuel, 72, 73, 110,
  122, 190, 191, 251, 285, 441,
  457, 463, 478, 488, 517, 532
Kantisme, 190, 263, 285
KAPLAN, Abel, 283
Kasel, *451,*
KAUFFMANN, Jean-Paul, 38, 51

KENSHIN, Sumitaku, 430, 441,
  511, 531
KEPLER, Johannes, 407, 468,
KEROUAC, Jack, 429, 531
KIERKEGAARD, Søren, 35, 509
KLEIN, Yves, 449
KROPOTKINE, Pierre, 68, 244,
  266, 525
KUBIN, Alfred, 209,

La Chair ressuscitée, *454*
La Femme et la Bête, 321
LA FONTAINE, Jean de, 167,
La Légende dorée. 1984-1986,
  453
LA METTRIE, Julien Offray (de),
  122, 130, 143, 268, 526
LA QUINTINIE, Jean-Baptiste
  (de), 63, 64, 519
La Réincarnation de sainte
  Orlan, *455*
Laboratoire international de
  neurobiologie végétale, 149
LACTANCE, 252
Lascaux, grotte (de), 38, 337,
  341, 342, 346
Lassalle River, *477*
Le Drapé-Le Baroque ou sainte
  Orlan avec fleurs sur fond de
  nuages, *455*
LE GRECO, 448, 463
LE GUEN, Véronique, 104,
Le Moine au bord de la mer, *492*
LE PARMESAN, 448
Le Soir, *493*
LE TINTORET, 463
Légende des siècles (La), *419*
Légende dorée (La), 371, 374,
  386, 471, 529

LÉGER, Fernand, 208, 209
LEIBNIZ, Gottfried Wilhelm, 41, 407,
LEIRIS, Michel, 212-217, 219, 222, 223, 307, 308, 310-316, 522, 523, 526
LEOPOLD, Aldo, 132,
LEROI-GOURHAN, André, 337, 481, 527
LESBAZEILLES, Eugène, 140
Lettre à Pythoclès, 404
LÉVI-STRAUSS, Claude, 142, 143, 296, 431,
Léviathan, 72,
LEVINAS, Emmanuel, 431, 463
Libération animale (*La*), 277, 279, 524
Libertaire, 92, 93, 266, 271, 342
Liberté, 32, 33, 94, 119, 121, 122, 131, 184, 188, 295, 298, 370, 412, 527
cynique, 241
Libre arbitre, 121, 155, 184, illusion du, 122, 185, 186, 383, 407, 412
LINNÉ, Carl (von), 100
Livre des haïkus, 429
Livre des Macchabées, 375
Livre des Rois, 375
Livre, 16, 17, 22, 23, 30, 40, 43, 62, 116, 336, 355, 386, 417, 440, 463
et barbarie, 71
et dictionnaire, 60
et *La Volonté de puissance*, 119, 120
vs réel, 30, 75, 83, 84, 117, 135, 193, 250, 275, 332, 335, 366, 367, 385, 386, 441, 462, 514
LOBATCHEVSKI, Nikolaï Ivanovitch, 407
LOCKE, John, 64
Logos, 137, 194, 246, 247, 421
Loi, 87, 263
contractuelle, 68
du plus fort, 67, 68, 176, 266
LONG, Richard, 476
LUCIEN de Samosate, 240
LUCRÈCE, 25, 71, 332, 377, 378, 381, 400-402, 408-410, 412, 462, 529
LUMINET, Jean-Pierre, 407, 409-412, 512, 529
LUTTICHUYS, Simon, 40

MACHIAVEL, 72, 509
MAETERLINCK, Maurice, 147
Magie, 91, 116, 199, 201, 203, 210, 247, 250, 389, 427, 461, 469, 478, 523
MAÏMONIDE, Moïse, 372
Mal (le), 26, 33, 67, 129, 131, 142, 143, 145, 158, 178, 179, 238, 272, 285, 286, 307, 310, 340, 393, 421, 489, 496, 514,
MALAURIE, Jean, 342, 431, 512, 519, 527
MALEBRANCHE, Nicolas, 231, 251, 259-262, 269, 271, 274, 286, 395, 525
MALEVITCH, Kasimir, 448,
MALLARMÉ, Stéphane, 426, 428, 430, 435, 531
MALRAUX, André, 51, 213, 216, 221, 398, 400, 523
MANCUSO, Stefano, 149

MANDIARGUES, André Pieyre (de), 461, 532
Manifeste de l'art charnel, 455
Manifeste du surréalisme, 211, 531
MANUEL II Paléologue, 369,
Manuel pour comprendre la signification symbolique des cathédrales et églises, 353
MARC-AURÈLE, 298, 386
Mare au diable (La), 419
Mariage, 451
Mars ou la guerre jugée, 36, Mars, 430
MARX, Karl, 72, 505, 509
Matérialisme, 192, 245, 268, 270, 377, 403, 514, 529
    épicurien, 468
    moniste, 405
    panthéiste, 377
    vitaliste, 254, 520
Matière, 33, 35, 40, 42, 45, 48, 49, 53, 61, 63, 68-70, 72, 84, 118, 144, 186, 188, 192, 201, 256, 274, 378, 379, 380, 386, 393, 404, 407, 411, 412, 429, 448, 449, 460, 462-464, 468, 475, 489, 490, 502, 503, 513, 514, 517, 529, 532
Matin dans les montagnes, 474
Matin de neige, 440, 530
MATISSE, Henri, 208, 209, 212
MAUPASSANT, Guy (de), 420
MAUPERTUIS, Pierre Louis Moreau (de), 285
MAURI, Giuliano, 477
MAUSS, Marcel, 311
MÉCHAIN, François, 477
Méditations, 257

Mémoire, 29, 31, 33, 38, 41, 45, 46, 50, 52, 54, 55, 57, 58, 69, 74, 90, 117, 143, 147, 164, 170, 171, 192, 231, 340, 409, 486, 487, 494
MERIAN L'ANCIEN, Matthäus, 461
MESLIER, Jean, 268-274, 276, 284, 286, 509, 525, 526
Messe pour un corps, 452
Métaphysique, 74, 89, 90, 134, 137, 157, 185, 208, 209, 218, 231, 331, 333, 440, 444, 458, 471, 514
    appliquée, 44, 52
    aristotélicienne, 241
    chrétienne, 236
    de Descartes, 252, 253, 255, 429
    idéaliste, 379, 404
    immanente, 72
Métapsychologie, 105, 109, 231, 333
Métempsycose, 21, 89
Métensomatose, 21, 89
MEYER, Hans, 461
MICHAUX, Henri, 421, 427
MILTON, John, 311, 370
Miroir de l'Afrique, 216
Miroir de la tauromachie, 308, 310, 312, 315, 316, 526
Mise en scène pour une sainte, 455
MOLLAT, Denis, 42, 512,
MOMPER, Joos (de), 461
Mon combat, 149, 289
Monde, 11, 15, 20, 26, 30, 31, 35, 37, 38, 40, 43, 44, 47-50, 60, 61, 64, 66, 67, 71-75, 77, 79, 80, 83, 84, 86, 89, 98,

106, 113-118, 131, 134, 137, 138, 148, 155, 156, 176, 187, 190-193, 196, 202, 206, 209, 221, 224, 231, 235, 249, 250, 253, 255, 263-268, 275, 276, 290, 294, 329, 331-333, 335-339, 343-345, 347, 351, 354, 357, 358, 360-363, 366-368, 371, 377-387, 389-391, 393, 395, 397, 402-408, 410-412, 417, 418, 421, 423, 426, 427, 429, 430-432, 435-441, 443, 457, 461-464, 466, 468-470, 476, 482, 484, 487, 488, 493, 495, 497, 499-504, 513-515, 517, 520, 528

de signes, 365

nouménal, 190

phénoménal, 190

spéciste, 292

MONET, Claude, 125, 474, 493

Monisme,

de la matière, 274, 407, 462, 463

matérialiste, 467

post-chrétien, 139

Monothéisme, 62, 117, 329, 331, 347, 348, 371, 377, 381, 413, 517,

MONSU DESIDERIO, 209

MONTAIGNE, Michel (de), 25, 72, 271, 273, 274, 284, 386, 387, 469, 470, 486, 509

MONTHERLANT, Henry (de), 307, 309, 310, 526,

MOREAU, Gustave, 124, 209

Mort dans l'après-midi, 309

Mort, 14, 22-26, 36, 38, 62, 104, 165, 170, 192, 245, 250, 341, 343, 353, 370, 394, 395, 397, 400, 426, 428, 444, 449, 470, 481, 489, 490, 505, 514

du beau, 457, 478, 532

et animal, 256-258, 269, 289-291, 299, 303, 304, 515

et art, 224, 448, 458, 473

et Cicéron, 25

et corrida, 235, 307-310, 312-320

et culture, 72

et Épicure, 25

et Friedrich Nietzsche, 25, 457

et immortalité, 89, 90

et Lucrèce,

et Michel de Montaigne, 25

et Platon, 24

et religion, 21, 62, 71, 76, 86, 331, 335, 347, 356-358, 361-363, 372, 374

et Schopenhauer, 25

et vie, 177, 184, 187, 201, 302, 483

et Vladimir Jankélévitch, 25

industrialisation de la, 231, 284

pulsion de, 132, 179, 456, 514

MUNCH, Edvard, 448

Musique, 16, 40, 76, 116, 124, 208, 214, 224, 259, 320, 382, 417, 419, 422, 423, 450, 470, 488, 494-507, 512, 532, 533

MUSSET, Alfred (de), 418,

Mysticisme, 210,

Naissance, 13, 29, 36, 37, 41, 44, 47, 55, 60, 91, 103, 111, 112, 155, 164, 168, 171, 233, 237, 261, 292, 303, 320, 337, 347, 352, 353, 359, 363, 370,

375, 380, 394, 408, 409, 426, 448, 489

National-socialisme, 81, 82, 400,

Nature, 15, 21, 26, 30, 31, 41, 45, 50, 61-69, 71-75, 77, 78, 82-89, 110, 131, 132-134, 141, 143, 159, 169-172, 178, 181, 182, 184, 192, 193, 206, 230, 233, 242, 244, 246, 247, 249, 257, 258, 263, 264, 266, 268, 273, 294, 295, 298, 299, 318, 332, 337, 342-344, 347, 357, 364-367, 369, 378-380, 386, 391-393, 407, 420-423, 429, 437, 438, 440, 441, 443, 462, 464, 466, 467, 469, 475-479, 481-483, 485-493, 498-501, 503, 504, 507, 509, 510, 513-515, 525, 529

anthropomorphisation de la, 132

asservissement de la, 175, 236, 397

cycles de la, 31, 76, 331, 435

et homme, 175, 224, 284, 290, 304, 329, 398, 412, 413, 432, 435

et paganisme, 15

et René Descartes, 175, 262

philosophie de la, 7

rythme de la, 31, 96

séparation de la, 20, 77

Néant, 11, 21, 22, 24, 33, 36, 37, 38, 41, 50, 52, 107, 116, 138, 159, 165, 188, 256, 297, 378, 395, 407, 508

Neiges, 428

Néoplatonisme, 259

Neurobiologie végétale, 130, 148, 149

NEWTON, Isaac, 40, 407, 530

Nicée, second concile de, 446

NICOLAS de Cues, 310, 407

NIETZSCHE, Friedrich, 9, 25, 33, 72, 101, 118-123, 129, 131, 138, 139, 142, 143, 156, 176, 231, 288, 386, 401, 441, 444, 449, 457, 509, 519, 521, 531

Nihilisme, 37, 74, 112, 113, 116, 118, 134, 138, 382, 398, 425, 427, 514, 519, 530, 531

et oubli du temps virgilien, 31

NITSCH, Hermann, 451

NOLDE, Emil, 448,

Nourriture, 63, 66, 75, 100, 102, 106, 108, 130, 167, 236, 243, 245, 249, 265, 278, 292, 296, 300, 343, 345, 370, 392

et charge symbolique, 239, 240, 299,

Nous, on n'en parle pas, 86

Nouveau Testament (le), 237, 240

Nouvel Organum, 65, 67

Nouvelle revue française (La), dossier Haï-Kaï, 444,

NOVATIEN, 252,

Numérologie, 210, 350

Occasionalisme, 260, 261

Occident, 134, 212, 220, 221, 262, 301, 330, 336, 395, 425, 431

et abolition de la mémoire, 74

et ignorance du cosmos, 74

et sédentarité, 74

vs nature, 74

Occultisme, 190-192, 194, 210, 350, 427

Ogotemmêli, 220, 522

Olfaction, 166
vs vue, 43, 49

Ontologie, 44, 52, 134, 161, 196, 209, 305, 331, 404, 406, 408, 440, 458, 467
conséquentialiste, 285
dogon, 218
du paysan, 393
judéo-chrétienne, 268, 269, 282, 284, 290, 456
matérialiste, 132, 133, 231, 333, 412, 413, 421, 462, 513
nietzschéenne, 129
païenne, 72,
tzigane, 74, 92, 512, 518

OPPENHEIM, Dennis, 475

Ordre platonicien, 114

ORIGÈNE, 238, 240-250, 256, 257, 319, 369, 452, 524

Origine des espèces (L'), 171, 230, 263, 264, 511, 525

ORLAN, 449, 451, 454, 455

Orphée, 123, 494-497, 502-507

Otium, 94, 514

Paganisme, 15, 63, 86, 92, 154, 329, 335, 359, 372, 375, 528

PANE, Gina, 451-454

Panthéisme, 89, 329, 343, 364, 422, 467

Par-delà le bien et le mal, 139, 342

Paradis perdu, 370

Paradis, 76, 89, 154, 156, 219, 257, 329, 370, 371, 376, 380, 387, 394, 421, 453, 470, 528, 529

Parasitisme, 184

Parole, 13, 21, 104, 113, 116, 118, 188, 206, 207, 218, 221, 250, 262, 345, 400, 482, 500-504, 518, 520

Passé, 31, 33, 35, 36, 50, 51, 75, 84, 90, 113, 115-119, 231, 342, 371
climatique, 46, 47
de l'intelligence, 47
de la terre, 45, 47
des paysages, 45, 47
du vin, 44, 45
géologique, 45, 47
virgilien, 46, 47

Patristique, 240, 252, 330, 349, 369, 375, 381

PATTERSON, Charles, 269, 283, 524

Péché originel, 31, 76, 80, 81, 132, 156, 260, 261, 394, 454, 471

PELT, Jean-Marie, 97, 512, 520

Pensée, 49, 61, 117, 138, 139, 207, 210, 221, 230, 231, 251, 257, 258, 268-270, 274, 330, 337, 369, 398, 403, 407, 435, 441, 496, 509, 510
africaine, 208, 209, 212, 221, 223
animiste, 500
anthroposophique, 192
freudienne, 196
magique, 156, 163, 167, 171, 186, 190, 196, 200, 210, 299, 305, 406, 413, 514
nègre, 208

mythique, 138
postchrétienne, 332, 378,
    400, 509
préchrétienne, 332, 378, 400
sotériologique, 192
Pensées pour moi-même, 298
Performance, 448, 450-455
PÉRIGNON, Dom, 39, 40
Permis de capture, 213
Perses (Les), 417
Perversion, 313, 316, 317, 420,
Peuple, 20, 134, 223, 238, 521,
    527
    amérindien, 343-344
    dogon, 218, 220, 222
    inuit, 18, 20
    songhaï, 207
    tzigane, 31, 32, 74-76, 82, 84,
        86, 89, 92, 93, 512
Phédon, 24,
Phénoménologie, 29, 431, 435,
    438, 441
PHILON d'Alexandrie, 369
*Philosophie de la nouvelle
    musique*, 506
Philosophie, 16, 23, 25, 29, 30,
    36, 40, 44, 49, 62, 73, 92,
    134, 138, 142, 177, 186, 189,
    230, 241, 245, 253, 259, 260,
    263, 271, 273, 277, 278, 344,
    378, 383, 388, 399, 401-
    403, 405, 429, 441, 442,
    457, 509, 511, 517, 520-
    522, 525,
    africaine, 209
    athée, 275,
    atomiste, 275
    cartésienne, 255, 429
    dogon, 218

des sciences, 407
dualiste, 275
épicurienne, 405
idéaliste, 191, 275
judéo-chrétienne, 275
matérialiste, 275
moniste, 275
naturaliste, 67
postchrétienne, 332, 400, 513
spiritualiste, 275
Physique, 40, 71, 254, 255, 351,
    378, 379, 381, 402, 404, 406,
    407, 412, 463, 520
    de la psyché concrète, 105
    vs métaphysique, 137, 331,
        333, 404, 514
PICARD, Max, 463
Plante, 63, 64, 69, 97, 99, 100,
    102, 115, 130, 142-157, 194,
    198-202, 204, 205, 236, 250,
    273, 299, 337-342, 346, 347,
    354, 360, 361, 366, 370, 383,
    392, 429, 432, 438-440, 476,
    490, 512, 521,
    et acacia, 50, 147-149, 340
    et Cussonia, 145
    et éthylène, 147-149, 340,
        341
    intelligence de la, 147-150,
        383, 391
    et neurobiologie végétale, 130,
        148, 149
    et palmier talipot, 73
    et Phyllostachys, 96, 98, 110
    et Sipo Matador, 110, 129-
        131, 139, 140, 142, 143,
        157, 158
    langage de la, 147
    luciphile, 130

PLATON, 24, 72, 114, 251, 255, 259, 285, 311, 356, 386, 403, 407, 463, 478, 496, 497

PLINE l'Ancien, 168, 170, 245, 247, 249, 250

PLOTIN, 35, 259

PLUTARQUE, 245, 356, 361, 386, 497

Poésie, 206, 207, 224, 307, 418, 419, 421-423, 425, 426, 428, 430, 450, 488, 495, 518,

Poétique du feu, 388

Pôle Nord, 17, 19

Polythéisme, 61, 62, 89, 329,

PONGE, Francis, 427

Porte-bouteilles (Le), 474

Positivisme, 150
mécaniste, 150

POUND, Ezra, 421

Pour faire un poème dadaïste, 427

Pouvoir du mouvement des végétaux (Le), 149

Prédateur, 97, 109, 130, 168, 169, 178, 185, 264, 279, 514, 515
et homme, 98, 131, 132, 146, 166, 175, 178, 290,
et nématode, 110, 131, 180-182, 186-188, 512, 521
et proie, 67, 131
et *toxoplasma gondii*, 184

Prédation, 107, 131, 132, 142, 147, 166, 167, 181, 182, 266, 290, 295, 299, 512

Premier Manifeste surréaliste, 427

Présent, 35, 36, 44, 45, 47, 49, 50, 90, 113, 118, 375, 514
de l'être au monde, 47
de l'être-là, 47

de la dégustation, 48, 49
de la disparition, 49
de la présentification, 48
du passé effacé, 50

PRÉVERT, Jacques, 418, 427

Prince (le), 72

Printemps (Le), 464

Propriété, 80, 92, 93-95, 175, 449

PROUST, Marcel, 29, 37, 113, 398

PRUDENCE, 252

Psaumes, Ancien Testament, 319, 357,

PSEUDO-DENYS l'Aréopage, 369, 529

PSEUDO-MATTHIEU, 238

Psychagogie, 298

Psychanalyse du feu (La), 387, 388, 517

Psyché (essai), *454*

Psyché, 104, 105
immatérielle, 186
matérielle, 108, 514
métapsychologique, 108

Psychologie des masses et analyse du moi, 37

Psychologie, 259, 267, 333, 407
concrète, 109

Psychomachie, 252

PTOLÉMÉE, 224, 369, 375, 377

Purgatoire, 89, 329, 394

Pyrrhonisme, 462,

PYTHAGORE, 79, 356, 360, 463, 496, 497,

Pythagorisme, 276,

Quelques Pensées sur l'éducation, 64

Raison gourmande (*La*), 30, 40

Racisme, 280, 281

Raison, 48, 62, 68, 82, 114, 137, 171, 190, 192, 193, 196, 199, 210, 211, 236, 240-242, 244, 246-248, 256, 258, 261, 263, 266, 275, 281, 283, 286, 288, 320, 333, 344, 372, 381, 383, 406, 412, 427, 486-488, 514, 523,

RAPHAËL, 463,

Ready-made, 36, 422, 449, 457, 474

Recherche philosophique sur l'origine de nos idées du sublime et du beau, 488, 532

Récits sur les insectes, les animaux et les choses de l'agriculture, 67

REDON, Odilon, 448

Réel, 30, 39, 43, 48, 49, 60, 70, 113-115, 117, 118, 138, 155, 189, 193, 202, 245, 253, 255, 276, 286, 287, 332, 374, 380, 383, 385, 408, 410, 418, 431, 435, 436, 441, 446, 476, 497, 498, 504, 517

Règle du jeu (*La*), 308

REICH, Steve, 512, 533

Religion, 23, 30, 62, 92, 133, 134, 144, 190-192, 265, 271, 276, 280, 300, 320, 332, 333, 347, 382, 404, 413, 426, 427, 430, 431, 435, 457, 490-493, 504, 514, 519, 523

chamanique, 343, 498

chrétienne, 14, 85, 138, 185, 186, 237, 238, 241, 264, 319, 330, 335, 349, 355, 365, 367, 369, 374, 394, 403, 422, 456, 462,

fossile, 346

mazdéenne, 352

positiviste, 74

préhistorique totémique, 338

Relikt der 80. Aktion, *451*

REMBRANDT, 41, 511

René Leys, 124

Rêve et télépathie, 37

Réveil de la loutre (*Le*), 440, 530

REY, Alain, 277, 313, 450

RIEMANN, Bernhard, 407

RIMBAUD, Arthur, 50, 94, 123, 421, 519, 527

RINKE, Klaus, 475

Rites secrets des indiens sioux (*Les*), 345, 527

Roden Crater, *476*

ROMANÈS, Alexandre, 74, 80, 82, 92-95, 518

ROUAULT, Georges, 448,

ROUCH, Jean, 218-223, 522

ROUQUIER, Georges, 389-393

ROUSSEAU, Henri (dit Le Douanier Rousseau), 209

ROUSSEAU, Jean-Jacques, 64, 132, 175, 505, 506

RYDER, Richard, 277

Rythmes dans le cosmos et dans l'être humain, 191, 521

SADE, marquis de, 316, 431, 450

Sadisme, 232, 280, 281, 291, 314, 316, 420, 431

Sagesse, 15, 16, 20, 21, 26, 32, 67, 73, 80, 92, 117-119, 132, 143, 192, 242, 247, 299, 331,

332, 344, 347, 357, 369, 373, 378, 385, 398, 401, 402, 404, 411

SAINT AMBROISE de Milan, 156, 352, 373

SAINT AUGUSTIN, 285, 311, 496,

SAINT-ANDRÉ, Simon Renard (de), 40

SAINT PAUL, 349, 355, 369, 395, 454

SALVIEN, 252

SAND, George, 419

SANTOKA, Taneda, 443, 531

SAPA, Héhaka, 345, 527

SARTRE, Jean-Paul, 65, 72, 122, 431, 510

SAUVY, Jean, 218-220, 522

Scarasson, gouffre de, 104-105

SCHIELE, Egon, 448

SCHÖNBERG, Arnold, 507

SCHOPENHAUER, Arthur, 18, 25, 191, 491, 521

SCHWARZKOGLER, Rudolf, 451-452

Science de la logique, 441

Science, 62, 104, 154, 214, 217, 220, 248, 254, 331, 333, 381, 386, 406, 412, 470, 513, 515
  et intuitions épicuriennes, 333, 380, 381, 402, 404, 406, 412
  spirituelle, 195, 203, 205

Scientisme, 189, 192, 333,

Secant, *477*

SEGALEN, Victor, 123-124, 209, 220, 421, 519-520

SEGUIN, Joseph, 444

Sélection naturelle, 68, 244, 264, 266, 267

SÉNÈQUE, 65, 386, 509

SERRANO, Andres, 449

SERRES, Michel, 132

SERRES, Olivier de, 62, 519

Sexisme,

SHIKI, Masaoka, 441, 530

Shintoïsme, 430, 530

SIFFRE, Michel, 101-110, 512

Silence de la mer (Le), 43

SINGER, Peter, 179, 231, 269, 277-292, 524, 525

Sixième Réponse faite aux Objections, 257

SMITHSON, Robert, 475, 476, 478

Société géologique de France, 105

Sodome et Gomorrhe, 36

Soirée, 474

SÔJÔ, Hino, 438

SONFIST, Alan, 475

Sorcellerie, 198, 200, 201, 505

SÔSEKI, Natsume, 441, 531

Sotériologie, 456

Souci des plaisirs (Le), 453

SOUPAULT, Philippe, 211, 216

Souvenirs d'un entomologiste, 511

SOYKA, Otto, 289

Spécisme, 231, 251, 259, 277, 280, 525
  et nazisme, 269, 281
  et Richard Ryder, 277

SPENCER, Herbert, 266, 525

SPENGLER, Oswald, 112

SPINOZA, Baruch, 80, 90, 122, 130, 167, 172, 188, 271, 341, 377, 461, 509, 511

Spiral Jetty, *476*

Spiritisme, 210, 413, 427

STEINER, Rudolf, 132, 189-205, 521

Stèles, 124

STENDHAL, 487

STIRNER, Max, 449

Stonehenge, 209, 342

Stones in Nepal, *476*

STRABON, Walafried, 370

Structuralisme, 337, 431,

Sublime (le), 15, 20, 26, 116, 333, 413, 417, 422, 423, 435, 461, 478, 479, 484, 486-488, 491-493, 512, 514, 532

Sun Tunnels, 479, 483

SUPERVIELLE, Jules, 427

Surhomme, 121, 122, 129, 138, 139

Surréalisme, 134, 211, 315, 427, 461, 531

Syndicat international des vignerons en agriculture biodynamique, 192

Syndrome de Stendhal, 487

SZCZUCZYNSKI, Alain, 512

Tables tactiles, 369

Taches d'encre et de sang, 306, 526

TACITE, 103, 386

TAKAHAMA, Kyoshi, 442, 444

Talmud (le), 336, 440

Tapisserie de Bayeux, 162

TAR, Xue, 511

Tauromachie, voir corrida

Temps, 13, 26, 29-125, 130, 151, 160-161, 222, 322-323, 332-333, 336, 343, 374-376, 391-393, 410, 423, 438-439, 443, 448, 466, 473, 480,

483-484, 489, 494, 497, 508, 512, 514, 518-519

abolition du, 112

artisanal, 46, 48

chrétien, 80, 375-376

chronométré, 31, 76, 98-99, 512, 514

culturel, 494

cylique, 25, 31, 64, 76, 83-84, 108-110, 120, 164, 171, 332, 343, 374-375, 393, 438, 466, 480, 483-484, 489, 494, 514

du cosmos, 22, 336, 438, 443, 508

et Gaston Bachelard, 29

et gouffre de Scarasson, 104-109

et Henri Bergson, 29, 35, 106

et Marcel Proust, 29, 36, 48, 113, 115

et mécanique circadienne, 100

et Michel Siffre, 101, 110, 512

et rythme nycthéméral, 103-107

et Véronique Le Guen, 104

et vitesse, 12, 33, 35, 11-113, 118, 151

faustien, 78

hédoniste, 33, 69, 116, 123

mort, 31, 33, 113, 115-119, 123, 125

naturel, 151, 160-161, 391-392, 480, 483-484, 494

nihiliste, 31, 33, 113-117

ontologique, 83

virgilien, 13, 26, 31, 46, 47, 49, 78

Temps occidental fictif, 222

Tentation de l'Occident (*La*), 51, 216

Terre (*La*), 466

TERTULLIEN, 154, 252, 496

Testament, 270, 273, 525-526

Tête d'obsidienne (*La*), 221

Tétramorphe (le), 319, 330, 350-354

Tetrapharmakon, 514

Thanatos, 177, 319, 337

The Lightning Field, *476*

Théâtre d'agriculture et ménage des champs (*Le*), 32, 519

Théâtre du mystère des orgies, *451*

Théocratie, 336, 355, 369

Théologie, 61, 251, 255, 257, 260, 263, 267, 330-331, 336, 369, 375, 404, 412, 452, 458

Théorie et la pratique du jardinage où l'on traite à fond des beaux jardins (*La*), 69, 519

Théorie, 35, 109, 120, 121, 132, 138, 139, 167, 189-205, 245, 264-266, 320, 400, 402, 441, 449, 457, 497

du fumier, 132, 189-205

biodynamique, 189-205

du genre, 167

nietzschéenne, 120-121, 138-139

de la sélection naturelle, 264-266

Théosophie, 191

THOMAS, Frédéric, 512, 521

THOMPSON, D'Arcy, 187, 483, 511, 520

THOREAU, Henri David, 67, 133, 509

Tibet, poème, 124

Tilleul, Sorbes, *477*

Tisserande et le Bouvier (*La*), 440, 530

TITE-LIVE, 386

TITIEN, 448

Totémisme, 208, 223, 338, 343

Toxoplasmose, 184-186

Tractatus logico-philosophicus, 36, 510

Traité d'athéologie, 362

Traité de l'homme, 254, 260

Traité de la culture des orangers, 64

Traité de la musique, 497

Traité de législations civiles et pénales, 269

Traité du gouvernement civil, 64

Traités de l'oreiller, 71

Traités des jardins japonais, 71

Transcendance, 40, 134, 207, 224, 251, 333, 344, 371, 380, 406, 430, 444, 482, 513

Transcendantal (le), 333, 406

Tristes Tropiques, 142, 296

TSUKAMOTO, Katsumi, 164

TURRELL, James, 476

TZARA, Tristan, 208, 212, 427-428, 531

Tzigane, 31-32, 74-95, 512, 518

et acculturation, 83

et animisme, 89-91

et civilisation orale, 83

et cycle, 76, 83-84, 108-110

et errance, 81

et chasse au hérisson, 86-89

et Pentecôtisme, 86, 92

et sens du cosmos, 80, 84

et ontologie, 80

et relation au temps, 76-80,
84-86, 90
et Alexandre Romanès, 74,
80, 82, 93-95
et mort, 89-93
mythologie, 91-92
et paganisme, 86
et propriété, 93-94
et pouvoir, 94

Ulysse, 37
Un assassin est mon maître, 309
*Un Coup de dés jamais n'abolira
le hasard*, 426
Un éternel Treblinka, 232, 262,
283, 524
Un peuple de promeneurs, 74, 92,
95, 518
Unique et sa propriété (*L*), 449
Univers, 26, 41, 50, 83, 84, 86,
176, 327-413
chiffonné, 26, 41, 327-413
et Jean-Pierre Luminet, 512,
407-413
Université populaire du goût, 44,
94, 419
Université populaire du Quai
Branly, 221

VALÉRY, Paul, 426
VALLOTTON, Félix, 36
VANINI, Jules César, 271, 529
Véganisme, 232-235, 276-278,
283, 291-295, 303
et disparition des hommes,
295
et limite du végétarisme, 294
et pathologie de carencé, 295
Végétalisme, 276, 283, 291

Végétarisme, 148, 232-233, 272,
276-277, 281, 283-284, 290-
295, 302, 305
et disparition des animaux
domestiques, 294-295, 303
et imposture végétarienne,
294
et Peter Singer, 277-282
et souffrance animale, 270,
274, 278-282
Vent du nord (*Le*), 440, 530
Verbe, 137, 221, 357, 367, 374,
400, 405, 426, 456, 458
VERCORS, 43
Vérité, 75, 93, 114, 143, 171,
173, 193-196, 203, 213, 218,
221-223, 253-254, 275, 280,
285, 365, 370, 373, 382, 386,
395, 431, 438, 441, 446, 454,
462, 467, 470, 486-488, 518,
522
VERMEER, Johannes, 41
VERNE, Jules, 162-163
VÉRONÈSE, Paul, 463
VERSCHUEREN, Bob, 477
Vertumne, 464
VIAN, Boris, 421
VICTOR, Paul-Émile, 18
Vie, 16-25, 127-225, 253-257,
302-309, 332-378, 391-409,
435-439, 491-499, 509-515
philosophique, 24, 123, 332,
402, 509-511
et volonté de puissance, 97,
101, 139-158
Views Through a Sand Dune, 477
Vin, 16, 38-62, 115, 133, 155,
167, 189-190, 201, 205, 370,
384-385, 395, 401

arômes du, 49, 57, 59, 88, 190

biodynamique, 133, 189-190, 201, 205

et biographie, 44, 56, 58

et champagne, 38-62,

et mémoire, 38, 41, 45-46, 50, 52, 54-55, 57-58, 69,

futur du, 45, 50-51

passé climatique du, 46-47

passé de la terre du, 45, 47

passé géologique du, 45, 47

présent du passé effacé du, 50

VINCI, Leonard (de), 457, 474

Vingt mille lieues sous les mers, 162

VIRGILE, 12, 61-62, 64-65, 67, 72-73, 112-113, 356, 366, 395, 397-398, 515

Viticulture, 46, 384-386

VITRUVE, 353

VLAMINCK, Maurice (de), 208, 212, 223

VOCANCE, Julien, 444

Volonté de puissance, 119-123, 129, 137-158, 444

et botanique, 137-158

et Friedrich Nietzsche, 119-123, 129, 137-158, 444, 519

et Sipo Matador, 129-131, 139-158

VOLTAIRE, (François-Marie Arouet dit), 208, 271

VORAGINE, Jacques de, 371, 375, 386, 471, 529

Vortex, 50, 144, 162-164, 196-197, 477, 497

Walden ou la Vie dans les bois, 133

WEBERN, Anton, 36, 507, 510

WEGENER, Alfred, 170

WHITMAN, Walt, 421

Why not sneeze, 36

WILLIAMS, Patrick, 86, 90

WITTGENSTEIN, Ludwig, 36, 510

Zoologie, 159, 240, 247, 347, 470, 527

Zoophilie, 231, 269, 286-290, 316

et Rapport Kinsey, 288

ZORN, Fritz, 430

TABLE

Préface.. 11
Introduction... 23

Première partie
LE TEMPS
UNE FORME A PRIORI DU VIVANT

1. Les formes liquides du temps................................... 35
2. Les *Géorgiques* de l'âme... 60
3. Après demain, demain sera hier 74
4. Le pliage des forces en formes................................ 96
5. La construction d'un contre-temps......................... 111

Deuxième partie
LA VIE
LA FORCE DE LA FORCE

1. Botanique de la volonté de puissance...................... 137
2. Philosophie de l'anguille lucifuge............................ 159
3. Le monde comme volonté et comme prédation 174
4. Théorie du fumier spirituel.................................... 189
5. Fixer les vertiges vitalistes 206

Troisième partie
L'ANIMAL
Un alter ego dissemblable

1. Épiphanie de la bête judéo-chrétienne 235
2. La transformation de l'animal en bête 251
3. Le surgissement des animaux non humains 263
4. Qui veut faire la bête fait l'ange 277
5. Miroir brisé de la tauromachie 306

Quatrième partie
LE COSMOS
Une éthique de l'Univers chiffonné

1. Permanence du soleil invaincu 335
2. Le christianisme, un chamanisme solaire 349
3. La construction du ciel chrétien 368
4. L'oubli nihiliste du cosmos 382
5. Un épicurisme transcendantal 399

Cinquième partie
LE SUBLIME
L'expérience de la vastitude

1. L'expérience poétique du monde 425
2. La Cène de l'art contemporain 446
3. Esthétique du sens de la terre 459
4. Le sublime de la nature 475
5. Faire pleurer les pierres 494

Conclusion. La sagesse, une éthique sans morale 509
Bibliographie des livres qui ramènent au monde 517
Index 535

Du même auteur (suite)

Suite à La Communauté philosophique, Une Machine à porter la voix, Galilée, 2006.

Traces de Feux furieux, La Philosophie féroce II, Galilée, 2006.

Splendeur de la catastrophe, La peinture de Vladimir Velikovic, Galilée, 2007.

Théorie du voyage, Poétique de la géographie, LGF, 2007.

La Pensée de midi, Archéologie d'une gauche libertaire, Galilée, 2007.

Fixer des vertiges, Les photographies de Willy Ronis, Galilée, 2007.

La Sagesse tragique, Du bon usage de Nietzsche, LGF, 2008.

L'Innocence du devenir, La vie de Frédéric Nietzsche, Galilée, 2008.

La Puissance d'exister, Manifeste hédoniste, Grasset, 2006 ; LGF, 2008.

Le Songe d'Eichmann, Galilée, 2008.

Le Chiffre de la peinture, L'œuvre de Valerio Adami, Galilée, 2008.

Le Souci des plaisirs, Construction d'une érotique solaire, Flammarion, 2008 ; J'ai Lu, 2010.

Les Bûchers de Bénarès. Cosmos, Éros et Thanatos, Galilée, 2008.

La Vitesse des simulacres. Les sculptures de Pollès, Galilée, 2008.

La Religion du poignard, Éloge de Charlotte Corday, Galilée, 2009.

L'Apiculteur et les Indiens, La peinture de Gérard Garouste, Galilée, 2009.

Le Corps de mon père, Hatier, 2009.

Le Recours aux forêts. La tentation de Démocrite, Galilée, 2009.

Philosopher comme un chien. La philosophie féroce III, Galilée, 2010.

Nietzsche, se créer liberté, dessins de M. Leroy, Le Lombard, 2010.

Manifeste hédoniste, Autrement, 2011 ; J'ai Lu, 2013.

Le Crépuscule d'une idole, Grasset, 2010 ; LGF, 2011.

La Construction du surhomme, Grasset, 2011.

L'Ordre libertaire, La Vie philosophique d'Albert Camus, Flammarion, 2012 ; J'ai Lu, 2013.

Le Corps de mon père, Hatier, 2012.

Rendre la raison populaire : Université populaire, mode d'emploi, Autrement, 2012.

Universités populaires, hier et aujourd'hui, Autrement, 2012.

Le Postanarchisme expliqué à ma grand-mère : Le Principe de Gulliver, Galilée, 2012.

La Sagesse des abeilles : Première leçon de Démocrite, Galilée, 2012.

Vie et mort d'un dandy : Construction d'un mythe, Galilée, 2012.

Abrégé hédoniste, Librio, 2013.

La Raison des sortilèges : Entretiens sur la musique, Autrement, 2013.

Le Canari du nazi : Essai sur la monstruosité, Autrement, 2013.

Le réel n'a pas eu lieu : Le principe de Don Quichotte, Autrement, 2014.
La Passion de la méchanceté : Sur un prétendu marquis, Autrement, 2014.

Journal hédoniste :
I. *Le Désir d'être un volcan*, Grasset, 1996 ; LGF, 2008.
II. *Les Vertus de la foudre*, Grasset, 1998 ; LGF, 2000.
III. *L'Archipel des comètes*, Grasset, 2001 ; LGF, 2002.
IV. *La Lueur des orages désirés*, Grasset, 2007.
V. *Le Magnétisme des solstices*, Flammarion, 2013.

Contre-histoire de la philosophie :
I *Les Sagesses antiques*, Grasset, 2006 ; LGF, 2007.
II. *Le Christianisme hédoniste*, Grasset, 2006 ; LGF, 2008.
III. *Les Libertins baroques*, Grasset, 2007 ; LGF, 2009.
IV. *Les Ultras des Lumières*, Grasset, 2007 ; LGF, 2009.
V. *L'Eudémonisme social*, Grasset, 2008 ; LGF, 2010.
VI. *Les Radicalités existentielles*, Grasset, 2009 ; LGF, 2010.
VII. *La Construction du Surhomme*, Grasset, 2011 ; LGF 2012.
VIII. *Les Freudiens hérétiques*, Grasset, 2013.
IX. *Les Consciences réfractaires*, Grasset, 2013.

Contre-histoire de la philosophie en CD, Frémeaux et associés :
I. *L'Archipel pré-chrétien (1), De Leucippe à Épicure*, 2004.
II. *L'Archipel pré-chrétien (2), D'Épicure à Diogène d'Œnanda*, 2005.
III. *La Résistance au christianisme (1), De l'invention de Jésus au christianisme épicurien*, 2005.
IV. *La Résistance au christianisme (2), D'Érasme à Montaigne*, 2005.
V. *Les Libertins baroques (1), De Pierre Charron à Cyrano de Bergerac*, 2006.
VI. *Les Libertins baroques (2), De Gassendi à Spinoza*, 2006.
VII. *Les Ultras des Lumières (1), De Meslier à Maupertuis*, 2007.
VIII. *Les Ultras des Lumières (2), De Helvétius à Sade*, 2007.
IX. *L'Eudémonisme social (1), De Godwin à Start Mill*, 2008.
X. *L'Eudémonisme social (2), De Stuart Mill à Bakounine*, 2008.
XI. *Le Siècle du Moi (1), De Feuerbach à Schopenhauer*, 2009.
XII. *Le Siècle du Moi (2), De Schopenhauer à Stirner*, 2009.
XIII. *La Construction du Surhomme, D'Emerson à Guyau*, 2010.
XIV. *Nietzsche*, 2010.
XV. *Freud (1)*, 2011.
XVI. *Freud (2)*, 2011.

XVII. *Le Siècle du nihilisme (1), De Otto Gross à Wilhelm Reich*, 2012.
XVIII. *Le Siècle du nihilisme (2), De Erich Fromm à Jacques Lacan*, 2012.
XIX. *Albert Camus, Georges Politzer, Paul Nizan*, 2013.

NORD COMPO
multimédia

Composition et mise en pages
Nord Compo à Villeneuve-d'Ascq

CET OUVRAGE
A ÉTÉ ACHEVÉ D'IMPRIMER
SUR ROTO-PAGE
PAR L'IMPRIMERIE FLOCH
À MAYENNE EN SEPTEMBRE 2015